KIRCHE UND MODERNE DEMOKRATIE

Herausgegeben von

THEODOR STROHM und HEINZ-DIETRICH WENDLAND

1973

WISSENSCHAFTLICHE BUCHGESELLSCHAFT

DARMSTADT

wb Bestellnummer: 4414
Schrift: Linotype Garamond, 9/11

© 1973 by Wissenschaftliche Buchgesellschaft, Darmstadt
Satz: Maschinensetzerei Janß, Pfungstadt
Druck: Wissenschaftliche Buchgesellschaft, Darmstadt
Einband: C. Fikentscher, Darmstadt
Printed in Germany

ISBN 3-534-04414-2

KIRCHE UND MODERNE DEMOKRATIE

WEGE DER FORSCHUNG

BAND CCV

1973

WISSENSCHAFTLICHE BUCHGESELLSCHAFT

DARMSTADT

INHALT

EINLEITUNG

Mit dem vorliegenden Band soll in der Reihe ›Wege der Forschung‹ eine Lücke geschlossen werden. Die Beiträge zum Problemkreis ›Kirche und moderne Demokratie‹ stehen nicht isoliert, sondern werden ergänzt durch den Band Nr. CVII ›Reich Gottes und Welt‹, in dem das Problem der Zweireichelehre in der christlichen Überlieferung, insbesondere bei Luther und im Luthertum verhandelt wird. Damit kommen die heilsgeschichtlichen Zusammenhänge teilweise zur Sprache, die für eine theologische Einordnung der Frage nach dem Verhältnis von Kirche und Demokratie wichtig sind. Dies läßt sich zeigen an den beiden Abhandlungen von Karl Barth ›Rechtfertigung und Recht‹, abgedruckt in dem genannten Band, und ›Christengemeinde und Bürgergemeinde‹, aufgenommen in den vorliegenden Band. Werden dort die Rechtfertigungslehre und die Christologie allgemein zu einer Bestimmung der christologischen Bereiche als primären und sekundären Verantwortungsbereichen christlichen Handelns aufgearbeitet, so werden diese Bereiche hier zum ordnungspolitischen Modell, zu einer präskriptiven Theorie kirchlicher Praxis konkretisiert.

Dieser Ergänzung unter theologischen Aspekten entspricht komplementär die Ergänzung nach der politologischen Richtung im Band Nr. CXXXIX ›Politik und Ethik‹. In den Beiträgen dieses Bandes wurde die Frage nach der Würde, Richtigkeit und Güte des menschlichen Handelns im Felde der Politik gestellt, nicht zuletzt in einer grundsätzlichen Neubesinnung angesichts der faschistischen Zerstörung der Politik. Die Querverbindung kann wiederum an einem Beispiel verdeutlicht werden. Der Beitrag von E. W. Böckenförde, ›Das Ethos der modernen Demokratie und die Kirche‹ wurde von uns in den ersten Band aufgenommen, obgleich er ebensogut in dem vorliegenden aufgehoben wäre. Es ging aber Böckenförde in erster Linie um die Herausarbeitung der ethischen Faktoren der Demokratie und deren Herausforderung an die katholische Kirche. Diese Abhandlung kann als unmittelbares Bindeglied zwischen beiden Textsammlungen gelten.

Der vorliegende Band enthält in chronologischer Reihenfolge Beiträge der Nachkriegszeit. Nur in zwei Fällen griffen wir weiter zurück. Der 1931 erstmals erschienene Aufsatz von Rudolf Smend hat in aller Dringlichkeit auf das Mißverhältnis der Kirchen in Deutschland zur modernen Demokratie aufmerksam gemacht und nach Gründen Ausschau gehalten. Dieses Problem mußte erst recht nach 1945 die wissenschaftliche Aufmerksamkeit auf sich lenken. Seit Georg Jellineks schöner Abhandlung über die Erklärung der Menschen- und Bürgerrechte (1895) war die Forschung herausgefordert, den religiösen Ursachen der Menschen- und Bürgerrechte nachzugehen. Bis heute gibt es jedoch keine zusammenfassende Darstellung, die die vielfältigen Wurzeln und gemeinchristlichen Verbindungen bei der Entstehung der modernen Demokratie aufgedeckt hätte. Es bleibt vorläufig bei ausschnitthaften Untersuchungen, von denen einige hier Eingang finden konnten. Unter rein historischen Gesichtspunkten stehen die abgedruckten Beiträge von Erdmann, Oestreich und Staedtke. Nicht berücksichtigt werden konnten beispielsweise so wichtige Abhandlungen wie die von C. J. Friedrich, Christliche Gerechtigkeit und Verfassungsstaat (1967) und Hans Welzels Abhandlung über den Einfluß der christlichen Naturrechtslehre Samuel Pufendorfs auf den „ersten großen Demokraten und Vater der amerikanischen Demokratie", dem Ipswicher Pfarrer John Wise aus dem Jahre 1952.

In den Mittelpunkt der wissenschaftlichen Diskussion trat seit 1945 die von Karl Barth 1938 in einer sehr zurückhaltenden Formulierung angedeutete „Affinität von Demokratie und Christentum". Barth konnte sich eine demokratische Erneuerung nach der Katastrophe des faschistischen Staates gar nicht ohne die Mitwirkung der Kirche denken. Er konnte sich eine christliche Kirche gar nicht anders denken denn als die Keimzelle der Demokratie. Dies wird aus seinem Fünf-Punkte-Programm aus dem Jahre 1946 deutlich: Karl Barth forderte dazu auf, ein langfristiges Arbeitsprogramm innerhalb der Kirche zu verwirklichen:

„Ich stelle mir die Stadien dieses Programms so vor:
1. Grundsätzliche Neubesinnung über die von der Schrift und

vom Glauben her gebotene Gestalt der christlichen Gemeinden und ihres gesamtkirchlichen Zusammenschlusses (Aufbau von unten!).

2. Schaffung entsprechender (und inmitten der deutschen Wirklichkeit für sich selber sprechender!) kirchlicher Tatsachen.

3. Grundsätzliche Neuverständigung innerhalb der Kreise des gemeindlichen Amtes (Presbyter und Pastoren) über den Sinn und die Gestaltung des rechten Staates.

4. Entsprechende Unterweisung der Gemeinde (vor allem der jungen Gemeinde) in Predigt und Unterricht.

5. Die Christen haben die „Demokratie" zunächst auf ihrem eigensten Boden (1. und 2.) kennen- und exerzieren gelernt; sie haben (3. und 4.) von da aus begriffen, daß eben das Gesetz, unter dem sie selbst stehen, mutatis mutandis dasselbe ist, unter dem auch das Volk (wenn durch Gottes Gnade überhaupt) allein genesen kann. Sie arbeiten, von da aus in einer unvergleichlichen Weise ausgerüstet und ausgewiesen, in einer der bestehenden Parteien o d e r sie bilden (aber ohne christlichen Titel und Anspruch) eine den bestehenden politischen Bedürfnissen nach ihrer politischen Einsicht besser entsprechende neue Partei."

Desgleichen hat das Zweite Vatikanische Konzil diejenigen Elemente aus Schrift und Tradition aufgegriffen und herausgestellt, die eben auf diese Affinität hinweisen. Die Konsequenz zieht das Memorandum deutscher Katholiken (Bensberger Kreis) zur ›Demokratisierung der Kirche‹ (1970). Ginge es nur darum, andere Normen für den formalen Prozeß der Entscheidungsfindung und Konfliktaustragung einzuführen, dann wären solche Forderungen nicht überaus gehaltvoll. Schumpeters Demokratiebegriff als diejenige „Ordnung der Institutionen zur Erreichung politischer Entscheidungen, bei welcher einzelne die Entscheidungsbefugnis vermittels eines Konkurrenzkampfes um die Stimme des Volkes erwerben", wird zwar weithin praktiziert, aber zugleich kritisiert. Neben oder an die Stelle eines formalen Demokratiebegriffs tritt ein inhaltlicher im Sinne bestimmter als demokratisch angesehener Werte, die es zu verwirklichen gilt. Der Aufruf des Grundgesetzes zur Sozialstaatlichkeit erfordert seine Erfüllung. Der inhaltliche Anspruch des Grundgesetzes als norma normans und norma normata richtet sich an die in Institutionen und Gruppierungen strukturierte Gesellschaft, und die Frage ist, ob hier ein fremder Anspruch, etwas Illegitimes, sich meldet, oder ob genuine Herausforderungen der christlichen Überlieferung zur Sprache kommen.

Es war deshalb geboten, der theologischen Reflexion des Verhältnisses der freiheitlich rechtsstaatlichen und sozialrechtsstaatlichen Ordnung zu den Grundlagen des christlichen Glaubens einen breiten Raum zu geben. Am Anfang der Diskussion stand die Feststellung von Wolfgang Trillhaas aus dem Jahre 1956, daß für die lutherische Theologie „bis zur Stunde die Demokratie das eigentlich unbewältigte Thema darstellt", dieses Urteil gelte, obgleich die lutherische Theologie im Problemkreis der politischen Ethik wesentlich durch die Auseinandersetzung mit den totalen Systemen überhaupt zu einer Revision des Staatsdenkens geführt worden sei. In der theologischen Aufarbeitung ist — was eine ganze Reihe der vorliegenden Beiträge deutlich macht — in der Zwischenzeit einiges geleistet worden.

In der sozialgeschichtlichen Erforschung der Ursachen für die überlange Chancenlosigkeit der Demokratie im lutherischen und katholischen Deutschland klaffen noch die breitesten Lücken. Anregungen hierfür bietet nach wie vor das Buch von H. Plessner, Die verspätete Nation (1. Aufl. 1935), das getragen ist von der Frage: „Mit welchem Vergangenem aber sind wir verbunden, da wir es selbst sind, denen die Verantwortung zufällt, die Grenze zu dem 'In uns' zu zeichnen, was vergangen und verabschiedet sein soll und was nicht?"

Um diese Frage zu beantworten, bedarf es eines Arbeitsverhältnisses zur Vergangenheit, Gegenwart und Zukunft, bedarf es projektionsgebundener Kooperation größeren Ausmaßes, in die die wissenschaftliche Forschung sich erst allmählich findet.

Niemand kann übersehen, daß selbst in der kurzen Spanne der Nachkriegszeit das demokratisch bestimmte Gemeinwesen ebenso wie die Kirchen einen tiefgreifenden Strukturwandel erfahren haben, beide stehen vor Chancen und Gefährdungen, die unserer ständigen Aufmerksamkeit bedürfen.

Der vorliegende Band soll einen Überblick über die bisherigen Ansätze einer neuen Verständigung zum Thema bieten und zu-

gleich anregen, im großen und ganzen und im Detail weiterzu-
arbeiten.

Daß sich diese Gelegenheit bietet, ist vornehmlich der Initiative
der Wissenschaftlichen Buchgesellschaft zu verdanken. Darüber hinaus schulden wir für die Kooperationsbereitschaft und Mitwirkung
nicht zuletzt den Herren Autoren und Verlegern unseren Dank.

Theodor Strohm   Heinz-Dietrich Wendland
Berlin   Münster

Rudolf Smend, Staatsrechtliche Abhandlungen und andere Aufsätze. Berlin: Duncker
& Humblot 1955, S. 297—308. (Früher erschienen in: Krisis, Ein politisches Manifest.
1932, S. 183—193.)

PROTESTANTISMUS UND DEMOKRATIE

Von Rudolf Smend

Unter den geistigen Mächten, die dem heutigen Deutschland sein
geschichtliches Gepräge gegeben haben, steht der Protestantismus an
erster Stelle.

Um so ernster für beide Teile ist die Tatsache, daß sein Verhältnis
zur heutigen deutschen Demokratie problematisch ist, mindestens
weithin als problematisch erscheint.

Diese Lage wird zunächst verständlich durch eine geschichtliche
Besinnung.

Man hat mit Recht gesagt, daß Deutschland als Ganzes keine
Festigkeit des Staates im Religiösen, keine Bestätigung der Religion
im Nationalen besitzt. Um so enger waren von vornherein die Beziehungen von Staat und Protestantismus in den einzelnen evangelischen Ländern. Aus Gründen, die im kirchlichen und im staatlichen
Bereich lagen: die evangelische Kirche entstand im Rahmen des
Staats, als Landeskirche, von den einzelnen deutschen Landesherrn
zugelassen, getragen und beschützt; und diese Entstehung fiel in die
Zeit, als auch der moderne Staat im Werden war, ein Vorgang, der
wiederum durch die Entstehung der evangelischen Landeskirchen
stark beeinflußt und gefördert wurde. So hatte diese evangelische
Landeskirche von vornherein ein sehr bestimmtes nahes Verhältnis
zum Staat: sie hat ihn auch gedanklich viel stärker getragen, als die
bisher übliche niedrige Einschätzung der politisch-ethischen Gedankenwelt des Luthertums (im Vergleich mit der des Calvinismus)
annahm, und sie war von Schicksals wegen mit ihm aufs engste verknüpft. Die Beziehung der evangelischen Landeskirchen zu dem
Landesfürstentum, dem sie Entstehung und dauernden Schutz ihres
Daseins verdankten, war selbstverständlich die tiefer geschichtlich
begründeter Pietät. Dies Verhältnis zum Territorialstaat war um so
innerlicher verwurzelt, je mehr er in seinen besten Seiten von dieser

Kirche mitgeschaffen war. Die Gegenwart hat das allzusehr vergessen: wenn das vielgelesene Buch eines bekannten deutschen Publizisten über das Geld in der Politik mit aufrichtiger Bemühung den Ursachen der im Vergleich mit dem übrigen Europa auffallenden Unbestechlichkeit und finanziellen Sauberkeit des preußischen Beamtentums nachgeht und schließlich in dem strengen Beaufsichtigungssystem der Oberrechnungskammer „das letzte Geheimnis der preußisch-deutschen Beamtenintegrität" findet, so lehrt jedes tiefere Eindringen in die Verwaltungsgeschichte der evangelischen Territorien und in das dazugehörige biographische Material, daß hier evangelischer Berufsgedanke und evangelische Berufssittlichkeit die treibenden Kräfte gewesen sind. Das sittlich erzogene Beamtentum des deutschen 18. und 19. Jahrhunderts ist nicht nur ein Werk der großen Verwaltungsmänner unter den deutschen Fürsten, sondern zugleich eine der großen staatsschöpferischen Leistungen des Protestantismus.

Das so begründete besonders nahe Verhältnis des älteren Protestantismus zum Staat wirkte sich nun in doppelter Weise aus. Einmal theoretisch: das Denken vom Staat wird auf das stärkste von der religiösen Gedankenwelt her bestimmt — ein Vorgang, der allerdings seine stärksten Auswirkungen bekanntlich auf außerdeutschem Boden gezeitigt hat. Und praktisch geschieht Entsprechendes gegenüber dem konkreten Staat: der Dienst in ihm ist in einem neuen Sinn Gottesdienst, und es ist nicht ganz unrichtig, wenn man in diesem evangelischen Beamtenstaat einige Züge entdeckt hat, die anderswo nur der Kirche im Verhältnis zu ihren Angehörigen zukommen. Hier liegt wohl die tiefste Wurzel der Fremdheit der Katholiken gegenüber dem Preußen des 19. Jahrhunderts, z. B. der in den Akten der rheinischen Verwaltung und Provinziallandtage und der Bonner Universität so viel beklagten Abneigung der Rheinländer gegen den Eintritt in Staats- und Selbstverwaltung — nicht nur wegen deren politischer Fremdheit, sondern wegen ihrer letzten religiös-sittlichen Eigenart —; hier liegt auch vieles von den tiefsten stimmungsmäßigen Motiven beider Teile im Kulturkampf.

Nur eine Fortsetzung dieser Linie ist die für die heutige Lage bestimmende Haltung der religiös lebendigen deutschen Protestanten gegenüber der Umwälzung. In bezeichnendem Gegensatz zum

Katholizismus sehen sie so gut wie ausnahmslos die neue Lage nicht unter kirchenpolitischem Gesichtspunkt, nicht mit der Frage, was die Revolution an Möglichkeiten, Hoffnungen, Gefahren für die Kirche und den Protestantismus bedeute. Man denke nur — um von der besonders verwickelten Lage von 1918 abzusehen — an die Haltung der deutschen Katholiken gegenüber politischen Ereignissen und Katastrophen wie denen von 1848, 1859, 1866, um die ganze Schärfe dieses Gegensatzes zu übersehen. Der Gedanke etwa an ein evangelisches Konkordat lag ihnen noch völlig fern — allenfalls war man auf Sicherung gewisser religiöser und kirchlicher Interessen durch die neue Reichsverfassung bedacht. Aber die charakteristische evangelische Haltung zur Revolution ist nicht kirchen-, sondern staatspolitisch. Allerdings in durchaus verschiedenem Sinne. Einerseits lieferte der Protestantismus zu den die neue Ordnung aktiv tragenden Kräften alsbald einen wichtigen Beitrag in einer nicht geringen Zahl von Persönlichkeiten, die den inneren Anschluß an die neuen Verhältnisse fanden oder mindestens bald suchten, und zwar vermöge einer ganz besonderen, bei den übrigen Anhängern der neuen Zustände so nicht wiederkehrenden tiefen sittlich-religiösen Bindung an den Staat und sein Gesetz, dem man sich auch in solchen Wandlungen aus religiöser Pflicht innerlich zu unterwerfen habe. Echt evangelisch wird gerade aus diesem Lager immer wieder geltend gemacht, daß allein die evangelische Kirche aus dem Schatz ihrer Frömmigkeit den Tribut von Innerlichkeit, Gewissenhaftigkeit und Berufsfreudigkeit zu geben vermag, dessen der nicht mehr auf Untertanengehorsam gestellte Staat nunmehr doppelt bedürfe. Die große Mehrheit aber stand der Umwälzung mindestens zunächst innerlich fremd, ja ablehnend gegenüber. An den geschichtlichen, monarchischen, noch immer in gewissem Sinne christlichen Charakter des deutschen Staatswesens nicht nur gewöhnt, sondern innerlichst gebunden, wurde sie durch die Treue gegenüber dieser Vergangenheit und durch die Religions- und Kirchenfeindschaft der Revolution ins Lager der politischen Opposition geführt. Damit ist das gegeben, was man als das heutige deutsche Problem von Protestantismus und Demokratie zu bezeichnen pflegt: daß der deutsche Protestantismus seine geschichtliche Rolle als tragende Grundlage des deutschen Staats endgültig eingebüßt zu haben scheint, daß er

politisch gespalten und mindestens zum großen Teile in mehr oder
weniger hoffnungslose Oppositionsstellung gedrängt, daß die evangelische Kirche verfassungsrechtlich nur noch eine in ihrer Rechts-
stellung wie eine Minderheit geschützte „Religionsgesellschaft" ist.
Und selbst diese wertvollen Garantien der Weimarer Verfassung
für die Kirche sind nicht aus Respekt vor dem evangelischen Bekenntnis von zwei Dritteln der Reichsangehörigen oder dank dem
politischen Gewicht der Anhänger dieses Bekenntnisses, sondern
wesentlich mit Rücksicht auf den zahlenmäßig viel schwächeren
katholischen Volksteil und dessen damalige politische Haltung zu-
standegekommen: bezeichnend dafür, wie sehr der deutsche Protestantismus zu den Besiegten des Weltkrieges und der Revolution
gehört.

Das Problem des Verhältnisses des deutschen Protestantismus zur
heutigen deutschen Demokratie besteht nun nicht in dieser zeitwei-
ligen Minderheits- und Oppositionsstellung weiter evangelischer
Kreise. Der deutsche Gesamtprotestantismus hat darum nicht auf-
gehört, eine geistige Einheit zu sein, auch in den politisch-ethischen
Grundüberzeugungen, aus denen er allerdings im Augenblick der
Revolution sehr verschiedene Folgerungen gezogen hat. Auf die
Dauer wird es immer mehr auf die Bedeutung dieser gesamtevange-
lischen Einheit für den Staat ankommen.

Diese Bedeutung läßt sich nicht in irgendeinem Sinne statistisch
erfassen, etwa im Vergleich mit dem Katholizismus. Sie wird weder
dadurch bezeichnet, daß der Protestantismus heute politisch die Rolle
einer Minderheit spielt, allerdings einer in ihren kirchlichen Interessen verfassungsrechtlich geschützten, noch dadurch, daß er auch
heute noch wenigstens zahlenmäßig eine Mehrheit von zwei Dritteln
der Reichsangehörigen umfaßt. Während sich die verhältnismäßige
Bedeutung des katholischen Volksteils in vielen Beziehungen beinahe
statistisch ausdrücken läßt — nicht nur in der Mandatszahl und der
politischen Schlüsselstellung des Zentrums —, ist derartiges gegenüber dem evangelischen unmöglich: er hat in vieler Hinsicht weniger
geschlossene und übersehbare Organisationen, er besitzt eine politische Vertretung überhaupt nicht, und er ist auch als allgemein-
geistige Macht nicht überall so unzweideutig erkennbar und so klar
abgegrenzt, wie der Katholizismus. Vor allem aber steht er, anders

als jener, noch in dem Ringen um seine endgültige Einordnung in die neuen Verhältnisse mitten darin. Wie überhaupt die endgültigen Beruhigungen und Klärungen nach dem Welterdbeben von Krieg und Revolution erst jetzt in Fluß zu kommen scheinen — es sei nur an die neue Welle der Kriegsliteratur als an eine Richtung dieser Klärungsbewegung erinnert —, so kann auch das Verhältnis des deutschen Protestantismus zur deutschen Demokratie nur verstanden werden als in solchem Stadium der Neuorientierung und Klärung begriffen.

Für diese Klärung bedeuten die Vorgänge der Jahre seit dem Kriege nur ein Vorspiel. Die neuen Fronten mußten sich hier überhaupt erst bilden; daß das geschah in der Form der bekannten Anklagen gegen die evangelische Kirche wegen ihrer Haltung im Kriege und gegenüber der Revolution und umgekehrt von weiten kirchlichen Kreisen her in der Form inneren Widerstrebens und äußeren Widerspruchs gegen die neuen Verhältnisse, bedeutet einstweilen eine empfindliche Belastung. Daran schloß sich eine Periode der Herstellung eines zunächst mehr amtlichen und rechtlichen modus vivendi an, die im Juni 1931 im Vertrag Preußens mit den evangelischen Landeskirchen seines Staatsgebietes einen gewissen Abschluß und Höhepunkt erreicht hat. Nicht mit Unrecht hat die Öffentlichkeit als das bedeutsamste Stück des Vertrages die „politische Klausel" empfunden, die die Besetzung der obersten kirchlichen Stellen davon abhängig macht, daß die Staatsregierung keine politischen Bedenken gegen die Besetzung erhebt. Die Unterwerfung unter diese Klausel, die der Kirche nicht leicht geworden ist, bedeutet einmal eine Loyalitätserklärung der Kirche gegenüber dem Staat, etwa im Sinne der ›Vaterländischen Kundgebung‹ des Königsberger Kirchentages von 1927, die allen Kirchengliedern Einordnung in den Staat und treue Mitarbeit an ihm zur Gewissenspflicht macht. Sie bedeutet aber zugleich eine Kundgebung des Vertrauens gegenüber dem Staat, daß er sein Recht nur im Falle begründeter Zweifel an solcher von der Kirche selbst geforderter Loyalität, nicht aus parteipolitischen Gründen geltend machen werde. Diese Verträge geben dem Protestantismus allerdings nicht die politische Repräsentation zurück, die er mit dem Fall des landesherrlichen Summepiskopats verloren hat und die heute — nicht nur im Blick auf die politische Repräsentation des Katholizismus durch Zentrum und Vatikan — mehr denn je für ihn Bedürfnis ist, ein Bedürfnis, dessen Nichterfüllung ein nicht recht bewußtes, aber wichtiges Element der Unruhe in der kirchenpolitischen Lage bedeutet. Diese Verträge ziehen aber jedenfalls einen Strich unter eine Periode der Spannungen und Mißverständnisse zwischen Staat und Kirche und bedeuten damit hoffentlich den Anfang einer Periode ruhiger und freundlicher Beziehungen zwischen beiden. Das Verhältnis von Protestantismus und Demokratie im ganzen verliert aber durch sie nur wenig von seinen Schwierigkeiten. Dafür ist es als politisches und geistiges Problem noch zu sehr in Gärung und im Flusse.

Auf welchen Wegen wird sich der wichtigere Teil der Auseinandersetzung, der noch vor uns liegt, vollziehen?

Sicher nicht in der Weise, daß der deutsche Protestantismus sich irgendwie, etwa nach angelsächsischem Vorbilde, mit der deutschen Demokratie identifizierte oder sich auch nur irgendwie ihr anglishe. Die Gemengelage von religiösen und demokratischen Überzeugungen in Amerika, die die Demokratie geradezu auch als religiöse Forderung erscheinen läßt, beruht auf den besonderen Voraussetzungen der amerikanischen Geschichte. In Deutschland bedeutet die Revolution gerade die Religionslosigkeit, mindestens die religiöse Neutralität des Staates — jene konzentrische Lagerung der religiösen und politischen Gedankenwelt, die dem Angelsachsen selbstverständlich ist, ist seitdem und war schon lange vorher auf deutschem Boden ausgeschlossen. Auch abgesehen davon kann von einer inneren Verwandtschaft zwischen dem Staat des demokratischen Staatsbürgertums und der Kirche des allgemeinen Priestertums, wie sie gern etwa im Gegensatz zum autoritären Katholizismus behauptet wird, keine Rede sein: auch die evangelische Kirche ist in erster Linie nicht Genossenschaft, sondern Stiftung, Anstalt, und gerade die Trennung vom Staat zwingt sie, sich mit Schärfe auf diese ihre Eigenart und ihr damit gegebenes Eigenrecht gegenüber der politischen Welt zu besinnen.

Unwahrscheinlich ist auch die Bildung einer evangelischen Partei, etwa nach dem Vorbilde des Zentrums. Die Gründe dafür sind viel erörtert: auf der Hand liegt, daß ein gemeinsames Programm für eine solche Bildung über die Grenzen des unmittelbaren religiösen und kirchenpolitischen Interesses hinaus kaum denkbar ist, daß einer solchen Bildung auch der stille Rückhalt fehlen würde, den — trotz allem — die kirchliche Autorität für das Zentrum bedeutet. Parteibildungen, wie die der niederländischen Geschichte im 19. Jahrhundert oder wie die bescheideneren des „Christlichen Volksdienstes" in Süddeutschland oder des „Christlich-Sozialen Volksdienstes" im Reichstag (der wenigstens bisher nur als eine vorübergehende Erweiterung des württembergischen erscheint) beruhen auf der Homogenität verhältnismäßig enger Kreise und sind daher zur Ausdehnung auf den vielgestaltigen deutschen Gesamtprotestantismus außerstande. Die Voraussetzung für eine evangelische Parteibildung, die den deutschen Protestantismus auch nur einigermaßen politisch repräsentierte, würde sein (abgesehen von nicht vorhersehbaren außerordentlichen geschichtlichen Lagen), daß der Protestantismus in eine eigentliche Minderheitslage gedrängt und dadurch politisch solidarisiert würde. Gegenwärtig ist er aber zwar nicht eine Mehrheit, aber noch weniger eine Minderheit: er durchsetzt das deutsche Volk in allen seinen Teilen und Lebensrichtungen und ist dadurch auf eine ganz andere Art der Auseinandersetzung mit dessen neuer politischer Gestalt angewiesen.

Diese Auseinandersetzung ist in vollem Gange. Umfang und Intensität dieses Vorgangs sind bei der Zersplitterung und Vielgestaltigkeit seiner Orte und Wege, seiner Gegenstände und Methoden, seiner Träger und Ergebnisse nur schwer zu bezeichnen oder gar anschaulich zu machen.

Zu seinen vielleicht nicht wichtigsten, aber bekanntesten Äußerungen gehören die großen Kundgebungen der Deutschen Evangelischen Kirchentage zum sozialen und vaterländischen, zum Schul- und Kirchenproblem. Ihre Bedeutung liegt nicht in ihren inhaltlichen Einzelheiten, und sie teilen die natürliche Schwäche aller durch Ausschußkompromisse zustandegekommenen Versammlungskundgebungen. Sie erfüllen ihre Aufgabe einmal darin, daß sie dem deutschen Volke in diesen repräsentativen Äußerungen etwas von der Fülle theologischer und kirchenpolitischer Kämpfe und Arbeiten nahezubringen suchen, die hinter ihnen stehen und in ihnen einen notgedrungen unvollkommenen Ausdruck finden — sie erfüllen sie sachlich vor allem dadurch, daß sie den seit der Umwälzung veränderten Charakter dieser Fragestellungen zum Bewußtsein bringen. Auch früher hat die Kirche, hat der deutsche Protestantismus zu diesen Fragen Stellung genommen; heute tut er es in einem neuen Sinne, in veränderter Lage, unabhängig vom Staat, und so konstituiert er sich für sein eigenes und für das öffentliche Bewußtsein in seiner neuen Selbständigkeit geradezu erst durch diese Bestimmung und Abgrenzung seiner nunmehrigen Stellung zu der neugeordneten Welt. Wie notwendig das war und noch ist, zeigt der zähe Widerstand gegen den bloßen Gedanken evangelischer Staatskirchenverträge im kirchlichen wie im weltlichen Lager: er beruht in der Hauptsache darauf, daß man sich an den Gedanken des neuen Verhältnisses von Staat und evangelischer Kirche noch nicht gewöhnt, ja ihn überhaupt noch nicht erfaßt hat.

Die Auseinandersetzung zwischen Kirche und Staat, Protestantismus und heutiger Demokratie vollzieht sich auf einer sehr ausgedehnten Front, von den Kundgebungen der Kirchentage und der dauernden Einwirkung des Deutschen Evangelischen Kirchenausschusses auf Gesetzgebung und Verwaltung im Reich bis zu den untersten Stufen des Zusammenwirkens der evangelischen Liebestätigkeit mit der öffentlichen Wohlfahrtspflege. Sachlich handelt es sich dabei weithin um den einfachen Kampf ums Recht der Kirche und des evangelischen Volksteils; darüber hinaus darum, wie die Königsberger Kundgebung es ausdrückt, „in Selbständigkeit und Freimut an Gesetzgebung und Verwaltung die ewigen sittlichen Maßstäbe anzulegen und im gesamten öffentlichen Leben die Forderungen des christlichen Gewissens zu vertreten".

Diese Auseinandersetzung hat einen wichtigen inneren Vorgang innerhalb der Kirche und des Protestantismus zur Voraussetzung und zugleich zur Folge. Religiöse, sittliche, kirchliche Ansprüche können gegenüber Staat und weltlicher Ordnung nur dann geltend gemacht werden, wenn sie selbst wahrhaft das und nur das sind, was sie sein wollen, d. h. gereinigt von aller etwa überkommenen Vermengung mit fremden, politischen, sozialen, kulturellen Färbungen und Nebengedanken. Kein Vorwurf ist in den letzten Jahrzehnten so oft gegen Protestantismus und evangelische Kirche erhoben worden wie der der monarchischen, „nationalen", „bürgerlichen" Verfälschung ihrer Christlichkeit und Kirchlichkeit — aus naheliegenden geschichtlichen Gründen. Vieles an diesen Vorwürfen ist schon vor der Umwälzung unbegründet gewesen. Anderes ist es seit der Umwälzung. Manches ist ein Vorwurf nur von einem Standpunkt aus, der selbst nicht lediglich religiös und kirchlich ist. Jedenfalls ist man von außen und von innen mit Kirche und Protestantismus unbarmherzig ins Gericht gegangen: den Angriffen der politischen Gegner von außen her hat die Kritik der religiösen Sozialisten und der theologischen Bewegung an Entschiedenheit nicht nachgestanden, und das Ergebnis ist, soweit es schon vorliegt, neben mancherlei erfolgreicher Verteidigung viel heilsame Selbstbesinnung. Dieser Besinnung bedarf es vor allem an zwei Punkten. Einmal für den Kampf gegen den Säkularismus, gegen die Emanzipation des Lebens von allen religiösen und sittlichen Bindungen und Wurzeln, seine Auflösung in Anarchie und Dämonie: er kann nur im Namen einer religiösen und sittlichen Forderung aufgenommen werden, die ihrer eigenen Reinheit von allen „säkularen" Motiven gewiß ist. Und weiter für die Auseinandersetzung mit den zahlreichen politischen und sozialen Zumutungen, die als ethische Anforderungen an Kirche und Protestantismus gestellt werden: im Sinne von Nationalismus und Internationalismus, Pazifismus und Sozialismus, Privateigentum und Demokratie, Humanität und Solidarität. Nach evangelischer Überzeugung gibt es keine politischen und sozialen Systeme dieser oder anderer Art mit dauernd gültiger religiöser Begründung, können Kirche und Christentum kein politisches Programm haben. Sie müssen sich Belastungen mit solchem Anspruch daher in entschiedener Auseinandersetzung fernhalten, oft unter Bekämpfung des Religionsersatzes, den jene vielfach darstellen, einerlei ob sie innerhalb oder außerhalb der Kirche gepredigt werden.

An dieser Stelle liegt wohl der Kernpunkt der Mißverständnisse zwischen Demokratie und Protestantismus. Auch Demokratie hat ein Bedürfnis, zu glauben, an sich, an ihre Werte und Würde; sie hat eine gewisse Neigung, Religions- und Kirchenersatz zu sein, zumal in einer säkularisierten Welt; und soweit es säkularisierte religiöse Energien sind, die in ihr lebendig sind, sind sie meist protestantischer Herkunft — wie jene anderen, die früher im

Kapitalismus und später im Sozialismus säkularisiert sind. Um so verletzender empfindet die Demokratie eine gewisse Zurückhaltung der Kirche, zumal beim Vergleich mit deren jahrhundertelangem und heute nicht vergessenem Treueverhältnis zur Monarchie. Sie verkennt dabei die spezifisch und allein religiöse Orientierung der Kirche; sie verkennt auch, daß der deutsche Protestantismus niemals irgendeine Staatsform, auch nicht die Monarchie, grundsätzlich für religiös begründet gehalten, daß er sich der deutschen Monarchie als seiner geschichtlich gegebenen Obrigkeit pflichtmäßig untergeordnet und ihr die Treue erwiesen hat, die er ihr als seiner Schützerin schuldig war — wobei die Gegenwart vergißt, welch strenge und unabhängige Mahnerin die evangelische Kirche gegenüber dieser Monarchie an vielen Orten bis tief ins 19. Jahrhundert hinein gewesen ist. Der heutigen demokratischen Ordnung unterwirft sich die evangelische Kirche als ihrer nunmehrigen geschichtlichen und damit von Gott verordneten Obrigkeit in aller Loyalität. Daß sie einer religionslosen oder doch religiös neutralen Obrigkeit anders gegenübersteht, als einer Obrigkeit, die vor allem anderen das erste Glied der Kirche sein wollte, ist selbstverständlich, und daß sie bewußt oder unbewußt allen Säkularisierungstendenzen und allen Neigungen zu irgendwelchem Religionsersatz widerstrebt, ist ihr gutes Recht. Daß bei der Einordnung in die neue Lage Fehler gemacht worden sind, viele Fehler von beiden Seiten, ist kein Wunder und sollte nunmehr endlich als eine Übergangserscheinung verstanden und nicht mehr überschätzt, sondern vergessen werden.

Der Versuch liegt nahe, den geschichtlichen Ablauf, in dem wir hier darinstehen, zu verdeutlichen durch den Vergleich mit seinem Vorgänger, dem Lösungsprozeß zwischen katholischer Kirche und deutschem Staat im 19. Jahrhundert. Auch dort, zu Beginn des Jahrhunderts, eine Art Revolution, die die Kirche gegen ihren Willen selbständig machte — auch dort als Reaktion der Kirche eine (allerdings durch besondere Zeitumstände begünstigte) Selbstbesinnung und ungeahnte Kraftsteigerung — auch dort auf staatlicher Seite Befremden und Widerstand bis zum offenen Kampf und zur schließlichen neuen Einordnung des katholischen Volksteils und der katholischen Kirche in die politische Gesamtordnung

Deutschlands. Auch die notgedrungene Auseinandersetzung der Kirche mit den politischen und sozialen Problemen des ausgehenden 19. und beginnenden 20. Jahrhunderts — erinnert sei nur an die Reihe der großen Enzykliken — liefert gewisse Parallelen. Lehrreich sind aber vor allem die Unterschiede.

Das Rückgrat der katholischen Gesellschaftslehre bildet der Gedanke eines vernünftigen, einsehbaren Naturrechts, das der katholischen Lehre von der Zusammenordnung von Staat und Kirche der Gedanke eines geoffenbarten göttlichen Rechts — beide in dauernder Geltung, in einer Kirche mit einer obersten rechtlichen und dogmatischen Entscheidungsinstanz von dieser maßgebend ausgelegt. Die Stellungnahme des Katholizismus zu Staat und Gesellschaft vollzieht sich weithin in der Form solcher Auslegung — sie liegt damit von Rechts wegen wenigstens grundsätzlich in den Händen der päpstlichen Politik.

Die entsprechende Frage liegt für evangelische Auffassung viel verwickelter, sowohl was die Annahme irgendwelcher derartiger etwa aus Naturrecht abzuleitender Normen überhaupt, als auch was deren Inhalt angeht. Sodann erscheint die Anwendung solcher letzten Normen oder Prinzipien hier viel mehr als konkrete Entscheidung angesichts der konkreten, hier insbesondere der geschichtlichen Lage. Und endlich ist diese Anwendung völlig anders organisiert und formuliert. Sosehr sie Gewissensentscheidung ist, sowenig ist sie darum individuelle Willkür, und wo es sich um Entscheidung der Kirche, der Glaubensgenossen überhaupt gegenüber dem Staat, dem neuen Staat der Weimarer Verfassung handelt, wird sie hervorgehen aus eindringendster Auseinandersetzung der Frömmigkeit und des theologischen Denkens. Das Verhältnis des deutschen Protestantismus zur heutigen deutschen Demokratie ist seit der Umwälzung der Gegenstand einer solchen Auseinandersetzung zwischen den kirchlichen und theologischen Richtungen, theologischer Führung und religiöser und kirchlicher Besinnung in der Gemeinde, zuweilen in offiziellen Kundgebungen objektiviert, wie in denen der Kirchentage, vor allem aber der Gegenstand einer fortdauernden und tiefgehenden geistigen Bewegung. Diese Bewegung wird auf alle Fälle ein bedeutendes Kapitel in der Geschichte der deutschen evangelischen Kirche und Theologie, aber auch des deutschen

Geistes und des deutschen Volkes im ganzen darstellen. Ob ihr
Ergebnis eine einfache und eindeutige Antwort und Haltung auf
die ihr gestellte Frage sein wird, steht noch dahin. Oberflächliche
Beurteiler finden darin eine Schwäche im Vergleich mit der politisch,
dogmatisch, juristisch so viel geschlosseneren Haltung des Katholizismus. Sie übersehen dabei, daß der Protestantismus hier in anderer Richtung die größere produktive Chance hat. Einmal deswegen, weil er hier Stellung nimmt nicht aus einem Schema heraus,
im Sinne einer im Grunde sich immer gleichbleibenden kirchlichen
Haltung. Er kann stärker als der Katholizismus versuchen, die
Lage von heute in ihrer Einmaligkeit auszuschöpfen, ihre einmalige
Frage aus der Fülle religiös-sittlicher Besinnung heraus zu beantworten und damit einen Standpunkt von ganz anderer konkreter
Produktivität zu gewinnen. Er kann seine Antwort nur auf Grund
einer Auseinandersetzung mit den letzten Tiefen der heutigen
Staats- und Kulturkrise geben — diese Antwort und ihre Ge-
winnung ist dafür aber auch ein ganz unmittelbarer Beitrag zur
Überwindung eben dieser Krise. Dazu kommt, daß er zu dieser
Krise in stärkerer innerer Beziehung steht als der Katholizismus.
Sie ist zum guten Teile aus ihm selbst heraus entstanden — zur
individualistischen, zur demokratischen Emanzipation hat er ein
spannungsreiches und darum produktives Verhältnis innerer Gegensätze, aber auch innerer, nicht nur geschichtlich begründeter Beziehungen.

Daß hier für den Protestantismus eine andere und wahrscheinlich
größere Chance vorliegt, mag man auch aus der Art ablesen, wie
der Katholizismus, der sich unmittelbar nach der Revolution in der
Bewegung des deutschen Geistes ganz unzweideutig führend im
Kampfe gegen die Krise eingeschaltet hatte, hier offenbar zurückgetreten und weithin durch spezifisch evangelische Geistesmächte
abgelöst worden ist, denen im Ringen um diese Aufgabe zugleich
ein vielfach überraschender Einfluß auf andere Gebiete, gerade auch
auf die der Staats- und Sozialtheorie, eine Art wissenschaftlicher,
geistiger Schlüsselstellung zugefallen ist. Deren Leistung wird nicht
eine autoritative, einhellig befolgte Lehrmeinung sein, aber eine
religiös-geistige Kraftwirkung. Der Protestantismus ist Träger
solcher Wirkungen nicht als formell geschlossene Macht, wie der

Katholizismus, sondern als ein diffuses Element, verteilt und wirksam durch alle geistigen, politischen, religiösen Kreise des heutigen Deutschlands hindurch. Er wird nicht geschlossen hinter einer Enzyklika stehen — er wird stets Absplitterungen von seiner Haltung dulden, ohne sie als Häresien abzulehnen, wie etwa den religiösen Sozialismus, und wird es begrüßen, wenn er auch für sie die letzte tragende Gemeinschaft bleibt. So wird er nicht das Gewicht einer starken und geschlossenen politischen Partei oder Kirche aufbringen, um so mehr aber das „moralische" unmittelbarer geistiger Kraftwirkung.

Der Katholizismus hat der deutschen Demokratie den Dienst getan, ihr aus seiner naturrechtlichen Grundhaltung zum Staat heraus in ihrem Geburtsstadium auf die Bahn der verfassungsmäßigen Konsolidierung zu helfen, und er ist seitdem eine der stärksten und zuverlässigsten Stützen dieser Konsolidierung. Er hat ihr nicht geben können das Maß geistiger Homogenität, das die Voraussetzung einer innerlich angeeigneten Demokratie in einem entwickelten Kulturvolke ist, und ebensowenig die letzte Legitimität, deren auch eine demokratische Verfassung in ihrer Weise bedarf. Es ist denkbar, daß diese Wirkungen durch unvorhersehbare elementare Ereignisse irgendwelchen Charakters herbeigeführt werden — wahrscheinlicher und zu hoffen, daß das Ziel auf dem Wege geistig-sittlicher Überwindung der Kultur- und Staatskrise erreicht werden wird. Die geistige Macht in Deutschland, von der diese Überwindung nach menschlichem Ermessen allein zu erwarten ist, ist der deutsche Protestantismus. Von ihm hat die deutsche Demokratie für diese ihr noch bevorstehende Aufgabe mehr zu hoffen, als von irgendeiner der Mächte, auf die sie heute als ihre eigentlichen Stützen und Bundesgenossen zu zählen pflegt.

Theologische Studien. Heft 104. EVZ-Verlag Zürich [jetzt: Theologischer Verlag Zürich]
1970, S. 49—82 (erstmals veröffentlicht 1946 als Heft 20 der ›Theologischen Studien‹).

CHRISTENGEMEINDE UND BÜRGERGEMEINDE *

Von KARL BARTH

1

Wir verstehen unter 'Christengemeinde' das, was man sonst als
'*Kirche*', unter 'Bürgergemeinde' das, was man sonst als '*Staat*'
bezeichnet. Die Verwendung des einen Begriffs 'Gemeinde' zur
Bezeichnung beider Größen mag zunächst gleich zum vornherein
auf die zwischen den beiden bezeichneten Größen bestehende positive Beziehung und Verbindung hinweisen. In ähnlicher Absicht
hat wohl einst Augustin bei Behandlung desselben Themas von der
civitas coelestis und terrena, hat Zwingli von göttlicher und menschlicher Gerechtigkeit geredet. Darüber hinaus soll der doppelte Gebrauch des Begriffs 'Gemeinde' zum vornherein darauf aufmerksam
machen, daß wir es in 'Kirche' und 'Staat' nicht nur und nicht in
erster Linie mit Institutionen und Ämtern, sondern mit Menschen
zu tun haben, die zur Bearbeitung und im Dienst gemeinsamer Aufgaben in einem 'gemeinen Wesen' zusammengefaßt sind. Die Interpretation des Wortes 'Kirche' durch 'Gemeinde' ist in den letzten
Jahrzehnten mit Recht wieder bekannt und üblich geworden. Der
dem Wort 'Christengemeinde' gegenübergestellte Helvetizismus
'Bürgergemeinde' — im schweizerischen Dorf tagen oft hinterein-
ander im gleichen Lokal und in Personalunion der Mehrheit aller
Beteiligten die Einwohner-, die Bürger- und die Kirchgemeinde —
mag die Christen immerhin daran erinnern, daß es 'Gemeinde' auch
außerhalb ihres besonderen Kreises gibt und immer gegeben hat:
den Staat, die politische Gemeinde.

---

* Über dieses Thema habe ich im vergangenen Sommer in Berlin,
Göttingen, Papenburg, Godesberg und Stuttgart gesprochen. Der Vortrag
erscheint hier in überarbeiteter und ergänzter Gestalt.

Die 'Christengemeinde' (Kirche) ist das Gemeinwesen derjenigen Menschen eines Ortes, einer Gegend, eines Landes, die als 'Christen' durch die Erkenntnis und zum Bekenntnis Jesu Christi aus den Übrigen im besonderen herausgerufen und vereinigt sind. Die Sache, der Sinn und Zweck dieser 'Versammlung' (ekklesia) ist das gemeinsame Leben dieser Menschen in einem, dem Heiligen Geiste, d. h. im Gehorsam gegen das eine Wort Gottes in Jesus Christus, das sie alle schon gehört haben und alle wieder zu hören bedürftig und begierig, das weiterzugeben sie alle verbunden sind, ihr Leben als Glieder des Leibes, dessen Haupt Jesus Christus ist. Dieses Leben der Christengemeinde stellt sich innerlich dar als der eine Glaube, die eine Liebe, die eine Hoffnung, von denen alle ihre Glieder bewegt und getragen sind und äußerlich als das gemeinsame Bekenntnis, zu dem sie alle stehen, als ihre gemeinsam anerkannte und ausgeübte Verantwortlichkeit für die Verkündigung des Namens Jesu Christi an alle Menschen, als ihre gemeinsam vollzogene Anbetung und Danksagung. Indem dies ihre Sache ist, ist jede einzelne Christengemeinde als solche ökumenisch (katholisch), d. h. bis zur Einheit solidarisch mit den Christengemeinden aller anderen Orte, Gegenden und Länder.

Die 'Bürgergemeinde' (Staat) ist das Gemeinwesen aller Menschen eines Ortes, einer Gegend, eines Landes, sofern sie unter einer für einen jeden und für alle in gleicher Weise gültigen und verbindlichen, durch Zwang geschützten und durchgesetzten Rechtsordnung beieinander sind. Die Sache, der Sinn und Zweck dieses Beieinanderseins (die Sache der polis, die politische Aufgabe) ist die Sicherung sowohl der äußeren, relativen, vorläufigen Freiheit der einzelnen als auch des äußeren, relativen, vorläufigen Friedens ihrer Gemeinschaft und insofern die Sicherung der äußeren, relativen, vorläufigen Humanität ihres Lebens und Zusammenlebens. Die drei wesentlichen Gestalten, in denen diese Sicherung sich vollzieht, sind: die Gesetzgebung, in der die für alle gültige Rechtsordnung zu fixieren, die Regierung und Verwaltung, in der sie praktisch anzuwenden, die Rechtspflege, mittels derer über ihre Tragweite in Zweifels- und Konfliktsfällen zu entscheiden ist.

2

Blicken wir von der Christengemeinde hinüber zur *Bürger-gemeinde,* so fällt uns als Unterschied zunächst dies in die Augen, daß die Christen dort nicht mehr als solche unter sich, sondern mit Nicht-Christen (oder zweifelhaften Christen) beieinander sind. Die Bürgergemeinde umfaßt ja eben alle Menschen des betreffenden Bereiches. Und so hat sie kein allen gemeinsames Bewußtsein ihres Verhältnisses zu Gott. So kann dieses kein Element der in ihr aufgerichteten und gültigen Rechtsordnung bilden. So kann man in ihren Angelegenheiten weder an das Wort noch an den Geist Gottes appellieren. Die Bürgergemeinde als solche ist geistlich blind und unwissend. Sie hat weder Glauben noch Liebe noch Hoffnung. Sie hat kein Bekenntnis und keine Botschaft. In ihr wird nicht gebetet, und in ihr ist man nicht Bruder und nicht Schwester. In ihr kann nur gefragt werden, wie Pilatus fragte: Was ist Wahrheit? weil jede Antwort auf diese Frage ihre Voraussetzung aufheben würde. 'Toleranz' ist in 'religiöser' Hinsicht — 'Religion' ist hier das letzte Wort zur Bezeichnung jener anderen Sache — ihre letzte Weisheit. Eben darum hat sie auch nur äußerliche, nur relative, nur vorläufige Aufgaben und Ziele. Eben darum hat sie das, ist sie aber auch be-lastet und verunziert durch das, was die Christengemeinde wesens-mäßig entbehren darf: die physische Macht, den 'weltlichen Arm', um sich als die Vereinigung aller in ihrem Bereich Befindlichen durch Drohung und Anwendung von Gewalt allen gegenüber durch-zusetzen. Eben darum fehlt ihr, was der Christenheit wesentlich ist: die ökumenische Weite und Freiheit. Die polis hat Mauern. Es hat jedenfalls bis auf diesen Tag faktisch immer nur mehr oder weniger bestimmt gegeneinander abgegrenzte lokale, regionale, na-tionale und als solche miteinander konkurrierende und kollidierende Bürgergemeinden (Staaten) gegeben. Und eben darum ist sie ohne Ge-währ und Korrektiv gegenüber der Gefahr, sich selbst und ihre Rechts-ordnung entweder zu vernachlässigen oder absolut zu setzen und so oder so sich selbst zu zerstören und aufzuheben. Man kann von der Kirche her wirklich nicht zum Staat hinüberblicken, ohne gewahr zu werden, in wieviel schwächerer, dürftigerer und bedrohterer Weise die Menschen in dieser anderen 'Gemeinde' beieinander sind.

3

Aber es wäre nicht ratsam, sich bei dieser Feststellung allzu lange aufzuhalten. „In der noch nicht erlösten Welt" steht nach der fünften These der ›Theologischen Erklärung‹ von Barmen (1934) auch die *Christengemeinde* und es gibt unter den den Staat bedrückenden Problemen keines, welches nicht irgendwie auch die Kirche berührte. Christen und Nicht-Christen, wahre und zweifelhafte Christen sind ja auch in ihr von ferne nicht reinlich voneinander zu scheiden. Hat am Abendmahl des Herrn nicht auch Judas, der Verräter, teilgenommen? Bewußtsein von Gott ist Eines, Sein in Gott ein Anderes. Das Wort und der Geist Gottes sind in der Christengemeinde ebenso unverfügbare Größen wie in der Bürgergemeinde. Ihr Bekenntnis kann erstarren und leer werden, ihre Liebe erkalten, ihre Hoffnung zu Boden fallen, ihre Botschaft verblöden und wohl gar gänzlich verstummen, ihre Anbetung und Danksagung zur bloßen Form werden, ihre Gemeinschaft verflachen und zerfallen. Auch die Kirchgemeinde 'hat' ja weder den Glauben noch die Liebe noch die Hoffnung. Es gibt tote Kirche, und man braucht sich leider nirgends weit nach solcher umzusehen. Und wenn die Kirche in der Regel auf den Gebrauch physischer Gewalt verzichtet und also kein Blut vergossen hat, so war das gelegentlich doch nur darin begründet, daß sie dazu keine Möglichkeit hatte: an anderweitigem Kampf um Machtpositionen hat es jedenfalls auch in ihrem Raume nie ganz gefehlt. Wiederum waren und sind neben anderen und tiefer greifenden zentrifugalen Faktoren auch die lokalen, regionalen und nationalen Verschiedenheiten ihrer Existenzweise stark und die ihr wesentlichen zentripetalen Kräfte schwach genug, um auch die Einheit der Christengemeinden unter sich weithin völlig in Frage zu stellen und darum eine besondere 'ökumenische Bewegung' wünschenswert und notwendig zu machen. Es besteht also gewiß kein Anlaß, von der Christengemeinde her aus allzu großer Höhe auf die Bürgergemeinde herunterzublicken.

4

Noch wichtiger ist aber die *positive* Beziehung, die sich daraus ergibt, daß die konstitutiven Elemente der Bürgergemeinde auch der Christengemeinde eigentümlich und unentbehrlich sind. Der Name und Begriff ekklesia selbst ist Leihgut aus dem politischen Bereich. Auch die Christengemeinde lebt und handelt im Rahmen einer für alle ihre Glieder verbindlichen Rechtsordnung, eines 'Kirchenrechts', das ihr zwar nicht Selbstzweck sein kann, das als „Zeichen der Herrschaft Christi" (A. de Quervain, Kirche, Volk und Staat, 1945, S. 158) aufzurichten sie aber doch nicht unterlassen kann. Auch die Christengemeinde existiert immer und überall als eine politeia mit bestimmten Autoritäten und Ämtern, Gemeinschaftsformen und Arbeitsteilungen. Was im staatlichen Leben die Legislative, die Exekutive, die Justiz ist, das hat, wie frei und fließend es sich hier gestalte, wie 'geistlich' es hier begründet und gemeint sein mag, seine deutlichen Parallen auch im kirchlichen Leben. Und wenn die Christengemeinde nicht alle Menschen, sondern eben nur die Christen — die sich als Christen bekennen und mit mehr oder weniger Ernst Christen sein möchten — umfaßt, so strebt sie, die zum „Licht der Welt" eingesetzt ist, von diesen Wenigen oder Vielen doch zu allen Menschen. Ihnen gegenüber bekennt sie, ihnen gilt die ihr aufgetragene Botschaft. Im engeren und weiteren Bereich des Ortes, der Gegend, des Landes allem Volk zu dienen ist der Sinn ihrer Existenz nicht weniger als der der Bürgergemeinde. Wir lesen 2 Tim 2, 1-7, daß eben der Gott, dem es recht und angenehm ist, daß die Christen als solche ein ruhiges und stilles Leben führen in aller Gottseligkeit und Ehrbarkeit, will, daß allen Menschen geholfen werde und sie zur Erkenntnis der Wahrheit kommen und daß die Christen eben darum für alle Menschen und insbesondere für die „Könige", d. h. für die, die im staatlichen (alle Menschen umfassenden) Bereich Träger besonderer Verantwortlichkeit sind, zu beten haben. Nicht apolitisch, sondern politisch existiert in diesem Sinn auch die Christengemeinde. Es kommt dazu, daß der Gegenstand der Verheißung und Hoffnung, in dem die Christengemeinde ihr ewiges Ziel hat, nach den unmißverständlichen Angaben des Neuen Testamentes gerade nicht in einer ewigen

Kirche besteht, sondern in der von Gott gebauten, vom Himmel auf die Erde kommenden polis, in deren Licht die Völker wandeln und in die die Könige der Erde ihre Herrlichkeit bringen werden (Offb 21, 2. 24) — in einem himmlischen politeuma (Phil 3, 20) — in Gottes basileia — in der richterlichen Entscheidung des seinen Thron einnehmenden Königs Jesus (Mt 25, 31 f.). Man wird von da aus von einer gerade allerletztlich hochpolitischen Bedeutung der Existenz der Christengemeinde reden dürfen und müssen.

5

Und nun weiß gerade die Christengemeinde um die *Notwendigkeit* der besonderen Existenz der Bürgergemeinde. Sie weiß nämlich, daß alle Menschen (die Nicht-Christen und die Christen!) dessen bedürftig sind, 'Könige' zu haben, d. h. unter einer durch überlegene Autorität und Gewalt geschützten, äußerlichen, relativen und vorläufigen Rechtsordnung zu stehen. Sie weiß, daß deren in ihrer Eigentlichkeit, Ursprünglichkeit und Endgültigkeit zu offenbarende Gestalt das ewige Königreich Gottes ist und die ewige Gerechtigkeit seiner Gnade. Sie selbst verkündigt sie primär und ultimativ in dieser ewigen Gestalt. Sie preist aber Gott dafür, daß sie „in der noch nicht erlösten Welt" auch eine äußerliche, relative, vorläufige Gestalt hat, in der sie auch unter der Voraussetzung der unvollständigen und getrübtesten Erkenntnis Jesu Christi, ja faktisch auch ohne sie gültig und wirksam ist. Diese äußerliche, relative, vorläufige, aber darum nicht ungültige, nicht unwirksame Gestalt der Rechtsordnung ist die Bürgergemeinde. Die Christengemeinde — und in ganzem Ernst nur sie! — weiß um ihre Notwendigkeit. Sie weiß nämlich — indem sie um Gottes Reich und Gnade weiß — um des Menschen Übermut und um dessen schlechthin zerstörerische Konsequenzen. Sie weiß, wie gefährlich der Mensch ist und wie gefährdet durch sich selber. Sie kennt ihn als Sünder, d. h. als das Wesen, das beständig im Begriff steht, die Schleusen zu öffnen, durch die, wenn ihm nicht gewehrt würde, das Chaos, das Nichts hereinbrechen und seiner Zeit ein Ende setzen müßte. Sie kann die Zeit, die ihm gelassen ist, nur als 'Gnadenzeit' verstehen in dem doppelten Sinn: als Zeit, die ihm dazu gegeben ist, Gottes *Gnade* zu erkennen und zu ergreifen — und als Zeit, die ihm eben dazu *durch* Gottes Gnade gegeben ist. Sie selbst, die Christengemeinde, existiert in dieser dem Menschen gelassenen Zeit: in dem Raum, in welchem des Menschen zeitliches Leben noch immer vor dem Chaos — sein Einbruch müßte an sich längst fällig sein — geschützt ist. Das sichtbare Mittel dieses Schutzes erkennt sie in der Existenz der Bürgergemeinde, in der Tatsache der im staatlichen Wesen stattfindenden Bemühung um eine äußerliche, relative, vorläufige Humanisierung des menschlichen Daseins in der Verhinderung des Schlimmsten, die dadurch garantiert ist, daß es für alle (für Nicht-Christen und Christen: sie haben es beide nötig, denn des Menschen gefährlicher Übermut ist in beiden lebendig!) eine politische Ordnung gibt, unter der — sehe jeder, wo er stehe! — die Bösen bestraft, die Guten belohnt werden (Röm 13, 3; 1 Petr 2, 14). Sie weiß, daß es ohne sie auch keine christliche Ordnung gäbe. Sie weiß und sie dankt Gott dafür, daß sie — als innerer Kreis inmitten jenes weiteren (vgl. O. Cullmann, Königsherrschaft Christi und Kirche im Neuen Testament, 1941) — im Schutz der Bürgergemeinde existieren darf.

6

Indem sie das weiß, erkennt sie in der Existenz der Bürgergemeinde — ohne Rücksicht auf das Christentum oder Nicht-Christentum ihrer Angehörigen und Funktionäre und auch ohne Rücksicht auf ihre besondere Gestalt und Wirklichkeit — nicht weniger als in ihrer eigenen Existenz die Auswirkung einer *göttlichen Anordnung* (ordinatio, Einsetzung, Stiftung), eine exusia, die nicht ohne, sondern nach Gottes Willen ist und wirksam ist (Röm 13, 1b). Wo Bürgergemeinde, wo Staat ist, da haben wir es, wieviel menschlicher Irrtum und menschliche Willkür dabei im einzelnen mitlaufen mag, in der Sache nicht etwa mit einem Produkt der Sünde, sondern mit einer der Konstanten der göttlichen Vorsehung und Weltregierung in ihrer zugunsten des Menschen stattfindenden Gegenwirkung gegen die menschliche Sünde und also mit einem Instrument der göttlichen Gnade zu tun. Die Bürgergemeinde hat mit der

Christengemeinde sowohl den Ursprung als auch das Zentrum gemeinsam. Sie ist Ordnung der göttlichen *Gnade,* sofern diese — in ihrem Verhältnis zum sündigen Menschen als solchem, im Verhältnis zu der noch unerlösten Welt — immer auch *Geduld* ist. Sie ist das Zeichen dafür, daß auch die noch (oder schon wieder) der Sünde und also dem Zorn verfallene Menschheit in ihrer ganzen Unwissenheit und Lichtlosigkeit von Gott nicht verlassen, sondern bewahrt und gehalten ist. Sie dient ja dazu, den Menschen vor dem Einbruch des Chaos zu schützen und also ihm Zeit zu geben: Zeit für die Verkündigung des Evangeliums, Zeit zur Buße, Zeit zum Glauben. Indem in ihr „nach dem Maß menschlicher Einsicht und menschlichen Vermögens" und „unter Androhung und Ausübung von Gewalt" (Barmer These 5) für die Aufrichtung menschlichen Rechtes und (in dem damit gegebenen äußerlichen, relativen, vorläufigen Sinn) für Freiheit, Frieden und Humanität gesorgt wird, steht sie unabhängig von dem Ermessen und Wollen der beteiligten Menschen faktisch in diesem bestimmten Dienst der Vorsehung und des Heilsplanes Gottes. Sie hat also keine vom Reich Jesu Christi abstrahierte, eigengesetzlich begründete und sich auswirkende Existenz, sondern sie ist — außerhalb der Kirche, aber nicht außerhalb des Herrschaftskreises Jesu Christi — ein Exponent dieses seines Reiches. Sie gehört eben nach neutestamentlicher Erkenntnis zu den „Gewalten", die in ihm geschaffen und durch ihn zusammengehalten sind (Kol 1, 16 f.), die uns von der Liebe Gottes darum nicht scheiden können (Röm 8, 37 f.), weil sie, wie in der Auferstehung Jesu Christi offenbar geworden ist, in ihrer Gesamtheit ihm übergeben und zur Verfügung gestellt sind (Mt 28, 18). Gottesdienst ist also nach dem ausdrücklichen Apostelwort (Röm 13, 4. 6) auch das Handeln des Staates. Es kann als solches pervertiert werden, wie ja auch das Handeln der Kirche, wie auch ihr Gottesdienst der Perversion nicht einfach entzogen ist. Der Staat kann das Gesicht und den Charakter des Pilatus annehmen. Er handelt aber auch dann in der Gewalt, die ihm von Gott gegeben ist (Joh 19, 11). Und daß und in welchem Sinn und Maß er pervers handelt, wird dann gerade von da — und mit Bestimmtheit nur von da aus beurteilt werden können, daß er nach seinem Sinn und Auftrag auch dann im Dienste Gottes handelt, dem er auch in seiner Perversion nicht entlaufen

kann, an dessen Gesetz er aber gemessen ist. Die Christengemeinde
anerkennt darum, „in Dank und Ehrfurcht gegen Gott die Wohltat
dieser seiner Anordnung" (Barmer These 5). Die Wohltat, die sie
anerkennt, besteht in der durch die Existenz der politischen Gewalt
und Ordnung stattfindenden äußerlichen, relativen und vorläufigen
Heiligung der unheilen Welt. In welchen konkreten Stellungnahmen den je besonderen politischen Gestalten und Wirklichkeiten
gegenüber diese christliche Anerkennung sich darstellen wird, kann
dabei noch völlig offen bleiben. Sicher ausgeschlossen ist von da aus
eines: die Entscheidung für die Indifferenz, ein apolitisches Christentum. Die Kirche kann sich gegenüber der Erscheinung einer mit
ihrem eigenen Auftrag in so klarem Zusammenhang stehenden Anordnung auf keinen Fall gleichgültig, auf keinen Fall neutral verhalten. Das wäre die Widersetzlichkeit, von der es Röm 13, 2 heißt,
daß sie sich unmittelbar gegen Gott selbst richten würde und daß
sie dessen Gericht auf sich ziehen müßte.

7

Kirche muß *Kirche bleiben*. Es muß bei ihrer Existenz als *innerer*
Kreis des Reiches Christi sein Bewenden haben. Die Christengemeinde hat eine Aufgabe, die ihr durch die Bürgergemeinde nicht
abgenommen werden und der sie auch ihrerseits nie in den Formen
nachgehen kann wie die Bürgergemeinde der ihrigen. Es geschähe
auch nicht zum Heil der Bürgergemeinde, wenn die Christengemeinde in ihrer Mitte etwa nach R. Rothes Rat in ihr aufgehen wollte
und also die ihr kategorisch vorgeschriebene *besondere* Aufgabe
versäumen würde. Sie verkündigt die Herrschaft Jesu Christi und
die Hoffnung auf das kommende Reich Gottes. Die Bürgergemeinde
als solche tut das nicht; sie hat keine solche Botschaft auszurichten;
sie ist darauf angewiesen, daß sie ihr ausgerichtet werde. Sie ist
nicht in der Lage, an Gottes Autorität und Gnade zu appellieren;
sie ist darauf angewiesen, daß dies anderswo geschieht. Sie betet
nicht; sie ist darauf angewiesen, daß für sie gebetet werde. Sie ist
blind für das Woher? und Wohin? der menschlichen Existenz, für
deren äußerliche, relative, vorläufige Begrenzung und Bewahrung

sie zu sorgen hat; sie ist darauf angewiesen, daß es anderswo sehende Augen gibt. Sie kann die menschliche Hybris nicht grundsätzlich in Frage stellen, und sie weiß von keiner definitiven Abwehr des von daher drohenden Chaos; sie ist darauf angewiesen, daß es in dieser Hinsicht anderswo letzte Erkenntnisse und Worte gibt. Das Denken und die Sprache der Bürgergemeinde schwankt notwendig hin und her zwischen einem allzu kindlichen Optimismus und einem allzu grämlichen Pessimismus hinsichtlich des Menschen — wie selbstverständlich erwartet sie von einem jeden das Beste, um dann doch auch einen jeden ebenso selbstverständlich aufs schlimmste zu beargwöhnen! — sie rechnet offenbar damit, daß ihre Anthropologie von anderswoher radikal überboten und damit dann auch relativ gerechtfertigt sei und relativ zurechtgestellt werde. Ein Aufhören der besonderen Existenz der Christengemeinde ist entscheidend darum nicht möglich, weil es nur im Akt höchsten Ungehorsams der Christen dazu kommen könnte. Es ist aber auch darum nicht möglich, weil damit die Stimme der letztlich einzigen Hoffnung und Hilfe, die alles Volk von dorther zu hören nötig hat, verstummen würde.

8

Die Christengemeinde *beteiligt* sich aber gerade in Erfüllung ihrer *eigenen* Aufgabe auch an der Aufgabe der Bürgergemeinde. Indem sie an Jesus Christus glaubt und Jesus Christus verkündigt, glaubt und verkündigt sie ja den, der wie der Herr der Kirche so auch der Herr der Welt ist. Und ihre Glieder befinden sich ja, indem sie jenem inneren Kreis angehören, automatisch auch in jenem äußeren, können also mit dem ihnen befohlenen Werk des Glaubens, der Liebe und der Hoffnung an der Grenze dieser beiden Bereiche, obwohl seine Gestalt hüben und drüben entsprechend den verschiedenen Aufgaben eine verschiedene sein wird, nicht Halt machen. Im Raum der Bürgergemeinde ist die Christengemeinde mit der Welt solidarisch und hat sie diese Solidarität resolut ins Werk zu setzen. Die Christengemeinde betet für die Bürgergemeinde. Sie tut das gerade darum erst recht, weil die Bürgergemeinde als solche nicht zu beten pflegt. Indem sie aber für sie betet, macht

sie sich Gott gegenüber für sie verantwortlich, und sie würde das
nicht ernstlich tun, wenn sie es beim Beten für sie sein Bewenden
haben lassen, wenn sie nicht, eben indem sie für sie betet, auch tätig
für sie arbeiten würde. Darin besteht aber ihr tätiges Eintreten für
die Bürgergemeinde, daß sie deren Gewalt als eine Auswirkung
göttlicher Anordnung als auch für sie bindend, als auch sie verpflichtend gelten läßt, daß sie deren Ordnung als auch für sie sinnvoll und recht respektiert. Darin besteht dieses tätige Eintreten,
daß sie auch sich selbst der Sache der Bürgergemeinde nach dem
Wort des Apostels (Röm 13, 1a) unter allen Umständen (und also
mit welcher politischen Gestalt und Wirklichkeit sie es in concreto
zu tun habe) „unterordnet". Luthers Übersetzung redet von „Un-
tertansein" und sagt damit etwas gefährlich anderes als das Gemeinte. Das Gemeinte ist nämlich gerade nicht dies, daß die Christengemeinde und die Christen der Bürgergemeinde oder ihren
Funktionären einen möglichst blinden Untertanen- und Jawohl-
Gehorsam entgegenbringen, sondern nach Röm 13, 6 f. dies, daß sie
das von ihnen zur Begründung, Erhaltung und Behauptung der
Bürgergemeinde und zur Durchführung von deren Aufgabe Ver-
langte darum zu leisten hätten, weil sie, obwohl sie Christen und
als solche anderswo beheimatet sind, auch in diesem äußeren Kreis
existieren, weil Jesus Christus der Mittelpunkt auch dieses äußeren
Kreises ist, weil also für dessen Bestand auch sie verantwortlich
sind. „Unterordnung" bedeutet den Vollzug dieser *Mitverantwortung*, in der die Christen sich mit den Nicht-Christen an dieselbe
Aufgabe begeben, derselben Regel unterstellen. Die Unterordnung
gilt der so oder so, besser oder schlechter vertretenen *Sache* der
Bürgergemeinde und dieser darum, weil auch sie (und also nicht
allein die Sache der Christengemeinde!) des einen Gottes Sache ist.
Paulus hat Röm 13, 5 ausdrücklich hinzugefügt, daß diese 'Unterordnung' nicht fakultativ, sondern notwendig sei und notwendig
nicht nur 'um des Zornes willen': aus gesetzlicher Furcht vor dem
im anderen Fall unvermeidlichen Konflikt mit einem dunklen Gebot
Gottes, sondern „um des Gewissens willen": im klaren evangelischen Wissen um die göttliche Gnade und Geduld, die sich auch in
der Existenz des Staates manifestiert und also eben: in voller Verantwortlichkeit gegenüber dem für den Christen auch in dieser

Sache offenbaren Willen Gottes, im Zuge des aus einem freien Herzen kommenden Gehorsams, den der Christ ihm hier wie im Raum der Kirche — wenn auch hier mit einem anderen Zweck als dort (er gibt dem Kaiser, was des Kaisers und Gott, was Gottes ist, Mt 21, 22) — entgegenbringt.

9

Die Christengemeinde hat, indem sie sich für die Bürgergemeinde mitverantwortlich macht, den verschiedenen politischen Gestalten und Wirklichkeiten gegenüber keine ihr notwendig eigentümliche Theorie zu vertreten. Sie ist nicht in der Lage, eine Lehre als *die* christliche Lehre vom rechten Staat aufzustellen. Sie ist auch nicht in der Lage, auf eine schon vollzogene Verwirklichung des vollkommenen Staates hinzuweisen oder die Herstellung eines solchen in Aussicht zu nehmen. Es gibt, aus Gottes im Glauben vernommenen Wort geboren, nur einen Leib Christi. Es gibt also keinen der christlichen Kirche entsprechenden christlichen Staat, kein Duplikat der Kirche im politischen Raum. Denn wenn der Staat als Auswirkung einer göttlichen Anordnung, als die' Erscheinung einer jener Konstanten der göttlichen Vorsehung und der von ihr regierten Weltgeschichte im Reiche Christi ist, so heißt das nicht, daß Gott in einer staatlichen Gemeinschaft als solcher offenbar sei, geglaubt und erkannt werde. Die in seiner Existenz stattfindende Auswirkung göttlicher Anordnung besteht darin, daß es da Menschen (ganz abgesehen von Gottes Offenbarung und ihrem Glauben) faktisch übertragen ist „nach dem Maß menschlicher Einsicht und menschlichen Vermögens" für zeitliches Recht und zeitlichen Frieden, für eine äußerliche, relative, vorläufige Humanisierung der menschlichen Existenz zu sorgen. Dementsprechend sind schon die verschiedenen politischen Gestalten und Systeme menschliche Erfindungen, die als solche nicht den Charakter der Offenbarung tragen, nicht als solche bezeugt werden und also auch nicht Anspruch auf Glauben erheben können. Indem die Christengemeinde sich für die Bürgergemeinde mitverantwortlich macht, beteiligt sie sich — von Gottes Offenbarung und von ihrem Glauben her — an dem menschlichen Fragen nach der besten Gestalt, nach dem sachgemäßesten System des politischen Wesens, ist sie sich aber auch der Grenzen aller vom Menschen auffindbaren (auch der unter ihrer eigenen Mitwirkung aufzufindenden) politischen Gestalten und Systeme bewußt, wird sie sich also wohl hüten, *ein* politisches Konzept — und wenn es das 'demokratische' wäre — als *das* christliche gegen alle anderen auszuspielen. Sie hat, indem sie das Reich Gottes verkündigt, allen politischen Konzepten gegenüber ihre Hoffnungen, aber auch ihre Fragen geltend zu machen. Und das gilt auch und erst recht von allen politischen Verwirklichungen. Wird sie ihnen gegenüber zugleich nachsichtiger und strenger, geduldiger und ungeduldiger sein als die an dieser Sache beteiligten Nicht-Christen, so wird sie doch keine solche Verwirklichung — sie kann ja nur auf Grund menschlicher Einsicht und menschlichen Vermögens zustande gekommen sein — für vollkommen halten und also mit dem Reiche Gottes verwechseln können. Sie wartet angesichts aller schon vollzogenen und angesichts aller noch zu vollziehenden politischen Verwirklichungen auf „die Stadt, die einen Grund hat, deren Baumeister und Schöpfer Gott ist" (Hebr 11, 10). Sie vertraut und gehorcht — nicht einer politischen Gestalt und nicht einer politischen Wirklichkeit — sondern der Kraft des Wortes, durch das Gott alle Dinge trägt (Hebr 1, 3; Barmer These 5), auch die politischen Dinge.

10

Gerade in dieser Freiheit macht sie sich aber für die Gestalt und die Wirklichkeit der Bürgergemeinde nicht so oder so, sondern in ganz *bestimmtem* Sinn verantwortlich. Daß sie sich der Politik gegenüber überhaupt indifferent verhalten könnte, haben wir bereits als die ausgeschlossene Möglichkeit bezeichnet. Es gibt aber auch keine christliche Indifferenz gegenüber den verschiedenen politischen Gestalten und Wirklichkeiten. Die Kirche „erinnert an Gottes Reich, an Gottes Gebot und Gerechtigkeit und damit an die Verantwortung der Regierenden und der Regierten" (Barmer These 5). Das bedeutet: Die Christengemeinde und der einzelne Christ können im politischen Raume zwar vieles verstehen und an seinem

Ort gelten lassen — alles im Notfall hinnehmen und erleiden. Aber daß sie vieles verstehen und alles erleiden können, hat mit der von ihnen geforderten 'Unterordnung', d. h. mit der ihnen auferlegten Mitverantwortung in diesem Raum noch nichts zu tun. Ihre Mitverantwortung besteht in dem, was sie in diesem Raum vor Gott *wollen,* im Blick auf das, wofür sie sich in diesem Raum vor Gott *entscheiden* müssen. Müssen: denn eben von ihrem Wollen und Sichentscheiden gilt im Gegensatz zu ihrem Verstehen und Erleiden, daß es eine ganz bestimmte Richtung haben wird, über die es in der Christengemeinde zwar im einzelnen immer neuer Verständigung bedarf, über die es aber in der Sache keine Diskussion geben und die sie auch nach außen nicht zum Gegenstand von Nachgiebigkeiten und Kompromissen machen kann. Die Christengemeinde „unterordnet" sich der Bürgergemeinde, indem sie — messend an dem Maßstab ihrer Erkenntnis des Herrn, der der Herr über Alles ist — *unterscheidet* (auf dem Feld der äußerlichen, relativen, vorläufigen Möglichkeiten dieses äußeren Kreises „um des Gewissens willen" unterscheidet!) zwischen dem rechten und dem unrechten Staat, d. h. zwischen der jeweils als besser oder schlechter sich darstellenden politischen Gestalt und Wirklichkeit: zwischen Ordnung und Willkür, zwischen Herrschaft und Tyrannei, zwischen Freiheit und Anarchie, zwischen Gemeinschaft und Kollektivismus, zwischen Persönlichkeitsrecht und Individualismus, zwischen dem Staat von Röm 13 und dem von Offb 13. Diesem Unterscheiden gemäß wird sie in den zur Begründung, Erhaltung und Durchsetzung der staatlichen Ordnung sich erhebenden Fragen von Fall zu Fall, von Situation zu Situation *urteilen.* Und ihrem so gebildeten Urteil gemäß wird sie von Fall zu Fall, von Situation zu Situation dieses (den rechten, d. h. den jeweils besseren Staat) *wählen* und *wollen,* jenes (den unrechten, d. h. den jeweils schlechteren Staat) nicht wählen und nicht wollen. Und diesem Wählen und Nicht-Wählen, Wollen und Nicht-Wollen gemäß wird sie sich hier *einsetzen,* dort sich *entgegensetzen.* Eben mit diesem — von ihrem eigenen in seiner das Ganze umfassenden Bedeutung erkannten Zentrum aus erfolgenden — Unterscheiden, Urteilen, Wählen, Wollen und Sicheinsetzen, eben in den von jenem Zentrum aus notwendig in der einen ihr gebotenen Richtung gehenden praktischen Entscheidungen vollzieht die Christengemeinde ihre 'Unterordnung' gegenüber der Bürgergemeinde, ihre politische Mitverantwortung.

11

Und nun gibt es zwar keine Idee, kein System, kein Programm, wohl aber eine unter allen Umständen zu erkennende und innezuhaltende *Richtung* und *Linie* der im politischen Raum zu vollziehenden christlichen Entscheidungen.

Die Bestimmung dieser Linie ergibt sich *nicht* aus einem Rückgriff auf die problematische Instanz des sogenannten *Naturrechts*. Das würde bedeuten, daß die Christengemeinde sich den Weg und die Wege der nicht an ihrem Zentrum orientierten, der noch oder wieder unwissenden Bürgergemeinde, die Methode des heidnischen Staates zu eigen machte. Sie würde sich dann nicht als Christengemeinde in der Bürgergemeinde betätigen; sie wäre dann nicht das Salz und das Licht in diesem weiteren Kreise. Sie würde sich dann mit der Bürgergemeinde nicht nur solidarisch erklären, sondern sie würde sich ihr dann gleich, und zwar gerade in dem, was ihr fehlt, gleich machen. Sie würde ihr damit gewiß keinen Dienst leisten. Der Bürgergemeinde als solcher (in ihrer Neutralität Gottes Wort und Geist gegenüber) fehlt nämlich eben das: eine sicherere, eine eindeutigere Begründung der politischen Entscheidungen als die durch das sogenannte Naturrecht. Man versteht unter 'Naturrecht' den Inbegriff dessen, was der Mensch angeblich 'von Natur', d. h. unter allen denkbaren Voraussetzungen, von Hause aus und also allgemein für Recht und Unrecht, für geboten, erlaubt und verboten hält. Man hat es häufig mit einer natürlichen, d. h. den Menschen von Natur bekannten Offenbarung Gottes in Verbindung gebracht. Und die Bürgergemeinde als solche — die von ihrem Zentrum her noch nicht oder nicht mehr erleuchtete Bürgergemeinde — hat zweifellos keine andere Wahl, als so oder so von diesem angeblichen Naturrecht, d. h. von einer jeweils für *das* Naturrecht ausgegebenen Konzeption dieser Instanz aus zu denken, zu reden und zu handeln: immer aufs Erraten angewiesen oder auf irgendeine machtvolle Behauptung dieser oder jener Deutung dieser

Instanz, immer tastend und experimentierend in ihren von daher abgeleiteten Überzeugungen und letztlich immer ungewiß, ob es nicht eine Illusion sein möchte, mit dieser Instanz zu rechnen und darum faktisch auch nie, ohne heimlich oder offen auch von den Gesichtspunkten eines feineren oder gröberen Positivismus kräftigen Gebrauch zu machen. Die Resultate der so begründeten Politik waren und sind denn auch danach! Und wenn diese Resultate nun doch nicht eindeutig und allgemein negative waren und sind, wenn es im politischen Bereich neben dem Schlechteren auch ein Besseres, neben dem unrechten auch einen rechten Staat — gewiß immer in allerhand merkwürdigen Mischungen beider ! — gegeben hat und noch gibt, dann beruht das nicht darauf, daß es da und dort nun eben doch zur Entdeckung und Praktizierung des wahren Naturrechts gekommen wäre, sondern schlicht darauf, daß auch die unwissende, die neutrale, die heidnische Bürgergemeinde im Reiche Christi ist, daß alles politische Fragen und alle politische Bemühung als solche in Gottes gnädiger, den Menschen bewahrender, seine Sünde und damit sein Verbrechen begrenzender Anordnung begründet sind. Die Absicht, der Sinn und das Ziel dieser göttlichen Anordnung ist es, was in jenem jeweils 'Besseren', im jeweils rechten Staat sichtbar wird. Es geschieht das immer, obwohl doch eine sichere Erkenntnis sicherer Normen der politischen Entscheidungen fehlt, obwohl doch der offenkundige Irrtum der scheinbar erkannten Wahrheit übermächtig drohend zur Seite geht. Es geschieht also wohl unter Mitwirkung, aber ganz ohne Verdienst der beteiligten Menschen: Dei providentia hominum confusione. Würde die politische Verantwortung der Christengemeinde unter der Voraussetzung vollzogen, daß auch sie sich an der Frage nach dem wahren Naturrecht beteiligte, daß auch sie ihre Entscheidungen von daher zu begründen versuchte, dann würde das freilich an der Macht Gottes, aus Bösem Gutes werden zu lassen — wie er es in der politischen Ordnung faktisch immer tut — nichts ändern. Es würde aber bedeuten, daß auch die Christengemeinde sich an den menschlichen Illusionen und Konfusionen beteiligte. Es ist gerade genug, daß sie, sofern sie ihren eigenen Weg nicht zu gehen wagt, faktisch weithin daran beteiligt ist. Sie kann diese Beteiligung aber jedenfalls nicht wollen, nicht mutwillig herbeiführen. Das würde

sie aber tun, wenn auch sie die Norm ihrer politischen Entscheidungen in irgendeiner Konzeption des sogenannten Naturrechts
suchen, sie von dorther ableiten und begründen würde. Es sind nicht
christliche, sondern 'natürliche', weltliche, profane Aufgaben und
Probleme, an denen sich die Christengemeinde in Wahrnehmung
ihrer politischen Mitverantwortlichkeit zu beteiligen hat. Es ist aber
gerade keine natürliche, sondern die für sie allein glaubwürdige und
maßgebliche geistliche Norm, die klare Eigengesetzlichkeit ihrer
eigenen und nicht die dunkle Eigengesetzlichkeit dieser ihr fremden
Sache, an der sie sich dabei orientiert, von deren Erkenntnis her sie
auch ihre Entscheidungen im politischen Raum vollziehen wird.

12

   Sie hat eben von daher die Freiheit, sich ehrlich und ruhig für
diese ihr *fremde* Sache einzusetzen. Sie wird sich also im politischen
Raum *nicht etwa für sich selbst,* nicht für ihre eigenen 'Belange'
und 'Anliegen' einsetzen. Ihre eigene Geltung, ihr Einfluß, ihre
Macht als Kirche im Staat ist gerade nicht das Ziel, das die Richtung
und Linie ihrer politischen Entscheidung bestimmen wird. „Mein
Reich ist nicht von dieser Welt. Wäre mein Reich von dieser Welt,
so würden meine Diener kämpfen, damit ich den Juden nicht überliefert werde; nun aber ist mein Reich nicht von hier" (Joh 18, 36).
Die heimliche Geringschätzung, die sich eine mit politischen Mitteln
für sich selbst kämpfende Kirche auch dann zuzuziehen pflegt,
wenn sie mit diesem Kampf gewisse Erfolge erzielt, ist verdient.
Und irgend einmal pflegt dieser Kampf in allerlei offen beschämen-
den Niederlagen zu endigen. Die Christengemeinde ist nicht Selbstzweck. Sie dient Gott und eben darum und damit den Menschen.
Es ist wohl wahr: der tiefste, der letzte, der göttliche Sinn der
Bürgergemeinde besteht darin, Raum zu schaffen für die Verkündigung und für das Hören des Wortes und insofern allerdings für
die Existenz der Christengemeinde. Aber der Weg, auf dem die
Bürgergemeinde dies nach Gottes Vorsehung und Anordnung tut
und allein tun kann, ist der natürliche, der weltliche, der profane
Weg der Aufrichtung des Rechtes, der Sicherung von Freiheit und

Frieden nach dem Maß menschlicher Einsicht und menschlichen Vermögens. Es geht also gerade nach dem göttlichen Sinn der Bürgergemeinde durchaus nicht darum, daß sie selbst allmählich mehr oder weniger zur Kirche werde. Und so kann das politische Ziel der Christengemeinde nicht darin bestehen, den Staat allmählich zu verkirchlichen, d. h. ihn soweit als möglich in den Dienst ihrer eigenen Aufgabe zu stellen. Gewährt ihr der Staat in irgendeiner der hier möglichen Formen Freiheit, Ansehen und besondere Rechte (staatskirchenrechtliche Garantie dieser oder jener Art, Beteiligung an der Schule und am Rundfunk, Schutz des Sonntags, finanzielle Erleichterungen oder Unterstützungen und dergleichen), dann wird sie deshalb nicht von einem Kirchenstaat zu träumen beginnen. Sie wird dafür als für Geschenke, in denen sie die göttliche Vorsehung und Anordnung wirksam sieht, dankbar sein: vor allem damit, daß sie in ihren durch solches Geschenk erweiterten Grenzen um so treuer, um so eifriger Kirche ist und damit die offenbar auch von seiten der Bürgergemeinde auf sie gerichteten Erwartungen rechtfertigt. Sie wird aber solches Geschenk nicht zur Sache eines von ihr der Bürgergemeinde gegenüber zu verfechtenden Anspruchs machen. Sie wird, wenn ihr solches Geschenk von seiten der Bürgergemeinde verweigert wird, den Fehler nicht zuerst bei dieser, sondern bei sich selbst suchen. Hier gilt: „Widerstehet nicht dem Bösen!" Die Christengemeinde wird sich in diesem Fall fragen, ob sie wohl der Bürgergemeinde gegenüber den Beweis des Geistes und der Kraft schon so geführt, ob sie Jesus Christus der Welt gegenüber schon so vertreten und verkündigt habe, daß sie ihrerseits erwarten kann, als wichtiger, interessanter und heilsamer Faktor des öffentlichen Lebens entsprechend berücksichtigt zu werden. Sie wird sich z. B. fragen, ob sie das Gewaltige denn wirklich zu sagen hat, das in der Schule gehört zu werden durchaus den Anspruch hätte. Sie wird — wann und wo hätte sie dazu keinen Anlaß? — zuerst und vor allem Buße tun, und es wird das am besten in der Weise geschehen, daß sie in dem ihr in der Öffentlichkeit gelassenen — vielleicht kleinsten — Raum um so getroster, nun erst recht gesammelt, mit doppeltem Eifer ‘am kleinsten Punkte mit der größten Kraft' ihrem besonderen Werke nachgeht. Wo sie ihren ‘Öffentlichkeitswillen' erst anzeigen, ihren ‘Öffentlichkeits-

anspruch' erst erheben muß, da beweist sie eben damit, daß er (im
Faktum ihrer Existenz als Kirche) nicht in relevanter Weise auf
dem Plane ist, und es geschieht ihr dann vor Gott und den Menschen
recht, wenn sie nun gerade nicht gehört — oder eben so gehört
wird, daß sie über kurz oder lang sicher keine Freude dabei erleben
wird. Es war immer nur die den besonderen Sinn des Staates ver-
kennende und es war immer nur die unbußfertige, es war so oder so
immer nur die geistlich unfreie Kirche, die mit diesem 'Öffentlichkeitswillen' und 'Öffentlichkeitsanspruch' als Kämpferin in eigener
Sache in die politische Arena gegangen ist.

13

Das Eigene, mit dem sie in diese Arena geht, wird aber — wir
haben diese Abgrenzung bereits angedeutet — auch nicht einfach
und direkt das Reich Gottes sein können. Die Kirche *erinnert* an
Gottes Reich. Das bedeutet aber nicht, daß sie es dem Staate zu-
mutet, allmählich zum Reich Gottes zu werden. Das Reich Gottes
ist das Reich, in welchem Gott ohne Schatten, ohne Problem und
Widerspruch alles in allem ist, die Herrschaft Gottes in der erlösten
Welt. Im Reich Gottes ist das Äußere im Inneren, das Relative im
Absoluten, das Vorläufige im Endgültigen wohl aufgehoben. Im
Reich Gottes gibt es keine Legislative, keine Exekutive, keine Jurisdiktion. Denn im Reich Gottes ist keine Sünde, die erst zurechtzu-
weisen, kein Chaos, das noch zu befürchten und aufzuhalten wäre.
Das Reich Gottes ist die aus der Verborgenheit herausgetretene,
die offenbar gewordene Weltherrschaft Jesu Christi zu Ehre Gottes
des Vaters. Die Bürgergemeinde als solche, die neutrale, die heidnische, die noch oder wieder unwissende Bürgergemeinde weiß
nichts vom Reich Gottes. Sie weiß bestenfalls um die verschiedenen
Ideale des Naturrechts. Die Christengemeinde inmitten der Bürgergemeinde aber weiß darum und erinnert daran. Sie erinnert ja an
den gekommenen und wiederkommenden Jesus Christus. Sie kann
das aber wirklich nicht in der Weise tun, daß sie eine reichgottes-
hafte Gestalt und Wirklichkeit des Staates projektiert, in Vorschlag bringt und in der Bürgergemeinde durchzusetzen versucht.

Wieder ist der Staat im Recht, wenn er sich alle im Grunde darauf hinauslaufenden christlichen Zumutungen zu verbitten pflegt. Es liegt in seinem Wesen, daß er nicht das Reich Gottes ist und daß er das auch nicht werden kann. Er beruht auf einer Anordnung Gottes im Blick auf 'die noch unerlöste Welt', in der mit der Sünde und mit der ihr folgenden Gefahr des Chaos in letztem Ernst zu rechnen ist und in der die Herrschaft Jesu Christi zwar real aufgerichtet, aber noch verborgen ist. Er würde seinen Sinn verleugnen, wenn er sich verhalten würde, als sei es ihm gegeben, sich zum Reich Gottes auszubauen. Wieder würde aber auch der Kirche, die ihn dazu veranlassen wollte, vorzuhalten sein, daß sie sich damit einer allzu unbesonnenen Überheblichkeit schuldig machte. Sie müßte ja der Meinung sein, vor allem sich selbst zum Reich Gottes ausbauen zu sollen und zu können, wenn ihre entsprechende Forderung dem Staat gegenüber Sinn haben sollte. Die Kirche steht aber mit dem Staat 'in der noch unerlösten Welt'. Reichgotteshaft pflegt es — auch im besten Falle auch in ihr nicht zuzugehen. Ob sie das Reich Gottes wohl ihrerseits mit einem naturrechtlichen Ideal verwechselt hat, wenn sie seine Verwirklichung im Staat zum Inhalt ihrer Forderung macht, wenn sie also 'Reichgottespolitik' treiben zu sollen und zu können meint? Ob sie es in diesem Fall nicht nötig hat, vor allem sich selbst aufs neue an das wirkliche, ihr selbst wie dem Staate erst zukünftige Reich Gottes erinnern zu lassen? Nein, eine freie Kirche wird sich auch auf diesem Weg gerade nicht betreffen lassen.

14

Die Richtung und Linie des christlich politischen Unterscheidens, Urteilens, Wählens, Wollens und Sicheinsetzens bezieht sich auf die *Gleichnis*fähigkeit und *Gleichnis*bedürftigkeit des politischen Wesens. Das politische Wesen kann weder eine Wiederholung der Kirche noch eine Vorwegnahme des Reiches Gottes darstellen. Es ist in seinem Verhältnis zur Kirche ein *eigenes,* in seinem Verhältnis zum Reich Gottes (wie die Kirche selbst!) ein *menschliches,* ein die Art dieser vergänglichen Welt an sich tragendes Wesen. Eine *Gleichung* zwischen ihm und der Kirche auf der einen, dem

Reich Gottes auf der anderen Seite kann darum nicht in Frage kommen. Wiederum hat es, indem es auf besonderer göttlicher Anordnung beruht, indem es zum Reiche Jesu Christi gehört, keine Eigengesetzlichkeit, keine der Kirche und dem Reich Gottes gegenüber selbständige Natur. Eine einfache und absolute *Ungleichung* zwischen ihm und der Kirche einerseits, dem Reich Gottes andererseits kann darum auch nicht in Frage kommen. Es bleibt somit übrig, und es drängt sich als zwingend auf: die Gerechtigkeit des Staates in christlicher Sicht ist seine Existenz als ein *Gleichnis,* eine Entsprechung, ein Analogon zu dem in der Kirche geglaubten und von der Kirche verkündigten Reich Gottes. Indem die Bürgergemeinde den äußeren Kreis bildet, innerhalb dessen die Christengemeinde mit dem Geheimnis ihres Bekenntnisses und ihrer Botschaft der innere ist, indem sie also mit dieser das Zentrum gemeinsam hat, kann es nicht anders sein, als daß sie, obwohl und indem ihre Voraussetzung und Aufgabe eine eigene und andere ist, im Verhältnis zu der die Christengemeinde konstituierenden Wahrheit und Wirklichkeit gleichnis*fähig* ist: fähig dazu, sie indirekt, im Spiegelbild zu reflektieren. Da es aber bei der Eigenheit und Andersheit ihrer Voraussetzung und Aufgabe, bei ihrer Existenz als besonderer äußerer Kreis sein Bewenden haben muß, kann ihre Gerechtigkeit und also ihre Existenz als Spiegelbild der christlichen Wahrheit und Wirklichkeit nun doch nicht selbstverständlich und ein für allemal vorausgegeben sein, ist diese vielmehr aufs höchste gefährdet, ist es immer und überall fraglich, ob und in welchem Maß sie ihre Gerechtigkeit erfüllt, muß sie also, um vor Entartung und Zerfall bewahrt zu bleiben, an sie erinnert werden; sie ist gleichnis*bedürftig,* ebenso wie sie gleichnisfähig ist. Es bedarf immer wieder einer Geschichte, die ihre Gestaltung zum Gleichnis des Reiches Gottes und also die Erfüllung ihrer Gerechtigkeit zum Ziel und Inhalt hat. Die menschliche Initiative in dieser Geschichte kann aber nicht von ihr selbst ausgehen. Sie ist ja als Bürgergemeinde dem Geheimnis des Reiches Gottes, dem Geheimnis ihres eigenen Zentrums gegenüber unwissend, dem Bekenntnis und der Botschaft der Christengemeinde gegenüber neutral. Sie ist ja als Bürgergemeinde darauf angewiesen, aus den löcherigen Brunnen des sogenannten Naturrechts zu schöpfen. Sie kann sich nicht von sich aus an das wahre und wirkliche Maß ihrer Gerechtigkeit erinnern, sich nicht von sich aus zu deren Erfüllung in Bewegung setzen. Sie bedarf eben dazu der heilsam beunruhigenden Gegenwart, der unmittelbar und direkt um jenes Zentrum rotierenden Tätigkeit und also eben: der politischen Mitverantwortung der Christengemeinde. Die Christengemeinde ist auch nicht das Reich Gottes, aber sie weiß darum, sie hofft darauf, sie glaubt daran; sie betet ja im Namen Jesu Christi und sie verkündigt diesen Namen als den, der über allen Namen ist. Sie, die Christengemeinde, ist hier nicht neutral und darum auch nicht ohnmächtig. Vollzieht sie nur die große, die ihr als ihre politische Mitverantwortung gebotene und notwendige *metabasis eis allo genos*, so kann und wird sie auch im anderen genos nicht neutral, nicht ohnmächtig sein, ihren Herrn auch dort nicht verleugnen können. Tritt sie in ihre politische Mitverantwortung ein, dann muß das bedeuten: sie ergreift jetzt die menschliche Initiative, die die Bürgergemeinde nicht ergreifen, sie gibt ihr jetzt den Anstoß, den diese sich selbst nicht geben, sie vollzieht jetzt eben die Erinnerung, deren diese von sich aus nicht fähig sein kann. Sie unterscheidet, urteilt und wählt dann im politischen Bereich immer zugunsten der Erleuchtung seines Zusammenhangs mit Gottes Heils- und Gnadenordnung und also zuungunsten aller Verdunkelungen dieses Zusammenhangs. Sie unterscheidet und wählt unter den sich jeweils bietenden politischen Möglichkeiten unter Zurückstellung und Ablehnung der anderen immer diejenigen, in deren Realisierung ein Gleichnis, eine Entsprechung, eine Analogie, das Spiegelbild dessen sichtbar wird, was den Inhalt ihres Bekenntnisses und ihrer Botschaft bildet. Sie tritt in den Entscheidungen der Bürgergemeinde immer auf die Seite, wo die Herrschaft Jesu Christi über das Ganze und also auch über diesen ihr fremden Bereich nicht verundeutlicht, sondern verdeutlicht wird. Sie will, daß die Gestalt und die Wirklichkeit des Staates inmitten der Vergänglichkeit dieser Welt auf das Reich Gottes hin und nicht von ihm wegweise. Sie will, daß die menschliche Politik die göttliche nicht kreuze, sondern daß sie ihr in ihrer ganzen Entfernung von jener parallel gehe. Sie will, daß die vom Himmel her offenbar gewordene und tätige Gnade Gottes in dem auf Erden allein möglichen Material äußerlicher, relativer und vorläufiger

Handlungen und Handlungsweisen der politischen Gemeinde abgebildet werde. Sie verantwortet sich also erstlich und letztlich auch damit vor *Gott* — vor dem einen Gott, der den Menschen in Jesus Christus gnädig und offenbar ist —, daß sie sich für die Sache der Bürgergemeinde verantwortlich macht. Und so legt sie auch mit ihrem politischen Unterscheiden, Urteilen, Wählen und Wollen ein implizites, ein indirektes, aber doch reales *Zeugnis* ab. So ist auch ihr politisches Handeln Bekenntnis. Sie ruft mit ihm auch die Bürgergemeinde aus der Neutralität, aus der Unwissenheit, aus dem Heidentum heraus in die Mitverantwortung vor Gott, in der sie ihre eigene politische Mitverantwortung betätigt. So handelt sie gerade in Treue gegen ihren eigensten Auftrag, indem sie auch politisch handelt. So also wird durch sie die Geschichte in Gang gebracht, die die Gestaltung der Bürgergemeinde zum Gleichnis des Reiches Gottes und also die Erfüllung ihrer Gerechtigkeit zum Ziel und Inhalt hat.

15

Die Christengemeinde ist gegründet auf die Erkenntnis des einen ewigen Gottes, der als solcher *Mensch* und so des Menschen Nächster geworden ist, um Barmherzigkeit an ihm zu tun (Lk 10, 36 f.). Das zieht unweigerlich nach sich, daß die Christengemeinde sich im politischen Raum immer und unter allen Umständen in erster Linie des Menschen und nicht irgendeiner Sache annehmen wird, gleichviel ob diese Sache das anonyme Kapital sei oder der Staat als solcher (das Funktionieren seiner Büros!) oder die Ehre der Nation oder der zivilisatorische oder auch kulturelle Fortschritt oder auch die so oder so konzipierte Idee einer historischen Entwicklung der Menschheit. Die letztere auch dann nicht, wenn es die Erhebung und das Wohl künftiger Menschengenerationen ist, die als Ziel dieser Entwicklung verstanden wird, zu dessen Erreichung dann der Mensch, die Menschenwürde, das Menschenleben in der Gegenwart zunächst einmal mit Füßen getreten werden dürften. Sogar das Recht wird da zum Unrecht (summum ius summa iniuria), wo es als abstrakte Form herrschen statt als Menschenrecht der Begrenzung und Bewahrung eben des Menschen dienen will. Die Christengemeinde ist

immer und unter allen Umständen der Gegner des Götzen Tschag-
gernat. Nachdem Gott selbst Mensch geworden ist, ist der Mensch
das Maß aller Dinge, kann und darf der Mensch nur für den Menschen eingesetzt und u. U. geopfert, muß der Mensch, auch der
elendeste Mensch — gewiß nicht des Menschen Egoismus, aber des
Menschen Menschlichkeit — gegen die Autokratie jeder bloßen Sache
resolut in Schutz genommen werden. Der Mensch hat nicht den
Sachen, sondern die Sachen haben dem Menschen zu dienen.

16

Die Christengemeinde ist Zeuge der göttlichen Rechtfertigung,
d. h. des Aktes, in welchem Gott in Jesus Christus sein ursprüng-
liches *Recht* auf den Menschen und eben damit das *Recht* des Menschen selbst gegen Sünde und Tod aufgerichtet und befestigt hat.
Die Zukunft, auf die sie wartet, ist die definitive Offenbarung dieser
Rechtfertigung. Das zieht nach sich, daß die Christengemeinde in
der Bürgergemeinde auf alle Fälle da zu finden sein wird, wo deren
Ordnung darauf begründet ist, daß von der Beugung unter das
gemeinsam als Recht Erkannte und Anerkannte, aber auch vom
Schutze dieses Rechtes keiner ausgenommen, daß alles politische
Handeln unter allen Umständen durch dieses Recht geregelt ist. Sie
steht immer für den Rechtsstaat, immer für die maximale Geltung
und Anwendung jener doppelten Regel und darum immer gegen
alle Entartungen des Rechtsstaates als solchen. Sie wird also nie auf
der Seite der Anarchie und nie auf der der Tyrannei zu finden sein.
Ihre Politik wird auf alle Fälle dahin drängen, daß die Bürgergemeinde diesen Grundsinn ihrer Existenz: des Menschen Begrenzung
und des Menschen Bewahrung durch Rechtsfindung und Rechtsset-
zung ganz ernst nehme.

17

Die Christengemeinde ist Zeuge dessen, daß des Menschen Sohn
gekommen ist, zu suchen und zu retten, was *verloren* ist. Das muß
für sie bedeuten, daß sie — frei von aller falschen Unparteilich-

keit — auch im politischen Raum vor allem nach unten blickt. Es sind die nach ihrer gesellschaftlichen und wirtschaftlichen Stellung Schwachen und dadurch Bedrohten, es sind die Armen, für die sie sich immer vorzugsweise und im besonderen einsetzen, für die sie die Bürgergemeinde besonders verantwortlich machen wird. Daß sie ihnen im Rahmen ihrer eigenen Aufgabe (in Form ihrer 'Diakonie') Liebe zuwendet, ist eines, und zwar ihr Erstes, über dem sie aber — nun im Rahmen ihrer politischen Verantwortung — das andere nicht versäumen kann: den Einsatz für eine solche Gestaltung des Rechts, die es ausschließt, daß seine Gleichheit für alle zum Deckmantel werde, unter dem es für Starke und Schwache, selbständig und unselbständig Erwerbende, Reiche und Arme, Arbeitgeber und Arbeitnehmer faktisch doch ungleiche Begrenzung und ungleiche Bewahrung bedeutet. Die Christengemeinde steht im politischen Raum als solche und also notwendig im Einsatz und Kampf für die soziale Gerechtigkeit. Und sie wird in der Wahl zwischen den verschiedenen sozialistischen Möglichkeiten (Sozial-Liberalismus? Genossenschaftswesen? Syndikalismus? Freigeldwirtschaft? Gemäßigter? Radikaler Marxismus?) auf alle Fälle die Wahl treffen, von der sie jeweils (unter Zurückstellung aller anderen Gesichtspunkte) das Höchstmaß von sozialer Gerechtigkeit erwarten zu sollen glaubt.

18

Die Christengemeinde ist die Gemeinde derer, die durch das Wort der Gnade und durch den Geist der Liebe Gottes in *Freiheit* Gottes Kinder zu sein berufen sind. Das bedeutet in der Übersetzung und im Übergang in die ganz andere politische Gestalt und Wirklichkeit: sie bejaht als das jedem Bürger durch die Bürgergemeinde zu garantierende Grundrecht die Freiheit: die Freiheit, seine Entscheidungen in der politisch rechtlichen Sphäre nach eigener Einsicht und Wahl und also selbständig zu vollziehen und die Freiheit einer Existenz in bestimmten politisch rechtlich gesicherten, aber nicht politisch rechtlich geordneten und regulierten Sphären (Familie, Bildung, Kunst, Wissenschaft, Glaube). Die Christengemeinde wird sich nicht unter allen Umständen einer praktischen Diktatur, d. h.

einer teilweisen und vorübergehenden Einschränkung dieser Frei-
heiten, sie wird sich aber unter allen Umständen der prinzipiellen
Diktatur, d. h. dem totalitären Staat entziehen und entgegensetzen.
Der mündige Christ kann nur ein mündiger Bürger sein wollen,
und er kann auch seinen Mitbürgern nur zumuten, als mündige
Menschen zu existieren.

19

Die Christengemeinde ist die Gemeinde derer, die als Glieder an
dem einen Leib des einen Hauptes diesem ihrem Herrn und eben
damit einander *verbunden* und *verpflichtet* sind. Daraus folgt, daß
sie die politische Freiheit und also das dem einzelnen Bürger zu
garantierende Grundrecht nie anders — das ist in den klassischen
Proklamationen der sogenannten 'Menschenrechte' sowohl in Amerika wie in Frankreich nicht eben deutlich geworden — als im Sinn
der von ihm geforderten Grundpflicht der Verantwortlichkeit verstehen und interpretieren wird. Verantwortlich ist der Bürger also
sowohl in der politischen wie in der nicht politischen Sphäre seiner
Entscheidungen und Betätigungen, im ganzen Bereich seiner Freiheit. Und verantwortlich ist selbstverständlich auch die Bürgergemeinde in der Wahrnehmung ihrer Freiheit als Ganzes. So überbietet die christliche Haltung sowohl den Individualismus als auch
den Kollektivismus. Sie kennt und anerkennt die 'Interessen' des
einzelnen und des Ganzen, aber sie widersetzt sich ihnen, wo sie das
letzte Wort haben wollen, sie unterordnet sie dem Sein des Bürgers,
dem Sein der Bürgergemeinde vor dem Recht, über das die einzelnen wie das Ganze nicht zu herrschen, sondern nach dem sie zu
fragen, das sie zu finden, dem sie — immer zur Begrenzung und
Bewahrung des Menschen — zu dienen haben.

20

Als die Gemeinde derer, die unter dem einen Herrn auf Grund
einer Taufe in einem Geist in einem Glauben leben, muß und wird
die Christengemeinde im politischen Bereich bei aller nüchternen

Einsicht in die Verschiedenheit der Bedürfnisse, Fähigkeiten und Aufträge für die *Gleichheit* der Freiheit und Verantwortlichkeit aller als mündig anzusprechenden Bürger, d. h. für ihre Gleichheit vor dem sie alle verbindenden und verpflichtenden Gesetz, für ihre Gleichheit in der Mitwirkung an dessen Zustandekommen und Durchführung, für ihre Gleichheit in der durch dieses Gesetz gesicherten Begrenzung und Bewahrung eintreten. Liegt es gerade nach christlicher Erkenntnis im Wesen der Bürgergemeinde, daß diese Gleichheit durch keine Verschiedenheit des Glaubens- oder Unglaubensbekenntnisses beschränkt sein kann, so darf und muß wieder auf Grund christlicher Einsicht um so bestimmter darauf hingewiesen werden, daß nicht nur die Beschränkung der politischen Freiheit und Verantwortlichkeit gewisser Stände und Rassen, sondern vor allem auch die der Frauen eine willkürliche Konvention ist, die der Konservierung wirklich nicht würdig sein kann. In der Folgerichtigkeit christlicher Erkenntnis wird es auch in dieser Sache nur eine mögliche Entscheidung geben.

21

Indem die Christengemeinde in ihrem eigenen Raum weiß um die *Verschiedenheit* der Gaben und Aufträge des einen Heiligen Geistes, wird sie auch im politischen Raum wach und offen sein für die Notwendigkeit, die verschiedenen Funktionen und 'Gewalten' — die gesetzgebende, die vollziehende, die richterliche — insofern zu *trennen,* als die Träger der einen nicht zugleich die der anderen sein können. Kein Mensch ist ein Gott, der die Funktionen des Gesetzgebers und des Regenten, die des Regenten und die des Richters ohne Gefährdung der Souveränität des hier wie dort zu respektierenden Rechtes in seiner Person zu vereinigen vermöchte. Auch das 'Volk' ist kein solcher Gott, wie ja auch die Christengemeinde gerade nicht etwa in ihrer Gesamtheit ihr eigener Herr und Inhaber aller seiner Gewalten ist. Sondern hier wie dort ist es so, daß im Volk (durch das Volk und für das Volk) bestimmte und nun eben verschiedene und also auch von verschiedenen Personen zu versehende Dienste auszurichten sind, deren Vereinigung in einer menschlichen Hand die Einheit des gemeinsamen Werkes nicht etwa fördern, sondern sprengen würden. Die Christengemeinde wird der Bürgergemeinde vorangehen in der Erkenntnis der in dieser Sache zu respektierenden Notwendigkeit.

22

Die Christengemeinde lebt von der Enthüllung des wahren Gottes und seiner Offenbarung, von ihm als dem *Licht*, das in Jesus Christus dazu aufgeleuchtet ist, damit es die Werke der Finsternis zerstöre. Sie lebt am angebrochenen Tage des Herrn, und ihre Aufgabe der Welt gegenüber besteht darin, sie zu wecken und ihr zu sagen, daß dieser Tag angebrochen ist. Die notwendige politische Entsprechung dieses Sachverhalts besteht darin, daß die Christengemeinde die abgesagte Gegnerin aller Geheimpolitik und Geheimdiplomatie ist. Was grundsätzlich geheim sein und bleiben wollte, das könnte auch in der politischen Sphäre nur das Unrecht sein, während das Recht sich eben dadurch vor dem Unrecht auszeichnet, daß es in seiner Aufrichtung, Behauptung und Durchführung an das Licht der Öffentlichkeit drängt. Wo Freiheit und Verantwortlichkeit im Dienst der Bürgergemeinde eins sind, da kann und muß vor *aller* Ohren geredet, vor *aller* Augen gehandelt werden, da können und müssen der Gesetzgeber, der Regent und der Richter — ohne sich das Heft durch das Publikum verwirren zu lassen, ohne von diesem abhängig zu werden — grundsätzlich nach allen Seiten zur Rechenschaft bereit sein. Die Staatskunst, die sich ins Dunkel hüllt, ist die Kunst des Staates, der als anarchischer oder tyrannischer Staat das böse Gewissen seiner Bürger oder seiner Funktionäre zu verbergen hat. Die Christengemeinde wird ihm darin auf keinen Fall Beistand leisten.

23

Die Christengemeinde sieht sich begründet und genährt durch das freie — in der Heiligen Schrift zu jeder Zeit aufs neue seine Freiheit bewährende — *Wort* Gottes. Und sie traut es in ihrem eigenen

Raum dem menschlichen Worte zu, dieses freien Wortes Gottes freier Träger und Verkündiger zu sein. Sie muß das Gleichnis wagen, dem freien menschlichen Wort auch im Raum der Bürgergemeinde eine Verheißung, eine positive aufbauende Bedeutung zuzuschreiben. Sie kann hier nicht grundsätzlich mißtrauisch sein, da sie dort (mit guten Gründen) so vertrauensvoll ist. Sie wird damit rechnen, daß Worte nicht notwendig leer oder unnütz oder gar gefährlich sein müssen, sondern daß durch rechte Worte Entscheidendes geklärt und zurechtgebracht werden kann. Sie wird darum — auf die Gefahr hin, daß dann auch leere, unnütze, gefährliche Worte laut werden können — dafür eintreten, daß es dem rechten Wort jedenfalls an Gelegenheit, laut und gehört zu werden, nicht fehlt. Sie wird dafür eintreten, daß man in der Bürgergemeinde miteinander redet, um miteinander zu arbeiten. Und sie wird dafür eintreten, daß das offen geschehen kann. Sie wird mit aller Macht auf der Seite derjenigen sein, die mit allem Dirigieren, Kontrollieren und Zensurieren der öffentlichen Meinungsäußerung nichts zu tun haben wollen. Sie kennt keinen Vorwand, unter dem das doch eine gute Sache und keine 'Lage', in der dies doch geboten sein könnte!

24

In der Christengemeinde wird in der Nachfolge Christi selbst nicht geherrscht, sondern *gedient*. Sie kann darum auch in der Bürgergemeinde alles Herrschen, das nicht als solches ein Dienen ist, nur als einen Krankheits- und nie und nimmer als den Normalzustand anerkennen. Es gibt keinen Staat ohne Staatsgewalt. Aber die Gewalt des rechten Staates unterscheidet sich von der des unrechten wie potestas und potentia. Potestas ist die dem Recht folgende und dienende, potentia ist die dem Recht vorangehende, das Recht meisternde, beugende und brechende Gewalt — die 'Macht an sich', die als solche schlechthin böse ist. Bismarck — um von Hitler gar nicht zu reden — war (trotz des Losungsbüchleins auf seinem Nachttisch!) darum kein vorbildlicher Staatsmann, weil er den Staat grundsätzlich von oben nach unten, weil er sein Werk auf die 'Macht an sich' aufbauen und begründen wollte. Das letzte

Ende dieses allzu konsequent unternommenen Versuchs konnte kein anderes sein als das, das dann gekommen ist. Hier gilt: „Wer das Schwert nimmt, wird durch das Schwert umkommen." Die christliche Staatsraison weist genau in die entgegengesetzte Richtung.

25

Indem die Christengemeinde von Hause aus *ökumenisch* (katholich) ist, widersteht sie auch im Politischen allen abstrakten Lokal-, Regional- und Nationalinteressen. Sie wird immer je dieser und dieser Stadt Bestes suchen. Sie wird das aber nie tun, ohne gleichzeitig über ihre Mauern hinauszusehen. Sie wird sich der Äußerlichkeit, Relativität und Vorläufigkeit gerade ihrer Grenzen, gerade der Absonderung ihrer Aufgaben von der anderer Städte bewußt sein. Sie wird grundsätzlich immer für Verständigung und Zusammenarbeit im größeren Kreis eintreten. Gerade die Kirche wird also für eine bloße Kirchturmpolitik zu allerletzt zu haben sein. Pacta sunt servanda? Pacta sunt concludenda! auch die Bürger hier und die Bürger dort müssen sich miteinander ins Einvernehmen setzen, wenn ihre Sache hier und dort Bestand haben und nicht in die Brüche gehen soll. In der Christengemeinde hat man auch in dieser Hinsicht die Luft der Freiheit geschmeckt, und von ihr aus müssen sie auch die anderen zu schmecken bekommen.

26

In der Christengemeinde weiß man um Gottes Zorn und Gericht, aber auch darum, daß der Zorn nur einen Augenblick währt, seine *Gnade* aber in Ewigkeit. Die politische Analogie dieser Wahrheit besteht darin: Gewaltsame Konfliktlösungen in der Bürgergemeinde — von den Maßnahmen der Polizei bis zu den Entscheidungen der Strafjustiz, von der — nicht im Aufruhr gegen die rechtmäßige 'Obrigkeit', sondern zu deren Wiederherstellung unternommenen — bewaffneten Erhebung gegen ein bestimmtes unrechtmäßig gewordenes, seiner Aufgabe nicht mehr würdiges und gewachsenes Regiment bis zum Verteidigungskrieg gegen die von außen kommende Bedrohung des rechten Staates — sind unter gegebenen Umständen auch von der Christengemeinde — wie sollte gerade sie sich hier desolidarisieren können? — gutzuheißen, zu unterstützen und u. U. sogar anzuregen. Sie kann aber jede gewaltsame Konfliktslösung nur als ultima ratio regis gelten lassen. Sie wird sie nur gutheißen und unterstützen, wo sie sich als augenblicklich letzte unvermeidliche Möglichkeiten aufdrängen. Und sie wird diese Augenblicke der Erschöpfung aller anderen Möglichkeiten — indem sie warnt, solange es noch andere Möglichkeiten gibt — immer soweit als möglich hinauszuschieben und zu vermeiden bemüht sein. Für einen absoluten Frieden, den Frieden um jeden Preis, kann sie nicht eintreten. Sie muß und wird aber dafür eintreten, daß für die Erhaltung oder Wiederherstellung des Friedens im Innern und nach außen außer dem letzten, der in der Aufhebung und Zerstörung des rechten Staates und damit in der praktischen Verleugnung der göttlichen Anordnung bestehen würde, kein Preis als zu hoch angesehen wird. Sie erweise sich, bevor sie sich den Ruf nach der Gewalt zu eigen macht, als erfinderisch im Aussuchen anderer Konfliktslösungen! Die Vollkommenheit des himmlischen Vaters, der als solcher nicht aufhört, auch der himmlische Richter zu sein, verlangt, wo sie erkannt ist, nach der irdischen Vollkommenheit einer wirklich bis an die Grenzen des Menschenmöglichen gehenden Friedenspolitik.

27

Das sind einige *Beispiele* christlich politischen Unterscheidens, Urteilens, Wählens, Wollens, Sicheinsetzens: Beispiele von Gleichnissen, Entsprechungen, Analogien des in der Christengemeinde geglaubten und verkündigten Reiches Gottes im Raum der äußerlichen, relativen, vorläufigen Fragen des Lebens der Bürgergemeinde. Der Weg von hier nach dort verlangt auf der ganzen Linie christliche, geistliche, prophetische Erkenntnis. Die aufgezählten Vergleichs- und Entscheidungspunkte sind also nicht die Paragraphen einer Staatsverfassung. Sie wollen nur illustrieren, wie von der Christengemeinde her im Raum der Bürgergemeinde entschieden wird. Man könnte, um das Wesentliche sichtbar zu machen, auch doppelt oder dreifach oder auch nur halb so viele solcher Beispiele oder auch nur ein einziges nehmen. Es wurden *Beispiele* genannt, weil die gleichnishafte, aber höchst konkrete Beziehung zwischen der christlichen Botschaft und bestimmten politischen Entscheidungen und Verhaltungsweisen sichtbar zu machen war. Noch konkreter könnte nur in Form von Nennung und Begründung einzelner geschichtlich bestimmter Stellungnahmen geredet werden. Und es wurden diesmal *viele* Beispiele genannt, weil sichtbar zu machen war, daß es sich in der christlichen Politik zwar nicht um ein System, aber auch nicht um je und dann zu realisierende Einzeleinfälle, sondern um eine stetige Richtung, um eine kontinuierliche Linie doppelseitiger Entdeckungen, um einen Zusammenhang von Explikationen und Applikationen handelt. Die hier gebotene Reihe solcher Explikationen und Applikationen ist also selbstverständlich nach allen Seiten ergänzungsbedürftig. Und es liegt im Wesen der hier genannten oder sonst zu nennenden Vergleichs- und Entscheidungspunkte, daß die Übersetzungen und Übergänge von dort nach hier im einzelnen immer diskutabel, mehr oder weniger einleuchtend sein werden, daß das, was dazu zu sagen ist, den Charakter von unverbesserlichen Beweisen nicht tragen kann. Man überbiete also das hier Gesagte durch größere Weite, Tiefe und Genauigkeit! Man wird dabei bestimmt gewahr werden, daß man auf diesem Weg durchaus nicht etwa alles und jedes begründen und ableiten kann. Die Eindeutigkeit der biblischen Botschaft wird nämlich dafür sorgen, daß auch ihre Explikationen und Applikationen sich in einer stetigen Richtung und in einer kontinuierlichen Linie bewegen müssen. Was grundsätzlich sichtbar zu machen war und ist, ist die Möglichkeit und Notwendigkeit des Vergleichs der beiden Räume und der in diesem Vergleich vom ersten Raum hinüber in den zweiten zu vollziehenden Entscheidungen.

28

Eine Anmerkung zu der Stetigkeit und Kontinuierlichkeit der hier aufgewiesenen Richtung und Linie des christlichen politischen

Denkens und Handelns: Wir haben nicht von einer Konzeption des 'Naturrechts', sondern vom Evangelium her argumentiert. Es kann aber nicht geleugnet werden, daß wir uns in der Reihe der aufgezählten Beispiele an mehr als einem Punkt in der Sache mit Aufstellungen berührt haben, die anderwärts nun doch auch schon *naturrechtlich* begründet worden sind. Wer sich da und dort an J. J. Rousseau erinnert und sich darüber gefreut oder geärgert haben sollte, dem sei das gegönnt. Wir brauchen uns der Nachbarschaft nicht zu schämen. Wir sahen ja: die göttliche Anordnung hinsichtlich des Staates macht es durchaus möglich, daß es in seinem Bereich auch da zu sachlich richtigen theoretischen und praktischen Erkenntnissen und Entscheidungen kommen kann, wo man angesichts der trüben Quelle, aus der sie stammen, lauter Irrtümer und Fehltritte erwarten müßte. Sollten wir uns mit naturrechtlich begründeten Thesen im Ergebnis hier wirklich getroffen haben, so würde darin nur eine Bestätigung dessen zu erblicken sein, daß die Polis sich auch da im Reiche Jesu Christi befindet, wo ihre Träger diesen Sachverhalt nicht kennen oder nicht wahrhaben wollen und darum von der dem Menschen von daher nahegelegten Erkenntnis ihres Wesens keinen Gebrauch zu machen wissen. Wie sollte es unmöglich sein, daß es da ihrer Blindheit zum Trotz auch zu sachlich richtigen Einsichten kommen kann und je und je gekommen ist? Die heidnische Bürgergemeinde lebt davon, daß eine solche Führung der Blinden ihren Bestand und ihre Funktionen immer wieder möglich gemacht hat. Die Christengemeinde aber kann und darf ihr das Zeugnis ihrer reell begründeten, bestimmt umrissenen, folgerichtig anwendbaren Einsicht darum erst recht nicht vorenthalten.

29

Noch eine Anmerkung zu der Stetigkeit und Kontinuierlichkeit jener Richtung und Linie: Man mag (wieder mit Vergnügen oder Verdruß) auch dies bemerken, daß die christlich-politische Richtung und Linie, die sich vom Evangelium her ergibt, eine auffallende Neigung nach der Seite verrät, die man gemeinhin und allgemein als die des '*demokratischen*' Staates zu bezeichnen pflegt. Wir werden uns auch in dieser Hinsicht wohl hüten, einen offenkundigen Tatbestand in Abrede zu stellen. 'Demokratie' in irgendeinem technischen (schweizerischen, amerikanischen, französischen usw.) Sinn des Begriffs ist zwar sicher nicht notwendig die Gestalt des im christlichen Sinn rechten Staates. Dieser von jenen Vergleichs- und Entscheidungspunkten her gesehen rechte Staat kann auch die Gestalt der Monarchie oder der Aristokratie, er mag gelegentlich sogar die der Diktatur tragen. Umgekehrt ist keine Demokratie als solche davor geschützt, in vielen oder allen jenen Vergleichs- und Entscheidungspunkten zu versagen, nicht nur nach der Seite der Anarchie, sondern auch nach der der Tyrannei zu entarten und also zum Unrechtsstaat zu werden. Man kann und muß auch zugestehen, daß das Wort und der Begriff 'Demokratie' ('Volksherrschaft') ein ohnmächtiges Mittel ist, um das auch nur annähernd zu bezeichnen, was es nach christlicher Einsicht mit der der göttlichen Anordnung entsprechend konstituierten und existierenden Bürgergemeinde auf sich hat. Es ist darum doch nicht zu übersehen und zu leugnen, daß das christlich-politische Unterscheiden, Urteilen, Wählen, Wollen, Sicheinsetzen auf der ganzen Linie eine Tendenz auf die Gestalt des Staates hat, die in den sogenannten 'Demokratien' wenn nicht verwirklicht, so doch mehr oder weniger ehrlich und deutlich gemeint und angestrebt ist. Man muß, wenn man alles überblickt, schon sagen: es hat jedenfalls eine stärkere Tendenz nach dieser als nach irgendeiner anderen Seite. Es gibt schon eine *Affinität* zwischen der Christengemeinde und der Bürgergemeinde der *freien* Völker!

30

Wir wenden uns zum Schluß zu der Frage nach der *praktischen Verwirklichung* der christlich-politischen Entscheidungen.

Es liegt nahe, hier zunächst an die Bildung und Tätigkeit einer besonderen christlichen *Partei* zu denken. Man hat in Holland schon lange, man hat dann auch in der Schweiz (Ev. Volkspartei), und man hat neuerdings besonders in Frankreich (Mouvement Républicain Populaire) und Deutschland (Christlich-Demokratische Union) nach diesem Mittel gegriffen. Man hat es von evangelischer

Seite für möglich und geboten erachtet, sich zu diesem Zweck mit entsprechend interessierten römisch-katholischen Mitbürgern zusammenzuschließen. Nun sind aber die Parteien ohnehin eines der fragwürdigsten Phänomene des politischen Lebens: keinesfalls seine konstitutiven Elemente, vielleicht von jeher krankhafte, auf jeden Fall nur sekundäre Erscheinungen. Ist die Christengemeinde wohl beraten, wenn sie zur Erfüllung ihrer Mitverantwortung in der Bürgergemeinde diese Gebilde um ein weiteres vermehrt? Gibt es in christlicher Sicht eine andere 'Partei' im Staat als eben — die christliche Gemeinde selber mit ihrem allerdings besonderen Sinn und Auftrag dem Ganzen gegenüber? Und könnte in christlicher Sicht als politische Entsprechung der Kirche im Staat (wenn diese die Form einer Partei haben sollte) etwas anderes erlaubt und möglich sein als — man erschrecke nur ein wenig! — eine einzige, alle anderen ausschließende Staatspartei, deren Programm mit der umfassend verstandenen Aufgabe des Staates (unter Ausschluß aller Sonderideen und Sonderinteressen) identisch sein müßte? Wie soll es eine besondere christliche Partei neben anderen geben? Eine Partei, der dann manche Christen angehören, manche andere nicht angehören — eine Partei, der andere, nicht-christliche (und in ihrer Nicht-Christlichkeit von der christlichen Partei theoretisch und praktisch als legitim anerkannte) Parteien gegenüberstehen? Als ob die christliche Gemeinde nicht alle ihre Glieder mit dem gleichen letzten Ernst für ihre eigene politische Richtung und Linie in Anspruch nehmen müßte und als ob sie den Nicht-Christen in der Bürgergemeinde durch die ihnen entgegengestellte Zusammenballung von angeblichen Christen geradezu erlauben dürfte, sich ihrerseits als Nicht-Christen zur Durchsetzung ihrer der christlichen geradezu entgegengesetzten Richtung und Linie ebenfalls zusammenzuballen, zu versteifen und zu befestigen! Ihr muß doch alles daran liegen, daß die Christen sich im politischen Raum, wo sie die alle Menschen angehende christliche Botschaft im Gleichnis ihrer von daher begründeten Entscheidungen zu vertreten und hörbar zu machen haben, gerade *nicht* zusammenballen, sich gerade als die zeigen und verhalten, die, indem sie ihren besonderen Weg gehen, nicht *gegen* irgendwelche, sondern schlechterdings *für* alle, für die gemeinsame Sache der ganzen Bürgergemeinde sind. Im politischen

Raum kann ja die Christengemeinde gerade das Christliche, nämlich ihre Botschaft, gar nicht direkt, sondern eben nur im Spiegel ihrer politischen Entscheidungen sichtbar machen und können diese Entscheidungen nicht dadurch, daß sie christlich begründet, sondern allein dadurch, daß sie politisch besser, zur Erhaltung und zum Aufbau des Gemeinwesens faktisch heilsamer sind, einleuchtend gemacht und zum Sieg geführt werden. Sie können hier nur Zeugnis *sein* und als solches *wirken*. Der Titel und Anspruch, daß sie ein solches Zeugnis seien, macht sie aber noch nicht dazu! Wird es nicht notwendig so sein, daß einer christlichen Partei gerade das Christliche, für das sie im politischen Raum gar keine Verwendung haben kann, zur Verlegenheit werden muß? Und wird es nicht so sein, daß sie es durch die Ziele und Mittel, deren sie um ihrer Schlagkraft als Partei willen bedarf (Erringen von Mehrheiten und Machtpositionen, darum Propaganda, darum wohlwollende Duldung, ja Heranziehung von nicht-christlichen oder christlich problematischen Mitläufern oder auch Führern, darum Kompromisse und Koalitionen mit 'nicht-christlichen' Parteien usw.) geradezu verleugnen, es jedenfalls verdunkeln statt erhellen wird? Wird diese Partei die Christengemeinde und ihre Botschaft nicht notwendig gerade mit ihrer Christlichkeit auf Schritt und Tritt kompromittieren? Im politischen Raum können nun einmal die Christen gerade mit ihrem Christentum nur *anonym* auftreten. Nur indem sie jenen politischen Kampf für die Belange der Kirche führen würden, könnten sie diese Anonymität durchbrechen, um dann doch gerade mit diesem sehr unchristlichen Kampf dem Christennamen erst recht Unehre zu machen. In den eigentlich politischen, den Aufbau der Bürgergemeinde als solcher betreffenden Fragen können sie nur in Form von Entscheidungen antworten, die nach Form und Inhalt auch die anderer Bürger sein könnten, ja von denen sie geradezu wünschen müssen, daß sie ohne Rücksicht auf deren Bekenntnis auch die aller anderen Bürger werden möchten. Wie soll es aber unter diesen Umständen eine Sammlung der Christen in einer Partei überhaupt geben können? Die Sache ist nur möglich — und die ohnehin verdächtige Allianz der Evangelischen mit den Römischen im französischen MRP und in der deutschen CDU zeigt, daß sie auch nur erfolgreich wird, wo das Reich Gottes nun doch wieder als natur-

rechtlich begründetes menschliches Hochziel verstanden, wo neben
das Evangelium in der politischen Sphäre ein angeblich christliches,
in Wirklichkeit aus humaner Weltanschauung und Moral zusammen-
geleimtes Gesetz gestellt wird. Gerade repräsentiert durch eine
christliche Partei kann die Christengemeinde der Bürgergemeinde
das politische Salz nicht sein, das zu sein sie ihr schuldig ist.

31

Die ihr zur Leistung dieser ihrer Schuldigkeit schlicht gebotene
Möglichkeit ist ihre eigenste: die Verkündigung des ganzen *Evan-*
geliums von Gottes Gnade, die als solche des ganzen — auch des
politischen — Menschen ganze Rechtfertigung ist. Dieses Evangelium, dessen Inhalt der König und sein jetzt verborgenes, einst zu
offenbarendes Reich ist, ist von Haus aus politisch, und wenn es in
Predigt, Unterricht und Seelsorge in rechter Auslegung der Heiligen
Schrift und in rechter Anrede an den wirklichen (christlichen und
nicht-christlichen) Menschen verkündigt wird, notwendig prophe-
tisch-politisch. Explikation und Applikation in jenen Vergleichs-
und Entscheidungspunkten in einer mit keiner anderen zu ver-
wechselnden Richtung und Linie wird da — ob in direkter oder
indirekter Beleuchtung der politischen Tagesfragen — notwendig
stattfinden, wo die Christengemeinde zum Dienst an diesem Evangelium versammelt ist. Die Frage, ob dies geschieht, richtet sich
auch, sie richtet sich aber nicht nur an ihre Prediger. Es ist kein
gutes Zeichen, wenn die Gemeinde scheut und erschrickt, wenn die
Predigt politisch wird: als ob sie auch apolitisch sein könnte, als
ob sie als apolitische Predigt nicht bewiese, daß sie weder Salz
noch Licht der Erde ist! Die ihrer politischen Verantwortlichkeit
bewußte Gemeinde wird es wollen und verlangen, daß die Predigt
politisch werde; sie wird sie politisch verstehen, auch wenn sie mit
keinem Wort 'politisch' wird! Sie trage wirklich nur dafür Sorge,
daß das ganze Evangelium in ihrem eigenen Bereich wirklich verkündigt werde. Für die heilsame christlich-politische Beunruhigung
des weiteren Bereichs der Bürgergemeinde wird dann sicher reichlich
gesorgt sein.

32

Die Christengemeinde handelt auch dann im Sinn und in den Grenzen ihres Auftrags und ihrer Kompetenz, wenn sie durch den Mund ihrer presbyterialen und synodalen Organe in wichtigen Situationen des politischen Lebens durch besondere *Eingaben* an die Behörden oder durch öffentliche *Proklamationen* sich zu Worte meldet. Sie wird diese Situationen gut auswählen und sie wird ihre Worte zugleich sehr bedächtig und sehr bestimmt setzen müssen, um gehört zu werden. Sie wird nicht den falschen Eindruck erwecken dürfen, als erwache sie immer erst dann aus dem Schlafe einer im übrigen apolitischen Existenz, wenn wieder einmal die Lotterie oder der Alkoholmißbrauch oder die Sonntagsentheiligung oder ähnliche im engeren Sinn 'religiös-sittliche' Fragen zur Diskussion stehen, als ob diese nicht doch bloß den äußersten Rand des eigentlichen politischen Lebens bildeten. Sie sehe auch zu, daß sie nicht regelmäßig zu spät, d. h. erst dann auf den Plan trete, wenn ihre Stellungnahmen kein besonderes Risiko mehr bedeuten, aber auch keine besondere Wirkung mehr haben können. Und sie sehe vor allem zu, daß nicht das Bild von der Kirche als der Vertreterin einer bestimmten klassenmäßig bedingten Weltanschauung und Moral sich immer aufs neue verfestige, die ohnehin getreuen Anhänger dieses Gesetzes noch weiter verhärte und das Kopfschütteln derer errege, die in diesem Gesetz nun einmal kein ewiges Gesetz zu erkennen vermögen. Das alles gilt sinnvoll auch für die mit mehr oder weniger kirchlicher Autorität oder schließlich auch ohne solche ausgeübte christliche *Journalistik* und *Schriftstellerei*. Sie sehe zu, daß sie sich rechtschaffen in den Dienst der Christengemeinde an der Bürgergemeinde, in den Dienst des für alles Volk bestimmten Evangeliums und nicht in den Dienst irgendwelcher christlicher Schrullen stelle!

33

Vielleicht der entscheidende Beitrag der Christengemeinde im Aufbau der Bürgergemeinde besteht darin, daß sie ihre eigene Existenz, ihre Verfassung und Ordnung theoretisch und praktisch demgemäß gestaltet, daß sie, die direkt und bewußt um jenes gemeinsame Zentrum versammelt ist, den inneren Kreis innerhalb des äußeren darzustellen hat. Der rechte Staat muß in der rechten Kirche sein Urbild und Vorbild haben. Die Kirche *existiere* also *exemplarisch,* d. h. so, daß sie durch ihr einfaches Dasein und Sosein auch die Quelle der Erneuerung und die Kraft der Erhaltung des Staates ist. Ihr Predigen und Proklamieren des Evangeliums wäre umsonst, wenn ihr Dasein und Sosein, ihre Verfassung und Ordnung, ihre Regierung und Verwaltung nicht praktisch dafür sprächen, daß jedenfalls hier, in diesem engeren Kreis vom Evangelium her gedacht, gehandelt, disponiert wird, daß man hier tatsächlich direkt und bewußt um das gemeinsame Zentrum versammelt und nach ihm hin ausgerichtet ist. Wie soll die Welt die Botschaft vom König und seinem Reich glauben, wenn die Kirche vielleicht durch ihr Tun und Verhalten zu erkennen gibt, daß sie selbst gar nicht daran denkt, sich in ihrer eigenen inneren Politik an dieser Botschaft zu orientieren? Wie soll es zu einer Reformation des Volkes kommen, wenn es die Spatzen von den Dächern pfeifen, daß die Kirche doch nur in der Restauration — oder nicht einmal in der Restauration! — begriffen ist? Es sind unter jenen theologisch-politischen Vergleichs- und Entscheidungspunkten nicht viele, die nicht auch und zuerst im Leben und im Aufbau der Kirche selbst Beachtung verdienten und noch lange nicht Beachtung genug gefunden haben. Was für ein Unfug, wenn z. B. in einem Land und Volk, das heute die Elemente von Recht, Freiheit, Verantwortlichkeit, Gleichheit usw., die Elemente der Demokratie von Grund aus zu erlernen hat, ausgerechnet die Kirche immer noch hierarchischer, immer noch bürokratischer sich zu gebärden für nötig hält und in einer Situation zum Hort des Nationalismus wird, wo gerade sie sich als heilige, allgemeine Kirche darstellen und damit auch die deutsche Politik aus einem alten Engpaß herauszuführen helfen dürfte! Die Christengemeinde darf nicht vergessen: sie redet gerade in der Bürgergemeinde am unmißverständlichsten durch das, was sie *ist.*

34

Wenn sie Christengemeinde ist, dann bedarf sie keiner christlichen Partei. Sie versieht dann nicht nur mit ihrem Wort und mit
ihrer Existenz alle die Funktionen, die in dem unglückseligen Unternehmen einer solchen Partei offenbar das Gemeinte sind. Es wird
dann auch nicht an den einzelnen *Christen* fehlen, die in jener
Anonymität, in der sie im politischen Raum allein auftreten können,
im Sinn der christlichen Richtung und Linie tätig und damit an-
spruchslose Zeugen der auch dort allein heilsamen Christusbotschaft
sind. Nicht daß sie 'feine, fromme Menschen' sind, wird dort ihren
Ruhm ausmachen, sondern schlicht dies, daß sie von ihrem besonderen Ort aus besser als andere der Stadt Bestes zu suchen wissen.
Nicht die Anwesenheit und Mitwirkung 'christlicher Persönlichkeiten' ist ja das, was der Bürgergemeinde hilft. Wir denken noch-
mals an Bismarck: Nehmen wir einmal an, daß er so etwas wie die
'christliche Persönlichkeit' gewesen sei, als die er von der Legende
beschrieben wird; was aber hat das an der fatalen Richtung seiner
Politik geändert? was hat das dem armen Deutschland schon helfen
können? Was im politischen Raum hilft, was Christen hier helfen
können, ist dies, daß sie der Bürgergemeinde in der christlichen
Richtung immer wieder Anstoß, auf der christlichen Linie Bewegungsfreiheit geben. Man sage nicht, daß ihrer zu wenige seien und
daß diese wenigen in ihrer Vereinzelung 'nichts ausrichten' könnten.
Was könnte und kann hier tatsächlich schon ein einziger, der ganz
bei der Sache ist! Und nicht nach dem, was sie ausrichten können,
sondern nach dem, wozu sie durch Gottes Gnade gefordert sind,
sind die Christen auch in dieser Sache gefragt. Was hat es auf sich,
wenn sie vereinzelt sind und wenn sie — da es nun einmal Parteien
gibt — in verschiedenen und also, wie es sich gehört, in einer der
verschiedenen 'nicht-christlichen' Parteien stehen? Sie werden die
Parteiprogramme, die Parteidisziplinen, die Parteisiege und Partei-
niederlagen, in die sie dabei verwickelt werden, so ernst und so
humoristisch nehmen, wie es diese Sache verdient. Sie werden in
jeder Partei gegen die Partei für das Ganze und gerade so im
primären Sinn politische Menschen sein. Sie werden also an verschiedenen Orten, ob bekannt oder unbekannt, ob mit oder ohne

besondere Querverbindung, beieinander — nun auch als Staatsbürger beieinander sein und in gleicher Weise unterscheiden und urteilen und also nichts Verschiedenes, sondern das eine wählen und wollen, für eines sich einsetzen. Die Christengemeinde liefere der Bürgergemeinde solche Christen, solche Bürger, solche im primären Sinn politische Menschen! In ihrer Existenz vollzieht sich dann ihre politische Mitverantwortung auch in der direktesten Form.

35

Der mehrfach angeführte fünfte Satz der ›Theologischen Erklärung‹ von Barmen sei nun auch noch im Zusammenhang in Erinnerung gerufen:

Die Schrift sagt uns, daß der Staat nach göttlicher Anordnung die Aufgabe hat, in der noch nicht erlösten Welt, in der auch die Kirche steht, nach dem Maß menschlicher Einsicht und menschlichen Vermögens unter Androhung und Ausübung von Gewalt für Recht und Frieden zu sorgen. Die Kirche erkennt in Dank und Ehrfurcht gegen Gott die Wohltat dieser seiner Anordnung an. Sie erinnert an Gottes Reich, an Gottes Gebot und Gerechtigkeit und damit an die Verantwortung der Regierenden und Regierten. Sie vertraut und gehorcht der Kraft des Wortes, durch das Gott alle Dinge trägt.

Ich bin der Meinung, das Thema ›Christengemeinde und Bürgergemeinde‹ im Sinn dieses Satzes und also im Sinn der Bekennenden Kirche in Deutschland behandelt zu haben. Es würde einiges anders stehen, wenn sie selbst diesem Element jener Erklärung rechtzeitig eine größere Aufmerksamkeit geschenkt hätte. Aber es kann nicht zu spät sein, nun eben heute mit neuem, durch die Erfahrung vertieften und verstärkten Ernst darauf zurückzukommen.

Ralph Barton Perry, Puritanism and Democracy. New York: The Vanguard Press 1944, p. 627—641 (Conclusion). Reprinted by permission of the publisher. © 1944 by Ralph Barton Perry. Aus dem Amerikanischen übersetzt von Karl Nicolai.

PURITANISMUS UND DEMOKRATIE

Von RALPH BARTON PERRY

1

Puritanismus und Demokratie bilden — unter diesen oder anderen Bezeichnungen — einen wesentlichen Bestandteil des kulturellen Erbes der Amerikaner. Die Hauptquelle geistiger Nahrung muß für jede Nation ihre eigene Vergangenheit sein, die ständig wiederentdeckt und wiedererweckt wird. Wenn eine Nation ihre Tradition verleugnet, verliert sie ihre historische Identität und zerstört leichtfertig ihre Hauptquelle geistiger Vitalität; wenn eine Nation ihre Tradition lediglich bejaht, stagniert und verkommt sie. Man braucht sich jedoch nicht zwischen Revolution und Reaktion zu entscheiden. Es gibt einen dritten Weg — nämlich den Weg einer kritischen und zukunftsorientierten Loyalität.

Der Puritanismus entstammt dem innersten Kern des persönlichen Gewissens — dem Pflichtgefühl, dem Verantwortungsgefühl, dem Schuldgefühl und dem bußfertigen Verlangen nach Vergebung. Kein Mensch entgeht diesen Erfahrungen, falls er das Stadium der Reife erreicht. Früher oder später fühlt sich jeder Mensch mit Recht aus dem Paradies vertrieben und sucht dorthin zurückzukehren. Der Puritanismus entwickelt dieses Thema und weist nachdrücklich auf seine harten Konsequenzen hin: nicht alle Dinge sind gleich gut, und es ist von größter Bedeutung, das Beste zu entdecken; die Ordnung des Besseren und des Schlechteren ist nicht identisch mit der natürlichen Ordnung der menschlichen Triebkräfte, und deshalb muß ein Mensch, wenn er dem Besten treu bleiben soll, das Zweitbeste überwinden, bis dessen Unterordnung ihm zur zweiten Natur geworden ist; das Beste schreibt die Richtlinien des Handelns vor, an die man sich peinlich genau zu halten hat; an dem Maßstab des Besten gemessen ist das Leben des Menschen ein Dokument tragischen, schmählichen Versagens, und die Erkenntnis dieses Versagens ist die Voraussetzung der Erlösung; ein gutes Leben verlangt das Formen eines Willens, der stärker ist als jeder natürliche Trieb; die Umformung des natürlichen Individuums aufgrund seiner moralischen Anlagen bildet die Persönlichkeit, welche die Substanz des Menschen ausmacht und ihn von den übrigen Lebewesen unterscheidet; die Gesellschaft stellt, insofern sie menschlich ist, eine Vereinigung von Personen dar, in der gegenseitige Achtung sich mit Sorge und Verantwortung für das Gemeinwohl verbindet; sowohl für den einzelnen als auch für die Menschheit gibt es die Hoffnung auf Erlösung, und nur das unbeugsame Ausharren in dem moralischen Kampf verleiht dem Menschengeschlecht kosmische Würde.

Wer diese Ideen ablehnt, muß bis zu einem gewissen Grade bereit sein, ihr Gegenteil zu akzeptieren: eine leichtfertige Gleichgültigkeit gegenüber moralischen Problemen, verbunden mit Ziellosigkeit und Unbeständigkeit; eine Verwirrung oder Vermischung sittlicher Werte; eine Verdunklung moralischer Unterschiede und ein Fehlen von festen Grundsätzen; einen seichten Optimismus oder eine behagliche Selbstzufriedenheit, weil man das Böse ignoriert oder entschuldigt; Sichgehenlassen, Willensschwäche, Verführbarkeit, Mangel an Selbstdisziplin; unbekümmerte Verantwortungslosigkeit und Gleichgültigkeit gegenüber dem wahren Wohlergehen der Mitmenschen; ein zynisches Eingestehen des eigenen Versagens und ein Sichabfinden mit der Sinnlosigkeit des Lebens.

Es gibt jedoch gewisse Bestandteile, die der Puritanismus in ungenügendem Maße besitzt oder die ihm gänzlich fehlen. Aus Mangel an diesen Elementen verlieren sogar seine guten Bestandteile ihren Duft und bekommen einen bitteren Geschmack. Der Puritaner sah eine beschränkte Wahrheit, und was er sah, war verzerrt, weil er vieles übersah. Dieser verzerrte Puritanismus zeigt ein engstirniges Beschäftigtsein mit der Moral unter Ausschluß der Anmut und der Schönheit des Lebens; ein pharisäerhaftes Betonen des Buchstabens des Gesetzes auf Kosten seines Geistes; schlimme Phantasie, Prüderie und scheinheilige Demut; eine harte Unterdrückung aller spontanen Regungen und natürlichen Triebe, was dazu führt, daß die wirklichen Beweggründe durch tugendhafte, erbauliche Heuchelei verschleiert werden; einen krankhaften Hang zur Selbstprüfung; Tadelsucht; Härte, Unduldsamkeit und eine Abneigung gegen Freude, besonders gegen die Freude anderer Menschen; gehorsame Unterwerfung unter einen grausamen, despotischen Gott, und infolge der ausschließlichen Beschäftigung mit dem Sittengesetz eine Mißachtung derjenigen Aspekte, welche die Natur und das Weltall den Sinnen, den Gefühlen und dem Verstand bieten.

Die Demokratie hat — genau wie der Puritanismus — ihre ewige Quelle im moralischen Bewußtsein. Sie ist ein Ausdruck der natürlichen Interessen und der natürlichen Geselligkeit des Menschen, die der Disziplin Grenzen setzen und deren einzige entscheidende Rechtfertigung bilden. Die Demokratie fordert, daß die natürlichen Anlagen des Menschen sich frei entwickeln sollen, damit sie als Richtschnur und Sanktion des Lebens dienen. Die Demokratie versteht die Lebenswerte als das Streben und die Befriedigung wirklicher Individuen, und sie gesteht diesen Individuen das Recht zu, sowohl die Verfechter als auch die Garanten ihrer eigenen Interessen zu sein. Der Zweck von Institutionen liegt in dem materiellen und geistigen Nutzen, den die Individuen nach ihrer eigenen Überzeugung aus ihnen ziehen; die Güte von Institutionen bemißt sich daher nach dem Grad von Freiheit, den sie in ihrem Rahmen gewährleisten. Demokratie ist ein Ausdruck des sozialen Bewußtseins im natürlichsten Sinne: des Bewußtseins der Pluralität und der Verschiedenheit der Individuen, aber auch des sozialen Bewußtseins im menschlichsten Sinne: des Mitgefühls, des Mitleids mit den Unglücklichen und der Aufgeschlossenheit für jene höheren Beziehungen, die auf Bescheidenheit, Ehrfurcht und sich wechselseitig befruchtenden Unterschieden beruhen. Der Mensch gewinnt Würde aus seiner unveräußerlichen Gabe, sich zu freuen und zu leiden, aus seiner Anlage zur Selbstbestimmung und aus seinem tragischen, aber treuen und ewigen Bemühen, durch Intelligenz und Kooperation zu leben und besser zu leben.

Wer die Demokratie ablehnt, entscheidet sich für ihre Alternativen: Atavismus und Obskurantismus; das Aufgehen des Individuums in der Masse, seine Anpassung an ein System oder das Ersetzen seiner wahren Interessen durch ein fiktives Allgemeinwohl; sklavische Gesinnung, Einschüchterung oder blinde Unterwerfung der Mehrheit unter die Gewalt von Institutionen, die

ihrem eigentlichen Zweck entfremdet sind oder der Macht einer
verantwortungslosen Minderheit dienen; er nimmt es hin, daß alle,
die nicht einer privilegierten Schicht angehören, auf die Möglichkeiten persönlicher Entscheidung verzichten müssen; er akzeptiert
eine Klassengesellschaft, verbunden mit Hochmut gegenüber den
sozial Tieferstehenden und mit Unterwürfigkeit gegenüber den
Höhergestellten; er duldet Verhärtung des Herzens und Ablehnung
der Mitmenschen, sofern sie nicht der eigenen Klasse, Nation oder
Rasse angehören; er gibt die Sache des Fortschritts auf und findet
sich mit ihrem Scheitern ab.

Die historische Demokratie ist wegen ihrer Übertreibungen und
Mängel in Verruf geraten. Weil sie die Kräfte der Unvernunft
übersieht, kommt sie zu einer falschen Auffassung vom Wesen des
Menschen und unterschätzt die Macht ihrer Feinde. Sie versäumt
es, die Tiefen der menschlichen Interdependenz und Solidarität
auszuloten, und sie verwechselt das Allgemeinwohl mit dem Nutzen
des einzelnen. Sie scheint zu vergessen, daß eine Regierung regieren
muß und daß Regieren Gehorsam voraussetzt. Sie verwechselt Freiheit mit Anarchie. Indem sie so eifrig betont, daß alle Menschen
die gleiche Würde und die gleichen Rechte besitzen, mißachtet sie
die Tatsache, daß die Menschen hinsichtlich ihrer natürlichen Be-
gabung und ihrer Leistung ungleich sind. Wie jene Demokratie, die
man in der Antike verachtete, repräsentiert sie eher die Gewöhnlichkeit als das Außergewöhnliche. Indem sie dem Bereich der Wirtschaft zu wenig Beachtung schenkt, läßt sie es zu, daß man ihren
Namen als Deckmantel für Habgier und Ausbeutung verwendet.
Sowohl auf politischem als auch auf wirtschaftlichem Gebiet gibt
sie sich allzu leicht mit dem zufrieden, was lediglich auf dem Papier
steht, und setzt sich so dem Vorwurf aus, eine sentimentale Einstellung zur Wirklichkeit zu besitzen. Von ihren frühen Erfolgen
berauscht, glaubte sie allzu rasch, ihr Sieg sei vom Schicksal vorher-
bestimmt und der Fortschritt und der Weltfrieden seien schon allein
deswegen gesichert, weil diese Ziele vernünftig und gut seien. Deshalb war die Demokratie nicht darauf vorbereitet, den Schock der
Ernüchterung auszuhalten, und sie gibt sich heute ebenso starken
Exzessen der Verzweiflung hin, wie sie sich einst Exzessen der
Hoffnung hingab.

2

Puritanismus und Demokratie stimmen bis zu einem gewissen Grade miteinander überein und sind miteinander verbündet, und wo das der Fall ist, neigen sie zu den gleichen Fehlern. So sind beide individualistisch — in ihrer Vorstellung vom Guten und in ihrer Vorstellung von den Anlagen des Menschen. Beide bejahen den gleichen abendländischen, christlichen Sittenkodex der Gerechtigkeit, des Mitleids und der persönlichen Würde; beide betonen jedoch die Autarkie des Individuums zu stark. Beide unterschätzen die Verflechtungen der menschlichen Beziehungen — Verflechtungen zwischen den Individuen, den Klassen oder den Nationen. Bis jetzt haben sie noch kein Heilmittel gegen die Ausbeutung im Innern oder gegen den Krieg gefunden, und dieses Versagen ist nicht nur auf Unwissenheit, sondern auf Unglauben zurückzuführen. Beide leiden an Altersschwäche und Korruption.

Aber wenn Puritanismus und Demokratie ihre Wahrheiten gegenseitig bestätigen und ihre Fehler gegenseitig verstärken, so können sie auch ihre Beschränkungen gegenseitig korrigieren und sich ergänzen. Der Puritanismus vertritt die harten Notwendigkeiten des moralischen Lebens. Das Wesen der Moral besteht darin, daß sie dem natürlichen Leben des Menschen eine Ordnung persönlicher Rechtschaffenheit und sozialer Gerechtigkeit auferlegt. Moral läßt sich jedoch nur rechtfertigen im Sinne eben jenes natürlichen Lebens, dem sie Gewalt antut. Persönliche Rechtschaffenheit wird dadurch gerechtfertigt, daß sie dem spontanen Handeln mehr Bewegungsfreiheit gibt, und soziale Gerechtigkeit dadurch, daß sie dem Ausdruck der Persönlichkeit Raum gibt. Der Puritanismus erkennt, daß das Leben eingeschränkt werden muß, und die Demokratie fügt hinzu: „damit es die Fülle habe." Wenn der Puritanismus die Sündhaftigkeit Adams seit dem Sündenfall betont, so betont die Demokratie seine Unschuld vor dem Sündenfall. Der Puritanismus führt dem Menschen pessimistisch seine tatsächliche schlimme Lage vor Augen; die Demokratie bejaht optimistisch die Hoffnungen und Möglichkeiten des Menschen.

Der Vorrang des Puritanismus vor der Demokratie besagt, daß das Ordnen des Lebens die Grundvoraussetzung seiner Menschlichkeit bildet und daß das natürliche Leben nicht in Ordnung ist. Die Natur muß als Werkstoff für den sittlichen Willen betrachtet werden. Aber wenn die Moral die Funktionen des Gestaltens und der Kontrolle ausübt, so liefert die Natur die Lebensgüter, ohne welche die Herrschaft der Moral unfruchtbar bleibt. Seinen eigentlich wertvollen Gehalt empfängt das menschliche Leben von den Neigungen, die es hegt, und von der Befriedigung und der Freude, die aus deren Erfüllung fließen. Das gute Leben ist ein Leben, das so organisiert ist, daß seine Elemente wachsen, blühen und ihre natürlichen Früchte tragen können.

Aus diesen teils positiven, teils negativen Urteilen über den Puritanismus und die Demokratie folgt, daß es nicht nur Gründe gibt, diese beiden Ideen zu bejahen, sondern auch, sie abzulehnen. Sie sind eine Mischung von Wahrheit und Irrtum, von Zweckmäßigkeit und Unvollkommenheit, von Einbeziehung und Unterlassung, von Unzulänglichkeit und Übertreibung, und sie stellen uns vor die Wahl: wir können ihnen wegen ihrer Vorzüge treu bleiben oder sie wegen ihrer Fehler verwerfen. Für die Gesundheit eines Volkes ist es wichtig, daß der Schmutz der Vergangenheit einer kritischen Prüfung unterzogen wird. Aber wie Whitehead einmal gesagt hat: „Der Mensch lebt nicht vom Brot allein; noch weniger kann er allein von Desinfektionsmitteln leben."[1] In dem besonderen Fall, der hier zur Debatte steht, schlage ich deshalb vor, daß wir Amerikaner den Puritanismus und die Demokratie als ehrwürdige Symbole nehmen und bejahen, sofern sie sich als wahr erweisen. Wir wollen untersuchen, welche Elemente der Wahrheit sie enthalten, damit wir sie bejahen können, und wir wollen sie bejahen, um dadurch unsere moralische Identität und den Strom unserer Tradition zu bewahren.

3

Patriotismus darf nicht einfach gleichgesetzt werden mit jenen Eigenschaften des Berufspatrioten oder des „hundertprozentigen

[1] Alfred North Whitehead, Science and the Modern World, London 1925, S. 83 f.

Amerikaners", die diesem Wort seinen heutigen verächtlichen Beigeschmack verliehen haben. Es gibt zum Beispiel jene Dankbarkeit, wie sie am stärksten von eingewanderten Amerikanern oder von der ersten Generation ihrer Nachkommen empfunden wird: sie betrachten Amerika noch nicht als selbstverständlich. Ralph Henry Lasser, ein jüdischer Student, der Harvard nach dem ersten Semester verließ und mit neunzehn Jahren im Ersten Weltkrieg in Frankreich fiel, schrieb seiner Mutter ganz unbefangen: „Jeder von uns muß alles hingeben, was er besitzt, selbst das, was ihm am nächsten und teuersten ist ... Wir haben von unserem teuren Vaterland alles empfangen, und jetzt sind wir aufgerufen, ihm zum Dank dafür zu dienen. Ich möchte meinem Vaterland dienen." [2]

Patriotismus kann auch die Treue eines Volkes gegenüber seinem Glaubensbekenntnis bedeuten. Patriotismus in diesem Sinne schließt weder Überheblichkeit noch Aggression noch Rückständigkeit ein. Ein Glaubensbekenntnis ist ein Maßstab der Vollkommenheit; wer ihn akzeptiert, muß bereit sein, sich nach seinen Forderungen beurteilen zu lassen. Das führt eher zu Bescheidenheit als zu einem Überlegenheitsgefühl. Da zwischen dem augenblicklich Erreichten und der vom Maßstab festgelegten Vollkommenheit immer eine Kluft besteht, wird das Glaubensbekenntnis zu einem Ziel der Bemühung, das Erneuerung und Umgestaltung verlangt.

Etwas ganz anderes ist der Streit zwischen dem einen Glaubensbekenntnis und dem anderen: er spaltet die Menschen oft in fanatische Gruppen, die einander bekämpfen, weil ihre sich gegenseitig ausschließenden Ansprüche unvereinbar sind. Jeder Kult erhebt sich auf einer beschränkten Grundlage und versucht dann jeden anderen Kult seiner eigenen Beschränktheit zu unterwerfen. Dies ist das Prinzip des auf den Willen angewandten Solipsismus. Sein Korrektiv ist jene moralische Unparteilichkeit, die für alles Partei ergreift und gegen eine Pluralität von Bestrebungen (sei es nun von Individuen oder von Kulten) die größte Nachsicht zu üben sucht. Die organisierte Gesellschaft hat also nicht die Aufgabe, eine Emotion unter Ausschluß der anderen zu pflegen, sondern sie muß die

---

[2] M. A. DeWolfe Howe, Memoirs of the Harvard Dead, 5 vols., Harvard University Press 1920—24; Bd. III, S. 256.

Mannigfaltigkeit einschließen, lediglich Haß und Eroberungsdrang ausschließen.

Das Ideal der Toleranz beziehungsweise der Liberalität ist jedoch selbst ein Glaubensbekenntnis. Ein Mensch kann unmöglich liberal sein, wenn er nicht den Liberalismus über alle anderen Lehren stellt. Dem Glaubensbekenntnis der Toleranz anzuhängen und gleichzeitig ihr Gegenteil als ebenso vertretbar anzuerkennen, ist theoretisch ein Widerspruch in sich selbst und führt praktisch zur Selbstvernichtung. Toleranz hat nichts mit Skeptizismus oder Relativismus zu tun. Ein Liberaler sein bedeutet nicht, daß man an nichts glaubt; es bedeutet, daß man an den Liberalismus glaubt.

Ein demokratischer Staat hält, wie jeder andere Staat, seine Grundvoraussetzungen für wahr. Die Demokraten glauben, daß folgende Sätze wahr sind: Die moralische und geistige Wahrheit ist eine fortschreitende, jedoch von Zweifel begleitete Offenbarung; die Menschen haben unterschiedliche Auffassungen, und man kann sie nicht zur Konformität zwingen, ohne ihre Fähigkeit, Träger der Wahrheit zu sein, zu zerstören; geistiger Zwang führt zu Heuchelei; das Gute ist aufgeschlossen, tolerant, mannigfaltig und individuell; auch dieses Glaubensbekenntnis selbst soll — wie es seiner Wahrheit ansteht — freiwillig akzeptiert werden, das heißt es soll eher durch Überzeugungskraft als durch Angst oder Gewohnheit verbreitet und es soll angesichts alles verfügbaren gegenteiligen Beweismaterials angenommen werden. Ein demokratischer Staat beruht auf diesen Prinzipien und setzt sie durch. Den Anhängern anderer Glaubensbekenntnisse wird er Gastfreundschaft gewähren, aber er wird nicht freiwillig abdanken. Der Gegner des Liberalismus, der diese Gastfreundschaft in dem Sinne akzeptiert, in dem man sie ihm anbietet, wird dadurch zum Liberalen. Der Gegner des Liberalismus, der diese Gastfreundschaft nur akzeptiert, um seinen Gastgeber zu enteignen, ist als Exponent eines zu korrigierenden Irrtums oder eines zu verhindernden Fehltritts zu behandeln. Wie weit man die Gastfreundschaft — auf die Gefahr hin, enteignet zu werden — treiben soll, ist eine Frage des Verfahrens, keine grundsätzliche Frage.

In seinem Buch ›Wind, Sand und Sterne‹ greift Antoine de Saint-Exupéry die Glaubensbekenntnisse seiner Zeit als „fleischfressende

Idole" an, welche „die Menschen in Rechte und Linke, Bucklige und Nichtbucklige, Faschisten und Demokraten einteilen". Offenbar vermag er jedoch nicht einzusehen, daß das von ihm selbst verkündete tolerante Ideal der Humanität — „Wir alle haben die gleichen Bestrebungen, wenn auch unsere Losungsworte einander widersprechen" — ebenso ein Ideal ist wie die von ihm verdammten „fleischfressenden Idole".[3]

Unsere Welt krankt nicht daran, daß der Konflikt zwischen den Glaubensbekenntnissen so stark ist, sondern daran, daß das Glaubensbekenntnis des gewaltlosen Konflikts so schwach ist. Wenn man es ablehnt, das Streben nach Frieden als ein Glaubensbekenntnis anzusehen, und wenn man dieses Streben der Kräfte beraubt, durch welche Glaubensbekenntnisse sich durchsetzen, so muß das zu seinem Erlöschen führen: man überläßt das Feld dem ewigen Konflikt oder dem sogenannten Frieden, der in der traurigen Tyrannei des zuletzt Überlebenden besteht.

Ist die Moral der Toleranz selbst ein Ideal, dann können ihre Anhänger es sich nicht leisten, auf die praktischen Maßnahmen, durch die Ideale eingepflanzt und verwirklicht werden, zu verzichten. Gewiß werden sie sich in erster Linie auf die Überzeugungskraft verlassen, da sie der Auffassung sind, daß ihr Glaubensbekenntnis im Grunde vernünftig ist. Aber ein vernünftiges Glaubensbekenntnis bedarf ebensosehr der Propaganda wie ein Kult der Unvernunft. Selbst die Naturwissenschaften, wo Beweise durch den Verstand unanfechtbar sind, brauchen die Unterstützung der Leidenschaft für die Wahrheit, und diese Leidenschaft muß — wie jede andere Leidenschaft — geweckt werden, wenn sie sich durchsetzen soll. Außerdem kann ein gesellschaftliches Glaubensbekenntnis erst dann Früchte bringen, wenn es von einer weitverbreiteten Gesinnung getragen wird. Es muß nicht nur über die Unterstützung der individuellen, sondern auch der kollektiven Leidenschaft verfügen.

[3] A. de Saint-Exupéry, Terre des Hommes, 228. Aufl. Paris, Librairie Gallimard 1944, S. 203: Tous, sous les mots contradictoires, nous exprimons les mêmes élans. S. 206: On peut ranger les hommes en hommes de droite et en hommes de gauche, en bossus et en non bossus, en fascistes et en démocrates ... S. 208: Mais de telles idoles sont des idoles carnivores.

Wenn ein Glaubensbekenntnis leben und sich durchsetzen soll, muß es bei der Jugend Anklang finden. Wenn es das Neue ist, was auf die Jugend wirkt, dann ist der Antiliberalismus nicht im Vorteil. Die Verächter des Liberalismus nennen diesen ein überholtes Glaubensbekenntnis, und sogar seine Anhänger bezeichnen sich als „altmodisch". In Wirklichkeit ist er jedoch moderner als seine Rivalen. Alle Elemente, aus denen der Antiliberalismus sich zusammensetzt, sind so alt wie Adam — oder zumindest so alt wie Kain. Auch wenn sie im zwanzigsten Jahrhundert wieder aufleben, dreist vertreten werden oder neue Instrumente benutzen, so enthalten doch Ehrgeiz, Haß, Aberglauben, Hysterie, Egoismus, Eroberungsdrang und Gewaltherrschaft keine neue Moral. Der Zusammenhalt des Stammes, die Militärdiktatur, die Einheit der Lehre, die Ausbeutung der Unwissenheit durch zynische Auguren und sogar der gemeinschaftliche Besitz von Eigentum sind in der Geschichte der menschlichen Kultur etwas Primitives und Veraltetes. Das neueste, kühnste Abenteuer der Geschichte ist der Versuch, die Menschheit dergestalt zu organisieren, daß die denkbar größte Freiheit, die denkbar höchste Entfaltung der menschlichen Natur und die denkbar weiteste Verbreitung von Freiheit und persönlicher Entfaltung unter allen Individuen und Gruppen erreicht wird.

Die verhängnisvolle Verwechslung, die den gutwilligen Menschen lähmt, ist die Verwechslung von moralischen Zielen und moralischen Bedenken. Moralische Bedenken sind Verhaltensregeln, die gewöhnlich negativ formuliert sind. Von ihren übergewissenhaften Anhängern wird die Moral als ein System von Verboten verstanden, etwa „Du sollst keine Gewalt anwenden", „Du sollst keine Emotionen wecken", „Du sollst keinem Menschen seine Freiheit rauben". Die Moral als ein praktisches Unternehmen mag zugrunde gehen, während die moralischen Pedanten ihre Hände ringen und sie gleichzeitig in Unschuld waschen. Die Moral als ein Ziel ist eine allumfassende, dauerhafte Ordnung des menschlichen Lebens. Wenn man dieses Ziel jedoch verwirklichen oder den bereits erreichten Entwicklungsstand wahren will, so muß man seine physischen, biologischen, psychologischen und historischen Existenzbedingungen berücksichtigen. Moralische Pedanterie ist ebensowenig wie das

Zölibat imstande, die Herrschaft der Moral auf dieser Welt durchzusetzen.

4

Das Ideal einer puritanischen Demokratie oder eines moralischen Liberalismus hat noch einen weiten Weg vor sich, und es muß Früchte tragen, während es noch vorwärtsschreitet — das bedeutet: es muß vorwärtsschreiten und gleichzeitig Früchte tragen. Es kann sich nicht darauf verlassen, durch fromme Redensarten oder durch vage Zukunftsverheißungen Anhänger zu gewinnen. Es muß sofort damit anfangen, das zu sein, was es zu sein hofft. Elenden, unzufriedenen Menschen kann man nicht zumuten, unbegrenzt zu warten. Die Anziehungskraft der Revolution beruht auf ihrem Tempo. Das Gute, das sie erreichen will, und das Böse, das sie zu beseitigen sucht, sind oft mit dem identisch, was ihre konservativen Gegner anstreben; der Unterschied besteht darin, daß die Revolutionäre dafür eintreten, sofort etwas zu unternehmen. Wenn die Revolution abgewendet werden soll, muß der Fortschritt in greifbarer Nähe liegen. Das Tempo der Veränderung muß rasch genug sein, um innerhalb der Lebensdauer einer Generation das Gefühl einer Vorwärtsbewegung entstehen zu lassen.

Revolution bedeutet, daß die Menschen das, was ihnen zu langsam zugestanden wird, sich vorzeitig holen. Die Revolution neigt jedoch dazu, das bereits Erreichte zu zerstören. Es ist üblich, den Zusammenbruch einer Kultur als Rückkehr zum Leben des Tieres anzusehen, aber damit tut man dem Tier unrecht. Bei jedem nichtmenschlichen Lebewesen gibt es eine Art von Vollkommenheit, welche die Natur umsonst gewährt; der Mensch muß sich das, was er an Vollkommenheit besitzt, selbst erarbeiten, und wenn man ihm das wegnimmt, steht er unterhalb des Niveaus der natürlichen Vortrefflichkeit. Der Mensch ist nicht mit einem Fell ausgestattet, und wenn er (etwa in einem Bürgerkrieg) der Zivilisation beraubt wird, bietet er einen Anblick obszöner Nacktheit. Ein herabgesunkener Mensch ist kein Tier, sondern

> dann ein Ungeheuer, ein Alptraum,
> ein Mißklang. Drachen der Urzeit,

die sich in ihrem Schlamm zerfleischten,
waren im Vergleich zu ihm liebliche Musik.[4]

Gerade diejenigen Anlagen, die den Menschen auf die höchste Stufe in der Ordnung der Lebewesen erheben, lassen ihn im Falle ihrer Korruption in die tiefsten Tiefen sinken.[5] Wie Luzifer stürzt der Mensch von den Himmelshöhen so weit herunter, daß ein besonderer Bezirk geschaffen werden muß, um ihn aufzunehmen. Nur der Mensch ist zu eiskalter Bosheit, zu ständiger Angst, zu totalem Mißtrauen oder zu den geistigen Perversionen geheimer Verschwörung fähig. Diese Eigenschaften nehmen überhand, wenn der Mensch etwa bei einer Revolution den moralischen Entwicklungsprozeß umkehrt.

Die Zukunft der Menschheit wäre in der Tat düster, wenn wir uns zwischen Reaktion und Revolution, zwischen dem Kult des Stillstands und dem Kult der Vernichtung entscheiden müßten. Romain Rolland hält „das große Unglück, das mit einem Schlag herabfährt und tötet oder neuschafft" für besser als „das ständig wiederkehrende Mißgeschick, das kleine Elend, das tropfenweise vom ersten bis zum letzten Lebenstag herabrieselt".[6] Es gibt einen sittlichen Idealismus, der sich weigert, zwischen diesen beiden Arten von Elend zu wählen. Er sucht das eintönige Elend der Reaktion zu beseitigen, ohne die Menschheit dem alles verheerenden Elend der Revolution auszuliefern, die — leider — mit einem Schlag herabfahren und töten kann, ohne neuzuschaffen.

[4] A monster then, a dream,
A discord. Dragons of the prime,
That tare each other in their slime,
Were mellow music match'd with him.
Tennyson, In Memoriam LVI.

[5] *Corruptio optimi pessima* (Thomas von Aquin, Summa theologica I 1, 5).

[6] Romain Rolland, Jean-Christophe, Tome I, Paris 1931. Übersetzt nach der 1966 bei Albin Michel erschienenen französischen Taschenbuchausgabe, S. 325 f.: « la grande misère qui tombe d'un seul coup, et qui tue, ou qui forge ... la mauvaise chance, constamment répétée, la petite misère qui s'épand goutte à goutte, du premier jour au dernier ... »

V. L. Parrington hat von Sinclair Lewis' ›Babbitt‹ gesagt, dieser Roman bezeichne für Amerika „das endgültige Verschwinden derjenigen Kultur, die aus dem fruchtbaren Schoß des achtzehnten Jahrhunderts stammte".[7] Diese Auffassung wird vielfach von Amerikanern vertreten, die Amerika kritisch gegenüberstehen. Trotzdem müssen wir uns gerade diesem achtzehnten Jahrhundert heute wieder zuwenden, wenn wir nach den Grundvoraussetzungen unserer Kultur suchen.

Der Irrtum des achtzehnten Jahrhunderts bestand nicht in seiner Idee der Vervollkommnung, sondern in seinem Glauben, die Vervollkommnung sei etwas Natürliches. Das neunzehnte Jahrhundert brachte einen ernüchternden Pessimismus. Seine wissenschaftlichen Untersuchungen auf dem Gebiet der Geschichte, der Biologie, der Anthropologie und der Psychologie enthüllten die dunkleren Aspekte des Menschen, sowohl die Tiefen seines Unbewußten als auch die primitiven Stufen seiner Entwicklung. Dem zwanzigsten Jahrhundert blieb es vorbehalten, den Atavismus zu einem Kult zu erheben oder den Naturzustand im unbarmherzigen, realistischen Sinne zu verherrlichen. Zyniker und Satiriker decken das Rohmaterial und die Grundkräfte des menschlichen Lebens auf und werfen der Kultur, die diese verhüllt hat, Heuchelei und Gefühlsduselei vor. Sie machen aus diesem Aufdecken einen Kult, als sei es ein Vorzug, von der modernen Kanalisation zum offenen Abwassergraben zurückzukehren. Sie bestätigen das Dogma von der Verderbtheit des Menschen, ohne jedoch einen Maßstab oder ein Evangelium der Erlösung zu besitzen; sie akzeptieren den unerlösten Menschen und sind stolz auf ihn.

Das gute Leben des Menschen besteht darin, daß die ursprünglichen Kräfte und Elemente des natürlichen Lebens durch die spezifisch menschlichen Fähigkeiten geordnet werden. Die Konflikte der Emotionen werden durch die beherrschende und regulierende Funktion des sittlichen Willens gelöst; das Dunkel der Emotionen wird durch Wissen erhellt; die Brutalität der Starken wird durch Ge-

---

[7] Vernon Louis Parrington, The Beginnings of Critical Realism in America, 1860—1920 (Main Currents in American Thought, vol. III, New York 1930), S. 235.

rechtigkeit eingedämmt; die vegetativen und animalischen Funktionen verwandeln sich durch Geschmack, Phantasie und symbolische Darstellung in Freundschaft, romantische Liebe, Fest und Kunst. Dieses geduldig gewobene, durch Schönheit, Güte, Ehrlichkeit, Wahrheit, Freiheit, gegenseitige Achtung, Ehrfurcht und den ganzen Tugendkatalog geschmückte Gewebe ist es, was in Zeiten revolutionärer Gewalt zerstört wird — nicht bloß Leben und Eigentum. Dieses Gewebe, das wir als Kultur bezeichnen, bildet das gute Leben des Menschen, und Menschen von sittlichem Eifer werden es durch vernünftige, gemeinsame Bemühung hüten und vervollkommnen.

Der Revolutionär sollte die Geschichte im Hinblick auf die zersetzenden und verderblichen Wirkungen der Gewalt betrachten. Der Reaktionär sollte die Geschichte und sein eigenes Herz im Hinblick auf die Trägheit des menschlichen Egoismus betrachten. Der Besitz, so sagt man, mache neun Zehntel des Rechts aus; für die Besitzenden stellt er anscheinend die ganze Gerechtigkeit dar. Besitzende, die nichts abgeben wollen und die den Idealzustand mit dem Status quo verwechseln, geben indirekt zu Gewalttaten Anlaß. Sie bauen einen Damm durch den Fluß, bis der aufgestaute Druck der Strömung seine Ufer überflutet, den Damm durchbricht und in einer verheerenden Überschwemmung alle Grenzpfähle hinwegspült.

Reaktionäre zeigen bei der Anwendung ihrer veralteten Grundsätze oft eine erstaunliche Beweglichkeit. Sie können sich als Anhänger der heiligen Prinzipien des Eigentums bezeichnen und trotzdem auf ihre räuberischen Vorfahren stolz sein. Sie können behaupten, der Arbeiter habe ein Recht auf die Früchte seiner Arbeit (und zwar nur auf die Früchte seiner Arbeit), und trotzdem seelenruhig ihren ererbten Reichtum oder ihre Tantiemen genießen. Sie können die Einmischung der Regierung in die Wirtschaft ablehnen — außer wenn dies zugunsten ihrer Sonderinteressen geschieht. Sie können eine großzügige Nächstenliebe zur Schau tragen und trotzdem für Rassenvorurteile anfälliger sein als ihre radikalen Gegner. Sie sind prinzipiell gegen den Klassenkampf, haben jedoch gegen Klassenvorrechte nichts einzuwenden. Die Revolution zerstört; die Reaktion hemmt. Revolution ist Haß gegen die bestehenden Begrenzungen und Einschränkungen; Reaktion ist die krankhafte Furcht, den eigenen Besitz zu verlieren. Die eine ist rücksichtslos, die andere zaghaft; beide sind blind. Der Revolutionär vergißt, was er eigentlich schaffen will, der Reaktionär, was er bewahren will. Der eine streckt die Hand aus nach dem, was er nicht besitzt, der andere hält zäh an seinem Besitz fest; beide sind habgierig. Beide begründen ihre Habgier rational, aber in Wirklichkeit sind beide ihren angeblichen Zielen untreu.

In Amerika können sowohl Reaktionäre als auch Revolutionäre der Verfassung Treue schwören. Der Verfechter der Revolution vergißt, daß unsere Verfassung ein Gehäuse und ein System der „Hemmungen und Gegengewichte" (checks and balances) darstellt, und reagiert mit empörter Überraschung, wenn das Gehäuse ihm Grenzen setzt oder wenn Regierungsgewalten tatsächlich hemmen und Gegengewichte bilden. Der Reaktionär vergißt, daß unsere Verfassung die Freiheit des Individuums proklamiert, und ist empört, wenn ihre Menschen ihre Rechte beanspruchen und ausüben. Sowohl die Revolution als auch die Reaktion dramatisieren und simplifizieren die geschichtlichen Vorgänge: sie sehen Gespenster, werfen Bosheit vor, schaffen Teufel, um ihre Befürchtungen zu rechtfertigen, erblicken hinter jedem Busch einen Verschwörer, teilen die Menschen in Freunde und Feinde ein, neigen zu Fanatismus und fixen Ideen.

Stufenweises Fortschreiten ist die einzige Art von Reform, die sich mit demokratischen Institutionen vereinbaren läßt. Das demokratische Verfahren schließt Schwankungen der öffentlichen Meinung ein. Die regierende Partei muß eine Opposition zulassen und bereit sein, ihre Macht nach kurzer Zeit an ihre Gegner abzugeben. Änderungen und Wechsel der Politik müssen als etwas Normales betrachtet werden. Wenn politische Veränderungen jedoch allzu abrupt eintreten, ergibt sich gewöhnlich die folgende Alternative: entweder versucht die regierende Partei ihre Herrschaft im Namen der sozialen Stabilität endlos fortzusetzen oder jeder Regierungswechsel bedeutet eine Revolution — das soziale Leben leidet an einem chronischen Chaos, und ein langfristiges konstruktives Handeln wird durch ein Gefühl der Unsicherheit gelähmt.

Stufenweises Fortschreiten — das heißt eine Änderung zum Besseren, die langsam genug ist, um die Errungenschaften der Vergangenheit zu bewahren, und doch rasch genug, um ein hoffnungsvolles Gefühl des Fortschrittes zu erzeugen — ist ohne Zweifel ein Gebot der Weisheit. Ein solches Gebot vermag kaum die primitiven Gefühle zu erregen. Es muß sich eher auf die Übereinstimmung vernünftiger Ansichten als auf die Verschmelzung von Emotionen verlassen. Seine Stärke ist die Stärke der Vernunft, der Aufklärung und der Wahrheit. Um es kurz zu sagen: Obgleich es für eine demokratische Ordnung wesentlich ist, daß das Pendel hin und her schwingt, und obgleich es notwendig ist, daß diese Schwingung sich in Grenzen hält, heißt das nicht, daß es kein lineares Fortschreiten gibt; dieses Fortschreiten besteht vielmehr aus einer Reihe von Schwingungen, bei denen die fortschrittliche Komponente stärker ist als die nach rückwärts gerichtete. Im Endergebnis mag die Veränderung unermeßlich groß sein, aber jeder Abschnitt ist zweimal zu durchqueren, und das gewonnene Terrain muß durch Gewohnheit, Geschicklichkeit, Organisation, Überzeugung und Gesinnung gesichert werden.

5

Zu Beginn unseres Jahrhunderts glaubte man allgemein, die Sache der christlichen Demokratie, von unwiderstehlichen kosmischen und geschichtlichen Kräften unterstützt, könne zuversichtlich die Zukunft für sich beanspruchen. Kriege, Revolutionen und Wirtschaftskrisen, die seither die Welt heimsuchten, haben diese Zuversicht in Zweifel oder sogar in rachsüchtige Abtrünnigkeit verwandelt. Manche sprechen vom Ende der Kultur und empfinden, da sie Grund zu den schlimmsten Erwartungen haben, eine fast ruchlose Schadenfreude, wenn sie mit ihrem Pessimismus recht behalten.

Eines steht fest: Das Durchschreiten dieses Tales wird in der Erfahrung der Menschheit ein unvergeßliches Kapitel bilden. Nie wieder werden die Menschen so naiv optimistisch sein, wie sie es am Ausgang des neunzehnten Jahrhunderts waren. Nie wieder werden sie glauben, der Idealstaat sei die unmittelbare und natürliche Folge eines Kultes der Vernunft, des Fortschritts der Naturwissenschaften oder der Übernahme von Verfassungen. Es ist unwahrscheinlich, daß sie noch einmal ihr Vertrauen auf ein göttliches Wesen setzen werden, das sie als Fortschritt bezeichnen. Wenn sie weiterhin auf Gott vertrauen, so wird es ein Gott sein, der von seinen Geschöpfen erwartet, daß sie leiden — sei es nun wegen ihrer Sünden oder infolge anhaltenden, schweren Bemühens.

Wenn man zugibt, daß die Wiederbelebung von Illusionen unmöglich ist, dann muß man zu einer nüchternen Hoffnung finden, die auf Wissen beruht und die gerade aus bitterer Erfahrung entspringt. Ein Mensch muß sich bemühen, sagt Tawney, „nicht zum Fatalisten zu werden, ohne deshalb ein Dummkopf zu sein".[8] Man sucht nicht nach einem kümmerlichen Trost, sondern nach Gründen, die ein Bemühen rechtfertigen.

Einige Hoffnung läßt sich aus der Geschichte schöpfen. In der Geschichte der Menschheit gibt es viele Kapitel, die den Zeitgenossen als die letzten erschienen, die jedoch in den Augen der Nachwelt nur Übergangsphasen waren. Es gibt heute kein Elend menschlichen Leidens, menschlicher Brutalität und menschlicher Erniedrigung, für das sich nicht in den Annalen der Geschichte eine Entsprechung (hinsichtlich der Art, wenn auch nicht hinsichtlich des Ausmaßes) finden ließe. Wir glaubten, wir hätten diese Dinge hinter uns gelassen — das ist offenkundig nicht der Fall; doch der Mensch hat diese Dinge überlebt, und wahrscheinlich kann er sie wieder überleben. Die Amerikaner sind ihrem eigenen Glaubensbekenntnis untreu gewesen, und sie haben in dieser Beziehung mehrfach gesündigt, aber sie haben ihren Glauben wiedergefunden.

Die Geschichte verändert das Zeitmaß. Epochen, die den Lebenden lang vorkommen, erscheinen uns im Rückblick als kurz. In der Geschichte sind dreißig Jahre eine kurze Zeit. Es gab einst einen Dreißigjährigen Krieg — und einen Hundertjährigen Krieg. Das verderbliche Unkraut, das während der letzten drei Jahrzehnte aufgegangen ist, hat noch keine tiefen Wurzeln geschlagen; bis jetzt ist noch nicht erwiesen, ob es die Kraft zum Überleben besitzt. Die Geschichte lehrt uns, daß wir geduldig sein müssen und daß vorschnelle endgültige Urteile töricht sind. Sie beweist, um mit Emerson zu sprechen, daß eine Knallbüchse manchmal für den Donner des Jüngsten Gerichts gehalten wird.

[8] R. H. Tawney, Equality, New York 1929, S. 268.

Aber die Geschichte ist mit den Gebeinen toter Weltreiche übersät, und selbst ganze Kulturen sind bekanntlich untergegangen. Die Hoffnung braucht eine festere Grundlage. Eine solche Grundlage läßt sich in dem plötzlichen Gefühlsumschlag finden, den eben die Exzesse des Bösen heute hervorrufen. Es ist, als sei der Totalitarismus geschaffen worden, um das Böse in seiner ekelhaftesten Gestalt bloßzustellen. Der Totalitarismus hat durch den Kontrast die moralischen Auffassungen der abendländischen Christenheit und die politischen Auffassungen der modernen Demokratie beleuchtet und als richtig erwiesen. Seine Brutalitäten, Hysterien und Gewaltherrschaften haben der Liebe zur Sanftmut, zur Vernunft und zur Freiheit neuen Auftrieb gegeben.

Wenn die Hoffnung jedoch gerechtfertigt sein soll, so muß es Anzeichen dafür geben, daß das Gute die Kraft zum Überleben besitzt und nicht bloß die Fähigkeit, ein sehnsüchtiges Verlangen hervorzurufen. Zwischen der christlich-puritanischen Demokratie und den Bedingungen unserer Existenz muß eine innere Übereinstimmung bestehen. Nach meiner Auffassung gibt es eine solche Übereinstimmung.

Die Demokratie beruht auf der Wahrheit. Sie ist diejenige menschliche Gesellschaftsform, die nicht nur vor der Wahrheit keine Furcht empfindet, sondern mit der Wahrheit als einem Bündnispartner rechnet. Die Wahrheit — im ursprünglichen und einzig vertretbaren Sinne dieses Wortes — spiegelt jedoch die Natur der Dinge und richtet sich nach den ewigen Lebensbedingungen des Menschen. Kulturen können die Wahrheit eine Zeitlang verhöhnen und mißachten, aber nur weil sie von der angesammelten Wahrheit der Geschichte leben. Die Menschen lassen sich vielleicht einen Aberglauben einpflanzen, aber sie verharren nicht darin, denn die Tatsachen sind hartnäckiger als die Propaganda. Selbst Kulturen, die auf einem Aberglauben beruhen, brauchen eine Führungsschicht, die selbst emanzipiert ist; und schließlich dehnt entweder die Emanzipation der Führer sich auf die Massen aus oder die Führer werden eben durch die Doktrin, mit deren Hilfe sie die Massen beherrschen, selber korrumpiert und kraftlos.

Die christliche Moral ist zum Überleben befähigt, weil ihr Plan mit dem Plan der menschlichen Natur übereinstimmt — wenn man zugesteht, daß das Gewissen und die Vernunft menschliche Anlagen sind, die selbst in ihrer Erniedrigung niemals zerstört werden, sondern als verborgene, die Richtung menschlichen Bemühens bestimmende Kräfte weiterwirken. Und die christliche Moral ist zum Überleben befähigt, weil Liebe und Eintracht, welche die Menschen miteinander verbinden, stärker sind als Haß und Furcht, welche sie voneinander trennen. Das Menschengeschlecht besitzt einen Selbsterhaltungstrieb, der sich gerade heute geltend macht und der Menschen und Nationen, mögen sie noch so egoistisch und trotzig sein, dazu treibt, sich mit ihren Nachbarn zu verständigen; denn falls Menschen und Nationen überhaupt leben sollen, müssen sie in Frieden miteinander leben, und in Frieden können sie nur leben, wenn sie ihre sozialen Triebe kultivieren und wenn sie ihre Institutionen auf gegenseitige Achtung und Hilfe gründen.

Der eigentliche Grund, warum wir für die christliche Demokratie hoffen dürfen, liegt also darin, daß sie — durch die Aufklärung — der Natur der Dinge entspricht und daß sie — durch ihre Berücksichtigung der menschlichen Anlagen und der menschlichen Solidarität — der Natur des Menschen entspricht. Dies sollte ausreichen, um allen Menschen guten Willens genügend Mut zu geben, bei dem Bemühen, ihr Glaubensbekenntnis in die Tat. umzusetzen, nicht nachzulassen. „Und so ist", wie Cromwell es ausdrückte, „ein Suchender beinahe ebenso gut wie derjenige, der zur Gemeinschaft der Finder gehört." [9]

Amerika ist durch die Mannigfaltigkeit seiner Wirtschaft, seiner Rassen und seines Klimas vom Glück begünstigt, und es besitzt eine einzigartige Möglichkeit, seine nationale Einheit zu bewahren, ohne kulturell zu verarmen. Amerikanismus in diesem Sinne einer aufgeschlossenen Toleranz besteht nicht in einem allgemeinen Anstrich von Gewöhnlichkeit; noch weniger besteht er in einer Gleichförmigkeit primitiver Triebe und Emotionen, die aus den untersten Schichten der menschlichen Natur aufsteigen. Er besteht in einem gemeinsamen Glaubensbekenntnis des Pluralismus, das von jedem Individuum und jeder Gruppe bejaht wird, weil alle Freiheit ge-

[9] In einem Brief vom 25. Oktober 1646 an seine Tochter Bridget Ireton. Letters and Speeches of Oliver Cromwell, S. 162.

nießen und weil diese vielfachen Freiheiten sich gegenseitig be-
fruchten. Diese Motive werden einen Amerikaner veranlassen, sich
mit dem weltweiten, ewigen Abenteuer der Menschheit zu identifizieren. Die einzigen Grenzen, die dem persönlichen oder nationalen Streben gesetzt sind, werden diejenigen sein, die der Frieden
gebietet, und diese werden nicht als hemmende Barrieren, sondern
als Kanäle gegenseitiger Befruchtung wirken. Nationen wie Individuen werden nicht mehr in befestigten Burgen, aus denen sie
gelegentliche Raubzüge unternehmen, sondern in den Tälern und
Ebenen leben, wo sie — ohne auf ihr inneres Eigenleben zu verzichten — gemeinsam die Früchte der Erde und die Errungenschaften des menschlichen Geistes genießen.

Karl Dietrich Erdmann, Volkssouveränität und Kirche (Studien über das Verhältnis von Staat und Religion in Frankreich vom Zusammentritt der Generalstände bis zum Schisma, 5. Mai 1789—13. April 1791). Kölner Universitätsverlag 1949, S. 63—109.

DIE ERKLÄRUNG DER MENSCHENRECHTE UND DIE PRIVILEGIEN DER STAATSRELIGION

Von Karl Dietrich Erdmann

I

Die römisch-katholische Kirche erfreute sich unter dem Ancien régime mannigfacher Privilegien. Man mag mit Taine geneigt sein, den Ursprung dieser bevorzugten Stellung in den Diensten zu suchen, die sie im Laufe der Geschichte dem französischen Volk geleistet hatte, oder man mag mit Aulard jedes System der Privilegierung an sich für ein Übel halten, beide Seiten stimmen in dem Urteil überein, daß die Kirche so, wie sie am Vorabend der Revolution war, der Reformen dringend bedurfte. Die Verhältnisse sind oft geschildert worden. Es sei hier auf folgende Momente hingewiesen:

Die Privilegien der Kirche waren dreifacher Art. Sie betrafen ihr wirtschaftliches, politisches und religiöses Verhältnis gegenüber dem Staat. Durch ihre bevorzugte Stellung geriet sie in wachsenden Gegensatz zu den Zeitumständen. Das galt, seit die Teilnahme Frankreichs am amerikanischen Unabhängigkeitskrieg die Staatsfinanzen in eine verzweifelte Lage gebracht hatte, in erster Linie von ihrem Steuerprivileg. Der Klerus war gesetzlich nicht verpflichtet, an den öffentlichen Lasten teilzunehmen, während selbst der Adel den Zwanzigsten und die Kopfsteuer zu zahlen hatte und nur von der Taille befreit war. Was der Klerus gab, gab er freiwillig. Alle fünf Jahre in der Regel bewilligte er dem Staat einen Don gratuit. Aber diese freiwilligen Gaben pflegten so bescheiden zu sein, daß sie in der Bilanz sowohl der Kirche wie des Staates kaum ins Gewicht fielen. Es seien hier einige Vergleichszahlen aus dem Rechenschaftsbericht Neckers vom Jahre 1778 angeführt.[1] Danach betrug der Don gratuit alle fünf Jahre etwa 16—18 Millionen Livres.[2] Dem standen 148,59 Millionen direktes Steueraufkommen und 264,154 Millionen Gesamteinnahmen der Staatskasse jährlich gegenüber. Der Beitrag des Klerus bewegte sich also in der Höhe von etwa 2,3 % der direkten Steuereinnahmen des Staates.[3]

Welches war nun das Verhältnis der Dons gratuits zu den Gesamteinnahmen der Kirche? Exakte Angaben sind nicht zu machen. Als sich die Konstituante später daran machte, das Kirchengut zu liquidieren, war sie auf Schätzungen angewiesen. Die Einnahmen

---

[1] Der Compte rendu wurde 1781 veröffentlicht. Abgedruckt in Moniteur, Introduction historique S. 144 ff. Man hat die Zuverlässigkeit dieses Berichtes, der optimistisch gehalten war, mit Recht bezweifelt, da er nicht von den tatsächlichen Einnahmen und Ausgaben eines bestimmten Jahres ausgeht, sondern ein Normaljahr annimmt. (A. Wahl, Vorgeschichte der Französischen Revolution, Tübingen 1905, B. I, S. 268.) Dieser Zweifel richtet sich aber weniger gegen die Posten der normalen Einnahmen und Ausgaben, als gegen die Angaben, die die Verpflichtungen aus der verhängnisvollen Anleihepolitik Neckers betrafen. Um Vergleichszahlen zu gewinnen, darf man also ruhig auf den Compte rendu zurückgreifen.

[2] Aus dem Livre tournois hat sich der Franc entwickelt. Es ist unmöglich, eine exakte Wertrelation zur heutigen Währung zu finden. Marion schätzt das Verhältnis zum Wert des Franc um das Jahr 1900 auf etwa 1 zu 4. Marion, Dictionnaire des institutions de la France aux XVIIe et XVIIIe siècles. Paris 1923, S. 384 f. Ebenso J. M. Thompson, The French Revolution, 2. Aufl. Oxford 1944, S. VIII f.

[3] Es sind hier nur die Einnahmen der Staatskasse zu verstehen, von denen der Compte rendu handelt. Die gesamten Einnahmen der öffentlichen Hand waren bedeutend höher. Sie wurden zum großen Teil von vornherein für bestimmte ressortmäßige oder lokale Verwendungszwecke angewiesen und erschienen gar nicht in der Bilanz der Staatskasse. Necker hat in seiner ›Administration des finances de la France en 1784‹ diese Gesamtbilanz im Auge, wenn er die Einnahmen mit 557,5 Millionen bezeichnet (Moniteur, Intr. hist, S. 172). Marion schätzt das tatsächliche Steueraufkommen auf etwa 475—490 Millionen. (Dictionnaire, S. 283.)

Leider ist es unmöglich, die Steuerhöhe in ein Verhältnis zum Nationaleinkommen zu setzen. Es fehlen dazu die notwendigen statistischen

der Kirche flossen aus zwei Quellen, dem Zehnten und dem Kirchengut. Talleyrand setzte den Zehnten mit 80 Millionen, die Einkünfte aus dem Kirchengut mit 70 Millionen an.[5] Diese Angaben dürften nicht zu hoch gegriffen sein. Jedenfalls wandte sich die Kritik des Klerus nicht gegen die Zahlen Talleyrands, sondern gegen das Prinzip. Manche Mitglieder der Nationalversammlung schätzten das Einkommen der Kirche bedeutend höher ein, so Treilhard auf rund 200, Chasset auf rund 300 Millionen. Halten wir uns an die Angaben Talleyrands, dann wäre das Jahreseinkommen der Kirche also fast genau gleich gewesen dem Normaleinkommen der Staatskasse aus den direkten Steuern. Nun wird man allerdings in Betracht ziehen müssen, daß das Einkommen der Kirche und das Einkommen des Klerus durchaus nicht dasselbe waren. Neben dem Kultus trug die Kirche in Krankenpflege, Fürsorge und Erziehung einen Teil der öffentlichen Funktionen, die seit der Revolution der Staat als seine Aufgaben betrachtete. Wie aber auch immer innerhalb der Kirche das Gesamteinkommen sich aufteilen mochte zwischen Klerus und öffentlichem Dienst, die freiwilligen Abgaben fielen materiell für die Kirche nicht ins Gewicht, insbesondere, da sie gar nicht direkt aufgebracht zu werden pflegten, sondern durch Anleihen, die der Klerus für diesen Zweck aufnahm.

Die wirkliche Bedeutung der Dons gratuits lag auf einer anderen Ebene. Sie gaben den Anlaß zu den alle fünf Jahre stattfindenden Klerusversammlungen, dem Organ, durch das die gallikanische Kirche sprach und handelte. Der Klerus war der einzige Stand des Ancien régime, der seit der letzten Einberufung der Generalstände im Jahre 1614 überhaupt noch eine periodische Vertretung besaß und als Körperschaft gegenüber dem König seinen Wünschen

Unterlagen. Marion urteilt darüber: «Nous sommes malheureusement hors d'état d'évaluer qu'elle était l'importance de cette somme par rapport au chiffre du revenu national: l'évaluation de ce revenu, toujours extrêmement périlleuse pour le présent, devient absolument impossible quand il s'agit d'un passé éloigné et pour lequel manquent des données statistiques suffisamment nombreuses et sûres.» (Dictionnaire S. 283.)

[5] Motion de l'évêque d'Autun sur les Biens Ecclésiastiques. Du 10 Octobre 1789. Procès-verbal Bd. VI.

Ausdruck verleihen konnte. Daß dies mit einem gewissen Nachdruck geschehen konnte, ergab sich aus der Lage des Geldspenders
gegenüber dem nach jeder wenn auch noch so unbedeutenden Hilfe
verzweifelt ausschauenden Staat.[6]

Der Klerus war eine Körperschaft mit eigenem Dasein innerhalb
des Staates. Das kam auch in seinen Gerichtsprivilegien zum Ausdruck. Für Kleriker waren nicht nur in Fällen, die das geistliche
Amt betrafen, sondern auch in allen Zivilprozeßangelegenheiten
untereinander besondere kirchliche Gerichte zuständig. Kriminal-
fälle und Appellationen an das weltliche Gericht wurden unter
Überspringung der niederen Instanzen sofort vor die Parlamente
gebracht.

Alle die genannten Privilegien begründeten sich letzten Endes
aus der Stellung des römischen Katholizismus als Staatsreligion.
Kraft dieser Stellung besaß die Kirche die Schlüsselgewalt nicht
nur für die himmlische, sondern auch für die bürgerliche Existenz.
Erst der Getaufte war ein legitimes Glied der Gesellschaft, nur
die als Sakrament der Kirche vollzogene Ehe war gültig, und nur
der unter Assistenz des Priesters Gestorbene und in geweihter Erde
Begrabene besaß ein ehrenvolles Andenken. In der Hand des Klerus
lag die alleinige Verantwortung für die Erziehung. Schule und
Universität waren kirchliche Institute. Die Kirche wachte über das
Schrifttum. Der „Vorrang der nationalen und herrschenden Religion" wurde von dem Erzbischof von Narbonne in seiner Schlußansprache, die er am 27. Juli 1787 nach Beendigung der außerordentlichen Klerusversammlung in Versailles an den König richtete, mit folgenden Worten beschrieben: „Sie besitzt Merkmale,
die es niemals gestatten werden, sie zu verkennen: ihr allein gehört

---

[6] Diese Situation war besonders evident bei der im Juni 1788 statt-
gefundenen außerordentlichen Klerusversammlung. Man höre die stolzen
und selbstbewußten Eingangsworte der Remontrances: « Lorsque le
premier ordre de l'Etat se trouve le seul qui puisse élever la voix, que le
cri publique le sollicite de porter les voeux de tous les autres au pied de
votre trône, que l'intérêt national et son zèle pour votre service le com-
mandent, il n'est plus glorieux de parler; il est honteux de se taire. Notre
silence serait un des crimes dont la nation et la postérité ne voudraient
jamais nous absoudre.» (Moniteur Intr. hist. S. 379.)

das Recht der religiösen Unterweisung im Königreich; sie allein hat Priester, Gotteshäuser, Riten und Zeremonien, sie übt legitime Rechtsprechung aus; die Beamten Ihrer Majestät sind beauftragt, über die Ausführung ihrer Urteile zu wachen, und aus diesem Grunde wird der Herrscher der ‚Bischof für das Äußere‘ genannt."[7] In der Person des Bischof-Königs fand die innige Verschmelzung von Staat und Kirche ihren sinnfälligen Ausdruck.[8] Seine Stellung beruhte auf dem Sakrament von Reims, der Salbung mit dem vom Himmel selbst gespendeten Öl. Er besaß das priesterliche Vorrecht, am Haupt gesalbt zu werden und in beiderlei Gestalt zu kommunizieren. Sein Krönungsgewand glich dem des Priesters. Ihm wurde wundertätige Heilkraft zugeschrieben. Gedeihen und Wohlfahrt des Staates hingen an seiner geweihten Person.[9] Er war der anerkannte Rex christianissimus unter den gekrönten Häuptern Europas. Ludwig XIV. konnte von sich selber sagen, daß der König teilhabe an der Autorität, der Weisheit und dem Erkenntnisvermögen Gottes.[10]

Wie die Autorität des Königs geweiht und durchströmt wurde vom Sakramentalen her, dessen legitime Verwalterin die römisch-katholische Kirche war, so war umgekehrt diese Kirche an die Person des Königs gebunden. Seit dem Konkordat von 1516 verfügte der König über die Bischofssitze und Abteien. Er vergab sie in zunehmendem Maße ausschließlich an Sprößlinge der hohen

---

[7] Moniteur, Intr. hist. S. 393.

[8] Zum folgenden Percy Ernst Schramm, Der König von Frankreich. Das Wesen der Monarchie vom 9. bis zum 16. Jahrhundert. 2 Bde., Weimar 1939; insbesondere Bd. I, S. 252—254. Bloch, Les rois thaumaturges, Straßburg 1924; Gabriel Hanotaux, Essai sur les libertés de l'Eglise gallicane depuis les origines jusqu'au règne de Louis XIV. (Einleitung zum 1. Bd. von Recueil des instructions données aux ambassadeurs et ministres de France à Rome, depuis les traités de Westphalie jusqu'à la Révolution française. Paris 1888.)

[9] Dazu Schramm op. cit. S. 260 f.

Es müßte aufschlußreich sein, zu untersuchen, wieweit diese Vorstellung noch in den Pariser Volksmassen wirksam war, die am 6. Oktober 1789 den König in ihre Stadt einholten.

[10] Belege bei Hanotaux op. cit. S. 97. Anm.

Familien des französischen Adels, die geistliche Stellung der Kirche schmückend mit dem Glanz feudalen Gepränges.

Neben dieser Kirche war kein Platz für andere Kulte. Der französische Klerus wachte streng über sein religiöses Privileg. Seit der Aufhebung des Ediktes von Nantes war der Hugenott prinzipiell in bürgerlicher und in religiöser Hinsicht rechtlos. Ehen, die nicht vor dem römischen Priester geschlossen waren, galten als Konkubinate, die Kinder als Bastarde. Erst das königliche Toleranzedikt von 1787 schuf hier einen gewissen Wandel. Für Protestanten wurde das staatliche Zivilstandsregister eingeführt, und ihnen damit die bürgerliche Existenz, wenn auch noch nicht der freie Zugang zu allen Berufen, gewährt.[11] Dieser Schritt fand die Zustimmung des Klerus. Aber das Recht auf öffentlichen Kult blieb den Protestanten nach wie vor versagt. Der Erzbischof von Narbonne bat den König, indem er die bürgerliche Tolerierung der Protestanten billigte, um eine ausdrückliche Erklärung, daß der Kirche das Monopol der öffentlichen Religionsübung zugesichert bleibe. Was der Klerus forderte, wurde ihm gewährt. „Ich sehe mit Genugtuung", so antwortete der König, „daß er den menschlichen und religiösen Gesichtspunkten Rechnung trägt, die mein Edikt bezüglich der Nichtkatholiken diktiert haben; indem ich ihnen die bürgerlichen Rechte gewährte, habe ich Sorge getragen, die Einheit des öffentlichen Kultes in meinem Königreich aufrechtzuerhalten. Der Glaube, den ich von meinen Vätern empfangen habe, wird immer der nationale und herrschende Glaube in meinen Staaten sein."[12]

II

Von den finanziellen Vorrechten des Klerus, den korporativen Vorrechten der Kirche und den religiösen Vorrechten des römisch-

[11] Vgl. Wahl, Vorgeschichte Bd. II, S. 199 f. Das Parlament hatte vor der Registrierung beim König durchgesetzt, daß drei Berufe auch in Zukunft den Protestanten verschlossen bleiben sollten, nämlich „der richterliche, der des Lehrers und der des städtischen Verwaltungsbeamten, insofern dieser ein vom Staat errichtetes Amt innehätte".

[12] Moniteur, Intr. hist. S. 394.

katholischen Dogmas und Kultus wurde als erstes das Privileg der Steuerfreiheit angegriffen. Der Generalkontrolleur der Finanzen Calonne legte der im Jahre 1787 einberufenen Notabelnversammlung, an der 14 Erzbischöfe teilnahmen, den Plan zu einer Grundsteuer vor, die vor keinen Immunitäten mehr haltmachen sollte. Wie stellte sich der Klerus dazu? Wenn wir seine amtlichen Äußerungen von der ersten Notabelnversammlung bis zum Beginn der Generalstände nebeneinanderstellen, so ergibt sich ein außerordentlich widerspruchsvolles Bild. Vergegenwärtigen wir uns den Tatbestand:

Die Notabelnversammlung sprach weder ein klares Ja noch ein klares Nein. Sie erklärte sich für unzuständig und appellierte an die Generalstände. Auch ihre klerikalen Mitglieder bewegten sich auf dieser Linie. Statt eine eindeutige Entscheidung zu fällen, beteuerten sie ihren guten Willen. Der Erzbischof von Narbonne erklärte in seiner Schlußansprache im Namen des Klerus: „Jeder von uns hat sich beeifert, in dieser hohen Versammlung zu erklären, wie weit wir entfernt wären von jedem Anspruch, der die Last der öffentlichen Steuern schwerer machen könnte. Anders zu denken bedeutet, gegen den Geist der Religion zu fehlen, deren Diener wir sind." [13]

---

[13] Moniteur, Intr. hist. S. 233. Von welchem Mißtrauen der Klerus gegenüber der königlichen Finanzverwaltung erfüllt war und mit welcher Zurückhaltung er seine Bereitschaft äußerte, u. U. eine Steuer zu bewilligen, geht aus folgender Äußerung des Erzbischofs von Narbonne hervor, die er am 18. August im ersten Büro der Notabelnversammlung tat, mitgeteilt von Glagau aus den Protokollen Gérards, des königlichen Prokurators von Straßburg, der an der Notabelnversammlung teilnahm, in ›Reformversuche und Sturz des Absolutismus in Frankreich‹, München u. Berlin 1908, S. 285, Anm. 1: « L'archevêque de Narbonne met en doute s'il y a un déficit; il faut mettre sa dépense de niveau avec la recette. Les dépenses sont l'effet des emprunts et des circonstances et l'effet du désordre. Est-il nécessaire d'augmenter les revenus? Les économies peuvent suffire et un meilleur ordre. Si nous pouvons nous soustraire à un impôt, nous le devons; sinon, il faut choisir le moins onéreux (voilà le vrai!). On nie la nécessité de l'impôt. On ne peut pas prendre de confiance dans les états présentés.»

Welch anderen Ton hatte die Erklärung, die im folgenden Jahre die außerordentliche Klerusversammlung an den König richtete! Keine Kompromisse, keine Zugeständnisse! Mit historischen und theologischen Argumenten wurden die alten Vorrechte verteidigt. „Unsre Immunitäten", so hieß es in den Remonstrances du clergé vom 15. Juni 1788, „haben ihren Ursprung in der Konsekration, der Bestimmung und ursprünglichen Lastenfreiheit unserer Güter; diese Güter sind Gott gestiftet und geweiht unter Ausschluß jeder Belastung, die ihrer Bestimmung fremd ist. Sie sind bestimmt für die Würde des göttlichen Kultes, den Unterhalt der Priester und die Nahrung der Armen. . . . Wenn die Bedürfnisse des Staates Hilfeleistungen zu erfordern scheinen, zu denen der Klerus beisteuern kann, so regelt er selbst die Leistungen, die er dem Staat anbieten darf, ohne die ursprüngliche Bestimmung des Kirchenguts zu sehr zu benachteiligen." [14]

Wiederum ist es dann der Erzbischof von Narbonne gewesen, der auf der wenige Monate später tagenden zweiten Notabelnversammlung ähnliche Versprechungen machte wie im Vorjahre. Allerdings war der Ton doch verheißungsvoller. „Die Körperschaft der Kirche", so sagte er im Hinblick auf die kommenden Generalstände, „wird dort mit der Bereitschaft erscheinen (ich fürchte nicht,

---

[14] Der vollständige Wortlaut der Stelle: « Nos Immunités prennent leur source dans la consécration, la destination, et l'affranchissement primitif de nos biens; ces biens sont voués, consacrés à Dieu, avec exemption de toute charge étrangère à leur destination. Ils sont destinés à la décence du culte divin, à la subsistance des ministres de la religion, à la nourriture des pauvres. C'est pour remplir ces voeux et ces charges que les biens du clergé, par un consentement irrévocable des rois et de la nation, depuis l'origine de la monarchie, ont été réputés hors de commerce, sont frappés d'une substitution perpétuelle, forment un domaine inaliénable et sacré. Les ministres de la religion sont établis par l'église, et reconnus dans l'Etat gardiens et dispensateurs des biens consacrés à Dieu, pour les employer à leur destination.

Lorsque les besoins de l'Etat paraissent exiger des secours auxquels le clergé peut contribuer, il règle lui-même ceux qu'il doit offrir à l'Etat, sans faire un trop grand préjudice à la destination essentielle des biens de l'église.» (Moniteur, Intr. histor. S. 384.)

dafür zu garantieren), alle Opfer zu bringen, die das Gemeinwohl wird verlangen können." [15]

Und noch war kein halbes Jahr vergangen, da erklärte der Erzbischof von Arles am 23. Mai 1789 vor den Kommissionen der drei Stände, die zusammengetreten waren, um die Prüfung der Vollmachten vorzubereiten: „Wenn die lange Suspendierung der Generalstände und die Notwendigkeit, dem fiskalischen Regime zu widerstehen, den Klerus gezwungen haben, besondere Formen anzuwenden, um seine Beiträge zu leisten, so wird im Gegenteil der Klerus heute, wo alles eine neue Gestalt nehmen wird, es als eine Pflicht betrachten, alle Steuern und alle Lasten des Staates in demselben Verhältnis und in der gleichen Weise auf sich zu nehmen wie alle anderen Bürger." [16]

Wie sind diese Widersprüche zu erklären? Welches ist die wahre Meinung des Klerus gewesen? So gegensätzlich seine Äußerungen waren, so gegensätzlich sind die Deutungen seines Verhaltens. Wenn man in ihm nur den engherzigen Verteidiger finanzieller Sonderrechte sehen will, wie es etwa Debidour als ein typischer Vertreter des laizistischen Geschichtsbildes tat,[17] dann muß man die halben Zusicherungen auf der ersten Notabelnversammlung für ein hinterhältiges Spiel halten und den späteren Verzicht auf das Privileg für ein durch die Zeitumstände erzwungenes, unehrliches Zugeständnis. Wenn man aber andererseits wie Adalbert Wahl im hohen Klerus einen „Vorkämpfer der Nation" sah, der von den „Idealen für Freiheit, Recht und Menschlichkeit erfüllt und begeistert" war,[18] dann wurden die zögernden Erklärungen auf den Notabelnversammlungen zu eindeutigen Manifesten für Steuergleichheit. Nur fiel es dann schwer, mit der intransigenten Erklärung der Klerusversammlung von 1788 fertig zu werden. Nach der

---

[15] Moniteur, Intr. hist. S. 493.

[16] Procès-verbal des Conférences sur la Vérification des Pouvoirs par MM. les Commissaires du Clergé, de la Noblesse et des Communes; Paris 1789, S. 5 f.

[17] A. Debidour, Histoire des rapports de l'église et de l'état en France de 1789 à 1870. Paris 1898, S. 19 f.

[18] Adalbert Wahl, Vorgeschichte Bd. II, S. 232 f.

Wahl gewinnt man den Eindruck, als sei diese gar nicht ernst gemeint gewesen, sondern habe nur ein Schreckschuß sein wollen gegen die für despotisch gehaltene Regierung.[19]

Keine der beiden Deutungen kann befriedigen. Man wüßte nicht, welcher man den Vorzug geben sollte, da keine die Tatsachen in dem vollen Gewicht ihrer Gegensätzlichkeit stehen läßt. Aber ist es denn nicht denkbar, daß der Klerus beides, zu Zugeständnissen bereit und dennoch unnachgiebig sein konnte? Daß er weder „verzweifelt bis 1789 sein angebliches Recht verteidigt, sich selbst zu besteuern", noch als „Vorkämpfer" von „Freiheit, Recht und Menschlichkeit" aus Großmut Verzicht leistet? Das heißt, ist es nicht denkbar, daß er politisch handelte?

Machen wir uns also klar, welches die Umstände waren, aus denen die wechselnden Stellungnahmen des Klerus zum Steuerprivileg jeweils erwuchsen, und welche Absichten es sein mochten, die dabei zugrunde lagen.

Calonne hatte die Notabelnversammlung einberufen, weil es keinen anderen Ausweg mehr aus dem ins Riesenhafte angewachsenen Defizit gab als einen Neubau des staatlichen Finanzwesens von Grund auf. Mirabeau prägte später in der Nationalversammlung das Wort, daß das Defizit der Schatz der Nation sei. Wollte man das Wort in feudal-korporativem Sinne abwandeln, dann würde es genau die Haltung kennzeichnen, die die Notabeln einschließlich des Klerus gegenüber der Verlegenheit des Staates einnahmen. Indem sie die Erneuerung der Generalstände forderten, wollten sie die Entwicklung rückgängig machen, die seit Richelieu zur Ausbildung der absoluten Staatsgewalt geführt hatte. Wir hatten gesehen, daß der Klerus in unbestimmter Weise finanzielle Hilfe in Aussicht stellte. Er verband mit diesem Versprechen das

---

[19] Wahl hatte behauptet, daß „eine zwei Monate vor der Generalversammlung tagende vorläufige Vereinbarung der Deputierten des Klerus ... den Verzicht auf die Steuerprivilegien des Klerus in bündiger Form ausgesprochen" habe (a. a. O. Bd. II, S. 233). Diese Behauptung wurde als unhaltbar widerlegt von Hans Glagau, Reformversuche und Sturz des Absolutismus in Frankreich, München u. Berlin 1908, S. 320, Anm. 1.

Verlangen, seine überlieferten Formen bewahrt zu sehen.[20] D. h. zu welchen Leistungen er sich auch immer bereit finden würde, sie sollten als freiwilliger Beitrag, als Don gratuit, betrachtet werden. Die Zusage, dem Staat in seiner verfahrenen Lage zu helfen, sollte der Unabhängigkeit des Ordo zugute kommen.[21]

Brienne, der Nachfolger Calonnes, ging jedoch andere Wege, als die Notabeln gewollt hatten. Man weiß, wie er versuchte, gegen den Willen der Parlamente die neue Steuerpolitik durchzudrücken. In dem dramatischen Kampf, der sich entspann, war es nun gerade der Klerus, der seinen alten Gegnern, den Parlamenten, wirkungsvoll sekundierte. Die Klerusversammlung von 1788, die der König in der Hoffnung auf einen Don gratuit von 8 Millionen und wohl auch in der Erwartung einberufen hatte, einen Bundesgenossen im Kampf gegen die Parlamente zu finden, wandte sich mit aller Schärfe gegen den Versuch, das alte politische Recht der Parlamente, die Dekrete zu registrieren, einem neuerrichteten Cour plénière zu übertragen. Dem ministeriellen Absolutismus versagte der Klerus jede Hoffnung auf wirksame Hilfe. Der Don gratuit wurde auf weniger als ein Viertel der gestellten Forderung heruntergedrückt, — 1,8 statt 8 Millionen —, und gleichzeitig dem staatlichen Anspruch auf Steuerhoheit der Grundsatz entgegengestellt, daß die Privilegien der Kirche unantastbar seien.

Es ist ganz wesentlich dieser unerbittlichen Haltung des auf seine korporative Unabhängigkeit bedachten Klerus zuzuschreiben, daß Brienne zurücktreten mußte und die Einberufung der Generalstände für den 1. Mai 1789 zugesagt wurde. Wie aber würden diese

[20] « Nous avons réclamé la conservation de nos formes: elles tiennent à la constitution de la monarchie; elles reposent, ainsi que toutes les propriétés, sous la garde des lois et sous la protection spéciale de votre majesté.» (Moniteur, Intr. hist. S. 233.)

[21] Wahl sagt abschließend zur Versammlung der Notabeln: „Ihre Politik liegt also klar vor uns: sie nahmen unter Verzicht auf odiöse Vorrechte den Machtkampf auf der ganzen Linie auf." Vorgeschichte Bd. II, S. 23. Mir scheint, daß das Ziel des Machtkampfes eben die Bewahrung des Vorrechts der steuerlichen Unabhängigkeit war, unbeschadet der Höhe der faktischen Leistungen, zu denen man sich bereit finden würde.

aussehen? Noch war nicht ersichtlich, ob das Drängen des Dritten Standes, der statt einer Ständeversammlung eine nationale Vertretung nach dem Vorbilde des englischen Parlaments erstrebte, zum Erfolg führen würde. Die von Necker darüber konsultierte Notabelnversammlung konnte noch hoffen, daß es möglich sein würde, die Generalstände in der feudalen Form von 1614 zu erneuern. Sie sprach sich mit Ausnahme eines einzigen Büros gegen den «Doublement du tiers» aus. Wenn dann hinterher der Erzbischof von Narbonne die Stände zur Einmütigkeit ermahnte und von dem „fast heiligen Charakter eines Vertreters der Nation" sprach,[22] dann bedeutete das im Hinblick auf das politische Zentralproblem genau das gleiche, wie wenn der Klerus finanzielle Opfer zusicherte, nachdem er sich eben erst auf die Behauptung seiner Immunitäten festgelegt hatte: Er war bereit zur Zusammenarbeit und würde auch, was materielle Leistungen anbetraf, durchaus mit sich reden lassen, unter der Voraussetzung, daß seine korporative Selbständigkeit gewahrt blieb.

Es war ein Versuch, der wenig Aussicht auf Erfolg hatte, nachdem bereits für die 1787 ins Leben gerufene Provinzialversammlungen die Verdoppelung des Dritten Standes und die Abstimmung nach Köpfen eingeführt worden war. Es konnte aber die Argumente verstärken, die für die feudale Form der Generalstände sprechen mochten, wenn man den Generalkontrolleur der Finanzen wissen ließ, daß sich die Enttäuschung, die die Klerusversammlung seinem Vorgänger durch ihre mangelnde Gebefreudigkeit bereitet hatte, nicht wiederholen werde.

Das bestimmende Motiv, das den Klerus in seinem Verhalten zu dem Privileg der Steuerfreiheit leitete, war also ein politisches. Er wollte seine ständische Unabhängigkeit wahren. Die materielle Frage der Steuerleistung war demgegenüber zweitrangig. Die Stel-

---

[22] «Chacun de ceux que la liberté des suffrages y appellera sortira de la classe plus ou moins distinguée que la Providence lui a assignée dans l'ordre des citoyens, pour se revêtir, en y entrant, du caractère, j'ose presque dire sacré, de représentant de la nation. Les nuances des conditions diverses disparaîtront devant ce titre véritablement national.» (Moniteur, Intr. hist. S. 493.)

lung des Klerus dazu wurde von wechselnden Erfordernissen der politischen Taktik bestimmt. Die Entwicklung der politischen Situationen führte jedoch über die Ziele hinweg, die sich der Klerus im Bunde mit dem Adel und den Parlamenten gesteckt hatte. Die Notabelnversammlung wurde das Signal für den Dritten Stand, aus der bisherigen gegen den König gerichteten Koalition mit den Privilegierten auszubrechen und dem feudalen einen egalitären Freiheitsbegriff entgegenzusetzen.[23]

Das königliche Wahldekret vom 27. Dezember 1788[24] war für den Dritten Stand ein erster Erfolg: es gab ihm die gleiche Zahl von Abgeordneten wie den beiden privilegierten Ständen zusammen. Ebenso wichtig waren im Interesse des Dritten Standes die Wahlbestimmungen für den Klerus.[25] Hatte auf den bisherigen Generalversammlungen das aristokratisch-episkopale Element überwogen, so würden nunmehr die Pfarrer das entscheidende Wort zu reden haben. In den Wahlversammlungen des Klerus sollte der Bischof, nicht anders als der arme Dorfcuré, nur eine Stimme besitzen. Jedes Kloster erhielt ebenfalls nur eine Stimme. Je 10 Kanoniker oder 20 Stiftskleriker durften einen Wahlmann entsenden. Als Ergebnis der Wahl wurde eine gewaltige Mehrheit von Angehörigen des niederen Klerus zu den Generalständen abgeordnet. Von 308 Deputierten waren 208 Pfarrer, 44 Bischöfe und der Rest Kanoniker, Äbte und Mönche.[26] Unter den Bischöfen waren einige hervorragende Persönlichkeiten, die sich als «Prélats administra-

---

[23] Mallet du Pan, der politische Redakteur des Mercure de France, schrieb im Januar 1789 in sein Tagebuch: «Le débat public a changé de face. Il ne s'agit plus que très secondairement du roi, du despotisme, de la constitution: c'est une guerre entre le tiers état et les deux autres ordres, contre lesquels la cour a soulevé les villes. ... Le clergé et la noblesse, en résistant aux rois, se sont fait exempter des impôts; le tiers devait en faire autant. Aujourd'hui, il veut assomer ces deux ordres de ses chaînes, au lieu de les rompre en commun.» (Mémoires et Correspondance, publiées par A. Sayous. Paris 1851, S. 163 f.)

[24] Moniteur, Intr. hist. S. 509.

[25] Moniteur, Intr. hist. S. 557—564.

[26] Liste aller Abgeordneten der Generalstände in Moniteur, Intr. hist. S. 610 ff.

teurs» in dem aufgeklärten Frankreich bereits einen guten Namen gemacht hatten.[27]

Die Cahiers des Klerus spiegelten die veränderte Situation wider.[28] Es konnte keine Rede mehr davon sein, daß die neue Vertretung des Klerus die feudalen Pläne der Notabelnversammlung weiterverfolgen werde. Die Curés waren voller Ressentiment gegen den feudalen Episkopat und erhoben energisch die Forderung nach sozialem und wirtschaftlichem Ausgleich innerhalb der Kirche. Mit der gleichen Energie und Einmütigkeit aber hielten sie an dem Privileg des Katholizismus als Staatsreligion fest. Deshalb forderten sie auch, daß der Klerus weiterhin eine autonome Körperschaft bleibe, und für dieses Zugeständnis waren sie bereit, auf das Privileg der Steuerfreiheit zu verzichten.

Die von den Cahiers vorgezeichnete Linie versuchte der Klerus in Versailles durchzuführen. Alsbald nach dem Zusammentritt der Generalstände tauchte die Frage auf, ob die Vollmachten der Abgeordneten getrennt nach Ständen oder gemeinsam geprüft werden sollten. Dahinter stand das wichtige Problem, ob man aus der Verdoppelung des Dritten Standes die Konsequenz gemeinsamer Beratungen und Abstimmungen ziehen wollte, über die sich Necker und der König nicht schlüssig geworden waren. Zwischen dem unnachgiebigen Adel und dem Dritten Stand, der es ablehnte, sich als Stand zu konstituieren und sich programmatisch als «les communes» bezeichnete, versuchte der Klerus zu vermitteln. Auf seine Veranlassung ernannten die drei Stände Kommissare, die versuchen sollten, zu einer Einigung zu gelangen. Einen Monat lang gingen die Verhandlungen fruchtlos hin und her. Auf der einen Seite versuchte der Klerus, die Abgeordneten der Kommunen zu Akten zu verleiten, die sie als Abgeordnete eines Standes hätten erscheinen

[27] Z. B. Boisgelin, Erzbischof von Aix; Champion de Cicé, Erzb. von Bordeaux; de la Luzerne, Bischof von Langres; Bonnal, Bischof von Clermont. Wegen seiner politisch liberalen Anschauungen war bekannt Le Franc de Pompignan, Erzb. von Vienne.

[28] Darüber Ch. L. Chassin, Les cahiers des curés. Paris 1882; und Daniel Mornet, Les origines intellectuelles de la Révolution française, Paris 1934, S. 463 ff.

lassen.[29] Auf der anderen Seite bot er den Preis: es ist das oben angeführte Angebot seines Sprechers, des Erzbischofs von Arles, den Grundsatz der gleichen Besteuerung anzuerkennen.

Wenn sich also jetzt der Klerus bereit erklärte, auf das Privileg der Steuerfreiheit zu verzichten, so geschah es aus dem gleichen Grunde, der ihn im Jahre 1788 veranlaßt hatte, sich auf die Behauptung seiner Immunität zu versteifen: er war bestrebt, in Anpassung an die wechselnden Situationen für die Kirche das höchstmögliche Maß an korporativer Unabhängigkeit zu sichern.

Die Kommunen nahmen sich jedoch, was ihnen nicht mehr verwehrt werden konnte, ohne Gegenleistung. Am 17. Juni konstituierten sie sich als Nationalversammlung und erklärten gleichzeitig das bestehende Steuersystem für illegal.[30] Dieser entschiedenen, von dem Enthusiasmus eines hohen Sendungsbewußtseins geprägten Haltung gegenüber konnte der innerlich sympathisierende niedere Klerus nicht widerstehen. Schon am 13. Juni hatten drei Pfarrer das Eis gebrochen. Am 14. und 15. waren acht weitere gefolgt, am 22. Juni endlich begaben sich 149 Kleriker unter Vorantritt einiger Bischöfe[31] in die Sitzung des Dritten Standes. Sie wurden mit unbeschreiblichem Jubel begrüßt. War doch nunmehr

[29] Es handelte sich vor allem um die Interpretation des Wortes « Communes », als deren Vertreter die vom Dritten Stand entsandten Kommissare die Protokolle unterzeichneten. Der Klerus versuchte, sie zu einer Erklärung zu veranlassen, daß sie bei gemeinsamer Prüfung der Vollmachten nicht ihre numerische Überlegenheit anwenden würden, um die Legitimität der Vollmachten eines klerikalen Abgeordneten gegen die Auffassung der Majorität des Klerus selbst zu bestreiten. (Procès verbal des conférences sur la vérification des pouvoirs, S. 100 ff.)

[30] Es heißt in dem Dekret:
«... les contributions, telles qu'elles se perçoivent actuellement dans le royaume, n'ayant point été consenties par la nation, sont toutes illégales.» (Procès verbal de l'Assemblée des Communes, Bd. I.)

[31] Es waren die Erzbischöfe von Vienne und Bordeaux und die Bischöfe von Chartres, Rhodez und Coutances; ferner zwei Generalvikare, sechs Kanoniker und ein Titularabt. Bailly, Mémoires, Bd. I, Paris 1821, S. 203. Bailly war damals Präsident der Versammlung. Kiefer dagegen behauptet, daß nur eine Minorität der Bischöfe gegen die Vereinigung gewesen sei! (a. a. O. S. 8).

der revolutionäre Akt der Kommunen vom 17. Juni auch nach den
Spielregeln der alten Generalstände Rechtens geworden, da sich die
Majorität zweier Stände hinter ihn stellte.[32] Ludwig XVI. zog die
Konsequenz aus dieser Situation, wenn er, nach dem vergeblichen
Zwischenakt der „Königlichen Sitzung" vom 23. Juni, am 27. die
Vereinigung der Majorität des Adels und der Minorität des Klerus
mit der Nationalversammlung anordnete.[33]

[32] Der Beschluß, die Prüfung der Vollmachten gemeinsam mit dem
Dritten Stande vorzunehmen, war am 19. Juni in der Versammlung des
Klerus mit 149 gegen 135 Stimmen gefaßt worden. Moniteur Bd. I, S. 87.
Es war der Präsident der Nationalversammlung selber, Bailly, der Bürger-
meister von Paris, der in diesem Akt des Klerus die Legitimierung der
Revolution erblickte. Es heißt in seinen Mémoires, Bd. I, Paris 1821,
S. 202:
« La majorité du clergé, en arrivant à l'Assemblée nationale, y amenait
l'ordre du clergé; car ce n'est pas l'unanimité, mais la majorité, qui
constitue la détermination de l'ordre entier. Le clergé réuni aux communes faisait la pluralité aux états-généraux; et l'on pouvait répondre aux
défenseurs des ordres et des vieux usages, et pour tous les actes postér-
ieurs de l'Assemblée: Ici sont deux ordres, ici est la pluralité des états-
généraux, et la volonté de cette Assemblée est la volonté nationale.»
[33] In der Déclaration du roi, concernant la présente tenue des Etats-
Généraux, heißt es im 9. Artikel: « Le consentement particulier du Clergé
sera nécessaire pour toutes les dispositions qui pourraient interesser la
Religion, la discipline ecclésiastique, le régime des Ordres et Corps sécu-
liers et réguliers.» (Procès verbal Bd. I. 23. Juni 1789.) Die Minorität
des Klerus, d. h. also vor allem der deputierte Episkopat, hatte an dieser
Stelle, wie Bailly berichtet (I 212), applaudiert. Der Kardinal de la
Rochefoucauld, der am 27. 6. dem Befehl des Königs folgend die Minderheit des Klerus in die Nationalversammlung führte, machte für den
Klerus die gleiche Reserve unter Berufung auf die Erklärung des Königs
vom 23. (Text bei Bailly I 271 f.) Desgleichen erklärte Boisgelin « que
les membres du clergé ne protestaient contre aucune délibération à
prendre, mais qu'ils faisaient une simple réserve des droits que le clergé
estimait lui appartenir ». (Procès verbal Bd. I.) Boisgelin ist als einer der
liberalsten Geister des Episkopats bekannt. Sein Mißtrauen gegen eine
Vereinigung mit dem Dritten Stande entspringt nicht nur dem Wunsch,
an alten ständischen Privilegien festzuhalten, sondern auch echter Sorge
um die Unabhängigkeit der Kirche in eigenen Angelegenheiten.

Man kann also sagen, daß der Klerus die Revolution legitimiert hat. Mit einem ausgesprochenen Sinn für das Symbolhafte des Lokals hatten die Kommunen sich für diesen feierlichen Akt der Vereinigung die Kirche des heiligen Ludwig ausgesucht, eben den Ort also, an dem die Eröffnungsmesse der Generalstände gelesen worden war und der Bischof von Nancy an den Willen der Nation appelliert hatte. Seitdem waren erst sieben Wochen verflossen. Die Bilanz dieser kurzen Zeit für den Klerus war der Verlust der Steuerfreiheit und der politischen Unabhängigkeit. Damit war aber zugleich das Urteil gesprochen über die periodischen Klerusversammlungen. Mit den Dons gratuits war der finanzielle Anlaß zu ihrer zukünftigen Einberufung weggefallen, die sich überdies im Widerspruch befunden hätte mit der Tendenz des siegreichen Dritten Standes, alle politischen Sonderrechte zugunsten der souveränen Nationalversammlung aufzuheben. Diesem Verluste des finanziellen und politischen Privilegs stand aber auf der Haben-Seite der große Enthusiasmus gegenüber, mit dem sich die Vereinigung des Klerus mit dem Dritten Stande vollzogen hatte. Die Kirche durfte hoffen, daß es ihr gelingen würde, ihr religiöses Monopol aufrechtzuerhalten.

Allerdings kam es außerhalb der Versammlung hier und da bereits zu vereinzelten Ausschreitungen gegen Geistliche, die sich der Vereinigung widersetzt hatten. Der Abbé Maury und einige andere wurden mißhandelt, der Erzbischof von Paris mit Steinen beworfen.[34] Aber diese Kundgebungen richteten sich nicht gegen den Klerus als solchen und noch weniger gegen die Religion. Im Gegenteil. In Paris erreichte eben um diese Zeit der Abbé Fauchet durch seine Predigten[35] eine Popularität, die von niemandem übertroffen wurde. Dieser ehemalige Hofprediger, der am 14. Juli die Masse zum Sturm auf die Bastille anfeuerte und sich selbst, den

[34] Bailly, Mémoires, Bd. I, S. 179 u. 229.
[35] Discours sur la liberté française (Predigt vom 5. 8. 1789 in der Kirche St. Jacques zum Gedächtnis der gefallenen Bastillestürmer).
Second discours sur la liberté française (vom 31. 8. 1789 in der Pfarrkirche Sainte-Marguerite in Gegenwart der drei vereinigten Distrikte des Faubourg-St.-Antoine). Troisième discours sur la liberté française (vom 27. 9. 1789 in Notre Dame während der Pontificalmesse anläßlich der Einsegnung der Fahnen der Pariser Nationalgarde).

Säbel in der Hand, daran beteiligte, verkündigte die Freiheit im
Namen des Evangeliums. Er feierte die gefallenen Bastillekämpfer
als Märtyrer der Religion. Er predigte den Kampf gegen die Tyrannen als religiöse Pflicht. In der Lehre des Evangeliums sah er die
sicherste Garantie für eine freiheitliche politische und soziale Ordnung. Deshalb hielt er es für nötig, daß die Einheit von Staat und
Religion erhalten blieb. Ihm schwebte als Ideal eine Ordnung vor,
„die das Evangelium und die Gesetzgebung, die Kirche und den
Staat, die Sitten und die Gesetze, die Tugenden und das Vergnügen,
Gott selbst und die Menschen völlig miteinander mischt und vereint".[36] Er verwarf daher das Edikt von Nantes und hielt an dem
Gedanken eines einheitlichen Nationalkultes fest. Durch schärfste
Gesetze sollte der äußere Respekt vor den Gotteshäusern, Zeremonien und religiösen Gebräuchen erzwungen werden. Schrift-
steller, die die Religion verspotteten, wollte er wie Mörder behandelt wissen. Die meisten Stücke Molières sollten für immer von der
Bühne verbannt werden. Allein der Kirche gestand er das Recht zu,
über Ehefragen zu befinden und nur derjenige, der die National-
religion bekannte, sollte im Vollbesitz der staatsbürgerlichen Rechte
sein. Er, der in seinen Predigten mit der gleichen Entschiedenheit
für die Herrschaft des Katholizismus wie für die des Volkes eintrat,
konnte sich später vor seinen Henkern rühmen, daß er der erste
Franzose gewesen sei, dessen Haupt eine Bürgerkrone geschmückt
habe.[37] Die Freiheit, als deren Vorkämpfer ihn die begeisterten
Massen feierten, bedeutete für ihn Teilhabe des Volkes an Macht
und Wohlstand. Der Gedanke der Unabhängigkeit des Individuums und damit der religiösen Freiheit stand gar nicht im Bereich
seiner Ideen. Von seiten der revolutionären Massen drohte dem
Vorrecht der katholischen Religion in dieser ersten Zeit der Konstituante in der Tat keine Gefahr.[38]

[36] Abbé Fauchet (prédicateur ordinaire du Roi), De la religion nationale. Paris 1789. S. 295.
[37] Edme Champion, La séparation de l'Eglise et de l'Etat en 1794.
Paris 1903, S. 69.
[38] In diesem Punkte stimmt Abbé Sicard (Le clergé de France Bd. I,
S. 127) mit dem Laizisten Champion (La séparation de l'Eglise et de
l'Etat S. 240 f.) überein.

Anders jedoch entwickelten sich die Dinge im Schoße der Nationalversammlung selber. Hier erhob sich mit der Idee der Rechteerklärung die Forderung auf Religionsfreiheit. Es entbrannte ein leidenschaftlicher Kampf um das letzte und höchste, das religiöse Privileg der Kirche.

III

Vergegenwärtigen wir uns zunächst den Vorgang.[39] Die parlamentarischen Debatten um die Rechteerklärung vollzogen sich in drei Stufen. Es ging dabei um folgende Fragen:

Sollte man im Zusammenhang mit der Verfassung überhaupt eine Erklärung der Rechte geben?

Sollte sie einen integrierenden Bestandteil der Verfassung bilden oder gesondert vorher proklamiert werden?

Was sollte ihre Form und ihr Inhalt sein?

Der erste greifbare Anstoß, sich in der Nationalversammlung mit einer Rechteerklärung zu befassen, ging von Target aus. Target, von Beruf Parlamentsadvokat, war Abgeordneter des Dritten Standes von Paris. Hier hatte er als Präsident der Wahlmännerversammlung am 4. Mai eine Sitzung geleitet, aus der ein vollständiger Entwurf für eine Rechteerklärung hervorgegangen war.[40] In Verfolg des dort Begonnenen schlug er am 19. Juni vor, in den Büros der Nationalversammlung eine Erklärung auszuarbeiten. Am 1. Juli wurde ein Ausschuß gebildet, der den Auftrag hatte, einen Plan für die Arbeit an der Verfassung vorzulegen. Dieser griff den Gedanken Targets auf, und am 9. Juli begründete Mounier als Sprecher des Ausschusses vor dem Plenum die Notwendigkeit, Prinzipien über die Menschenrechte gesetzlich zu verankern.[41] Er vertrat dabei die Auffassung, daß die Menschenrechte in die Verfassung eingebaut und gleichzeitig mit ihr verkündet werden sollten. Zwei

[39] Zum folgenden: Fritz Klövekorn, Die Entstehung der Erklärung der Menschen- und Bürgerrechte. Berlin 1911 und Wilhelm Rees, Die Erklärung der Menschen- und Bürgerrechte von 1789. Leipzig 1912.

[40] Text bei Bailly, Mémoires, Paris 1821, Bd. I, S. 36 f.

[41] Rapport du Comité, chargé du travail sur la constitution; par M. Mounier, Procès verbal Bd. I.

Tage später jedoch legte Lafayette den fertigen Entwurf für eine gesonderte Erklärung vor.[42] Die Versammlung vermochte sich nicht sofort zu entschließen, weder darüber, ob sie überhaupt eine Erklärung haben wollte, noch ob sie sie getrennt oder als einen Teil der Verfassung geben würde. Denn sorgenvolle Blicke richteten sich nach Paris. Angesichts der wachsenden revolutionären Gärung der Hauptstadt mußte ein solches Vorhaben Bedenken erregen. Es wuchs hier eine Gefahr heran für den Versuch der Nationalversammlung, den Staat auf friedlichem Wege in eine konstitutionelle Form zu bringen. Man mußte sich fragen, ob es zweckmäßig sei, Öl auf die Flammen zu gießen und die ohnehin erregten Massen durch die Proklamation abstrakter Freiheitsdogmen zu unkontrollierten Aktionen zu ermutigen. Es waren gemäßigt liberale Angehörige des Bürgertums und Adels, die Bedenken dieser Art vortrugen. Sie hatten immerhin den Erfolg, daß die Versammlung das Problem in der Schwebe ließ und sich vorerst damit begnügte, einen Verfassungsausschuß zu bilden, dem sie die weitere Bearbeitung der Frage übertrug.

Es ist bemerkenswert, daß der Klerus an dem Vorgang bis zu diesem Zeitpunkt so gut wie gar nicht beteiligt war. Weder ging die Initiative für die Rechteerklärung von ihm aus, noch war er der Wortführer der Kritik. Das erste kann nicht wundernehmen. Denn die Idee und Praxis, Kataloge von Freiheitsrechten des Individuums aufzustellen, stammte aus dem säkularisierten Naturrecht, und ihre Umwandlung in konkretes staatliches Recht aus dem nordamerikanischen Protestantismus. Nun gab es zwar auch von der Scholastik her eine naturrechtliche Tradition innerhalb der Kirche. Aber erstens war deren anthropologischer Leitbegriff nicht das Individuum, sondern die Person. Und zweitens war der französische Klerus theologisch weit weniger durch die Scholastik als durch Bossuet und die gallikanische Tradition bestimmt.[43] Nach Pierre Pithou aber, dem grundlegenden Theoretiker des Gallikanismus, waren die Rechte der gallikanischen Kirche als natürliche

---

[42] Text in Lafayette, Mémoires, correspondance et manuscrits, publiées par sa famille. Paris 1837—38, 6 Bände, Bd. II, S. 252 f.
[43] Dazu Sicard a. a. O. Bd. I, S. 74.

Freiheiten anzusehen.[44] Der französische Klerus konnte also aus dem naturrechtlichen Denken, das sich in der gallikanischen Tradition vorfand, geradezu Argumente schöpfen, um die privilegierte Stellung der Kirche zu verteidigen. Wir werden noch sehen, wie in der Hand des Klerus auch Argumente des säkularisierten Naturrechts dem gleichen Zwecke dienen mußten.

Aber warum hat sich nun nicht umgekehrt der Klerus von Anfang an gegen den gefährlichen Gedanken gewendet, individuelle Rechte zu proklamieren? Wissen wir doch, mit welcher Leidenschaft er in den späteren Debatten um die Formulierung einzelner Artikel seine traditionellen Rechte verteidigt hat. Die Antwort ist einfach: Die bis zum 14. Juli vorgelegten oder bekanntgewordenen Vertragsentwürfe ließen das religiöse Privileg der Kirche unangetastet! Wir stellten bereits fest, daß die Cahiers durchweg den Katholizismus in seiner Stellung als Staatsreligion bewahrt wissen wollten. Daran änderte auch nichts die hier und da auftretende Tendenz, Kataloge von Freiheitsrechten aufzustellen. Vor allem aber ließ der erwähnte Entwurf des Dritten Standes von Paris die Kirche uneingeschränkt im Genuß ihrer religiösen Privilegien. Er ließ die „religiöse" nicht anders als die „natürliche" und „bürgerliche" Freiheit von der Autorität des Gesetzes abhängen und beschränkte das Recht auf die Meinungsfreiheit nicht nur durch das gleiche Recht des anderen, sondern auch durch die „öffentliche Ordnung".[45] Das für die religiöse Praxis entscheidende Problem der Kultfreiheit wurde nicht berührt. Der Entwurf von Lafayette aber, obwohl dem amerikanischen Beispiel nachgebildet, schwieg sich über die ganze Frage aus. Und schließlich ließ Target, der einige Tage später die Forderung seiner Wähler nach einer Rechteerklärung in einen eigenen Entwurf

[44] Pierre Pithou, Les Libertez de l'Eglise Gallicane, Paris 1594. Es heißt von den Freiheiten der gallikanischen Kirche: « ne sont point passedroits ou privilèges exorbitans, mais plustost franchises naturelles et ingénuitez ou droits communs.» S. 1.

[45] Der betreffende Artikel dieses Pariser Entwurfes lautet: « La liberté naturelle, civile, religieuse de chaque homme, sa sureté personnelle, son indépendance absolue de toute recherche sur ses opinions, ses discours, ses écrits, ses actions, en tant qu'ils ne troublent pas l'ordre public et ne blessent pas les droits d'autrui.» (Bailly a. a. O. S. 37.)

umsetzte, selbst die verklausulierte Religionsfreiheit der Pariser Erklärung fallen.[46]

Wenn der Klerus also von dem Gedanken einer Rechteerklärung nicht begeistert war, so schien es doch zu Anfang so, als brauche er auch nicht beunruhigt zu sein und als sei das religiöse Privileg der Kirche nicht gefährdet. Es ist also verständlich, daß er sich zunächst zurückhielt.

Vom 14. Juli an wurde er jedoch in wachsendem Maße in die Debatten hineingezogen. In den an diesem Tage gebildeten Verfassungsausschuß wurden von acht Mitgliedern drei Geistliche gewählt, nämlich Champion de Cicé, Erzbischof von Bordeaux, Talleyrand, Bischof von Autun, und — als Deputierter des Dritten Standes — der Abbé Sieyès.[47]

Sieyès legte dem Ausschuß am 20. Juli einen eigenen Entwurf vor.[48] Es war eine philosophische Abhandlung über die Grundsätze einer wahren Verfassung, die in 32 Rechteartikeln endete. Von Religionsfreiheit war bei ihm ebensowenig die Rede wie vorher in den Vorschlägen von Target und Lafayette.

Ein besonderer Rechteartikel wurde dem Religionsproblem zum erstenmal in dem Entwurf gewidmet, den Mounier dem Ausschuß vorlegte und am 27. Juli in erweiterter Fassung dem Plenum vortrug.[49] Es kann kein Zweifel darüber bestehen, daß er dazu durch amerikanische Vorbilder angeregt worden war.[50] Aber es war ein sehr verkümmerter Freiheitsbegriff, zu dem er sich bekannte. Hören wir den Text: «Aucun homme ne peut être inquiété pour ses opinions religieuses, pourvu qu'il se conforme aux lois, et ne trouble pas le culte public.» Ausdrücklich wird also nur die religiöse Meinungsfreiheit, jedoch nicht die Kultfreiheit zugestanden. Zudem

[46] M. Target, Projet de déclaration des droits de l'homme en société. Procès verbal vom 27. Juli Bd. II.

[47] Procès verbal Bd. I.

[48] Abbé Sieyès, Préliminaire de la constitution. Reconnaissance et exposition raisonnée des droits de l'homme et du citoyen. Lu les 20 et 21 juillet 1789, au Comité de constitution. Procès verbal vom 27. Juli, Bd. II.

[49] M. Mounier, Projet des premiers articles de la Constitution. Procès verbal Bd. II.

[50] Klövekorn a. a. O. S. 158.

wird die Existenz eines öffentlichen Kults, also eine Staatsreligion vorausgesetzt und überdies im nicht näher definierten Gesetz der religiösen Freiheit eine Schranke errichtet.

Daher war es auch möglich, daß sich Champion de Cicé, Erzbischof von Bordeaux, der am 27. Juli über die Arbeit des Verfassungsausschusses vor dem Plenum berichtete, lebhaft für den Plan Mouniers einsetzen konnte.[51] Er schlug vor, ihn mit dem Entwurf des Abbé Sieyès zu kombinieren. Im übrigen plädierte er für den Plan einer gesonderten Rechteerklärung.

Er fand dafür freilich kein Echo bei dem übrigen deputierten Episkopat. Ihr Mißtrauen gegen die Formulierung abstrakter Prinzipien war durch den Religionsartikel Mouniers akut geworden. Der Gedanke der Religionsfreiheit, wie immer man ihn formulierte, war ein heißes Eisen, das man gut tat, nicht anzurühren.

Neben anderen war es vor allem La Luzerne, Bischof von Langres, der einzige Theologe von Rang unter den Bischöfen, der sich gegen jede Rechteerklärung überhaupt aussprach. „Es gibt viele Personen", so sagte er, „die nicht fähig sein werden, die Maximen zu verstehen, die ihr ihnen vorhalten werdet. Ich meine nicht, daß man das Volk unwissend halten solle, aber ich will, daß man es durch Bücher aufkläre und nicht durch das Gesetz oder die Verfassung."[52]

Die Gegner der Deklaration mußten aus der Diskussion vom 1. und 3. August den Eindruck gewonnen haben, daß sie sich nicht würden durchsetzen können. Daher schlugen sie am folgenden Tage

[51] Rapport fait par M. l'archevêque de Bordeaux au nom du Comité choisi par l'Assemblée nationale pour rédiger un projet de constitution, dans la séance du lundi 27. juillet 1789. Procès verbal Bd. II. Es ist unrichtig, wenn Klövekorn a. a. O. 162, Anm. 36 behauptet, der Erzbischof von Bordeaux habe damit nur die Meinung des Ausschusses zum Ausdruck bringen wollen, er selber sei aber Gegner einer Erklärung gewesen. Allerdings spricht sich am 1. August ein Bischof namens Champion de Cicé gegen eine Rechteerklärung aus, Moniteur Bd. I, S. 262. Es handelt sich dabei jedoch um den Bruder des oben genannten, der Bischof von Auxerre war.

[52] 1. August 1789, Moniteur Bd. I, S. 262.

eine andere Taktik ein: sie beantragten, die Erklärung der Rechte durch eine solche der Pflichten zu ergänzen. Der Gedanke war schon am 1. August von dem Curé Grandin, einem unbekannten Dorfpfarrer, vorgeschlagen worden. Mit Grégoire, dem späteren Führer der konstitutionellen Kirche, und Lubersac, dem Bischof von Chartres, dem Gönner des Abbé Sieyès und Vorkämpfer der Vereinigung des Klerus mit dem Dritten Stande, stellte sich die Masse des Klerus hinter den Antrag, dem Camus, der später kompromißlose Theoretiker der Zivilverfassung, die prägnante Formulierung gab.[53] Er konnte eine starke Minderheit von 433 gegen 570 Stimmen für eine Pflichtenerklärung gewinnen. Immerhin, der Antrag wurde abgelehnt. Damit war über die Existenz einer Rechteerklärung entschieden. Blieb noch die Frage offen, ob sie einen Teil der Verfassung bilden oder ihr vorangestellt werden sollte. Man votierte fast einstimmig zugunsten einer gesonderten Erklärung. Der Klerus hatte also offenbar den aussichtslosen Widerstand aufgegeben und stellte sich nun darauf ein, in der Diskussion der einzelnen Artikel für seine Sache zu retten, was zu retten war.

Die Arbeit an der Rechteerklärung wurde unterbrochen durch die berühmte Nachtsitzung des 4. August. Die Verabschiedung der dort gefaßten Beschlüsse nahm die Zeit bis zum 11. August in Anspruch. Die Kirche verlor den Zehnten und sah sich zum erstenmal in der Nationalversammlung der These gegenübergestellt, daß ihr Eigentum von Rechts wegen der Nation gehöre.[54] Jedoch hatte gerade der 4. August wiederum auch bewiesen, wie unbestritten die Rolle war, die der Katholizismus als öffentlicher Staatskult spielte: ein Tedeum in Gegenwart der Abgeordneten und des Königs gab dem politischen Akt die religiöse Weihe. Es war überdies evident geworden, daß der neue Staat der erzieherisch-politischen Mithilfe der Geistlichkeit nicht entraten konnte, um das ausbrechende Chaos zu bändigen. Die Versammlung ließ ihre Dekrete, von denen sie die Wiederherstellung der öffentlichen Ruhe und

[53] « Fera-t-on ou ne fera-t-on pas une déclaration de droits et des devoirs de l'homme et du citoyen.» (Moniteur Bd. I, S. 227.)

[54] Der Abgeordnete Buzot in der Sitzung vom 6. August. Courier français, No. XXXIV, S. 52.

Sicherheit erwartete, von den Kanzeln verkündigen und erwartete von den Pfarrern, „daß sie mit all dem Eifer, von dem sie so viele Beweise gegeben haben, den Einfluß ihres Amtes gebrauchen werden, um den Frieden und die öffentliche Ruhe wiederherzustellen und um alle Bürger zu der Ordnung und dem Gehorsam zurückzuführen, den sie der legitimen Obrigkeit schulden".[55] Es war augenscheinlich, daß die Kirche trotz des Verlustes ihrer finanziellen und politischen Privilegien und trotz der Angriffe auf ihr Eigentum über einen moralischen Kredit verfügte, den der Klerus versuchen würde, in der Formulierung der Rechteerklärung auszumünzen.

Am 12. August wurde ein Fünferausschuß gebildet, der aus der Fülle der inzwischen vorliegenden Deklarationspläne einen Entwurf als Diskussionsgrundlage herstellen sollte. Ihm gehörten sowohl La Luzerne wie Mirabeau an. Seine Aufgabe war delikat. Denn La Luzerne, dessen liberale Gesinnung im übrigen bekannt war,[56] hatte sich bereits offen gegen eine Rechteerklärung ausgesprochen, und Mirabeau war unter dem Eindruck der Gewaltakte und wohl auch durch den Einfluß seiner Freunde wie Dumont von einem Freund der Rechteerklärung zu einem Gegner geworden.[57]

---

[55] Dekret vom 10. August 1789. Procès verbal Bd. II.

[56] Am 3. August hatte er den Antrag des Abgeordneten Bouche zu Fall gebracht, der die Redezeit allgemein auf 5 Min. begrenzen wollte. Einige charakteristische Sätze seiner Rede lauteten: «... la liberté des opinions serait attaquée et presque détruite ... c'est par la collision des pensées que la raison se prépare et que le jugement se mûrit. En effet, circonscrire l'opinion, enchaîner la pensée, donner des limites au développement d'une idée salutaire, dévouer à pareil esclavage les productions de l'esprit public, asservir à une pendule les émanations d'un cerveau politique, compasser la raison de chaque représentant d'une nation vive et spirituelle, est une idée trop nouvelle pour le XVIII° siècle et pour une assemblée législative qui, après 200 ans de despotisme, a besoin de dire et de faire tant de choses pour la liberté publique.» Archives parlementaires, Paris 1875. Bd. VIII,.S. 332 f. Die Nationalversammlung wählte den eifrigen Parlamentarier am 31. August 1789 zu ihrem Präsidenten.

[57] Dumont, Souvenirs sur Mirabeau, Brüssel 1832, S. 115 ff.

Der Bischof und der Volkstribun begegneten sich in ihren Argumenten. Mirabeau übernahm die im Verlauf der kommenden
Monate noch oft gespielte Rolle, das, was er im Grunde verwarf,
öffentlich zu vertreten, um es in seinem Sinne zu beeinflußen. „Mit
äußerstem Mißtrauen"[58] legte er daher am 17. August der Versammlung ein Projekt vor, das eine Kompilation darstellte von
20 inzwischen eingereichten Entwürfen. Wiederum wurde die Stellung der Religion und der Kirche mit keinem Worte erwähnt.
Was Mirabeau über die Rechteerklärung zu sagen wußte, war
weniger eine Empfehlung als eine Warnung. So ist es nicht
verwunderlich, daß das Projekt des Fünferausschusses nicht
als Diskussionsgrundlage angenommen wurde. Man entschied
sich statt dessen für einen Entwurf, den das 6. Büro ausgearbeitet
hatte.

Der Klerus konnte mit dieser Diskussionsgrundlage wohl zufrieden sein. Denn in dem Entwurf, der mit einer Anrufung des
„Gesetzgebers des Universums" eingeleitet wurde, fand sich der
Katholizismus in aller Form als Staatsreligion bestätigt. Die betreffenden Artikel lauteten:

« Art. XVI. La Loi ne pouvant atteindre les délits secrets, c'est
à la Religion et à la morale à la suppléer. Il est donc essentiel,
pour le bon ordre même de la Société, que l'une et l'autre soient
respectées.

Art. XVII. Le maintien de la Religion exige un Culte public. Le
respect pour le Culte public est donc indispensable.

Art. XVIII. Tout citoyen qui ne trouble pas le culte établi, ne
doit point être inquiété. »[59] Vom 19. bis 26. August fand nun die
entscheidende Debatte über die einzelnen Artikel statt. Die Präambel wurde vom Entwurf des Fünferausschusses übernommen,
aber eine Invocation entsprechend dem Vorschlag des 6. Büros

---

[58] Mirabeau, Oeuvres (par M. Mérilhou), Discours et Opinions Bd. I,
Paris 1825, S. 214.

[59] « Projet de déclaration des droits de l'homme et du citoyen, discuté
dans le sixième Bureau de l'Assemblée nationale. » In Procès verbal vom
18. August 1789, Bd. III. Zum endgültigen Text der Rechteerklärung
siehe Anhang.

beigefügt.[60] Mit Recht weist Rees darauf hin, daß der hier gebrauchte Begriff „höchstes Wesen" nicht deistisch, sondern durchaus
in kirchlichem Sinne gemeint sei.[61] Es war der fromme Abbé Grégoire, der ihn vorschlug.[62]

Die ersten neun Artikel der Deklaration wurden in der Zeit vom
20. bis 22. August glatt verabschiedet. Zweimal hat die Geistlichkeit durch La Luzerne die Formulierung in ihrem Sinne zu beein-
flussen gesucht. Das erstemal handelte es sich um die anthropologischen Grundlagen der Erklärung, das zweitemal um die Definition
des allgemeinen Freiheitsbegriffes. Der Entwurf des 6. Büros wie
alle anderen eingereichten Entwürfe und namentlich auch der des
Abbé Sieyès gingen von dem das 18. Jahrhundert beherrschenden anthropologischen Grundbegriff aus, daß der Mensch ein Wesen
ist, das nach Glück strebt, und daß der Staat seinem Ursprung und
Zweck nach eben auf dieser Grundlage beruht.[63] Der Entwurf des
6. Büros drückte das folgendermaßen aus: « Art. I. Chaque homme
tient de la nature le droit de veiller à sa conservation et le désir
d'être heureux. Art. II. Pour assurer sa conservation et se procurer
le bien-être, chaque homme tient de la nature des facultés. C'est
dans le plein et entier exercice de ces facultés que consiste la
liberté. » Es ist nun äußerst aufschlußreich zu sehen, wie La Luzerne
auf diese beiden Artikel reagierte. Er schlug vor, sie durch folgende
Neufassung zu ersetzen: « L'auteur de la nature a placé dans tous
les hommes le besoin et le désir du bonheur, et les facultés d'y
parvenir; et c'est dans le plein et entier exercice de ces facultés
que consiste la liberté. »[64] Wenn man sich fragt, worin sich nun
die beiden Fassungen voneinander unterscheiden, so muß man sich
sagen, daß hier und dort durchaus kein verschiedenes Verständnis

---

[60] Die Nationalversammlung war in 30 Büros zu je 40 wechselnden
Mitgliedern aufgeteilt. In diesen Büros pflegten Dekrete vorberaten zu
werden.

[61] A. a. O. S. 131.

[62] Courier de Provence No. XXIX, S. 2.

[63] Vgl. Paul Hazard, La pensée européenne au XVIIIᵉ siècle, 2 Bde.
Paris 1946, Bd. I, S. 17 ff.

[64] Moniteur Bd. I, S. 366, Courier de Provence No. XXX, Point du
Jour Bd. II, S. 176 ff.

vom Menschen vorliegt. Lediglich der Rahmen, in den dieses Menschenbild gestellt wurde, war ein anderer. An die Stelle der Natur sollte der Urheber der Natur treten. Der Mensch selber aber, woher immer ihm der ihn charakterisierende Wunsch nach Glück eingepflanzt war, erschien hier wie dort als der gleiche. La Luzerne setzte sich nicht durch. Nicht als ob aus der Versammlung irgendein grundsätzlicher Widerstand laut geworden wäre. Im Gegenteil. Man fand die Verhandlung über den Gegenstand so wenig interessant, daß das Publikum die Galerien verließ und die Versammlung in den späten Abendstunden in einen Zustand der Apathie versank. Aber man konnte sich nicht schlüssig werden, welcher der beiden Fassungen man den Vorzug geben sollte. Schließlich gab Mounier aus der Situation heraus eine neue Formulierung der drei ersten Artikel, die ohne weitere Diskussion angenommen wurde. Er überwand die Schwierigkeit, indem er den anthropologischen Einleitungsparagraphen einfach wegließ und unmittelbar mit der Feststellung des Freiheits- und Gleichheitsrechts einsetzte.

In dem Maße, wie man nun den Freiheitsbegriff zu konkretisieren trachtete, mußte das Religionsprivileg der Kirche, wie es in den Artikeln XVI bis XVIII des 6. Büros formuliert war, zum Gegenstand der Debatte werden. Ein Vorgefecht entspann sich um die Definition des allgemeinen Freiheitsbegriffes. Alexandre Lameth schlug eine Fassung vor, die mit einigen Änderungen definitiv als Artikel 4 und 5 deklariert wurde. Der 4. Artikel besagte, daß die einzige Grenze des individuellen Freiheitsrechtes das gleiche Recht des anderen sei. Wenn dieser Begriff allgemein für jede Art von Freiheit auf allen Lebensgebieten gelten sollte, dann war damit über die Vorzugsstellung des Katholizismus als privilegierten Kult bereits das Urteil gesprochen. La Luzerne versuchte daher, den vorgeschlagenen Ausdruck « liberté générale » durch « liberté civile » zu ersetzen. Das Ergebnis dieses Versuches war ganz ähnlich wie bei dem anthropologischen Einleitungsartikel ein Kompromiß der Art, daß man die umstrittenen Formeln wegließ: statt liberté générale oder liberté civile sagte man einfach liberté.[65] Als man aber im

---

[65] Assemblée nationale ou Courier Français No. 48, S. 181 f.; Courier de Provence No. XXX; Point du Jour Bd. II, S. 181 ff.

Laufe der Diskussion am 22. August an die Artikel XVI bis XVIII des Entwurfes geriet, war es nicht länger möglich, vor der Religionsfrage auszuweichen.

Wenn man genauer zusah, war in den Artikeln von sehr verschiedenen Gegenständen die Rede. Artikel XVI und XVII besagten, daß die Religion im Interesse des Gemeinwohls respektiert werden müsse und daher ein öffentlicher Kult nötig sei. Artikel XVIII gewährleistete dem einzelnen Sicherheit vor Unterdrückung und Verfolgung, sofern er den öffentlichen Kult nicht störe. Die ersten beiden Artikel handelten also von einem bürgerlichen Recht der Religion, der dritte aber von einem religiösen Recht des Bürgers.

Die Diskussion über das Religionsproblem entspann sich nun zunächst in einer Geschäftsordnungsdebatte um diese Artikel. Der Abgeordnete Castellane beantragte, nicht die drei ersten Artikel des 6. Büros, sondern folgende Neufassung der Diskussion zugrunde zu legen:

« Nul homme ne doit être inquiété pour ses opinions religieuses, ni troublé dans l'exercise de la religion. » [66]

Damit sollten die von den Rechten der Religion handelnden Artikel beiseite geschoben und die Erörterung auf die religiösen Rechte des Individuums beschränkt werden. Die von Castellane geforderte Kultfreiheit war ein völlig neues Moment in der Debatte. Sie ging weit über die halben Zugeständnisse hinaus, die in den bisherigen Entwürfen der Idee der Toleranz gemacht worden waren. Mirabeau griff den Gedanken mit Leidenschaft auf. Er ging so weit, im Namen der religiösen Freiheit eben den Toleranzbegriff zu verwerfen: „Ich predige keine Toleranz. Die unbegrenzte Religionsfreiheit ist in meinen Augen ein so geheiligtes Recht, daß mir das Wort Duldung, wenn man damit dieses Recht ausdrücken wollte, in einer Hinsicht selbst tyrannisch erscheint; denn die Existenz einer Autorität, die die Macht hat zu tolerieren, bedroht die Denkfreiheit eben dadurch, daß sie duldet und daß sie ebenso nicht dulden könnte." [67]

[66] Procès verbal Bd. III, 22. August.
[67] Mirabeau, Oeuvres Bd. I, S. 232.

Der Klerus sah sich also einem offenen Angriff auf das religiöse Privileg der Kirche gegenüber. Das war im Rahmen der National-versammlung eine durchaus neue Situation. Er reagierte darauf, indem er als erstes durchzusetzen versuchte, daß man sich über das Verhältnis der Religion zum Staat klar werde, bevor man von den religiösen Rechten des Individuums handele. Abbé Eymar, von Camus unterstützt, forderte daher die gesonderte Beratung der einzelnen vom 6. Büro vorgeschlagenen Artikel. Die Schärfe des sich ankündigenden Gegensatzes setzte die Versammlung in eine tumultuöse Stimmung. Sie gelangte an diesem 22. August zu keiner Entscheidung und vertagte die Frage auf die folgende Sitzung. Nach einer heftigen Debatte für und wider den Antrag Castellanes gab eine Rede Talleyrands den Ausschlag. Er befürwortete den Gedanken, daß in der Deklaration nur vom Rechte des Indivi-duums die Rede sein dürfe. Aber damit sollte das eigentliche Reli-gions- und Kultproblem nicht hinfällig, sondern nur auf die spätere Beratung der Verfassung verschoben werden: „Dort wird das ge-weihte und geheiligte Wort der katholischen Religion ausgesprochen werden; dort wird man erfahren, welcher Art der Kultus sein wird."[68] Daraufhin entschied sich die Versammlung dafür, die Diskussion auf Artikel XVIII des Entwurfs zu beschränken, für dessen Formulierung Castellane seinen Antrag erneuerte.

Der Klerus durfte sich in diesem Augenblick sagen, daß seine Sache durchaus nicht ohne Chancen war. Blieb doch für die spätere Arbeit an der Verfassung noch jede Möglichkeit offen, den Katho-lizismus in seiner privilegierten Stellung als Staatsreligion zu be-wahren. Für den Augenblick mußte es darauf ankommen, diese Möglichkeit auch tatsächlich offen zu halten und sie nicht durch eine zu freiheitliche Formulierung der individuellen Religionsrechte von vornherein in Frage zu stellen. Man muß sagen, daß es dem Klerus in vollem Umfang gelang, sich diese Chance zu sichern.

Als erstes erreichte er, daß von dem Antrag Castellanes nur die erste Hälfte, die von der religiösen Meinungsfreiheit handelte, als Diskussionsgrundlage akzeptiert wurde.[69] Der gefährliche zweite

---

[68] Courier de Provence, No. XXXI, S. 13 ff.; Moniteur Bd. I, S. 375.
[69] Procès verbal, Bd. III, 23. August.

Teil, der Gedanke der Kultfreiheit, fiel weg. Dagegen erhob der protestantische Pfarrer Rabaud de Saint-Etienne einen flammenden Protest. Mit Recht wies er darauf hin, daß die religiöse Meinungsfreiheit ohne Sinn und Inhalt sei, wenn man ihre natürliche Konsequenz, die Freiheit des Gottesdienstes, verbiete. Denn Gedankenfreiheit sei gar nichts Neues. Kein Despot könne sie dem Sklaven nehmen. Sie „wohnt im Herzen wie in einem Heiligtum". Sich damit begnügen, hieße, keinen Schritt für das Toleranzedikt von 1787 hinausgehen. Denn auch dieses hatte nur gewährt, was es nicht hatte verweigern können. Wie Mirabeau verwarf er den Begriff der Toleranz. „Ich fordere nicht Toleranz, ich fordere Freiheit. Toleranz, Duldung, Verzeihung, Milde — Ideen von der äußersten Unbilligkeit gegenüber Andersdenkenden. Der Irrtum, meine Herren, ist kein Verbrechen: wer ihn verkündet, nimmt ihn für die Wahrheit; er ist die Wahrheit für ihn; er ist verpflichtet, ihn zu bekennen, und kein Mensch, keine Gesellschaft hat das Recht, es ihm zu verbieten. Nun, meine Herren, wer ist in diesem Gemisch von Irrtum und Wahrheit, das die Menschen unter sich teilen, oder sich überliefern oder sich streitig machen, derjenige, der zu behaupten wagte, daß er sich niemals geirrt habe, daß die Wahrheit ständig bei ihm und der Irrtum ständig bei den andern sei?"[70]

Vergeblich! Der Einfluß des Klerus auf die Versammlung war stärker. Der Bischof von Lydda, einer der vier deputierten Prälaten, die sich später der Zivilverfassung unterwarfen, antwortete dem protestantischen Pfarrer. Soll man den Nichtkatholiken religiöse Freiheit gewähren? Gewiß! „Aber", so rief er, „die Freiheit, die der Vorredner für sie fordert, wäre keine Freiheit mehr, wenn sie die öffentliche Ordnung stören könnte. Es ist meine Ansicht, daß man die Gewissen nicht hindern soll. Es ist ihnen erlaubt, nicht an die Transsubstantiation zu glauben. Aber soll es ihnen gestattet sein, uns der Götzendienerei zu bezichtigen, weil wir daran glauben?... Man soll ihnen die Freiheit lassen, zu glauben oder nicht zu glauben, aber man soll keineswegs die öffentliche Durchführung ihres Gottesdienstes gestatten und nicht dulden, daß

---

[70] ›Opinion de M. Rabaud de Saint Etienne‹, in Procès verbal, Bd. III, 23. August S. 8 f.

sie ihre Religion mit äußerem Aufwand praktizieren."[71] Die gesetzliche Fixierung der kultischen Rechte, die den Katholiken und
Nichtkatholiken im einzelnen zustehen bzw. nicht zustehen sollten,
wollte er gleich Talleyrand der späteren Arbeit an der Verfassung
vorbehalten. Diese Reserve formulierte er als Zusatzantrag zu dem
bereits verstümmelten Vorschlag Castellanes, aus dem die Kultfreiheit gestrichen worden war. Er wollte auch die bloße Meinungsfreiheit nur gewähren „unter der Voraussetzung, daß ihre Manifestierung die vom Gesetz errichtete öffentliche Ordnung nicht
stört".[72] Die Versammlung stimmte mit einer knappen Mehrheit zu.

Das war nun allerdings eine nur sehr bescheidene Konzession
an den Gedanken der Religionsfreiheit, zu dem sie sich mit diesem
Artikel bereitfand.[73] Dennoch hatte sie die Überzeugung, daß sie
ein bedeutendes Zugeständnis gemacht habe. Auf Antrag von
d'Exprémenil, dem berühmten Parlamentsrat und Heros des Pariser
Volks aus der Zeit der Notabelnkämpfe, fügte sie noch das Wörtchen « même » in den Text ein, so daß die endgültige Fassung
lautete: « Nul ne doit être inquiéte pour ses opinions, mêmes religieuses, pourvu que leur manifestation ne trouble pas l'ordre public
établi par la loi. »

Der Klerus triumphierte.[74] Wenn es ihm auch nicht gelungen
war, das religiöse Privileg der Kirche in der Rechteerklärung zu

---

[71] Courier de Provence, No. XXXI, S. 40.

[72] Procès verbal Bd. III, 23. August, Moniteur Bd. I, S. 378.

[73] Zum Beleg dafür, daß der 10. Artikel tatsächlich als eine Absage
an die Kultfreiheit aufzufassen ist, sei noch folgende Diskussionsäußerung
des Abgeordneten Virieux angeführt, die vom Klerus lebhaft applaudiert
wurde: « La société n'a point de droits sur les âmes, les pensées sont
libres, personne n'a le droit de commander aux consciences, je rends
hommage à ces principes; mais si chacun peut penser ce que lui plait, en
matière de religion, il ne s'ensuit pas qu'on puisse autoriser chacun à
manifester ses pensées: cette funeste liberté bouleverserait le monde . . .
ainsi j'adopte cet article que nul ne soit inquiété, pour ses opinions religieuses, purvu que leur manifestation ne trouble point l'ordre public
établi par la loi.» Courier de Provence No. XXXI, S. 25 f.

[74] «. . . les membres d'un ordre, qui n'en est point un, se sont retirés
triomphans d'avoir fait passer un décret qui, dans un autre siècle que le

verankern, so hatte er doch alle Angriffe darauf abwehren und dem Religionsartikel eine Formulierung geben können, die alle Möglichkeiten für die Zukunft offen ließ. Mirabeau aber gab seiner Enttäuschung im Courier de Provence bitteren Ausdruck: „Wir können", so schrieb er, „unseren Schmerz darüber nicht verhehlen, daß die Nationalversammlung den Keim der Intoleranz, anstatt ihn zu ersticken, wie einen Vorbehalt in eine Erklärung der Menschenrechte hineingestellt hat. Anstatt unzweideutig die Religionsfreiheit auszusprechen, hat sie erklärt, daß die offene Kundgebung derartiger Meinungen gehindert werden, daß sich ein öffentlicher Kult der Freiheit entgegenstellen, daß das Gesetz sie einschränken könne. Lauter falsche, gefährliche, unduldsame Prinzipien, auf die die Dominikus und Torquemada ihre blutigen Doktrinen gestützt haben."[75]

Aber der Sieg des Klerus war keineswegs eindeutig. Bereits der nächste Tag brachte einen Rückschlag. Es ging um das Recht der freien Meinungsäußerung. Die Kultfreiheit war eigentlich nur ein Spezialfall dieser umfassenderen Freiheit. Nachdem man jene verworfen hatte, wäre es logisch gewesen, auch diese aus der Rechteerklärung auszuschließen. Zahlreiche Redner der klerikalen Seite äußerten sich in diesem Sinne.[76] Dennoch entschied diesmal die Versammlung zugunsten der Castellane, Mirabeau und Rabaud de Saint Etienne, die wie bei der Diskussion um den Religionsartikel so auch diesmal die Hauptverfechter des Freiheitsgedankens waren. Man wird dabei freilich nicht übersehen dürfen, daß in der Endredaktion des 11. Artikels die Freiheit der Meinungsäußerung

nôtre, pouvait servir de base à l'inquisition.» Journal des Etats-généraux, Bd. III, S. 84, zit. bei Rees a. a. O. S. 140.

[75] Courier de Provence No. XXXI, S. 44.

[76] Courier Français No. 51, S. 207 f. Besonders charakteristisch: « M. de Virieux, surtout, qui contribua plus qu'aucun autre à la rédaction de l'article X, soutint qu'en admettant la liberté des opinions, c'était agréer la multiplicité des Cultes; que cette diversité était propre à bouleverser l'Etat; que c'était à cette liberté indéfinie que l'on devait attribuer les maux qu'avaient occasionnés les Sectaires et Fanatiques, et qu'il fallait écarter tout ce qui pouvait rivaliser avec le culte dominant.» Vgl. Rees a. a. O. S. 141.

wiederum nur gewährt wurde unter der Voraussetzung einer nicht näher definierten gesetzlichen Schranke. Immerhin, es wurde dem Klerus versagt, den Erfolg, den er mit dem Religionsartikel davongetragen hatte, weiter auszubauen. Zwar ging die Versammlung nicht soweit, den 10. Artikel aufzuheben, wie es der Herzog von Lewis vorschlug.[77] Aber, um mit Mirabeau zu reden, „wenn die Abgeordneten nicht den Mut gehabt haben, ihn auszulöschen, so haben sie wenigstens ein Gegengift in den Artikel hineingelegt, den sie am folgenden Tage redigierten".[78]

Man mag mit dem Courier Français die veränderte Haltung der Versammlung darauf zurückführen, daß eine größere Anzahl von Abgeordneten des Dritten Standes und des Adels der Sonntagssitzung vom 23. August, in der der Religionsartikel verabschiedet wurde, nicht beiwohnte, und daß eben deren Stimmen am folgenden Tage den Ausschlag zugunsten der freien Meinungsäußerung gegeben hätten. Für diese Auffassung spricht der Umstand, daß sich der Klerus in der Sonntagssitzung heftig geweigert hatte, die Abstimmung auf den folgenden Tag zu verschieben. Man darf aber auch durchaus mit der Möglichkeit rechnen, daß ein Teil der Abgeordneten anderen Sinnes geworden war. Es gab noch keinerlei Fraktionszwang. Es bildeten sich überhaupt erst allmählich im Schoße der Nationalversammlung verschiedene politische Gruppen mit durchaus fließenden Grenzen. Die Debatten um die Rechteerklärung bieten manches Beispiel dafür, wie sehr die Anschauungen schwankten.[79] Die Weigerung der Versammlung vom 24. August, das Dekret vom Vortage, sowie es eigentlich die Logik erforderte, zurückzunehmen, spricht dafür, daß sich die Mehrheit für die freie Meinungsäußerung zum Teil aus Stimmen zusammensetzte, die gegen die Kultfreiheit gestimmt hatten. Möglicherweise haben beide Gründe, die veränderte Zusammensetzung der Versammlung wie der Meinungsumschwung bei einem Teil der Abgeordneten zusammengewirkt. Wie dem auch sei, im Endergebnis wurde die in der Versammlung vorhandene Spannung in die Rechteerklärung

[77] Courier Français No. 51, S. 205.
[78] Courier de Provence No. XXXV, S. 3.
[79] Dazu Rees a. a. O. S. 139 f.

selber hineingetragen. Diese war also weit davon entfernt, ein logisch geschlossenes Gebilde zu sein. Sie war mit gegensätzlichen Tendenzen geladen und verschiedenen Interpretationen zugängig, von denen die Zukunft erweisen mußte, welches die beherrschende war, bzw. welches Ergebnis sich aus den auseinanderstrebenden Kräften ergeben würde.[80]

IV

Mit dieser Feststellung befinden wir uns mitten in der Kontroverse, die durch die berühmte Schrift Jellineks über die Erklärung der Menschenrechte ausgelöst wurde.[81] Man wußte zwar schon, daß die Nationalversammlung unter dem Einfluß der Vorgänge in Nordamerika stand. Allgemein hielt man die Unabhängigkeitserklärung vom 4. Juli 1776 für das Vorbild der französischen Deklaration. Jellinek wies nun darauf hin, daß die Unabhängigkeitserklärung nur allgemein von dem Recht des Menschen auf Freiheit, Unabhängigkeit und Glückseligkeit sprach, aber dieses Recht nicht im einzelnen konkretisierte. Kataloge spezialisierter Freiheitsrechte fanden sich jedoch in den Verfassungen der nordamerikanischen Einzelstaaten, als deren erster Virginia am 12. Juni 1776 eine Rechteerklärung abgegeben hatte.[82] Mit Nachdruck betonte Jellinek, daß die französische Erklärung gegenüber den amerikanischen Vorbildern keinen einzigen originellen Rechtsgedanken aufweise. Die Ideen von 1789 entpuppten sich als diejenigen von 1776. Sowohl das staatsrechtliche Prinzip, die gesetzliche Aussprache individueller Freiheitsrechte zur Grundlage der Verfassung zu machen, als auch Listen konkreter Freiheitsrechte waren dort vorgebildet.

[80] Der Procès verbal gibt keine zahlenmäßig genauen Abstimmungsergebnisse für die einzelnen Artikel. Das normale Abstimmungsverfahren war sehr grob « par assis et levés ». In ganz besonderen Fällen wurden die Stimmen gezählt « par appel nominal ».

[81] Georg Jellinek, Die Erklärung der Menschen- und Bürgerrechte. 1. Aufl. 1894. 4. Aufl. München und Leipzig 1927 (bearbeitet in 3. Aufl. von Walter Jellinek).

[82] Text im Anhang zu Jellinek.

Jellinek verfolgte nun den Ursprung dieser Gedanken weiter
zurück und stieß auf Roger Williams, den Gründer der Stadt
Providence im heutigen Rhode Island. Roger Williams, ein inde-
pendentischer Prediger, war seines Glaubens wegen von England
nach Holland geflüchtet und von dort nach Massachusetts ausge-
wandert. Hier wiederholte sich sein Schicksal. Puritanische Unduldsamkeit zwang ihn, Boston zu verlassen. Mit einigen Gesin-
nungsfreunden gründete er im Jahre 1636 Providence als einen
Staat, der keinerlei Befugnisse in irgendwelchen die Religion betreffenden Fragen haben sollte. Es war leidenschaftlicher Glaubens-
eifer, der Williams zu diesem Schritt trieb. Religionsfreiheit in dem
umfassenden Sinne von Gewissens- und Kultfreiheit war das erste
gesetzlich fixierte Menschenrecht. Unter Einwirkung positiv rccht-
licher Einflüsse aus England und der naturrechtlichen Theorie der
gesamteuropäischen Tradition entwickelten sich aus diesem Ansatz
heraus die Kataloge der Rechteerklärung in den nordamerikanischen Einzelstaaten. Gegenüber den positiven Freiheitsrechten
der englischen Untertanen bestand das Neue dieser Erklärungen in
der naturrechtlichen Allgemeinheit und Unabdingbarkeit, in dem
vorstaatlichen Charakter der garantierten Freiheitsrechte. Gegenüber der philosophischen Freiheitstheorie aber war der Schritt Roger
Williams' epochemachend, insofern er ein naturrechtliches Prinzip
in positivstaatliches Recht umwandelte. Zusammenfassend sagt Jellinek: „Die Idee, unveräußerliche, angeborene, geheiligte Rechte
des Individuums gesetzlich festzustellen, ist nicht politischen, sondern religiösen Ursprungs. Was man bisher für ein Werk der Revolution gehalten hat, ist in Wahrheit eine Frucht der Reformation
und ihrer Kämpfe. Ihr erster Apostel ist nicht Lafayette, sondern
jener Roger Williams, der, von gewaltigem, tief religiösem Enthusiasmus getrieben, in die Einöde auszieht, um ein Reich der Glaubensfreiheit zu gründen, und dessen Namen die Amerikaner heute
noch mit tiefster Ehrfurcht nennen." [83]
    Diese Genesis der Rechteerklärung stand im Widerspruch zu der
Anschauung, die bisher in Frankreich führend gewesen war. Man
war gewohnt, Rousseau als den geistigen Vater der Ideen von 1789

[83] Op. cit. S. 57.

zu betrachten. Taine[84] nicht anders als Michelet[85] hatten in der Rechteerklärung ein charakteristisches Produkt der französischen Philosophie gesehen, und unter den Staatsrechtlern war es vor allem Janet, der in diesem Katechismus der Revolution die Idee des Contrat social wiederzufinden meinte.[86]

Gegen Janet kam Jellinek zu folgenden Feststellungen: Der Sozialvertrag verlangt von seinen Partnern, daß sie sich ihrer individuellen Rechte ohne Vorbehalt zugunsten der Gesellschaft entäußern. Es gibt daher für den Staat Rousseaus keine Rechtsschranke gegenüber dem Individuum, kein Grundgesetz, das für ihn bindend wäre. Einzelne besonders wichtige Freiheitsrechte werden daher von Rousseau ausdrücklich abgelehnt, so das Vereinsrecht und vor allem die Religionsfreiheit. Wer nicht die bürgerliche Religion bekennt, deren Artikel vom Souverän festgesetzt werden, kann verbannt werden. Und wer sie bekannt hat und sich so beträgt, wie wenn er sie nicht kennte, soll mit dem Tode bestraft werden.[87]

Die Schrift Jellineks ist heftig umstritten worden.[88] Nach der bereits erwähnten Untersuchung Klövekorns kann jedoch kein Zweifel mehr daran bestehen, daß es in der Tat das amerikanische Vorbild gewesen ist, das die Nationalversammlung veranlaßte, der Verfassung eine Erklärung der Rechte voranzustellen. Der gescheiterte Versuch von Rees, gegen allen Augenschein die Originalität der Rechteerklärung zu verteidigen, hat nicht unerheblich dazu beigetragen, die Überzeugung von der amerikanischen Abkunft zu festigen.

Gegen das zweite Glied in der Beweisführung Jellineks, die genetische Verbindung der nordamerikanischen Rechteerklärungen mit der Gründung von Providence durch Roger Williams, hat Gustav Hägermann einen Angriff gerichtet.[89] Er wies nach, wie stark und

---

[84] Origines Bd. III, S. 190.

[85] Revolution Bd. I, S. 245 f.

[86] Paul Janet, Histoire de la science politique dans ses rapports avec la morale. 3. Aufl. Paris 1887, Bd. II, S. 457 f.

[87] Jellinek op. cit. S. 7.

[88] Darüber Walter Jellinek in op. cit. Vorwort zur 4. Aufl.

[89] Die Erklärungen der Menschen- und Bürgerrechte in den ersten

mannigfaltig die Einflüsse waren, die von der englischen und französischen Naturrechtsphilosophie über James Otis und Thomas Paine auf die Gesetzgeber des nordamerikanischen Unabhängigkeitskampfes eingewirkt hatten. Dadurch wurde aber, wie Wolzendorf mit Recht feststellte,[90] die These Jellineks nicht getroffen. Denn dieser hatte durchaus nicht die Bedeutung bestritten, die der Naturrechtsphilosophie für die Theorie der allgemeinen Menschenrechte zukam. Der entscheidende Schritt, den aus religiösem Antrieb Roger Williams und nach dem Vorbild von Rhode Island die nordamerikanischen Einzelstaaten taten, bestand darin, daß die oft theoretisch formulierte Idee allgemeiner Menschenrechte gesetzlich ausgesprochen und zur Grundlage der Verfassung gemacht wurde.

Ein sehr viel gewichtigerer Angriff gegen die These Jellineks wurde von Robert Redslob[91] vorgetragen. Wie Rees wollte er in Rousseau den geistigen Vater der französischen Erklärung erblicken. Um den Beweis dafür zu erbringen, beschritt er jedoch nicht den Weg der historisch-kausalen Ableitung — darin war Rees gescheitert —, sondern der juristischen Interpretation des Textes. Er argumentierte wie folgt: Die französische Erklärung ist auf den Zentralbegriff des Contrat social, nämlich der « volonté générale » aufgebaut. (Art. IV). Deren Wesen aber besteht darin, daß in ihr der Gegensatz von Einzelwille und Staatswille aufgehoben ist. Vom Prinzip der volonté générale aus ist es unmöglich, eine Rechtssphäre des Individuums gegenüber der Rechtssphäre des Staates abzugrenzen. Folglich kann auch die Deklaration nicht in diesem Sinne verstanden werden. Wenn daher in ihr von Freiheit, Eigentum und anderen natürlichen Gütern der Menschheit die Rede ist, dann sind diese nicht als Hindernis für den Staat gedacht, sondern stellen einen Zweck dar, den der Staat sich selber setzt. Sie sind der erste

amerikanischen Staatsverfassungen, Berlin 1910. Ebenfalls O. Vossler, Studien zur Erklärung der Menschen- und Bürgerrechte, HZ 142 (1930).

[90] Kurt Wolzendorff, Staatsrecht und Naturrecht in der Lehre vom Widerstandsrecht des Volkes gegen rechtswidrige Ausübung der Staatsgewalt. Breslau 1916, S. 370, 375.

[91] Die Staatstheorien der französischen Nationalversammlung von 1789. Leipzig 1912, S. 75 ff.

Akt der volonté générale nach dem Abschluß des Sozialvertrages. Es handelt sich also in der Erklärung wohl um Menschenrechte, „aber nicht um Rechte des Menschen außerhalb des Staates, sondern um Rechte des Menschen im Staat".[92]

In dieser Argumentation ist Wahres und Falsches gemischt. Richtig ist, daß es vor dem Begriff der volonté générale, wenn man ihn dem Sinne nach wie Rousseau gebraucht, keine unveräußerlichen Rechte des Individuums gibt. Aber man wird sich doch fragen müssen, ob denn die Rechteerklärung als ein Gebilde der Logik genommen werden darf. Wir sahen bei unserer Schilderung der Diskussion um den Religionsartikel, wie die verschiedenen Tendenzen miteinander rangen, wie die Mehrheiten schwankten und wie die endgültige Formulierung der einzelnen Artikel durchaus nicht das Ergebnis logischer Deduktion, sondern leidenschaftlicher parlamentarischer Machtkämpfe war. Man darf also die Begriffe nicht pressen und sollte sich nicht darüber wundern, logisch sich widersprechende Elemente in der gleichen Erklärung vereinigt zu finden. Dann sieht man sich der Notwendigkeit überhoben, um des Prinzips willen so gewaltsame Uminterpretationen zu wagen, wie sie Redslob mit dem zweiten Artikel vornimmt. Denn für den unbefangenen Betrachter wird ja hier mit aller Deutlichkeit ausgesprochen, daß der Zweck des Staates „die Bewahrung der natürlichen und unveräußerlichen Rechte des Menschen" sei. Redslob hilft sich aus seiner Verlegenheit, indem er die „Rechte" in „Güter" verwandelt, ohne für diese willkürliche Umdeutung eine Begründung zu geben.[93] Mit Recht bemerkt Wolzendorf zu diesem Verfahren, es sei „nichts anderes als die petitio principii: die Deklaration muß von Rousseau stammen".[94]

Der faktische Kausalzusammenhang zwischen den amerikanischen und der französischen Erklärung, den Jellinek erwiesen und Klövekorn erhärtet hat, wird von Redslob nicht berührt. So blieb der Kern der These Jellineks, daß der staatsrechtliche Gedanke, einen Katalog von vorstaatlichen, unveräußerlichen Freiheitsrechten zur

---

[92] Op. cit. S. 93.
[93] Op. cit. S. 92.
[94] A. a. O. S. 361.

Grundlage der Verfassung zu machen, aus dem Verlangen nach
Religionsfreiheit entstanden und auf dem Wege über die einzel-
staatlichen Verfassungen Nordamerikas nach Frankreich gelangt sei,
gesichert bestehen. Dennoch haben die Angriffe, die Rees und
namentlich Redslob gegen Jellinek richteten, einen Umstand deutlich hervortreten lassen, den dieser zwar nie bestritten hat, der
aber in seiner Schrift hinter seiner Grundthese zurücktrat: daß
nämlich auf den amerikanischen, aus dem Protestantismus geborenen
Gedanken der Rechteerklärung in Frankreich gänzlich heterogene,
namentlich im Werke J. J. Rousseaus verkörperte Tendenzen ein-
stürmten und, ohne die formale Struktur, das staatsrechtliche Prinzip der Rechteerklärung zu ändern, ihren Inhalt stellenweise ins
Gegenteil verkehrten.

Wenn man an den Ursprung der Rechteerklärung aus dem Verlangen nach Religionsfreiheit denkt, so kommt dem zehnten Artikel
der französischen Deklaration eine besondere Bedeutung für die
Charakterisierung dieses Umwandlungsprozesses zu.

Vergegenwärtigen wir uns die Argumente, mit denen Anhänger
und Gegner der Religionsfreiheit in der Nationalversammlung
gegeneinander zu Felde zogen.

V

Wir sahen, daß an der Spitze derer, die für unbegrenzte Religionsfreiheit eintraten, Rabaut de Saint-Etienne und Mirabeau
standen. Beide verlangten Kultfreiheit. Aber wenn auch beide das
gleiche forderten, so taten sie es aus sehr verschiedenen Gründen.
Rabaut de Saint-Etienne blickte auf das amerikanische Vorbild.
„Ihr habt euch", so erklärte er vor der Versammlung, „für eine
Rechteerklärung entschlossen, weil eure Mandate (cahiers) euch
dazu verpflichteten; und eure Mandate haben euch davon gesprochen, weil Frankreich Amerika als Beispiel gehabt hat." [95] Und ein
andermal: „Franzosen, ihr seid nicht gemacht, um Beispiel zu nehmen, sondern um es zu geben; aber wenn ihr nachahmen wollt, so

[95] Moniteur Bd. I, S. 349.

ahmt die Pennsylvanier nach." [96] Keine Religion, so führte er aus, kann von sich behaupten, daß sie im sicheren Besitz der ganzen Wahrheit sei. Die Religion komme erst in der Vielfalt der Kulte zur vollen Darstellung. Gott selbst wolle es so: „Sie sind zu einsichtig, meine Herren, um zu glauben, daß es Ihnen vorbehalten sei, zu tun, was die Menschen in sechstausend Jahren nicht haben tun können, alle nämlich zu ein und demselben Kult zu bringen. Sie werden nicht glauben, daß es der Nationalversammlung vorbehalten sei, eine Vielfalt verschwinden zu lassen, die immer bestand, und auch nicht, daß Sie ein Recht haben, dessen sich Ihr Herrgott selber nicht bedienen will." [97]

Rabauts Freiheitsforderung erschien also unter dem amerikanischen Vorbild aus der Religion selbst begründet. Ganz anders Mirabeau. Wir sahen bereits, daß er den Enthusiasmus der Versammlung für eine Rechteerklärung nicht teilte. Er hielt sie, wie die öffentliche Meinung nun einmal war, eher für ein unvermeidbares Übel als für einen notwendigen Staatsgrundsatz. Daher versuchte er, die Blicke von Amerika wegzulenken. Zwar leugnete er den amerikanischen Ursprung nicht. In seiner Zeitung berichtete er zustimmend über die Rede des Erzbischofs von Bordeaux, der auf das Beispiel Amerikas hingewiesen hatte. „Bedenken wir jedoch", so fuhr er fort, „daß vor der Unabhängigkeit des englischen Amerikas der Sozialvertrag erschienen war. Der republikanische Philosoph hat die Helden der Freiheit erleuchtet; vor ihm hatten die meisten Publizisten gedacht wie Sklaven, denen ihre Herren zuhören, oder sie hatten wie Montesquieu all ihren Geist gebraucht, um zu rechtfertigen, was ist, und um unsere Institutionen mit einem trügerischen Firnis zu schminken. Er allein hat die natürlichen Rechte des Menschen studiert und hat die wahren Fundamente der Gesellschaft freigelegt, indem er Staub und Sand beiseite schuf, d. h. jene äußeren Verhältnisse von Schwäche und Stärke, Reichtum und Armut, von Ungleichheit und Aristokratie jeder Art. Er hat gezeigt, daß das Gebäude schief steht, wo es nicht gegründet ist

[96] Opinion de M. Rabaut de Saint-Etienne. Procès verbal Bd. III, 23. August 1789, S. 11.
[97] Idem S. 13.

auf die Basis allgemeiner Zustimmung und gegenseitiger Abmachungen. Nein, niemals soll man von Freiheit sprechen, ohne jenes unsterblichen Rächers der menschlichen Natur in Ehren zu gedenken."[98]

Es war im Geiste Rousseaus gehandelt, wenn Mirabeau versuchte, die Erklärung der Rechte der Verfassung zu inkorporieren, statt sie ihr voranzuschicken. Es gelang ihm dies nicht. Dennoch konnte er mit Genugtuung feststellen, daß die Versammlung in die Erklärung mannigfaltige Vorsichtsmaßregeln, Einschränkungen, Bedingungen eingefügt hatte, so daß sie im Endergebnis „den Menschen wie er in seiner Eigenschaft als Bürger gebunden ist und nicht den freien Menschen der Natur" darstelle.[99]

Am 27. Juli schrieb der Courier de Provence, daß Mirabeau im Grunde recht behalten habe: die Rechteerklärung sei offiziell gar nicht zu Ende gebracht worden. Man habe sie nicht durch eine Lesung aller bisher dekretierten Artikel abgeschlossen. Praktisch

---

[98] Courier de Provence No. XIX, S. 20 f. Auch die Berichte des Courier de Provence über die Debatten versuchen immer wieder, den Blick auf Rousseau hinzulenken. So wird in No. XXII, S. 15 f., folgende Stelle aus einer Rede des Herrn von Montmorency lobend erwähnt: « Si l'Amérique qui nous a donné un grand exemple, que nous pouvons cependant perfectionner, nous oppose une forme toute différente, je pense que cet avantage devait peut-être appartenir à cet hémisphere sur l'autre d'invoquer plus hautement la raison, et de lui laisser parler un langage plus pur.» Und in der gleichen Nummer: « M. d'Entraigues ... a rendu à l'immortel Rousseau des hommages dont l'expression venait de coeur. Heureux, dit-il, heureux ce grand homme, s'il eût assez vécu pour voir l'influence des sublimes vérités qu'il a répandues, pour voir le genre-humain devenir libre et meilleur par la méditation de ses ouvrages! » (S. 21 f.)

[99] « Chaque pas qu'elle va faire dans l'exposition des droits de l'homme, on la verra frappée de l'abus que le citoyen en peut faire; souvent même la prudence le lui exagera. De là ces restrictions multipliées, ces précautions minutieuses, ces conditions laborieusement appliquées à tous les articles qui vont suivre; restrictions, précautions, conditions qui substituent presque partout des devoirs aux droits, des entraves à la liberté, et qui empiétant, à plus d'un égard, sur les détails les plus gênans de la législation, présenteront l'homme lié par l'état civil, et non l'homme libre de la nature.» (Courier de Provence No. XXXI [22./23. Aug.], S. 2.)

habe man sie auf die Zeit nach der Verfassung verschoben, ein Beweis, daß die Raison gesiegt habe.[100]

Im Rahmen dieses Denkens konnte auch der Anspruch auf freie Religionsübung nicht als unveräußerliches, vorstaatliches Menschenrecht erscheinen. In der Tat findet sich in der berühmten Rede Mirabeaus für die Kultfreiheit eine sehr aufschlußreiche Äußerung. Es heißt dort: „Die Menschen bringen den Kult nicht in die Gesellschaft mit, er entsteht erst in der Gemeinschaft. Er ist also eine lediglich auf Konvention beruhende Einrichtung der Gesellschaft." Und weiter: „Aber wenn das Recht das Ergebnis einer Konvention ist, so besteht die Konvention darin, daß man seine Fähigkeiten frei ausüben darf; man muß also in einer Rechteerklärung die Ausübung der Fähigkeiten zum Ausdruck bringen."[101] Das heißt juristisch ausgedrückt: Für Mirabeau ist die Kultfreiheit kein vorstaatliches, sondern ein innerstaatliches Recht.

Damit befand er sich genau auf der Linie Rousseaus. Verweilen wir einen kurzen Augenblick bei dessen Vorstellungen über das Verhältnis von Staat und Religion.

Die religiöse Intoleranz des Contrat social ist bekannt. Sie steht nicht auf dem Boden eines historischen Kultes, sondern auf dem der «religion civile». Den verschiedenen traditionellen Kultformen

[100] Courier de Provence No. XXXIII, S. 1 f.

[101] Die Stelle lautet im Zusammenhang:

« Les hommes n'apportent pas le culte en société; il ne naît qu'en commun. C'est donc une institution purement sociale et conventionnelle. C'est donc un devoir.

Mais la diversité des opinions résulte nécessairement de la diversité des esprits, et l'on ne peut empêcher cette diversité. Donc cette diversité ne peut être attaquée. Mais alors le libre exercice d'un culte quelconque est un droit de chacun. Donc on doit respecter son droit. Donc on doit respecter son culte.

Voilà le seul article qu'il soit nécessaire d'insérer dans la déclaration des droits, sur cet objet. Et il doit y être inséré; car les facultés ne sont pas des droits, sans doute, mais l'homme a droit de les exercer, et l'on peut et l'on doit distinguer l'un de l'autre. Mais si le droit est le résultat d'une convention, la convention consiste à exercer, librement ses facultés; donc on peut et on doit rappeler dans une déclaration de droits l'exercise des facultés.» (Ouvres, Bd. I, 233 f.)

billigt der Contrat social volle Freiheit zu, soweit sie nicht selber intolerant sind oder mit dem Sittenkodex der Staatsreligion in Widerspruch stehen. Es ist eine Toleranz aus philosophischer Skepsis und aus Erwägungen der Staatsräson. Das ist bei Mirabeau nicht anders als bei Rousseau und schließlich ganz allgemein in der französischen Aufklärungsphilosophie.[102]

Aber im Contrat social findet diese Toleranz ihre Kehrseite in der Staatsreligion, die für alle Bürger verpflichtend ist und deren Geltung mit allen staatlichen Mitteln bis zur Androhung der Todesstrafe für Abtrünnige gestützt werden soll.[103] Wenn man an Rousseau die Frage stellt, was denn diese Staatsreligion eigentlich inhaltlich sei, so ist die Antwort darauf nicht eindeutig. Ihr Dogma allerdings ist klar. Es besteht aus den deistischen Lehrsätzen, wie sie Rousseau in dem Bekenntnis des savoyardischen Vikars entwickelt hatte.[104] Wie aber sollte der Kult beschaffen sein?

Der Contrat social gibt keine Antwort darauf. Die Frage bleibt offen, ob die Staatsreligion überhaupt eines Kultes bedarf, oder ob

---

[102] Dazu A. Mathiez, Les philosophes et la séparation de l'église et de l'état. Revue historique, Januar 1910. Enthalten in A. Mathiez, La révolution et l'église. Etudes critiques et documentaires. Paris 1910.

[103] « Il y a donc une profession de foi purement civile dont il appartient au souverain de fixer les articles non pas précisément comme dogmes de religion, mais comme sentiments de sociabilité, sans lesquels il est impossible d'être bon citoyen ni sujet fidèle. Sans pouvoir obliger personne à les croire, il peut bannir de l'état quiconque ne les croit pas, il peut le bannir, non comme impie, mais comme insociable, comme incapable d'aimer sincèrement les lois, la justice, et d'immoler au besoin sa vie à son devoir. Que si quelqu'un après avoir reconnu publiquement ces mêmes dogmes, se conduit comme ne les croyant pas, qu'il soit puni de mort; il a commis le plus grand des crimes: il a menti devant les lois.» (Du contrat social, éd. Dreyfus-Brisac, Paris 1896, S. 231 ff.)

[104] « Les dogmes de la religion civile doivent être simples, en petit nombre, énoncés avec précision, sans explications ni commentaires. L'existence de la divinité puissante, intelligente, bienfaisante, prévoyante et pourvoyante, la vie à venir, le bonheur des justes, le châtiment des méchants, la sainteté du contrat social et des lois, voilà les dogmes positifs. Quant aux dogmes négatifs, je les borne à un seul, c'est l'intolérance: elle rentre dans les cultes que nous avons exclus.» (Op. cit. S. 234 f.)

sie sich an einem Glaubensbekenntnis genug sein lassen kann. Anders im Brief an Beaumont, den Erzbischof von Paris, der 1763 als Apologie der Profession de foi erschien. Hier wird dem Staat das wichtige Recht ausdrücklich zugestanden, über die Form des Kultes zu bestimmen. Rousseau hielt äußeren Gottesdienst für notwendig und doch im Grunde für belanglos. Deshalb dachte er in dieser Hinsicht konservativ. Man solle dem Kult der Väter treu bleiben. Daher habe der Calvinismus ursprünglich nicht das Recht gehabt, in das katholische Frankreich einzudringen. Nachdem er aber erst einmal durch das Edikt von Nantes aufgenommen worden sei, sei es ebenso Unrecht gewesen, ihn hinterher zu ächten und zu verfolgen.[105] Das Urbild eines innerlich überzeugten Deisten und äußerlich konservativen Katholiken ist der savoyardische Priester selber. Mit peinlicher Gewissenhaftigkeit erfüllt er die Obliegenheiten eines Kultes, an den er nicht glaubt.[106] Mit echter Begeisterung aber spricht er von den Aufgaben, die das Amt eines Dorfpfarrers als Seelsorger seiner Gemeinde mit sich bringt: „Mein guter Freund, ich finde nichts so schön, wie Pfarrer zu sein. Ein

---

[105] Collection complette des œuvres de J. J. Rousseau publiées par Du Peyrou, Deux-Ponts 1782, Bd. XI, S. 77.

In der Profession de foi heißt es:

« Je regarde toutes les religions particulières comme autant d'institutions salutaires qui prescrivent dans chaque pays une manière uniforme d'honorer Dieu par un culte public.» La profession de foi du vicaire savoyard de Jean-Jacques Rousseau, édition critique par F. M. Masson, Fribourg 1914, S. 417. Und weiter: « En attendant de plus grandes lumières, gardons l'ordre public, danz tous les pays respectons les lois, ne troublons point le culte qu'elles prescrivent ...» S. 429. Man hört in solcher Wendung bereits die Formulierung des 10. Artikels anklingen: « purvu qu'il ne trouble pas l'ordre public établi par la loi.»

[106] «... je suis avec soin tous les rites; je récite attentivement, je m'applique à n'omettre jamais ni le moindre mot ni la moindre cérémonie: quand j'approche du moment de la consécration je me recueille pour la faire avec toutes les dispositions qu'exigent l'Eglise et la grandeur du sacrement: je tâche d'anéantir ma raison devant la suprème Intelligence; je me dis: Qui es-tu pour mesurer la puissance infinie? Je prononce avec respect les mots sacramentaux, et je donne à leur effet toute la foi qui dépend de moi.» (Profession S. 418.)

guter Pfarrer ist ein Diener der Güte, wie ein guter Beamter ein Diener der Gerechtigkeit ist."[107] Hier verspürt man ein unverfälschtes Pathos. Es ist das Pathos der Abbé Grégoire und Abbé Gouttes, des niederen Klerus in der Nationalversammlung.

Die Staatsreligion Rousseaus zeigt also ein doppeltes Gesicht, einen Januskopf, auf dessen vorwärts gerichtetem Antlitz die Entschlossenheit zur Intoleranz eines Staatsdogmas zu lesen stand, dessen rückwärts gewandter Blick aber mit Ehrfurcht auf die Tradition des Kultes und des Priesteramtes der Kirche gerichtet war. Es ist wohl verständlich, welche Versuchung für den Klerus darin lag.

Der Zusammenhang der im Religionskapitel des Contrat social und im Bekenntnis des savoyardischen Priesters entwickelten Vorstellungen von Staatsreligion mit den Argumenten, die die Verteidiger des Religionsprivilegs der gallikanischen Kirche anführten, ist mit Händen zu greifen. Die Argumentation hielt sich, bewußt oder unbewußt, in dem von Rousseau abgesteckten Rahmen. Verschiedentlich wurde von den Verteidigern der Kirche seine Autorität

---

[107] « J'ai longtemps ambitionné l'honneur d'être curé; je l'ambitionne encore, mais je ne l'espère plus. Mon bon ami, je ne trouve rien de si beau que d'être curé. Un bon curé est un ministre de bonté, comme un bon magistrat est un ministre de justice. Un curé n'a jamais de mal à faire; s'il ne peut pas toujours faire le bien par lui-même, il est toujours à sa place quand il le sollicite, et souvent il l'obtient quand il sait se faire respecter. Oh! si jamais dans nos montagnes j'avais quelque pauvre cure de bonnes gens à desservir! je serais heureux, car il me semble que je ferais le bonheur de mes paroissiens. Je ne les rendrais pas riches, mais je partagerais leur pauvreté; j'en ôterais la flétrissure et le mépris, plus insupportables que l'indigence. Je leur ferais aimer la concorde et l'égalité, qui chassent souvent la misère, et la font toujours supporter. Quand ils verraient que je ne serais en rien mieux qu'eux, et que pourtant je vivrais content, ils apprendraient à se consoler de leur sort et à vivre contents comme moi. Dans mes instructions je m'attacherais moins à l'esprit de l'Eglise qu'à l'esprit de l'Evangile, où le dogme est simple et la morale sublime, où l'on voit peu de pratiques religieuses et beaucoup d'œuvres de charité. Avant de leur enseigner ce qu'il faut faire, je m'efforcerais toujours de le pratiquer, afin qu'ils vissent bien que tout ce que je leur dis, je le pense.» (Profession S. 419.)

sogar namentlich angerufen.[108] Man wird sich allerdings daran er-
innern müssen, daß keine kirchliche Apologie umhin kann, sich der
Argumente der Gegner zu bedienen, daß sie sie übernimmt, um sie
in Beziehung zu setzen zu den ihr eigentümlichen besonderen
Werten, daß sie das Fremde sich aneignet, um es zu verwandeln.
Aber eben davon fand sich bei den Verteidigern des katholischen
Kultprivilegs in der Nationalversammlung kaum eine Spur. Der
Grundgedanke des Contrat social ist utilitaristisch: die Volonté
générale funktioniert nur mit Hilfe der « religion civile », der
Staat bedarf der Religion als moralischer Potenz. Das gleiche Leitmotiv wurde von der Partei des Klerus unermüdlich wiederholt.
So versuchte schon der Entwurf des 6. Büros die privilegierte Stellung des Katholizismus zu garantieren als einer für die geheimen
Delikte zuständigen Hilfskraft des Gesetzes. Genauso argumen-
tierten der Abbé d'Eymar,[109] der Marquis von Clermont-Lodève[110]
und der Bischof von Clermont.[111] Die Endformulierung des 10. Artikels schließlich, die der Klerus als seinen Triumph feierte, war,
genau gesehen, nichts anderes als das präzise Résumé des Religions-
kapitels aus dem Contrat social, hier wie dort mit der offenen
Frage, was denn nun eigentlich die « religion civile » bzw. die
« ordre public » sein sollte, eine Formulierung also, die in ihrem
entscheidenden Punkte verschiedener Interpretationen fähig war.
Sie konnte den Gegnern der Kirche ebenso zugute kommen wie
dieser selber.

[108] Z. B. Clermont-Lodéve am 23. August 1789: « L'on en viendra
à ce point que chacun pourra répéter ce que J. J. Rousseau se disait à
lui-même: ‹ Par quelle raison, étant moi, dois-je régler ma conduite? En
un mot, sans religion, il est inutile de faire des lois, des réglemens, il ne
reste plus qu'à vivre au hasard ›.» (Moniteur Bd. I, S. 375.) Und bei
einer späteren Gelegenheit beruft sich der Bischof von Nancy ausdrücklich
auf den Contrat social, um die Notwendigkeit zu beweisen, den Katholizismus in seiner privilegierten Stellung zu bewahren. (Quelle doit être
l'influence de l'Assemblée nationale de France sur les matières ecclésiastiques et religieuses, par M. l'Evêque de Nancy, député de Lorraine. 1790.)
[109] Moniteur Bd. I, S. 374.
[110] Siehe oben Anm. 1.
[111] Moniteur Bd. I, S. 372.

Es war also ein gefährlicher Weg, den der Klerus beschritt. Er argumentierte nicht theologisch, sondern naturrechtlich. Er begab sich damit auf einen Fechtboden, auf dem er, wie das geistige Kräfteverhältnis im ausgehenden Jahrhundert der Aufklärung und das politische Kräfteverhältnis in der Nationalversammlung nun einmal war, einen schweren Stand haben würde. Wenn der Klerus das Prinzip akzeptierte, Recht und Stellung der Kirche nach ihren Funktionen in der Gesellschaft zu bemessen, so hatte er damit einen Geist angerufen, den er nicht beherrschte. Während er sich scheinbar mit Erfolg darum mühte, das traditionelle religiöse Privileg der Kirche mit Hilfe Rousseauscher Formulierungen in der Rechteerklärung gegen den Gedanken der Religionsfreiheit abzuschirmen, war unbemerkt fast und ohne Gegenwehr das Trojanische Pferd in den ummauerten Bezirk eingebracht worden, die Idee der Volonté générale nämlich, die die Geister in sich barg, bestimmt, den alten Bau der gallikanischen Kirche in Trümmer zu legen.

VI

Die Volonté générale ist der Zentralbegriff des Contrat social. Im Rahmen der Sozialphilosophie Rousseaus hat er die Funktion, das Grundproblem des aus dem Gesellschaftsvertrag heraus konstruierten Staates zu lösen, die Frage nämlich, wie auf die Dauer der Wille des einzelnen mit dem Willen der Gesamtheit in Übereinstimmung gebracht werden kann, ohne aufzuhören, an seine eigenen Interessen gebunden zu sein. Die Entstehungsgeschichte des Contrat social zeigt, daß er logisch diese Funktion nicht erfüllen kann, ohne die Konstruktion einer Zivilreligion zu Hilfe zu nehmen.[112] Diese bleibt gebunden an den übergeordneten Gemeinwillen. Von ihm erhält sie ihre Stellung und Bedeutung.

Durch diese Subsumierung des Religionsbegriffes erhielt die Volonté générale Rousseaus eine ganz besondere Stellung in der

---

[112] Ich darf dazu verweisen auf meine 1935 bei Ebering, Berlin, erschienene Dissertation: Das Verhältnis von Staat und Religion nach der Sozialphilosophie Rousseaus (Der Begriff der « religion civile »), S. 51 ff.

Entwicklung der Souveränitätsidee. Während in der klassischen absolutistischen Doktrin der Souveränitätsbegriff noch nicht bis zu seiner letzten Konsequenz durchgeführt war — bei Bodin blieb der Souverän der höheren Souveränität Gottes untergeordnet [113] —, hatte Hobbes ihn als erster bis zur letzten Konsequenz gesteigert: der Souverän wurde zum sterblichen Gott, zum Deus mortalis, der „Persönlichkeit, Eigentum, Recht, Gewissen und Religion der Untertanen absorbiert, durch kein Gesetz, keinen Vertrag und keine Pflicht gebunden wird und keinen anderen Richter als sich selbst kennt".[114]

Bei Hobbes war dieser Souveränitätsbegriff an den des Herrschaftsvertrages gebunden. Rousseau vollzog nun den entscheidenden Schritt, ihn für den Gesellschaftsvertrag in der gleichen konsequenten Schrankenlosigkeit zu übernehmen und ihn, neu fundiert in der Volonté générale, zum durchschlagenden Instrument der Revolution zu machen.[115] Niemand konnte beim Zusammentritt der Generalstände ahnen, wohin es führen würde, wenn man den Weg der Volkssouveränität beschritt. Ahnungslos appellierte der Bischof von Nancy in jener Predigt vom 4. Mai an Geister, die keine Kirche mehr würde bannen können. Keine vermochte zu sagen, welcher Art die Kräfte waren, die sich vor den Dämmen der überkommenen Autoritäten stauten und einen Weg zur Freiheit suchten. Die Proklamation der Kommunen als Nationalversammlung am 17. Juni, der Schwur im Ballspielsaal am 20. Juni, die offene Rebellion gegen den König waren die ersten Dammbrüche. Dem Enthusiasmus der Deputierten gesellte sich mit dem Bastillesturm und dem Bauernaufstand Ende Juli die unkontrollierte Energie des bewaffneten Volkes hinzu. Schon waren von den dreifachen Privilegien der Kirche zwei durch die revolutionäre Flut hinweggespült worden. Der Klerus hatte sein Steuerprivileg und

---

[113] Definition des Souveräns bei Bodin: « qui post Deum immortalem se ipso majorem videt neminem.» De republica I 8, 126. Vgl. Hermann Heller, Die Souveränität, ein Beitrag zur Theorie des Staats- und Völkerrechts, Berlin u. Leipzig 1927.

[114] Otto von Gierke, Johannes Althusius und die Entwicklung der naturrechtlichen Staatstheorien. 3. Aufl. Breslau 1913, S. 176.

[115] Gierke op. cit. S. 203 f. R. Redslob, Staatstheorien, S. 57 f.

seine Selbständigkeit als politischer Ordo aufgeben müssen. Da bot sich ihm in der amerikanischen Idee der unveräußerlichen Menschenrechte die Möglichkeit, seinen höchsten und eigentlichsten Besitz, die in der Kirche organisierte religiöse Idee, aus der umsichgreifenden Souveränität auszuklammern.

Wenn der Klerus zugegriffen, wenn er um der Eigenständigkeit seines religiösen Besitzes willen auf sein kirchliches Privileg verzichtet hätte, vielleicht wäre der Gang der Revolution ein anderer gewesen. Das ist freilich eine Hypothese, die in dem Augenblick, in dem man sie ausspricht, als unmöglich erscheinen muß. Denn gewiß stand die Kirche angesichts der Idee, die in den amerikanischen Rechteerklärungen zum Ausdruck gekommen war, am Scheidewege. Sie hatte zu wählen zwischen dem Gedanken der religiösen Freiheit, in dessen Konsequenz eine Lockerung des Verhältnisses von Staat und Kirche lag, und der eigenen Tradition, die von dem Gedanken der Einheit beherrscht war. Aber wer könnte es dem Klerus vorwerfen, im Herbst 1789 einen Gedanken zurückgewiesen zu haben, dem er sich im Frühjahr 1791, nach eineinhalb Jahren bitterer Erfahrung mit dem revolutionären Staat, vorsichtig anzunähern wagte? War es doch nicht die Kirche allein, die sich über den Weg täuschte! Schienen doch die revolutionären Massen selber mit neuer Hingabe den Katholizismus als ihren Kult zu ergreifen! Und war doch auch für die Nationalversammlung die Messe die oft geübte, in ihrer Geltung nie bestrittene Kultform, um politischen Ereignissen religiöse Weihe zu erteilen! Der Gedanke an eine Trennung von Staat und Kirche lag völlig außerhalb des Blickfeldes der Nationalversammlung.

Die Führer der Kirche hätten nicht Menschen, sondern Götter sein müssen, um zu erkennen, daß gerade sie selbst es waren, die mit der Formulierung des Religionsartikels ihren Gegnern die Handhabe schufen, die in der Volonté générale beschlossen liegende latente Bedrohung der Kirche zu einer akuten zu machen.

Evangelische Theologie. 14 (1954), S. 485—489.

DIE UMSETZUNG DER GRUNDPRINZIPIEN DER REFORMATION IN DIE GRUNDPRINZIPIEN DER KONSTITUTIONELLEN DEMOKRATIE

Von FRIEDRICH DELEKAT

I

Der Berner Kirchenhistoriker Carl Bernhard Hundeshagen sagt in einer Rektoratsrede vom Jahre 1841 über die Beziehung der theologischen Prinzipien der Reformation zu den politischen Prinzipien eines konstitutionell verfaßten demokratischen Staates folgendes: „Wir erkennen unsererseits in der Reformation ebensowenig eine politische Abzweckung als im Christentum selbst. Wohl aber sind wir der Meinung, daß mittelbar nichts so tief und nachhaltig auf die Vorstellungen vom Staate und der Staatsverfassung gewirkt habe als eben dieses große Ereignis auf dem Gebiet des religiösen Glaubens, und daß ... an die calvinistische Form des Protestantismus ursprünglich allein die Erzeugung jenes ganzen Vorrats freierer staatsrechtlicher Doktrinen sich knüpft, mit deren Verarbeitung noch unsere Zeit so vielfältig sich beschäftigt."[1] Dieser These möchte ich mich nicht nur sachlich anschließen, sondern hinzufügen, daß in diesen Sätzen Begriff und Aufgabe einer politischen Theologie — im Unterschied von einer theologisch-politischen Ethik — gut gekennzeichnet ist. Ich verstehe unter 'politischer Ethik' im Rahmen der Theologie die Aufstellung von Grundsätzen für das praktische Verhalten der Christen in Staat und Gesellschaft, wie sie vornehmlich in geschichtlichen Konfliktssituationen notwendig

---

[1] C. B. Hundeshagen, Calvinismus und staatsbürgerliche Freiheit. H. Languet, Wider die Tyrannen, herausgegeben von Laure Wyss. Zürich 1946. Im Texte angegebene Zahlen in Klammern beziehen sich auf diese Schrift.

ist; unter politischer Theologie dagegen die Verselbständigung der theologischen und politischen Begründungen dieses Verhaltens zu einer allgemeinen Lehre vom Wesen des Staates, also den theologischen Kern des Staatsrechts. Seit dem Eintritt des Christentums in die abendländische Welt haben fast alle wesentlichen staatsrechtlichen Theorien einen solchen theologischen Kern und sind insofern 'politische Theologie'[2]. Dieser Zusammenhang zwischen Theologie und Staatsrecht ist in der Zeit der Reformation besonders deutlich zu beobachten. Ich wähle dazu die Schrift von Hubert Languet: Vindiciae contra tyrannos. Sie ist ihrem Ursprung und ihrer praktischen Abzweckung nach noch ganz politische Ethik, entstanden aus der Konfliktssituation der französischen Protestanten in den ersten Jahrzehnten der Reformation und dazu bestimmt, grundsätzliche Regeln für ihr politisches Verhalten zu geben; aber die Begründung, mit der das geschieht, zeigt bereits deutlich die Tendenz, sich zu einer allgemeinen Theorie vom Wesen des Staates zu verselbständigen. Grundlegende theologische Überzeugungen der neuen reformatorischen Bewegung werden dabei politisch ausgewertet. Hubert Languet wurde 1518 in Vitaux in Burgund als Sohn einer Adelsfamilie geboren, studierte Recht in Padua und Bologna, wurde durch Melanchthons Loci communes für die Reformation gewonnen, reiste etwa 1548 nach Wittenberg und blieb bei Melanchthon 12 Jahre bis zu dessen Tode im Jahre 1560, trat dann in den diplomatischen Dienst des Kurfürsten August von Sachsen, erlebte als Gesandter aller deutschen protestantischen Fürsten 1572 in Paris die Bartholomäusnacht mit, kam durch seine Beziehungen zu Kaiser Maximilian II. nach Wien und Prag und ist 1581 im Dienste Wilhelms von Oranien in Antwerpen gestorben. Die Vindiciae contra tyrannos sind 1580 zunächst anonym erschienen, später vielfach nachgedruckt worden. Der volle Titel lautet: V. c. t., sive de principis in populum populique in principem legitima potestate. Die ein Jahr später unter einem Pseudonym erschienene französische

---

[2] Ich schließe mich mit dieser Definition der von Carl Schmitt: Politische Theologie. München und Leipzig 1934, an, im Unterschied von Erik Peterson: Der Monotheismus als politisches Problem. München 1951, der ihn auf das Heidentum beschränkt sehen möchte.

Ausgabe trägt den Titel: Stephanus Junius Brutus Celtus: De la puissance légitime du prince sur le peuple et du peuple sur le prince. Lange Zeit hielt man Theodor Beza für den Verfasser, bis Pierre Bayle in seinem Dictionaire critique (1695 ff.) auf Languet hinwies. Die Verfasserschaft Languets wird heute nicht mehr bezweifelt.

Zur Kennzeichnung der historischen Situation sei folgendes vorausgeschickt: Ausbreitung und politisches Schicksal der Reformation sind in Deutschland innenpolitisch wesentlich bedingt durch das Territorialfürstentum und seine sogenannte 'Libertät', außenpolitisch dadurch, daß Karl V. niemals völlig freie Hand hatte. Frankreich dagegen befand sich damals bereits in voller Entwicklung auf den Absolutismus hin mit einem strengen Begriff von der Souveränität des Königs, mit einer zentralisierten Verwaltung und einer — gegenüber Deutschland — weit fortgeschrittenen wirtschaftlichen Entwicklung. Die Frage nach den politischen Existenzbedingungen der Protestanten wird deshalb in Frankreich schärfer gestellt als in Deutschland. So entschieden Luthers Angriff auf die Papstkirche war, politisch dachte er konservativ und verhielt sich nicht nur der offenen Revolution im Bauernkrieg, sondern auch den Versuchen einer diplomatischen Organisation des Protestantismus gegenüber ablehnend. Wohl ist er sich dessen bewußt gewesen, daß seine Lehre von der Gerechtigkeit allein aus dem Glauben der weltlichen Obrigkeit, weltlichem Amt und Beruf dazu verhelfe, die ihnen obliegenden Aufgaben nicht nur aus Gründen der Notwendigkeit, sondern mit gutem christlichen Gewissen, sogar als eine Art von Gottesdienst zu erfüllen, und Melanchthon hat in seiner Apologie der Confessio Augustana hierauf ausdrücklich hingewiesen als auf einen Ruhmestitel lutherischer Lehre.[3] Aber Luther hat keine ausdrückliche Lehre vom Widerstandsrecht aus Glaubensgründen entwickelt. Er riet in Fällen, in denen die Anhänger der Reformation mit dem passiven Widerstand nicht auskamen, zur Auswanderung. Das setzt die deutschen Verhältnisse voraus, in denen auf Grund der fürstlichen Libertät in den evangelisch gewordenen Territorien die

---

[3] Luther: Von weltlicher Obrigkeit. Eingang. WA 11, 245 f.; Melanchthon: Apologie Art. XVI, De ordine politico. J. T. Müller, Symb. Bücher S. 217.

Möglichkeit einer legitimen Existenz für Protestanten vorhanden war.

Diese Politik war im zentralistischen Frankreich ungleich schwerer, wenn nicht unmöglich. Deshalb hat Calvin bereits in der (bekanntlich Franz I. gewidmeten) Institutio von 1536, nachdem er versucht hat, zu beweisen, daß die neue Lehre den Grundsätzen eines vernünftigen staatsbürgerlichen Gehorsams nicht widerspricht, für den Konfliktsfall doch auch eine Lehre vom Widerstand aus Glaubensgründen entwickelt. Man muß die Stelle wie einen diplomatischen Text lesen, um sie richtig zu verstehen. Schon der Zusammenhang ist wichtig. Sie steht im Rahmen einer entschiedenen Ablehnung der Revolution. Aber unter Revolution versteht Calvin den tumultus publicus, also das, was Luther „Aufruhr und Empörung" nennt, und was im Beispiel der Bauernrevolution den Zeitgenossen deutlich vor Augen stand. Hiervon unterscheidet er den Widerstand seitens der populares magistratus (Luthers „Obrigkeiten"). Er sagt: „*Wenn es jedoch Obrigkeiten gibt, die vom Volke zum Zweck einer Kontrolle über den Machttrieb der Fürsten eingesetzt sind, so wie früher den lakedämonischen Königen die Ephoren entgegengesetzt waren . . . und worin heutzutage in den einzelnen Königreichen vielleicht Vollmacht und Funktion der drei Stände besteht, sobald sie Landtage veranstalten, so will ich hinsichtlich ihres pflichtmäßigen Einschreitens gegen rasende Willkür der Könige insoweit keinen Einwand erheben, als ich zugeben möchte, daß, wenn sie den Königen leidenschaftliches Wüten und Beleidigung des gemeinen Mannes einfach hingehen lassen, das eine von gottloser Treulosigkeit nicht freizusprechende Heuchelei wäre, durch die sie die Freiheit des Volkes betrügerischerweise verraten und vergessen, daß sie nach Gottes Willen als deren Beschützer eingesetzt sind.*"[4] Man kann diese sehr vorsichtigen Sätze so verstehen, daß Calvin als Politiker, der er auch war, im Bewußtsein der von den deutschen Verhältnissen verschiedenen Situation der französischen Protestanten durch eine Stärkung des ständischen Elements der französischen Staatsverfassung die absolutistische Tendenz der französischen Könige habe aufhalten wollen. Derartige lokale und provinzielle Autonomie-

---

[4] Opera sel. München 1926, Bd. I, S. 274.

tendenzen des Adels und der Stände hat es ja in der hugenottischen Bewegung durchaus gegeben. Sie kamen mit den Zentralisationsbestrebungen des werdenden Absolutismus notwendig in Konflikt und unterlagen schließlich in diesem Kampfe. Aber das kann bei Calvin höchstens Nebenzweck gewesen sein. Das eigentliche Motiv sitzt tiefer. In der Verfassung, die Calvin seinen *Gemeinden* gab, ist ein anderes, nicht ständisches, sondern demokratisches Element schon vorhanden. Es strebt sich politisch auszuwirken. Wie schnell die Entwicklung in dieser Richtung also nach vorn, nicht nach rückwärts, weiterdrängte, beweist Languet.

Seine Schrift hat, wie ihre schnelle Verbreitung beweist, einem aktuellen Bedürfnis entsprochen. Sie stellt genau die politischen Fragen, um die es damals ging, und beantwortet sie theologisch und juristisch ebenso präzis wie radikal. Diese Fragen sind: Erstens, ob Untertanen den Fürsten gehorchen sollen, wenn diese gegen 'die Religion' (worunter die religio christiana im Sinne von Calvins institutio zu verstehen ist) handeln. Antwort: Nein! Zweitens, ob man dem Fürsten nicht nur passiv, sondern auch aktiv widerstehen soll, wenn er die Religion angreift. Antwort: Ja! Drittens, nach welchem Rechte, auf welche Weise und von welchen Personen dieser Widerstand zu erfolgen hat. Viertens, ob es einem christlichen Fürsten erlaubt ist, fremden Untertanen in Sachen der Religion beizustehen. Antwort: Ja! Es wird hier also genau präzisiert und es ist keine wesentliche Seite der Sache vergessen. Es wird unterschieden zwischen passivem und aktivem Widerstand, zwischen der innenpolitischen und der außenpolitischen Seite des Problems, und vor allem, es wird ein detailliertes, theologisch und politisch begründetes Widerstands*recht* entwickelt.

Ich greife im Folgenden aus dem Gedankeninhalt der Vindiciae drei Punkte heraus, nämlich erstens die Verwendung des theologischen Bundesgedankens zur Begründung der juristischen Theorie vom Staatsvertrag, zweitens den daraus entwickelten Begriff vom Rechtsstaat, drittens den Begriff vom Tyrannen bzw. von der Rechtmäßigkeit einer Revolution gegen die Tyrannei. Am Schluß möchte ich noch ein paar kurze Bemerkungen zur Kritik hinzufügen.

II

Obwohl der aktuelle Anlaß der Vind. die Lage der französischen Protestanten ist, liegt für Languet der entscheidende Grund dafür, daß Untertanen ihren Fürsten gegenüber unter Umständen nicht nur zur Verweigerung des Gehorsams, sondern zu aktivem Widerstand verpflichtet sind, nicht sosehr, jedenfalls nicht ausschließlich, in der Sachfrage (vera religio), sondern allgemeiner in seinem Begriff der Souveränität. Schon darin meldet sich bei Languet der Jurist zum Wort. Der Absolutismus leitet die unbeschränkte Macht des Königs ab aus dem Gottesgnadentum und dem Prinzip der Legitimität (legitimus rex). Geschichtlich handelt es sich hierbei um eine Verweltlichung der unter Innozenz III. entwickelten, hochmittelalterlichen Lehre von der plenitudo potestatis papae. Sie wird mit der Auflösung des mittelalterlichen corpus christianum in die Nationalstaaten vom Papst auf die Fürsten übertragen. Hier setzt die Kritik von Languet ein. Er geht dabei aus von der in der reformierten Theologie so stark betonten Idee des Bundes, den Gott mit dem erwählten Gottesvolk geschlossen hat. Sie wird von ihm staatsrechtlich ausgewertet. Languet bestreitet, daß die Souveränität des Königs unmittelbar von Gott ausgeht. Gott hat seine Allmacht keineswegs direkt an die Fürsten übertragen, sondern vielmehr zur Sicherung des weltlichen Regiments zwei Bünde gestiftet. Der eine ist der Bund zwischen Gott einerseits, dem König und dem erwählten Volk andererseits, der andere der zwischen dem von Gott erwählten König und dem Volk. Es versteht sich, daß der erste dem zweiten übergeordnet ist. In dieser Beweisführung spielen die alttestamentlichen Stellen Josua 24 (Josuas Landtag) und 1 Sam 8 bzw. 10 eine große Rolle. In dem ersten Bund fordert Gott Gehorsam gegen sein Gesetz; König und Volk geloben ihn. Bei Verweigerung dieses Gehorsams, insbesondere bei Abfall vom wahren Glauben und Gottesdienst werden beide mit schweren Strafen bedroht. Der zweite Bund, der zwischen dem von Gott erwählten König und dem Volk abgeschlossen wird, ist der Akt der eigentlichen Königswahl. Sie wird gemäß 1 Sam 10, 17 ff. so beschrieben: „Das Volk ließ sich vom König angeloben, ob er gerecht und den Gesetzen (Gottes) gemäß regieren wolle. Dieser gelobte, er wolle es tun und dann erst antwortete das Volk, es würde ihm, wenn er gerecht regiere, getreulich gehorchen. So versprach denn der König schlechterdings, das Volk hingegen unter einer Bedingung, bei deren Nichterfüllung das Volk von Rechts wegen von aller Verbindlichkeit befreit sein sollte. Bei jenem ersten Bunde oder Vertrage kommt die Religion in Betracht, bei dem zweiten die Gerechtigkeit; in jenem verspricht der König, Gott in Frömmigkeit zu gehorchen, in diesem, gerecht über das Volk zu herrschen; in jenem, die Ehre Gottes, in diesem, das Heil des Volkes zu fördern; in jenem liegt die Bedingung: wenn du mein Gesetz befolgst, in diesem: wenn du jedem sein Recht zukommen läßt. Wenn jener Vertrag nicht erfüllt wird, ist Gott allein Rächer; diesen aber rächt von Gesetzes wegen das ganze Volk oder die des gesamten Volkes Schutz auf sich genommen haben, die Großen des Reiches" (118).

[...]

Reinhold Niebuhr, Christlicher Realismus und Politische Probleme. Stuttgart: Evangelisches Verlagswerk 1956 (Übersetzung der amerikanischen Ausgabe des Buches ›Christian Realism and Political Problems‹ von Reinhold Niebuhr. New York 1953), S. 81—88.

DEMOKRATIE, SÄKULARISMUS UND CHRISTENTUM

Von REINHOLD NIEBUHR

Lange Zeit ist eine Auseinandersetzung zwischen christlichen und weltlichen Führern darüber im Gange gewesen, ob die Demokratie das Ergebnis des christlichen Glaubens oder einer säkularen Kultur sei. Es ist zu keiner Entscheidung gekommen, weil bei der Errichtung der politischen Institutionen der Demokratie sowohl christliche als säkulare Kräfte beteiligt waren, wie die Geschichte lehrt. Die kulturellen Quellen der modernen freien Gesellschaften liegen im Christentum und im Säkularismus der Neuzeit gemeinsam. Darüber hinaus gibt es traditionelle, nichtdemokratische, christliche Kulturen auf dem rechten Flügel der freien Gesellschaften, die beweisen, daß der christliche Glaube durchaus nicht immer geschichtliche Früchte demokratischer Art hervorbringt. Und es gibt auf dem linken Flügel totalitäre Systeme, die zeigen, daß eine säkulare Weltanschauung unter bestimmten Umständen Wasser auf die Mühlen moderner Diktaturen leitet. Die Auseinandersetzung muß, mit einem Wort, ergebnislos bleiben, weil keine der Positionen eindeutig feststeht.

Vielleicht würde ein unvoreingenommenes Abwägen erweisen, daß freie Gesellschaften das günstige Ergebnis christlichen und säkularen Zusammenwirkens sind. Die Demokratie fordert einerseits ein Menschenbild, das nicht einfach als Instrument eines politischen Programms oder sozialen Fortschritts gebraucht werden darf. Dieses Bild entstand unter dem jüdischen und christlichen Glauben. Andererseits fordert eine freie Gesellschaft, daß Ansprüche und Zielsetzungen des Menschen, soziale Kräfte und politische Mächte nüchtern und kritisch beurteilt werden, um die falsche Verherrlichung und Beweihräucherung der traditionellen Gesellschaften wie der modernen Diktaturen zu vermeiden. Diese nüchterne und kritische Anschauung entspringt einigen Strömungen des Christentums und dem säkularen Geist mit seinem Interesse für gewichtige Ursachen und für naheliegende Ziele.

Die Demokratie wurzelt als eine politische Institution im Grundsatz des allgemeinen Wahlrechts, das jedem Bürger politische Macht und die Chance verleiht, gegen das Handeln seiner Regierung zu stimmen. Dabei wird vorausgesetzt, daß die Regierungen ihre Autorität von der Zustimmung der Regierten ableiten. Bevor die politische Demokratie entstehen konnte, mußte der klerikale Absolutismus ebenso wie das orthodoxe protestantische Prinzip des Königtums von Gottes Gnaden fallen. Wie die Geschichte zeigt, haben der spätere Calvinismus, die christlichen Sekten des 17. Jahrhunderts und die Aufklärung des 18. Jahrhunderts in gleicher Weise dazu beigetragen, die religiös sanktionierte politische Autorität aufzuheben. In unserer eigenen Nation sind die Beiträge, die der neuenglische Calvinismus und der Deismus Jeffersons unserem politischen Denken in gleichem Maße leisteten, ein Symbol für den gemeinsamen Einfluß des Christentums und des Säkularismus auf unsere Demokratie.

Die wirtschaftlichen Einrichtungen einer freien Gesellschaft beruhen zweifellos auf säkularen, wenn auch teilweise falschen Vorstellungen. Was heute gewöhnlich als 'freies Unternehmertum' bezeichnet wird, ist eine Wirtschaftsform, die auf einer physiokratischen, ausgesprochen säkularen und naturalistischen Theorie beruht. Dabei setzt man fälschlich voraus, das Streben des Menschen bewege sich nur in den Grenzen des Bereichs, den wir Natur nennen, und glaubt, daß seine Ziele in erster Linie wirtschaftlicher Art seien und geradlinig verfolgt würden und daß der Markt ein hinreichendes Mittel biete, um alle spontanen menschlichen Handlungen in Einklang zu bringen. Das sind schwere Irrtümer, von denen einige zu den ersten Ungerechtigkeiten des modernen Industriezeitalters führten. Sie traten in der Geschichte gerade zu dem Zeitpunkt auf, als die technische Zivilisation die Ungleichheit der bestehenden Zustände auf die neue Entwicklung übertrug. Aber nichts konnte die klassische Wirtschaftstheorie daran hindern, der Entwicklung einer freien Gesellschaft zwei große Dienste zu leisten.

Sie förderte erstens die Harmonisierung gegenseitiger Hilfeleistungen ohne politischen Zwang und gewann dadurch für die demokratische Gesellschaft die ihr eigentümliche Beweglichkeit. Diese Leistung spielt auch da noch eine Rolle, wo gesündeste Demokratien entdeckt haben, daß der Wirtschaftsmarkt bei der Koordination nicht von entscheidendem Gewicht ist. Sie haben deshalb die automatische Übereinstimmung der Interessen durch planmäßige Ausgleiche verschiedener Art ergänzt.

Der andere Dienst bestand darin, daß man den ihrem Ursprung nach säkularen (d. h. nicht in den Bereich des Religiösen fallenden) Plänen und Zielen des menschlichen Strebens moralisches Gewicht verlieh. Eine freie Gesellschaft fördert eine Vielfalt von Tätigkeiten, die an sich nicht religiöser Natur sind, und bekämpft andererseits voreilige 'Heiligsprechungen', die in den traditionellen Gesellschaftsformen wie im modernen Kollektivismus besonders beliebt sind, weil sie irgendein Zentrum politischer Macht in ein Zentrum des Geistes verfälschen. Natürlich kann ein ausgesprochener Säkularismus ohne die Ehrfurcht vor dem Heiligen und ohne letztgültige Ziele viele falsche Götter und Idole aufstellen. Die Anbetung der Leistungskraft und die Selbstvergötterung des Individuums sind ein banaler Götzendienst der Demokratie, der aber verhältnismäßig harmlos ist im Vergleich zu seinem verderblichen Gegenstück im modernen säkularen totalitären System. Denn hier erweist es sich, daß in der Verneinung des Göttlichen und eines letzten Zieles der Ausgangspunkt für eine politische Religion liegt, die zum Götzendienst führt. Aber auch der Grundsatz der Reformation von der Heiligkeit der Arbeit leistete seinen Beitrag zur Lebenskraft der freien Gesellschaft, indem er dem Menschen die Gewißheit gab, auch mit seinem gewöhnlichen weltlichen Beruf Gott zu dienen.

Problematischer noch als ihre politischen und wirtschaftlichen Einrichtungen ist das Ethos einer freien Gesellschaft. Man fordert die Achtung vor dem Individuum, um es nicht einfach als Werkzeug irgendeines gesellschaftlichen oder politischen Vorganges mißbrauchen zu lassen und um es gegen ein kollektives Machtsystem zu schützen. Das moderne säkulare Denken brüstet sich, seine optimistische Auffassung der menschlichen Natur, welche die Vorzüge und die Würde des Menschen irrtümlich gleichsetzt, habe den Grund zur modernen Demokratie gelegt. Das gilt nur insoweit, als die pessimistische Auffassung z. B. eines Hobbes oder Luther zum politischen Absolutismus führen kann. Tatsächlich verlangt eine Demokratie einiges Vertrauen in die Gerechtigkeitsliebe des Menschen, ihre Einrichtungen lassen sich aber eher als Bollwerke gegen das Unrecht rechtfertigen. Die Demokratie stellt alle öffentliche Macht unter öffentliche Kontrolle, wehrt sich gegen jedes anmaßende Wissen und hält jede Kraft durch eine Gegenkraft im Gleichgewicht, dadurch ist sie wirklich imstande, einige Ungerechtigkeiten zu verhindern, die für die traditionellen Gesellschaftsformen und modernen Diktaturen bezeichnend sind.

Der Gedanke, daß der Säkularismus eine Hilfe leiste, um traditionelle Gesellschaftsformen von ihren religiösen Irrtümern zu befreien, beleidigt das christliche Denken, denn es ist ganz offenbar der Glaube an den wahren Gott, der vor der Verehrung falscher Götter bewahrt. Aber auch Christen können nicht abstreiten, daß die religiöse Lehre des Königtums von Gottes Gnaden eine gewaltige Macht in der traditionellen Gesellschaft besaß. Ebensowenig dürfen sie die Tatsache verdunkeln, daß auch eine wahre Religion häufig das menschliche Interesse und den Willen Gottes gleichsetzt. Der Säkularismus wehrt sich gegen den Vorwurf, dem totalitären System gefährlich verwandt zu sein. In Wirklichkeit gibt es zwei säkulare Vorstellungen von der Gesellschaft, von denen nur eine offensichtlich zum Totalitären neigt. Die eine Theorie war als die These der klassischen Wirtschaftswissenschaft unter den mittleren Klassen zu Hause. Die Lehre des Marxismus war eine Waffe der Industriearbeiterklasse. Beide aber haben die menschliche Situation falsch analysiert. Die klassische Theorie strebt nach der Teilung der Macht, der Marxismus dagegen nach ihrem Monopol. Dieser eine Vorteil der ersten Theorie mildert bis zu einem gewissen Grade alle ihre Fehler, während alle Wahrheit der zweiten Theorie ihren einen ernsten Fehler nicht aufheben kann. Die Gewissensbelastung wacher Geister angesichts des Unrechts, das aus der ungleichen Machtverteilung in der liberalen Gesellschaft entstand, ist durch die Tatsache ausgeschaltet worden, daß die alternative Form der Gesellschaft, wenn sie folgerichtig angewandt wird, zum Monopol der Macht führt und dieses wiederum zu all den Übeln einer russischen Diktatur — darin liegt die bedeutsamste Entwicklung in der Geschichte unserer Zeit. Die sogenannte linke Richtung, sei sie christlich oder säkular, muß sich schuldig bekennen, die Gefahr dieser Entwicklung nicht vorhergesehen zu haben. Allerdings irrt auch die moderne konservative Richtung, wenn sie darauf besteht, daß das Bekenntnis zur politischen Macht zu ihrem Monopol und am Ende zur Diktatur führen müsse. Die gesündesten Demokratien haben Schritte unternommen, um die wirtschaftlichen Machtmonopole, wie sie besonders in der früheren liberalen Gesellschaft sich bildeten, abzuwehren und die totalitären wirtschaftlichen und politischen Monopole, die der Marxismus fordert, zu verhindern. Aber das Wissen um die menschliche Natur, die ein Machtmonopol zur Gefahr und den Ausgleich der Macht wünschenswert macht, wird in keiner Theorie, sondern allein auf dem Boden des christlichen Glaubens gefunden.

Die Demokratien verdanken ihre Kunst, ideologische Konflikte der Interessen zu vermeiden und aufzuheben, natürlich eher der Erfahrung als einer besonderen christlichen Erkenntnis. Aber der biblische Glaube, die Wurzel des Judentums und Christentums, hat das einzigartige, unleugbare Verdienst, drei Einsichten in die menschliche Situation zu gewähren, die für eine Demokratie unentbehrlich sind.

Erstens eröffnet er dem Menschen eine Quelle der Autorität, einen festen Halt, von dem aus er den Autoritäten dieser Welt zu widerstehen vermag. („Wir müssen Gott mehr gehorchen als den Menschen.") Zweitens würdigt er den einzigartigen Wert der Persönlichkeit, der es verbietet, den Menschen nur als Werkzeug eines politischen Programms zu gebrauchen. Ein wissenschaftlicher Humanismus verletzt häufig die Würde des Menschen, die er so betont hervorhebt, wenn er ihn als Subjekt irgendwelcher Behandlung und als reines Instrument 'sozial anerkannter' Zielsetzungen betrachtet. Diese Tendenz rückt ein wissenschaftliches Zeitalter nahe an das totalitäre System heran. Das berechtigt zu der Beschuldigung, daß ein wissenschaftlicher Humanismus nur darum harmlos sei, weil er kein politisches Programm enthält, um das Machtmonopol an die Elite zu übertragen. Aber all seine Theorien rechnen von vornherein schon mit dem Vorhandensein dieser Elite. Zum Dritten warnt die Bibel, daß dieselbe absolute Freiheit, die den Menschen schöpferisch werden läßt, auch seine Zerstörerkraft und Gefährlichkeit birgt. Die Würde des Menschen und sein Elend haben also die gleiche Wurzel. Diese Erkenntnis ist die Grundlage jedes politischen Realismus für den eine säkulare Theorie liberaler oder marxistischer Prägung nicht ausreicht. Sie rechtfertigt die Einrichtungen der Demokratie weit sicherer als irgendeine sentimentale Einstellung zum Menschen, sei sie liberaler oder radikaler Natur.

Es ist eine einfache Tatsache, daß die naturalistische und idealistische Philosophie den Menschen mißversteht, indem sie versucht, ihn in ein System zu pressen. Ein solches System verdunkelt die Größe seines Geistes, die Einzigartigkeit seines Wesens und die verderbliche Selbstüberhebung seiner Freiheit. Das gibt der dramatisch-historischen Auffassung der menschlichen und göttlichen Wirklichkeit ihren Wert trotz des Ansehens der modernen Wissenschaft. Im Gegensatz zu ihren großen Leistungen zeigt die wissenschaftliche Kultur eine seltsame Naivität, wenn sie sich auf den Boden des Menschen begibt. Das liegt wahrscheinlich daran, daß die Rätsel von Gut und Böse in der Natur des Menschen sich niemandem erschließen, der meint, er könne den Menschen wissenschaftlich erforschen, und der dessen absolute Freiheit in ein System einzuordnen versucht.

Die Tatsachen sind zu verwickelt, um die beiden Behauptungen zu rechtfertigen, der Säkularismus führe zum totalitären System, und umgekehrt, er sei für die Entwicklung und Erhaltung der Demokratie unentbehrlich. Es ist für die Geschichte der Demokratie wie der Neuzeit überhaupt bezeichnend, daß die Wahrheit anscheinend so oft Arm in Arm mit dem Irrtum aufgetreten ist. Vielleicht ist dies der Weg, wie „Gott den Zorn des Menschen zu Seiner Ehre gebraucht".

Die Demokratie ist natürlich nicht das einzige und endgültige Kriterium für den Wert einer Kultur oder den Wahrheitsgehalt einer Religion. Der Katholizismus zum Beispiel, der — zumindest aus eigener Kraft — keine demokratischen Kulturen hervorbringt, hat dennoch Geistesgaben, die man anerkennen muß, auch wenn er keine innere Beziehung zur Demokratie hat. Andererseits mögen säkulare demokratische Gesellschaften die Freiheit wahren und dabei in ein Philistertum versinken, weil ihre Hauptsorge den Gütern des Lebens und ihrem verschlagenen Erwerb gilt. Aber in einem Punkt sind die Demokratie und das Christentum nahe verwandt: ohne christliche Demut kann die Demokratie die Toleranz, die sie fordert, kaum aufrechterhalten. Die Abwehr von Anmaßungen jeder Art, die das demokratische Leben mit seinem Geben und Nehmen ermöglicht, ist eine starke äußere Hilfe für die christliche Gnade der Demut, die ihrerseits für jedermanns persönliches Interesse den besonderen Charakter und Anteil anerkennt und das Stückwerk alles menschlichen Wirkens betont.

Zeitschrift für evangelische Ethik. 1 (1957), S. 208—219.

BESTEHT EINE BESONDERE VERWANDTSCHAFT ZWISCHEN CHRISTENTUM UND DEMOKRATIE?

Von JOHN C. BENNETT

Gibt es irgendeine Art politischer Ordnung, die von Christen als Christen allen anderen vorgezogen werden sollte? Wir haben es als eine Selbstverständlichkeit betrachten gelernt, daß es kein christliches Wirtschaftssystem gibt, daß jeder Versuch, das Christentum mit dem Kapitalismus oder dem Sozialismus zu identifizieren, falsch ist. Gilt das gleiche auch von politischen Systemen? Vom christlichen Glauben her kann keine bestimmte politische Einrichtung, so wie sie in irgendeinem Lande bestehen mag, uneingeschränkte Bestätigung erfahren. Und doch sind viele von uns der Ansicht, daß es wohl eine besondere Verwandtschaft zwischen dem Christentum und den Zielen einer politischen Demokratie gibt. In Großbritannien und in den USA würde diese Auffassung ohne weiteres akzeptiert werden. Es ist jedoch auffallend, daß auch ein Theologe wie Karl Barth, der doch jeder Vermischung des Christentums mit menschlichen Kulturen und Einrichtungen stets in höchstem Maße kritisch gegenübergestanden hat, in vorsichtiger Form zugeben kann, daß es eine wirkliche Verwandtschaft zwischen Christentum und Demokratie gibt. Er schreibt: „Es gibt jedoch keinen Grund, die Tatsache zu übersehen oder zu leugnen, daß christliche Entscheidungen und Ziele in der Politik im ganzen auf eine Staatsform zielen, die in den sogenannten ‚Demokratien', wenn schon nicht tatsächlich verwirklicht, so doch jedenfalls mehr oder weniger ehrlich gewollt und ersehnt wird."[1]

[1] K. Barth: Against the Stream. Philosophical Library, 1954, S. 44. — In einem früheren Buch hat Barth Christentum und Demokratie noch entschiedener miteinander in Verbindung gebracht. Er schrieb damals: „Wenn ich auf den tiefsten und zentralsten Inhalt der neutestamentlichen Ermahnung blicke, so meine ich, wir dürften von der Exegese her mit

Sollte Barth, der Bürger einer alten Demokratie, und sollten wir in Großbritannien und Amerika, die wir ihm zustimmen, einfach dem Fehler verfallen sein, dem Christen in allen Ländern und in allen Generationen erlegen sind: nämlich Erscheinungen der eigenen Kultur eine christliche Weihe zu geben? Ich glaube, daß die Antwort „nein" lauten muß; aber das ist kein augenfälliges Resultat, weder im Blick auf die Geschichte der Christenheit noch im Blick auf die Entscheidungen, denen viele Länder heute gegenüberzustehen scheinen.

Ich habe zunächst deutlich zu machen, was ich in diesem Aufsatz unter 'Demokratie' verstehe. Der Sinn des Wortes ist nicht eindeutig, sondern hängt von dem Gewicht ab, das man auf den Willen der Mehrheit legt. Diese Mehrdeutigkeit wird an dem Unterschied zwischen der angelsächsischen Demokratie und der Demokratie der Französischen Revolution sichtbar; heute besteht ein ähnlicher Doppelsinn im Gebrauch des Wortes in der kommunistischen Welt einerseits und der nichtkommunistischen andererseits. Die Wurzel der Zweideutigkeit liegt in der Art und Weise, in welcher der Wille der Mehrheit dem verfassungsmäßigen Schutz für die Minderheit und den grundlegenden Rechten des einzelnen zugeordnet ist. Die einzige Art der Demokratie, welche überhaupt einer Verteidigung wert ist, ist die verfassungsmäßige, in der die Gefahr einer unkontrollierten Mehrheitsregierung erkannt ist. Eine Demokratie, die das Recht und die Kraft der Minderheit nicht schützt, sich zu organisieren, um gegen die augenblickliche Mehrheit anzufechten und sie zu stürzen, wird sich beinahe mit Sicherheit in eine Tyrannei verwandeln, aus der durch Anwendung demokratischer Maßnahmen zu entkommen unmöglich werden kann.

Professor Hallowell trifft diese Feststellung in seiner guten Arbeit über ›The Moral Foundation of Democracy‹ und betont die

Recht die demokratische Auffassung des Staates als eine berechtigte Ausweitung des neutestamentlichen Denkens ansehen" (Church and State, S. 80). Ich messe Barth hier nur deshalb soviel Gewicht bei, weil von allen modernen Theologen er derjenige ist, welcher die *Gefahren* einer *Gleichsetzung* des *Christentums* mit irgendeiner Kulturform oder Gesellschaftsstruktur am stärksten betont hat.

Tatsache, daß das mit der politischen Weisheit eines Plato und Aristoteles übereinstimme. Für sie hatte das Wort Demokratie einen schlechten Klang, weil es mit unkontrollierter Mehrheitsregierung verbunden war. Hallowell sagt ganz richtig: „Die verfassungsmäßige, vorbildliche Demokratie, welche die Begründer unserer (amerikanischen) Verfassung schufen, trägt merkbare Ähnlichkeit mit der Regierungsform, welche Aristoteles als den ›Staat‹ beschrieb, und die er als die brauchbarste aller Verfassungen ansah." [2]

Wenn ich hier das Wort 'Demokratie' gebrauche, so habe ich einen Typ politischer Ordnung vor Augen, der durch zwei Dinge charakterisiert ist: 1. eine Regierung, die auf Übereinkunft und Mitarbeit aller Gruppen des Volkes ruht; 2. verfassungsmäßigen Schutz für die Freiheit der Meinungsäußerung aller Personen und das Recht von Minderheiten, sich politisch zu organisieren. Aber diese politischen Elemente sind in einer Gesellschaft nicht ohne weiteres wirksam. Ob sie zum Tragen gebracht werden können oder nicht, hängt von vielerlei unpolitischen Faktoren ab, so vom Bestehen eines gewissen Maßes von Übereinstimmung im Staate als ganzem und der Aufrechterhaltung von Kontrollen und Ausgleichsmaßnahmen sowohl im Raume des wirtschaftlichen als auch des politischen Lebens. [3]

Dieses Recht aller Gruppen im Volke, an der Regierung mitzuwirken, bedeutet, daß es nicht einen Teil in der Bevölkerung geben sollte, der vom Rest der Bevölkerung ohne seine Zustimmung regiert wird. Das bedeutet nicht, daß es keine notwendigen Voraussetzungen für das Recht zu wählen geben sollte, die auf den einzelnen zur Anwendung kommen, aber diese Qualifikation sollte nicht so entworfen sein, daß sie irgendeiner bestehenden Rassen-

---

[2] J. H. Hallowell: The Moral Foundation of Democracy. University of Chicago Press, 1954, S. 109.

[3] Anmerkung des Übersetzers: Verf. bezieht sich an dieser Stelle auf das amerikanische System der sog. 'checks and balances'. Die Verfassung der USA definiert und begrenzt die Vollmachten jeder der drei Gewalten der Bundesregierung (Exekutive, Legislative und Jurisdiktion) und sieht ein System von Kontrollen und Ausgleichsmaßnahmen (sog. checks and balances) vor, um dadurch zu verhindern, daß eine der drei Gewalten unzulässige Machtbefugnisse an sich zieht.

gruppe oder Gesellschaftsschicht im Staate das Wahlrecht nimmt. Der Grund, warum allgemeines Stimmrecht in einer Demokratie notwendig ist, besteht darin, daß eine Gruppe ohne genügend politische Macht durch die anderen Gruppen benachteiligt oder ausgenutzt werden wird. Wir haben in den Südstaaten Amerikas eine Art Laboratorium vor uns, in dem die Nachteile, die das Fehlen politischer Rechte — in diesem Falle der farbigen Minderheit (manchmal sogar der farbigen Mehrheit) — begleiten, leicht zu beobachten sind. Die letzten Jahre haben große Fortschritte auf der ganzen Linie gebracht; dazu gehört auch die Erreichung des Wahlrechts auf seiten der Minderheit. In früheren Zeiten gab es verbreitet die Maßgabe, daß das Wahlrecht vom Besitz einer bestimmten Höhe an Vermögen abhängen sollte. Darin lag die Absicht, eine Garantie dafür zu erlangen, daß der Wähler verantwortungsbewußt sei, daß er ein Interesse an der Stabilität sozialer Einrichtungen habe. Aber wenn dies den permanenten Entzug des Wahlrechts für einen Teil der Bevölkerung bedeutet, dann werden damit gerade die Probleme vernachlässigt, die den härtesten Druck auf jene Menschen ausüben. Eine der bemerkenswerten Entwicklungen in der modernen Geschichte der Politik besteht darin, daß die innere Kraft der demokratischen Staatsauffassung die Klassen, die den Vorteil des begrenzten Wahlrechts genossen, gezwungen hat, diesen Vorteil aufzugeben, so daß heute allgemeines Wahlrecht in demokratischen Ländern die Regel ist.

Solange diese beiden Elemente sich nicht verbinden, haben wir keine Form der Demokratie, die vom christlichen Standpunkt aus überhaupt zu verteidigen wäre. Es wäre überhaupt keine Demokratie ohne allgemeines Stimmrecht oder zumindest eine deutliche Bewegung in dieser Richtung. Ohne den verfassungsmäßigen Schutz der Freiheit aber, der die Macht der Mehrheit begrenzt, wird jede Demokratie wahrscheinlich durch die Propaganda und die geschickten Manöver populärer politischer Bewegungen zerstört werden.

Wenn die Notwendigkeit besteht, einem dieser beiden Elemente in der Demokratie den Vorrang zu geben, so wäre es klüger, die Herrschaft des Gesetzes und den verfassungsmäßigen Schutz der Freiheit zu betonen, als unverzüglich zum Äußersten in der Regierungsausübung durch das Volk zu schreiten. Aber die Möglichkeit dazu besteht in vielen Ländern nicht mehr. Die alten Demokratien haben das allgemeine Wahlrecht seit langem eingeführt (obschon die Männer in der Schweiz regelmäßig zur Wahl gehen, um der anderen Hälfte der Bevölkerung das Wahlrecht abzusprechen), und solch neue Staaten wie Indien und Pakistan sind sofort auf das allgemeine Wahlrecht zugegangen. Das Risiko mag hier sehr groß sein. Jedoch würde die vorläufige Vorenthaltung des Wahlrechts irgendeiner Gruppe den Feinden der Demokratie auf der Linken einen starken Propaganda-Vorteil geben. Wenn man auf der Kenntnis des Lesens und Schreibens als Voraussetzung für das Wahlrecht bestehen zu müssen meint, dann ist die Frage, wieviel sicherer ein Staat damit führe, da es doch gerade die gebildetste Schicht der Bevölkerung ist, die von kommunistischer Lehre am leichtesten beeinflußt wird.[4]

Anstatt einen direkten Beweis zugunsten der Verwandtschaft von Christentum und Demokratie zu liefern, werde ich in diesem Aufsatz vier Hauptprobleme oder -schwierigkeiten behandeln, denen ich in Diskussionen über dieses Thema oft begegne. Jedes Urteil, das wir über die Beziehung von Christentum und Demokratie fällen, beruht auf der Weise, in welcher wir diese Probleme behandeln.

I

Eine erste Schwierigkeit bedeutet es, daß es eine notwendige Verbindung von Christentum und Demokratie in der Geschichte nicht gegeben hat. Wenn wir diejenige Staatsform anzugeben hätten, die in der Vergangenheit das höchste Maß an Kongenialität sowohl gegenüber der katholischen als auch der protestantischen Kirche zu haben schien, so würde es wahrscheinlich eine gewisse Art konsti-

[4] Weder die Versammlung des Weltrats der Kirchen in Amsterdam noch die in Evanston betonte das Wort 'Demokratie'. Aber der Gedanke der 'Verantwortlichen Gesellschaft', den beide Versammlungen als notwendiges Ziel für alle Christen aufrichten, enthält die wesentlichen Elemente der Demokratie, wie sie in diesem Aufsatz dargelegt sind. Siehe den Bericht über Amsterdam (Sektion III) und den Bericht über Evanston (Sektion III).

tutioneller Aristokratie sein. Sowohl Thomas von Aquino als auch Calvin würden, trotz des Unterschiedes in ihrer inneren Einstellung, dem zugestimmt haben. Luther war viel weniger Demokrat als beide. G. P. Gooch hat gesagt, die Demokratie sei ein Kind der Reformation, aber nicht der Reformatoren, und wir dürfen hinzufügen: sie ist ein Kind des Methodismus, aber nicht Wesleys. Die Geschichte der Christenheit führt nicht ohne weiteres zu dem Urteil, daß es eine Verwandtschaft zwischen Christentum und Demokratie gibt. In seinem aufschlußreichen und herausfordernden Buch ›Democracy and the Churches‹[5] zeigt Professor James Nichols, daß nur eine bestimmte Form des Protestantismus, nämlich der von ihm so genannte Puritanische Protestantismus, für einen starken geistigen Rückhalt für die politische Demokratie gesorgt hat. In den Puritanischen Protestantismus schließt er sowohl die calvinistische Tradition als auch den sektiererischen Flügel des Protestantismus ein. Er erkennt an, daß der Anglikanismus, obwohl ursprünglich der Demokratie nicht geneigt, für sie aufgeschlossen geworden ist, und daß das skandinavische Luthertum ein Problem für sich bildet, weil es einen vom deutschen Luthertum so verschiedenen sozialen Einfluß gehabt hat. Aber weder die orthodoxe Kirche des Ostens noch der römische Katholizismus haben sich, wo sie das religiöse Monopol besaßen, als der Entwicklung der Demokratie gegenüber aufgeschlossen erwiesen.

Ich habe Professor Nichols' Analyse nur benutzt, um die Schwierigkeit zu betonen, die sich vom Historischen her für den Gedanken an eine wesenhafte Verbindung zwischen Christentum und Demokratie ergibt. Seine Analyse ist nur verfechtbar, wenn wir nach den religiösen Einflüssen fragen, die wirksam gewesen sind, wo in einer Gesellschaft demokratische Einrichtungen auf eine beträchtlich lange Zeit erfolgreicher Arbeit zurückblicken können. Die Analyse wird von der klaren Anerkennung der Tatsache begleitet sein müssen, daß demokratische Ideen ihren klassischen Ausdruck und (in Grenzen) ihre Verkörperung im Alten Griechenland erfuhren und daß Rationalismus und Humanismus (zum Teil auf dem Christentum fußend) oft einen wesentlichen Beitrag zur Entwicklung der

[5] J. Nichols: Democracy and the Churches. Westminster Press, 1951.

Demokratie geleistet haben. Auch hat die katholische Tradition ein Denken von Recht und verfassungsmäßiger Regierung überliefert, das vom Protestantismus und der modernen Demokratie aufgenommen worden ist. Wir sollten jedenfalls die verhängnisvolle Annahme vermeiden, als ob in der Zukunft Staaten protestantisch sein müßten, wenn sie demokratisch sein wollen.

Warum sollen die Christen denn nun darauf bedacht sein, die Demokratie zu stützen und auszubreiten, wenn sich doch ein so großer Teil der Geschichte der Christenheit auf der anderen Seite abgespielt hat? Ich werde einen Weg zur Beantwortung dieser Frage andeuten.

Es hat in der christlichen Verkündigung immer Elemente gegeben, die den Weg zur Demokratie gewiesen haben, aber ihre Bedeutung ist unter bestimmten kulturellen Verhältnissen oft nicht offenbar geworden. Heute vermögen die demokratischen Elemente im Christentum dank des Flusses der Ereignisse und der Verschärfung der Alternativen deutlicher in Erscheinung zu treten. Ich werde drei Elemente im christlichen Glauben anführen, die, zusammengenommen, wesentliche Bedeutung für die Demokratie haben, und ich werde dann auf einige äußere Veränderungen aufmerksam machen, die unsere Generation gezwungen haben, diese Gedanken deutlicher zu sehen, als das bei früheren Generationen der Fall gewesen ist. Keines dieser drei Elemente im christlichen Glauben weist für sich genommen sehr klar auf Demokratie hin. Sie müssen zusammengenommen werden. Das erste ist die Allmacht Gottes, die alle Autoritäten und Mächte der Welt übertrifft. Das zweite ist Gottes Liebe zu allen Menschen ohne Ansehen ihrer gesellschaftlichen Stellung. Das dritte ist die Lehre von der Sünde, die uns vor jedem politischen System warnt, das irgend jemand erlaubt, unumschränkte, unkontrollierte Macht über andere zu haben.

Die Allmacht Gottes, ob anerkannt oder nicht, ist die letztgültige Garantie für das Recht und die Pflicht des Menschen, für sich und seine Nachbarn eine Art von Freiheit zu beanspruchen, wie sie eine demokratische Verfassung schützt. Wenn natürlich Liebe oder Erbarmen nicht dazukommen, die die Armen, Schutzlosen und Benachteiligten ständig auf eine Ebene zu heben suchen, wo sie ihre Fähigkeiten entwickeln und ihre wahren Rechte behaupten können, und wenn nicht mit Nachdruck von der Sünde geredet wird, die alle Formen der Macht begleitet, so braucht der Glaube an Gottes Allmacht in seinen Auswirkungen durchaus nicht demokratisch zu sein. Er mag dann zur göttlichen Legitimation für eine kleine Gruppe dienen, die beansprucht, Nutznießer von Gottes Vorsehung zu sein, oder die sich selbst und andere davon zu überzeugen vermag, daß sie völlige Kenntnis des Willens Gottes besitze. Die Verbindung des christlichen Verständnisses von Gottes Liebe, die keine bevorzugte Klasse kennt — es sei denn jene Menschen, die verloren oder in einer besonderen Weise benachteiligt sind —, mit der Anwendung der Lehre von der Sünde auf die Angesehenen und Mächtigen weisen jede solche Perversion des christlichen Glaubens an die göttliche Allmacht zurecht.

In seiner Erörterung von Christentum und Demokratie hat Dr. Reinhold Niebuhr deutlich gezeigt, daß es in der Weise, wie christliche Glaubensüberzeugungen behauptet werden sollten, um einen feinen Grat geht. Es gibt eine Art christlichen Pessimismus, der dazu benutzt werden kann, die autokratischste Form der Machtausübung zu verteidigen; dies geschieht, wo jede bestehende Ordnung der wilden Unordnung vorgezogen wird, die man befürchtet, falls die Machthaber ihren Griff lockern und das Volk die Gewalt über sein Schicksal gewinnt. Es gibt aber auch eine Art christlichen Optimismus, der leichtfertig glaubt, die Machtübernahme durch irgendeine neue Gruppe bedeute kein moralisches Risiko. Dies ist der große Trugschluß des revolutionären Utopismus, den Niebuhr seit zwanzig Jahren so gründlich kritisiert. Das christliche Verständnis der Situation des Menschen ist in Niebuhrs berühmtem Epigramm über die Demokratie vortrefflich ausgedrückt: „Des Menschen Fähigkeit zum Recht macht Demokratie möglich; seine Neigung zum Unrecht aber macht Demokratie nötig."[6]

Ich habe äußere Veränderungen erwähnt, die es unserer Generation leichter machen, den demokratischen Sinn der christlichen Wahrheit zu sehen, als das unseren Vorfahren möglich war. Ich

---

[6] R. Niebuhr: The Children of Light and the Children of Darkness. Charles Scribner's Sons, 1944, S. XI. Deutsch: Die Kinder des Lichts und die Kinder der Finsternis. München: Kaiser 1947. S. 8.

denke an zwei Veränderungen. Die erste ist die bloße Tatsache des sozialen Umbruchs, der alte hierarchische Ordnungen ihrer Hoheit beraubt hat. Die neuen Ordnungen haben keine solche Würde erworben, und niemand wird heute glauben, daß Gott sie dazu verordnet habe, für alle Zeiten so zu bleiben wie sie sind. Die konservierende Wirkung bestimmter Vorstellungen von Gottes Vorsehung, die benutzt wurden, um dem Status quo religiöse Weihe zu geben, sind in vielen Ländern kein ernstzunehmender Faktor mehr. Freilich ist diese Veränderung nicht in jeder Hinsicht ein Gewinn, denn die traditionellen autoritären Gesellschaften waren oft humaner, als die modernen Tyranneien sind, aber sie hat *einem* Mißbrauch der Religion ein Ende gemacht.

Die andere Veränderung ist auf die erste eng bezogen. Es ist eine Tatsache, daß heute überall Menschen, die Objekte eines wohlgemeinten Staats-Patronats gewesen sind — eines Patronats, das oft genug zur Entschuldigung für undemokratische Formen der Machtausübung diente —, zu Worte gekommen sind, um denen antworten zu können, die die Macht hatten. Wiederum hat es auch hier neben Gewinnen Verluste gegeben, wenn diese Veränderung zu schnell kam, aber die Luft ist doch von einer Menge Unsinn gereinigt, die zur Verteidigung von Despotentum und Imperialismus, zur Herrschaft der weißen Rasse und zur unkontrollierten Macht der Arbeitgeber benutzt worden ist. Heute haben die Alternativen zur Demokratie einen schlechten Stand. Solche, die einigermaßen wohltätig waren, haben ihren moralischen Schutz verloren. Die ganz konsequenten Tyranneien sind unerträglich geworden. Man kann daher, was immer auf diesem ganzen Gebiet auch wahr sein mag, stets mit der Unterstellung beginnen, daß solche Tyranneien ein klares Vergehen gegen Gott und Menschen sind.

II

Christen in Ländern ohne demokratische Erfahrung aus der Vergangenheit, in Ländern, wo die besonderen Traditionen, die die Demokratien im Westen genährt haben, ohne Einfluß geblieben sind, müssen notwendig die Frage erheben, ob die Demokratie für

ihre Länder eine lebensfähige Möglichkeit ist. Dies dürfte in vielen
latein-amerikanischen Ländern der Fall sein, die demokratische
Einrichtungen nach unserem Vorbild haben, aber nicht fähig gewesen sind, diese Einrichtungen zum Arbeiten zu bringen; es dürfte
für die meisten Länder Asiens zutreffen, besonders für Japan mit
seiner feudalen Tradition, aber auch für solche neuen Länder wie
Indien, Pakistan, Burma und Indonesien. In all diesen Ländern
macht das Fehlen einer tief verwurzelten Tradition, die für die
Demokratie aufgeschlossen ist, nur einen Teil der Schwierigkeit aus.
Gleichermaßen wichtig sind die erdrückenden nationalen Probleme,
die langsamen demokratischen Gegenmitteln nicht nachgeben wollen. Man muß häufig einfach dem Argument derer offen stand-
halten, die meinen, daß ihre Völker wahrscheinlich am Ende aus
einer kommunistisch inspirierten Revolution mehr Nutzen ziehen
würden.

Durch diese Länder, die einen so großen Teil der Menschheit
ausmachen, wird ein Problem aufgeworfen, das für mich das schwierigste in diesem ganzen Zusammenhang bildet. Es sind nicht die
letzten Ziele, die viel Schwierigkeit machen. Was über den Anspruch der beiden oben erwähnten Prinzipien der Demokratie
gesagt wurde, gilt diesen Ländern so gut wie irgendeinem anderen.
Wie immer man es auch ausdrücken mag, für ein Volk ist nichts
gut genug, das hinter einer Regierungsform zurückbleibt, die auf
Übereinkunft und Mitbeteiligung des Volkes und auf verfassungs-
mäßigem Schutz für die Freiheit beruht. Jedoch steht diesen Ländern eine sehr schwierige und gewagte Zeit bevor. Wie werden sie
für sich eine Alternative gegenüber der totalitären Tyrannei finden?
Großer Eifer, bei ihnen ein amerikanisches oder überhaupt nur
westliches Schema der Regierung einzuführen, könnte Selbstzer-
störung bedeuten. Oft fehlen in ihren Kulturen einfach weithin
die geistigen Wurzeln der Demokratie, die sich im Westen als so
wesentlich erwiesen haben. Es ist dies ein ernstes Problem, aber es
sollte uns nicht dazu führen, die Dinge fatalistisch zu sehen. Die
bisherige Entwicklung in Indien, auf den Philippinen und vielleicht
auch in anderen Ländern bietet Grund für wirkliche Ermutigung.

Nun besteht zwischen der Demokratie auf der einen und dem
Totalitarismus auf der anderen Seite noch eine weitere Möglichkeit:

es gibt nämlich eine im besten Falle wohlwollend-autoritäre Regierungsform des traditionellen Typs, die nicht versucht, die Volksmeinung zu kontrollieren, und zwar deshalb, weil sie keine Doktrin zu vermitteln hat; im schlimmsten Falle ist es eine autoritäre Regierung, die aus purer Unfähigkeit für ein beträchtliches Maß an Freiheit Raum läßt. Wo solche Regierungen bestehen, sind sie gewiß einer intolerant-wirkenden Tyrannei vorzuziehen. Zu planen ist für solch eine Regierung ganz unmöglich, und wenn eine Gesellschaft sich dessen bewußt wird, bereitet es große Schwierigkeiten, sie zu verteidigen. Sie hat einen gewissen Wert, solange sie ihre Aufgaben einigermaßen wirkungsvoll und maßvoll ausführt. Im Propaganda-Krieg hat sie nicht viele Aussichten. Ebenso wird sie leicht angesichts der Verwickeltheit einer industrialisierten Gesellschaft untauglich. Sie wird tatsächlich in kaum einem Lande am Leben bleiben, das nicht ein beträchtliches Maß landwirtschaftlichen Wohlstandes hat.

Wo immer ein bewußter Typ einer wohlwollend autoritären Regierung besteht, wie das in einigen Kolonialreichen Afrikas der Fall ist, hat sie zu ihrer Verteidigung nur den einen Weg: zu zeigen, daß sie ehrlich bemüht ist, das Volk auf die Selbstregierung vorzubereiten. In Grenzfällen dürften die Christen meist gut daran tun, die Dinge nicht zu forcieren, vielmehr für ganz besondere wirtschaftliche und soziale Ziele zu arbeiten, ohne auf einem unmittelbaren Fortschritt in Richtung auf politische Demokratie zu bestehen. Die Offenheit gegenüber den konkreten Möglichkeiten in einer Situation sollte unsere Verpflichtung zur Demokratie gewiß anpassungsfähig machen. Ich meine nicht, daß Christen den Status quo selbstgefällig hinnehmen sollten, sondern vielmehr, daß sie sich vor einer Art abstrakter Hingabe an demokratische Prinzipien hüten sollten, die sie für die wirkliche Lage, in der sie sich befinden, blind macht.

Was sagen wir zu der Versuchung vieler Idealisten, darunter einiger aufrichtiger Christen, anzunehmen, daß die Probleme ihres Landes so verzweifelt sind, daß nur der Kommunismus als Heilmittel genügen kann? Sie meinen etwa, daß keine andere politische Bewegung als der Kommunismus imstande ist, bei der Überwindung der Korruption in der Regierung oder bei der Bodenreform Erfolge zu erzielen. Die so reden, haben für gewöhnlich das Wesen des internationalen Kommunismus nie wirklich in den Blick bekommen. Eine eigenständige kommunistische Bewegung in Indien wäre schon etwas, aber warum sollten die Probleme Indiens dadurch gelöst werden, daß das Schicksal Indiens dem Weltprogramm Rußlands oder Chinas untergeordnet wird? Die Gefahr ist nicht gering, daß gerade die von Indien so hoch gepriesene nationale Unabhängigkeit verlorenginge, falls das Land kommunistisch wird.

Noch wichtiger ist es, den Preis zu sehen, der gezahlt werden muß: die Kontrolle des kulturellen, geistigen und seelischen Lebens weiter Schichten der Bevölkerung. Das System der 'Gehirnwäsche' und die Durchdringung einer ganzen Generation mit anti-religiösen und materialistischen Lehren bedeutet einen zu hohen Preis. Das Übel besteht darin, daß die Menschen in so vielen Ländern das Wesen dieses Preises nicht wirklich erkennen, ehe es zu spät ist. Auch wenn es sich heute deutlich erweisen sollte, daß der Kommunismus in Rußland seit dem Tode Stalins weniger gewaltsam geworden ist, daß der ursprüngliche kommunistische Fanatismus sich auf ein gewisses Maß abgekühlt hat, so dürfte doch die Tatsache, daß es mehr als drei Jahrzehnte bedurfte, um diesen geringen und immer noch zweifelhaften Fortschritt zu erreichen, einen schwachen Trost für ein Land bedeuten, das sich jetzt darüber Gedanken macht, ob es in eine kommunistische Karriere eintreten soll.

Ich darf diese Dinge jedoch nicht sagen, ohne das Dilemma des Christen anzuerkennen, der zu der aufrichtigen Überzeugung gelangt, daß keine wirksame Alternative zum Kommunismus besteht, wenn sein Land Jahrhunderte eines ungerechten feudalen Bodensystems zu überwinden hat oder wenn es bald eine politische Ordnung finden muß, um mit dem Problem der Armut und des Hungers fertig zu werden. Es ist für uns sehr leicht festzustellen, daß er im Unrecht ist; unsere Alternativen sind eben ganz verschieden von seinen. Seine endgültige Antwort an uns mag sein, daß er glaubt, der Kommunismus werde nach einer Generation verschwinden und nach seinem Abtreten ein Erbe sozialer Reform hinterlassen, das auf keinem anderen Wege zu erreichen gewesen wäre. Ich mag nun der Meinung sein, daß der so Redende etwas unberührt von der

Grausamkeit und dem Fanatismus des Kommunismus gelebt hat, von seiner Fähigkeit, die Geister zu verwirren, aber solange ich nicht erkenne, daß sein Dilemma ein wirkliches ist, bin ich unfähig, das geistige Problem vieler nachdenklicher Christen, besonders in Asien und in Südamerika, zu sehen.

Neben den besonderen Problemen sozialer Ungerechtigkeit, die Menschen in Versuchung durch den Kommunismus bringen können, gibt es das mehr allgemeine Problem der Ordnung; es besteht darin, überhaupt zu einer Regierung zu kommen, die die Anarchie verhindern und Lähmungserscheinungen zwischen Gruppen innerhalb des Staates überwinden kann. Die christliche Tradition kennt einen starken Nachdruck auf dem Vorrang der Ordnung, begründet in dem realistischen Denken des Christen von der Wirkung der Sünde auf die Gesellschaft. Tatsächlich gibt es Zeiten, da irgendeine Ordnung immer noch besser sein mag als reine Anarchie. Das ist besonders wahr in einer komplizierten, von Abhängigkeiten durchwirkten Gesellschaft, wo Anarchie leicht den Hungertod bedeutet. Und doch dürfen wir nicht erlauben, daß diese Wahrheit isoliert wird. Die christliche Lehre von der Sünde sagt ein Doppeltes. Sie warnt vor den Versuchungen, die eine durch willkürliche Macht aufrechterhaltene Ordnung begleiten ebenso wie vor den Gefahren der Anarchie. Auf die Dauer ist keine Ordnung tragbar, und tatsächlich kann auch keine Ordnung dauern, ohne daß Gerechtigkeit in ihr wohnt, ohne daß sie sich ferner als mit einem beträchtlichen Maß an Freiheit vereinbar erweist. Zuzeiten mag es notwendig sein, eine bestehende Ordnung zu zerbrechen, sogar auf die Gefahr der Anarchie hin, um eine bessere Ordnung möglich zu machen. Aber diejenigen, die solches tun, haben die große Verantwortung, diese bessere Ordnung auch aufzurichten; und im Verlaufe ihres Handelns kann es Augenblicke geben, wo die Ordnung selbst wieder das Vorrecht hat. Aber wenn diejenigen, die in solchen Augenblicken Ordnungen einsetzen, unter Außerachtlassung anderer wesentlicher Werte ihre Macht zu erhalten versuchen, so wird ihre Ordnung wiederum auch auf die Gefahr der Anarchie hin angegriffen werden müssen.

Eine Gesellschaft ist in der Tat glücklich zu nennen, die letzten Krisen dieser Art nicht gegenübersteht. Christen, die inmitten solcher Krisen leben, besitzen keine Vorschrift, an der sie ablesen können, was sie von Fall zu Fall zu tun haben, aber sie sollten stets Klarheit darüber besitzen, wie fragwürdig der Nachdruck auf Ordnung als dem höchsten Wert ist, und sie sollten tun, was sie in ihren Verhältnissen tun können, um einen Typ der Ordnung möglich zu machen, der den Elementen der Demokratie zuneigt, die oben hervorgehoben worden sind. Wenn sie schon selbst wenig tun können, so sollten sie doch ihren Kirchen helfen, das Bild solcher Ordnung für ihre Kinder zu bewahren.

III

Was immer wir über die Verwandtschaft oder den Mangel an Verwandtschaft zwischen dem Christentum und irgendeinem Typ politischer Ordnung sagen mögen, dürfen wir doch nicht annehmen, daß Christen nicht auch unter der ungünstigsten Staatsform als Christen leben können, ja sogar unter einer Tyrannei, die die Kirche verfolgt. Tatsächlich scheint es doch so, daß ein gewisser Grad ungünstiger politischer Verhältnisse die Kirche zur Anstrengung aller ihrer Kräfte veranlassen und eine christliche Haltung erwecken kann, die gegründeter, gläubiger und mutiger ist, als das für Christen unter freundlichen demokratischen Regierungen gilt.

Wir dürfen daraus nun nicht den Schluß ziehen, daß, wenn Leiden von seiten eines feindseligen und tyrannischen Staates manchmal zur Entdeckung neuer Dimensionen des Evangeliums führt, die Kirche um so besser daran sei, je mehr sie von seiten des Staates zu leiden habe. Im Gegenteil, es möchte sehr leicht eine Lage entstehen, in der die Kirche von ihrer eigenen Jugend abgeschnitten wird, und in der es für den größeren Teil der jungen Menschen eines Volkes außerordentlich schwierig wird, über die ersten Familieneinflüsse hinaus überhaupt zu einer christlichen Erziehung zu kommen. Es möchte so sein, daß selbst die christliche Familie keine wirkliche Oase in feindseliger Umgebung mehr ist, weil der totalitäre Staat den Einfluß der Familie in so weitem Maße ausschalten kann. Erwachsene Christen mögen Schlupflöcher für ein christliches Bekenntnis auch unter den schwierigsten Verhältnissen finden, sie mögen sogar zur Höhe christlichen Märtyrertums aufsteigen; aber das sollte den Christen niemals indifferent gegenüber politischen Prinzipien und Ordnungen werden lassen. Er muß nicht nur die Wirkung einer politischen Tyrannei auf junge Menschen und auf Christen bedenken, die weniger reif sind als er selbst; er muß auch die Wirkung solch einer politischen Ordnung auf die Bevölkerung als ganzes erwägen, auf die Würde von Männern und Frauen allgemein, auf ihre Möglichkeit, die menschlichen Fähigkeiten voll zur Entwicklung zu bringen. Christliche Liebe und Barmherzigkeit können sich mit der Möglichkeit eines hohen Grades von Heiligkeit für einige wenige innerhalb der Kirche nicht zufriedengeben, wenn es die allgemeine Wirkung eines politischen Regimes ist, die Mehrheit des Volkes bitter zu unterdrücken und ihr wesentlich Menschliches zu verneinen.

IV

Eine vierte Schwierigkeit besteht darin, daß auch jede Demokratie zutiefst korrupt werden kann. Alle ihre Maßnahmen zur Gewinnung von Entscheidungen können Zwecken dienstbar gemacht werden, die mit dem Christentum unvereinbar sind. Auch Barth erkennt das an, wenn er sagt, daß „keine Demokratie als solche davor geschützt ist, in einigen oder allen der von uns aufgezählten Punkte zu versagen und nicht nur zur Anarchie zu entarten, sondern auch zur Tyrannei, und dadurch zum schlechten Staat zu werden"[7]. Dies kann das Schicksal eines Staates mit einer idealen demokratischen Verfassung werden, wenn die geistigen Reserven fehlen, um solch eine Verfassung recht in Geltung zu setzen. Ich meine, wir sollten hier unterscheiden zwischen dem Versagen einer demokratischen Arbeitsweise oder der Zerstörung einer demokratischen Ordnung selbst und, auf der anderen Seite, dem Gebrauch demokratischer Maßnahmen mit formeller Korrektheit zur Erreichung von Entscheidungen, die offenkundig böse sind. Es wäre zum Beispiel für die amerikanische Demokratie möglich, vor-

[7] K. Barth, a. a. O., S. 44.

sätzlich eine dickfellig-isolationistische Politik zu wählen. Sogar ohne solch eine Entscheidung vorsätzlich zu treffen, könnte unsere Demokratie sich auf eine hedonistische und unbekümmert zügellose Kultur einlassen, so daß alle demokratischen Entscheidungen in die Gefahr gerieten, von ihr verdorben zu werden.

Dies zu sagen bedeutet das Eingeständnis, daß es keine gesicherten Institutionen gibt. Solange demokratische Einrichtungen in Gebrauch und nicht nur auf papierne Verfassungen eingeschränkt sind, ermöglichen sie allerdings die fortlaufende Korrektur an jeder Form der Ungerechtigkeit oder Korruption. Sie sorgen für öffentliche Kritik und für die Organisation politischer Bewegungen, die einer Reform gelten. Sie wahren der Kirche die Freiheit, dem Volk Gottes Willen für den Staat vorzuhalten.

Demokratische Einrichtungen wachsen nicht von selber. Sie beruhen auf einer Haltung, die keine Gesellschaft als selbstverständlich voraussetzen kann. Sie beruhen auf der Achtung vor und der Geduld mit Menschen, die anderer Meinung sind. Sie beruhen auf wirklichen Banden der Gemeinschaft über die Grenzen hinweg, die Menschen scheiden. Sie hängen davon ab, daß es unter den Menschen ein verbreitetes Gefühl für Gerechtigkeit gibt. Es muß die Bereitschaft dasein, Veränderungen zu akzeptieren, die sich gegen die eigenen Interessen richten. Es muß Treue gegenüber der Gemeinschaft dasein und das Gefühl persönlicher Verantwortung zur Teilnahme am politischen Leben. Es wird in jeder Demokratie ein gut Teil Hin und Her zwischen verschiedenen Interessen geben, und nur, wenn die dabei Beteiligten fähig sind, in gewissem Maße über ihre eigenen Interessen hinauszuschauen, werden die demokratischen Einrichtungen der Zerstörung entgehen.

In ihrer Unterstützung der Demokratie sollten die Christen sich mit der Ausbildung dieser Haltung befassen, bei sich selbst zuerst und dann in der Gemeinschaft in ihrer Gesamtheit. Sie sollen nicht so tun, als könnten nur sie alleine das. Tatsächlich werden sie zugeben müssen, daß der christliche Glaube selbst perverse Formen annehmen kann, Formen, die der Kritik von seiten derer bedürfen, die außerhalb der Kirche stehen, außerhalb manchmal um dessentwillen, was sie von diesen Formen des Christentums gesehen haben. Und doch wird es nicht leicht sein, Quellen für ein demokratisches

Leben zu finden, die nicht direkt oder indirekt unter der Einwirkung Christi stehen. Wir können einer falschen Besorgnis an dieser Stelle entgehen, wenn wir uns vergegenwärtigen, daß Gott, der uns in Christus offenbar geworden ist, der Schöpfer aller Menschen und Völker ist und daß wir sein Tun mit ihnen nie eindeutig fassen können, solange kein bewußtes Verhältnis zu Christus besteht.

Moderne Demokratien sind gegenüber zwei Arten von Krankheiten anfällig. Die eine ist die selbstsüchtige Verantwortungslosigkeit von einzelnen und sich abschließenden Gruppen. Die andere ist jene Art der Abgötterei, die den Staat absolut setzt oder Personen und konkrete menschliche Werte zugunsten eines einseitigen Programms sozialer Lösung opfert. Manchmal wird eine Gesellschaft auf der Suche nach einem Heilmittel gegen die erste Krankheit der zweiten zum Opfer fallen. Das einzige sichere Gegenmittel für beide zugleich ist der Glaube an Gott als den Herrn des einzelnen Gewissens, an Gott, dessen Wille auch das Wohl der Gemeinschaft einschließt und unter dessen Urteilsspruch all solche Abgöttereien vergehen. (Übersetzt von Pastor V. Gurke)

Nachtrag 1972

Ich halte nach wie vor an der Überzeugung fest, daß die beiden Elemente der Demokratie, die in diesem Artikel hervorgehoben sind, ein großes Gut für die Menschen überall in der Welt darstellen. Aber ich habe den Eindruck, wenn ich den Artikel heute wieder lese, daß er zu sehr aus westlicher Sicht geschrieben ist. Heute würde ich dem Gedanken stärker Nachdruck geben, daß einige Völker Regierungen brauchen, die von meinem Standpunkt her gesehen zu autoritär sind, damit alte Quellen der Ungerechtigkeit und der Armut beseitigt werden. Das kommunistische China ist das einzige Land mit sehr großer Armut, das diese weitgehend überwunden hat. Ich hoffe, daß China Wege finden wird, die Willkür der Regierung zu zügeln und die geistige und kulturelle Freiheit zu fördern; aber ich glaube nicht, daß die Völker des Westens von ihm erwarten sollten, daß es Institutionen nach ihrem Vorbild schafft. Der vorliegende Artikel wurde zu einem Zeitpunkt geschrieben, als noch ein hohes Maß an Einheit unter den kommunistischen Staaten herrschte. Heute würde ich weder die Furcht vor einem internationalen Kommunismus betonen, noch würde ich den Totalitarismus als Zielscheibe benutzen, so als ob er eine statische Größe wäre. Ich würde vielmehr die verschiedenen Grade von Offenheit hervorheben, die sich unter den kommunistischen Ländern entwickelt haben, obgleich ich bedauere, daß die Veränderungen in dieser Beziehung so beschränkt sind. Ich würde heute die Tatsache unterstreichen, daß unter den Staaten der sogenannten „freien Welt" viele Diktaturen sind, die von meinem Land kräftig unterstützt werden, besonders Brasilien, Griechenland, Vietnam und Taiwan. Ich würde heute Sympathie bekunden mit den Befreiungsbewegungen, die vom Marxismus beeinflußt sein mögen, besonders in Lateinamerika. Ich habe das Dilemma der Christen in Lateinamerika erkannt; aber ich würde heute weit aufgeschlossener sein gegenüber dem Denken derer, die Formen des christlichen Marxismus zu praktizieren versuchen. Einige meiner Bemerkungen über andere Völker sind allzusehr dem Geist der amerikanischen Konterrevolutionspolitik in Indochina und anderswo verhaftet, den ich jetzt ablehne. — Dieser Kommentar kompliziert die Aussage dieses Artikels, aber ich glaube nicht, daß er sie in ihren Hauptpunkten aufhebt. Ich hoffe, daß die Leser zum Nachdenken angeregt werden durch die Frage, wie sehr eine Argumentation modifiziert werden muß angesichts des Wandels, der nicht nur in meinem Denken, sondern auch in den historischen Situationen vor sich geht, und darauf möchte diese Anmerkung die Aufmerksamkeit lenken.

Gerhard Oestreich, Geist und Gestalt des frühmodernen Staates. Ausgewählte Aufsätze.
Berlin: Duncker & Humblot 1969, S. 157—178.

DIE IDEE DES RELIGIÖSEN BUNDES
UND DIE LEHRE VOM STAATSVERTRAG*

Von GERHARD OESTREICH

Das ungemein harte Zeitalter der Gegenreformation und Konfessionskriege war eine Zeit der Bewährung. In ihr mußten die neuen wie die alten religiösen Werte und Lebensinhalte ihre ganze Kraft und Mächtigkeit beweisen. Der westeuropäische Protestantismus kämpfte um seine Existenz. Seine Glaubenssicherheit wurde nicht zuletzt durch zwei großartige theologische Vorstellungen gestärkt: Neben das Glauben fordernde 'entsetzliche Dekret' der Prädestination trat, seit Max Weber unterschätzt, die strahlende, Glauben schenkende Idee des Gnadenbundes. Die religiöse Gewißheit der Verbindung des Menschen mit Gott ließ die Bundesidee bald zu einem Leitbild werden. Aus der theologischen Idee wurde eine politische, eng verknüpft mit der Lehre vom Staatsvertrag, die damals als politische Maxime der calvinistischen Opposition in Frankreich und England ihre Gestalt erhielt.

Auf dem ideengeschichtlichen Wege zur Demokratie begegnet uns diese Lehre vom Staatsvertrag, die Auffassung, daß das politische Gemeinwesen durch freie Vereinbarung zwischen Volk und Herrschenden entstanden sei. Nicht minder wichtig scheint für die Demokratie der Gedanke der Volkssouveränität, nach dem die letzte Gewalt im Staate beim Volke ruht und sich von ihm ableitet. Dem Zusammenspiel dieser Ideengänge und ihrer Konsequenzen sind große Darstellungen gewidmet. Der Reiz der Prämeditation unserer neuzeitlichen Demokratie verlockte immer wieder.

Dagegen ist das Verhältnis von Bundesidee und Vertragstheorie kaum untersucht worden, obwohl Georg Jellinek vor zwei Men-

---

* Zuerst erschienen in: Zur Geschichte und Problematik der Demokratie. Festgabe für Hans Herzfeld (1958), S. 11—32.

schenaltern auf die politische Bedeutung der jüdisch-christlichen Vorstellung, daß Gott mit den Menschen ein Bündnis gestiftet habe, aufmerksam gemacht hatte.[1] Erst spät haben sich Theologen und Juristen dieser Frage angenommen. Bislang fehlt es noch an einer umfassenden Darstellung des Problems, die auch hier auf schmalem Raum nicht versucht werden kann. Nur ein Anstoß soll erfolgen, die biblische Bundesidee und ihre Einflüsse stärker zu beachten. Das Eindringen theologischer Vorstellungen in die neuzeitliche Staatslehre ist bei der starken politischen Auswertung der Heiligen Schrift evident und oft belegt worden. Die von Carl Schmitt inaugurierte „Politische Theologie" will geradezu nachweisen, daß „alle prägnanten Begriffe der modernen Staatslehre säkularisierte theologische Begriffe sind"[2].

[1] G. Jellinek hat nach dem Vorgang von Charles Borgeaud (1893) und anderen auf den Zusammenhang der kirchlichen covenants mit der politischen Vertragstheorie im 17. Jahrhundert hingewiesen: Die Erklärung der Menschen- und Bürgerrechte, München 1895, hier benutzt [4]1927, S. 42 ff. — Ders.: Allgemeine Staatslehre, Berlin [4]1922, S. 202 und 509 f. — Zuletzt auch U. Scheuner, Begriff und Entwicklung des Rechtsstaats. In: Macht und Recht. Beitr. z. luther. Staatslehre der Gegenwart. Berlin 1956, S. 77 u. 81. Ders., Der Staat. In: Europa, Vermächtnis u. Verpflichtung. Frankfurt 1957, S. 73. — Zur Vertragslehre allgemein vgl. die Quellensammlung von A. Voigt (Hrsg.), Der Herrschaftsvertrag. Neuwied 1965 (Politica Bd. 16) und die Darstellung von J. W. Gough, The Social Contract. A critical study of its development. 1936, 2. Aufl. Oxford 1957, auch G. Oestreich, Geschichte der Menschenrechte und Grundfreiheiten im Umriß, Berlin 1968, S. 33—38 (§ VII: Vertragstheorien des 16. und 17. Jh.). — Jellineks Abhandlung jetzt auch bei R. Schnur (Hrsg.), Zur Geschichte der Erklärung der Menschenrechte, Darmstadt 1964, S. 1—77.

[2] C. Schmitt, Politische Theologie. 4 Kapitel zur Lehre von der Souveränität. München 1922 ([2]1934). Kapitel 3: Politische Theologie. Nachweis für den dezisionistischen Souveränitätsbegriff. — Auch K. Th. Buddeberg, Gott und Souverän. Über die Führung des Staates im Zusammenhang rechtl. u. relig. Denkens. Arch. öff. Rechts NF. 28 (1937), S. 257—325. Analogie der calvinischen Omnipotenz Gottes und der Souveränitätsvorstellung von Bodin. — Der Vortrag von F. Delekat, Die Umsetzung der Grundprinzipien der Reformation in die Grundprinzipien

In Verbindung mit dieser „politischen Theologie" ist unsere Frage zu sehen. Im 16. Jahrhundert waren die großen Gelehrten fast durchweg Theologen und Juristen in einer Person. Die Moraltheologen und christlich-humanistischen Moralphilosophen pflegten gerade das staatsrechtliche Gebiet, auf dem der große Umschwung vom Feudalismus zum souveränen Machtstaat bewältigt werden mußte. Die Führer der europäischen Wissenschaft, z. B. der spanischen Spätscholastik und des französischen Humanismus, hatten fast alle eine Doppelbildung genossen oder sich bewußt angeeignet. Vitoria und Covarruvias, Budé und Calvin sind bekannte Beispiele, die sich leicht um ein Mehrfaches bereichern ließen. Die Bildung ruhte weitgehend auf theologischer Grundlage. Das kanonische Recht hier, das protestantische Kirchenrecht dort waren ferner ohne biblischen Bezug undenkbar. Je umkämpfter die Beziehungen von Staat und Kirche in der Zeit der entwickelten konfessionellen Leidenschaften wurden, desto stärker wurde in Angriff oder Verteidigung die Rückbesinnung auf theologische Prinzipien. Noch in der Mitte des 17. Jahrhunderts erwies sich der englische Denker, der mit seiner Lehre von dem einseitigen Unterwerfungsvertrag die Volkssouveränität aufhob, nicht nur als scharfer Beobachter der kirchenpolitischen Situation, sondern auch als subtiler Beherrscher der Bibelwissenschaft und genauer Kenner der Bundestheologie. Thomas Hobbes hat 1642 am Ende seines Werkes De cive im Abschnitt ›Die Religion‹ eine kurze und prägnante Darstellung der Idee des religiösen Bundes gegeben, ohne jedoch ihre Beziehung

der konstitutionellen Demokratie, Evang. Theol. 14 (1954), S. 485—498, behandelt die „Politische Theologie" der Vindiciae contra tyrannos (1579) sehr unzulänglich. Erstens übernimmt D. ohne Einschränkung trotz 100jähriger Forschung die überholte These von Hundeshagen (1841), daß „an die calvinistische Form des Protestantismus ursprünglich allein die Erzeugung jenes ganzen Vorrats freier staatsrechtlicher Doktrinen sich knüpft, mit deren Verarbeitung noch unsere Zeit so vielfältig sich beschäftigt". Zweitens hat D. nur die dritte und vierte Abhandlung der Vindiciae (in der Übersetzung von R. Treitzschke bzw. L. Wyss, Neuaufl. Zürich 1946) benutzt, während die wichtige zweite Abhandlung über den Bund zwischen Gott, Königen und Volk unberücksichtigt geblieben ist.

zur Vertragstheorie aufzuzeigen.[3] Vielmehr wollte er nur die bi-
blisch-historische Vereinigung der höchsten bürgerlichen und geistlichen Gewalt in der Hand des Priesters oder Königs erweisen, um
die Untertanen zum absoluten Gehorsam gegen diese Gewalt zu
verpflichten. Die Föderaltheologie von Hobbes löste bewußt jede
Verbindung mit der Vertragstheorie und stand im Dienste seines
absolutistischen Staatsdenkens. Sie führte einen geheimen Kampf
gegen die demokratischen politischen Folgerungen der presbyterianischen und puritanischen Lehre vom alt- und neutestamentlichen
Bündnis Gottes mit den Menschen, gegen den Geist des covenant
of grace.[3a] Das, was Hobbes verschwieg, bildet den Gegenstand
unserer Untersuchung.

Die heutigen Beurteiler der Staatsvertragslehre der frühen Neuzeit erblicken in ihr zumeist eine willkürliche Konstruktion oder ein
konstruktives Hilfsmittel der Staatswissenschaft. Ihr fehle doch die
Verwurzelung in der politischen Wirklichkeit und im lebendigen
geistigen Leben. Selbst einer der besten Kenner der Geschichte der
Vertragstheorie, wie Wolzendorff, der die Verbindung mit dem
positiven Recht nachgewiesen hat, wollte in ihr nichts anderes als
eine veraltete Formel sehen, daß der Staat die Organisation des
Volkes sei.[4] In dem Aufsatz ›Staatstheoretische Formen für politische Ideen‹[5] hatte er vorher positivistisch gemeint, daß die Theorie

---

[3] De cive, c. 16 und 17. Kluge Schilderung der Hobbes'schen Bundesvorstellung bei G. Schrenk (s. Anm. 11) unter Hinweis auf eine Grund-
formel des Leviathan: kingdom of God by covenant. Für Hobbes sind
"the old and the new covenant" stets "an institution by pact".

[3a] Vgl. jetzt W. Förster, Thomas Hobbes und der Puritanismus. Grundlagen und Grundfragen seiner Staatslehre. (Beitr. zur Polit. Wissenschaft
Bd. 8) Berlin 1969; ders., Thomas Hobbes und der Puritanismus, in: Hob-
bes-Forschungen, Berlin 1969, S. 71—89. F. verfolgt die Theorie des
Covenant in der Auseinandersetzung von Hobbes mit dem Puritanismus.

[4] K. Wolzendorff, Staatsrecht und Naturrecht in der Lehre vom Widerstandsrecht des Volkes gegen rechtswidrige Ausübung der Staatsgewalt.
(Untersuch. z. deutschen Staats- u. Rechtsgesch. 126) Breslau 1916,
S. 525. — Dagegen: R. Smend, Verfassung und Verfassungsrecht. München 1928, S. 70.

[5] Arch. öff. Rechts 34 (1915), S. 477—490.

vom Staatsvertrag nur ein „formallogisch-staatstheoretisches Hilfsmittel" gewesen sei. Dagegen hat sich von juristischer Seite Rudolf Smend mit der Feststellung gewandt: „Die Lehre vom Staatsvertrag ist nicht nur als mythische Geschichtskonstruktion, als Hilfsvorstellung der Staatskritik und als juristische Grundlegung gemeint und zu würdigen, sondern auch als Versuch soziologischen oder besser phänomenologischen Verständnisses." Die jüngst gestellte Frage, ob dieses Verständnis der Staatsentstehung „einen historischen Typus, den normalen Verlauf des tatsächlichen Geschehens, oder einen philosophischen Mythus, das Aufzeigen einer in jedem Fall wirksamen Grundidee, oder endlich einen juristischen Status meint, aus dem sich für die Beteiligten bestimmte Rechte und Pflichten ergeben" [6], scheint mir eine wichtige Teilfrage, die religiöse Seite, zu vernachlässigen: Inwiefern wirkt die den Protestantismus immer stärker erfüllende Idee des Bundes als geistig-konstitutives Element auf die Ausgestaltung der politischen Vertragsvorstellung ein? Sie kann das „phänomenologische Verständnis" darum vertiefen helfen, weil die theologische Bundestheorie im 16. und 17. Jahrhundert ein tief erlebtes Phänomen des allgemeinen geistig-kirchlichen Lebens war.

Zunächst wollen wir zum unmittelbaren Verständnis der ideologischen Gewalt der Vertragstheorie an ihre realen Elemente im Staatsleben selbst kurz erinnern. Gerade Wolzendorff hat auf positivrechtliche Grundlagen sehr energisch aufmerksam gemacht. Er arbeitet den Dualismus des ständischen Staates heraus und betont schroff, daß Stände und Herrscher als zwei rechtlich selbständige Mächte, als Verhandelnde gegenüberstehen. Ihr Verhältnis war nur im Wege eines Paktierens zu regeln. So „konnte gar keine andere Auffassung zur Entstehung kommen ... als die, daß die rechtliche Stellung des Herrschers zu den Ständen auf Vertrag

---

[6] E. Reibstein, Johannes Althusius als Fortsetzer der Schule von Salamanca. Untersuchungen z. Ideengesch. d. Rechtsstaates u. z. altprotestant. Naturrechtslehre. (Freiburger Rechts- u. Staatswissenschaftl. Abhandl. 5), Karlsruhe 1955, S. 72 f. Reibstein kennt die „große Rolle" der alttestamentlichen Bundestheorie für die calvinische Theologie und den politischen Calvinismus. A. a. O. S. 166 bzw. 172 ff. wird sie behandelt.

beruhe"[7]. Auf die Vielzahl der historischen Herrschaftsverträge
kann hier nur hingewiesen werden.[8] Auch die 'Verfassung' des
Heiligen Römischen Reiches Deutscher Nation bestand aus zahlreichen Abmachungen, Verträgen und nicht zuletzt den seit 1519
schriftlich fixierten Wahlkapitulationen. Jede tatsächliche Wahl im
Reiche setzte seitdem als Ergebnis der Wahlverhandlungen zwischen den Kurfürsten und dem zu Wählenden „Artikel", eine
„Verschreibung" oder „Obligation" voraus, in denen eine vertragsmäßige Umgrenzung der Regierungsrechte des Königs niedergelegt
wurde, die man mit Recht mit einer modernen Verfassungsurkunde
verglichen hat.[9]

Aber nicht nur in einer für das Verhältnis von Herrscher und
Ständen so grundlegenden Frage stand der Vertrag im Mittelpunkt,
sondern auch viele der heute als selbstverständlich allein dem Staate
zugehörigen öffentlichen Funktionen beruhten auf 'privaten' Abmachungen. Greifen wir drei Beispiele der Zeit heraus: Heer-
bildung, Finanzwesen und Staatswerdung. Noch gab es an Stelle
des versagenden Feudalheeres kein festes Staatsheer, das zum aus-
wärtigen Kampf im europäischen Staatensystem geeignet war.
Vielmehr schloß der kriegführende Fürst mit erfolgreichen privaten

[7] Wolzendorff, Staatsrecht S. 123—179. Zitat: S. 167. — O. Brunner,
Land und Herrschaft, Wien [3]1943, S. 486, sieht in der Huldigung auch
den Vertragscharakter, aber „einen die Menschen mit ihrer ganzen Existenz bindenden Statusvertrag, der im Treuebegriff begründet ist".

[8] Zum heutigen Stand der Forschung, die vornehmlich durch Werner
Näf bestimmt wird, vgl. die Bemerkungen von F. Hartung, Herrschafts-
verträge und ständischer Dualismus in deutschen Territorien. Schweizer
Beitr. z. allg. Gesch. 10 (1952), S. 163—177. Jetzt auch in: Staatsbildende
Kräfte der Neuzeit. Ges. Aufsätze, Berlin 1961, S. 62—77. — E. Lousse,
La Société d'ancien régime. Organisation et représentation corporatives I,
Louvain [2]1952, S. 45 ff., hebt die Bedeutung des Bundes, auch pacte,
alliance, confédération, conjuration, union für das ständische Korporativ-
leben hervor.

[9] F. Hartung, Die Wahlkapitulationen der deutschen Kaiser und
Könige. In: Volk und Staat in der deutschen Geschichte. Ges. Abh. Leipzig
1940, S. 83. Dort auch Näheres über Vertragsnatur und Inhalt der Kapitulationen. Dazu G. Oestreich, Geist und Gestalt des frühmodernen
Staates, Berlin 1969, S. 252—260.

Militärkaufleuten, den Condottieri, Obersten oder Hauptleuten, Kapitulationen ab, d. h. Verträge, in denen diese Offiziersunternehmer mit eigenem, geliehenem oder vorgeschossenem Gelde die gewünschten Truppen auf Zeit warben und befristet im Dienste des Fürsten selbst führten. Die Unabhängigkeit der internationalen Schicht der Söldnerführer vom jeweiligen Kriegsherrn ist bekannt. Die geworbenen Soldaten wechselten gleichfalls die Fahne, wie man einen Arbeitsplatz wechselt. Die Finanzierung der wachsenden öffentlichen Aufgaben ruhte nach Ausschöpfung von Domänen und Regalien und bei Fehlen eines Systems von Staatssteuern zunehmend auf Geldverträgen, die der Fürst unter Benutzung seines persönlichen Kredites abschloß. Da die Ausgaben bei weitem die Einnahmen überstiegen, wurde das Schuldenmachen der am häufigsten begangene Weg zur Deckung der Auslagen. Anleihen, d. h. Kreditverträge mit den Fürsten, ermöglichten Kriegführung, Festungsbau, Unterhalt von Truppen und Bezahlung der Beamten. Ein Sachkenner wie Schmoller hat bei der Schilderung der Staatsfinanzen des 15. und 16. Jahrhunderts mit Recht von den „einzelnen kleinen in privater Form abgeschlossenen Schuldverträgen" gesprochen.

Beruhten Kriegswesen und öffentliche Finanzierung weitgehend auf freier vertraglicher Basis, so zeigte sich diese sogar in manchen Fällen der Bildung einheitlicher Flächenstaaten. Die Entflechtung der verschränkten feudalen Statusverhältnisse, die Umordnung der an die Person gebundenen Gerichts-, Zins-, Fron-, Kriegsdienste usw. zu einer Art Gebietshoheit geschah oft durch Verträge. Die politische Flurbereinigung konnte in unendlich vielen Stufen friedlicher Vereinbarungen erfolgen. Namentlich die kleinen weltlichen und geistlichen Herren tauschten ihre 'Untertanen' und damit die an sie gebundenen Rechte aus, um einen einheitlichen 'Territorialstaat' zu gewinnen. Tauschverträge über einen bis hundert und mehr Menschen wurden z. B. im Allgäu von den Bischöfen von Augsburg, dem Stift Kempten, den Reichsgrafen von Montfort zu Rotenfels laufend abgeschlossen. In einem wichtigen Abkommen (1564) trat der Graf von Rotenfels 3542 Untertanen und den gesamten ihm gehörigen Besitz östlich der Iller ab gegen 1073 augsburgische Untertanen mit allem bischöflichen Besitz westlich der oberen Iller und 63 400 Gulden Aufgeld. Beide Vertragsparteien vereinbarten, in Zukunft auf dem sich so konsolidierenden Gebiet des anderen keinen Untertan zu erwerben oder Schirmleute anzunehmen, bei Heiraten ihre Untertanen stets auszuwechseln usw. So entstanden 'bezirkte' Herrschaftsgebiete, Territorialstaaten — in diesem Fall die Grafschaft des Reichsstandes Rotenfels — auf dem Vertragswege.

Daß die langsamen Umbildungen vom feudalen zum modernen Staat „vielfach freie Vertragsverhältnisse an die Stelle fester Statusverhältnisse" setzten, hat Otto Hintze in seiner letzten Akademieveröffentlichung ausgesprochen.[10] Nach seiner Meinung ist die Wendung vom Status- zum freien Vertragsdenken für das Werden des neuzeitlichen Staatsgeistes von entscheidender Bedeutung. Dieses auch für unser Thema wichtige Problem ist noch zu wenig untersucht worden. Während der Statusvertrag der mittelalterlichen Sozialordnung „ein dauerndes, die Person in ihrer *Existenz* erfassendes Lebensverhältnis" begründete und sie einer Gesamtordnung einfügte, die „nicht durch freie Kündigung oder Widerruf beseitigt werden" konnte, ist der neuzeitliche freie Vertrag kündbar, auflösbar. Er bedeutet keine existentielle Bindung der ganzen Person wie bei den Lehnsverträgen und Eidgenossenschaften, bei Verlöbnis und Ehe. Die Umwandlung der religiösen Bundesvorstellung, eines ursprünglichen Statusvertrages, in ein freies politisches Vertragsverhältnis läßt eine in der Geschichte der politischen Ideen bisher unbekannte Seite sichtbar werden. Die säkulare Vertragstheorie des 16. Jahrhunderts gewann über alle genannten realen Bezüge hinaus durch die bewußte Analogiebildung zur biblischen Bundesidee eine

---

[10] O. Hintze, Die Entstehung des modernen Staatslebens. Sitzungsber. Preuß. Akad. Wiss., Phil. Hist. Kl. 1932, S. 925—929. Jetzt auch in: Staat und Verfassung. Ges. Abh., Bd. I, Göttingen ³1970, S. 497—502. — Die Unterscheidung stammt von Sir Henry Maine, Ancient Law, its Connection with the Early History of Society and its Relation to Modern Ideas (1861). Edited with an Introduction by Sir Carleton Allen, London 1959, S. 140 f. Über Maines Begriffsbildung Status bzw. Vertrag jetzt W. Seagle, Weltgeschichte des Rechts. Eine Einführung in die Probleme und Erscheinungsformen des Rechts, München ³1967, S. 376 ff. Ich folge in den Zitaten C. Schmitt, Verfassungslehre, München 1928, S. 68.

gewaltige sittliche und religiöse Festigkeit und Stoßkraft. Sie gewann zugleich eine innere Übereinstimmung mit vorherrschenden theologischen Prinzipien der von der Theologie beherrschten Zeit. Zu den real-politischen Vertragselementen trat ein real-geistiges Vertragsmoment.

Die Idee des religiösen Bundes spielte in der Theologie des calvinistischen Protestantismus im 16. und 17. Jahrhundert eine immer mehr zunehmende Rolle, bis die Bundschließungen des Alten und Neuen Testaments schließlich zum neuen Einteilungsprinzip in der reformierten Dogmatik wurden. Der Höhepunkt der Föderaltheologie (Johannes Coccejus) wird erst um die Mitte des 17. Jahrhunderts erreicht. Aber bereits in ihren Anfängen tritt eine starke Wirkung dieser Gedankengänge auf die kirchliche wie politische Verfassungslehre zutage.[11]

Im Raum der Reformation erweist sich die Bundesidee als mehrdeutig. Sie kann täuferisch-revolutionär und antitäuferisch-konservativ erscheinen. Mit ihrer Gestaltung wird schon früh ein Kampf begonnen um die Entscheidung, ob der Bund der Erwählten Müntzers und später die Täufer oder ob die Kirche Luthers, Zwinglis und Calvins die Zukunft bestimmen sollen. Thomas Müntzer, der größte und gefährlichste Gegenspieler Luthers unter den reforma-

[11] Das Hauptwerk von theologischer Seite bleibt noch G. Schrenk, Gottesreich und Bund im älteren Protestantismus, vornehmlich bei Johannes Coccejus. Gütersloh 1923, Nachdruck Darmstadt 1967. Dort Einleitung S. XI die Bemerkung, die Geschichte der Ideen des Staatsvertrages sei nicht zu schreiben „ohne aufmerksame Berücksichtigung der Heidelberger und Herborner Foederallehre, die auf Althusius in nicht geringem Maße eingewirkt hat". Hinzu kommt jetzt grundlegend Perry Miller, The New England Mind, I: The Seventeenth Century. Cambridge/Mass. [2]1954 mit dem entscheidenden Nachweis der zentralen Stellung des Covenant-Denkens für den Puritanismus. Im Appendix B: The federal School of Theology, S. 502—505, eine Zusammenstellung der wichtigen englischen Werke über den covenant (von 1604—1682 werden ca. 30 Schriften aufgezählt, die z. T. mehrfache Auflagen erlebten). Im Gegensatz zum holländischen Calvinismus, wo die Föderaltheologie zur Doktrin einer Partei wurde, blieb sie in Neuengland "from the beginning a fundamental tenet, the basis for much thinking which was ecclesiastical, political and social as well as theological" (S. 503).

torischen Mitkämpfern, war der erste, der einen Bundesgedanken entwickelte und in die Tat umsetzte. Seine Bundespredigt über 2 Kön 22 u. 23 zur Erneuerung des mosaischen Bundes mit Gott, die König Josua aufgrund des wiedergefundenen Gesetzbuches vollzog, ist uns nicht erhalten. Müntzer verstand unter Volk Gottes die Gemeinschaft der unmittelbar Erleuchteten. Er gründete und leitete den Bund der Erleuchteten. „Das Volk der Auserwählten ist der Träger von Gottes Souveränität auf Erden: Das ist die Form, in der der Gedanke der Volkssouveränität bei Müntzer auftritt." [12] Der Bund war die sozialrevolutionäre Gemeinde in Allstedt und Mühlhausen, die der sprachgewaltige Mann zur Auseinandersetzung mit den Fürsten anführte.

Mit den Täufern lebte manches Geistesgut Müntzers weiter. Der Bund der durch das innere Wort Erleuchteten verwarf konsequenterweise die Taufe der Kinder. Vielmehr galt ihnen die Erwachsenentaufe als das ‘puntnus’, nach dem sie sich mit Vorliebe ‘Bundesgenossen’ nannten. Zwingli bekämpfte als erster die sich rasch in Zürich ausbreitende Täuferbewegung und ihren Bundesgedanken. Er stellte ihm den Bund Gottes mit Abraham als den ewigen, durch die christliche Kindertaufe erneuerten Bund Gottes mit den Menschen entgegen.[13] Bullinger, der Verfasser der die Kirchen des reformierten Protestantismus einigenden Confessio Helvetica posterior (1566), hat die Lehre Zwinglis in einer Schrift ›De testamento seu foedere Dei unico et eterno‹ (1534) weitergeführt. Er zählte bereits fünf Bundschließungen, nämlich mit Adam, Noah, Abraham, Moses und Jesus, auf.[14] Im Kampf gegen die Täufer wurde nachdrücklich

---

[12] C. Hinrichs, Luther und Müntzer. Ihre Auseinandersetzung über Obrigkeit u. Widerstandsrecht. Berlin 1952, S. 35 f. Ich verweise für Entwicklung und Würdigung der religiös-politischen Bundeslehre Müntzers auf die grundlegende Darstellung von Hinrichs. — Vgl. auch Th. Nipperdey, Theologie und Revolution bei Thomas Müntzer. In: Archiv f. Reformationsgesch. 54 (1963) S. 145—81.

[13] Schrenk a. a. O. S. 36 ff.

[14] Atque hoc est illud foedus, quod in sacris literis Deus cum humano genere percussisse dicitur, quod cum Adamo primo initum est, inde vero reparatum cum Noa et clarius cum Abrahamo, in libros relatum a Mose et demum a Christo sancitum et confirmatum. Zu dem oft übersehenen

hervorgehoben, „daß im alten und neuen Bund die Kinder nicht vom Bund ausgeschlossen sind"; die Kindertaufe der christlichen Gemeinde entspreche der Beschneidung als Siegel des alttestamentlichen Bundes.[15]

Calvin machte die Bundesidee zu einem integrierenden Bestandteil seiner Theologie.[16] Das Foedus (alliance) hat für ihn geschichtlichen und zugleich Offenbarungscharakter: Ex compacto mutua quaedam est obligatio inter ipsum (Deum) et populum. Die Bezeichnung *mutua obligatio* für den religiösen Bund stammte aus der Jurisprudenz. Calvin erfaßte sogar das Wesen der Religion darunter, das er am Beispiel des privatrechtlichen Vertrages aus dem römischen Recht erörterte. Er folgte dabei seinem berühmten Landsmann, dem Humanisten Guillaume Budé, der das foedus et pactum admirabile zwischen Gott und dem menschlichen Geschlecht bereits in den juristischen Formen der späteren Föderaltheologie erläutert hatte.[17] Das Verhältnis zwischen Obrigkeit und Untertan hat Calvin fast mit denselben Worten als mutua capitis et membrorum obligatio beschrieben.[18] Diese politische obligation mutuelle ver-

---

„Kristallisationspunkt des reformierten Protestantismus in der zweiten Generation der Reformatoren zunächst und vor Calvin Heinrich Bullinger" vgl. jetzt L. v. Muralt in Historia Mundi VII, Bern 1957, S. 110—113.

[15] Schrenk a. a. O. S. 43.

[16] J. Bohatec, Budé und Calvin. Studien z. Gedankenwelt des französ. Frühhumanismus. Graz 1950, S. 246. Mit ausführl. Quellenbeleg gegenüber Schrenk S. 44, der den Bundesgedanken nicht für konstitutiv hält. — Weitere Belege für die Bundesidee Calvins bei R. H. Murray, The Political Consequences of the Reformation. Studies in sixteenth-century thought. London 1926, S. 105—108.

[17] Bohatec a. a. O. S. 36 f. Daß für Calvin „der religiöse Gesichtspunkt als strikte Richtlinie für das Handeln der verantwortlichen Politiker" immer voranstand, lehrt neuerlich eine Betrachtung seines Briefwerks. Vgl. E. W. Zeeden, Calvins Einwirken auf die Reformation in Polen—Litauen. Hermann Aubin-Festschr. 1956, Syntagma Friburgense, S. 342.

[18] J. Bohatec, Calvins Lehre von Staat und Kirche. Breslau 1937, S. 64 ff. bzw. 239 ff. — Ders., Budé und Calvin, S. 450 f.

bindet sittliche wie juristische Momente miteinander und verankert sie religiös als Verpflichtung *vor* Gott. Der Fürst ist zum Schutz der Frömmigkeit, zur Befolgung der Gebote der ersten und zweiten Tafel des Dekalogs, zur Aufrechterhaltung der Rechtsordnung verpflichtet. Das Volk verpflichtet sich wiederum zum Gehorsam. Viele Gedanken- und Gefühlsinhalte schwingen in dieser Formel der *mutua obligatio* mit. Das Adjektiv *mutuus* scheint damals einen Zauberklang besessen zu haben. Wir begegnen ihm immer wieder in der Sphäre der Religion, der Moral und des Rechts, in der spanischen Scholastik wie in der reformierten Theologie, in der französischen Staatslehre wie in der puritanischen Revolution. Francisco de Vitoria z. B. sprach in seiner ›Relectio de matrimonio‹ (1531) von dem Zweck der Ehe: mutua obsequia et officia inter virum et foeminam, oder definierte: ratio matrimonii consistit in mutua traditione corporis et obligatione ad usum corporis. Melanchthon legte die Kindertaufe als mutuum foedus oder mutua obligatio zwischen Gott und Täufling aus. Calvin selbst hat für das mutuus im Staatsrecht auf die Huldigung bei einem Regierungsantritt Bezug genommen, auf die eidliche Verpflichtung der Fürsten und das Treueversprechen der Untertanen. Der Genfer Reformator trat ja für das ständestaatliche Prinzip ein, weil er sich der Bedeutung der deutschen Reichsstände bei der Einführung, Durchsetzung und Sicherung der Reformation gegen ein altgläubiges Reichsoberhaupt bewußt war. Eine Entsprechung zwischen der religiösen Bundesidee und dem Verhältnis von Volk und Herrscher wurde in der gemeinsamen römisch-rechtlichen Formel mutua obligatio gefunden. Aber Calvin hatte keineswegs aus dem Vertragsverhältnis schon einen Vorbehalt gefolgert, nach dem der eine Teil dem anderen nur solange verpflichtet bleibt, als dieser die Forderung des Vertrages erfüllt.

Nicht nur gegen die Täufer, sondern auch gegenüber den Lutheranern wurde der Bundesgedanke in der reformierten Sakramentenlehre von Wichtigkeit. Seit der Mitte des 16. Jahrhunderts finden wir die Föderaltheologie im westlichen Deutschland vertreten. Ursinus und Olevianus, die Verfasser des Heidelberger Katechismus (1563), waren ihre besonderen Förderer. Caspar Olevianus (1536 bis 1587), Dr. jur. der Universität Bourges, an der Calvin studiert hatte, später Professor für Theologie der reformierten nassauischen Landesuniversität Herborn, entwickelte in großartiger Gesamtschau die ›Geschichte Gottes mit der Menschheit unter dem Bild eines Bundes‹. Die Bundesangehörigen (confoederati) sind veri regni Christi cives, Bürger des durch den Gnadenbund Gottes gestifteten Reiches Christi. Die Verbindung von Foedus und Regnum Dei war als Modell für die naheliegende Verbindung von juristischem Vertragsdenken und weltlichem Reich nicht unwichtig.[19] Für den Calvinismus wird das Alte Testament eine Grundlage des religiösen und auch des politischen Handelns. Die Renovatio Veteris Testamenti in Schrift, Predigt und Psalmengesang muß in ihren Folgen für das soziale und öffentliche Leben ebenso hoch bewertet werden wie für das persönliche.

Als das Hauptwerk Olevians erschien, war bereits das erste bedeutsame Einwirken der Idee des religiösen Bundes auf die Lehre vom Staatsvertrag oder richtiger gesagt, die Gestaltung der politischen Vertragstheorie in Analogie zur biblischen Bundeslehre in Frankreich zu konstatieren. Der westeuropäische Protestantismus hatte sich gegen die altkirchlich bleibenden Monarchien durchsetzen müssen. In Frankreich, den Niederlanden, in Schottland wurden Formen der neuen Kirche ausgebildet, die weitgehend antimonarchisch in ihrer Haltung, bündisch-genossenschaftlich in ihrem Aufbau waren. Die Tatsachen sind bekannt: Die Covenants der

---

[19] H. Schlosser, Caspar Olevianus. Nassauische Lebensbilder I., Wiesbaden 1940, S. 67—73. Das Buch Olevians, De substantia foederis gratuiti inter Deum et electos, 1585, wurde unter dem Titel ›Der Gnadenbund Gottes‹ 1590 verdeutscht. 1599 erschien von dem Herborner Theologen Wilhelm Zepper das Buch ›Einfeltige Wegweis . . . wie man die Bibel . . . lesen möge‹. Hier geht Zepper von dem Grundgedanken der ›Vindiciae‹, dem Doppelbunde, aus und behandelt die vertraglichen Grundlagen des Verhältnisses von König und Volk. Der Theologe übernimmt die Kampfparole des Politikers. Ich danke diesen Hinweis einem Aufsatz von L. Hatzfeld, Moses und die Kriegskunst. Eine Studie zur Piscatorbibel. Nassauische Annalen 68 (1957) S. 285. — Zum „Kommando der Reichgottespolitik" über den Staat und zum zentralen Anliegen der Aufrichtung des Reiches Gottes bei Calvin vgl. R. Nürnberger, Die Politisierung des französischen Protestantismus, Tübingen 1948, S. 15—23.

schottischen Lords — der erste Covenant of liberty of worship vom Dezember 1557, der zweite Covenant mit der Versicherung der mutual assistance aller Unterzeichner bei der Verteidigung ihrer religiösen Rechte vom Mai 1559 — sind der Beginn der presbyterianischen Kirchenverfassung. In demselben Jahr 1559 organisierten sich die protestantischen Kirchen Frankreichs auf der ersten Pariser Generalsynode und einten sich in der Confessio Gallicana. Neben die kirchliche Organisation trat allmählich eine politisch-militärische, der Hugenottenbund. Der Kampf um die religiöse Selbstbestimmung verquickte sich hier wie überall mit den großen innenpolitischen Auseinandersetzungen, mit dem Kampf um Adelsherrschaft oder absolutes Königtum. Und über die Niederlande schrieb Philipp II. selbst: „Die Erfahrung der Vergangenheit zeigt, daß keine religiöse Veränderung geschieht, ohne daß sich gleichzeitig eine Veränderung im Staate vollzieht und daß häufig die Armen, die Müßiggänger und die Landstreicher das zum Vorwand nehmen, um Hab und Gut der Reichen an sich zu reißen." Der verheerende Bildersturm vom August 1566 zeigte den aufgespeicherten religiösen Fanatismus und nationalen Haß. Antimonarchische oder richtiger antiabsolutistische Kampfstimmung vereinte sich im flandrischen Aufstand mit konfessioneller Leidenschaft.

Die Bartholomäusnacht von 1572 bedeutete für den französischen Calvinismus eine große Wende in seinem Verhältnis zum Königtum. Da der rex christianissimus offensichtlich zum Mörder geworden war, radikalisierte sich die Auseinandersetzung der Hugenotten mit der Krone. Der Nachfolger Calvins in Genf, Theodor Beza, entwickelte 1574 in seiner Schrift ›De iure magistratuum in subditos‹ neue theoretische Grundlagen des Rechtes zum Widerstand und zur Absetzung eines Tyrannen.[20] Die Argumentation des Theologen und Juristen, der auch die humanistische Naturrechtslehre Spaniens übernahm,[21] ist überzeugend. Die Fakten der jüdischen

[20] Sh. zuletzt A. A. van Schelven, Bezas De iure magistratuum in subditos. Arch. f. Reformationsgesch. Bd. 45, 1954. Hier benutzte Ausgabe von Beza, De jure, angebunden an die Ausgabe der Vindiciae contra tyrannos, Frankfurt 1608.

[21] Reibstein, Althusius, S. 158 ff., hat als erster diesen Zusammenhang mit der spanischen Spätscholastik festgestellt. C. J. Friedrich wendet sich

Bundesschlüsse werden von Beza zum Nachweis benutzt, daß David und Salomo zwar von Gott auserwählt, aber doch vom Volke erst wirklich zu Königen gemacht worden sind. Daher leite sich die Autorität der Könige von der Autorität des Volkes ab.[22] Die mutua obligatio inter regem et regni officiarios (p. 213 f.), das mutuum iuramentum inter regem ipsum et populum (p. 229) werden in der Bibel, in der Geschichte, im Staatsrecht der Gegenwart als zwingend aufgezeigt.

Voll ausgeprägt und gestaltet finden wir die Idee des biblischen Bundes in der berühmtesten monarchomachischen Schrift, den Vindiciae contra tyrannos (1574, gedruckt 1579), einem schnell weit verbreiteten und oft nachgedruckten theologischen und juristischen Meisterwerk.[23] Durch das Interesse für das Widerstandsrecht und

gegen eine Überbewertung dieses 'rein dialektischen' Verhältnisses. Zs. Rechtsgesch. Germ.Abt. 74 (1957), S. 378 f.

[22] Inde sequitur Magistratuum omnium . . . auctoritatem, a publica eorum auctoritate pendere, qui ipsos ad hunc dignitatis gradum evexerunt; non contra. S. 220. Reibstein sagt zu diesem Satz, Beza stellt „die Verbindung zwischen der Volkssouveränität und den sogenannten Mittelinstanzen" her. Damit wird der ständische Staatsaufbau vom Naturrechtsgedanken durchdrungen. Eine für die Zukunft sehr folgenreiche Erweiterung der naturrechtlichen Theorie in enger Wechselwirkung mit den politischen Verhältnissen Englands und Schottlands, auf die Beza hinweist. Man sollte in der Staatslehre neben den Begriffen der Fürsten- und Volkssouveränität stärker den Begriff Magistratssouveränität verwenden. Damit würde man die Wirklichkeit der Zeit und auch ihre Bestrebungen besser erfassen. Huizinga hat darauf hingewiesen, daß die meisten niederländischen Calvinisten die Souveränität bei den niederen Magistraten, den Staaten, suchten.

[23] Für die immer noch umstrittene Frage, ob Philipp Duplessis-Mornay oder Hubert Languet die Vindiciae verfaßt hat oder haben, vgl. die Literaturangaben bei P. Mesnard, L'essor de la Philosophie Politique au XVIe siècle. Paris ²1951, S. 337, Anm. 2 und Supplément bibliograph. S. 13, bzw. Reibstein, Althusius, S. 173, Anm. 119. — Zur politischen Einordnung der Vindiciae siehe A. Elkan, Die Publizistik der Bartholomäusnacht und Mornays Vindiciae contra Tyrannos, Heidelberg 1905, 60—171, und W. Näf, Herrschaftsverträge und die Lehre vom Herrschaftsvertrag. Schweizer Beitr. z. allg. Gesch. 7 (1949) 41—50. Für Näf beginnt übri-

durch die ihm gewidmete Darstellung von Wolzendorff ist das
Augenmerk vornehmlich auf die dritte Abhandlung der Vindiciae
gelenkt worden, während die hier entwickelte Vertragstheorie bereits vorher in der Lehre vom doppelten Bund ihre theologisch-
moralische Begründung erhält. Vier Fragen werden insgesamt erörtert: Sind die Untertanen einem Fürsten zum Gehorsam verpflichtet, dessen Gebote dem Gesetz Gottes widersprechen? Darf man
dem Fürsten Widerstand leisten, wenn er das Gesetz Gottes verletzt? Ist es erlaubt, einem Fürsten zu widerstehen, der den Staat
zugrunde richtet? Schließlich wird gefragt, ob benachbarte Fürsten
aus geistlichen oder politischen Gründen fremden Untertanen helfen
dürfen oder sollen. Alle vier ganz aktuellen Fragen, die jeden
Hugenotten in seiner religiösen wie politisch-militärischen Opposition gegen den König bewegen mußten, sind zustimmend beantwortet; damit wurde die Entschlossenheit zum Kampf verstärkt
und aufkommender Zweifel zerstreut.

Die entscheidende Rechtfertigung dieser positiven Antworten
liegt in der Anwendung und Auslegung der alles tragenden religiösen Bundesidee, die beherrschend bereits bei der Quaestio prima
abgehandelt wird. Längere Ausführungen anhand des Alten Testamentes und in Formen des geltenden Staatsrechts schaffen eine allgemeine Grundlegung. Der König muß als Gottes Vasall gelten,
denn er besitzt nur eine abgeleitete Gewalt im Gegensatz zur selb-
ständigen absoluten Herrschaft und Gewalt Gottes. Wenn der König
gegen die Gebote seines Oberherrn verstößt, begeht er wie jeder
Vasall Felonie und verliert de jure, wenn nicht de facto, seine Herrschaft. Die Könige bleiben also immer Diener Gottes. Diese Tatsache geht erst recht aus dem Bunde hervor, der zwischen Gott und
König feierlich geschlossen wird.[24] Gott ist und bleibt der Herr der

gens erst mit der Vertragstheorie der 70er Jahre des 16. Jahrhunderts
die moderne Staatslehre. So hoch möchte ich nun nicht den Vertragsgedanken der Vindiciae bewerten, aber eine Wende besteht darin, daß
das Politische „Recht und Maß innerhalb des gesamten Vertragsgefüges,
durch das Gott die Menschen in Pflicht genommen hat", gewinnt (Näf 44).

[24] Haec ex foedere inter Deum & regem fieri solito (confoederatorum
enim nomine seruos suos dignatur Deus) perspicua erunt. Duplex autem

Welt. Gegen seine Omnipotenz ist auch ein König nur ein kleiner Vasall, der bei Vergehen gegen seinen Herrn bestraft wird. Der allmächtige Gott hat die Welt aus dem Nichts erschaffen, ein König aber bleibt gegen Gott ein Mensch, ist ein Nichts. In lehnstaatsrechtlichen Bildern wird also das durch den Bund begründete Verhältnis Gottes zum König geschildert. Wenn er Gott leugnet und zu dessen Feinden übergeht, so folgert der im Abwehrkampf stehende Calvinist, dann verliert der Herrscher sein Reich, und die Untertanen sind nicht länger zum Gehorsam verpflichtet.

Nun erfolgt eine genauere Untersuchung des Doppelbundes. In der Bibel lesen wir von ihm bei der Einsetzung der Könige: von einem ersten Bund zwischen Gott und König bzw. Volk, damit das Volk Gottes Volk sei und bleibe, von einem zweiten zwischen König und Volk, damit ein guter Herrscher gehorsame Untertanen habe. Zunächst einmal behandelt der Verfasser der Vindiciae das erste Bündnis zwischen Gott, König und Volk. Mit glänzender theologischer Kenntnis werden die historischen Gnadenbünde im Alten Testament wie Edelsteine auf Gehalt und Gewicht abgeklopft und untersucht. Da der Alte Bund im Neuen Testament weiterlebt, gilt auch für die heutigen Herrscher, was für die jüdischen Könige galt. Das Evangelium hat die Stelle des Alten Testamentes eingenommen, und die christlichen Könige stehen anstelle der mosaischen. Es ist der gleiche Bund, es sind die gleichen Vertragsbedingungen, die gleichen Strafen, es ist der gleiche allmächtige, die Treulosigkeit strafende Gott.[25] Die politischen Lehren des Alten Testamentes haben wie die religiösen ihre Gültigkeit.

foedus in Regum inauguratione legimus: primum, inter Deum & Regem, & Populum, ut esset Populus, Dei Populus. Secundum vero, inter Regem & Populum, ut bene imperanti bene obtemperaretur. Vindiciae, Ausg. 1608, S. 9, ähnlich bereits S. 6, später S. 28 u. ö. Auf die Anführung der Bibelstellen der Bundschließungen kann ich in diesem Zusammenhange verzichten, vgl. hierfür z. B. die Angaben bei Schrenk.

[25] De Regibus tamen Christianis idem prorsus dicendum est. Evangelium successit legi, Reges Christiani Iudaicorum loco sunt. Idem pactum est, eaedem conditiones, eaedem poenae ni impleantur, idem vindex perfidiae Deus omnipotens. Vind. S. 14.

Daher wird die quaestio secunda, ob ein Widerstand in geistlichen Dingen erlaubt sei, unter ausdrücklichem Hinweis auf den Bund Gottes unter Moses bejaht. Was dem jüdischen Volk erlaubt war, muß jedem christlichen Volke ebenfalls erlaubt sein. Der Bund mit Moses, der mit den israelitischen Königen wieder erneuert wurde, ist zur Aufrechterhaltung des Gesetzes Gottes abgeschlossen worden. Die Erneuerung dieses Bundes geschieht nun nicht allein zwischen Gott und den Königen, sondern auch zwischen Gott und dem Volke. Dieser letzte Teil des Bundes hat seinen besonderen Sinn. Er ist von Gott nicht von ungefähr eingegangen, sondern er gab dem Volk folgende konkrete Aufgabe: Es war zu gefährlich, einem einzigen schwachen Menschen die 'Kirche' anzuvertrauen. Daher übertrug er die Sorge und Verantwortlichkeit für sie auch dem Volke. Die Übertragung wird im römisch-rechtlichen Denken einer Stipulation, eines mündlich abgeschlossenen Vertrages, geschildert, bei dem Gott als Gläubiger und der König sowie das ganze Volk als Schuldner sich gegenüberstehen. Die Schuldner verpflichten sich, darüber zu wachen, daß der Bund mit Gott aufrechterhalten wird. Beide haften füreinander. Der König haftet, wenn er den Abfall Israels von Gott untätig zuläßt. Und das Volk haftet, wenn es nicht, gegebenenfalls auch mit Zwang, gegen den König einschreitet, falls er zu fremden Göttern übergeht und andere dazu verführt.

An dieser Stelle wird zum erstenmal das Recht des Volkes näher bestimmt: Gott nimmt das Volk feierlich in den Bundesvertrag auf, d. h. er erklärt es für befähigt und berechtigt, gegen den König einzuschreiten. Es soll verhindern, daß die Könige das Volk vom rechten Glauben wegführen und die Grundlagen der Kirche zerstören. Höchst dramatisch fragt der Verfasser der Vindiciae dreimal: Warum hat Gott die Zustimmung des Volkes gefordert? Warum läßt er Israel und Juda auf das göttliche Gesetz verpflichten? Warum das feierliche Bekenntnis ablegen, daß sie auf ewig ein Volk Gottes sein wollen?, um nun zu schließen: Wenn er ihnen nicht auch die Autorität und Macht zum Eingreifen geben will? Eindeutig und klar hat Gott bekannt, daß das Volk das Recht habe, diese Aufgabe zu erfüllen. In der Tat haben die jüdischen Propheten das Volk im Namen Gottes immer wieder aufgefordert, seine Schuldigkeit zu tun, und wenn das Volk versagt hat, hat Gott es ebenso wie den König gestraft. Die Souveränität des Volkes in den geistlichen Fragen ist also der des Fürsten ebenbürtig. Das ist die aus dem feierlichen Bund des Volkes mit Gott abgeleitete Lehre in sacris. Der Übergang zur bekannten Lehre des Widerstandes durch die Reichsstände und Magistrate, die das Volk repräsentieren und vertreten, hat uns im Rahmen unserer beschränkten Zielsetzung nicht zu beschäftigen. Aus jenem Vertrage ergibt sich noch die wichtige Bestimmung, daß, selbst wenn der König und der größte Teil des Volkes abgefallen sind, die Minderheit Widerstand zu leisten hat, weil jeder Teil des Ganzen Gott Treue geschworen hat. Dies war eine Rechtfertigung des Kampfes der seit der Bartholomäusnacht zur Minderheit verurteilten Hugenotten.

Im engen Zusammenhang mit der Beantwortung der zweiten Frage steht auch die dritte, die das Gemeinwesen, die politica, betrifft. Die kirchlich-religiöse Fragestellung ließ sich von der politischen in jener Zeit nicht trennen. Aus der kirchlichen Gemeinde wird in den Vindiciae ohne Umschweife das politische Volk. War es damals im Leben der calvinischen Franzosen und Schotten nicht wirklich so? Fielen doch in den hugenottischen Landschaften kirchliche, politische und militärische Gemeinde zusammen. Der Verfasser der Vindiciae untersucht anhand der Bibel noch einmal die Rollen von Gott und Volk bei der Einsetzung der Könige. Gott hat die Könige erwählt, das Volk aber hat sie bestätigt und eingesetzt: erst vom Volke wird ihnen das Reich übertragen. Nach der göttlichen Wahl erhalten die Könige gemäß dem Willen Gottes vom Volke all ihre Macht, wie groß sie auch sei. Daraus folgt eine Verpflichtung des Herrschers, die durch eine Betrachtung des zweiten Vertrages zwischen König und Volk klargestellt wird.[26] Der Verfasser der Vindiciae spricht von der lex regia, von dem Bündnis *vor* Gott mit den Ältesten Israels, von dem Bundesbuch, in dem die Gesetze der Religion und der Gerechtigkeit, also der sacra et

---

[26] Foedus sive pactum inter Regem et Populum, Vind. S. 125; est inter principem & populum ubique locorum mutua et reciproca obligatio. S. 154.

politica, aufgezeichnet sind. Er schildert das pactum der Königswahl, denn das Volk macht den König, nicht der König das Volk.
Hierbei dient wieder das Recht der Stipulation zur näheren Erklärung. Das Volk ist derjenige Vertragsteil, der sich vom König
angeloben läßt, daß er gerecht und den Gesetzen gemäß regieren
wolle. Und *nach* dieser Verpflichtung antwortet das Volk, daß es
ihm getreulich gehorchen wolle, wenn er gerecht regiere. Der König
leistet also sein Versprechen schlechthin, das Volk dagegen unter
einer Bedingung: Bei Nichterfüllung des königlichen Versprechens
soll es ohne weiteres von aller Verbindlichkeit frei sein.[27] Der Vorbehalt wird aus der rechtlich stärkeren Stellung des Stipulators
gefolgert. Die m. E. in der gesamten Literatur bisher nicht beachtete,
verfassungsgeschichtlich und staatsrechtlich ebenso interessante wie
wichtige Formulierung *populus . . . omni obligatione solutus* scheint
eine bewußte Gegenformel zum berühmten römischen Rechtssatz
princeps legibus solutus zu sein. Ihn hatte gerade drei Jahre vor dem
Erscheinen der Vindiciae Jean Bodin in seinen De Republica libri
sex (1576) erneuert. Die mutua obligatio ist nach allem bisher
Gesagten eine religiös, ethisch und juristisch 'verbindliche' Grundlage der Gesetze, also kann bei Verletzung der mutua obligatio
durch den Fürsten das 'Volk' auch legibus solutus sein.

Während beim ersten Vertrag zwischen Gott, Herrscher und Volk
Gott allein der Rächer ist, rächen in dem zweiten Vertrage des
Doppelbundes das gesamte Volk oder stellvertretend die Großen
des Reiches die Übertretung des Gesetzes. Diese biblische Lehre vom
Staatsvertrag hat der Verfasser der Vindiciae dann nicht nur als
in der Geschichte der Perser, Griechen (zwischen den spartanischen
Königen und den Ephoren wurde der Vertrag allmonatlich erneuert) und Römer zutreffend erwiesen, sondern auch in allen

---

[27] Populus enim regem faciebat, non rex populum. Itaq; non dubium
est, quin populus stipularetur, rex promitterent. Stipulatoris vero partes
in iure potiores censentur. Stipulabatur ille a rege, an non iuste & secundum leges regnaturus esset? hic, facturum spondebat. Populus demum se
iuste imperanti fideliter obsequuturum respondebat. Itaque promittebat
rex pure, populus sub conditione: quae si non impleretur, populus ipso
iure omni obligatione solutus censeretur. In primo foedere seu pacto,
Pietas in obligationem venit: in secundo, Iustitia. Vind. S. 126.

Rechten seiner Gegenwart verfolgt. Die behauptete Koinzidenz des religiösen und politischen Denkens, der historisch-alttestamentlichen und aktuell-ständestaatlichen Situation wird zur überzeugenden Gewißheit gesteigert. Der Verfasser erinnert an die Wahlkapitulation Kaiser Karls V. und seiner Nachfolger, an die Zustände in Polen, Ungarn, Böhmen, um schließlich die Krönungsordnungen Frankreichs und Spaniens sorgfältig durchzugehen. Er erinnert eindrucksvoll an das Verlesen „uralter Verträge, in denen gar nichts dem Gemeinwesen Förderliches vergessen ist", vor der Huldigung des Herzogs von Brabant, an die berühmte „Joyeuse Entrée" von 1356. Selbst Philipp von Spanien, der mächtigste König der Zeit, mußte als Herzog diese ihm vorgelegten Verträge beschwören.

In leichter Wendung wird auch das Naturrecht eingeführt, nämlich die Befreiung von einem Versprechen contra bonos mores, contra naturae ius. Zum Schluß definiert der Verfasser den Staatsvertrag als eine zwischen König und Volk bestehende mutua obligatio quae sive civilis sive naturalis tantum sit sive tacita sive verbis concepta. Die Kraft der wechselseitigen Verpflichtung ist so groß, daß ein Fürst, der sie hartnäckig verletzt, als Tyrann, ein Volk, das sie mutwillig bricht, als aufrührerisch bezeichnet werden kann. Die weitere Beantwortung der dritten und der vierten Frage ist bekannt.

Bei den Vindiciae wurde die Idee des religiösen Bundes mit der Lehre vom Staatsvertrag in dem Begriff des duplex foedus eng verknüpft. Die politischen Folgerungen für die Vertragstheorie ergaben sich mit einer gewissen Notwendigkeit aus den religiösen Prämissen. Dennoch blieb ein unüberwindlicher Widerspruch „zwischen der alttestamentlich-reformatorischen Bundestheorie und einer wie auch immer verstandenen Volkssouveränität" bestehen, ein Widerspruch, auf den wir hier nur aufmerksam machen können.[28]

Das religiöse und politische Gedankengut der immer wieder neu aufgelegten Schrift Vindiciae contra tyrannos lebte in den calvinistischen Kreisen Frankreichs, Englands, Deutschlands und vornehmlich der Nordniederlande weiter. Die Kampfparolen gegen die

---

[28] Reibstein a. a. O., S. 176—184, hat diesen so von ihm formulierten Widerspruch scharfsinnig untersucht.

absolute Monarchie und den durch sie angestrebten konfessionellen Zwangs- und Einheitsstaat blieben in engem Zusammenhang mit der Theologie des Gnadenbundes. Ihnen gemeinsam war der Grundgedanke eines Vertrages *mit* oder *vor* Gott, der alle Teile sittlich und rechtlich gegenseitig bindet (mutua obligatio) ebenso wie das offenbarte Wort Gottes. Von dieser real-geistigen alttestamentlichen Basis aus wurden die Tatsachen der biblischen wie der profanen Geschichte betrachtet, alle Vertragselemente herausgehoben, wurde ebenso das geltende Staatsrecht untersucht. So traten die ständestaatlichen Gegebenheiten immer stärker in den Vordergrund und konnten z. B. in den Werken Hotmans die religiösen Beziehungen der Vertragstheorie zeitweise ganz in Vergessenheit geraten lassen.

Bisher haben wir allein vom Staatsvertrag gesprochen, obwohl man in ihm den Herrschafts- vom Gesellschaftsvertrag trennt. Aber wir dürfen mit Recht sagen, daß diese Sonderung den Zeitgenossen der monarchomachischen Literatur gerade erst bewußt zu werden begann und bei unseren Schriftstellern bisher keine Rolle spielte.[29] Staats- und Herrschaftsvertrag waren noch identisch.[30]

Das wird jetzt anders mit Hooker und Althusius. Richard Hooker stand im Lager der anglikanischen Hochkirche, war also Gegner der englischen Calvinisten. Er bildet mit der Ausgestaltung des Gesellschaftsvertrages in seiner Ecclesiastical Polity (seit 1594) keinen Gegenstand unserer Betrachtung. Dagegen stellt die Politica methodice digesta (1603) von Johannes Althusius, der fast 20 Jahre an der von der religiösen Bundesidee und Reichgottesvorstellung bestimmten Hochschule in Herborn lehrte, eine große Aufgabe. Wir können sie nur andeuten, denn das Vertragsdenken nimmt in seiner umfassenden Soziallehre eine zentrale Stellung ein. Schon der Auf-

---

[29] Vor einer Überschätzung der Trennung warnt aus der Vertrautheit mit der Materie G. Michaelis. Zum Streit, ob Hooker (so Jellinek) oder Althusius (so Gierke) der eigentliche Schöpfer des Gesellschaftsvertrages genannt werden soll, ebenfalls G. Michaelis, Richard Hooker als politischer Denker, Berlin 1933, S. 52 ff.

[30] Die antike und mittelalterliche Ideengeschichte des Herrschaftsvertrages können wir in unserem Zusammenhang übergehen. Dazu J. W. Gough, oben Anm. 1; G. Jellinek, Allgemeine Staatslehre, S. 202, bzw. O. Gierke, Althusius, S. 77 ff.

bau der sozialen Verbände von der Familie über Korporation, Gemeinde, Territorialstaat bis zum Reich geschieht bei Althusius durch immer wiederholte 'Verbündung' der Menschen (consociatio). *Politica est ars consociandi.* Der ausgesprochen vertragsmäßige Charakter jeder Verbündung (pactum) kann nur erwähnt werden. Neben dem ius bleibt die mutua obligatio, neben dem rein rechtlichen das sittlich-religiöse Prinzip, konstitutiv. Damit sind wechselseitige Elemente der feudalen lehns- und grundherrlichen Zustände erhalten: mutuum auxilium et consilium, data et accepta fides (Polit. II 3). Alle Vorsteher der jeweiligen Gemeinschaften gelangen aufgrund vertraglicher Abmachungen an ihre Stelle, schließlich auch der höchste Magistrat der consociatio mixta publica universalis, der Herrscher eines Reiches. Althusius spricht hier (c. XIX) vom contractum reciprocum, durch den Herrscher und Volk oder dessen Vertreter, die Ephoren, sich verpflichten, das Zugesagte gewissenhaft einzuhalten. Damit erscheint auch, obligatio vicissim genannt, die Wahlkapitulation des Reiches, wie Althusius überhaupt bestehende Einrichtungen der Reichsverfassung seiner bewußt altertümelnden genossenschaftlich-föderalistischen Sozial- und Staatslehre zugrunde gelegt hat. Der Herborner Professor beruft sich auf spanische Naturrechtslehrer, auf Hugenotten und den Verfasser der Vindiciae. Später hat er als Syndikus der streng calvinischen Stadt Emden in der neuen Auflage seiner ›Politik‹ den biblischen Zitatenschatz gewaltig vermehrt, sicherlich als echter Calvinist (C. J. Friedrich).[31] Ein zwiefaches Geflecht von Verträgen von horizontalen, die Gemeinschaft bildenden, deren erster der Gesellschaftsvertrag ist, und von vertikalen, die Ordnung gestaltenden, deren höchster der Herrschaftsvertrag ist, wird gesponnen, beherrscht vom Gedanken an die mutua obligatio, eine von Gott

[31] Die früheren, auf Reibstein S. 197 ff. und H. Antholz, Die politische Wirksamkeit des Johannes Althusius in Emden, Aurich 1955, S. 20 f., gestützten Zweifel an der calvinistischen Grundlegung der „Politik", die ich an dieser Stelle 1958 äußerte, sind nach mehrmaliger Lektüre der Politica methodice digesta ganz aufgegeben. Vgl. jetzt auch P. J. Winters, Die „Politik" des Johannes Althusius und ihre zeitgenössischen Quellen, Freiburg 1963, S. 153—160 und 255—258.

verordnete gegenseitige Pflicht, die nun institutionell zu sichern gesucht wird.

Mag Althusius über die biblische Grundlage bereits hinausgeschritten sein, auf das Modell des pactum religiosum verzichtet er bei der Erörterung des obersten Magistrats nicht (XIX 34). Allerdings wird erst in dem Kapitel über die Verwaltung der Kirche der religiöse Bund näher dargestellt (XXVIII 15. 16. 17. 23). Die alttestamentlichen Bundesbeispiele werden wiederholt. Aus der zentralen konstitutiven Stellung, die die religiöse Bundesidee beim Verfasser der Vindiciae einnahm, ist sie bei Althusius verdrängt. An die Stelle der biblisch-moraltheologischen Grundlage der Vertragstheorie tritt teils verhüllt, teils offen das weltanschaulich-moralphilosophische Prinzip des humanistischen Naturrechts der Schule von Salamanca. Mit der Rechristianisierung des spanischen Naturrechts durch Suarez wird sodann das europäische Naturrecht unter Grotius wieder zeitweise christlicher. Der Prozeß der Enttheologisierung der Welt, der große Vorgang der Säkularisation, ist eben kein gradliniger gewesen, sondern wurde immer wieder unterbrochen so wie der reale politische Prozeß der neuzeitlichen Staatwerdung auch. Was später auf dem Kontinent an Literatur über den Staatsvertrag erscheint, läßt die religiösen Motive jenes Kampfjahrzehnts zwischen 1570 und 1580 nur noch schwach erkennen.

Das hängt wohl tief mit den inneren Verhältnissen der kontinentalen Staaten zusammen. Die hugenottische Kirche erhielt 1598 ihre staatsrechtliche Anerkennung durch Heinrich IV. Damit wurden ihre Grundlagen gesichert, die französisch-protestantische Staatslehre konnte sich bejahend zum toleranten Staat und zur Monarchie einstellen. Auch in den Nordniederlanden war religiöse Sicherheit gegeben. Hier unter den speziellen sozialen Gegebenheiten des bürgerlichen Handelskapitalismus beeinflußte das weltlich-humanistische Natur- und Völkerrecht bald Staatswirklichkeit und -lehre weitgehend. Von der religiösen Bundesidee, die zwar im Kampf gegen die calvinistische Neuscholastik zur großartigen Föderaltheologie ausgestaltet wurde, hören wir bei den kontinentalen Vertretern der politischen Vertragstheorie immer weniger. Allein die englischen Puritaner in den harten Auseinandersetzungen

mit Hochkirche und Monarchie, die presbyterianische Kirche Schottlands im Kampf gegen ihren König blieben der biblischen Bundesidee und den aus ihr gezogenen Konsequenzen treu. Der alttesta-
mentliche Bund als moralisch und juristisch interpretiertes Vorbild
politischer Verfassung tauchte immer wieder auf. Ich kann hier
nicht den Wandlungen des Covenant-Denkens nachgehen von dem
denkwürdigen Mayflower-Compact[32] über die kolonialen Pflan-
zungsverträge bis zu dem Prinzip des Covenant in der puritanischen Revolution, wo das duplex foedus der Vindiciae im
Covenant of the king with the Lord bzw. im Covenant betwixt
the king and the people weiterlebte[33] und den antipuritanischen
Absolutisten Thomas Hobbes zur anfangs erwähnten Antwort
herausforderte. Die eigentliche Auswirkung gewann das Covenant-
Denken bei den Puritaner-Auswanderern in Amerika. Perry Miller
hat die Bedeutung dieser Doktrin für die amerikanische Geistesgeschichte als 'immens' bezeichnet und in offenbaren Gegensatz zu
den minderen Wirkungen in Europa gestellt. Im 4. Buch seines
gelehrten Werkes widmet er unter der bezeichnenden Überschrift
›Sociology‹ dem Covenant of grace, dem Social Covenant und dem

---

[32] Im Mayflower-Compact vom 11. November 1620 lautet die charakteristische Stelle des Vertrages: ". . . Do by these Presents, solemnly and
mutually in the Presence of God and one another covenant and
combine ourselves together into a civil Body Politick, for our better
Ordering and Preservation, and Furtherance of the Ends aforesaid."
Basic American Documents. Ed. by G. B. de Huszar, H. W. and A. W.
Littlefield. Ames, Iowa (s. a.) S. 7.

[33] Vgl. z. B. A. S. P. Woodhouse, Puritanism and liberty being the
Army Debates (1647—1649) from the Clarke manuscripts. London 1951,
S. 207 f. Im gleichen Jahr wurden der alte Bund und der Gnadenbund
als Vorbilder bei den Debatten über die freie Kirche herangezogen. S. 297.
Die Einleitung von Woodhouse geht der Wirklichkeit des covenant im
englischen Gemeindeleben des Kongregationalismus nach. Besonders für
den Separatismus wird der Bundesschluß zum grundlegenden persönlichen
Erlebnis und zum Eckstein des kirchlichen Lebens. Albert Peel, The Christian Basis of Democracy, London 1943, nimmt wohl mit Recht mit
anderen Forschern eine demokratische Erziehung durch die demokratisch gebildeten kirchlichen Gemeinden an.

Church Covenant jeweils eigene Kapitel.[34] Sie zeigen auf, wie in
Neuengland, aber auch in Massachusetts und Connecticut Theologen
und Politiker im Covenant-Prinzip die theoretische Grundlage
zugleich für die Erlösung des Menschen, für den Bau der Gesellschaft und für die Gestaltung der Kirche fanden. Der Vertragsgedanke ist somit ein puritanisches Grundprinzip.

Mit welcher Intensität der Bundesgedanke auch in Schottland
vertreten wurde, zeigt der Kampf gegen die Einführung der anglikanischen Kirchengesetze. Man fühlte sich in der schwierigen Lage,
„entweder Prozesse und Exkommunikation erwarten oder seinen
Bund mit Gott brechen zu müssen", hat Ranke in seiner Englischen
Geschichte schon treffend bemerkt. So kommt es 1638 zu dem berühmtesten der schottischen Covenants[35], den man wie den von
1581 „als ein Bündnis der Nation betrachtet — in sich selbst und
mit Gott —, denn bei dem großen Namen Gottes beschwur man
es". Die Akte der mutual assistance wurde in der Kirche Black-
friars zu Edinburgh feierlich verlesen und unterschrieben. Religiöser
Fanatismus stand ebenso hinter dem Convenant wie Freiheitsliebe.
In Wort und Tat setzte das schottische Volk die Theorien in die
Praxis um, die Languet und Buchanan entwickelt hatten, wie Dunning schreibt.[36] Gestützt auf die Bünde (covenants) des Alten Testamentes verpfändeten sich die Unterzeichner, die Ordnung ihres
Gottesdienstes und ihrer Kirche aufrechtzuerhalten und sich dem

---

[34] P. Miller, The New England Mind. I: The Seventeenth Century,
Cambridge/Mass. [2]1954. S. 365—397, 398—431, 432—462. S. auch Index,
Covenant. Die Ideen sind von Miller weiterverfolgt für die Zeit von 1660
bis 1730 in Bd. II: From Colony to Province, Cambr. 1953.

[35] Abgedruckt in S. R. Gardiner, The constitutional Documents of the
puritan revolution 1625—1660, Oxford [3]1951, S. 124—134. Dort auch
S. 267—271 das feierliche kirchen- und außenpolitische Bündnis zwischen
Schottland und England, den "mutual and solemn league and covenant"
von 1643. Die historischen „Bundesschlüsse" der englischen Revolution,
die Heeres- und Volksverträge können hier nicht beschrieben werden.

[36] W. A. Dunning, A history of political theories from Luther to
Montesquieu, New York 1923. II, S. 224. Mit Languet ist der Verfasser
der Vindiciae gemeint.

König gegenüber ehrerbietig zu verhalten, solange er mit den Gesetzen der Kirche und des Parlamentes übereinstimmen würde. Für kurze Zeit kontinental-europäischer und längere Zeit angelsächsisch-amerikanischer Geschichte ist eine enge Verknüpfung, ja innere Harmonie zwischen der Idee des religiösen Bundes und der Vertragslehre, sei es Gesellschafts-, sei es Herrschaftsvertrag, festzustellen. Das politische und soziale Gemeinwesen soll ein Bund *vor* Gott sein in Analogie zur religiösen Gemeinde, die ein Bund Gottes mit den Menschen ist. Die Vertragstheorie des Altertums und Mittelalters spielte zunächst doch kaum eine Rolle. Das neue, auf Vertrag gegründete Staats- und Gemeinschaftsideal wurde von religiöser Begeisterung getragen: es ist die Sozialidee des calvinistischen Protestantismus. Sie nimmt auf dem Kontinent bald die weiterführenden naturrechtlichen Lehren der spanischen Moralphilosophie und Jurisprudenz auf.

Die jüdisch-christliche Theologie wurde durch das römische Privatrecht und das fränkisch-europäische Lehnrecht interpretiert. Die wechselseitige Verwendung des allen Bereichen gemeinsamen Begriffs der mutua obligatio ermöglichte juristische Erläuterungen im theologischen Bezirk, theologische Vertiefungen auf juristischem Gebiet und ethische Feststellungen in beiden Disziplinen. Eine nach unseren Begriffen ständige Grenzüberschreitung fand statt. Ihr leisteten die Ansprüche der Moraltheologie und Moralphilosophie Vorschub, die das menschliche Verhalten an sich (Ethik), den Bau der kleinsten Herrschafts- und Wirtschaftseinheit (Ökonomie = Lehre vom Hause) wie der größten Gemeinschaft (Politik = Lehre von der Gesellung) regeln wollten. Die drei obengenannten Vorstellungskreise boten dem öffentlich-staatlichen Leben ihre vertragsrechtlichen Elemente an: den Bundesgedanken des Alten Testamentes, den Verbalkontrakt der Stipulatio und die gegenseitige Treueverpflichtung der Gefolgschaft. Jüdisches, römisch-romanisches und germanisches Denken gaben der calvinistischen Lehre vom Sozialvertrag eine religiöse, rechtliche und sittliche Geschlossenheit, Tiefe und Gewalt. Für die Umwandlung mittelalterlicher Statusverträge in ein freies Vertragsleben bedeutete die neue Lehre zusammen mit dem Vordrängen römischen Rechtsdenkens, mit der Auslegung der mutua obligatio durch die Begriffe pactum und

contractus ein auflockerndes Moment. Gegenüber dem beharren-
den Status-Prinzip lag in dem Kontraktdenken eine Anerkenntnis
wechselnder Bedingungen, der Möglichkeit oder des Zwanges zu
Veränderungen in bestimmten politischen Situationen.

Diese Auffassung vom historischen Zwang und der unerbittlichen
Notwendigkeit hätte eine leichte Berührungsmöglichkeit mit der
so ganz anders gearteten und gerichteten politischen Ideenwelt
schaffen können, die von Machiavelli ausging. Aber gegenüber der
nüchternen Staatsräson bildete die beherrschende Idee der mutua
obligatio eine religiöse und ethische Bindung, die beim Verblassen
der theologischen Ausgangsposition nur den Weg frei gab zum
stoisch-naturrechtlichen Staatsgedanken, der von der sittlichen
Pflicht bestimmt wird. Die calvinistischen Lehrer des Staatsvertrages haben den Kampf gegen die religiöse Bedrückung aufgenommen in Übereinstimmung mit ihrer Theologie unter Bezug auf die
alttestamentlichen Bundesschließungen. Noch die englische Revolution beruft sich in ihren Debatten und Flugschriften darauf.[37] Die
hier auch geführte Auseinandersetzung zwischen dem Covenant of
grace und dem Natural right als dem tragenden Grunde der Vertragstheorie ist bisher wenig beachtet worden. Sie scheint aufschlußreich zu sein für jene Frage, warum das Symbol des religiösen
Bundes, das so viel im Kampf für eine freiheitlichere politische
Gestaltung bedeutet hat, auf dem Wege zur Demokratie wieder
weichen mußte. Auf dem Kontinent dürfte das biblische Bundes-
denken mit seiner ständestaatlichen und feudalen Auslegung als
rückschrittlich empfunden worden sein. Vermutlich dürfte auch die

[37] Vgl. hierfür die gehaltvolle kleine Schrift von Heinrich Dietz, Die
Große Englische Revolution. Wechselwirkungen ihrer relig. u. polit.
Dynamik. Schloß Laupheim/Württ. 1956. Wichtig in unserem Zusammenhang ist der Hinweis auf den 'New England Way', die massenhafte Rück-
wanderung englischer Independenten aus Holland und Nordamerika nach
England seit 1640, die natürlich den Covenant-Gedanken mitbrachten
(S. 21 f.). — Für den Zusammenhang im Vertragsdenken der Vindiciae,
des Althusius und Miltons vgl. auch J. Bohatec, England und die Geschichte der Menschen- und Bürgerrechte. Graz-Köln 1956, S. 87—98, und
allgemein I. H. M. Salmon, The French Religious Wars in English Political Thought, Oxford 1959.

mehrfache scharfe Analyse von Hobbes ganz im Sinne der fort-
schreitenden Enttheologisierung des Daseins die Verbindung von
religiösem und politischem Covenant durchschnitten haben. So
konnte die naturrechtliche Vertragstheorie in einer veränderten
politischen wie geistigen Welt, ohne unmittelbare reale Bezüge zur
religiösen und staatlichen Wirklichkeit, schließlich bei Rechtsden-
kern wie Kurt Wolzendorff das Ansehen einer reinen Konstruktion
gewinnen.

Arthur Rich, Glaube in politischer Entscheidung. Beiträge zur Ethik des Politischen.
Zürich/Stuttgart: Zwingli-Verlag [jetzt Theologischer Verlag Zürich] 1962, S. 157—175

KIRCHE UND DEMOKRATIE *

Von Arthur Rich

1. Der Staat als Problem der Kirche

Der Staat war immer ein Problem der Kirche. Schon an Jesus
trat die Frage heran, ob man dem Kaiser Steuern entrichten dürfe
oder nicht, das heißt faktisch, ob das Römische Reich grundsätzlich
anzunehmen oder grundsätzlich zu verwerfen sei.[1] Auch Paulus
hat es mit diesem Problem zu tun,[2] desgleichen der Verfasser der
Apokalypse des Johannes[3] wie derjenige der Pastoralbriefe[4]. Aber
der Staat war nicht immer in derselben Weise ein Problem der
Kirche. In der Zeit des Neuen Testamentes stand die Frage im
Mittelpunkt, ob und wie die Kirche sich zum Staat verhalten solle,
positiv oder negativ. Dabei blieb das Moment der Staatsform außer
Spiel, schon darum, weil ja faktisch nur ein einziger Staat zur
Debatte stand: das Imperium Romanum mit dem monarchischen
Cäsar an der Spitze.

Heute muß die Frage nach der Staatsform miterörtert werden.
Denn das Problem ist nicht nur, ob und wie die Kirche sich zum
Staat verhalten solle, sondern ob sie sich zu jeder Form des Staates
gleich verhalten könne. Mit anderen Worten: Es geht um die Frage
nach der theologischen Relevanz bzw. Nichtrelevanz der fundamentalen, strukturell bedingten Differenzpunkte zwischen den verschiedenen Herrschaftsformen staatlicher Wirklichkeit. Ist es für die
Kirche gleichgültig oder nicht gleichgültig, ob sie es mit einer Demo-

---

* Erschienen in: Die neue Gesellschaft, 8. Jg., Bielefeld 1961, Heft 2
(März/April), S. 104—114.
[1] Mk 12, 14 und Parall.
[2] Röm 13, 1 ff.
[3] Apk 13.
[4] Tit 3, 1.

kratie zu tun hat oder mit monokratischen Herrschaftsformen des Staates, sei es im Sinne der bereits verschwundenen Monarchien des Gottesgnadentums, sei es im Sinne der modernen Diktaturen, die sich freilich gerne, und zwar dezidiert, 'demokratisch' nennen? Heißt politische Verantwortung für die Kirche hier und dort dasselbe oder nicht dasselbe? Das sind Fragen, die so nie Fragen des Neuen Testamentes waren und es auch nicht sein konnten.

Schon diese Feststellung deckt die großen Schwierigkeiten auf, die sich unserem Vorhaben, das Problem 'Kirche und Demokratie' aus der evangelischen Sicht zu klären, entgegensetzen. Der evangelische Theologe, der nicht, wie sein katholischer Kollege, auf naturrechtliche Gedanken zurückgreifen kann, sondern auch in dieser Frage auf das zentrale Zeugnis der Bibel hören muß, hat sich in einer Sache an das Neue Testament zu wenden, die so nicht dessen Sache ist. Allein, wenn sich auch nicht in einem direkten Sinne unser Problem von dem im Neuen Testament bezeugten Glauben entscheiden läßt, so wird man doch vielleicht auf indirektem Wege weiterkommen. Das soll hier versucht werden, wobei jetzt natürlich von dem auszugehen ist, worüber das Neue Testament redet, nämlich vom Verhältnis der Kirche zum Staat bzw. zu seiner Macht überhaupt.

2. Das Verhältnis der Kirche zum Staat

Kirche im Sinn des Neuen Testamentes versteht sich als Bürgerschaft des Reiches Gottes.[5] Sie lebt vom Glauben, daß das Reich Gottes in Jesus Christus schon gekommen ist und doch in ihm erst kommen wird. In diesem Sinne hat sie ihre Existenz vom Letzten her und auf das Letzte hin, ohne schon selbst im Letzten zu sein. Daraus resultiert das ihr eigentümliche, nie auf einen Nenner zu bringende, sondern nur dialektisch zu bestimmende Weltverhältnis: die Kirche steht als Gottes Bürgerschaft, weil sie noch nicht im Letzten ist, immer noch in der Welt, in der geschichtlichen Men-

[5] Zur näheren Begründung für das Folgende sei auf die Aufsätze II, S. 39—49 und VI, S. 137—139 (Arthur Rich, Glaube in politischer Entscheidung, Zürich 1962) hingewiesen.

schenwelt. Ja, sie ist selbst geschichtlich und somit unlösbar mit der Welt verflochten, also gerade nicht das Letzte, nicht Reich Gottes. Andererseits hat aber die Kirche als Gottes Bürgerschaft so in der Welt zu stehen, daß die kommende Herrschaft ihres kommenden Herrn zu einer Realität in der geschichtlichen Welt von heute wird, die schon jetzt verpflichtet und schon jetzt zur Entscheidung ruft. Paulus drückt das mit den Worten aus: „Wachet, stehet fest im Glauben, seid mannhaft, seid stark. Alles bei euch geschehe in Liebe."[6] Die Kirche darf also, trotz der realistischen Einsicht in das Weltsein ihrer geschichtlichen Existenz, nie der 'Welt' gleichförmig werden. Sie untersteht dem Gebot der Liebe, nicht dem Gebot der Macht. Sie muß sich darum, trotz der Welthaftigkeit ihres geschichtlichen Daseins, des Gegenübers zur „Welt" bewußt bleiben. Wo die Kirche das eine Moment ihres dialektischen Weltverhältnisses verkennt, da vergißt sie, daß sie als Gottes Bürgerschaft noch immer in der Welt ist, und wo sie das andere Moment vergißt, verkennt sie, daß sie in der Welt als Gottes Bürgerschaft zu stehen hat. Das eine treibt zur utopischen Flucht aus der Welt und das andere zum faulen Konformismus mit der Welt, die beiden großen Versuchungen der Kirche von Anfang an.

Das Verhältnis der Kirche zum Staate ist nun grundsätzlich kein anderes als das Verhältnis der Kirche zur Welt im Sinn der geschichtlichen Menschenwelt. Denn der Staat erweist sich nur als ein Aspekt dieser Welt, genauer als ihr Machtaspekt. Jedenfalls sieht das Neue Testament die Sache so. Wenn es darum vom Staat redet, spricht es stets von „Macht". Die Personen, in denen sich der Staat konkretisiert, sind Macht-Haber.[7] Entsprechend besteht ihre Aufgabe darin, Macht auszuüben, Macht zu verwalten, was noch nicht besagt, daß sich die Funktion des Staates auf die Handhabung der Macht allein beschränke. Ist so das Verhältnis der Kirche zum Staat analog zu demjenigen zur Welt zu sehen, dann versteht sich, daß die Kirche niemals den Staat negieren kann. Das wäre ein Stück utopischer Weltflucht, die nicht wahrhaben will, daß die Kirche als geschichtliche Realität in der Welt und damit im Macht-

---

[6] 1 Kor 16, 14.
[7] Zum Beispiel Mt 20, 25; Joh 19, 10 f.; Röm 13, 1; Apk 13, 2.5.12.

bereich staatlicher Wirklichkeit steht, bis Gottes Herrschaft kommt. In der Welt sein heißt nun einmal auch unter dem Staate sein. Und das enthält ein Ja zum Faktum des Staates, wie es im Neuen Testament durchgängig bezeugt ist, sowohl vom synoptischen als auch vom johanneischen Jesus,[8] von Paulus als auch von den nachpaulinischen Stimmen[9].

Wenn unser Einsatzpunkt richtig ist, dann kann sich aber das Verhältnis nicht in diesem Ja erschöpfen. Dieses Ja sagt nur, daß die Christen den Staat so wenig negieren sollen, wie sie die Welt negieren dürfen. Der Christus, der „ins Fleisch" gekommen ist,[10] will seine Kirche auch im Fleisch haben, das heißt inmitten der Realitäten dieser Welt, zu denen der Staat in einem vorzüglichen Sinn gehört. Es sagt aber noch nicht, wie die Christen den Staat bejahen sollen. Denn dieses Ja darf nicht für sich allein betrachtet werden. Es entspricht nur einem Moment in der Dialektik des vorhin angedeuteten Weltverhältnisses der Kirche. Wie es nicht nur ein Ja des Glaubenden zur Welt, sondern auch ein Gegenüber zu ihr gibt, so gibt es im Ja auch ein Gegenüber zum Staat, ohne daß dadurch das Ja aufgegeben würde. Dieses Gegenüber beruht darauf, daß der Glaubende als Glied der Kirche zur Bürgerschaft Gottes in der Welt gehört, zu der gesagt ist: „Man muß Gott gehorchen, nicht den Menschen."[11] Wenn das wahr ist, dann kann das Ja der Kirche zum gegebenen Staat in der geschichtlichen Welt nicht untertänigen Gehorsam bedeuten, wie das in den Reformationskirchen (im Anschluß an Luthers Übersetzung von Römer 13, 1 ff.) zumeist verstanden worden ist.[12]

---

[8] Mk 12, 13 ff. und Parall. bzw. Joh 19,11.

[9] Röm 13, 1 ff. bzw. Tit 3, 1.

[10] Joh 1, 14.

[11] Apg 5, 29. — Zu der gegenüber den üblichen Übersetzungen radikalisierten Version dieser Stelle vgl. Joachim Jeremias, Unbekannte Jesusworte, Zürich 1948, S. 68.

[12] Daß die Kirche trotz der entgegengesetzten und in der Neuzeit vorherrschenden Strömungen immer ein Widerstandsrecht gegen den Staat gekannt hat, zeigt der schöne und instruktive Überblick von Wilhelm A. Schulze, Römer 13 und das Widerstandsrecht, in: Archiv für Rechts- und Sozialphilosophie XLII/4,1956, S. 555—566.

Nun aber muß es dem genauen und für diese Dinge hellhörig gewordenen Leser des neutestamentlichen Urtextes auffallen, daß Paulus Röm 13, 1 zur Bestimmung des fundamentalen Verhältnisses der Kirche zum Staat ein Verbum gebraucht, das gerade keinen Gehorsams-, sondern einen Unterstellungsakt in sich begreift.[13] Die gefährliche, weil leicht mißzuverstehende Stelle will also nur besagen: „Jedermann", auch der Christ, soll sich den Mächten, die die staatliche Gewalt ausüben, „unterstellen", d. h. ihnen ein loyales Verhalten entgegenbringen. Es ist freilich beizufügen, daß schon der Titusbrief, der den zwar Paulus zugeschriebenen, aber nicht von ihm stammenden Pastoralbriefen zugehört, Röm 13 mißversteht, wenn er das Zeitwort „unterstellen" im Sinne von „gehorchen" deutet und entsprechend in verdächtig umständlicher Ausdrucksweise den Leser mahnt, er solle „sich den staatlichen Mächten unterstellen, (d. h. ihnen) gehorchen"[14]. Allein, so spricht der Apostel selber nun eben gerade nicht. Er vermeidet das Zeitwort 'gehorchen' als Bestimmung des Verhältnisses des Christen zum Staat. Und das will doch offenbar besagen: Gehorsam gebührt Gott allein; was dem Staat gebührt, ist loyales Sichunterstellen. Das letzte allerdings nicht aus Opportunitätsgründen, „sondern auch um des Gewissens willen"[15]. Denn es versteht sich jetzt: Wer mit Berufung auf den Glauben schon die Unterstellung unter den Staat ablehnen wollte, würde als ein zur Bürgerschaft des Reiches Gottes Berufener apolitisch aus der Welt flüchten, statt sich politisch in der Welt zu entscheiden, und er würde damit der „Anordnung Gottes widerstehen", wie Paulus sagt[16].

Das christliche Ja zum Staat als Unterstellungs-, nicht aber Gehorsamsakt enthält bereits eine grundlegende Aussage über ihn. Die Staatsmacht darf den Christen im Letzten nicht binden, weil sie nichts Letztes, nicht Herrschaft Gottes ist und darum zur Gestalt der geschichtlichen Welt gehört, die vergeht. Und der Staatsmacht

---

[13] Das ist im Aufsatz VI, S. 144—149 eingehend begründet worden. Einige Wiederholungen sind hier trotzdem unvermeidlich.
[14] Tit 3, 1.
[15] Röm 13, 5.
[16] Röm 13, 2.

soll sich der Christ unterstellen, weil sie nicht Herrschaft von Dämonen ist, sondern Herrschaft von Menschen, notwendige Herrschaft von Menschen in „dieser Welt". Mit anderen Worten: der
Staat ist hier einfach Welt, Menschenwelt. Er gehört zum Menschen,
sofern der Mensch auf mitmenschliches Dasein angelegtes Leben ist,
πολιτικὸν ζῷον, wie es Aristoteles auf seine Weise sagt[17]. Den Staat
als solchen verneinen, hieße darum den Menschen in der Faktizität
seiner Existenz verneinen, die nicht ohne staatliche Ordnung sein
kann. In diesem Sinn ist der Staat schon in der Geschöpflichkeit
des Menschen angelegt als die Möglichkeit mitmenschlichen Daseins
in der Sphäre des Politischen. In diesem Sinne sind alle staatlichen
Mächte von Gott.[18] Und in diesem Sinne wäre es ein Verstoß wider
die Liebe, der die Kirche als Gottes Bürgerschaft verpflichtet ist,
wenn sie schon den Staat als solchen verwerfen und damit die Voraussetzung mitmenschlichen Daseins in der politischen Existenz an-
tasten würde.

Dies alles bedeutet ein aktives Verhältnis zum Staat. Anders
gesagt: In dieser Verhältnisbeziehung wird der Staat nicht mehr
untertänig-passiv als ein Fatum hingenommen, sondern kritisch-
aktiv als Aufgabe rezipiert, immer darauf bedacht, im 'Wie' seiner
Bejahung ihn zur rechten Relativität und damit zum rechten Staatsein aufzurufen. Von da aus wird die Frage nach der rechten Staatsform zu einem theologischen Problem.

3. Die Staatsform als theologisches Problem

Die Frage nach der rechten Form des Staates wird zum theologischen Problem, nicht weil es ein christliches Normbild von ihm
gäbe, an dem er in seinen geschichtlichen Konkretisationen je und
je zu messen wäre, sondern weil sich die Kirche in ihrem Selbstverständnis als Bürgerschaft des Reiches Gottes nur so zu ihm verhalten kann, daß die kritische Frage nach seinem rechten Staatsein
unter den gegebenen geschichtlichen Bedingungen laut werden muß.

[17] Politik I 2.
[18] Röm 13, 1.

Insofern nun das Verhältnis der Kirche zum Staat im Akt der Unterstellung unter ihn stets ein kritisches ist, ergeben sich daraus bestimmte Kriterien, die für ihr Fragen nach der rechten Gestalt des Staates fruchtbar sind.

Das erste Kriterium ist bereits zum Vorschein gekommen. Es betrifft die Relativität des Staates. Rechter Staat, d. h. Staat, der in der Dimension des Menschlichen verbleibt, darf keinen Letztcharakter haben. Paulus bringt das so zum Ausdruck, daß er die Staatsgewalt eine „Dienerin Gottes" nennt[19]. Wo sie ihre Relativität bestreitet, also Gott spielen will, wie es zum Beispiel Nero in der Peripetie seiner Wahnsinnsherrschaft tat, da kann er nur ins Untermenschliche absinken. Es ist darum folgerichtig, wenn die Apokalypse des Johannes den Staat Neros als „Tier aus dem Abgrund" demaskiert und die Glaubenden zur Standhaftigkeit, d. h. zum Widerstand gegen seine Verführungsmacht aufruft.[20] Einen Gegensatz zu Röm 13 kann hier nur sehen, wer den Unterschied zwischen Gehorchen und Sichunterstellen im Verhältnis zum Staat mißachtet.

Ein zweites Kriterium ergibt sich daraus, daß im Rahmen einer solchen, den Staat relativierenden Sicht der Dinge auch das Verhältnis zwischen Staat und Staatsbürger neu gesehen werden muß. Hört der Staat auf, eine Letztheit zu sein, so ist auch der Bürger im Letzten nicht mehr für ihn da. Es wird Raum geschaffen für die konträre Auffassung, daß der Staat im Letzten um des Menschen willen da ist. Seine Herrschaftsmacht wird Dienstmacht, ohne aufzuhören Herrschaftsmacht zu sein. Schon bei Paulus bahnt sich diese Wendung sachte an, wenn es heißt: „Willst du dich aber vor der staatlichen Macht nicht fürchten, tue Gutes, und du wirst Lob von ihr haben; denn Gottes Dienerin ist sie dir zum Guten. Tust du aber Böses, so fürchte dich. Sie trägt das Schwert nicht ohne Grund; denn sie ist Gottes Dienerin, dem zum Zorngericht, der Böses tut." [21] Ohne jetzt Paulus schon die Idee des Rechtsstaates zu unterstellen, wie sie im abendländischen Denken der Neuzeit her-

---

[19] Röm 13, 4.
[20] Apk 13, 11 ff.
[21] Röm 13, 3 f.

vorgetreten ist, läßt sich doch kaum verkennen, daß die angeführten Worte ein spürbares Gefälle nach dieser Richtung zeigen.

Schließlich ist dem allem noch ein letztes Kriterium zu entnehmen: Wenn der Staat für den sich ihm unterstellenden Bürger da sein soll, dann hat nicht nur der Bürger gegenüber der Staatsmacht, sondern auch die Staatsmacht gegenüber dem Bürger Pflichten. Oder anders ausgedrückt: nicht bloß die Staatsmacht hat Rechte gegenüber dem Bürger, auch die Bürger haben Rechte gegenüber der Staatsmacht. Die Bindung verläuft nicht mehr einseitig, sondern wechselseitig. Von da aus gesehen wird es doch bedeutsam, daß bei Paulus das griechische Wort für 'sich unterstellen' einen Inhalt anzunehmen beginnt, der gerade kein Herrschafts-, sondern ein Dienst- und Partnerschaftsverhältnis zwischen 'Oben' und 'Unten' zur Geltung bringen will. Das ist freilich nicht aus Röm 13 selber zu entnehmen, wohl aber aus Stellen, die das Verhältnis von Mann und Frau in der Existenz des Glaubenden zum Gegenstande haben.[22] Hier werden Tendenzen sichtbar, die (obwohl sie bei Paulus politisch noch nicht realisiert sind) auf eine partnerschaftliche Bewältigung auch des Machtproblems im Staate zielen und damit auf eine Form des Staates, die verhindern will, daß die große Mehrheit der Staatsbürger machtlose Untertanen bleibt.

Damit sind aus der neutestamentlichen Verhältnisbestimmung der Kirche zum Staat drei Kriterien ans Licht getreten, die den Christen in seiner politischen Entscheidung leiten sollen. Er hat sich dem gegebenen Staate so zu unterstellen, daß er im Akte dieser Unterstellung zugleich auf einen Staat zielt, der

1. keinen Letztheitsanspruch stellt, also nicht absolut bzw. totalitär sein will; der

2. seine Macht als Macht im Dienste für den Menschen, speziell seiner Rechts- und Lebenssicherung versteht, und der

3. sich offen zeigt für eine Bewältigung des Machtproblems, die den Staatsbürger nicht zum bloßen Objekt der Staatsgewalt herunterdrückt, sondern ihn an der politischen Souveränität verantwortlich beteiligt.

[22] Siehe dazu Aufsatz VI, S. 144 ff.

Oder kurz gesagt: er hat darauf hinzuwirken, daß der Staat in konkreter Ausübung seiner Macht eine menschliche und nur menschliche Ordnung im Dienst der Entbindung und Entfaltung eines rechtlich gesicherten und mitmenschlich strukturierten Lebens in den Bereichen des Politischen und Sozialen will. Die Frage ist nun, unter welcher Form des Staates dies am besten zu erreichen ist. In diesem Sinne, meine ich, gewinnt das Problem der Staatsform theologische Relevanz.

4. Die Rezeption der Demokratie

Die Frage nach der institutionell rechten Gestalt des Staates, wie sie aus den bisherigen Ausführungen hervorgegangen ist, ist nicht die Frage nach dem christlichen, sondern nach dem menschlichen Staat. Mit anderen Worten: es geht nicht um die Frage, wie das Machtproblem im Rahmen des Staates christlich, sondern wie es menschlich bewältigt werden kann. Eine spezifisch christliche Bewältigung des Machtproblems gibt es für den Menschen nicht. Diese Bewältigung könnte ja nur die Herrschaft Gottes sein, die Herrschaft der Liebe ist. Sie aber steht als eschatologisches Geschehnis der Gnade nicht in des Menschen Hand. Wo immer der Mensch in einem radikalen Sinne das vermeint, endet er entweder beim Phantom der politischen Theokratie oder bei der konträren Idee der politischen Machtaskese, wobei mitunter beides in seltsamer Mischung sich verbinden kann. Politische Theokratie ist aber nie Herrschaft Gottes, sondern menschliche Usurpation der Macht im Namen des Höchsten und damit ein Staatsgebilde, das einen tyrannischen Letztheitsanspruch erhebt, wie es gerade nicht sein soll.[23] Und politische Machtaskese ist wieder nicht Herrschaft Gottes — nur Verdrängung der Macht aus der menschlichen Verantwortlichkeit und somit Flucht aus der Welt, was dem Christen ebenfalls ver-

[23] Vgl. z. B. Fritz Blanke, Aus der Welt der Reformation, Zürich 1960, S. 48 ff., wo in der historischen Studie Das Reich der Wiedertäufer zu Münster 1534/35 dieses Faktum bei aller Abstandnahme des Verfassers von einer traditionellen, voreingenommen-negativen Beurteilung der münsterischen Täuferführer klar zum Vorschein kommt.

wehrt sein muß. Sowohl das eine wie das andere führt zu keiner menschlichen Lösung des Machtproblems im Staate, wohl aber zur Auflösung dessen, was rechter Staat sein soll.

Wenn hier nun gesagt wird, daß es sich bei unserer Frage nur darum handle, wie das Machtproblem im Staate menschlich zu bewältigen sei, dann darf dies natürlich nicht so gedeutet werden, als ob der Glaube der Kirche in dieser Sache zu schweigen hätte. Insofern die Kirche sich dem Staat verantwortlich unterstellt, bekundet sie, daß der Staat Staat zu sein hat, also politische Macht; und insofern sie in dieser Unterstellung Gott gehorsam sein will, nicht der staatlichen Macht, darf und muß sie im Erweis der Liebe darauf dringen, daß diese Macht menschlich gehandhabt und bewältigt wird. Von da aus gilt es in der Liebe des Glaubens ganz nüchtern, ganz vernünftig, ganz menschlich zu fragen, welche Staatsform unter den gegebenen Bedingungen der gesellschaftlichen Existenz die größte Chance dafür biete, daß die politische Macht menschlich gehandhabt und bewältigt wird, also die Kriterien zur Geltung kommen, von denen im vorangegangenen Abschnitt die Rede war.

Stellt sich die Frage so, dann wird unter den Bedingungen einer Welt, in der der Mensch zur Mündigkeit erwacht ist, die Entscheidung zugunsten einer demokratischen Herrschaftsform ausfallen müssen, der natürlich auch die parlamentarischen Monarchien zuzuzählen sind. Die Entscheidung gilt aber nicht der Demokratie als dem abstrakten politischen Prinzip der 'idealen', 'wahren' oder 'absoluten' Herrschaftsform, sondern der Demokratie als einer konkreten politischen Möglichkeit, eine optimale Zahl von Menschen an der souveränen Macht und somit an der politischen Verantwortung im Aufbau einer mitmenschlichen Ordnung in Staat und Gesellschaft zu beteiligen. Das andere würde nur die Ideologisierung der Demokratie, ich meine ihre Degradierung zu einem politischen Idol bedeuten, das unter allen Umständen anzuwenden und unter allen Umständen die Lösung der Machtfrage im Staate sei. Dies aber gerade läßt sich so nicht halten. Demokratie ist als Staat nur lebensfähig, wo mündige, zur Wahrnehmung politischer Verantwortung fähige und willige Menschen in größerer Zahl vorhanden sind. Fehlt diese Voraussetzung, dann stellt die Demo-

kratie nicht die größte, sondern vielleicht die geringste Chance
dafür dar, daß das politische Machtproblem menschlich-mitmenschlich bewältigt werden kann. An Beispielen, die das zeigen, sind
wir heute leider nicht verlegen. Die Kirche muß daher, falls es in
dem politischen Raum, worin sie steht, daran mangelt, wieder „in
der Liebe" den Mut aufbringen, möglicherweise einen autoritären
und insofern nichtdemokratischen Staat zu rezipieren,[24] aber sie
muß dann gleichzeitig, soweit das in ihren Kräften liegt, um einer
besseren Lösung willen auf die Schaffung anderer Voraussetzungen
drängen. In diesem Sinne wird die Rezeption der Demokratie durch
den Glauben stets kritisch auf die gegebenen politischen Realitäten
bezogen sein müssen.

Sie muß aber noch in anderer Hinsicht kritisch bleiben. Demokratie als 'Volksherrschaft' bedeutet Souveränität des Volkes. Genauer: sie ist diejenige Staatsform, „die eine Identität von Subjekt
und Objekt der Herrschaftsgewalt anstrebt", da die vom Volke
ausgeübte Souveränität ja immer auf das Volk zurückwirken muß.[25]
Dahinter steht die Idee der politischen Freiheit im neuzeitlichen
Sinn des Wortes, die sich gegen jedes heteronome Beherrschtsein
auflehnt und somit die Selbstherrschaft proklamiert. Das Volk ist
frei, sofern es sich selbst regiert. Was aber heißt in diesem Zusammenhange 'selbst'?

Darauf hat Rousseau im ›Contrat social‹ eine Antwort gegeben,
die auf das demokratische Denken der Moderne maßgebenden
Einfluß gewonnen hat, aber trotz ihrer Genialität eine Quelle
großer Wirrnis geworden ist. Für ihn ist das souveräne Selbst die

[24] Es ist ein grundsätzlicher Unterschied zu machen zwischen der 'kom-
missarischen Diktatur', die zur Überwindung eines Ausnahmezustandes
die Staatsgewalt vorübergehend in einer Hand konzentriert, und einer
'souveränen Diktatur' im Sinne des modernen Führersystems, die die
monokratische Machtkonzentration als einen endgültigen Zustand behauptet. In einem Falle relativiert sich die Diktatur selbst und bereitet
eine menschlichere Lösung des Machtproblems im Staate vor, im andern
Falle wird die Diktatur verabsolutiert und die politische Unmündigkeit
des Bürgers verewigt. (Vgl. Günter Dürig in: Handwörterbuch der Sozialwissenschaften, Bd. 9, Stuttgart, Tübingen, Göttingen 1956, S. 745 f.)
[25] Handwörterbuch der Sozialwissenschaften, a. a. O. S. 747.

« volonté générale », der allgemeine Wille.[26] Der allgemeine Wille läßt sich begrifflich weder mit dem partikularen Willen des einzelnen[27] noch mit der Summe des Willens aller einzelner[28], auch nicht mit dem additiven Willen der Mehrheit[29] identifizieren. Hier sind überall Sonderinteressen mit im Spiel, während der Allgemeinwille durch den « intérêt commun » konstituiert wird. Erst wenn diese « volonté générale » als zum staatlichen Willen gewordenes Allgemeininteresse zur Herrschaft kommt, ist das Volk von der Herrschaft heteronomer Mächte frei geworden, regiert es sich wirklich selbst und besteht damit Demokratie. Der Allgemeinwille ist mithin der wahre Souverän, den Rousseau begrifflich von der Obrigkeit (« magistrat ») genau unterschieden haben will.[30] Ihm kommt Absolutheit zu. Er hat immer recht und ist immer auf das allgemeine Wohl des Menschen bedacht.[31] Und darum gibt der auf dem Allgemeinwillen beruhende Gesellschaftsvertrag „dem Staatskörper eine unumschränkte Macht über alle seine Teile"[32]. Der Bürger steht hier in einem Gehorsamsanspruch von letztgültigem Charakter, gegen den kein Widerstand, nicht einmal Kritik laut werden darf. Trotzdem wird dieser unbedingte Gehorsamsanspruch gerade seine Freiheit sein, weil er unbedingt von ihm selbst ausgeht. Allein, geht er wirklich von ihm selber aus?

[26] Contrat social 1, VII.

[27] Ebd. 1, VII: « ... chaque individu peut, comme homme, avoir une volonté particulière contraire ou dissemblable à la volonté générale qu'il a comme citoyen. »

[28] Ebd. 2, III: « Il y a souvent bien de la différence entre la volonté de tous et la volonté générale. »

[29] Ebd. 2, IV: « On doit concevoir par là que ce qu'il généralise la volonté est moins le nombre des voix que l'intérêt commun. »

[30] Ebd. 2, IV: « Quand le peuple d'Athènes, par exemple, nommait ou cassait ses chefs, décernait des honneurs à l'un, imposait des peines à l'autre, et, par des multitudes de décrets particuliers, exerçait indistinctement tous les actes du gouvernement, le peuple alors n'avait plus de volonté générale proprement dite, il n'agissait plus comme souverain, mais comme magistrat. »

[31] Ebd. 2, III.

[32] Ebd. 2, IV.

Es kann keinem Zweifel unterliegen, daß das, was Rousseau
« volonté générale » nennt, eine mythische Größe ist, ein Ersatz
für Gott. Sobald sie Rousseau menschlich-konkret zu fassen sucht,
entschwindet sie darum und läßt an ihre Stelle einen Willen
treten, der ex definitione nicht zwingend Allgemeinwille ist, nämlich den Willen der Majorität. So kann es plötzlich im Kapitel über
die Abstimmung heißen: „Aus der Mehrzahl der Stimmen ergibt
sich der Ausdruck des allgemeinen Willens."[33] Zwar wird auch
hier noch verbaliter die Majorität als dessen bloßer Ausdruck vom
allgemeinen Willen selber abgehoben, aber was macht das faktisch
schon aus? Die Mehrheit wird eben doch zum Träger der Souveränität, und zwar einer absoluten Souveränität, die diejenige der
omnipotenten Fürsten des Absolutismus noch überbietet. Praktisch
heißt das: Die Mehrheit hat immer recht. Vox populi, vox dei.
Wir stehen da vor einer Konzeption von Demokratie, die die
makabresten Möglichkeiten offenläßt: nicht nur die Diktatur der
Mehrheit, ja der Masse, was Rousseau natürlich nicht gewollt hat,
sondern auch die Diktatur der Minderheit im Sinne einer Klasse
bzw. Partei, die sich mit den Allgemeininteressen und insofern
mit dem Allgemeinwillen identifiziert.[34] Hier zeigt sich wohl der
entscheidende Punkt, von wo aus die heutige 'Volksdemokratie'
ihren ideologischen Ausgangspunkt genommen hat.

Damit ist ein weiteres Moment ans Licht getreten, das eine
kritische Rezeption der Demokratie durch den christlichen Glauben
nahelegt. Die Demokratie, verstanden nur als Volks- resp. Mehrheitssouveränität, bewahrt vor der Verabsolutierung des Staates
nicht. Im Gegenteil, diese kann in ihr gerade die schlimmsten
Blüten treiben und eine Staatsservilität erzeugen, die ihresgleichen
sucht. Wer es gut mit der Demokratie und ihren Staatsbürgern
meinte, hat darum immer auf eine Teilung der Gewalten gedrängt.
„Es ist nicht gut, daß der Mensch allein sei." Das gilt gerade auch
im Blick auf die Handhabung der Macht. Wenn Macht nicht be-

---

[33] Ebd. 4, II.

[34] Von da aus gesehen ist es höchst fatal, daß Karl Marx das Prole-
tariat als eine Klasse interpretiert hat, die bereits „einen universellen
Charakter durch ihre universellen Leiden" besitzt, also Trägerin der
Allgemeininteressen ist. (Vgl. Die Frühschriften, Stuttgart 1953, S. 222.)

grenzt und kontrolliert wird durch Macht, dann korrumpiert sie in der Hand des Menschen. Das heißt wieder, daß der Staat als Macht nur menschlich sein kann in der Relativität. Was helfen dem Bürger die Menschenrechte, wenn keine unabhängige Justiz besteht, die sie kraft ihrer Amtsbefugnisse auch gegen allfällige Übergriffe der Exekutivgewalt wirksam in Schutz zu nehmen weiß? Die Gewaltenteilung ist nichts anderes als der institutionell-rechtliche Ausdruck heilsamer Relativierung der staatlichen Herrschaftsmacht. Nur eine Demokratie, die sich dieser Relativierung unterwirft, also eine streng rechtsstaatliche Form annimmt, wird in der Handhabung der politischen Macht menschlich bleiben können.

Dazu kommt noch ein anderes, was mit dem soeben Gesagten eng zusammenhängt. Im Sinn des Rousseauschen Souveränitätsbegriffs herrscht eigentlich der die politische Freiheit des Bürgers begründende Allgemeinwille nur dann, wenn Einstimmigkeit besteht und dergestalt das Subjekt und Objekt der Herrschaftsgewalt zur Deckung kommen. Faktisch besteht aber in der Demokratie nie Einstimmigkeit, sondern Vielstimmigkeit. Das weiß natürlich Rousseau auch, weshalb er den Idealfall der Einstimmigkeit nur für die Grundentscheidung voraussetzt, die den Gesellschaftsvertrag selbst konstituiert.[35] Bei allen übrigen Volksentscheidungen gilt der Mehrheitsbeschluß, wobei sich dieser um so mehr der Einstimmigkeit anzunähern hat, als er politisches Gewicht besitzt.[36] Allein, wie steht es nun mit den Souveränitätsrechten einer Minorität des Staatsvolkes? Sind sie gewahrt oder sind sie nicht gewahrt? Nach Rousseau sind sie nur so gewahrt, daß sich faktisch die Minderheit in die Mehrheit auflöst, also aufhört, Minderheit zu sein. „Der unveränderliche Wille aller Staatsglieder", sagt er darum, „ist der allgemeine; durch ihn sind die Staatsbürger frei. Wird in der Volksversammlung ein Gesetz in Vorschlag gebracht, so fragt man die Bürger genau genommen nicht, ob sie den Vorschlag billigen oder verwerfen, sondern ob sie mit dem allgemeinen Willen, der der ihrige ist, übereinstimmen oder nicht."[37] Und das heißt: Nachdem

---

[35] Contrat social 1, V.
[36] Ebd. 4, II.
[37] Ebd. 4, II.

es sich in einer Abstimmung herausgestellt hat, daß eine bestimmte
Gesetzesvorlage, sagen wir zum Beispiel die Einführung der allgemeinen Wehrdienstpflicht, Ausdruck des Allgemeinwillens sei, hat
der, der zuvor aus Überzeugung dagegen war, jetzt nicht mehr das
Recht, aus Überzeugung dagegen zu sein. Selbstredend muß sich in
einem demokratischen Staat, wenn er nicht funktionsunfähig werden soll, die Minderheit dem Mehrheitswillen im Sinne eines
Loyalitätsaktes politisch unterstellen. Aber ein anderes ist es, jedenfalls für den christlichen Glauben, ob von einer Minderheit ein
Loyalitäts- oder ein Gehorsamsakt verlangt wird, ob sie das Recht
hat, nach wie vor, in Unterstellung unter den Mehrheitsbeschluß,
zu ihrer Überzeugung zu stehen und ihr Ausdruck zu verleihen,
mit einem Wort, ob der Staat einen oppositionellen Willen zuläßt
oder nicht. Wo das verweigert wird, mit Berufung auf die Souveränität des Volkes bzw. seines vielleicht konstruierten Mehrheitswillens, da wird diese Souveränität absolut, der Teil zum Ganzen.
Es ist dann unvermeidlich, obwohl das Rousseau auch wieder nicht
gewollt hat, daß eine Staatspartei als diktatorischer Ausdruck des
allgemeinen Volkswillens entsteht. Und die Möglichkeit einer mitmenschlichen Bewältigung des Machtproblems im Staate ist damit
schlechthin vertan.

Wird nun die Demokratie rezipiert — nicht als abstraktes Prinzip der Volks- oder Mehrheitsherrschaft, sondern als eine taugliche
Handhabe zur mitmenschlichen Bewältigung des Machtproblems im
Staate —, so versteht sich, daß auch die Souveränität des Volkes
relativiert, und das heißt jetzt, geteilt werden muß.

Diese Teilung kann nur darin bestehen, daß nicht nur die politische Mehrheit des Staatsvolkes (die in den legislativen Körperschaften führt und die Regierung stellt, also faktisch die Exekutivgewalt ausübt), sondern auch die politische Minderheit als Trägerin
staatlicher Souveränitätsrechte anerkannt und nicht bloß gnädig
geduldet wird. Dies bedeutet nichts anderes, als daß Regierungs- und
Oppositionsgewalt sich in der ihnen je zukommenden, durch die
Verfassung zu bestimmenden Weise gegenseitig unterstellen und so
in ein Partnerschaftsverhältnis zueinander treten, indem die eine
die Kritik der Opposition als eine Staatsnotwendigkeit im Dienst
der Machtkontrolle anerkennt und die andere ihre kritische Funk-

tion in loyaler Respektierung der ebenfalls staatsnotwendigen Autorität der Regierungsgewalt ausübt. Allein im Rahmen einer solchen gegenseitigen Begrenzung von Regierungsmacht und Oppositionsgewalt, von Mehrheits- und Minderheitswillen, wie sie die englische Demokratie politisch weise praktiziert, ist eine partnerschaftsmäßige und insofern mitmenschliche Bewältigung der Machtfrage in Staat und Gesellschaft möglich. Innerhalb dieses Rahmens sind auch massive Kompetenzerweiterungen des Staates angängig, die sich unter den Bedingungen des gegenwärtigen Zeitalters im Interesse der Kontrollierung wirtschaftlicher Mächte, der Wohlstandsförderung ökonomisch benachteiligter Volksschichten und der sozialen Integration der Industriearbeiterschaft als notwendig erweisen, ohne daß man darüber der politischen Freiheitsrechte verlustig gehen müßte. Als Beispiel wäre wieder England anzuführen. Fehlt es dagegen an der wechselseitigen, die Macht der faktischen Souveränitätsträger relativierenden Begrenzung, so wird auf die Dauer auch in einer Demokratie das Politische antimenschlich werden, sei es, daß durch eine sich verabsolutierende Regierungsmacht, die in ein autoritäres Herrschaftssystem abgleitet, die Demokratie im Staat erlischt, oder sei es, daß durch eine sich ebenso verabsolutierende Opposition, die zur bloßen Obstruktion entartet, der Staat in der Demokratie erstirbt.

Die Rezeption der Demokratie durch die Kirche kann und darf nach alledem nicht gleichbedeutend sein mit der bloßen Rezeption des demokratischen Mehrheits- bzw. Souveränitätsprinzips im Sinne gehorsamer Unterwerfung unter diese politische Maxime. Die Rezeption der Demokratie durch die Kirche, die sich als Gottes Bürgerschaft von der Liebe des Glaubens geleitet weiß, ist Rezeption einer realen, stets kritisch zu überprüfenden Möglichkeit menschlicher Handhabung und mitmenschlicher Bewältigung der staatlichen Macht als bleibender Aufgabe. Sie hat darum in ihrer Unterstellung unter den demokratischen Staat wachsam die Verantwortung dafür mitzutragen, daß dieser schon durch seine rechtlich-institutionellen Formen je und je darauf verwiesen wird, nichts anderes zu wollen, als unter den geschichtlichen Bedingungen von heute, die die Bedingungen des industriellen Zeitalters sind, menschlicher Staat zu sein und einen menschlichen Inhalt in der politischen Freiheit zu gewinnen. Damit ist die politische Aufgabe der Kirche in der Demokratie angedeutet.

5. Das politische Engagement des Christen in der Demokratie

Worin besteht die politische Aufgabe der Kirche unter den von ihr rezipierten Bedingungen eines demokratischen Staatswesens heute? Die erste, ganz selbstverständliche Antwort lautet: Sie hat sich ihm zu unterstellen im Sinne eines Loyalitäts-, nicht eines Gehorsamsaktes. Der Gehorsamsakt schließt ernsthafte Kritik am Staate aus, der Loyalitätsakt schließt sie ein. Kritik am Staate muß die Kirche dann erheben, wenn er bzw. wenn die politische Führung die Staatsgewalt als absolute Macht versteht. Das geschieht nicht erst, wo der Staat in totalitärer Hybris die Gewissen auf eine atheistische oder auch nichtatheistische Ideologie verpflichten will, das geschieht schon, sobald der rechtsstaatliche Boden verlassen, die Gewaltentrennung durchbrochen, die Stimme der Opposition zum Schweigen verurteilt und in alledem die Menschenrechte des Bürgers mit Berufung auf die 'höheren' Zwecke oder Interessen des Staates mißachtet werden. In diesem Falle ist die Staatsmacht auf dem besten Wege, den Bürger zum staatsservilen Untertanen zu machen und 'Gott' zu spielen. Und in diesem Falle gilt es, dem Staate Widerstand zu leisten, gerade um der rechten Unterstellung willen, die nie devoter Gehorsam werden darf.

In dieser kritischen Funktion erschöpft sich aber der politische Auftrag der Kirche keineswegs. Wenn sich die Kirche in ihren Gliedern dem Staate unterstellt, so heißt das jetzt, unter den Bedingungen der Demokratie, daß sie sich der Souveränität des Volkes unterstellt. Souverän indessen ist das ganze Volk, nicht nur sein die Regierungsgewalt tragender und ausübender, sondern auch sein oppositioneller Teil. Sie hat sich darum beiden Teilen zu unterstellen, beide als Souveränitätsträger zu respektieren, beiden Loyalität entgegenzubringen. Die Kirche darf hier nie Partei nehmen wollen, vorab nicht für den machtmäßig im Vorsprung sich befindenden Teil. Wo sie das tut — und sie hat es oft genug getan, tut sie es immer wieder, sehr zum Schaden der Glaubwürdigkeit ihrer

Verkündigung —, da treibt sie bloße Selbstbehauptung und verleugnet ihr Sein als Bürgerschaft Gottes in der Nachfolge Christi. Sie muß sich vielmehr für beide offenhalten, nicht aus Gründen opportunistischer Neutralität — das wäre nur wieder eine andere Form von Selbstbehauptung —, sondern um das Relative dieser Souveränität zu bezeugen und beide an das rechte Staatsein zu gemahnen.

Daß die Kirche in diesem Sinne nicht Partei nehmen darf, heißt aber keineswegs, daß ihre Glieder nicht einer politischen Partei angehören sollen. Im Gegenteil. Unterstellung unter einen demokratischen Staat, wo sie wirklich und nicht bloß zum Schein besteht, ist immer mit der Übernahme eines mehr oder minder hohen Maßes an politischer Verantwortung verbunden. Darin übrigens liegt ein entscheidender Unterschied zum geschichtlichen Staat, wie ihn das Neue Testament voraussetzt. Unterstellung unter das Cäsarenreich bedeutete gerade politische Passivität und somit politische Verantwortungsabstinenz. Darum konnten die Christen noch unpolitisch sein. Was aber unter den Bedingungen des Cäsarenreiches unpolitisch war, ist unter den Bedingungen des demokratischen Gemeinwesens apolitisch. Und dies bedeutet etwas anderes. Apolitismus heißt Weltflucht, wie wir schon gesehen haben. Dazu darf die Kirche ihre Glieder nicht verleiten. Sie hat in ihnen vielmehr den Willen zum politischen Engagement zu wecken, weil nur im Engagement Verantwortung eine existentielle Sache ist.

Um sich politisch zu engagieren, braucht man freilich nicht Mitglied einer politischen Partei zu sein. Daran hängt es keineswegs. Aber die Parteien sind nun einmal, zusammen mit den Verbänden, die maßgebenden und notwendigen Träger der politischen Willens- und Machtbildung im demokratisch bestimmten Staat. Sich grundsätzlich aus ihnen heraushalten wollen, hieße, sich aus der Politik heraushalten und damit aus den entscheidenden Fragen, die unser Leben in Staat und Gesellschaft und darüber hinaus betreffen. Was heißt aber politisches Engagement des Christen?

Politisches Engagement des Christen heißt, daß er in christlicher Verantwortung für eine Politik einsteht, die unter den gegenwärtigen Bedingungen, nach vernünftigem Ermessen, das Leben in Staat, Gesellschaft und Arbeit menschlich machen kann, für eine

gerechte Verteilung des Sozialproduktes besorgt ist, den Benachteiligten zum Recht verhilft, bestehender Not zu Leibe rückt sowie
mit aller Kraft den Frieden zwischen den Völkern zu erhalten
sucht, kurzum die staatliche Macht zum Wohle des Menschen
einsetzt. Das ist natürlich eine menschliche, nicht eine christliche Politik.
Allein, es gibt auch keine christliche Politik. Am allerwenigsten ist
eine Politik christlich, wenn sie die Staatsmacht in den Dienst konfessioneller Belange, kirchlicher Interessen, religiöser Forderungen
stellt, in der Meinung, dadurch Gottes Reich zu 'bauen'. Politik
kann freilich zum existentiellen Ausdruck konkreter christlicher
Verantwortung werden — aber gerade nicht dadurch, daß sie im
Dienste christlicher Selbstbehauptung, sondern nur dadurch, daß
sie im Dienste des Menschen steht, auch des nichtchristlichen, sogar
des atheistischen. „Was ihr getan habt einem der Geringsten meiner
Brüder, das habt ihr mir getan." [38] Dieses Wort Jesu ist auch politisch wahr.

Von da aus gesehen ist es problematisch, ja noch mehr ein Miß-
verständnis, wenn Christen meinen, ihr politisches Engagement in
einer 'christlichen Partei' wahrnehmen zu müssen. Entweder ist das
Prädikat 'christlich' gar nicht ernst gemeint und die 'christliche'
Partei eine Partei unter anderen Parteien. In diesem Falle wird ein
Wort, das auf etwas Letztes zielt, dem Unernst preisgegeben und
die von ihm bezeichnete Sache selbst verraten. Oder aber das
Prädikat 'christlich' ist tatsächlich ernst genommen und die es in
Anspruch nehmende Partei in ihrem eigenen Selbstverständnis von
qualitativ ganz anderer Art als die übrigen Parteien. In diesem
Falle wird es erst recht gefährlich. Denn die 'christliche Partei' läuft
dann Gefahr, einen Letztcharakter anzunehmen. Und das ist ein
kleines Unglück, wenn sie klein, ein großes aber, wenn sie groß ist.
Denn eine Partei mit Letztcharakter oder auch nur mit einer Tendenz dazu, sei sie nun christlicher oder nichtchristlicher Observanz,
wird ein schwieriger Partner in der demokratischen Handhabung
staatlicher Macht. Was dies für die Demokratie besagt, ist schon
angedeutet worden.

[38] Mt 25, 40.

Ich meine darum, daß sich das politische Engagement des Christen nicht in einer eigenen Partei abspielen sollte, sondern in und zwischen den 'gewöhnlichen' Parteien, sofern sie nicht auf die Errichtung einer so oder anders gearteten totalitären Herrschaftsform hinzielen. Daß dadurch politische Gegensätze unter Christen aufbrechen und leidenschaftliche Formen annehmen können, ist nicht so schlimm, wie es aussehen mag. Denn einmal sind derartige Gegensätze, sofern sie zum Beispiel auf strukturell begründete Spannungen in der Gesellschaft oder auf Konflikte zurückgehen, die alle Gruppierungen umfassen, auch in den christlichen Massenparteien da. Und dann eben gehört es zum Wesen gerade der gesunden, nicht stagnierenden Demokratie, daß die politischen und sozialen Gegensätze ausgetragen werden, um neue, vielleicht weiterführende Lösungen zu finden. Nicht schon ist es schlimm für das Leben der Demokratie, daß solche Gegensätze überhaupt aufbrechen und leidenschaftlich ausgetragen werden, schlimm ist es nur, wenn sie absoluten Charakter annehmen, als ob von der Alternative Heil oder Unheil der Welt abhängen würde. Wer aber wäre mehr berufen als die Glieder der Kirche, die vom Letzten her und auf das Letzte hin ist, ohne schon selbst im Letzten zu sein, diese Absolutheiten zu relativieren und so die Gegensätze auf eine Ebene zurückzuführen, wo sie menschlich ausgefochten und, wenn nicht menschlich gelöst, so doch menschlich ertragen werden können? Allein, das setzt voraus, daß die Kirche in ihren Gliedern nicht in einer eigenen 'christlichen' Front steht, sondern in allen gegensätzlichen Fronten, um über sie hinweg, der Härte der Auseinandersetzung ungeachtet, zum Mitmenschlichen zu rufen, weil diese Fronten keine letzten Gegensätze sind. Durch ein solches politisches Engagement wird die Kirche nicht Partei, aber nimmt sie doch Partei, Partei für den Menschen unter den Bedingungen der Demokratie.

Existenz und Ordnung. Festschrift für Erik Wolf zum 60. Geburtstag. Frankfurt: Vittorio Klostermann 1962, S. 15—35.

CHRISTLICHE FREIHEIT FÜR DIE „FREIE WELT"

Von ERNST WOLF

I

„Der Westen", sagt F. Karrenberg in seinem Buch ›Gestalt und Kritik des Westens‹[1], „ist überzeugt, daß ihm vor allem die Verteidigung der menschlichen Freiheit aufgetragen ist" — und dieser Westen biete nun unter der Parole Freiheit heute insbesondere „Idee und Praxis einer ‚sozialen Marktwirtschaft'" an, dazu auch, durchaus mit der Idee der Freiheit motiviert, aber bei näherem Zusehen diese Freiheit zumindest nach der Seite des Verfügens hin praktisch ausklammernd, das Angebot des „Eigentums für alle". Weiterhin auch politische Freiheit, zumindest als Möglichkeit, „frei zu wählen". „Freie Wahlen" sind heute ja zu einem beinahe mythischen Begriff geworden.

Immerhin ist diese ‘westliche Freiheit’, selbst wenn man sie nur als ‘Freiheit wovon’ beurteilt, doch auch als positive Angelegenheit zu werten, auch wenn sie als ‘nur’ individualistisch angesehen wird. Auch die Koalitionsfreiheit, um die die Arbeiterschaft lange gerungen hat, gehört zu dem, was hier unter Freiheit gemeint und empfunden wird.

Gegenüber dem Einwand, „die politische Freiheit, so positiv sie im übrigen zu schätzen sein mag, sei keine Form der Verwirklichung der in Christus gegründeten Freiheit",[2] und im Blick auf die Grenzsituation, daß der Christ als Christ, und dann wesentlich im Leiden, auch unter widrigsten äußeren Verhältnissen leben könne, werden zum Schluß von Karrenberg zwei sozialethisch belangvolle Forde-

[1] Beiträge zur christlichen Sozialethik heute. 1959.

[2] Mit Bezug auf W. Pannenberg, Christlicher Glaube und menschliche Freiheit, in: Kerygma und Dogma 4, 1958, S. 258.

rungen aufgestellt: a) Der christliche Beitrag zum Freiheitsproblem dürfe sich nicht erschöpfen in der Kritik anderer Freiheitsideen; b) „Er sollte eine Hilfe bieten dort, wo die Freiheit unzureichend begründet oder schlecht, d. h. selbstherrlich, ,absolut' und rücksichtslos gehandhabt wird".[3] Es wird hier also im großen ganzen nach dem christlichen Beitrag zu dem Umgang mit den unter uns umgehenden 'westlichen' Freiheitsideen und den irgendwie auch verbrieften Freiheitsrechten gefragt, die beide auch sowohl rechtliche Verpflichtungen wie moralische Pflichten der Freiheit gegenüber in sich schließen. Drei Sonderfragen seien herausgehoben:

1. Kann z. B. ein Christ dem Satz von K. Jaspers[4] zustimmen: „Die Selbstbehauptung der Freiheit ist nicht möglich ohne die Bereitschaft zum totalen Opfer, in dem die Menschheit zugrunde gehen würde" — so konsequent richtig dieser Satz innerhalb eines idealistisch-liberalen Menschenbildes sein mag, für welches das Haben von Freiheit grundlegend ist, nämlich Haben von jener Freiheit, die „dem Bewußtsein eigener Würde, unverlierbaren menschlichen Ranges und Selbstseins" gemäß ist; von jener Freiheit, in deren Sinn (wie Th. Dehler gelegentlich formuliert) „der liberale, der selbstdenkende, aus dem Selbstvertrauen der Vernunft verantwortlich handelnde Mensch" eben Mensch ist; Haben von jener Freiheit, deren Katechismus etwa Kants ›Grundlegung zur Metaphysik der Sitten‹ darstellt, und die R. Maier auf dem Parteitag der FDP in Reutlingen 1959 philosophisch reichlich unexakt „die Ideologie der Liberalen" genannt hat. Wie steht, so fragen wir also, der Christ zu einer so oder so 'ideologisierten' Freiheit?

2. Was kann der Christ für die Wirklichkeit der Freiheit tun, die, mehr oder minder weltanschaulich verzerrt, von einer Ideologie der Freiheit gemeint oder betroffen ist? Oder die hinter dem ideologisch aufgearbeiteten Begriff der Freiheit steht? Bei diesem Begriff der Freiheit meint der 'Westen' im wesentlichen die Freiheit der Persönlichkeit, die gleichgesetzt wird mit der Freiheit zur ungehinderten Entfaltung des Individuums nach den Regeln der Vernunft. Der materielle Inhalt dieser Persönlichkeitsfreiheit ist

---

[3] Karrenberg a. a. O. S. 83.
[4] Die Atombombe und die Zukunft des Menschen, 1958.

daher nicht näher bestimmt. Dieser Freiheitsbegriff begegnet, verfassungsrechtlich garantiert, auch im Bonner Grundgesetz. Er wird zugleich aber auch als Freiheit in der Gemeinschaft verstanden, und zwar a) als bürgerliche Freiheit, aus eigenem Wollen und eigener Verantwortung zu leben; b) als politische Freiheit der Teilnahme an der Ordnung des Staates und an der politischen Macht der Gemeinschaft. Beide gehören zusammen, denn eine Teilung des Freiheitsbegriffes in eine persönlich-private oder moralisch-innerliche und eine politische, juristisch-äußerliche könnte nur zur Rechtfertigung verschiedener Verkürzungen und Einengungen der Freiheit mißbraucht werden.

Diese unklare und weithin interessenbestimmte Verwendung des Freiheitsbegriffes innerhalb der liberalen Freiheitsidee, für die Persönlichkeitsfreiheit der Oberbegriff für die bürgerlichen und politischen Freiheiten ist, kann so zu Konflikten innerhalb der Freiheitsidee führen, wenn z. B. ein im Namen der 'Freiheit der Persönlichkeit' erlassenes Ehrenschutzgesetz die konkrete Freiheit der Presse knebeln sollte oder wenn die abstrakt gefaßte Freiheit der Meinungsäußerungen, eine unverbindliche 'Redefreiheit', als Ventil zugelassen wird, aber dann doch im Namen angeblich bedrohter Freiheit beschnitten wird, wo diese Redefreiheit als potentielle politische Tathandlung in Erscheinung tritt. Den politischen Witz hat selbst die Unfreiheit der Diktatur als Scheinausdruck von Freiheit in gewissen Grenzen noch geduldet.[5] Kurz: Die ideologisierte Freiheit stellt die wirkliche Freiheit in verschiedenster Weise immer wieder in Frage. Was aber *kann* — und was *soll* — der Christ für die *wirkliche* Freiheit tun? Im besondern auch auf dem Feld der Mitgestaltung der Gesellschaft?

3. Die neuzeitlichen Freiheitsrechte und die mit ihnen sich verbindenden Freiheitsideologien sind nicht zuletzt eine Frucht der Predigt des Evangeliums, im besonderen Maße seit der Reformation. Kann dann aber der Christ der These zustimmen, daß dieser als

---

[5] Oder wenn, wie es mit der McCarran-Act 1961 geschehen ist, eine Partei dadurch 'außer Gesetz' gestellt wird, daß ihre Anhänger genötigt werden, sich als 'Agenten einer ausländischen Macht' registrieren zu lassen.

'freie Welt' bezeichnete Komplex die unabdingbare Voraussetzung christlicher Existenz sei? Daß sozusagen die wohlgeratenen oder auch mißratenen Kinder die Bedingung des Daseins ihrer Eltern seien? Anders gewendet: Darf sich 'das Christentum', darf die evangelische Botschaft es sich gefallen lassen, zur *Legitimation* von Recht und Selbstbehauptungsdrang der 'westlichen Welt' als der 'freien' in Dienst genommen zu werden?

Damit sind drei Fragenkomplexe zum Thema des christlichen Umgangs mit den unter uns umgehenden 'westlichen' Freiheiten skizziert. Der Versuch, sie zu beantworten, muß etwas weiter ausholen.

II

Die 'abendländische Freiheit', soweit sie sich heute liberal und christlich versteht, sieht als ihre Mitte die Glaubens- und Gewissensfreiheit an und — wenigstens soweit sie sich liberal versteht — die antiklerikale Freiheit von Autoritäten. Diese Freiheiten scheinen wesentlich in der Reformation erkämpft worden zu sein. Luther in Worms gilt seit langem als der Heros dieses Durchbruchs zur Freiheit. In der Tat geht es ja auch in der Reformation um die Freiheit des Glaubens und *darin* um die Freiheit des Gewissens gegenüber dem Zwang der römischen Gesetzlichkeit. Die „Unterweisung der Gewissen zur Freiheit" ist das oft so formulierte Ziel reformatorischer Verkündigung. Darin begegnet sich diese mit der theologischen Predigt des Apostels Paulus — freilich in einer anderen historischen Situation, nämlich in der Auseinandersetzung mit der in der Geschichte der Kirche und des christlichen Europa seit den ersten nachchristlichen Jahrhunderten wieder eingetretenen und mannigfach ausgestalteten Umformung und Verderbung der evangelischen Freiheitsbotschaft. Was heißt das nun im einzelnen?

1. In der *Neuzeit* hat die hier gemeinte Umformung evangelischer Freiheitsbotschaft die Gestalt der 'Religion der Menschenrechte' gewonnen. Sie will Freiheit und Würde des Menschen sichern, ist ihrerseits ein Produkt des 'Geistes der Humanität', ein sehr charakteristischer Ausdruck des abendländischen Humanismus, der — auch in seiner emanzipierten und säkularisierten Gestalt —

die christliche Erziehung des Abendlandes durch die Verbindung
von Antike und Christentum nicht ableugnen kann; ebensowenig
den Einfluß germanisch-rechtlicher Elemente. Als historisches Faktum gehört diese Religion der Menschenrechte — ebenso wie ihr
Mißbrauch — eben zu jenem 'Geist der Humanität'.

So wie er hinter den Menschenrechten des 18. und den Grundrechten des 19. und 20. Jahrhunderts steht, wesentlich rationalistisch
und individualistisch, geht es ihm um Sicherung der freien Entfaltung der Persönlichkeit durch 'negative Freiheitsrechte'. Wie immer
diese im einzelnen entfaltet werden, es handelt sich bei ihnen
wesentlich um 'Rechte des einzelnen gegen den Staat', durch die
der Anspruch auf eine staatsfreie Sphäre gesichert werden soll. In
diesem Sinn definiert man die 'echten Grundrechte': „Nur ein Staat
mit verfassungsmäßig anerkannten Grundrechten kann ein Rechtsstaat genannt werden, weil die Einzelpersönlichkeit ihren Wert
unabhängig vom Staat besitzt und behaupten darf."[6] Vielleicht
wird damit nicht mehr gesagt, als daß diese sogenannten Grundrechte vorstaatliche Rechte sind, eine Auffassung, die im Unterschied zur Weimarer Verfassung das GG zu teilen scheint. Aber
auch wo man Grundrechte als vom Staat verliehene positiv-recht-
liche Befugnisse ansieht, steht bei der allgemeinen Vorstellung eben
der Schutz des Individuums gegenüber dem Staat im Vordergrund.
Daher konnte man für den Covenant-Entwurf der UN-Kommis-
sion zu einer Bill of Rights, einer Grundrechte-Erklärung für alle
Menschen, auf dieser Linie vorschlagen, sich auf Artikel zu beschränken, nach denen das Individuum vor dem Staat geschützt
werden soll.[7] Im Hintergrund steht auch hier die Tendenz auf
Verwirklichung naturrechtlich postulierter Rechte im Bereich des
öffentlichen und des Völkerrechts.[8] Die „freie Entfaltung der Per-

---

[6] Bericht der ersten Sitzung zum Thema Grundfragen des Rechts in
der Ev. Akademie Hemer, 21.—29. Mai 1949, S. 5.

[7] Auf dieser Linie liegt auch die 1961 vom Sozialausschuß der Vollversammlung der Vereinten Nationen gebilligte Deklaration über die Freiheit der Gedanken und der Meinungsäußerung für die gen. Bill of Rights.

[8] U. Scheuner, Naturrechtliche Strömungen im heutigen Völkerrecht,
Z. f. ausländ. öff. Recht u. Völkerrecht XIII, 1951, S. 612.

sönlichkeit", auf die z. B. auch Art. 2 GG einem jeden das Recht zuspricht, ist vermutlich in diesem Sinne Ausdruck jenes humanistischen Individualismus, des Ausgehens vom einzelnen, von *seiner* Freiheit und *seiner* Würde. Allerdings übersieht man gern, daß die Menschenwürde, weil sie 'unverzichtbar' ist, der Verfügung des Menschen entzogen ist, daß man also nicht mit dem Bonner Kommentar zum GG sagen kann, daß sie „in dem Menschen selber ruht, der allein Hüter über sie ist und sie selbst nur ablegen kann" [9]. Gerade diese Kommentarbemerkung läßt erkennen, wie mit alledem nur ein bestimmtes, durch den humanistischen Glaubenssatz vom Menschen gestaltetes Stück abendländischer Freiheitsidee festgehalten ist, eine im Grunde abstrakte Konzeption, die weder den 'wirklichen' Menschen noch die 'wirkliche' Freiheit erreicht hat. Eben von da aus wird dieser 'Geist der Humanität', immer noch Mitte der 'westlichen' Freiheit mit ihren Postulaten der Würde des Menschen auf dem Hintergrund und im Rahmen der Menschenrechtsidee, zum Gegenstand immer wieder erneuten Nachfragens in der ganzen Reichweite und Variationsbreite der gegenwärtigen philosophischen und theologischen Besinnung auf den Menschen. Das Bild dieser Diskussion braucht hier im einzelnen nicht nachgezeichnet zu werden. Die Positionen sind mannigfaltig.

Gemeinsam ist ihnen allen die geschichtliche Erfahrung eines Versagens der humanistischen Ideale in der jüngsten Vergangenheit, im besonderen im politischen Bereich. Der Unterschied zwischen ihnen liegt wesentlich in der Stellungnahme zu diesem Versagen, ob man es nämlich ernst nimmt, oder ob man es zu ignorieren sucht. Aber auch wo man das Versagen ignorieren möchte, kann man heute jedoch etwa Schillers Mahnruf an die Verantwortlichen: „Der Menschheit Würde ist in eure Hand gegeben! Bewahret sie!" nicht mehr so einfachhin nachsprechen. Man wird aber auch bei aller Skepsis ihm gegenüber nicht an der Frage nach seinem Wahrheitsgehalt vorbeigehen dürfen. Hinter dem Wort von der 'Würde der Menschheit' steht Schillers Freiheitsidee.

Es entspricht der Mahnung, die Würde des Menschen zu wahren, der Satz, daß der Mensch „frei" sei, auch wenn er in Ketten

[9] Vgl. dazu Erik Wolf, Recht des Nächsten, 1958, S. 47, Anm. 15.

geboren ist, also jene Idee sittlicher Freiheit, die sich mit der Autonomie der Vernunft, der schöpferischen Freiheit der Gedanken, der reinen Innerlichkeit des Ich verbindet, die sich in der Geschichte verwirklichen soll. Diese spezifisch deutsche Rezeption der national-egalitären Freiheitsidee der Französischen Revolution umschreibt der weitere Satz: „Verbreitung reinerer, sanfterer Humanität, die höchstmögliche Freiheit der Individuen bei des Staates höchster Blüte, kurz der vollendetste Zustand der Menschheit, wie er in ihrer Natur und in ihren Kräften als erwirkbar angegeben liegt." [10] Dieser Satz darf darum nicht als reine Schwärmerei gewertet werden, weil gerade auf dem Hintergrund der „physischen Möglichkeit der Freiheit", wie die Französische Revolution sie gebracht habe, mit ihm die Aufgabe umschrieben ist, eben diese Freiheit moralisch zu ergreifen und sittlich zu bewältigen. Zugleich weiß Schiller darum, daß die geistlich-sittliche Existenz gesunder materieller Lebensbedingungen bedarf: „Zu essen gebt ihnen, zu wohnen. Habt ihr die Blöße bedeckt, gibt sich die Würde von selbst."

Darin steckt aber nun freilich das utopische Moment in dieser Anschauung von Freiheit und Würde, nämlich in diesem so zuversichtlich ausgesprochenen „von selbst". Wieder handelt es sich um eine Manifestation des Glaubens der Humanität. Aufklärerische und idealistische Motive des abendländischen Humanismus sind hier in klassischer Form ausgesprochen. Der bürgerliche Mensch der Moderne erscheint hier im Licht der Freiheitsideologie des christlichen Abendlandes, die durch ein Idealbild vom Menschen bestimmt ist: Der Mensch als das durch Vernunftbesitz und Willensfreiheit ausgezeichnete, von da her als Individualität zu begreifende und zu respektierende Wesen. Es ist die Anthropologie der Tradition des christlichen Naturrechts. Antike und christliche Überlieferung haben sich hier in einer überaus fruchtbaren, aber doch auch verhängnisvollen Weise miteinander verbunden, indem die evangelische Botschaft von der in Christus geschenkten Freiheit des Menschen — eine Botschaft, mit der das Evangelium in der Tat vorgefundene gesellschaftliche Zustände auch revolutioniert hat —

---

[10] Vgl. dazu auch Carlo Antoni, Der Kampf wider die Vernunft. Zur Entstehungsgeschichte des deutschen Freiheitsgedankens, 1959.

ausgelegt wurde durch das, was antike Philosophie von dem Menschen und von seiner Freiheit zu sagen wußte.

2. Das führt nun in der geschichtlichen Besinnung zurück auf jene der evangelischen Freiheitsbotschaft der Reformation und ihrer alsbaldigen humanistischen Umwandlung entsprechende Situation, in der diese Botschaft ursprünglich erklingt.

Ganz allgemein heißt in der Umwelt des Neuen Testaments frei sein: 'unabhängig von anderen selbst über sich verfügen', ἐλεύθερον τὸ ἄρχον ἑαυτοῦ. Dieser Begriff von Freiheit ist am Gegenbild der Unfreiheit des Sklaven gewonnen, die das Charakteristikum einer als selbstverständlich betrachteten Institution in der Wirklichkeit der griechischen Polis ist. Es handelt sich zunächst also ganz unproblematisch um die Freiheit der 'politisch' Freien innerhalb der staatlichen Lebenswirklichkeit. Ἐλευθερία „ist im Griechentum primär ein politischer Begriff".[11] Nach Aristoteles ist sie Kennzeichen staatlichen Lebens, steht innerhalb seines νόμος, innerhalb der den Staat durchwaltenden Vernünftigkeit, deren Intaktheit, deren εὐνομία Voraussetzung ist für den Bestand der Freiheit. Von da aus erscheint in den großen Staatslehren des klassischen Griechentums die Demokratie als diejenige Staatsform, in der die Freiheit sich am besten gestalten läßt, weil sie allen Bürgern grundsätzlich die gleichen politischen Rechte, den gleichen zur Freiheit gehörigen Anspruch des Herrschens zuerkennt und auch ermöglicht. Aber indem sie so grundsätzlich das Höchstmaß politischer Freiheit gewährt, ist eben darin zugleich die schärfste Bedrohung ihres eigenen Bestehens eingeschlossen, denn das durch die Demokratie geförderte Individuum bedroht durch die geweckte und gestärkte Freiheit seines eigenen νόμος die εὐνομία der Polis. „Unmittelbar auf diese Freiheit folgt dann wohl die andere, daß man der Obrigkeit nicht mehr gehorchen mag...;" die alte und verfluchte Titanennatur bricht durch.[12]

Die politische Freiheit erstreckt sich aber auch auf die Unabhängigkeit der Polis innerhalb der zwischenstaatlichen Beziehungen. In den unaufhörlichen innergriechischen Kämpfen nach den Perser-

---

[11] H. Schlier in Th. Wörterb. z. NT II 484.
[12] Platon, Leg. III 701 b/c, zit. nach Schlier.

kriegen wird so 'Freiheit' mehr und mehr zum Schlagwort einer 'nationalistischen' Außenpolitik. Mit dem Zusammenbruch der hellenischen Demokratie wendet und wandelt sich der politische Freiheitsbegriff im Hellenismus zum weltanschaulichen. Die Struktur bleibt jedoch erhalten. Das jetzt mehr oder minder apolitische Individuum versteht sich kosmopolitisch; an die Stelle des politischen, zugleich die Gottheit der Polis repräsentierenden νόμος ist jetzt das mit Zeus oder dem Schicksal gleichgesetzte Gesetz der φύσις, der Natur, der Welt getreten. Die 'freie' Begegnung mit dem Kosmos ist identisch mit dem Rückzug in die Innerlichkeit des Individuums, das eben darin erlebt, daß es 'göttlichen Geschlechts' ist. Es ist klar, daß die Vermittlung dieses individuellen Freiheitsanspruches und Freiheitsgefühls mit dem ewigen Weltgesetz und der unbezwinglichen Schicksalsmacht nur dialektisch in einem vernunftgemäßen amor fati erfolgen kann. Die Lebensformel des ὁμολογουμένως τῇ φύσει ζῆν, des Lebens in Übereinstimmung mit der Natur, bedeutet so zugleich eine Loslösung von der 'Welt', bedeutet die Freiheit der Bedürfnislosigkeit und die Freiheit von den πάθη, von dem Andrang der Dinge. Jener primär politische Aspekt der Freiheit ist zurückgetreten, sofern der radikale Individualismus des bloßen Mensch-Seins den Unterschied zwischen Herren und Sklaven, zwischen politisch Freien und politisch Unfreien grundsätzlich durchgestrichen hat. Die ἐλευθερία, die jetzt mit dem erstrebten 'Frieden der Seele', mit ἀταραξία und ἀπάθεια gleichgesetzt ist, lebt in der Resignation eines 'eingebildeten' Herr-Seins seiner selbst, eines dem Anschein nach vollkommenen, auch das Recht zum Selbstmord einschließenden Verfügens über sich selbst: „Frei ist", so sagt z. B. Epiktet, „wer lebt, wie er will, der nicht zu zwingen, nicht zu hindern, nicht zu vergewaltigen ist, dessen Entschließungen sich nicht aufhalten lassen, dessen Begehrungen ans Ziel gelangen, dessen Ausweichungen nicht ins Unglück geraten".[13] Die Überwindung des Schicksals geschieht kraft solcher Freiheit und zum Gewinnen solcher Freiheit durch eine willentliche Preisgabe, durch eine gewollte, vernünftige, 'logische' Einordnung in die Gesetzmäßigkeit des Alls, des Zeus. Das ist der breitere Hintergrund

[13] IV 1, 1.

des Freiheitsverständnisses in der spätantiken Umwelt des Neuen Testaments. Innerhalb seiner begegnet der Freiheitsanspruch, das Freiheitsbewußtsein der Gnosis. Sie sind diesem hellenistisch-stoischen Freiheitsdenken gegenüber revolutionär, obwohl auch hier die Struktur des ἐλεύθερον τὸ ἄρχον ἑαυτοῦ prinzipiell beibehalten wird. Für die stoische Theologie war die Planetenwelt reinster Ausdruck der ewigen, vernünftigen, göttlichen Gesetzmäßigkeit des Kosmos, wodurch das Schicksal, obwohl unentrinnbar, den Charakter der Vorsehung bekam, die εἱμαρμένη zur πρόνοια wurde. Für den Gnostiker ist die Planetenwelt die Welt der feindlichen Mächte; als „Götter der Welt" werden die Planetengeister zu „Widergöttern des eigentlichen (fernen) Gottes";[14] sie fordern die schroffste Auflehnung des akosmischen Freiheitsbewußtseins des Menschen heraus, der in seinem Wesentlichen, nämlich dem πνεῦμα, dem 'Geist', jenem fremden, gegenweltlichen Gott gehört. Die Revolution gegen den Kosmos, die es dem gnostischen Menschen verwehrt, sich diesem Kosmos einzuordnen, spiegelt sich in der gnostischen Ethik, die alle bisherigen politischen Werthaltungen, die ganze gültige bürgerliche Moral und Ordnung negiert und bekämpft und in neuen Formen, in gnostischem Asketismus sowie in gnostischer Gemeindeethik *dieser* Welt die Welt des neuen, des anderen, fernen, fremden Gottes entgegenstellt, schrankenlos und verächtlich 'frei' gegenüber den 'Ordnungen' der demiurgischen Welt, libertinistisch oder völlig zurückgezogen gegenüber der innerweltlichen Öffentlichkeit des staatlichen und gesellschaftlichen Daseins. Der Gnostiker ist in solcher Freiheit nicht nur Herr seiner selbst, sondern auch Herr der Welt.

Paulus scheint einer derartigen Haltung in der korinthischen Gemeinde begegnet zu sein. Er gibt ihr zu (1 Kor 3, 21 ff.):

> πάντα γὰρ ὑμῶν ἐστιν
> εἴτε κόσμος εἴτε ζωὴ εἴτε θάνατος.
> εἴτε ἐνεστῶτα εἴτε μέλλοντα,
> πάντα ὑμῶν . . .

---

[14] H. Jonas, Gnosis und spätantiker Geist, 1934, S. 161.

„Alles ist euer ..." — aber die also Angeredeten gehören nicht
mehr sich selbst — ὑμεῖς δὲ Χριστοῦ, Χριστὸς δὲ θεοῦ —, sie sind
Christi. Und später sagt Paulus es ihnen, offenkundig im Blick auf
gnostisch-libertinistische Ausschweifungen ausdrücklich: οὐκ ἐστὲ
ἑαυτῶν, „ihr gehört euch nicht selbst" (1 Kor 6, 19). Sie sind
Christusgläubige, und der Glaubende ist als ἀπελεύθερος κυρίου,
als von Christus Befreiter (1 Kor 7, 22), ein δοῦλος Χριστοῦ, ein
Knecht Christi.

Auf dem Hintergrund des bisher Gesagten bedarf das paulinische
Freiheitsverständnis keiner besonderen Erläuterung mehr. Es genügen einige Hinweise. Daß der Christ Christus gehört, ist nicht
die Grenze seiner Freiheit über alles, sondern nennt den Grund
dafür, daß nun wirklich alles ihm gehört. Er hat sich nicht zur
Gewinnung oder Wahrung seiner Freiheit, seines ἄρχον ἑαυτοῦ dem
νόμος seines Ich, dem νόμος der Polis oder dem νόμος der φύσις eingeordnet, er hat auch nicht in gnostischer Weise all diese νόμοι über-
sprungen und unter seine Füße getreten, sondern er ist von Gott
in das Leben, in die Freiheit Gottes selbst hineingenommen. Seine
Freiheit ist von Gott geschenkte Freiheit und insofern eine eschatologische Wirklichkeit. Diese Freiheit, „in der der Glaube die ζωή
und damit sich selbst gewinnt",[15] wird von Paulus beschrieben als
die Freiheit von der Sünde (Röm 6, 18—23), vom Gesetz (Röm 7,
3 f.; 8, 2; Gal 2, 4; 4, 21—31), vom Tode (Röm 6, 21 f.; 8, 21);
und das heißt nun im Blick auf das ἄρχον ἑαυτοῦ: als Freiheit von
der Ich-Sucht, vom Selbst-Sein-Wollen, von der Sorge. Sie ist Ausdruck eines Freigesprochen-Seins und als Begriff gestaltet durch
das Gegenüber von Sünde und Gerechtigkeit. Sie existiert in dem
neuen, mit der Formel ἐν Χριστῷ bezeichneten Dasein, ist also als
das 'neue Leben' identisch mit der ὑπακοὴ πίστεως und erweist sich
im Tun eben dieses Glaubensgehorsams. Denn so wie die Befreiung
von der Sünde geschehen ist durch den Gehorsam Christi, so gilt im
Neuen Testament die Gleichung zwischen Freiheit und Gehorsam
gegen Gott.

Dahinter steht die Erkenntnis, daß der Mensch auch und gerade
dort, wo er, auf welchem Wege immer, sei es im Rückzug auf die

[15] R. Bultmann, Theologie des Neuen Testaments. 1953, S. 327.

Innerlichkeit, sei es im Verfügen über die ihn bedrohenden Mächte, sich selbst in die Hand zu bekommen versucht, eben nicht frei ist. Für die Erkenntnis des Glaubens ist (mit Bultmann formuliert) „jedes Selbst-sich-in-die-Hand-bekommen ... nur ein Weg, das *verfehlte* Dasein zu ergreifen", da das Leben des Selbst seinen alleinigen Grund in dem Leben in und aus Gott hat. Die Ordnung des 'neuen Lebens', eben in der Freiheit, zu der uns Christus durch seine Selbsthingabe (Gal 3, 13; 4, 4) „freigemacht" (Gal 5, 1) hat, heißt „Gesetz Christi" (Gal 6, 2), ein Gesetz, das der Jakobusbrief (1, 25) als das „vollkommene Gesetz der Freiheit" gegenübergestellt dem mit dem Fluch beladenen Gesetz des alten, des selbst-sein-wollenden Menschen. Das endlose Gesetz der ἐπιθυμία als der Leidenschaft zum Lebenwollen (Röm 7, 7) war das Organ der Zwangsherrschaft der Sünde und des Todes. Das 'Organ' der Freiheit ist jetzt der auch zum Leiden bereite Glaubensgehorsam, und zwar als Vollzug des Gesetzes der Freiheit, als das Handeln der Liebe. Denn nur die Freiheit liebt, und nur das Freigemachtsein vom Selbst, von der Ich-Sucht, läßt dem Ruf in die Nächstenschaft, zu einem 'selbstlosen' Dienen, wirklich gehorchen.[16] „Gerade nicht im Bei-sich-selbst-Sein, sondern im Bei-dem-andern-Sein gewinnt der Christ seine Freiheit."[17] Alle in dieser Freiheit geschehenen Werke zielen auf die Gerechtigkeit Gottes und damit auf das ewige Leben ab (Röm 6, 22). „Das unter dem Zuspruch des Geistes ... seiner Selbst-sucht im Glauben entnommene Dasein wirkt diese Freiheit aus in Werken, die dem Nächsten das Leben ermöglichen, von dem er selbst lebt: das Leben, das die Liebe Gottes in Christus gewährt."[18] — Diese Freiheit lebt zufolge ihrer Gebundenheit an Christus im scheinbaren Verzicht auf die Freiheit selbst: ἐλεύθερος γὰρ ὢν ἐκ πάντων πᾶσιν ἐμαυτὸν ἐδούλωσα (1 Kor 9, 19). Aber die Vollmacht der christlichen Freiheit gerade auch dazu, die Vollmacht des πάντα μοι ἔξεστιν, des „alles steht mir frei" (1 Kor 6, 12), ist

[16] Vgl. dazu E. Fuchs, Die Freiheit des Glaubens. Römer 5—8 ausgelegt, 1949.

[17] Schlier a. a. O. S. 497.

[18] a. a. O. 499; vgl. dazu auch den Gedanken vom „Recht des Nächsten", wie ihn Erik Wolf in seinem gleichbetitelten rechtstheologischen Entwurf (Philos. Abh. XV, 1958) entwickelt.

die Unabhängigkeit von allen weltlichen Ansprüchen und Urteilen, „die Freiheit von allen menschlichen Konventionen und Wertmaßstäben"[19]. Darum können auf der einen Seite die Warnung, nicht der Menschen Knechte zu werden (1 Kor 7, 23), und auf der anderen Seite die Mahnung, einander zu dienen (Gal 5, 13), und zwar durch die Liebe (διὰ τῆς ἀγάπης), nicht nur widerspruchslos beieinander stehen, sondern sinnvoll und notwendig: jener erste Satz wehrt der Mißachtung, dieser andere dem Mißbrauch des Geschenkes der Freiheit aus der Freiheit Gottes.

In der Stoa war die Unfreiheit die „Beeinträchtigung des reinen Selbstseins durch solches, was seiner Natur nach nicht unbedingt in meiner Hand ist, . . . durch Äußeres"[20], durch die Natur, und mit der Forderung des ὁμολογουμένως τῇ φύσει ζῆν, eines Lebens in Übereinstimmung mit der 'Natur', sollte ein Maximum an Freiheit im Minimum an Abhängigkeit gewonnen werden. Das reine Sichbeschränken auf sich selbst ist hier die Freiheit. Meiner Selbst kann ich absolut sicher sein. Gerade hier, an diesem unbeeinträchtigten, genügsamen Sich-selbst-Haben setzt das christliche Freiheitsproblem an: Diese Selbstgenügsamkeit ist das sündhafte Versagen des auf sich selbst gestellten Menschen vor Gottes Anspruch, vor der Frage, ob man vor Gott bestehen könne, vor jener Frage also, die der Mensch mit der Flucht vor Gott beantwortet, weil er dem Bekenntnis vor Gott ausweichen muß. „Te enim mihi absconderem, non me tibi" — damit durchleuchtet Augustin[21] einmal diese Weigerung, sich vor Gott zu bekennen; Gott soll für mich nicht existieren. Es ist ein Ausweichen vor der allein möglichen Antwort, nämlich vor dem Nein, auf die Frage, ob der Mensch vor Gott ohne Gott etwas vermöge.

3. Der schroffe Gegensatz zwischen der Freiheit, die der Mensch in Selbstverantwortlichkeit sich selbst gewinnen möchte, *seiner* Freiheit als Ausdruck *seines* Herrseins, und der Freiheit, die er ohne Aufhebung seiner Verantwortlichkeit als Gnadengeschenk Gottes empfängt, durchzieht das ganze abendländische Ringen mit

---

[19] Bultmann, a. a. O. S. 339.
[20] H. Jonas, Augustin und das paulinische Freiheitsproblem, 1930, S. 10.
[21] Conf. X 1.

der Freiheitsidee.[22] Denn die Auseinandersetzung des Apostels Paulus mit der stoischen Freiheitslehre ebenso wie mit der gnostischen hat nicht verhindert, daß die Freiheitsbotschaft des Evangeliums von diesen anderen Freiheitslehren sozusagen mit Beschlag belegt worden ist. Von geschichtlich unabsehbarer Tragweite wurde dabei die Verknüpfung der evangelischen Freiheitsbotschaft vor allem mit der stoischen Freiheitslehre. Sie wurde zum Fundament für die ganze abendländische Freiheitsauffassung im Rahmen einer christlichen Weltanschauung und in den verschiedenen säkularisierten Gestalten dieser Weltanschauung. Daß der Mensch als Mensch wesenhaft durch Vernunftbesitz und Freiheit bestimmte Persönlichkeit sei, daß er als solche Persönlichkeit seine Würde habe, daß er in dieser Würde und auf Grund von ihr der Partner Gottes sei, daß mit dem allen natürliche und unverletzliche Rechte dem Menschen gegeben sind — das macht die Grundstruktur des abendländischen, christlich-humanistischen freien Menschenbildes aus. Das ist bereits eingangs angedeutet worden.

Wendet sich die Frage der Verwirklichung dieses Bildes zu, dann rückt immer wieder, mannigfaltig abgewandelt, ein Problem in den Vordergrund, nämlich wie die Freiheit des Menschen und die Freiheit Gottes zusammenzudenken seien, wie die Freiheit des Menschen als sittlicher Persönlichkeit von Gottes Gerechtigkeit vorausgesetzt und gefordert sei, und wie auf der anderen Seite die Freiheit Gottes gegenüber Ansprüchen und Forderungen innerhalb einer Partnerschaft zwischen Mensch und Gott 'gesichert' werden könne. Die anderen vielverhandelten Fragen nach dem Verhältnis von Freiheit und Naturnotwendigkeit z. B., von Freiheit und Geschichte, von individueller Freiheit und Staat, weisen auf jenes Grundproblem zurück. Die Versuche, sie zu beantworten, verraten mehr oder minder deutlich eine Erinnerung daran, daß in diesem ganzen Komplex abendländischer Überlieferung der Freiheitsbegriff der evangelischen Botschaft eine nie ganz auszuräumende Kompo-

[22] Für die reformatorischen Grunderkenntnisse zum Freiheitsproblem vgl. vor allem die zahlreichen Darlegungen H. J. Iwands, besonders den Aufsatz: Die Freiheit des Christen und die Unfreiheit des Willens, in: Solange es „heute" heißt, Festgabe R. Hermann, 1957, S. 132—146.

nente bildet. Dabei kommt man kaum über formale Bestimmungen hinaus, meist negativer Art, und nicht selten wird der Freiheitsbegriff zum Mythos. Im besonderen, wenn es sich um das Problem der Freiheit innerhalb des Bereichs des Politischen handelt. Man arbeitet mit dem Freiheitsbegriff, indem man Freiheitsideale postuliert, aber man ist ihm gegenüber zugleich in einer tiefen Unsicherheit. Das verrät etwa die abgrenzende Sicherung, die z. B. dort, wo es sich nicht um 'paktierte Grundrechte', sondern um allgemeine Menschen- und Freiheitsrechte handelt, sozusagen in einem Atem erklärt, daß die Freiheit nicht angetastet, aber auch, daß sie nicht mißbraucht werden dürfe. Vor der Aufgabe gesetzgebender Bewältigung etwa der Freiheit der Meinungsäußerung oder der Lehre zeigt sich das aufs deutlichste. Die Proklamation der Freiheit geht so Hand in Hand mit einer unverhüllten Angst vor ihr. Aber man wird diese Angst ernst nehmen müssen, weil sie zu dem hier herrschenden Freiheitsbegriff notwendig hinzugehört. Von der Freiheit der Emanzipation ist der Weg zu einem existentialistischen Nihilismus nicht allzu weit. Die Verteidigung von Freiheiten kann so die Kehrseite sein einer stets neu versuchten Selbstbehauptung des Menschen vor und gegenüber Gott.

III

> Kein Mensch bekämpft die Freiheit;
> er bekämpft höchstens die Freiheit des anderen . . .
> (Karl Marx)

Im Bereich des abendländischen Ringens mit der Freiheitsidee ist damit freilich nur eine Seite diese Ringens skizziert. Die Freiheit, die der Mensch in Selbstverantwortlichkeit — je als der einzelne, als die species eines allgemeinen genus 'Mensch' — sich selbst gewinnen möchte, seine Freiheit als Ausdruck seines beanspruchten Herr-Seins, tritt immer wieder unter die kritische Anfrage von jener Freiheit her, die der Mensch ohne Aufhebung seiner Verantwortlichkeit als Gnadengeschenk Gottes empfängt. Aber die Bezeugung dieser Freiheit und das mit diesem Zeugnis notwendig verbundene

Eintreten für die 'Freiheit des Evangeliums' verbindet sich auch immer wieder mit anderen Motiven einer 'Verteidigung der Freiheit'. Die Reformation hat ihre Freiheitsforderung gegen die Klerikalisierung der Welt gerichtet, theologisch die Freiheit von der Gesetzesherrschaft proklamiert und damit auch praktisch die Freiheit der Gewissen für das Leben im Glaubensgehorsam in der Welt geltend gemacht, vor allem aber als Freiheit der Evangeliumsverkündigung mit der Konsequenz der Glaubens- und Kultusfreiheit. Das germanisch-mittelalterliche Erbe eines ständischen Freiheitsbegriffes wirkt dabei insofern noch nach, als die „Freiheit eines Christenmenschen" für Luther primär den rechten Christenstand im Sinne eines privilegierten status in der Welt meint, in dem sich das christliche Leben nach dem paulinisch verstandenen „Gesetz der Freiheit" konkret vollziehen soll; das germanisch-mittelalterliche Erbe einer ständischen Fassung der Freiheit wirkt sodann auch nach in der Bejahung einer ständischen Fassung der sittlich-religiösen Freiheitsrechte (z. B. beim ius reformandi) im konfessionspolitischen Ringen. In einer damals schon deutlich empfundenen Spannung dazu stehen die 'schwärmerischen' Folgerungen aus der reformatorischen Freiheitsbotschaft mit ihrer mit dem Offenbarungsbegriff verknüpften, individualistischen Auffassung der Gewissensfreiheit, z. T. auch gegenüber der Schriftoffenbarung. Hier meldet sich bereits eine Emanzipationstendenz. Und nicht zuletzt von hier aus erfolgt dann die besondere Heraushebung der 'Gewissensfreiheit' als Grundrecht mit den daran anknüpfenden verfassungsrechtlichen Konsequenzen schon im 17. Jahrhundert. 'The dictate of the conscience' wird zu einem typischen Verfassungsbegriff der nordamerikanischen Kolonien. Die geistesgeschichtlich von daher stammende 'liberty of conscience' in den amerikanischen Verfassungen nach der Unabhängigkeitserklärung 1776 ist der Sache nach im Grunde Kultusfreiheit der Kirche, verstanden als Individualrecht, das allen Menschen zusteht. Diese 'Freiheit' soll innerhalb der Schranken allgemeiner Ordnung 'ways of God's worship' von staatlicher Einflußnahme freihalten. Als solches verfassungsmäßig garantiertes Grundrecht ist sie älter und weiter als die rechtliche Fassung der Gewissensfreiheit auf dem Kontinent. Auch weiter als in der französischen Erklärung der Menschenrechte vom 26. 8. 1789, die nur das Recht einer 'religiösen Meinungsfreiheit' sichert und dann mit dem Trennungsgesetz von 1905 gleichsam zum Bekenntnis des laizistischen Staates wird, der 'sich von der Kirche' trennt, nachdem Napoleon in seinem Konkordat von 1801 die Kultusfreiheit garantiert hatte.

In Deutschland verläuft die Entwicklung seit der Reformation viel langsamer und viel stärker an jenen Ansatz gebunden, der Gewissensfreiheit wesentlich als Glaubens- und Kultusfreiheit fordert. Der vielfach gewundene Weg vom Augsburger Religionsfrieden über den Westfälischen Frieden bis hin zur preußischen Toleranzpolitik und dem allgemeinen Landrecht soll hier nicht verfolgt werden. Wenn aber das Preußische Allgemeine Landrecht (1794) den Glauben und 'inneren Gottesdienst', und zwar als individuelle Religiosität im Sinn der Aufklärung spiritualisiert, freistellt, so zeigt sich hier gerade wiederum jene mit dem Freiheitsbegriff des Evangeliums in Spannung stehende stoisch-rationale Individualisierung. Gewissensfreiheit wird aus Hausandacht — so noch in anderen deutschen Territorien des 18. und des beginnenden 19. Jahrhunderts, auch in Österreich — zur Denkfreiheit, die im Interesse der Sicherung des Staates nun neue Schranken nötig macht und ebenso neue Freiheitsbestimmungen außerhalb des forum internum. Kein Wunder, daß innerhalb der Säkularisierung der Gewissensfreiheit die aus der Religionsfreiheit stammenden individuellen Freiheitsrechte des Liberalismus (Eigentums-, Vereins-, Veröffentlichungs-, z. T. Unterrichts-Freiheit) dann auf die Kirche übertragen werden und so auch vor das Problem der Gewissensfreiheit als innerkirchliches Grundrecht führen.[23]

IV

Diesen individualistischen Abstraktionen bzw. reinen Formalismen der Freiheit stellt der Blick auf die neutestamentliche Freiheitsbotschaft das konkrete Existieren in Freiheit gegenüber. Es wird

[23] Vgl. R. Smend, Glaubensfreiheit als innerkirchliches Grundrecht, in: Mensch und Staat in Recht und Geschichte. Festschr. f. H. Kraus, 1954.

hier nicht auf den Menschen an sich, sondern auf die Bedingungen seines wirklichen Daseins reflektiert, nicht auf seine Innerlichkeit, sondern auf seine Wirklichkeit. Dahinter steht die Erkenntnis, daß der Mensch auch und gerade dort, wo er, auf welchem Wege immer, sei es im Rückzug auf die Innerlichkeit, sei es im Verfügen über die ihn bedrohenden Mächte, sich selbst in die Hand zu bekommen versucht, daß er gerade dort nicht frei ist. Für die Erkenntnis des Glaubens ist, wie bereits festgestellt, „jedes Selbst-sich-in-die-Hand-bekommen nur ein Weg, das verfehlte Dasein zu ergreifen". Denn das wirkliche Existieren des Menschen ist sein Existieren in der Mitmenschlichkeit. Mit Erik Wolf rechtstheologisch formuliert: Zum Grundrecht der Personalität tritt notwendigerweise die Grund-verfassung der Solidarität.[24] Diese solidarische Mitmenschlichkeit wird aber nicht — humanistisch — aus dem Wesen des Menschen abgeleitet, etwa daraus, daß (wie die Stoa bereits lehrte) alle Men-schen gleich und darum einander verwandt sind, sondern das Leben in der Mitmenschlichkeit ist die Bedingung dafür, daß der Mensch als Mensch zu seinem Wesen gelange. „Menschlichkeit ist Mitmensch-lichkeit. Was nicht Mitmenschlichkeit ist, ist Unmenschlichkeit."[25] Mitmenschlichkeit meint aber das verantwortliche Dasein in der freien Begegnung mit je dem anderen. Die verantwortliche Begeg-nung ist Dienst in Freiheit und Freiheit im Dienst. Freiheit ist so der Verzicht auf das Bei-sich-selbst-Sein, auf die Selbstbehauptung; denn die Betätigungsform der Freiheit, die ihr wesentlich und nur ihr eigen ist, ist die Liebe als handelnder Vollzug der Anerkennung des anderen in seiner Freiheit und seiner Ehre. Daher gehört zur Freiheit die Einschränkung und zur Liebe der Realismus. Der dienstgebundenen Freiheit entspringt die Ehre oder die Würde des Menschen. Die Ehre unter Menschen kommt an den Tag, wenn sie sich darin treffen, daß sie für und durch den Dienst füreinander beansprucht sind. Nur das Handeln im gebotenen Dienst ist ehren-haftes Handeln. In den damit andeutungsweise umschriebenen Sach-verhalt kann sich ein subjektivistischer Freiheitsbegriff des nach-christlichen abendländischen Humanismus erfahrungsgemäß nicht

---

[24] In ›Recht des Nächsten‹.
[25] K. Barth, Humanismus (Theol. Studien 28). 1950, S. 8.

einfügen; erfahrungsgemäß, sofern die Feststellung des Versagens eines solchen Humanismus sich nicht leugnen läßt. Man könnte geradezu im Rückblick auf die geistesgeschichtliche Entwicklung fragen, ob nicht anstelle der Verbindung mit der spätantiken individualistischen Freiheitsidee eine Verbindung des christlichen Freiheitsgedankens mit der ursprünglichen, politischen Konzeption der Freiheit im Griechentum sachgemäßer, sozusagen wirklichkeitsnäher wäre. Dort handelt es sich um die für das Wohl der Polis grundlegende Freiheit in der Gemeinschaft staatlichen Daseins, in der konkreten Mitverantwortung für das Ganze. Der Ansatz der griechischen Freiheitsidee und die auf das himmlische Politeuma bezogene biblische Freiheitsbotschaft scheinen zumindest formal Gemeinsamkeiten aufzuweisen. Aber freilich, ganz abgesehen davon, daß sich Geschichte nicht konstruieren und daß sich das Ergebnis geschichtlicher Entwicklungen nicht durch rückläufige Bewegung zu gewissen Anfangspunkten korrigieren läßt, eine bloße Addition der griechisch-politischen und der ihr verwandt erscheinenden Züge der christlichen Freiheitsauffassung würde nichts helfen. Sie könnte allenfalls die dämonische Macht des menschlichen Verlangens nach Autonomie, die auch jener griechischen Freiheitsidee als ihr Schatten folgt, nur eingrenzen, nicht überwinden. Gerade jenes Verlangen hat ja die Weiche von der politischen zur subjektiv-individualistischen Freiheit gestellt, den Staat zur Totalisierung und die Freiheit zum Rückzug in die Innerlichkeit gezwungen.

Vielmehr gewinnt all das, was über Freiheit im Zeugnis der christlichen Botschaft gesagt worden ist und was sich zum Teil in einer Analyse des erfahrbaren Daseins zu bestätigen scheint, sein Wesen erst vor der Frage nach der Herkunft von Freiheit und Würde und nach der Instanz, der gegenüber die Verantwortung wahrzunehmen ist, vor der Frage also nach dem Wirklichkeitsgrund der Mitmenschlichkeit. Und hier wird — unausweichlich — auf Gott verwiesen, auf den Gott des biblischen Zeugnisses! Wenn Paulus den Korinthern sagt: „Ihr aber gehört Christus", so ist damit nicht die Grenze ihrer Freiheit über alles bezeichnet, sondern der Grund dafür genannt, daß nun wirklich alles ihnen „gehöre"; nicht im Sinne eines toten Besitzes, sondern eines verantwortlichen Verfügens, das heißt also im Sinn der Ausübung von Freiheit. Es ist ein Ausüben von Freiheit in Freiheit und aus der geschenkten Freiheit Gottes. Diese Freiheit wird, insofern der Mensch an ihr geschenkweise Anteil erhält, beschrieben als Freiheit von der Ich-Sucht, vom Selbst-Sein-Wollen und von der Sorge (von der Sünde also); positiv als Gehorsam gegen Gottes Gebot, als Berufung zum selbstlosen Dienst, zu der Ehre als Mitarbeiter Gottes in der Welt und für sie und vor allem in jener Mitmenschlichkeit, die von daher dem Glauben erfahrbare Wirklichkeit wird, daß Gott in Christus seine Mitmenschlichkeit offenbart und wirksam gemacht hat und macht, daß er eben damit das Wesen des Menschen im Spiegelbild enthüllt.

„Freiheit ist stets Angebot zur Lebensführung, nie aber das Leben selbst, und nie wird sie gewahrt in prinzipiellem Widerspruch zur Unfreiheit" — alle Anti-Haltungen sind Selbstbindungen! —, „sondern in der aktuellen, jeweils wahrgenommenen Befreiung von Unfreiheit" — und also auch von Anti-Haltungen —. „Darum verkündigt die Kirche ‚Wo der Geist des Herrn ist, da ist Freiheit' (2 Kor 3, 17). Die Kontinuität der Freiheit besteht in ihrer Bewährung, nicht in ihrer Ideologisierung.[26]

Da das Evangelium die Freiheit anbietet „als eine von Gott gewollte Weise des Menschseins", verwehrt es jeden Versuch einer weltanschaulichen Beschlagnahme der Freiheit, verwehrt es auch die ‘vernunftraubende’ Gleichsetzung von Politik und Ideologie.

Es gehört zu dieser Freiheit auch — und hier wird sie vielleicht am deutlichsten — die Freiheit von allen menschlichen Wertsetzungen in dem Sinn, daß sie keine letzten Werte mehr sein können. Sie gehören in den Bereich des Vorletzten,[27] sind dort gewiß in angemessener Weise zu respektieren, aber sie dürfen niemals zum Gesetz werden.

Aber das sind Aussagen des Glaubens — und man pflegt weithin solche Aussagen als ‘wirklichkeitsfremd’, als ‘unrealistisch’ anzusehen. Daß sie das Gegenteil davon sind, wird jedoch an dem Pro-

---

[26] Fr. W. Marquardt,. Kirche der Menschen (unterwegs 14). 1960, S. 80.
[27] Im Sinn D. Bonhoeffers, vgl. dazu m. Aufsatz: Das Letzte und das Vorletzte, in: Mündige Welt IV 1962.

test gegen sie evident, an dem lauten Nein des Menschen zum 'Humanismus Gottes'. Es gehört zur Nüchternheit des Menschenbildes der Bibel, daß es dieses Nein als signum der Unmenschlichkeit des Menschen, als Zeichen des Verlustes seiner Menschlichkeit beurteilt. Für sie hat der Mensch, der *seine* Freiheit gegen die Freiheit Gottes setzt, *seine* Würde gegen Gottes Ehre, *seine* Selbstverantwortung gegen die Verantwortung vor Gott, die ja nur im dienenden Handeln in der Mitmenschlichkeit geübt wird, für sie hat dieser Mensch Gott und sich selbst und die Welt verloren. Darum ist Atheismus, der ja nur als Postulat möglich ist, immer wieder auch das Signal der Unmenschlichkeit.

Handelt es sich hier, bei diesem Zeugnis über die Freiheit im Dienst der Mitmenschlichkeit unter dem Aspekte der Verantwortung für den Menschen vor Gott, in der Anerkennung dessen, daß der Mensch von Gott und für ihn geschaffen ist, um Aussagen christlichen Glaubens, so gilt doch zugleich, daß der Christ dieses Verständnis bezeugt auch als etwas, das den Nichtchristen betrifft und angeht. Allerdings, es bleiben Aussagen christlichen Glaubens; sie werden nicht zu beweisbaren oder demonstrierbaren Sätzen und vor allem nicht zu Rezepten.

In der kritischen Auseinandersetzung mit abendländischen Freiheitsideen und Freiheitsideologien gelangt man von da aus zunächst zu Abgrenzungen. Daher wird auch die Antwort auf die drei eingangs gestellten Fragen im wesentlichen durch die genauere Bestimmung solcher Abgrenzungen zu versuchen sein.

1. „Wie steht der Christ zu einer so oder so ‚ideologisierten' Freiheit?": Das christliche Freiheitsverständnis verwehrt es, Freiheit als individuelle Innerlichkeit zu begreifen, der die Welt im Prinzip gleichgültig ist, also auch etwa im Sinn eines mönchischasketischen Lebensideals. Vielmehr meint libertas christiana die Freiheit für den je anderen, für die Welt, im Nachvollzug des Gehorsams Christi, und das heißt auch in der Nutzung aller sich bietenden noch so geringen Chancen für den einzelnen zur verantwortlichen Mitgestaltung des gesellschaftlichen Lebens, gerade weil so viel davon fortschreitend an Organisation delegiert wird.

2. „Was soll der Christ für die ‚wirkliche' Freiheit tun?": Das christliche Freiheitsverständnis verwehrt es, vor den 'Mächten' zu

kapitulieren, sich hinter das 'Gesetz der Dinge' zurückzuziehen. Freiheit kann von Verantwortlichkeit nicht getrennt werden, und christliche Freiheit ist Verantwortlichkeit aus Glauben. Der Glaube aber weiß um die Entmachtung der 'Mächte'. Freilich, das 'Gesetz der Dinge' scheint uns immer stärker zu sein als die Kraft des Glaubens, denn wir wollen nun einmal nicht wahrhaben, daß jenes 'Gesetz der Dinge' (der Politik, der Wirtschaft, der angeblichen Zwangsläufigkeit der Geschichte, der geradezu geforderten Unversöhnlichkeit von Ost und West) in seiner zur Resignation verführenden Starrheit von uns erfunden ist, um uns die Verantwortlichkeit abzunehmen. Entsprechendes gilt von der Frage des Machtgebrauchs. Hier droht die Bindung durch Machtbesitz, hier heißt Freiheit: selbstloser Gebrauch der Macht zur Sicherung des Lebens in Menschlichkeit.

Das christliche Freiheitsverständnis kennt kein 'Haben' von Freiheit. Freiheit ist nicht privater Besitz. Vielleicht läßt sich von hier aus jene Paradoxie des 'Privateigentums' als Kriteriums des liberalen Freiheitsverständnisses in einer tieferen Schicht begreifen: daß nämlich der ungehinderte Vorgang unbeschränkter Eigentumsbildung jeweils andere dieser bürgerlichen Freiheiten bedroht. So führen z. B. Privilegien aus Eigentum zur Verpflichtung auf bestimmte Verhaltensnormen und bedrohen damit die zugleich geforderte individuelle Entfaltung der Persönlichkeit.[28]

3. „Darf ‚das Christentum‘ es sich gefallen lassen, beliebig und selbstverständlich zur Legitimation von Recht und Selbstbehauptungsdrang z. B. der ‚westlichen Welt‘ als der ‚freien‘ in Dienst genommen zu werden?“:

Das christliche Freiheitsverständnis verwehrt es aber auch, ein ideologisches Freiheitsprogramm mit dem Anspruch auf weltanschauliche Bindung aufzustellen. Es verwehrt infolgedessen auch, die evangelische Freiheitsbotschaft zu identifizieren mit christlich-abendländischen Freiheitsparolen. Sie gehen freilich in großem Umfang noch heute zu Lasten und zur Verantwortung der Christenheit. Ihre pauschale Ablehnung wäre daher nicht nur utopisch,

---

[28] Vgl. meinen Aufsatz: Eigentum und Existenz, Z. f. ev. Ethik 1962, S. 1 ff.

sondern auch pharisäisch. Aber unter dem entscheidenden Mahn-
wort der apostolischen Feststellung: „Ihr gehört Euch nicht selbst"
wird das christliche Glaubenszeugnis von der wirklichen Freiheit
auch heute von Fall zu Fall auf heilsame Selbstkritik dringen müssen, auf Selbstkritik, die je nach den Bereichen des Lebens in Gesellschaft ihre besondere Gestalt gewinnen wird. Derjenige des Rechts
rückt dabei in den Vordergrund, denn was wir meinen, wenn wir
heute von 'freier Welt' sprechen, läßt sich grundlegend nur auf dem
Gebiet des Rechts, in der Bewältigung des Verhältnisses von Recht
und Macht, relativ gestalten, wobei das Menschsein des Menschen
den Richtpunkt bilden muß.

Im Blick auf ihn, den Menschen, gewinnen daher die neueren
rechtsphilosophischen Bemühungen z. T. den Charakter einer positiven Selbstkritik gegenüber dem Zweckdenken des Positivismus,
dem naturrechtlichen Rationalismus und dem ihn überhöhenden
rechtsphilosophischen Idealismus, aber auch gegenüber dem existentialistischen Humanismus, nämlich dort, wo diese Bemühungen den
Schritt zu einer rechtstheologischen Grundlegung, geleitet durch die
biblische Erhellung des Wesens des Menschen, vollziehen. Dann
erst wird der 'wirkliche' Mensch zum Richtpunkt der Erwägungen.
Den Grundriß eines solchen 'Umdenkens' hat Erik Wolf mit seinem
kühnen Entwurf ›Recht des Nächsten‹ in einer dem Theologen ein-
leuchtenden Weise vor einigen Jahren vorgelegt; für manche, auch
für Theologen, zunächst etwas befremdlich, aber zu wiederholtem
Nach- und Überdenken herausfordernd. Den Ort dieses wegweisenden Entwurfes auf dem Hintergrund des abendländischen Humanismus und seiner Freiheitsidee möchte dieser skizzenhafte Beitrag
deutlich machen, in völligem Einklang mit dem für Fragestellung
und Lösungsversuch in ›Recht des Nächsten‹ grundlegenden Satz:
„Nicht, wo in gedanklicher Entfernung ein abstraktes Bild vom
Menschen gesucht, sondern wo in konkreter Nähe der lebendige
Nächste im Menschen gefunden und für *ihn* entschieden wird,
kommt soziales Dasein von Grund aus in Ordnung" (15). — Was
die evangelische Botschaft unter Freiheit des Christen versteht, das
ist in der Tat, rechtstheologisch formuliert, durch die von Erik Wolf
herausgearbeiteten Kategorien der von Gott gesetzten 'grundrecht-
lichen' Personalität und der von Gott gebotenen und ermöglich-

ten 'Grundverfassung' der Solidarität bruderschaftlicher Christokratie präzise bestimmt, eben durch die damit umschriebene, die Wirklichkeit des Daseins konstituierende Gottzugehörigkeit des Menschen.

Christliche Parteien in Europa. Osnabrück: Verlag A. Fromm 1964, S. 11—44.

HERKUNFT UND GRUNDLAGEN DER CHRISTLICHEN DEMOKRATIE

Von Hans Maier

Unerwartet und auch für Kenner der politischen Verhältnisse überraschend, trat nach dem Zweiten Weltkrieg in mehreren Ländern Europas ein neuer Name, eine neue politische Kraft hervor: die 'christliche Demokratie'. Parteien dieses Namens errangen in den ersten Nachkriegswahlen in Frankreich, Belgien, Italien und anderswo eine führende Stellung, übernahmen in einigen Ländern die Regierungsverantwortung und gewannen in der Folgezeit einen maßgebenden Einfluß auf die europäischen Geschicke. Bis heute ist die christliche Demokratie trotz mancher Rückschläge eine der führenden politischen Kräfte im freien Teil Europas geblieben. Was ist diese christliche Demokratie, und wo kommt sie her?

Die Bildung christlich-demokratischer Parteien nach dem Kriege scheint sich, soweit wir heute den Verlauf der Dinge kennen, in den einzelnen Ländern völlig spontan und so gut wie ohne Kenntnis der jeweiligen Nachbargründungen vollzogen zu haben. Noch während des Krieges, im Jahre 1943, wurde in dem von den Alliierten eroberten Teil Italiens die 'Democrazia Christiana' (DC) gegründet, eine christliche Sammelpartei, die auf dem Grundstock des alten katholischen 'Partito Popolare Italiano' aufbaute und unter De Gasperi bald zur beherrschenden Figur der italienischen Nachkriegspolitik werden sollte. Ein Jahr später, Ende 1944, trat in Frankreich die 'Republikanische Volksbewegung' (Mouvement Républicain Populaire, M. R. P.) auf den Plan, auch sie aus älteren katholischen Gruppen und einer kleinen Partei der Vorkriegszeit erwachsen, zugleich aber ein Novum in der französischen Parteiengeschichte, da mit ihr zum erstenmal eine Partei von christlicher Inspiration ('d'inspiration chrétienne') bei Parlamentswahlen in freier Konkurrenz zum Zug gelangte. Deutschland folgte 1945 mit

der Gründung der 'Christlich-Demokratischen Union' und 'Christlich-Sozialen Union' (CDU-CSU). Zu diesen 'großen Drei', deren
politischer Einfluß die Nachkriegspolitik Europas spürbar bestimmt
hat, gesellten sich dann noch eine Reihe kleinerer christlicher Parteien, z. T. mit alter Tradition, hinzu, so in Belgien, Holland,
Luxemburg und Österreich: Parteien, die von den Nationalsozialisten unterdrückt worden waren und nach dem Kriege neu entstanden. Auch in Osteuropa wurden in den ersten Nachkriegsjahren christlich-demokratische Parteien gegründet; freilich war
ihnen dort kein langes Leben gegönnt, da sie bald entweder
verboten oder kommunistisch unterwandert oder in den jeweiligen
Blocksystemen ihrer Länder politisch neutralisiert wurden. Indes
ist der in den Vereinigten Staaten beheimatete Dachverband der
osteuropäischen christlich-demokratischen Exilparteien, die 'Christian Democratic Union of Central Europe', in der die entsprechenden Parteien Polens, Litauens, Ungarns, Jugoslawiens und der
Tschechoslowakei zusammengeschlossen sind, noch heute in Amerika
eine bedeutende öffentliche Macht; und man muß in diesem Zusammenhang daran erinnern, daß auch eine maßgebende spanische
Oppositionspartei, die Partei von Gil Robles, der christlich-demokratischen Bewegung zugehört. In jüngster Zeit sind christlich-
demokratische Parteien vor allem in Südamerika neu entstanden;
sie haben allerdings dort bis jetzt noch keine größeren Erfolge
erzielen können.

Man hat in den ersten Nachkriegsjahren, als die christlich-demokratischen Parteien vom Erfolg geradezu überrascht wurden und
viele ihrer Führer — oft einigermaßen unvorbereitet — in den
Besitz wichtiger politischer Schlüsselstellungen gelangten, gelegentlich optimistisch von einer neuen 'christlich-demokratischen Internationale' gesprochen. Es schien in der Tat, als habe das italienische
und französische Beispiel in dem ideologisch enttäuschten, aber nach
Ideen hungrigen Europa der ersten Nachkriegszeit eine neue Welle
übernationaler Parteibildung — eine christlich-demokratische nach
der liberalen und sozialistischen — ausgelöst.

Diese überschwenglichen Hoffnungen sind inzwischen freilich
längst einer nüchterneren und behutsameren Beurteilung der Dinge
gewichen. Der große Erfolg jener Jahre hat sich für die europäische

christliche Demokratie nicht wiederholt. Nicht nur, daß die christlich-demokratischen Parteien in einigen Ländern, besonders in Frankreich, beträchtlich an Boden verloren haben, auch die Zusammenarbeit zwischen den einzelnen nationalen Parteiorganisationen hat sich nicht in dem Maße eingespielt, wie man dies anfangs erwartet hatte. Das liegt, abgesehen vom Unterschied der jeweiligen nationalen Temperamente und Traditionen, einmal gewiß an der geringen programmatischen Schärfe des Begriffs 'christliche Demokratie', dem größere politische Deutlichkeit zu geben die christlich-demokratischen Parteien bis heute unterlassen haben (davon wird später noch zu sprechen sein).

Es kommt hinzu, daß die Stellung der einzelnen Parteien im jeweiligen Regierungssystem und innerhalb der jeweiligen nationalen Politik höchst unterschiedlich war, was zu einer verschiedenen Entwicklung der Programme und Tätigkeiten und gelegentlich zu schmerzlichen Widersprüchen zwischen Idee und Realität der christlichen Demokratie führte. So haben sich besonders die drei großen christlich-demokratischen Parteien Europas, die französische, italienische und deutsche, seit ihren Gründungsjahren — und besonders in letzter Zeit — immer stärker auseinanderentwickelt. War die CDU von Anfang an Regierungspartei mit großem Wähleranhang, aber den beiden Schwesternparteien wegen ihrer Verbindung mit dem Wirtschaftsliberalismus gelegentlich mangelnder Orthodoxie verdächtig, so verfügte der M. R. P. wohl über die Orthodoxie, aber leider nicht über genügend Wähler, während die DC zwar genügend Wähler, aber unglücklicherweise mehrere Orthodoxien hatte. Nur auf zwei Gebieten, nämlich der europäischen Integrationspolitik und — in geringerem Maße — der Sozialpolitik, haben alle christlich-demokratischen Parteien verwandte Lösungen gefunden; und hier, in der Europapolitik De Gasperis, Schumans und Adenauers, in der italienischen, belgischen, holländischen, französischen und deutschen Sozialgesetzgebung, liegen auch die wichtigsten Leistungen der christlich-demokratischen Parteien in der Nachkriegszeit, die es vor allem lohnen, daß man sich mit dieser Parteibewegung beschäftigt.

Jacques Fauvet hat die französische christliche Demokratie einmal als „Kind einer Tradition und eines Unglücksfalles" (nämlich des Krieges) bezeichnet. Das Wort gilt nicht nur für Frankreich. Zweifellos hat der Ruf nach christlicher Solidarität, nach sittlicher Neugestaltung des Völkerlebens, der in den Zerstörungen des Krieges, in der Selbstzerfleischung des europäischen Nationalismus erwachte, wesentlich dazu beigetragen, daß die christlich-demokratischen Parteien bei ihrem ersten Auftritt auf der Bühne der Nachkriegspolitik fast überall mit Sympathien rechnen konnten. Das unklare, aber stark empfundene Gefühl eines Bankrotts der liberalen und sozialistischen Ideologien, das Bedürfnis nach entschiedener religiöser Fundierung des öffentlichen Lebens hat solche Stimmungen noch verstärkt und mitgeholfen, den Gedanken einer 'Dritten Kraft' populär zu machen; und nicht zuletzt wurden die christlich-demokratischen Parteien sehr bald auch zu einem Schutzschild gegen den Kommunismus, am frühesten in Frankreich und Italien. Aber der Erfolg der christlichen Demokratie in Westeuropa wäre doch nicht möglich gewesen, hätten diese Parteien in den einzelnen Ländern nicht eine geistige Tradition — oder mehrere — und bestimmte organisatorische und personelle Voraussetzungen vorgefunden. Ohne die Vorarbeit der katholischen und evangelischen Sozialbewegungen und der entsprechenden Parteien aus der Zeit vor dem Krieg wäre die christliche Demokratie nicht das geworden, was sie wurde; das gilt im quantitativen wie im qualitativen Sinn. Und diese Tradition reicht weit zurück, sie umfaßt nicht nur die unmittelbare Vorkriegsgeschichte, sondern das ganze 19. Jahrhundert, ja sie datiert bereits vom Beginn der modernen politischen Revolutionen. Von ihr muß zuerst gesprochen werden, wenn von Herkunft und Grundlagen der christlichen Demokratie die Rede ist.

I

Wann der Begriff 'christliche Demokratie' zum erstenmal aufgekommen ist, läßt sich nicht genau feststellen. Als ich vor Jahren im Zusammenhang mit Untersuchungen über die frühen christlichen Parteien in Frankreich dieser Frage nachging, fand ich die ersten Belege für dieses Wort zu meinem Erstaunen in der Zeit der Französischen Revolution. Später tritt es vereinzelt im französischen und belgischen Katholizismus des 19. Jahrhunderts auf, nach 1848 zum erstenmal als Bezeichnung für eine Parteibewegung. Europäische Bedeutung und Verbreitung gewinnt es aber erst in den neunziger Jahren, als im Anschluß an die Enzyklika ›Rerum novarum‹ in Italien, Belgien und Frankreich Studienzirkel und politische Bewegungen entstehen, die den Namen 'Democrazia Cristiana', 'Démocratie chrétienne' führen.

Daß das erste Vorkommen des Wortes ganz auf die Romania beschränkt ist — auch in Deutschland läßt sich im 19. Jahrhundert, soweit ich sehe, kein entsprechender Beleg aufspüren —, muß an sich überraschen. Man sollte doch vermuten, daß Wort und Sache ihren Ursprung eher in den angelsächsischen Ländern haben, in denen sich ja die politischen Formen der modernen Demokratie am frühesten und folgerichtigsten herausgebildet haben. War nicht das Ideal der Puritaner, der Cromwellschen Revolution, eine theokratische Demokratie, und sind nicht die Neuenglandstaaten, besonders jene, die sich auf freikirchliche und dissidentische Gruppen stützten, das eigentliche Experimentierfeld einer 'religious democracy' in der frühen Neuzeit gewesen, zu einer Zeit, als republikanische oder gar demokratische Staatsformen auf dem Kontinent noch mit höchstem Mißtrauen betrachtet wurden? In der Tat ist der Begriff 'christian democracy' in England und Amerika seit langem eingebürgert, er hat wahrscheinlich — das wäre eine Untersuchung wert — alte puritanische und gemeindekirchliche Wurzeln; sicher ist, daß das in allen modernen radikaldemokratischen Bewegungen herumspukende alttestamentarische Theologoumenon von Samuel, der die Juden warnt, Könige über sich zu setzen, aus dem England Cromwells stammt und von da nach Frankreich und Deutschland gekommen ist. Es ist auch bezeichnend, daß das Wort 'christliche Demokratie' im 19. Jahrhundert verschiedentlich in der britischen Gewerkschaftsbewegung und bei den religiösen Sozialisten wieder auftaucht; noch ein ebenso der puritanischen wie der sozialistischen Tradition verpflichteter christlicher Sozialist wie Sir Stafford Cripps hat sein politisches Vermächtnis in einem Buch ›Christian Democracy‹ niedergelegt. Dennoch ist der Begriff in England und den Vereinigten Staaten nie zum Propagandaschlagwort einer politischen Bewegung geworden. Und zwar deswegen nicht, weil 'christliche Demokratie' in einer Umgebung, die von demokratischen Ideen gesättigt war und zugleich am christlichen Erbe (wenn auch oft in säkularisierten Formen) festhielt, eigentlich immer etwas Selbstverständliches war. Die angelsächsische Welt mit ihrem vergleichsweise blasseren Kirchenbegriff und ihrer freieren Auffassung der Demokratie hat der modernen Demokratie nicht nur keinen Widerstand entgegengesetzt, sie hat ihr im Gegenteil, wie zuerst Tocqueville gesehen hat, vorgearbeitet. Weder England noch im besonderen die Vereinigten Staaten haben das spezifisch kontinentaleuropäische Phänomen des Kulturkampfes, also einer bewußten, mit staatlichen Mitteln vorangetriebenen Absetzung von der kirchlichen Vergangenheit, gekannt. Ein großer Teil der neuen Ideen, die in der amerikanischen und französischen Revolution aufstiegen, war im Protestantismus calvinistischer und freikirchlicher Observanz bereits heimisch gewesen, und wo die evangelischen Länder mit den demokratischen und liberalen Ideen in Berührung kamen, verschmolzen sie diese vielfach mit ihrem religiösen Ethos. Während sich auf dem Kontinent der weltliche moderne Staat aus einer Revolte gegen die Religion entwickelte, verdankt er seine Existenz in den angelsächsischen Ländern weitgehend „den Führern herrschender und althergebrachter Glaubensgemeinschaften, die verlangen, daß man zum Wohl der Religion und der Kirche die Zivilgewalt von der Religionsgemeinschaft ... getrennt haben sollte" (P. F. Drucker).

Es hängt mit dieser geschichtlichen Herkunft der anglo-amerikanischen Demokratie und dem besonderen Charakter des dort entwickelten 'civil government' zusammen, daß der Begriff 'christian democracy' im Englischen meist in einem weiteren, unpolitischeren, jedenfalls nicht parteipolitischen Sinn (wie auf dem Kontinent) gebraucht wird. Für Michael P. Fogarty z. B., den englischen Labourpolitiker und jüngsten Biographen der 'christlichen Demokratie', ist 'christian democracy' nicht eigentlich eine politische, sondern eine soziale und religiöse Bewegung; es würde keinem Angelsachsen einfallen, so meint er, in ihr so etwas wie eine Weltanschauung oder die Grundlage für eine Weltanschauungspartei zu sehen. Vielmehr geht nach dieser Auffassung 'christliche Demokratie' als allgemeinste Orientierung christlicher Politik quer durch das jeweilige, durchaus weltlich — im Sinne des angelsächsischen civil government — verstandene politische Engagement des Christen in einer konservativen, liberalen oder sozialistischen Partei hindurch; es ist kein absonderndes Spezialprinzip politischer Gestaltung, sondern eine übergreifende Bindung christlicher Menschen in verschiedenen politischen Gruppen. All dies ist nur aus den besonderen Verhältnissen der englisch-amerikanischen Kirchenbildung und Staatsgestaltung in der Neuzeit zu verstehen; es hängt letztlich mit jener intimen Verbindung von religiöser und politischer Ideenwelt (sogar bei äußerer Trennung von Kirche und Staat) zusammen, die für die angelsächsische Welt bis heute typisch geblieben ist. Religion und Demokratie sind in jenen Ländern in einer Art Symbiose aufgewachsen. Sie stehen zueinander in einem Verhältnis der inneren Nähe, das geschichtlich begründet ist und das in der 'lebenden Verfassung' als selbstverständlicher Traditionsbesitz vorausgesetzt wird.

Eben diese besonderen Verhältnisse aber fehlten auf dem Kontinent; die Auseinandersetzung von Kirche und Demokratie ist darum hier in ganz anderen Formen vor sich gegangen, und mit ihr hat der Begriff der christlichen Demokratie eine ganz andere Prägung erfahren als in England und Amerika. 'Christliche Demokratie' bezeichnete hier nichts Selbstverständliches. Es war vielmehr von Anfang an eine ausgesprochene Kampfparole. Einmal politisch: die kontinentale Demokratie wuchs nicht in allmählicher geschichtlicher Bildung, in einer glorreich-unblutigen Revolution, aus einer schon parlamentarisch gezügelten Monarchie heraus, sondern überrannte in schroffer und blutiger Wendung *gegen* alle Tradition die überlieferten politischen Ordnungen, am sichtbarsten in der Großen Revolution in Frankreich; der Begriff 'christliche Demokratie' hat daher, zumindest in seiner Anfangszeit, eine deutlich antimonarchische, antitraditionalistische Tendenz. Sodann kirchlich und religiös: 'christliche Demokratie' zielte ursprünglich — hierin anknüpfend an das puritanisch-englische Vorbild — nicht nur auf eine Reform des Staates, sondern auch auf die innere Neugestaltung der Kirche und im Sinne demokratischer Gemeinde- und Wahlfreiheit und einer Auflockerung der hierarchischen Organisation ab; sie hat zunächst, in der Großen Revolution, sogar vor allem diese innerkirchliche Bedeutung, wie gleich noch zu zeigen ist.

Stellt man sich das vor Augen, so begreift man sofort die Schwierigkeiten, die im 19. Jahrhundert in den katholischen Ländern Europas zwischen Kirche und Demokratie entstehen mußten. Die demokratische Bewegung beschränkte sich ja nicht nur auf den staatlichen Bereich, sie griff in die innere Verfassung der Kirche selbst hinüber, zumal da diese eng mit der alten politischen Ordnung der Gesellschaft verbunden war. Wenn die christliche Demokratie nach der präzisen Formulierung Karl Buchheims „in der europäischen Neuzeit zuerst als Verfassungsreform unhierarchischer Gemeinden im Gegensatz zur katholischen Kirche" auf den Plan trat, wenn sie sich daher ebenso gegen die kirchliche Hierarchie, wie gegen die politische Monarchie wandte, so lag es nahe, daß umgekehrt der Widerstand der katholischen Kirche sich nicht nur gegen etwaige religiöse Grenzüberschreitungen der demokratischen Bewegung richtete, sondern in breiter Wendung gegen die Demokratie selbst anging. Eben dies ist nun tatsächlich die Situation in Frankreich und anderen katholischen Ländern im 19. Jahrhundert gewesen, und hieraus erklärt sich auch, weshalb die Bewegung der sogenannten 'christlichen Demokratie' — immer wieder zwischen die Feuer des Laizismus und des kirchlichen Konservatismus geraten — trotz mehrfachen Anläufen *vor 1890* niemals eine ernsthafte politische Bedeutung erringen konnte (von kleineren Ländern wie Belgien und Irland abgesehen) und weshalb es ihr so lange nicht gelang, den Ruf einer häretischen, religiös bedenklichen Bewegung loszuwerden, der ihr aus den Tagen der Französischen Revolution und später Lamennais' und Lacordaires anhaftete.

Theoretisch hätte ja die Möglichkeit bestanden, daß die katholische Kirche sich mit der politischen Demokratie, mit den „liberalen und demokratischen Techniken", wie Fogarty sagt, abgefunden hätte. Es lassen sich auch zahlreiche Äußerungen dafür anführen, daß dies ursprünglich durchaus in der Absicht der Kirche lag (vgl. Karl Buchheim, Über christliche Demokratie, in: Hochland 53 [1960/61], S. 407 ff.). Bekannt ist, daß die französische Kirche 1789 zur Mitarbeit an der staatlichen Reform bereit und willens war und die erste Epoche der revolutionären Gesetzgebung, die mit dem Feudalstaat brach, unter persönlichen Opfern mitgetragen hat; der Konflikt zwischen Revolution und Kirche ist denn auch nicht wegen etwaiger Trennungsabsichten der Revolutionäre ausgebrochen, sondern ganz im Gegenteil deshalb, weil diese die Kirche in eine zu enge, die Selbständigkeit der Kirche vernichtende Verbindung zum neuen Staate bringen wollten. Aber noch im Jahre 1800, nach dem revolutionären Sturm und der Kirchenverfolgung der Jakobiner, riefen oberitalienische Bischöfe in Hirtenbriefen zur Loyalität gegenüber der 1797 gegründeten 'Cisalpinischen Republik' auf; ihr Sprecher, Kardinal Chiaramonti von Imola, der spätere Papst Pius VII., erklärte in seiner Weihnachtspredigt: „Die Form der demokratischen Regierung, die wir angenommen haben, liebe Brüder, steht weder im Gegensatz zu bisher vorgetragenen Maximen, noch widerstreitet sie dem Evangelium: sie verlangt aber einige . . . Tugenden, die man nur in der Schule Christi lernt und die, wenn ihr sie fromm betätigt, euer Glück und den Ruhm und Glanz eurer Republik ausmachen werden."

Aufschlußreich ist auch, daß man in dem Gegensatz von weltlicher Zustimmung zum demokratischen Regime und Festhalten an der eigenen hierarchischen Verfassung der Kirche keinen inneren Widerspruch gesehen hat; wenn man sich gegen eine Demokratisierung der Kirchenverfassung wandte, so geschah dies mit dem Argument, die innere Ordnung der Kirche sei, ihrer übernationalen und übergeschichtlichen Stellung entsprechend, Veränderungen entzogen — wobei man einräumte, daß im politischen Bereich Veränderungen legitim, ja von Zeit zu Zeit sogar notwendig seien. Klassisch hat diesen Gedanken in der Zeit der Französischen Revolution, 1799, der junge Camaldulenserpater Cappellari in Rom ausgedrückt, der später als Papst Gregor XVI. ein scharfer Gegner des liberalen Katholizismus und der Zensor Lamennais' und des ›Avenir‹ geworden ist: „Man konnte den Staat zum Beispiel der Athener, ungeachtet der wesentlichen Veränderungen seiner Verfassung, leicht von der ganzen Welt unterscheiden, so wie auch den der Römer, weil sich das athenische und römische Volk unabhängig von seiner Verfassung unterschied; aber nicht so ist es mit der Kirche, welche über die Oberfläche der ganzen Erde ausgebreitet, ohne Begrenzung des Ortes, ohne Unterscheidung des Volkes, allein unter den verschiedenen Sekten, welche ihr das Ansehen streitig machen, erkennbar ist durch die Natur und Erhaltung ihrer von ihrem göttlichen Stifter zugrundegelegten Einrichtungen." Von hier aus schien eine Verständigung der Kirche mit der heraufziehenden politischen Demokratie durchaus möglich zu sein; Voraussetzung war freilich, daß diese sich auf den ihr zukommenden Bereich beschränkte und nicht in den der Kirche übergriff.

Zu einer solchen Selbstbeschränkung war jedoch der revolutionäre Staat, zumal in seinem jakobinischen Stadium, nicht bereit. Begriff er sich doch selbst als eine die christliche Scheidung der Gewalten überwölbende Einheit von Politik und Kult (Rousseau). Wie Michelet es später ausdrückte: „Die Revolution adoptierte keine Kirche. Warum? Weil sie selbst eine Kirche war." Und auch jene Bewegung, die die Parole der christlichen Demokratie auf den Schild erhob, war von einer Beschränkung aufs Weltlich-Politische weit entfernt: ging es ihr doch gerade darum, mit dem Staat zugleich die Kirche zu reformieren und zu demokratisieren.

Die Bewegung der christlichen Demokratie (démocratie chrétienne) vor und in der Revolution — der Name kommt in der Tat in diesen Zirkeln vor, andere Bezeichnungen sind ‘démocratie fraternelle’ oder ‘démocratie religieuse’ — hatte ihren Sitz vorwiegend in der niederen Geistlichkeit Frankreichs. Hier hatte die zunehmende aristokratische Abschließung des Episkopats im 18. Jahrhundert — die Ludwig XIV. noch klug vermieden hatte — zusammen mit einer durch Teuerung verursachten Verschlechterung der Lebensverhältnisse dazu geführt, daß ein Teil der Landgeistlichkeit und der Vikare, teilweise verstärkt durch Abbés, die aus ihren klösterlichen und seelsorglichen Bindungen emanzipiert waren, radikalen Strömungen zugänglich wurde und eine kritische, gelegentlich sogar feindliche Haltung gegenüber der Hierarchie einnahm.

Die Forschungen von Préclin und Leflon lassen uns einen Blick in diese Welt tun, in der eine immer höhere Zahl von meist in kümmerlichen Verhältnissen lebenden Curés allmählich den Kontakt mit ihren die Residenzpflicht vernachlässigenden, am Hofe lebenden bischöflichen Vorgesetzten verliert, in der ein geistliches Proletariat sich bildet, da viele Pfründenbesitzer sich durch andere Geistliche vertreten lassen, in der schließlich in einzelnen Diözesen gewerkschaftsähnliche Organisationen des niederen Klerus entstehen, die eine Vertretung in den Diözesanbüros zu erzwingen suchen. Es ist klar, daß die Revolution mit ihren Parolen der Freiheit und Gleichheit solchen Strömungen einen starken Auftrieb bot. Die bedrohlichen Konsequenzen für die kirchliche Ordnung lagen auf der Hand. In der Ständeversammlung von 1789 wehrten sich die niederen Geistlichen, die naturgemäß in der Mehrheit waren, gegen alle Versuche der bischöflichen Abgeordneten, die Forderungen des kirchlichen Gehorsams im Parlament, etwa bei Abstimmungen, zur Geltung zu bringen. „Wir wagen zu sagen", erklärte der Pfarrer Jallet seinen bischöflichen Vorgesetzten, „daß wir gleich sind mit euch; wir sind Bürger wie ihr, wir sind Abgeordnete der Nation wie ihr. Eure Rechte sind nicht größer als die unsern, und wenn wir eine andere Meinung äußern als ihr, so ist das noch lange kein Aufruf zur Rebellion." Hier ist das Band zwischen den oberen und den unteren Ständen der kirchlichen Hierarchie bereits zerrissen; die folgenreiche Verbindung des niederen Klerus mit dem Bürgertum bahnt sich an. Als der dritte Stand sich zur Nationalversammlung erklärte, brach die Kleruskammer — bisher selbständig abstimmend — in eine demokratische Mehrheit und eine bischöflich-aristokratische Minderheit auseinander: die Mehrheit schloß sich dem dritten Stand an und machte dadurch den bis dahin ungesetzlichen Beschluß der Communen rechtsverbindlich, da nun zwei Kammern für die Vereinigung der Stände waren. Auf dieser Grundlage erwuchs die Zusammenarbeit von Bürgertum und niederer Geistlichkeit, die die erste Phase der Revolution kennzeichnete; sie wurde verstärkt durch einen demokratisch-religiösen Spiritualismus, der es sich zur Aufgabe setzte, die revolutionären Ideale mit den christlichen Überlieferungen zu verschmelzen.

Bei den theologischen Versuchen zur Rechtfertigung der Demokratie, in die viel Dilettantisches einfließt, die aber doch sehr aufschlußreich sind, weil sie bestimmte Zeitströmungen und -forderungen prägnant zum Ausdruck bringen, spielt der Gedanke einer Reform der Kirche im Sinn der als Demokratie verstandenen Urkirche eine hervorstechende Rolle. Es klingt erstaunlich modern, wenn ein Bischof der konstitutionellen Kirche 1791 in der Nationalversammlung vom „Ende der konstantinischen Theologie" spricht und die „lichtvollen Prinzipien der christlichen Demokratie" (« les principes lumineux de la démocratie chrétienne ») beschwört, die von dem „Weisen von Nazareth, diesem wahren Freund des Volkes", stammen — übrigens einer der ersten Belege für das Wort 'christliche Demokratie'. Wir finden sogar ängstlich bemühte, gelegentlich etwas schrullig anmutende Versuche, den Rousseauschen Contrat social mit der christlichen Staats- und Soziallehre zu versöhnen. Die Wortführer der revolutionären 'démocratie chrétienne', die keineswegs bedeutungslos an Zahl und auch nicht durchweg politische Opportunisten gewesen sind, erhoffen von einer demokratisierten Kirche eine vertiefte Wirkung der christlichen Moral auf die Öffentlichkeit; einer ihrer bekanntesten Sprecher, der spätere konstitutionelle Bischof Fauchet, hat schon vor der Revolution in einem weitverbreiteten Buch die Aufgaben einer ›Regierung auf der Grundlage des Evangeliums‹ entwickelt. Hier klingen puritanische Gedanken an: gesetzliche Besitzbeschränkungen durch Festsetzung eines Maximalvermögens, staatliche Förderung von Heiraten zwischen den verschiedenen Ständen zur Auflösung der Standesunterschiede, Reform der Erbgesetzgebung, wodurch die Aufhäufung großer Vermögen unmöglich werden soll, Unterdrückung der Prostitution, Beschränkung der Pressefreiheit und strenge moralische Zensur der Schauspiele. Wenn später die ›Zivilverfassung des Klerus‹ kirchliche und politische Wahlkörperschaft zusammenfallen ließ und presbyterianische Elemente, freilich unter strenger Staatskontrolle, in die Verfassung der Kirche einfließen ließ, so handelte sie durchaus im Sinne dieser Richtung, deren radikale politische Vorstellungen nur das Spiegelbild ihrer demokratischen Kirchenauffassung waren.

Aus der Rückschau will uns dieser katholische Jakobinismus — denn das war es — freilich als ein reichlich ungereimtes, religiös wie politisch undurchführbares Programm erscheinen. Das Experiment einer revolutionären Verschmelzung von Kirche und Demokratie, wie jene Bewegung es wollte, ist denn auch nach kurzem Anlauf gescheitert; und seine Verfechter haben ihren Irrtum größtenteils unter der Guillotine gebüßt. Die Gründe für den Fehlschlag liegen auf der Hand. Die Revolution wollte nicht eine geordnete Zusammenarbeit, sondern die Unterordnung und Einverleibung der Kirche; und die demokratisch-presbyterianische Basis in der französischen Geistlichkeit erwies sich auf die Dauer als zu schmal, um diesem Willen eine ernsthafte Alternative entgegenzusetzen. Das katholische Frankreich war nicht das England Cromwells. Wenn die christlich-demokratischen Schwärmergruppen der Revolution eine religiös-politische Ordnung wollten, die, wie es einer von ihnen ausdrückte, „das Evangelium und die Gesetzgebung, die Kirche und den Staat, die Sitten und die Gesetze, Gott selbst und die Menschen völlig miteinander mischt und vereint", so war eine solche Ordnung zwar in dem totalitären Staat Robespierres für einen Augenblick tatsächlich verwirklicht; aber es konnte kein Zweifel darüber bestehen, daß sie gänzlich unvereinbar war mit dem Geist des Christentums. Denn die christliche Scheidung der Gewalten (Mt 22, 21; Joh 18, 36) schließt den Gedanken einer Souveränität aus, welche die politische und die kirchliche Welt zugleich umfaßt. Die Grenze zwischen religiöser und politischer Gewalt kann, wie die Geschichte der Kirche zeigt, nicht einmal nach der Theokratie hin ungestraft überschritten werden. Vollends unerträglich aber mit der christlichen Weltauffassung ist der Versuch, den Staat zu vergöttlichen. Solange die Revolution 'Kirche' blieb, war eine Verständigung zwischen Katholizismus und Demokratie ausgeschlossen.

II

So versteht man, daß der Gedanke einer Verbindung von Christentum und Demokratie oder gar einer 'christlichen Demokratie' nach der blutigen Erfahrung der Revolution für ein halbes Jahrhundert indiskutabel geworden war, nicht nur in Frankreich, sondern im ganzen katholischen Europa. Ja, die Kirche nahm es, um ein Schisma ähnlich wie in England zu vermeiden, in Kauf, daß sie von Napoleon I., an dessen staatskirchlicher Gesinnung und reinem Ordnungskatholizismus kein Zweifel war, wiederhergestellt und in ihre Rechte eingesetzt wurde. Im Konkordat von 1801 wurde ihre hierarchische Struktur aufs neue anerkannt und staatlicherweise für verbindlich erklärt, womit zugleich den drohenden Möglichkeiten einer presbyterianischen Entwicklung in Frankreich ein Riegel vorgeschoben wurde. Damit war der Krater der Revolution auch in religiöser Hinsicht geschlossen. Zwar ist der Gedanke einer Versöhnung von Kirche und Demokratie, einer 'christlichen Demokratie', in der Zeit des Kaiserreiches und der nachfolgenden Restauration nicht völlig untergegangen; er wirkte weiter, wenn auch auf schmale Zirkel beschränkt und von den Zentren des politischen und religiösen Lebens abgedrängt, um in revolutionärer Zeit, so 1830 und 1848, plötzlich an die Oberfläche emporzuschlagen. Aber er war politisch nicht so stark, um gegen die antikirchliche, laizistische Demokratie anzukommen; und in religiöser Hinsicht hafteten ihm so viele spiritualistische und häretische Schlacken an, daß die Kirche sich nicht entschließen konnte, ihr Verdikt über diese Bewegung aufzuheben.

Aus der Reihe jener Männer, die mit der Entfremdung von Kirche und moderner Demokratie im 19. Jahrhundert gerungen haben, ragt die tragische Gestalt des bretonischen Abbés Félicité Robert de Lamennais hervor. Er hatte sich in der Restaurationszeit ausgedehnten religiösen Studien zugewandt, durch die er die von der Revolution erschütterte Kirche gegen den Aufklärungsgeist festigen und zugleich den religiösen Existenzgrund jeder politischen Gemeinschaft im Sinne der Traditionalisten dartun wollte. Das Ergebnis dieser Studien war der monumentale ›Essai sur l'Indifférence en matière de religion‹, der 1817—23 erschien; er machte den unbekannten Priester über Nacht berühmt. In den 20er Jahren wurde Lamennais zu so etwas wie einem 'Diktator des französischen Katholizismus'. In der Einsamkeit seines Landsitzes La Chênaie in der Bretagne scharte sich ein Kreis von Schülern um ihn, die Elite des katholischen Frankreich; von hier aus führte er einen unerbittlichen Kampf für die Freiheit der Kirche, gegen den Gallikanismus und gegen das von den Bourbonen wiederhergestellte Staatskirchentum. Er hoffte dabei zunächst auf die Unterstützung der Regierung, wandte sich aber, als sie ausblieb, der liberalen Opposition zu, die in der Revolution von 1830 den Sieg errang. Die 'glorreichen Tage' der Julirevolution verschafften Lamennais eine europäische Resonanz. In seiner Zeitschrift ›Avenir‹, dem ersten bedeutenden Presseorgan des politischen Katholizismus, trat er, beeindruckt vom Beispiel des irischen, belgischen und deutschen Katholizismus, unter dem Motto „Gott und die Freiheit" für einen

Bund der Kirche mit der siegreichen demokratischen Bewegung
ein. Doch der — größtenteils gallikanische — Episkopat blieb
reserviert, die Zeitschrift mußte ihr Erscheinen einstellen, und
Lamennais und seine Freunde begingen die Torheit, den Papst zu
einer Stellungnahme über ihre Lehren herauszufordern, die, wie zu
erwarten war, negativ ausfiel. Die Verurteilung wurde für Lamennais zum Anlaß des Bruchs mit Rom.

Aber ungeachtet der Tatsache, daß Lamennais als Priester scheiterte, hat er doch als Denker den modernen Katholizismus durch
seine Ideen tief beeinflußt; er zuerst hat der katholischen Kirche
ein Bewußtsein ihrer veränderten politischen Lage nach der Revolution gegeben und zugleich neue Methoden der kirchlichen Selbstbehauptung in einer sich demokratisierenden Umwelt entwickelt.
Nicht mehr auf das Bündnis mit den Fürsten, sondern auf die
freien Handlungen ihrer Mitglieder sollte sich die öffentliche Stellung der Kirche gründen; befreit von den Fesseln des Staatskirchen-
tums und geeint durch straffe Zentralisierung unter der Autorität
des Papsttums, sollte sie das spirituelle Fundament der heranwachsenden demokratischen Staatengemeinschaft bilden. Vom Wirken dieses 'prêtre malgré lui' sind in Frankreich die stärksten Antriebe zur Begegnung von Kirche und Demokratie ausgegangen.
Und Georges Goyau hat später, im Hinblick auf die politischen
Lehren Leos XIII. und Pius' XI. gesagt, die Kirche habe die Lehre
Lamennais' angenommen.

In der Revolution von 1848 wagt sich dann im französischen
Katholizismus erstmals wieder eine — vorerst noch schüchterne —
Berufung auf die Ideen von 1789 hervor. Auch der Ausdruck 'christliche Demokratie' wird jetzt häufiger gebraucht, ja es gibt eine
kleine Gruppe im Parlament, die diesen Namen führt, und die
Zeitschrift ›Ère nouvelle‹, das Organ des politischen Katholizismus
in der Zeit der Zweiten Republik, steht den Gedanken dieses
Kreises nahe. Es ist nicht eigentlich eine politische Doktrin, was
diese Gruppe von Männern um Lacordaire, Ozanam und Maret
(unter der sich übrigens zahlreiche Ordensleute befinden) miteinander verbindet, sondern eine gemeinsame Haltung, nämlich
das Vertrauen in die Entwicklung der Demokratie. In diesem
Sinne sind die christlichen Demokraten von den Zeitgenossen

auch als 'parti de confiance', Partei des Vertrauens, bezeichnet worden.

Für das geschichtliche Empfinden und das Zeitbewußtsein dieser Gruppe ist eine Äußerung Lacordaires aufschlußreich, die bereits aus der Zeit vor 1848 stammt. In einer Schrift, in der er für die Wiederherstellung des Dominikanerordens in Frankreich eintritt — er ist tatsächlich später dessen Neubegründer geworden —, skizziert er einen Abriß, eine Art Geistesgeschichte der christlichen Demokratie in Frankreich. Die Stationen heißen: 1789 — Napoleon — Lamennais. „Bei den drei großen Ereignissen, die zur Bildung der modernen Gesellschaft führten, haben wir dieser Gesellschaft die Hand geboten. 1789 war es die Mehrheit der Kleruskammer, die sich zuerst mit dem Dritten Stand vereinigte und die Abstimmung nach Köpfen (statt nach Ständen) erzwang, was gleichbedeutend war mit dem Todesstoß für das Feudalsystem ... Man sah ein Konkordat, das eine alte Kirche zerbrach, die Absetzung eines Episkopats, der ein Repräsentant einer vergangenen Gesellschaft war ... 1830 stürzte sich der bedeutendste Priester, den die französische Nation seit Bossuet hervorgebracht hatte, in den Sturm, der Nation entgegeneilend, und wenn er scheiterte, so weit weniger, weil er das Ziel überschritten hätte, sondern vielmehr, weil er ihm nicht völlig gerecht geworden war."

Bei Ozanam, dem Sozialapostel und Mitbegründer der modernen Caritas, weitet sich dieses Bild einer revolutionären Tradition zur Vision eines Bundes der Kirche mit den in die alte Welt einbrechenden 'Barbaren', den neuen Völkern und proletarischen Massen; in der Revolution von 1848 ruft er aus: „Folgen wir Pius IX. und gehen wir zu den Barbaren über!" Das apokalyptische Pathos Lamennais' verbindet sich hier mit einer neuen sozialen Thematik; die christliche Demokratie versteht sich von da an, im Gegensatz zum rein politischen Katholizismus der Restaurationszeit, vorwiegend als soziale Bewegung.

Die Glanzzeit der christlich-demokratischen Bewegung dieser Zeit in Frankreich ist freilich nur kurz gewesen. Sie fiel zusammen mit der flüchtigen Blüte der Zweiten Republik. Mit der Julischlacht und dem Staatsstreich Louis Napoleons löste die Bewegung sich auf, und wenig später räumte auch der liberale Katholizismus den

Syllabus-Katholiken das Feld. In der Folgezeit gingen Kirche und Demokratie getrennte Wege; die Arbeiterschaft zog sich aus der christlichen Gesellschaft zurück; die katholische Sozialbewegung war konservativ, der politische Katholizismus bürgerlich. Frankreich schuf zwar in Lamennais eine christlich-demokratische Theorie, vermochte sie aber in der politischen Praxis nicht durchzusetzen. Den späteren christlich-demokratischen Parteien Europas hat nicht die französische 'christliche Demokratie', sondern der politische Katholizismus Belgiens, Hollands und Deutschlands den Weg gezeigt.

Die Gründe liegen auf der Hand. In den genannten Ländern führte der Katholizismus einen Kampf um die Eingliederung in den nationalen Staat; er nahm zu diesem Zweck vorübergehend die Form einer politischen Partei an. In Frankreich dagegen ging es nicht um die Mitarbeit der Katholiken innerhalb eines schon vorgegebenen politischen Rahmens, sondern um ein grundsätzliches Ja oder Nein zu den Prinzipien der Revolution. Sowohl die monarchischen wie die demokratischen Staatslehren traten hier im Gewand einer politischen Theologie auf: Der 'heiligen Monarchie' de Maistres stand die 'heilige Demokratie' Lamennais' gegenüber. Da beide Richtungen einen theologischen Absolutheitsanspruch erhoben, der mit dem Dogma unvereinbar war, konnte die Kirche in den Streit um die Revolution nicht unmittelbar eingreifen; sie beschränkte sich darauf, die religiös-politischen Totalitätsforderungen, die in einer Dogmatisierung politischer Formen lag, zurückzuweisen; im übrigen wahrte das offizielle Rom gegenüber dem politischen Katholizismus sowohl in seiner konservativen wie in seiner revolutionären Spielart eine vorsichtig reservierte Distanz.

So blieb die Weiterentwicklung des Gedankens der christlichen Demokratie, oder zutreffender: die Mitarbeit von Christen in verfassungsstaatlichen Institutionen, zunächst der Praxis überlassen. Für diese waren um die Mitte des 19. Jahrhunderts, wie erwähnt, Belgien, Holland, Irland und Deutschland die großen Experimentierfelder. Denn einmal fiel hier das konstitutionelle Alles oder Nichts — die Grundproblematik des französischen Katholizismus — so gut wie völlig weg; und dann waren die meisten dieser Länder konfessionell gemischt, wodurch die entsprechenden katholischen Parteien freieren taktischen Spielraum, auch gegenüber Rom, gewinnen konnten.

So hat Belgien seit der staatlichen Emanzipation von 1830 unter der bischöflichen Protektion von Sterckx in der 'École de Malines' Formen eines in Parlament, Erziehungswesen und Presse höchst aktiven Laienkatholizismus entwickelt, der — ohne sich in allem an das theologische Konzept der Lamennais-Schule zu binden — mit dem Programm des ›Avenir‹: „Gott und die Freiheit", Ernst machte. Er arbeitete parlamentarisch eng mit den Liberalen zusammen. Auch in Holland entstand etwas später eine katholische Partei.

Vor allem aber ist hier der politische Katholizismus Deutschlands nach 1848 zu nennen. Er wurde unter Ketteler — die Chancen der Vereins- und Pressefreiheit im Rheinland und im liberalen Süden nützend — zu einer starken öffentlichen Macht und hat neben der herkömmlichen Verteidigung der kirchlichen Rechte und Freiheiten und dem Willen, die katholische Sache in dem sich bildenden Deutschen Reich zur Geltung zu bringen, bereits auch eine betonte soziale Tätigkeit entfaltet. Man kann diesen politischen Katholizismus, der in der 'Katholischen Fraktion' des preußischen Landtags und später im 'Zentrum' und in der 'Bayerischen Patriotischen Partei' feste parlamentarische Formen annahm, nicht eigentlich der christlich-demokratischen Bewegung zurechnen, da für ihn die Frage der Staatsform kein wesentliches Problem war; seine politische Orientierung lag mehr in Richtung eines gemäßigten Konservatismus. Dennoch bildet er in der Entfaltung der europäischen 'christlichen Demokratie' ein unentbehrliches Zwischenglied. Denn er war es — nimmt man die kleineren belgischen und holländischen Parteien aus —, der zum erstenmal im großen Stil die politischen Möglichkeiten des modernen Verfassungsstaates für die katholische Sache genützt hat. Was in Frankreich nicht gelang, die Sammlung des aus der staatskirchlichen Obhut entlassenen Kirchenvolkes in den Standesvereinigungen und politischen Gruppierungen des Laienkatholizismus, die Bildung einer starken katholischen Partei, die der Kirchenfeindschaft der laizistischen Republik hätte Schach bieten können, das ist in Deutschland dem 'Zentrum' und dem katholischen Vereinswesen weithin gelungen. Freilich ist das Verhältnis zum modernen Verfassungsstaat — der ja auch in Deutschland nach 1871 nur in einer abgeschwächten, obrigkeitsstaatlichen und überdies katholikenfeindlichen Gestalt hervortrat — lange Zeit hindurch rein formal und technisch geblieben; das *politische* Problem der modernen Demokratie, an dem der französische Katholizismus immer wieder in leidenschaftlich verfeindete Parteiungen auseinanderbrach, ist in Deutschland weniger gelöst als einfach ausgeklammert und umgangen worden. Man faßte die demokratischen Prinzipien als formale Regeln der staatlichen Willensbildung auf und näherte sich insofern einer liberalen Staatsauffassung; man war bereit, sich mit den Positionen des Bildungs-, Presse-, Vereinswesens, den politisch garantierten kirchlichen Freiheiten zufriedenzugeben, ohne daß man — von wichtigen und positiven Ausnahmen wie der Franckensteinschen Klausel und ähnlichem abgesehen — auf die Gestaltung der Staatsverfassung direkten Einfluß nahm. Kurz, der Verzicht auf eine integralistische Haltung, den Windthorst und seine Nachfolger mit großem Mut durchsetzten (auch gegenüber einem Teil der Bischöfe und der Kurie), ist mit einem gewissen Desinteresse an staatspolitischen Fragen erkauft worden; und es zeigte sich bald, daß die gesellschaftliche Aktivität, die sozialpolitische Regsamkeit des katholischen Vereinswesens diesen prinzipiellen Mangel nicht aufwog. Namentlich im Hinblick auf die Haltung des Zentrums in den Jahren 1917—1919 hat Gustav Gundlach die Frage aufgeworfen, „ob nicht gerade die lange Gewöhnung an Demokratie als soziale Bewegung unter gewissen Gesichtspunkten schädlich wurde, als . . . die politische Demokratie im Sinne der Staatsform in manchen Ländern wie z. B. in Deutschland Wirklichkeit wurde" (vgl. „Stimmen der Zeit" 153 [1953/54], S. 252 ff.). Und noch schärfer haben sich ausländische Betrachter der Zentrumsgeschichte geäußert, von denen ich nur einen, Joseph Rovan, mit einem Zitat aus seiner im einzelnen oft einseitigen, im ganzen aber bemerkenswerten Schrift über den politischen Katholizismus in Deutschland erwähnen will: „Wenn man heute die Art und Weise betrachtet, wie das Zentrum von der Monarchie in die demokratische Republik hinüberglitt, kann man nicht umhin, an die wenig rühmliche Art zu denken, wie es fünfzehn Jahre später Deutschland in den Nazismus hineinleiten ließ, ohne auch nur zu wagen, Hitler seine Stimmen vorzuenthalten, als der Diktaturlehrling unbeschränkte Vollmachten einem Parlament abforderte, in dem die Nationalsozialisten gar keine Mehrheit besaßen."

Begab sich der deutsche politische Katholizismus in der zweiten Hälfte des 19. Jahrhunderts immer mehr auf die Bahn pragmatischen, die Verfassungsfragen ausklammernden Handelns, so hat sich der französische (übrigens auch der italienische) genau in der entgegengesetzten Richtung bewegt. Die Leidenschaft am Grundsätzlichen, die Vereinigung der Diskussion auf die Frage des prinziziellen Ja oder Nein zur modernen Demokratie hat hier zeitweise zu einer Lähmung aller Kräfte, zu einem Gegeneinander aller politischen Richtungen im katholischen Lager geführt. Mehr als einmal war die Kirche genötigt, in diesem Streit Partei zu ergreifen: Sie tat es mit dem Willen zur politischen Neutralität, aber es kann kein Zweifel sein, daß Pius IX. und seine Vorgänger mehr auf der Seite des konservativen Flügels waren. Dies änderte sich, als mit Leo XIII. ein Mann den päpstlichen Thron bestieg, der als Nuntius in Belgien mit den politischen Formen des modernen Laienkatholizismus in Berührung gekommen war und ihre Bewährung in der parlamentarischen und sozialen Praxis erlebt hatte.

III

Als Leo XIII. 1878 die Regierung der Kirche übernahm, fand er in Frankreich eine schwierige und verworrene kirchenpolitische Lage vor. Die Katholiken, die größtenteils im monarchistischen Lager standen, hatten durch den Wahlsieg der Republikaner 1876 eine schwere Niederlage erlitten. Sie waren nicht mehr in der Lage, sich wirksam gegen die Offensive des 'esprit laïc' zu verteidigen, der mit der Schul- und Ordensgesetzgebung Ferrys zum entscheidenden Schlag gegen die privilegierte Stellung der Kirche im Erziehungswesen ausholte. Die päpstliche Diplomatie, die sich zunächst sehr zurückhaltend zeigte, um auf keinen Fall den Republikanern einen Vorwand für die Aufhebung des Konkordates zu liefern, wurde unversehens in einen Zweifrontenkrieg verwickelt, da sie einerseits dem weiteren Vorrücken des Laizismus nicht tatenlos zusehen konnte, andererseits aber die katholischen Monarchisten zurückhalten mußte, deren maßlose Agitation immer neue antikirchliche Maßnahmen der Republikaner herausforderte. Unaufhörlich ermahnte Leo XIII. die französischen Katholiken zur Einheit und zum Verzicht auf politische Sonderwünsche, ohne daß dieser Appell ein nennenswertes Echo fand. Die Überlegungen, wie dieser Zustand geändert und eine einheitliche politische Front der französischen Katholiken hergestellt werden könnte, gewannen daher in der päpstlichen Politik einen immer größeren Raum.

Die Absichten des Papstes gingen, kurz gesagt, in zwei Richtungen. Einerseits empfahl er den französischen Katholiken in seiner Enzyklika ›Au milieu des Sollicitudes‹ (1892) die Anerkennung der republikanischen Staatsform — wobei er sie gleichzeitig aufforderte, die bestehende Gesetzgebung mit parlamentarischen Mitteln zu ändern. Das war eine bedingte Billigung des liberalen Formalprinzips, wie sie auch der Praxis der belgischen und deutschen christlichen Parteien zugrunde lag. Andererseits aber suchte der Papst den vielfach zerspaltenen französischen Katholizismus zu einer einheitlichen Front zusammenzuschließen mittels einer Losung, die außerhalb der politisch-konstitutionellen Streitfragen lag. Es ist nicht zweifelhaft, daß er dabei vor allem an die katholische Sozialbewegung gedacht hat, der er selbst ein Jahr zuvor mit der Enzyklika ›Rerum novarum‹ den Weg gewiesen hatte und die sowohl bei den Konservativen wie bei den liberalen und sozialistischen katholischen Gruppen viele Anhänger besaß. Die Frage der Staatsform sollte also — so kann man die Intention des Papstes umschreiben — ausgeklammert oder doch zurückgestellt werden zugunsten einer legalen Einflußnahme auf die Gesetzgebung und einer Stärkung des moralischen Gewichts der Kirche durch vermehrte soziale Aktivität.

In Anschluß an ›Rerum novarum‹ hatten sich in mehreren Ländern, in Belgien, Deutschland, Österreich, der Schweiz, Frankreich und Italien Studienzirkel und soziale Gruppen gebildet, die auf dieser Basis arbeitete. In Belgien zuerst wurde diese Bewegung mit einem aus dem Jahre 1848 stammenden Begriff 'démocratie chrétienne' benannt — hier stoßen wir das dritte Mal auf diesen Begriff. Die Bezeichnung wurde von Frankreich übernommen, wo bald eine parlamentarische Gruppe und eine Zeitung dieses Namens entstanden; und auch in Italien, dessen Katholizismus durch innere Spannungen und durch den Konflikt zwischen Vatikan und Königreich in einer ähnlich schwierigen Lage war wie der französische, wurde es aufgegriffen. Es bildeten sich hier eine katholisch-soziale Bewegung ('Democrazia Cristiana') und katholisch-demokratische Jugendgruppen, die sogenannten 'fasci democratici Cristiani'; maßgebender Theoretiker der Bewegung wurde der Pisaner Universitätsprofessor Giuseppe Toniolo, der bei den Italienern bis heute als einer der Väter der europäischen christlichen Demokratie in hohem Ansehen steht (seine politischen Schriften sind unter dem Titel ›Democrazia Cristiana, Concetti e Indirezzi‹ vor wenigen Jahren gesammelt im Vatikanischen Verlag erschienen). Auch in Österreich versuchte sich die christlich-soziale Bewegung in dieser Richtung zu orientieren und im Sinne Leos XIII. vor allem als 'soziale Aktion' hervorzutreten.

Als diese Bewegungen jedoch den Weg in die Politik antreten wollten, stießen sie gerade da auf Widerstand, wo sie ihn am wenigsten erwartet hätten, nämlich beim Papst. Dieser suchte eine politische Orientierung der christlichen Sozialbewegung mit allen Mitteln zu verhindern. Wir wissen heute aus einer Untersuchung von Henri Rollet, daß er dem Grafen de Mun, dem Führer der katholischen Sozialbewegung in Frankreich, die Gründung einer katholischen Partei ausdrücklich verbot; ein ähnliches Veto traf die österreichischen Christlich-Sozialen, als sie dem Vatikan ein — sehr allgemeines und vorsichtig abgefaßtes — politisches Programm vorlegten, wie Friedrich Funder in seinen Lebenserinnerungen berichtet hat. Die italienischen christlichen Demokraten scheiterten an dem „Non expedit", das katholischen Politikern verbot, sich ins Parlament wählen zu lassen, obwohl Pius X. später einzelne Ausnahmen zuließ. Die hoffnungsvollste christlich-demokratische Bewegung der Jahrhundertwende aber, die französische 'démocratie chrétienne', wurde 1901 in einer Enzyklika ›Graves de communi‹ von Leo XIII. darüber belehrt, daß der Begriff der christlichen Demokratie nicht politisch, sondern im Sinne einer „actio benefica in populum", also rein sozial-karitativ, zu verstehen sei. Damit war die Verbindung des Begriffs mit den konstitutionellen Streitfragen der französischen Politik gelöst, das Ganze auf die Linie des Sozialen zurückgenommen, die Bewegung freilich auch ihrer politischen Stoßkraft beraubt; sie versandete rasch.

Man wird die Haltung des Papstes aus bestimmten religiösen und politischen Rücksichten verstehen müssen: aus der Sorge, daß eine neue Politisierung des französischen Katholizismus die früheren Spaltungen wiederbeleben könnte; aus der Vorsicht gegenüber den über ›Rerum novarum‹ besorgten monarchistischen Regierungen, auf die Rücksicht zu nehmen der Vatikan in seiner damaligen schwierigen völkerrechtlichen Lage doppelten Grund hatte. Das hindert nicht, festzustellen, daß die mit der Enzyklika eingeleitete Entpolitisierung der katholischen Sozialbewegung sich, aufs Ganze gesehen, für die weitere Ausbreitung der christlichen Demokratie verhängnisvoll ausgewirkt hat. Nicht wenige der zu Ende des 19. Jahrhunderts neugegründeten oder reformierten katholischen Parteien sind auf dem allzu schmalen und brüchigen Fundament einer Sozialbewegung errichtet worden, und ihr Versagen in der politischen Bewährungsprobe nach dem Ersten Weltkrieg hängt nicht zuletzt damit zusammen, daß sie ihren Staaten keine politisch erfahrenen Führungskräfte zur Verfügung stellen konnten, da sie sich jahrzehntelang nur mit sozialen Problemen beschäftigt hatten. Zu großen, die Geschicke ihrer Länder bestimmenden Massenparteien vermochten die christlich-demokratischen Gruppen nicht zu werden, solange die Haltung der Kirche zur Demokratie bestenfalls die einer einräumenden Gewährung blieb, sich aber zu positiver Zustimmung nicht durchzuringen vermochte. So fiel die Ausbreitung der 'christlichen Demokratie' in Europa erst in die Jahre nach dem Ersten Weltkrieg — in eine Zeit, in der die Demokratie sich in den meisten Ländern durchgesetzt hatte und das Eis innerkatholischer Reserven gegenüber dieser Regierungsform allmählich zu schmelzen begann. —

Ich breche den geschichtlichen Überblick hier ab, weil die Herkunft der christlichen Demokratie in ihren wesentlichen Zügen wohl deutlich geworden ist. Es wäre noch zu berichten, wie nach dem Ersten Weltkrieg neue christliche Parteien und Bewegungen in verschiedenen Teilen Europas entstanden, so der 'Partito Popolare Italiano' Don Sturzos in Italien, der nach bedeutenden Anfangserfolgen dem Faschismus erlag, aber die ältere Generation der italienischen Katholiken stark geprägt und zu politischer Mitarbeit und Mitverantwortung in der Demokratie erzogen hat; der 'Sillon' Marc Sangniers in Frankreich, der von Pius X. zunächst verurteilt wurde, aber geistig die 'Republikanische Volksbewegung' hat vorbereiten helfen; der 'Parti Démocrate Populaire' Champetier de Ribes' und Bidaults, der gleichfalls eine Brücke zum M. R. P. darstellt, und andere mehr. Es wäre ferner zu berichten, wie die evangelischen christlichen Parteien, zuerst wohl in Holland und Belgien, sich den katholischen zu nähern begannen; wie sich allmählich eine internationale christliche Gewerkschaftsbewegung entwickelte; welche parlamentarischen Hoffnungen, Erfolge und Enttäuschungen die christlich-demokratischen Parteien zwischen den Kriegen erlebten, ehe der Nationalsozialismus die Bewegung knickte oder in den Untergrund drängte. Und es wäre endlich darzustellen, wie sich die christlich-demokratische Bewegung — nun in erheblich breiterer Front — nach dem Zweiten Weltkrieg in den einzelnen Ländern Europas entfaltet hat.

IV

Entstanden ist die 'christliche Demokratie' — wenn wir unsere Überlegungen kurz zusammenfassen — aus dem Versuch, der Kirche in der modernen Demokratie ihren Platz zu geben oder zu bewahren, sie in dieser Gesellschaft — wie wir heute sagen würden — 'präsent', gegenwärtig zu machen. Da die moderne Demokratie geschichtlich erstmals in Frankreich mit der katholischen Kirche in Berührung kam, hat sich dieser Vorgang vorwiegend in diesem Lande abgespielt. Dabei ging die Bewegung, die sich als 'christliche Demokratie' bezeichnete, zunächst — in einem schwärmerischen Spiritualismus befangen — auf eine geschichtlich und theologisch bedenkliche, ja unmögliche Verschmelzung von revolutionärem Staat und Kirche aus; sie suchte sowohl das Gemeinwesen wie auch und dies sogar in erster Linie — die Kirche demokratisch zu reformieren. Erst nach der Katastrophe der Französischen Revolution wandte sie sich begrenzteren Zielen zu, vor allem der

Bewahrung der kirchlichen Freiheiten im liberalen Verfassungsstaat; sie erscheint so während des 19. Jahrhunderts im wesentlichen als eine Nebenströmung des politischen Katholizismus, z. T.
auch Protestantismus, und wird nach 1848 und vermehrt nach 1870
vorwiegend auf sozialem Gebiet tätig, ohne daß sie jedoch den
Gedanken einer in Zukunft anzustrebenden Versöhnung und Vereinigung von Christentum und Demokratie jemals ganz aus dem
Auge verloren hätte.

Was die 'christliche Demokratie' in ihren verschiedenen geschichtlichen Erscheinungsformen innerlich verbindet und zusammenhält,
ist der Glaube an die positive Entwicklung der Demokratie — und
damit zugleich die Hoffnung auf ihre allmähliche Versöhnung mit
der Kirche. Man kann sagen: 'christliche Demokratie' entsteht dort,
wo sich die Absicht des politischen und sozialen Katholizismus mit
einer geschichtsphilosophischen Konzeption trifft, die in der Demokratie nicht nur die providentielle Staats- und Gesellschaftsform
des christlichen Zeitalters, sondern auch die sicherste Bürgschaft für
die Freiheiten der Kirche sieht. Daß die christlichen Demokraten
dabei gelegentlich die prekäre Wirklichkeit der Demokratie mit
einem Idealbild verwechselten, hat sie anfänglich mehrfach mit der
Kirche in Konflikt gebracht. Dennoch bleibt die Pionierarbeit jener
ersten Generation christlicher Demokraten in Frankreich und Belgien für die Geschichte der christlich-demokratischen Bewegung
wichtig; seit Leo XIII. erscheint sie auch innerkirchlich in einem
positiveren Licht, und heute kann man sagen, daß der damals noch
utopische Gedanke einer Aussöhnung von Kirche und Demokratie
mittlerweile vom kirchlichen Bewußtsein eingeholt worden ist.

Darüber hinaus hat die 'christliche Demokratie' im 19. Jahrhundert freilich kein schärfer geprägtes politisches Profil entwickelt.
(Man kann darüber streiten, ob es heute anders ist.) Bis zur Mitte
des Jahrhunderts war die Scheidewand zwischen dem politischen
Katholizismus und dem Liberalismus dünn; man bediente sich der
liberalen Instrumente und Techniken, wenn auch oft in einem
anderen Sinne, als es dem Liberalismus gefiel. Später erschienen
die christlichen Parteien, besonders jene, die sich ausdrücklich
christlich-demokratisch nannten, oft als Bundesgenossen des auf-
steigenden Sozialismus. Man hat von einer Wahlverwandtschaft

der katholischen Sozialethik mit den Forderungen der armen Stände gesprochen (A. Dempf), und zweifellos hat das starke soziale Interesse die christlich-demokratischen Bewegungen auch politisch geprägt. Hier lagen zugleich Möglichkeiten, den Konflikt zwischen Kirche und Demokratie zu entschärfen: Die spirituelle Einwirkung der Kirche auf die demokratische Gesellschaft, wie sie in der Enzyklika ›Rerum novarum‹ zum Ausdruck kam, konnte ja erst wirksam werden, nachdem der Atomismus der jakobinischen Demokratie, die Vorstellung eines beziehungslosen Gegenübers von Individuum und Staat, durch ein stärker sozialbestimmtes Denken überwunden war — wie umgekehrt die 'Liberalisierung' der katholischen Staatslehre erst möglich war, nachdem die Demokratie ihren religiösen Herrschaftsanspruch aufgegeben hatte. Die Parallele von Arbeiterbewegung, Gewerkschaftsbewegung und 'christlicher Demokratie' in den westeuropäischen Ländern ist insofern kein Zufall. Aber auch diese Orientierung nach der Seite des Sozialen hin war nicht eigentlich politisch gemeint, ja sie sollte es nach dem Willen der damaligen Päpste gar nicht sein. Vielmehr hatte man eine Entlastung katholischer Parteien von den bedrohlichen konstitutionellen Streitfragen der Zeit im Sinn, eine Zurücknahme der politischen Front auf die naturrechtliche Frontlinie des Sozialen. Vielleicht schwang gelegentlich auch der Gedanke (oder die Versuchung) mit, die mit der sozialen Frage ringende liberale und individualistische Demokratie im Bund mit dem Sozialismus korporatistisch zu unterlaufen. Dies war jedoch ein Irrtum, der in die Sackgasse ständestaatlicher Theorien führte; und auch sonst hat die Beschränkung auf das Soziale, wie heute immer deutlicher wird, die 'christliche Demokratie' an einer wirksamen Entfaltung nach dem Ersten Weltkrieg oft unnötig gehemmt und ihr vor allem — so in Deutschland und Italien, aber auch zum Teil in Frankreich — den Blick für den Sinn und Wert freiheitlicher Verfassungen, also der *politischen* Demokratie getrübt.

In einer Zeit, in der ohne die demokratische Herrschaftsform Freiheit und Würde des Menschen auf keinen Fall mehr gewährleistet werden können, ist die Diskussion darüber, ob es nicht auch andere mit der katholischen Sozialethik vereinbare Herrschaftsformen gibt — wie sie zur Zeit Leos XIII. im Vordergrund stand — längst zweitrangig, ja akademisch geworden. Dagegen muß der Gedanke, wie die Demokratie beschaffen sein müsse, damit sie die Güter der Freiheit und Menschenwürde wirksam sichert und nicht in ihr Gegenteil verfälscht, alle Aufmerksamkeit der Christen beanspruchen. Das heißt aber, daß die 'christliche Demokratie' ebenso über die Autonomie einer im Grunde unpolitischen Sozialbewegung hinauswachsen und hinausdenken muß, wie die päpstlichen Stellungnahmen zur Demokratie von Leo XIII. bis zu Pius XI. und XII. über eine bloße Indifferenterklärung der einzelnen Staatsformen (sofern in ihnen gewisse Rechte der Kirche gesichert sind) hinausgewachsen und zur Begründung einer „der Kirche wesensgemäßen, d. h. aber: eines theologischen Verhältnisses zur Demokratie" (O. Köhler) fortgeschritten sind. An einem solchen Weiterschreiten mitzuwirken, wird freilich nicht nur die Aufgabe der politischen Kräfte, sondern auch die einer wachen öffentlichen Meinung sein — nicht zuletzt auch innerhalb der Kirche.

Der Rechtsstaat — Angebot und Aufgabe. Eine Anfrage an Theologie und Christenheit heute. Theologische Existenz heute, NF 119, hrsg. von Ernst Wolf. München: Chr. Kaiser Verlag 1964, S. 28—63.

DIE RECHTSSTAATLICHE ORDNUNG
ALS THEOLOGISCHES PROBLEM

Von Ernst Wolf

Die Selbstbehauptung des Staates auf dem Wege der Rechtsentwicklung, nicht dem des Krieges, ist heute zu erstreben. — Krieg als gerechte Entscheidung des Weltgerichts über die historische Daseinsberechtigung eines Volkes ist heute Absurdität (Adam von Trott zu Solz, hingerichtet am 26. 8. 1944, im Jahre 1930).

Ursprünglich war das mir gestellte Thema umschrieben: ›Theologische Würdigung der vorfindlichen rechtsstaatlichen Ordnung‹. Das ist eine Aufgabenstellung, deren Behandlung sofort vor die schwierige Vorfrage führt, ob und inwieweit unsere Theologie heute zu ihr fähig und legitimiert sei. Sie wäre das nämlich nur, wenn sie sich irgendwie in einer nennenswerten Weise mit der grundsätzlichen Problematik der Rechtsstaatlichkeit ernsthaft beschäftigt hätte. Sieht man aber hier näher zu und sieht man von gewissen ersten Ansätzen etwa bei Schleiermacher oder auch bei F. J. Stahl (in einer ›Philosophie des Rechts‹, 1830/37) ab, dann findet man, namentlich im Bereich der neueren lutherischen Ethik des Politischen, so gut wie gar keinen brauchbaren Hinweis. W. Trillhaas hat in einem gerade auch für die hier auftauchenden Verlegenheiten bezeichnenden und für das Bemühen, aus ihnen herauszukommen, aufschlußreichen Aufsatz über ›Die lutherische Lehre von der weltlichen Gewalt und der moderne Staat‹[1], in dem sich auch die nahezu zum geflügelten Wort gewordene Feststellung findet, daß für die lutherische Theologie „bis zur Stunde die Demokratie ... das eigentlich unbewältigte Thema" darstelle (26), den Begriff des Rechtsstaates nur ganz kurz erwähnt und unver-

[1] Macht und Recht. Beiträge zur Lutherischen Staatslehre der Gegenwart, hrsg. von H. Dombois u. E. Wilkens 1956, 22 ff.

bindlich-skeptisch beurteilt: „Man wird mit der Handhabung des
Begriffes Rechtsstaat sehr vorsichtig sein und sich jedenfalls auf
Schritt und Tritt der Vieldeutigkeit des Begriffes bewußt bleiben
müssen" (25). Selbst wenn man das lediglich als Ausfluß einer mehr
oder minder modischen Zurückhaltung hören wollte, es umschreibt
gleichwohl die heutige Stellungnahme zum Problem im Durchschnittlichen lutherischer Theologie.[2] Wie denn überhaupt der ganze
Aufsatz noch deutlich genug die herkömmlichen Bindungen und
auch Hemmungen im lutherischen Staatsdenken nicht nur zum
Teil selbst kritisch referiert, sondern auch einfach unwillkürlich in
der eigenen Gedankenführung spüren läßt. So, wenn z. B. das
„eigentliche Problem" immer noch „bei der Metaphysik des Staates"
gesucht wird (28); oder wenn auf die „Tatsache" verwiesen wird,
daß „die Demokratie einer Fixierung einer Autorität in bestimmten
Personen abhold ist und daß sie dazu neigt, die Staatsautorität,
sofern von ihr überhaupt die Rede ist, in der Anerkennung vorhandener Grundsätze, also in der bloßen Legalität begründet zu
sehen" (32), wenn man also Demokratie bzw. den mit ihr kurzer-
hand gleichgesetzten Rechtsstaat nur in einem liberalistisch-dezi-
sionistischen Sinne zu verstehen vermag. Oder wenn zusammenfassend erklärt wird: „Die lutherische Staatstheologie übt . . . ihre
Kritik an dem Autoritätsverfall des heutigen Staates aus einem
Tiefblick in das Wesen der Dinge, demgegenüber alle puritanischen
und womöglich gar ‚christologischen' Begründungen staatlicher
Ordnung bloß als Harmlosigkeiten bezeichnet werden können" (32).
Das geht in einer zuletzt doch etwas eiligen Weise an der heutigen

---

[2] Im Hinblick auf den zu billigen Vorwurf, hier und im folgenden
werde ein Zerrbild des Luthertums geboten und bei Luther sei vieles
doch anders gemeint — selbstverständlich! J. Heckel z. B. und in weitgehender Übereinstimmung mit ihm ich selbst haben wiederholt uns
darum bemüht, dem neueren deutschen Luthertum das deutlich zu machen —, sei betont, daß hier, nicht ohne gewisse Zurückhaltung, aus der
neueren Literatur des deutschen Luthertums zum Politischen, die als
maßgeblich gilt, zitiert wird. Der Sammelband Macht und Recht z. B.
stellt im besonderen eine erste Auseinandersetzung dieses Luthertums
mit dem Problem des Rechtsstaates dar. Vgl. dazu auch mein Referat in
ThEh 64, unten Anm. 7.

Diskussion vorbei. Und es überrascht demgegenüber, wenn der Verfasser dann doch betont: „Die Reformatoren haben von Anfang an etwas von der Mitverantwortung des Christen am staatlichen Leben gewußt. Und alle Mitverantwortung ist zukunftsbezogen" (33).[3]

[3] Die Überraschung verstärkt sich, wenn man sich den theologischen Hintergrund der Skepsis gegenüber der Bewältigung des Themas der Demokratie verdeutlicht, jenen „Tiefblick", der die lutherische Staatstheologie bestimme. Es handelt sich um den „tiefen anthropologischen Pessimismus des Luthertums", der sich, so wie er auf Paulus zurückgreife, dann auch zu einem „Weltpessimismus" ausweite. Die Demokratie scheint so für das Luthertum aus Gründen theologischer Anthropologie eine unzugängliche Aufgabe zu sein. „Die Rechtfertigungslehre der Reformatoren" — so heißt es — „hat die Überzeugung von der fortdauernden Macht der Erbsünde im Menschen nie aufgegeben. Sie lebt, um es in harter Kürze zu sagen, in und von dem anthropologischen Pessimismus des Apostels Paulus. Nun steht aber die moderne Welt nicht nur dank einer zufälligen Attitude ganz auf dem optimistischen Boden. Sie ist mit einer optimistischen Anthropologie schicksalhaft verbunden. Während der ‚Polizeistaat' eine eindeutige pessimistische Lehre vom Menschen voraussetzt und praktiziert, ist nicht nur der fortschrittsgläubige Kommunismus — man könnte sagen — fast per definitionem von einem optimistischen Menschenbild getragen. Auch bei allen denkbaren Begründungen der westlichen Demokratie ist dasselbe zu sagen. D. h. aber nichts anderes, als daß die anthropologischen Voraussetzungen der Rechtfertigungslehre sich mit den anthropologischen Voraussetzungen, welche die politischen Glaubensbekenntnisse in der ganzen Welt heute tragen, in diametralem Gegensatz befinden" (W. Trillhaas, Rechtfertigungslehre unter neuen Voraussetzungen? in: „Helsinki 1963". 1964, S. 108 ff.). Man wird hier freilich fragen müssen, ob mit diesem anthropologischen Pessimismus Luthers Definitionsformel für den Menschen — hominem iustificari fide —, die die Menschwerdung des Menschen im „neuen Menschen" vor Augen hat, ob der ein für allemal gültigen Befreiung von der zum Tode führenden Macht der Sünde im Rechtfertigungsgeschehen, ob der durch dieses ‘neue’ Subjekt des Handelns bestimmten Ethik der Rechtfertigungslehre hier zutreffend Rechnung getragen wird, bei der alles an dem Glauben daran hängt, daß Gott ‘seinen’ Menschen zur Heraufführung seiner Zukunft als seinen Mitarbeiter ruft und beansprucht und ihm damit die eindeutige Richtung nach vorwärts vorschreibt. Nicht von

H. Simon hat also durchaus recht, wenn er, aus Anlaß des Schweigens der Kirche zur sogenannten SPIEGEL-Affäre, die Frage aufgeworfen hat: „Ist in der theologischen Ethik Platz für den Rechtsstaat?"[4] Er tat das aus der Sorge, „wir Christen könnten das Angebot des Rechtsstaates ebenso verspielen, wie wir dazu beigetragen haben, die Chance der Weimarer Republik zu vertun — diesmal vielleicht nicht so sehr aus distanzierter Kühle als aus überkommener theologischer Hilflosigkeit" (75). Zugleich hat H. Simon mit seinem Aufsatz einen sehr wesentlichen Beitrag zu unserem Thema gegeben, auf den man immer wieder wird zurückblicken müssen.

Wir werden hier im einzelnen nicht den Gründen nachgehen können, warum wir Christen „dazu beigetragen haben, die Chance der Weimarer Republik zu verspielen". Sie war in der Tat damals auch ein Angebot. Aber die Kirchen haben dieses Angebot nicht aufgreifen können, weil sie in jeder Hinsicht daran gehindert waren — gewisse Ausnahmen bestätigen das geradezu —, das Angebot als solches zu begreifen.[5] Auch deshalb, weil dieses Angebot selbst in sich jedenfalls für die Theologie zunächst nicht sonderlich verlockend gewesen ist, sofern die Rechtsstaatlichkeit der Weimarer Republik von vornherein problematisch gewesen ist. Ein Jurist hat das kürzlich dahin formuliert: „Die Weimarer Reichsverfassung von 1919 und mit ihr die Herrschaft des Rechts in Deutschland waren zum Untergang verurteilt, weil dieses Verfas-

---

ungefähr hat Luther als die dritte Errungenschaft der Reformation wiederholt dies betont, daß neben der wiederentdeckten lauteren Evangeliumsverkündigung und der evangeliumsgemäßen Sakramentsverwaltung auch die neugeschenkte „Erkenntnis allerlei Ständen und rechten Werken" stehe, also die Erkenntnis vor Gott zu verantwortender Gestaltungsaufgaben im innerweltlichen Dasein des Menschen in Gesellschaft (Art. Smale., BSLK 411, 20 ff.). Ethik der Rechtfertigung darf nicht zu einer individualistischen Ethik der Gesinnung verengt werden.

[4] Unterwegs, Bd. 20, 1963, 62 ff.

[5] Vgl. dazu K. Kupisch, Zwischen Idealismus und Massendemokratie, 2. Aufl. 1960; G. Mehnert, Evangelische Kirche und Politik 1917—1919. 1959.

sungswerk in seiner ganzen bürgerlich-liberalen Befangenheit ein politisches Instrument ohne rechtlichen Ideengehalt war."[6] Eine bewußt zugespitzte Formulierung, die aber ganz deutlich zeigt, daß bei unserem Thema zweierlei zusammenkommt: einmal Fragestellung an und Aufgabenstellung für die Theologie, zum andern aber freilich auch die noch nicht allgemein verbindlich gelöste staatsrechtliche und rechtstheoretische Problematik um den Begriff des „Rechtsstaates" selbst als eine der „Eigentümlichkeiten deutscher Rechts- und Verfassungsentwicklung, die im ausländischen Recht keine genaue Entsprechung finden".[7] Wir werden uns zunächst dieses beides zu verdeutlichen haben:

I

A. Die theologische und d. h. weithin zugleich lutherische Tradition im Staatsdenken innerhalb des deutschen Protestantismus ist belastet durch ihre Herkunft aus dem zeitgebundenen, sich weithin auch biblizistisch legitimierenden Obrigkeitsdenken der Reformation, das zugleich durch die kirchenrechtliche Figur des landesherrlichen Kirchenregiments verstärkt und durch die romantisierende Erweckungsbewegung sowie den Idealismus verklärt worden ist. 'Staat' wird hier im wesentlichen im Schema von Obrigkeit und Untertan vom Fürsten her gedacht, von der Autorität und der Machtbefugnis und gewiß auch von dem Fürsorgeauftrag des als 'Amtmann' Gottes interpretierten Herrschers aus. Bis in die neueste lutherische Ethik hinein lebt diese Gestalt weiter, wobei, ansetzend beim Gedanken der göttlichen Stiftung des Staates, der Staat selbst als 'in seinem Wesen göttlich' angesehen wird.[8] Begründung: „Alle Machtbegründung in der Welt" muß eben „als Setzung Gottes"

[6] G. Schnorr, Die Rechtsidee im Grundgesetz, AöR 85, 1960, 121.

[7] K. Hesse, Der Rechtsstaat im Verfassungssystem des Grundgesetzes, in: Staatsverfassung und Kirchenordnung, Festgabe für R. Smend. 1962, 71—95. Auf diesen überaus erhellenden Aufsatz wie auf andere einschlägige Beiträge in dieser Festgabe sei nachdrücklich hingewiesen.

[8] Vgl. H. Gerber, Die Idee des Staates in der neueren evangel.-theol. Ethik. 1930, 35. Dazu Literatur und Referat in E. Wolf, Die Königs-

verstanden werden.[9] Man redete von der 'theonomen Wirklichkeit' des Staates, davon, daß staatliche Souveränität teilhabe an der Souveränität Gottes. „In der Anordnung und Gewährung von Macht, die außerhalb Gottes eine Gültigkeit besitzt, vollzieht sich eine Übertragung eines Stückes göttlicher Schöpfermacht auf die Menschen".[10] Obrigkeit wird dadurch zum 'Organ' der Macht Gottes. In ihr kommt „das Gottesgesetz der Über- und Unterordnungen zur Durchsetzung" als „unaufhebbare Urbeziehung des menschlichen Zusammenlebens". Weil Obrigkeit von Gott herkommt, sind die Träger ihrer Vollmacht „Stellvertreter, Platzhalter, Beauftragte Gottes".[11] Wir haben gelegentlich unserer Tagung in Wuppertal 1957 diese lutherische Staatsmetaphysik und ähnliche Gebilde kritisch beleuchtet und als *das* große Hemmnis für eine sachgemäße Auseinandersetzung mit den uns heute gestellten Fragen aus dem Wege zu räumen versucht, einschließlich aller hier in Betracht kommenden Faktoren eines derartigen Ordnungsdenkens, und waren dabei so weit gegangen, auch eine vorläufige Zurückstellung verschiedener für dieses Denken in Anspruch genommener Formen der sogenannten Zwei-Reiche-Lehre zu empfehlen.[12] Aber die Grundhaltung dieses Denkens ist im allgemeinen noch nicht beseitigt, und auch der erwähnte Aufsatz von W. Trillhaas zeigt deutlich, gerade mit seinem interessanten Versuch, „den lutherischen Ansatz von neuem frei, elastisch und wagemutig an die moderne Staatswirklichkeit heranzutragen", im einzelnen doch auf Schritt und Tritt ein gewisses Nachwirken jener Staatsmetaphysik.[13]

Auf der anderen Seite stehen gewisse Anfänge zu einem Umdenken. Sie sammeln sich in jenem Bereich, der im wesentlichen von den lutherischen Gegnern als 'christologische Staatsbegründung' in

herrschaft Christi und der Staat, ThEh 64: W. Schmauch/E. Wolf, Königsherrschaft Christi. Der Christ im Staat. 1958, 20—37. 47 f.

[9] W. Künneth, Politik zwischen Dämon und Gott. 1954, 151 f.

[10] A. a. O. 152.

[11] A. a. O. 158 f.

[12] Referate, Bericht, Thesen in ThEh 64, vgl. Anm. 7.

[13] W. Trillhaas in: Macht und Recht, 28.

einer sachlich nicht ganz zutreffenden Weise bezeichnet und a limine abgewiesen wird. Auf dieser Linie liegen auch die neueren Erinnerungen an die für die theologische Ethik des Politischen maßgebende und wegweisende Parole des 'Rechtsstaates', etwa bei Karl Barth, aber auch bei Bischof Berggrav, insbesondere in seinem Vortrag auf der Vollversammlung des Lutherischen Weltbundes 1952 in Hannover.[14] Er hat damals nicht nur alsbald lutherischen Protest (im deutschen Bereich) ausgelöst, sondern zugleich auch dazu geführt, sich versuchsweise kritisch mit seinen Thesen zu beschäftigen.[15] Die Ansätze zu solchem Umdenken sind auf deutschem Boden in der Erfahrung mit der 'legalen' Umformung einer rein liberal-dezisionistisch verstandenen Rechtsstaatlichkeit zur Diktatur des totalen Staates zu suchen.[16] Deutlich werden diese Ansätze in den entsprechenden Aussagen der Barmer theologischen Erklärung, d. h. bei der von dem zweiten Barmer Satz („... Gottes kräftiger Anspruch auf unser ganzes Leben ...") zu interpretierenden fünften These mit ihrer starken Reduktion der Aussagen über den Staat[17]: „Die Schrift sagt uns, daß der Staat nach göttlicher Anordnung die Aufgabe hat, in der noch nicht erlösten Welt, in der auch die Kirche steht, nach dem Maß menschlicher Einsicht und menschlichen Vermögens unter Androhung und Ausübung von Gewalt für Recht und Frieden zu sorgen. Die Kirche erkennt in Dank und Ehrfurcht gegen Gott die Wohltat dieser seiner Anordnung an. Sie erinnert an Gottes Reich, an Gottes Gebot und Gerechtigkeit und damit an die Verantwortung der Regierenden und Regierten. Sie vertraut und gehorcht der Kraft des Wortes, durch das Gott alle Dinge trägt. — Wir verwerfen die falsche Lehre, als solle und könne

[14] E. Berggrav, Staat und Kirche in lutherischer Sicht. 1953.

[15] Vgl. dazu den Sammelband Macht und Recht, oben Anm. 1.

[16] Zum Teil kann hier auch D. Dibelius eingereiht werden, der in seinem Büchlein ›Grenzen des Staates‹ (1949) auch den 'Rechtsstaat' berührt (S. 45 ff.); es geschieht in einer sowohl am totalen Staat wie dem 'Rechtsstaat' des Mittelalters orientierten Sicht und gibt an der behaupteten Unmöglichkeit des Rechtsstaates für die Gegenwart dem Marxismus die Hauptschuld.

[17] Vgl. dazu E. Wolf, Barmen. Kirche zwischen Versuchung und Gnade. 1957.

der Staat über seinen besonderen Auftrag hinaus die einzige und totale Ordnung menschlichen Lebens werden und also auch die Bestimmung der Kirche erfüllen."

Die spätere Interpretation dieser Formulierungen, etwa im Bruderratswort ›Zum politischen Weg unseres Volkes‹ von 1947[18] oder dann in den Thesen der Bruderschaftstagungen in Wuppertal 1957 und Frankfurt 1958[19], auch in den ›Zehn Artikeln über Freiheit und Dienst der Kirche‹ der Kirchenleitungen der DDR vom März 1963[20] lassen bereits erkennen, daß in diesen Formulierungen weit mehr steckt, als vermutlich den Vätern von Barmen ganz unmittelbar bei ihrer Abfassung bewußt gewesen sein dürfte. Man darf daher Barmen V zugleich als den Ausdruck eines allgemeinen Umdenkens ansehen, das, noch in vielem einzelnen ungeklärt, tastend den Weg in die Zukunft sucht.

Umgekehrt hatte die andere Seite sich völlig unmißverständlich damals in dem sogenannten Ansbacher Ratschlag von 1934 in sehr kompakter Weise auf der Linie des Herkömmlichen zum Zweck der theologischen Bejahung der vorfindlichen nationalsozialistischen Staatswirklichkeit festgelegt.[21] Entscheidend war dafür der durch die Idee des Volksnomos bestimmte Gesetzesbegriff, der sich unter unzutreffender Berufung auf die Konkordienformel als den „unwandelbaren Willen Gottes" verstand. Dieses Gesetz „(3) . . . bindet jeden an den Stand, in den er von Gott berufen ist, und verpflichtet uns auf die natürlichen Ordnungen, denen wir unterworfen sind, wie Familie, Volk, Rasse (d. h. Blutszusammenhang). Und zwar sind wir einer bestimmten Familie, einem bestimmten Volk und einer bestimmten Rasse zugeordnet. Indem uns der Wille Gottes ferner stets in unserem Heute und Hier trifft, bindet er uns auch an den bestimmten historischen Augenblick der Familie, des Volkes, der Rasse, d. h. an einen bestimmten Moment ihrer Geschichte.

4. Die natürlichen Ordnungen geben uns aber nicht nur den fordernden Willen Gottes kund. Indem sie in ihrer Verbindung unsere

[18] Wiedergabe in ›Stimme der Gemeinde‹ 1964/1, 5 ff.

[19] ThEh 64 und 70.

[20] Junge Kirche 24, 1963, 329—334.

[21] Vgl. K. D. Schmidt, Die Bekenntnisse des Jahres 1934. Göttingen 1935, 102 ff.

gesamte natürliche Existenz begründen, sind sie zugleich die Mittel, durch die Gott unser irdisches Leben schafft und erhält ... Als Christen ehren wir mit Dank gegen Gott jede Ordnung, also auch jede Obrigkeit, selbst in der Entstellung, als Werkzeug göttlicher Erhaltung, aber wir unterscheiden auch als Christen gütige und wunderliche Herren, gesunde und entstellte Ordnungen.

5. In dieser Erkenntnis danken wir als glaubende Christen Gott dem Herren, daß er unserem Volk in seiner Not den Führer als ‚frommen und getreuen Oberherren' geschenkt hat und in der nationalsozialistischen Staatsordnung ‚gut Regiment', ein Regiment mit ‚Zucht und Ehre' bereiten will. Wir wissen uns daher vor Gott verantwortlich, zu dem Werk des Führers in unserem Beruf und Stand mitzuhelfen." Von daher wird die Aufgabe der Kirche bestimmt. Sie „hat erstens das Gesetz Gottes zu verkündigen. In dieser Hinsicht ist ihre Aufgabe zu allen Zeiten die gleiche. Das bedeutet die Begründung der Ordnungen in ihrer Hoheit und Erinnerung an ihre Aufgabe." Hier also wird wiederum der ganze Bereich der lutherischen Staatsmetaphysik anvisiert. „Zweitens sind ihre Glieder selbst den natürlichen Ordnungen unterworfen. Indem sie immer einem bestimmten Volk und einem bestimmten Augenblick zugeordnet sind, empfängt ihre Verpflichtung gegenüber ihrem Volk den konkreten Inhalt durch die gegenwärtige völkische Staatsordnung. In dieser Hinsicht unterliegt die Beziehung der Kirchenglieder auf die natürlichen Ordnungen der geschichtlichen Veränderung. Unveränderlich ist dabei nur das Verpflichtetsein als solches."

Was für das lutherische Denken charakteristisch ist, seine Bestimmtheit durch die Idee der Ordnungen und durch das reine Normendenken, seine besondere Sorge um die Autorität des primär als Macht begriffenen Staates, das Festhalten an dem Gegenüber von Obrigkeit und Untertan, all das ist dann auch in der Folgezeit und nach 1945 auf der durch diese Zusammenfassung bezeichneten Linie vielfach festgehalten worden. Insofern wird man, analog zur Barmer Erklärung, auch diesen Ansbacher Ratschlag als den Ausdruck für einen breiten stimmungsmäßigen und gedanklichen Hintergrund nehmen dürfen, der bis heute noch keineswegs völlig aufgelöst ist. Eingeschlossen ist darin auch immer wieder der 'christliche'

Vorbehalt gegenüber der Demokratie. Man hat ihn zu Beginn des Dritten Reiches bekanntlich auch konfessionspolitisch formuliert. Im Namen der angeblich von Luther heraufgeführten und dann von Hitler vollendeten 'Stunde' des 'Reiches deutscher Nation' hat z. B. H. Schomerus[22] die Demokratie als ein Produkt des reichsfeindlichen calvinistischen Westens und mit ihr zusammen die neuen Mächte des 'Bürgers' zurückzuweisen versucht. Trotz der unleugbaren Bedeutung vor allem der calvinischen Reformation und gewisser Nebenströmungen der Reformation für das Aufkommen moderner Demokratien und für den mit der Rechtsstaatlichkeit aufs engste zusammenhängenden Komplex der 'Menschenrechte' reagiert das Luthertum an dieser Stelle immer wieder aufs neue noch neuralgisch. Man empfindet die Demokratie als eine in höchstem Maße abstrakte und rationale Angelegenheit und wittert hinter ihr einen krassen individualistischen Egoismus. Obrigkeit und Untertan sind hier gleichsam verschwunden. Von da aus jene zumindest kühle Reserviertheit gegenüber der Weimarer Republik, wenn nicht gar der Abscheu, mit dem wiederholt von ihr gesprochen wurde; von daher auch der Umstand, daß selbst auf der Linie von Barmen erst allmählich ein anderes Verhältnis zur Demokratie gewonnen werden konnte. Das zeigt sich noch in der Erläuterung zur 7. These der Bruderratserklärung ›Zum politischen Weg unseres Volkes‹. Charakteristisch, daß auch hier beim demokratischen Staat von uns damals sehr viel stärker die in seinem Hintergrund stehende politische Heilslehre anvisiert wurde, daß er als „Träger eines politischen Evangeliums" betrachtet wurde und daß ihm gegenüber als erste Aufgabe der Kirche bezeichnet wurde, „innerhalb des politischen Gemeinwesens die Christen zusammenzurufen, sie durch die Verkündigung des Evangeliums freizumachen von der Bindung an politische Ideologien", „sie vor der letzten Hingabe an politische Zielsetzungen zu warnen". Immer-

---

[22] Kaiser und Bürger. 1934. Vgl. dazu die vielen antidemokratischen Stimmen im Namen Luthers bei deutschen Theologen und Kirchenmännern; Auswahl bei E. Wolf, zur Selbstkritik des Luthertums, in: Evangelische Selbstprüfung, hrsg. von P. Schempp, 1947, 113 ff., vor allem 106, Anm. 6 und 108 f. Bezeichnend auch E. Hirsch, Deutschlands Schicksal. 1920, 83 ff.

hin heißt es dann aber auch: „Weil Jesus Christus durch seine Menschwerdung sich um den Menschen angenommen hat, darum, und nicht aus irgendwelchen naturrechtlichen Theorien über Menschenrecht und Menschenwürde, bringt der Christ aus dem Zusammenleben in der Gemeinde bestimmte Maßstäbe für sein Handeln im politischen Gemeinwesen mit. Darum wird aber auch die Gemeinde als solche durch ihr Zusammenleben den steten Dienst des helfenden und warnenden Zeugnisses tun." Dahinter steht der Schluß der 7. These: „. . . werdet euch in dieser Freiheit und in großer Nüchternheit der Verantwortung bewußt, die alle und jeder einzelne von uns für den Aufbau eines besseren deutschen Staatswesens tragen, das dem Recht, der Wohlfahrt und dem inneren Frieden und der Versöhnung der Völker dient." Auch hier greift also die Formulierung der Thesen selbst weiter als ihre wiederum etwas zurückhaltende Interpretation.[23] Die formulierten Ergebnisse der Bruderschaftstagungen in Barmen und Frankfurt gehen freilich darüber schon etliche Schritte hinaus. Davon wird noch zu handeln sein.

B. Der Schwierigkeit auf der Seite der Theologie entspricht in gewisser Weise auch die Schwierigkeit innerhalb des heutigen juristischen und politischen Verständnisses des ‚Rechtsstaates'.[24] Auch sie kann im Folgenden nur angedeutet werden.

‚Rechtsstaat' ist als Begriff der Staatslehre, der Verwaltungsrechtswissenschaft und jüngstens auch des Verfassungsrechts und als

[23] Vgl. ›Stimme der Gemeinde‹ 1964/1, 11 f.
[24] U. Scheuner, Begriff und Entwicklung des Rechtsstaats, in: Macht und Recht. 1956; ders. Die neuere Entwicklung des Rechtsstaats in Deutschland, in: Hundert Jahre deutsches Rechtsleben, Festschrift zum hundertjährigen Bestehen des Deutschen Juristentages, II. 1960; R. Bäumlin, Die rechtsstaatliche Demokratie. 1954; H. Heller, Rechtsstaat oder Diktatur? 1930; H. Huber, Niedergang des Rechts und Krise des Rechtsstaates, in: Demokratie und Rechtsstaat, Festschr. f. Z. Giacometti. 1953; W. Kägi, Rechtsstaat und Demokratie, ebenda; D. Schindler, Über den Rechtsstaat, in: Recht, Staat, Völkergemeinschaft. Ausgew. Schriften. 1948. 163 ff.; vor allem K. Hesse, vgl. Anm. 6; zum Historischen auch A. Albrecht, Art. Rechtsstaat im Staatslexikon der Görres-Ges. 5. Aufl. 6, 695 ff.

politischer Programmbegriff vieldeutig. Als Gesetzesbegriff erscheint
er erstmals in der Bayerischen Verfassung vom 2. 12. 1946 (Art. 3,
Satz 1). Im GG begegnet in Artikel 28 Abs. 1 die Formulierung
„sozialer Rechtsstaat", ähnlich auch in einzelnen Länderverfassun-
gen. In der Staatstypenlehre bezeichnet Rechtsstaat den Gegentypus
zum Macht- und Willkürstaat bzw. den Inbegriff aller jener Faktoren, die als konstitutiv für diesen Gegentypus angesehen werden.
Ihre Bestimmung im einzelnen im 19. und 20. Jahrhundert schwankt.
Vielfach ist die Rechtsstaatsauffassung zunächst bestimmt von der
Tendenz zur Beschränkung des Staates auf das Notwendigste, wie
etwa bei Kant, W. v. Humboldt u. a. Für das 19. Jahrhundert ist
auf deutschem Boden unter dem Einfluß von F. J. Stahl ein formal-
juristischer Rechtsstaatsbegriff charakteristisch, der im wesentlichen
auf bestimmte Faktoren der Staatsorganisation abhebt, auf Regelung
etwa des Verhältnisses von Obrigkeit und Untertan im Sinne eines
Rechtsverhältnisses, das sowohl die Formen der Wirksamkeit des
Staates wie auch eine freie Sphäre seiner Bürger rechtlich näher
bestimmt und sichert. Als solche den Rechtsstaat konstituierende
Ordnungselemente zählt man in der Regel auf: Anerkennung von
Grundrechten, das Prinzip der Gewaltenteilung, uneingeschränkte
Vollmacht des Gesetzgebers, Unabhängigkeit der Gerichte bei Bindung der Rechtsprechung ebenso wie der Verwaltung an das Gesetz, richterliche Kontrolle der Verwaltung. Voraussetzung dieses
noch formal-juristischen Rechtsstaatsbegriffes ist der Verfassungsstaat des 19. Jahrhunderts und bei den Verfassungen bürgerlich-
liberaler Prägung die Vorstellung von der Unfehlbarkeit des in der
gesetzgebenden Volksvertretung verkörperten Volkswillens, die
Idee der ausschließlichen Herrschaft der volonté générale; Rechtsstaat und politische Form stehen einander noch gegenüber, ebenso
individuelle und politische Freiheit, d. h. im Hinblick auf den
Staatszweck steht die Ermöglichung der Selbstenfaltung des Individuums bestimmend in der Mitte. Auf der anderen Seite entwickelt
sich ein sozusagen materialer Rechtsstaats-Gedanke, bei dem der
Vorrang des inhaltlich bestimmten Rechts vor politischen Maß-
stäben und die Integrations-Funktion des Staates als rechtsbestimmte
Form für eine pluralistische Gesellschaft zu deren Gestaltung bestimmend sind.

Es kann nicht die Aufgabe einer theologischen Besinnung auf das Problem des Rechtsstaates sein, die geistesgeschichtliche Herkunft der Rechtsstaats-Vorstellung, die mannigfaltigen Theorien des Rechtsstaates und die verschiedenen Formen seiner verfassungsgeschichtlichen Gestaltung und staatspolitischen Wirklichkeit im einzelnen vorzuführen und zu beurteilen. Zur Verdeutlichung dessen, worauf es heute, nach jener katastrophalen Depravierung rechtsstaatlicher Elemente auf 'legalem' Wege in der Diktatur des Dritten Reiches, ankommt bei einem Aufbau eines demokratischen Rechtsstaates an Stelle einer rechtsstaatlichen Demokratie, genügt ein Vergleich zwischen der Weimarer Verfassung und dem Bonner Grundgesetz. Die Weimarer Reichsverfassung ist gekennzeichnet durch das rechtsstaatliche Legalitätsprinzip des bürgerlich-liberalen Rechtsstaates. Er war „ein aus der Abwehr des Bürgertums gegen die absolute Monarchie entstandener politischer Formalbegriff, dessen Kern neben der Gewaltenteilung und der richterlichen Kontrolle der Verwaltung die Herrschaft des von der Volksvertretung beschlossenen Gesetzes war" [25]. Die Grundrechte erscheinen in ihr nicht als „Gewährleistung vorstaatlich gedachter Grundfreiheiten, sondern als Gewährung seitens des Staates". Daher kann der Verfassungsgesetzgeber die Grundrechte jederzeit ändern, sogar beseitigen. Beim Übergang zum Dritten Reich ist das 'legal' durch das Neuaufbaugesetz vom 30. Januar 1934 geschehen. Im wesentlichen waren die Grundrechte nur technische Mittel zur 'Ausgrenzung' bestimmter Freiheitsräume gegenüber dem Staat. Man darf freilich nicht übersehen, daß eine solche enge Auslegung der Grundrechte als bloß individueller negativer Abwehrrechte gegen den Staat eine Einseitigkeit darstellt, die weder für das 19. Jahrhundert in Deutschland uneingeschränkt gilt, noch auch für den angelsächsischen Bereich. R. Smend hat in seiner berühmten Rede von 1933 ›Bürger und Bourgeois im deutschen Staatsrecht‹ [26] dargetan, daß der Begriff des bürgerlichen Rechtsstaates, für den die Grundrechte „die magna charta des unpolitischen bürgerlichen Individualismus" (C. Schmitt) darstellen, daß dieser „bourgeoise Rechtsstaat" zwar

[25] Schnorr a. a. O. 122.
[26] Staatsrechtliche Abhandlungen. 1955, 304 ff.

in der Literatur im Vordergrund zu stehen scheint, aber keineswegs der Wirklichkeit der deutschen Verfassungsgeschichte und des geltenden Staatsrechts auch der Weimarer Republik entspreche. Vielmehr entsprechen die „Grundrechte und Grundpflichten" im zweiten Teil der Weimarer Verfassung dem Versuch, „die verschiedenen Bevölkerungsteile mit Freiheiten und Sicherungen" auszustatten, „die für diese Gruppen als Voraussetzung wirklicher, nicht nur formaler staatsbürgerlicher Freiheit und ihrer Betätigung gerade angesichts der Formaldemokratie notwendig erscheinen".[27] Der „sittliche Beruf des Staatsbürgers" stehe als „sinngebende Voraussetzung" dahinter. Und zumindest habe der Gedanke „des dem Staat sittlich verpflichteten Bürgers" gegenüber dem „des sich von ihm distanzierenden Bourgeois" als Voraussetzung des positiven Staatsrechts im 19. Jahrhundert den Vorrang. „Nur wenn man hier den sittlich gebundenen Bürger einsetzt, dem je nach seiner besonderen Eigenart hier sein besonderes staatsbürgerliches Berufs- und Standesrecht im Rahmen des Ganzen zugeteilt wird, nur dann bleibt der Grundgedanke der Verfassung erhalten, ein Volk in Form zu bringen, in der es handelnde Einheit wird und seine geschichtliche Aufgabe erfüllen kann, die ihm gestellt ist."[28] Gleichwohl wird man nicht leugnen können, daß in der Zeit der Weimarer Republik dann doch der Einsatz eines solchen Bürgertums zu schwach gewesen ist und die Möglichkeit der 'bourgeoisen' Interpretation der Weimarer Reichsverfassung einem individualistischen oder Gruppenegoismus weiten Spielraum bot. Der Rechtsstaat war hier tatsächlich, wie es in einer hochgradig formalistischen Definition von E. Forsthoff lautet, ein „System rechtstechnischer Kunstgriffe zur Gewährleistung gesetzlicher Freiheit"[29]. Das entspricht sowohl dem Demokratiebegriff der Weimarer Republik als auch dem alles beherrschenden Legalitätsprinzip der Weimarer Reichsverfassung von 1919. Beides nun will das Bonner Grundgesetz

[27] A. a. O. 319.
[28] A. a. O. 323.
[29] Die Umbildung des Verfassungsgesetzes, in: Festschr. f. C. Schmitt. 1959, 61; dazu A. Hollerbach, Auflösung der rechtsstaatlichen Verfassung? in: AöR 85, 1960, 241 ff.

vermeiden. „Es setzt der Legalität alles staatlichen Handelns die Legimität, d. h. die inhaltliche Rechtfertigung und Begrenzung der Staatsgewalt durch die Wertgehalte der Rechtsidee entgegen, wenn es in Art. 20, Abs. 3 bestimmt: ‚Die vollziehende Gewalt und die Rechtssprechung sind an Gesetz und Recht gebunden'." [30] Wie immer diese Formulierung zu interpretieren sein wird, sie unterscheidet sich wesentlich von der strikten Gesetzesbindung einer Verfassung bürgerlich-liberalen Gepräges. Offen bleibt hier freilich die Frage — und das wird für unsere Erwägungen wichtig sein —, was die in Art. 20, Abs. 3 ausgesprochene Bindung an das 'Recht' meint. Der Grundrechtsatz von der Menschenwürde dürfte hier den entscheidenden Hinweis geben können, denn mit ihm ist zugleich gesagt, daß im Bonner Grundgesetz die Grundrechte wieder als vorstaatliche, vom Staat zu gewährleistende, nicht als vom Staat gewährte anzusehen sind. Von ihnen her begrenzt das 'Recht' die Staatsgewalt in einer unverfügbaren Weise. Hier ist der Ort der absoluten Normen des Rechtsstaates, von denen aus Demokratie und Rechtsstaat nicht in der Form einer „rechtsstaatlichen Demokratie", sondern als „demokratischer Rechtsstaat" (W. Kägi) [31] zusammengeführt werden können, zumal sich rechtsstaatliches und demokratisches Ideal in der Gemeinsamkeit des sie bestimmenden Menschenbildes treffen. Es sind in der Tat die Grundrechte, die dazu berufen sind, „das Recht aller Stufen auf den rechtsstaatlichen Ausgangspunkt zurückzuführen, auf die Würde des Menschen" [32].

C. Damit aber, mit dem Komplex der aus der Vorgegebenheit der Würde des Menschen abzuleitenden und abgeleiteten Grundrechte, ist nun zugleich die Stelle genannt, an der am ehesten der Versuch einer theologischen Beurteilung des Rechtsstaates wird ansetzen können. Von da aus hätte wohl auch eine positive, d. h. aufbauende Kritik der Weimarer Verfassung seitens der Kirchen ausgehen müssen, die darauf bedacht gewesen wäre, sozusagen die Eigengesetzlichkeit des Legalitätsprinzips durch die immer wieder geltend gemachte Frage nach der Legitimität zumindest einzu-

[30] Schnorr a. a. O. 123.
[31] W. Kägi a. a. O. 141.
[32] H. Huber a. a. O. 71 ff.

schränken. Es handelt sich im Grunde um das, was wir gerade auch im Verlauf des Kirchenkampfes neu zu lernen begonnen hatten, als wir uns gegenüber der z. T. fragwürdigen Legalität der Reichskirchenregierung, des Reichsbischofs Müller oder des EOK-Präsidenten Werner auf die von der Sache der Gemeinde Jesu Christi her entscheidende Legitimität kirchlicher Ordnung beriefen. Die hier für den Bereich des Kirchenrechts von uns ansatzweise wieder gewonnenen Erkenntnisse können dazu verhelfen, bei dem uns heute gestellten Thema etwas weiterzukommen. Sie ermöglichen zunächst so etwas wie eine theologisch vertretbare Entscheidung zwischen den beiden auch auf das Bonner GG angewendeten entgegengesetzten Auslegungsprinzipien, von denen das eine stärker durch den Gedanken der Legalität, das andere stärker durch denjenigen der Legitimität bestimmt zu sein scheint. Es soll das später nur in groben Zügen verdeutlicht werden, aber von da aus scheint es mir möglich zu sein, unser Thema, die rechtsstaatliche Ordnung als theologisches Problem, in sinnvoller Weise unter ständiger Bezugnahme auf das Bonner GG und die ihm geltenden juristischen Interpretationsversuche näher zu erörtern. Zugleich wird es möglich sein, unsere Erörterung zu den bisherigen von Wuppertal und Frankfurt zum Problemkreis der politischen Ethik in einen rechten Zusammenhang zu bringen.

Wir haben in der Frankfurter Erklärung[33] gesagt, daß Jesus Christus als dem Herrn der Welt auch alle Bereiche des Lebens untertan sind, „in denen die Menschen Wahrheit suchen, Recht setzen und Macht ausüben" (I). Wir haben dann von da aus erklärt: „III. Das neue Leben aus dem Evangelium Jesu Christi schließt in sich die tätige Mitverantwortung der Gemeinde wie des einzelnen für die Erhaltung menschlichen Lebens und darum auch für die durch Gottes Geduld ermöglichte Einrichtung menschlicher Rechtsordnungen. Der christliche Glaube erkennt den Staat an als von Gott in seiner Gnade gebrauchtes Mittel zur Erhaltung des Lebens der Menschen, denen das Evangelium gepredigt werden soll bis zum Ende der Tage. Die Mitverantwortung des Christen für den Staat besteht darin, durch die Verkündigung und das ihr entsprechende

---

[33] Christusbekenntnis im Atomzeitalter? ThEh 70, 1959.

Handeln die Träger der Staatsgewalt an ihren Auftrag zur Erhaltung des menschlichen Lebens zu erinnern, ihnen bei der Erfüllung ihrer Aufgabe zu helfen und sie vor dem Mißbrauch ihrer Macht zu bewahren." Von solcher Mitverantwortung her haben wir dann unsere Stellungnahme zur Frage der Massenvernichtungsmittel im Bereich staatlicher Machtandrohung und Machtausübung formuliert. Damit hatten wir bereits gewisse Folgerungen aus den Wuppertaler Sätzen gezogen. Im Blick auf Barmen V und seine vergleichsweise nüchternen Formulierungen zur Frage des Staates hatten wir in Wuppertal [34] zunächst einen begründeten Verzicht auf eine theologische Staatslehre ausgesprochen, von der aus die einzelnen sittlichen Anweisungen abgeleitet werden könnten. Die Frage nach 'Wesen und Sinn' des Staates hatten wir als sekundär und als kein eigentlich theologisches Problem bezeichnet. Wichtiger war uns die Feststellung, daß „die Gemeinde zu einer durch die Liebe Gottes und die Erwartung seines Reiches bestimmten und begrenzten mitverantwortlichen Loyalität verpflichtet" sei „gegenüber der jeweiligen faktischen politischen Macht". Wir hatten uns weiter gesagt, es sei dem Christen „verwehrt, die Obrigkeit bzw. bestimmte Staatsformen je nach seinem Belieben anzunehmen oder abzulehnen". Vielmehr hätten wir „als Christen Freiheit und Pflicht, heute den Aufbau einer echten Demokratie zu unterstützen und sie auch vor der Bedrohung durch bestimmte Ideologien oder vor dem Versuch ihrer Entleerung zu bewahren". Für „die christliche Existenz im Bereich des Politischen" handele „es sich darum, den Weg zu finden, der von der Erkenntnis des neuen Seins in Christus hinführt zu einer wegweisenden Beschreibung seines rechten Dienens im Rahmen der von der Schrift her erkannten Aufgabe des Staates". Für die Formulierung dieser Aufgabe sagten wir mit Barmen V, sie bestehe „,nach göttlicher Anordnung' darin, ,in der noch nicht erlösten Welt, in der auch die Kirche steht, nach dem Maß menschlicher Einsicht und menschlichen Vermögens unter Androhung und Ausübung von Gewalt für Recht und Frieden zu sorgen'. Es geht hier darum, ein möglichst gemeinsames Verhalten der Gemeinde als Ausdruck ihres neuen Seins zum Lobpreis Gottes

[34] Königsherrschaft Christi, ThEh 64, 1958.

im politischen Bereich zu gewinnen. Das stellt uns vor die Aufgabe, eine politische Tugendlehre zu entwickeln". Diese Reduktion der Problematik einer politischen Ethik beim Problem des Staates auf die Aufgaben des Staates und bei der Frage nach dem Verhalten auf das mit dem Stichwort 'politische Tugendlehre' Bezeichnete hat zu kritischen Gegenäußerungen Anlaß gegeben. Sie fassen sich im wesentlichen in dem Hinweis zusammen, daß auch dafür eine bestimmte *Staatsidee* erforderlich sei. Wir haben damals weder in Wuppertal noch in Frankfurt uns der Frage nach dieser 'Staatsidee' zugewendet. Wir haben freilich auch die Beschäftigung mit diesem Problem nicht von vornherein ausgeschlossen. Bei der uns heute aufgegebenen Fragestellung können wir nun an dieser Stelle einen Schritt weitergehen. Ich möchte sein Ergebnis vorgreifend dahin formulieren, *daß der Rechtsstaat oder* (wie es in der Themaformulierung vorsichtiger und sachgemäßer heißt) *die rechtsstaatliche Ordnung jenen zentralen Beziehungspunkt darstellen könnte, auf den hin die Entfaltung einer politischen Tugendlehre im unmittelbaren Zusammenhang mit dem politischen Handeln des Christen in der Gegenwart zu orientieren sein wird.* Auch die Frage nach der für eine theologische Ethik des Politischen bestimmenden 'Staatsidee' wird von hier aus beantwortet werden können. Diese Antwort setzt dann freilich nicht an bei einer Metaphysik der Ordnungen, bei einer durch sie bestimmten Staatsidee, wie in der herkömmlichen lutherischen Lehre vom Staat, nicht bei den Problemen von Macht und Autorität, sondern in der Tat bei der Frage nach den Aufgaben des Staates unter dem Gesichtswinkel des sachgemäßen Aufbaus des demokratischen Rechtsstaates, zu dem wir heute gefordert sind. Es wird darum gehen, das Angebot und die Möglichkeiten im einzelnen zu erwägen, die uns evangelischen Christen in Deutschland mit jener Zielsetzung staatlichen Neubaus vorgelegt werden, die durch das Bonner GG umschrieben wird. D. h. aber, daß wir uns aus unseren grundsätzlichen ethischen Erkenntnissen von der Botschaft des Evangeliums her werden auseinandersetzen müssen sowohl mit der Interpretation dieses Grundgesetzes, also mit mehr theoretischen Problemen (III), als auch mit den Aufgaben, die sich dort ergeben, wo es in der politisch-staatlichen Wirklichkeit zu Stand und Wesen gebracht werden soll, also mit praktischen Fragen (IV), und zwar nach vorheriger Klärung des theologischen Standortes (II).

II

Einzusetzen ist also mit einer Besinnung darauf, was ein solcher Versuch näherer Fühlungnahme mit diesen Rechtsproblemen im Rahmen theologischen Denkens heute bedeutet, zumal ein analoges Nachfragen gegenüber der Weimarer Verfassung z. B. kaum unternommen worden ist. Daß schon mit dieser Frage auf der Linie unseres Ansatzes in Barmen gegenüber dem obrigkeitsbestimmten und auf den Stiftungscharakter des Staates insistierenden Denken des lutherischen Protestantismus eine entscheidende Wendung vollzogen wird, wird man zu beachten und allmählich anzuerkennen haben. Lutherischerseits erhebt man aber gerade hier noch heute starke Bedenken: „In dem Augenblick jedoch, in dem an die Stelle der Obrigkeit bzw. der staatlichen Macht und ihrer Vertretung der ‚Rechtsstaat‘ gesetzt und nur dieser als Staat im eigentlichen Sinne anerkannt wird, tritt eine wesentliche Veränderung der politisch-theologischen Begriffsbildung ein. Das Gewicht wird von der göttlichen Bevollmächtigung, die nach Röm 13 diese Institution trägt, auf die Fähigkeiten und den guten Willen derer verlagert, die das Amt führen. Es droht die Gefahr, daß die staatliche Autorität aus dem göttlichen Stiftungsverband herausgelöst und in einen rein menschlichen Wirkungszusammenhang verlagert, also humanisiert und ethisiert wird.“[35] Man weist darauf hin, „daß bei der Ethisierung und Humanisierung des Staatsverständnisses die neben dem Recht auch der Macht als unentbehrlichem Werkzeug der staatlichen Ordnung (Röm 13 ‚dem Schwert‘) zukommende Bedeutung übersehen“ werde. Diese Macht gehöre „wesentlich zu einer Ordnung post lapsum hinzu. Die Betonung der Härte, mit der Gott selbst die Welt regiert und regiert wissen will, hängt mit dem Ernstnehmen der Sünde und der Verlorenheit der vergehenden Welt aufs engste zusammen.“ Die für das traditionelle lutherische Staatsver-

---

[35] E. Klügel, Prinzipielles Recht zum Aufruhr? in: Macht und Recht. 1956, hier S. 47/49.

ständnis allem Anschein nach konstitutiven Größen von Stiftung, Macht, Autorität und Sünde sieht man hier bedroht. Daher lehnte man auch den Versuch von Berggrav ab, bei Röm 13 statt der Übersetzung: „Wer sich der Obrigkeit widersetzt, der widerstehet Gottes Ordnung" die Interpretation vorzuschlagen: „Wer sich dem Gesetz widersetzt usw." Hier werde an die Stelle persönlicher Verantwortung der Regierenden das „Abstraktum der gesetzlichen Ordnung: das ‚Recht', die ‚Gesetze'" gestellt. Der ganze lutherische Vorbehalt gegenüber dem Begriff des Rechtsstaates meldet sich also wieder an: er begründet sich auch historisch, weil dieser Begriff „erkennbar erst im 19. Jahrhundert im Zusammenhang mit den demokratischen bzw. liberalen Verfassungsentwicklungen und -ideen aufkommt und in besonderer Weise in Anspruch nimmt, Hüter des Rechts zu sein. Es könnte sein, daß hier ein säkularer Glaube an die Vollziehbarkeit des Rechts im irdischen Bereich Pate steht, der dem Weltverständnis der Reformation widerspricht." Entscheidend ist aber wohl das für theologisch gehaltene Argument: es könne „in keiner Weise bezweifelt werden, daß nach dem biblischen Zeugnis Gott gerade auch durch eine unrechtmäßig in das Amt kommende und unrechtmäßig handelnde Obrigkeit seine Geschichtsführung vorangetrieben hat. Das Leitbild vom ‚Rechtsstaat', der durch menschliche Bemühungen in seinem status erhalten werden muß, steht in einer spürbaren Spannung nicht nur zur geschichtlichen Erfahrung, sondern auch zur Weltschau des Glaubens." Letzten Endes wird hier „der Staat" im Sinn des „monarchischen Prinzips" als auf Macht gegründete objektive Autorität ausgespielt gegen den Rechtsstaat als durch das Recht bestimmte und gebundene subjektiv-rationale Ordnung des Politischen; es wird ein Verhältnis von Staat und Rechtsstaat anvisiert, das dem Gesichtspunkt des 'Dialektischen' der noch zu erörternden 'legalistischen' Interpretation des Grundgesetzes und ihrem einseitigen Interesse an der Herrschaft im Gegenüber von 'Staat' und 'Gesellschaft' entspricht.[36] Das Gesetz dominiert in solchem Denken, und zwar in beiden

[36] Vgl. dazu auch H. Ehmke, „Staat" und „Gesellschaft" als verfassungstheoretisches Problem, in: Staatsverfassung und Kirchenordnung 1962, 23 ff.

Fällen, über das Recht, und man ist versucht, im Blick auf das Problem von Gesetz und Evangelium eben darin das Eigentümliche des nachreformatorischen deutschen Luthertums zu erblicken, das Kant in seiner Weise umgeformt und verschärft hat.

Wir werden die mit solchen Erwägungen angedeutete Spannung auch in dem heutigen theologischen Staatsverständnis zur Kenntnis nehmen müssen, aber wir brauchen uns bei unserem Vorhaben nicht mit ihr auseinanderzusetzen. Sie gibt uns freilich Anlaß zu betonen, daß, wenn wir in unserem Zusammenhang von 'dem Staat' sprechen, damit nur eine Chiffre gebraucht wird, nicht aber ein irgendwie theologisch aufgeladener weltanschaulicher oder mtaphysischer Begriff. Viel eher entspricht unserem Verständnis dieser Chiffre etwa eine Definition, wie sie U. Scheuner vorschlägt: „Der Staat ist die menschliche Wirkungseinheit, der in einem Raume in höchster Instanz die Wahrung von Ordnung und Frieden aufgetragen ist." [37] Sie faßt dabei den Staat als „einen in steter Bewegung und Neugestaltung befindlichen Lebensprozeß", auf dessen Verwirklichung das politische Handeln als ein verantwortliches, ethisch gebundenes und begrenztes Handeln gerichtet ist. Dieses Handeln „bedeutet menschliche Entscheidungen über Fragen des Gemeinwohls, die persönlich getroffen werden und daher auch von jedem individuellen Gewissen zu tragen und zu verantworten sind".[38]

Art. 1 des Bonner Grundgesetzes lautet: „(1) Die Würde des Menschen ist unantastbar. Sie zu achten und zu schützen ist Verpflichtung aller staatlichen Gewalt. — (2) Das deutsche Volk bekennt sich darum zu unverletzlichen und unveräußerlichen Menschenrechten als Grundlage jeder menschlichen Gemeinschaft, des Friedens und der Gerechtigkeit in der Welt. — (3) Die nachfolgenden Grundrechte binden Gesetzgebung, vollziehende Gewalt und Rechtssprechung als unmittelbar geltendes Recht."

Art. 20 sagt: „(1) Die Bundesrepublik Deutschland ist ein demokratischer und sozialer Bundesstaat. — (2) Alle Staatsgewalt geht

---

[37] Das Wesen des Staates und der Begriff des Politischen in der neueren Staatslehre, in: Staatsverfassung und Kirchenordnung. 1962, 258.

[38] A. a. O. 259.

vom Volke aus. Sie wird vom Volke in Wahlen und Abstimmungen und durch besondere Organe der Gesetzgebung, der vollziehenden Gewalt und der Rechtsprechung ausgeübt. — (3) Die Gesetzgebung ist an die verfassungsmäßige Ordnung, die vollziehende Gewalt und die Rechtsprechung sind an Gesetz und Recht gebunden."

In Art. 28 heißt es: „(1) Die verfassungsmäßige Ordnung in den Ländern muß den Grundsätzen des republikanischen, demokratischen und sozialen Rechtsstaates im Sinne dieses Grundgesetzes entsprechen . . ."

Art. 79 legt fest: „(1) Das Grundgesetz kann nur durch ein Gesetz geändert werden, das den Wortlaut des Grundgesetzes ausdrücklich ändert oder ergänzt. — (2) Ein solches Gesetz bedarf der Zustimmung von zwei Dritteln der Mitglieder des Bundestages und zwei Dritteln der Stimmen des Bundesrates. — (3) Eine Änderung dieses Grundgesetzes, durch welche die Gliederung des Bundes in Länder, die grundsätzliche Mitwirkung der Länder bei der Gesetzgebung oder die in den Artikeln 1 und 20 niedergelegten Grundsätze berührt werden, ist unzulässig."

Damit sind zunächst in einigen Stichworten grundsätzliche Aussagen über das Selbstverständnis der Bundesrepublik Deutschland als Rechtsstaat in Erinnerung gerufen. Gerade Art. 79, Abs. 3 läßt deutlich erkennen, daß innerhalb dieses Selbstverständnisses der Verfassung als einer geschichtlich-politischen Realität von rechtlicher Relevanz eine transpositive Qualität zugesprochen wird. So steht die Verfassung normierend auch über dem Gesetzgeber. Was das jedoch im einzelnen für das Gesamtverständnis bedeutet, ist in der Interpretation der mit dem Grundgesetz umschriebenen Rechtsstaatlichkeit der Bundesrepublik umstritten.

Im großen ganzen stehen zwei Auffassungen gegeneinander. Die eine knüpft, obwohl sie nicht in Positivismus verfallen will, im Prinzip an jene Formalisierung des Rechtsstaatsgedankens an, die sich besonders seit der Mitte des 19. Jahrhunderts in Deutschland durchgesetzt hat. Für sie ist die Vorherrschaft des Grundsatzes der Gesetzmäßigkeit aller Staatshandlungen, und zwar ohne konstitutive Basierung auf Gewaltenteilung und freiheitlichem Verfassungsprinzip, charakteristisch. Das rechtsstaatliche Element wird auf bloße 'Schranken und Kontrollen' des Staates reduziert, und die Grundrechte werden wesentlich technisch verstanden als Ausgrenzung einer Freiheitssphäre des Individuums gegenüber dem Staat. Entscheidend bleibt das Legalitätsprinzip. Diese Auslegungsrichtung, die innerhalb ihrer Verfassungstheorie stärker an dem herrschaftlich-staatspolitischen als an dem rechtsstaatlichen Aspekt interessiert ist, geht von der Gesetzesform der Verfassung aus und verlangt eine spezifisch juristische Auslegung, deren Methode zuletzt auf den Neukantianismus Max Webers und den Dezisionismus eines C. Schmitt zurückweist. Sie stellt diese Methode einer geistesgeschichtlichen bzw. geisteswissenschaftlichen entgegen. Und für sie tritt das rechtsstaatliche Element jeweils dort entscheidend in Erscheinung, wo das herrschaftlich-staatspolitische Handeln des Staates in Freiheit und Eigentum eingreift. Wichtig ist für sie ferner ein elementares dialektisches Verhältnis zwischen Staatlichkeit und Rechtsstaatlichkeit. Im Zusammenhang mit der Gesetzesform der Verfassung ist daher für sie der Rechtsstaat „seinem Wesen nach nicht eine organisierte Gesinnungs- und Erlebniseinheit, sondern ein institutionelles Gefüge, oder um es kraß zu formulieren, ein System rechtstechnischer Kunstgriffe zur Gewährleistung gesetzlicher Freiheit" [39]. Ihr zentral bestimmender Gedanke ist der, daß besonders für die Bundesrepublik, die stärker als andere freiheitliche Staaten im Schatten der modernen Industriegesellschaft stehe, der Staatsbegriff wiedergewonnen werden müsse als Kristallisationskern des Politischen, und daß dies davon abhänge, daß die Legalität noch stark genug sei, sich durchzusetzen und in Krisensituationen sich als Hort der Neutralität gegenüber widerstreitenden partikularen Interessen zu bewähren. Die wesentlichen Strukturelemente des Rechtsstaates: Gewaltenteilung, allgemeines Gesetz, mit Vorrang ausgestattetes Verfassungsgesetz, Prinzip der Gesetzmäßigkeit in Verwaltung, Gewährleistung der Grundrechte, Unabhängigkeit der Gerichte — alles das wird bei solcher Auslegung hochgradig formalisiert.

Obwohl man in der Sorge um die Wiedergewinnung von Staatlichkeit für die Bundesrepublik ein berechtigtes Anliegen bei dieser

[39] Forsthoff, vgl. Anm. 26.

Auffassung wird anerkennen müssen und auch den Gedanken der Legalität wird nicht preisgeben dürfen, scheint mir diese Auslegungsrichtung doch dem traditionellen Formalismus und dem Legalitätsprinzip des ausgehenden 19. Jahrhunderts und zum Teil der Weimarer Republik verwandt zu sein. Sie scheint mir nicht dem zu entsprechen, was die Väter des Bonner Grundgesetzes gerade auch im Hinblick auf die an der verfassungsgeschichtlich legal aufgerichteten Diktatur des Dritten Reiches offenkundig gewordene Schwäche des reinen Legalitätsprinzips mit dem neuen Entwurf beabsichtigt haben. Sie wollen, um es kurz zu sagen, an die Stelle eines formalen einen materiellen Rechtsstaat setzen, einen Rechtsstaat, der stärker auf Gewaltenteilung und freiheitlichem Verfassungsprinzip aufruht, in dem also eine Synthese zwischen Rechtsstaatlichkeit und demokratischer Staatsform herbeigeführt werden soll, in der jede Größe die andere sichert.[40] Sie wollten mit dem Grundgesetz für den Neubau eines Staatswesens in veränderter geschichtlicher und gesellschaftlicher Situation ein tragfähiges Gerüst schaffen, unter dem Eindruck der schmerzlichen Erfahrungen mit der nationalsozialistischen Diktatur. Den Vätern des GG scheint daher der Staat viel stärker ein permanenter Lebensvorgang zu sein als eine durch einen bestimmten Normenbestand gekennzeichnete Institution. Genau dem sucht die sogenannte geisteswissenschaftliche Methode der Verfassungsinterpretation Rechnung zu tragen. Für diese Methode, die in charakteristischer Weise durch R. Smend vertreten wird, ist die Verfassung „die Rechtsordnung des Staates, genauer des Lebens, in dem der Staat seine Lebenswirklichkeit hat, nämlich seines Integrationsprozesses. Der Sinn dieses Prozesses ist die immer neue Herstellung der Lebenstotalität des Staates, und die Verfassung ist die gesetzliche Normierung einzelner Seiten dieses Prozesses." [41] Hier steht im Mittelpunkt des freiheitsverbürgenden staatsrechtlichen Systems nicht der Gesetzesbegriff, sondern der der Grundrechte als übergesetzlicher Werte. Hier sucht man den wertindifferenten Rechtsstaat etwa der Weimarer Repu-

[40] Vgl. dazu Hesse a. a. O. 90 ff.
[41] Verfassung und Verfassungsrecht. 1928, jetzt in: Staatsrechtl. Abhandlungen usw. 1955, 189.

blik nicht fortzusetzen, sondern zu einer werterfüllten Staatlichkeit vorzudringen. Die Konstituierung des Staates selbst ist die entscheidende Aufgabe, die von der Idee der Grundrechte her zu lösen ist. Wenn einst F. J. Stahl die Meinung vertrat, Rechtsstaat bedeute „überhaupt nicht Ziel und Inhalt des Staates, sondern nur Art und Charakter, denselben zu verwirklichen",[42] wenn für ihn Rechtsstaat Kennzeichen eines Staates war, der „die Bahnen und Grenzen seiner Wirksamkeit wie die freie Sphäre seiner Bürger in der Weise des Rechts genau bestimmen und unverbrüchlich sichern" solle, der aber dabei „die sittlichen Ideen von Staats wegen, also direkt, nicht weiter verwirklichen (erzwingen) solle, als es der Rechtssphäre angehört, das ist nur bis zur notwendigsten Umzäunung",[43] so geht man bei der auf Wertverwirklichung zielenden Staatstheorie gerade an dieser Stelle einen entscheidenden Schritt weiter. Man hat von der Gegenseite her dieser Auslegung, indem man sie als einen Rückzug der Staatsrechtslehre auf die Grundrechte bezeichnete (bei dem die anderen Teile der Verfassung, etwa die Regelung der Staatswillensbildung, die Abgrenzung der Zuständigkeiten als Normen nur noch technisch und dann eben nach der herkömmlichen Methode der Gesetzesauslegung behandelt würden), vorgeworfen, daß sie mit ihrer auf den Grundrechten als Werten basierenden Verfassungstheorie lediglich als Surrogat einer fehlenden Staatsideologie diene, im wesentlichen unpolitisch sei und mit ihren ungeschützten Legitimitätsvorstellungen einer „Verstrickung in Bürgerkriegsparolen" ausgesetzt sei, kurz, man hat hier von einem „introvertierten Rechtsstaat" gesprochen.[44]

Wir können diese Vorwürfe auf sich beruhen lassen. Vielmehr ist gerade dieser „Rückzug auf die Grundrechte" für unsere Themastellung wichtig. Hier geht es um das Problem der Legitimität des Staates, an dem die Theologie im besonderen interessiert ist. Denn hier, bei der Frage der Grundrechte, hat sie, ganz abgesehen von ihrer historischen Verbindung mit der Herausstellung von Grund-

---

[42] Vgl. Scheuner (oben Anm. 21) in: Macht und Recht, 85.

[43] A. a. O.

[44] E. Forsthoff, Der introvertierte Rechtsstaat und seine Verortung, in: Der Staat II, 1963, 385 ff.

rechten, im Rahmen ihrer Anthropologie, ihres Menschenbildes, wirklich mitzusprechen.

1. H. Simon hat bei seiner Frage danach, ob in der theologischen Ethik Platz für den Rechtsstaat sei, gemeint, evangelische Ethik müsse mindestens dem rechtsstaatlichen Ausgangspunkt zustimmen, der im GG mit Art. 1 umschrieben ist, „wenn von der Würde des Mitmenschen her gedacht wird" [45] und sozusagen auf sie zu: *Menschenwürde* also erstens *als Ziel des Staates*. Simon hat damit das für die theologische Stellungnahme entscheidende Problem anvisiert, das noch etwas deutlicher wird, wenn man aus dem Satz: „wenn von der Würde des Mitmenschen her gedacht wird" die Begründung heraushört: „*weil* hier von der Würde des Mitmenschen her gedacht wird". Allerdings ist dieses 'weil' in seinem geistesgeschichtlichen Zusammenhang nahezu unsichtbar geworden. Es wieder irgendwie 'sichtbar' zu machen, das scheint mir an dieser Stelle die nächste theologische Aufgabe zu sein. Denn der Gedanke der Menschenwürde hat sich erst allmählich rechtsgeschichtlich geltend gemacht, die Person hat sich erst allmählich im christlichen Abendland aus der sie umklammernden tradional-sakralen Gruppenbildung gelöst. Der Gedanke subjektiver Grundrechte ist fraglos das Ergebnis einer bestimmten geschichtlichen Entwicklung im Bereich vor allem des abendländischen Kulturkreises. D. h. aber, daß an dieser Entwicklung das christliche Erbe dieses Kulturkreises maßgeblich beteiligt sein dürfte, zugleich auch in einer bekannten Verknüpfung mit Erbstücken der spätantiken stoischen Anthropologie.[46] Gleichwohl ist das christliche Verständnis der Menschenwürde nicht einfach identisch mit dem idealistischen.[47] Es kennt auf keinen Fall die Individualisierung der Menschenwürde im Selbstverständnis des autonomen Menschen der Moderne. Es kann daher auch nicht die

---

[45] Unterwegs Bd. 20, 1963, 62—76.

[46] H. Mitteis, Das Recht als Waffe des Individuums, in: Die Rechtsidee in der Geschichte. 1957, 514 ff.: „Die Gruppengebundenheit des Menschen wurde erst endgültig gebrochen durch den Einfluß des Christentums" (519). Zum Ganzen: D. von Oppen, Das personale Zeitalter. Formen und Grundlagen gesellschaftlichen Lebens im 20. Jh. 1960.

[47] Vgl. dazu E. Wolf, Die Freiheit und Würde des Menschen, in: Recht, Staat und Wirtschaft IV, 1953, 27—38.

dem liberalistischen Optimismus entstammende individualistische Doktrin teilen, daß den Staat die Würde des Menschen im Grunde nichts angehe. Sofern nach christlichem Verständnis die Würde des Menschen darin gründet, daß die Menschlichkeit Gottes ihn, den Menschen, gewürdigt hat, zum Leben in Mitmenschlichkeit berufen zu werden, ist für christliches Verständnis die Würde des Menschen von vornherein bezogen auf das Leben aus personaler Verantwortung in mitmenschlicher Gemeinschaft. Auch der Persönlichkeitsbegriff wird von daher tiefer bestimmt werden können, als das gemeinhin dort geschieht, wo man ihn oder auch den Begriff der Menschenwürde durch Abgrenzung gegenüber dem Tier zu gewinnen versucht und ihn aus Geist, Selbstbewußtsein, Selbstbeherrschung, Gewissen, apriorischem Wertebewußtsein, aus der Möglichkeit und Fähigkeit zur Werteverwirklichung in autonomer Entscheidung herleitet und den Menschen von da aus gleichsam als 'Mitschöpfer' der Welt beurteilt. Christliche Ethik wird gleichwohl solche Versuche gedanklicher Begründung von Menschenwürde und Persönlichkeit, die dann bei dem Bemühen, Persönlichkeit im Rechtssinne zu definieren, im wesentlichen auf Beschreibungen aus dem abendländischen Kulturbewußtsein angewiesen sind, mit positiver Kritik begleiten dürfen und müssen, die bemüht ist, jene säkularen Vorstellungen, in denen ja auch das Erbe einer christlichen Erziehung verwandelt zur Geltung kommt, aus einer gleichsam tieferen Sicht und einer absoluten Verantwortung heraus in ihren das Menschsein des Menschen sichernden Auswirkungen zu fördern und zu stützen. Darum kann evangelische Ethik es im Grunde nur begrüßen, wenn der sittliche Wert der Menschenwürde durch die Übernahme in das Verfassungswerk des GG zu einem 'Rechtswert' geworden ist, für den man, was bei den einzelnen Grundrechten noch umstritten werden kann, jedenfalls das Moment des Vorstaatlichen und des Überpositiven wird auf jeden Fall gelten lassen müssen. Evangelische Ethik wird gerade darin die verfassungsrechtliche Grundlage der Rechtsstaatlichkeit anerkennen und wird sich für sie einzusetzen haben. Sie wird daher auch mit positiver Kritik jene Versuche begleiten, die aus dem Grundrechtssatz von der Menschenwürde ein Wertsystem der Grundrechte (etwas aus Art. 1, Abs. 1 in Verbindung mit Art. 19, Abs. 2

GG) zu entwerfen suchen.[48] Der Aufbau von Art. 1 GG scheint nämlich zu zeigen, daß die Menschenwürde hier nicht ein Grundrecht neben anderen ist (wie z. B. noch im Art. 100 der bayerischen Verfassung), sondern den Charakter eines obersten Konstitutionsprinzips allen objektiven Rechts hat, das dann schrittweise zugunsten des einzelnen Rechtsträgers realisiert wird. Abs. 2 gliedert dann den Gesamtanspruch in einzelne Menschenrechte auf, die nur soweit wirklich Menschenrechte sind, d. h. „vorgegebene, staatlich und deklaratorisch anerkannte Rechte mit unverletzlichem und unveräußerlichen Inhalt", soweit der materielle Gehalt der Menschenwürde reicht. Abs. 3 macht deutlich, daß die Grundrechte von der Verfassung gewährleistet und nicht vom Staat erst gewährt werden.[49] Mit alledem wird deutlich, daß bei dieser Konzeption Ernst gemacht wird mit dem Gedanken, daß der Staat dem Menschen zu seinem Menschsein zu dienen hat und nicht umgekehrt. Würden die Grundrechte nämlich zur staatlichen Disposition gestellt, wie das noch in der Weimarer Verfassung der Fall war (die daher auch keine materielle Grenze der Verfassungsänderung kennt und offen war für die 'legale' Umwandlung zur Diktatur des Dritten Reiches), würde noch die Vorstellung von der Unfehlbarkeit des in der gesetzgebenden Volksvertretung verkörperten Volkswillens hier im Hintergrund stehen, würde man in den Grundrechten nur technische Mittel sehen zur 'Ausgrenzung' bestimmter subjektiver oder auch kollektiver Freiheitsräume gegenüber dem Staat, würde man auf der Linie ihres liberal-bürgerlichen Verständnisses ihr Ziel darin erblicken, „die Freiheit des Eigentums, der Arbeit und des Marktes zu gewährleisten und damit die Grundstruktur der freien kapita-

[48] Besonders nachdrücklich G. Dürig, Der Grundrechtssatz von der Menschenwürde, in: AöR 81, 1956, 117 ff.; für Einzelheiten: Die Grundrechte. Handbuch der Theorie und Praxis der Grundrechte, hrsg. von K. A. Bettermann, F. Neumann, H. C. Nipperdey u. U. Scheuner Bd. 2 bis 4, 1954—1962; auch W. Hamel, Die Bedeutung der Grundrechte im sozialen Rechtsstaat. 1957.

[49] Dazu besonders auch P. Häberle, Die Wesensgehaltsgarantie des Art. 19, Abs. 2, Grundgesetz. Zugleich ein Beitrag zum institutionellen Verständnis der Grundrechte und zur Lehre vom Gesetzesvorbehalt (Freiburger Rechts- u. Staatswiss. Abh. 21). 1962.

listischen Verkehrsgesellschaft verfassungsrechtlich zu sichern" und
so „eine bestimmte Sozialordnung zu stabilisieren",[50] dann müßte
theologische Ethik einem solchen Verständnis gegenüber — also
einem dezisionistisch-legalistischen Verständnis von Rechtsstaatlichkeit gegenüber — prinzipielle kritische Bedenken anmelden. Denn
hier würde trotz aller Legalität und im Zusammenhang mit ihr der
Mensch in letzter Konsequenz der Eigengesetzlichkeit von Mächten,
politischen, wirtschaftlichen, weltanschaulichen Mächten, ausgeliefert
werden. Er würde aus dem bestimmenden Subjekt staatlichen Handelns in mannigfachen Variationen zum Objekt.

Art. 1 des GG begründet so eine materiale Rechtsstaatlichkeit
der demokratischen Verfassung. Er will es wenigstens tun.

2. Die *Menschenwürde* erscheint also zweitens *als Sicherung der
Staatlichkeit* des Staates. Gerade von daher sind dann eine Reihe
anderer Bestimmungen des GG sozusagen als Schutzbestimmungen
dieser Tendenz wichtig. Insbesondere Art. 19, Abs. 2 als sogenannte
'Wesensgehaltssperre', durch die der Menschenrechtsgehalt jedes
einzelnen Grundrechtes abgeschirmt wird, nach Art. 79, Abs. 3
sogar gegenüber verfassungsändernder Mehrheit.[51] „In Form einer
‚Staatsfundamentalnorm' (Naviasky) fällt hier das Grundgesetz
eine axiomatische Ewigkeitsentscheidung zugunsten des der Verfassung vorgegebenen Wertgehalts der Grundrechte".[52] Sofern Art. 1
die Grundvorstellung von dem Menschen entwirft, um dessen willen
der Staat da ist, liefert er „den wertausfüllenden Maßstab für alles
staatliche Handeln; denn er bestimmt und beschränkt Staatszweck
und Staatsaufgabe und er bestimmt und beschränkt die Legitimität
von Staat und Recht aus den Werten personaler Ethik".[53] Wir
werden uns fragen müssen, ob wir im Bereich der evangelischen
Ethik nicht auch von dieser anderen Seite des Satzes von der unantastbaren Menschenwürde und den unverletzlichen und unveräußerlichen Menschenrechten als Grundlage jeder menschlichen Gemeinschaft, des Friedens und der Gerechtigkeit in der Welt, nämlich
von der von hier aus angedeuteten Konzeption des damit nicht nur

---

[50] E. Forsthoff, Lehrbuch des Verwaltungsrechts I, 1953, 55.
[51] Dazu P. Häberle, a. a. O.
[52] Dürig a. a. O. 121.
[53] A. a. O. 123.

aufzubauenden, sondern auch zu sichernden und einzuschränkenden Staatswesens her dazu gedrungen sind, diese Konzeption theologisch ernst zu nehmen, zumal sie zugleich dem entspricht, worauf jene Wandlungen in einem evangelischen Verständnis des Staates hinzielen, die bereits mit den anfangsweisen Formulierungen der 5. Barmer These umschrieben sind. Ich meine hier das doppelte, aufbauende und einschränkende Ausgehen nicht von irgendeiner Metaphysik des Staates, irgendeinem Staatsideal — insofern werden wir 'den Rechtsstaat' durchaus nicht als ein Staats*ideal* ansehen dürfen, wohl aber die rechtsstaatliche Ordnung als den entscheidenden Maßstab echter Staatlichkeit —, sondern von der Nachfrage nach Zweck und Aufgabe des Staates.

3. Als drittes Moment kommt mit alledem dann auch der *Rechtsbegriff des Grundgesetzes* hinzu, wie er in der Formulierung von Art. 20 — „Die Gesetzgebung ist an die verfassungsmäßige Ordnung, die vollziehende Gewalt und die Rechtsprechung sind an Gesetz *und Recht* gebunden" — signalisiert ist. Man wird den Rechtsbegriff des GG hier wohl nicht naturrechtlich, sondern „nur im Sinn eines apriorischen Rechtswesensbegriffes mit seinen drei im Grundgesetz selbst positivierten Grundformen der Menschbezogenheit, der Sozialbezogenheit und der Organisationsbezogenheit" verstehen dürfen.[54] Und gerade dadurch, daß diese Rechtsidee in den Artikeln 1—3 GG positiviert ist, daß die Legitimität des demokratischen Rechtsstaates hier material ausgesprochen wird, dadurch ist auch einer revolutionären Umwälzung von vornherein die Gestalt möglicher 'Legalität' genommen, denn die Mißachtung dieser Rechtsidee wäre ja gleichbedeutend mit Verfassungsbruch. An dieser Stelle wird auch die Sinnhaftigkeit eines Verfassungsgerichtshofes deutlich, mit dem im Interesse des Legitimitätsprinzips sozusagen das Verwaltungsgericht früherer Konzeptionen rechtsstaatlicher Demokratie noch transzendiert wird, das ja im wesentlichen der Sicherung des Legalitätsprinzips zu dienen hatte.[55] Nicht nur die

[54] Schnorr a. a. O. 146; dazu K. Hesse a. a. O. 75 ff., P. Häberle a. a. O. 4 ff. 175 ff.
[55] Vgl. dazu René Marcic, Verfassung und Verfassungsgericht. 1963; G. Leibholz, Das Bundesverfassungsgericht und die richterliche Beurteilung der Politik, in: Universitas 18, 1963, 1283—1292.

Gesetzmäßigkeit, sondern jetzt auch die Rechtmäßigkeit bzw. die Verfassungsgemäßheit bestimmter staatlicher Handlungen sind damit einer ordentlichen Kontrollinstanz unterstellt, und zwar einem Gericht, das „auf Grund der ihm verliehenen Kompetenzen in den staatlichen Integrationsprozeß selbst eingeflochten ist".[56] Aber es bedarf diese Grundkonzeption des permanenten Ausbaus ihrer konkreten Inhaltlichkeit. Ihr Wesensbegriff des Rechtes muß mit einem bestimmten Kulturinhalt gefüllt werden, was das GG den verfassungsgebundenen Gewalten und namentlich der Rechtsprechung überläßt. Aber „weder der Demokratiebegriff im Sinne einer politischen Mehrheitsherrschaft noch das Gewaltenteilungsprinzip können nach dem Grundgesetz absolute Gültigkeit beanspruchen. Sie werden beschattet durch den Rechtsbegriff, der — von seiner ideologischen und systempluralistischen Anfälligkeit befreit — als apriorischer Wesensbegriff in Erscheinung tritt und in der Verfassung selbst positiviert ist. Um dieses Rechtes willen muß sich selbst der Verfassungsgesetzgeber eine justizmäßige Kontrolle gefallen lassen. Der deutsche Rechtsstaat ist daher heute nicht mehr ein bloßer sozialer Seinsbegriff im Sinne der bürgerlich-liberalen Legalitätstheorie; er ist vielmehr ein materieller Normativbegriff, in dem Staat und Recht in einer ethischen Einheit zusammenfließen . . ."[57] Noch deutlicher: „Ordnung und Gestaltung durch das Recht, Maß und Form als konstituierende Momente des Rechtsstaates: Diese allgemeine, selten bewußt gemachte Bedeutung hat der Rechtsstaatsbegriff des Grundgesetzes mit dem überkommenen Rechtsstaatsbegriff gemein. Seine Besonderheit wird erst durch weitere Merkmale begründet: den Primat des Rechts und die Normierung inhaltlicher Grundprinzipien der Gesamtrechtsordnung."[58]

[56] G. Leibholz, Rechtsgewalt und Staatsgewalt in der Bundesrepublik Deutschland, in: Journal der Internationalen Juristen-Kommission IV, Genf 1963, 256 ff., hier 259; dazu: „Die Verfassungsgerichtsbarkeit lebt in Wahrheit, auch soweit sie das Politische in der Gestalt des Rechts zum Gegenstand hat, vom Rechte und — das ist das Paradoxe der Situation — damit zugleich von dem Vertrauen, das seiner Tätigkeit vom Volk entgegengebracht wird" (260).

[57] Schnorr a. a. O. 148.

[58] Hesse a. a. O. 74 f.

Evangelische Ethik wird im Blick darauf von den in ihr wieder heranwachsenden Erkenntnissen über das Wesen des Rechts[59] aus zu einer Mitarbeit an der Konkretisierung der Konzeption des demokratischen Rechtsstaates energisch aufgerufen. Das gilt auch von Einzelheiten, wenn z. B. der Staat durch Art. 1, Abs. 1 dazu genötigt wird, „seine Gesamtrechtsordnung (vor allem also das Privatrecht) so auszugestalten, daß auch von außerstaatlichen Kräften eine Verletzung der Menschenwürde nicht möglich ist"[60]. Die Fülle von Fragen, die hier aufbrechen, von der Neuordnung des Eherechts bis hin zur Neugestaltung des Srafrechtes, um einige große Komplexe zu nennen, wird die Kirche um ihrer neuen, partnerschaftlichen Stellung zum Staat willen[61] nicht ignorieren und wird die Theologie als denkerische Vorbereitung und kritische Prüfung kirchlichen Handelns nicht als ein Adiaphoron behandeln dürfen. Sie wird um der Sachgerechtheit einzelner Entscheidungen willen, gerade weil der Satz von der Menschenwürde in Art. 1, Abs. 1 eine „für die Rechtsanwender aller geistigen und weltanschaulichen Richtungen gedanklich vollziehbare" Menschenauffassung zu umschreiben sucht,[62] ihr theologisches Menschenbild hier immer wieder zur Geltung zu bringen versuchen müssen. Sie wird sich nicht mit dem Geltendmachen einer allgemeinen christlichen Weltanschauung und ihrer säkularisierten, humanistischen Elemente begnügen können. Gerade auch, weil in diesem christlich-weltanschaulichen Bereich wesentliche Stücke christlicher Erkenntnis bereits wieder verbogen und einer Gefährdung durch autonome menschliche Ansprüche ausgesetzt worden sind.[63]

Damit ist ein Aufgabenkreis positiver Mitarbeit evangelischer Ethik am mitverantwortlichen Aufbau der Rechtsstaatlichkeit an-

[59] Neuester Überblick: W. Schweitzer, Verwirklichung des Rechts unter der Verkündigung des Evangeliums, in: ZEE 8, 1964, 193—219.

[60] Dürig a. a. O. 123.

[61] Dazu R. Smend, Staat und Kirche nach dem Bonner Grundgesetz, in: ZevKR 1, 1951, 4—14.

[62] Dürig a. a. O. 123.

[63] Dazu E. Wolf, Die Freiheit und Würde des Menschen, a. a. O.; ders., Christliche Freiheit für die „freie Welt", in: Existenz und Ordnung, Festschr. f. Erik Wolf. 1962, 15—35.

gedeutet, der einen mehr oder minder 'konstruktiven' Charakter hat und weithin im Bereich des Theoretischen zu verbleiben scheint.

III

A. Ein uns im allgemeinen viel bedrängenderer Bereich öffnet sich aber dort, wo die allem Anschein nach wachsende Kluft zwischen der Verfassung einerseits und der Wirklichkeit staatlichen Lebens andererseits die ganze Fülle der Gefährdungen des durch Menschenwürde und Grundrechte prinzipiell bestimmten Verfassungswillens in Erscheinung treten läßt, der Bereich nämlich, in dem jener Integrationsprozeß zur Lebenswirklichkeit des Staates, dem die Verfassung als gesetzliche Normierung dienen will, zwischen Skylla und Charybdis hindurchzusteuern ist, um zu einer werterfüllten Staatlichkeit zu gelangen. Was hier grundsätzlich zu sagen ist, haben die kirchlichen Bruderschaften 1957 in Barmen bereits angedeutet: „Positive Mitarbeit" — so sagten wir uns — „an konkreten Entscheidungen zur Verwirklichung der Zwecke des Staates innerhalb des Zweckes des Staates" — nämlich innerhalb der relativen Ermöglichung und Sicherung menschenwürdigen Lebens auf Erden — „erfolgt im Hantieren mit der jeweils gegebenen staatlichen Wirklichkeit, d. h. heute mit der Demokratie als dem Versuch, Herrschaft und Freiheit in einer lebendigen Verfassung zu vereinen. Die Frage besonderer Affinität von Demokratie und Christentum kann man ruhig beiseite lassen. Die Demokratie ist gewiß nicht ohne Einwirkung des Christentums, aber wesentlich an ihm vorbei entstanden. Jedenfalls bedarf es, damit Demokratie möglich sei, bestimmter moralischer Voraussetzungen, zumal Demokratie als Lebensform vor Demokratie als Staatsform steht. Die Kirche hat hier heute die Verwirklichung der nie fertigen Demokratie zu unterstützen, weil sie eben den Bereich des Politischen nicht dirigiert, sondern in ihm zu jeweils konkretem Dienst gefordert ist. ... Es wird sich daher die Kirche immer wieder für Vernünftigkeit bei der Verwirklichung von Demokratie einzusetzen haben, d. h. sie wird sich gegen jede ideologische Simplifizierung der Sachverhalte wenden, im Interesse der von ihr besser erkannten

Wirklichkeit des Menschen. Sie wird sich vor allem auch immer wieder gegen die Einhüllung der Politik von Gruppen-Interessen in ideologischer Auseinandersetzung zu wenden haben. ... Sie wird sich nicht nur negativ, durch Betonung der Grenzen des Politischen ..., am Aufbau eines moralischen Klimas der Demokratie beteiligen müssen, sondern auch positiv für die Entwicklung eines Sinnes für Gerechtigkeit und Billigkeit, für politische Partnerschaftsformen ..., in denen die gleiche Verantwortung aller für die Gemeinschaft Gestalt gewinnen soll ... Christliche Verkündigung wird schließlich zu jenem vernünftigen Gebrauch der Freiheit anleiten müssen, der sich in der freiwilligen Zurückstellung der Einzelinteressen gegenüber der Gemeinschaft bewährt. Und sie wird dafür zu sorgen haben, daß die mit alledem angerufene Verantwortung des einzelnen Raum, Räume ihrer Auswirkung erhält." [64]

Wir hatten in diesem Zusammenhang, wie erwähnt, uns deutlich gemacht, daß es richtiger sei, anstelle verschiedener Entwürfe einer christlichen Theorie des Staates so etwas wie eine politische Tugendlehre im Bereich evangelischer Ethik zu entwerfen, weil, wie wir sagten, „ein christliches Eintreten für den ‚Rechtsstaat' ... nur von daher, aus tätiger Mitverantwortung, sinnvoll erfolgen könne, nicht um eines Staatsideals willen".[65] Das war damals beiläufig erwähnt.

[64] Vgl. dazu jetzt das vor allem auf amerikanische Verhältnisse blikkende Buch von John C. Bennett, Auch Christen sind Staatsbürger, 1964. — Es stellt in mancher Hinsicht eine Parallele zu den einschlägigen Erwägungen im Kreis der Kirchlichen Bruderschaften dar, ohne diese zu kennen, wie es denn überhaupt die kontinentale Diskussion seit Barmen kaum zur Kenntnis nimmt, Karl Barth etwas zu eilig streift und sich im wesentlichen an ältere und mehr konservative Literatur hält, wie vor allem an E. Brunner und O. Cullmann. Stärker wird E. Berggrav beachtet, gelegentlich D. Bonhoeffer. — Das Problem des Rechtsstaates wird aber auch hier nicht eigentlich aufgegriffen. Zum Thema Christentum und Demokratie vgl. S. 95 ff.: Hinsichtlich des historischen Zusammenhangs ist Bennett recht zurückhaltend, hinsichtlich der gegenwärtigen Aufgaben erfreulich nüchtern und umsichtig, klar und ermutigend, was die Überwindung einer nur konservativen Christlichkeit anbetrifft.

[65] W. Schmauch/E. Wolf, Königsherrschaft Christi, ThEh 64, 1958, 59 ff. Vgl. H. J. Iwand, Seid untertan der Obrigkeit, in: Stimme der Gemeinde 3. 1951, H. 11, 5 ff.: „Die Christen haben durch ihre Mitarbeit

Ich bin der Meinung, daß wir es uns heute etwas deutlicher machen sollten, indem wir die rechtsstaatliche Ordnung dabei als die besondere Beziehungsmitte für die Entfaltung oder besser gesagt: für die durch praktisches Handeln zu erwerbenden Grundlinien einer evangelischen Tugendlehre des Politischen in die Mitte rücken.

Die bewußte Orientierung an dem Gedanken werterfüllter rechtsstaatlicher Ordnung als Aufgabe würde bedeuten, daß die evangelische Ethik und ein durch sie geleitetes Handeln jene Integration zu staatlicher Lebendigkeit ihrerseits breiter *zu Bewußtsein* bringen könnte, deren Verlöschen einstmals den Weg zu zentral geleitetem Zwang öffnete und schließlich dem Terror Raum gab.[66]

Es wird zunächst und umfassend darauf ankommen, unter Bezug auf die Achtungspflicht des Staates gegenüber der Menschenwürde alle Ansätze dazu abzufangen, daß der Mensch als Rechtssubjekt entmachtet, zum Objekt eines staatlichen Verfahrens gemacht wird. Von daher werden die Merkmale der Rechtsstaatlichkeit im einzelnen auch für eine theologische Ethik relevant:

1. Die Verfassung, sowohl hinsichtlich ihrer verfassungsrechtlichen Leitgrundsätze wie hinsichtlich der Umgrenzung der Befugnisse der Staatsorgane in Verteilung auf gesetzgebende, vollziehende und rechtsprechende Gewalt.

2. Die Sicherung politischer und sozialer Freiheit durch Grundrechte, verbunden mit der Sozialstaatsklausel: „Die Bundesrepublik Deutschland ist ein demokratischer und sozialer Bundesstaat" (Art. 20, Abs. 1), bzw. ein „republikanischer, demokratischer und sozialer Rechtsstaat" (Art. 28, Abs. 1).

3. Die Gesetzmäßigkeit der Verwaltung und der Vorbehalt und Vorrang des Gesetzes, die staatliches Handeln gegen willkürlichen Machtmißbrauch und Rechtsunsicherheit abschirmen.

dem Staat die Frage wachzuhalten, ob der Staat wirklich das ist, wozu er gesetzt wurde, nämlich ein Diener Gottes zu sein, u. zw. des Gottes, der sein Evangelium allen Kreaturen offenbar gemacht hat."

[66] Vgl. die historische Feststellung von R. Nürnberger (Exousia, Macht und Recht im modernen Staat, in: Macht und Recht. 1956, 89 ff.): „Die permanente Integration stockt im Bewußtsein der vielen, deshalb wird der zentralgeleitete Zwang nötig, schließlich der Terror" (95).

4. Die Einrichtung unabhängiger, nur an Verfassung und Gesetz gebundener richterlicher Kontrollinstanzen.

Zu 1.: Die theologische Ethik wird *Verfassung*, insbesondere demokratische Verfassung samt dem Prinzip der Gewaltenteilung als Ausdruck dafür bejahen müssen, daß der Staat als eine 'menschliche Wirkungseinheit' anzusehen ist, zumindest soweit es sich um seine konkrete Verwirklichung handelt, und daß er durch verantwortliches, ethisch gebundenes und begrenztes Handeln zu Stand und Wesen gebracht werden soll. Die Aufgabe der Zusammenführung und des Ausgleichs verschiedener Willensrichtungen zu einem relativ Gemeinsamen und sodann auch die Aufgabe selbstkritischer Absicherung gegenüber menschlichem Versagen aus egoistischer Selbstbehauptung auf Kosten des Mitmenschen, beides kann durch Verfassung und Gewaltenteilung auf dem Grund rechtsstaatlicher Leitgrundsätze als ein Ringen um relative irdische Gerechtigkeit und relativen irdischen Frieden von der theologischen Ethik nur bejaht werden. Theologische Ethik wird aber über die bloße Bejahung hinaus daran mitwirken müssen, daß bedrohliche, nicht zuletzt von ihr selbst konservierte Restbestände aus einem lange Zeit auch christlich legitimierten obrigkeits-, polizei- und verwaltungsstaatlichen Denken nicht bei einzelnen der drei Grundgewalten, vor allem bei Exekutive und Rechtsprechung, ungeprüft weiterleben und so den werterfüllten Rechtsstaat zu einem Verwaltungs- oder Justizstaat sich depravieren lasse, bei denen die Reduktion auf bloße Legalität in Verwaltung bzw. Rechtsprechung wieder zu technischen Mitteln einer hintergründigen Macht- und Interessenpolitik werden. Deutlich wird diese Gefahr vor allem im Bereich des politischen Strafrechts, das schon seit dem 1., damals vom Sprecher der Parlamentsmehrheit als „Waffe, die geschmiedet wurde, um im Kalten Krieg zu bestehen" bewerteten Strafrechtsänderungsgesetz von 1951 mit seinen im Zeichen des Koreakrieges stehenden Bestimmungen über die sog. Staatsgefährdung in spürbare Spannung zur Verfassung geraten ist. Der Mangel an der Feststellung klarer Straftatbestände, der immer mit der Tendenz zu ungehemmter politischer Inquisition verbundene Hintergrund einer nur verderblichen Anti-Ideologie, die unbewußt den Methoden des totalitären Gegners sich öffnet, führen zu einem fortgesetzten

Abbau der Rechtsstaatlichkeit dieser politischen Justiz und zur Nötigung, unablässig auf die Verfassungskonformität der Gestaltung und vor allem der Anwendung des politischen Strafrechts zu dringen. Ein Beispiel dafür ist die Anwendung von § 90 a StGB nach dem Verbot der KPD zu nachträglicher bzw. rückwirkender Bestrafung früherer parteipolitischer Tätigkeit und die Stellungnahme des Bundesverfassungsgerichts dazu vom 21. 3. 1961, die im Blick auf Art. 21 GG solches Vorgehen für verfassungswidrig erklärte. Die Frage der Wiedergutmachung des in diesem Rahmen in nicht unerheblichem Maße begangenen Unrechts im Kalten Krieg etwa auf dem Wege einer großzügigen Amnestie für alle politischen Handlungen, die nichts mit Gewaltmaßnahmen zu tun hatten, wird gerade auch den Christen nicht in Ruhe lassen dürfen, noch weniger das bisherige Schweigen der Kirchen dazu. Der Christ wird mit darauf drängen müssen, daß die politische Justiz im Rechtsstaat ultima ratio der Politik bleibt und daß das politische Strafrecht durch klare Festlegung der Straftatbestände umgekehrt wesentlich zur Sicherung der Freiheit politischer Betätigung des Bürgers gesetzmäßig beiträgt.[67] Daneben wären weitere Beispiele bis hin zur sog. Abhör-Affäre und ihrer bis jetzt völlig unbefriedigenden Erledigung zu nennen; das vorbereitete Gesetz zur Einschränkung von Art. 10 GG (Unverletzlichkeit des Brief-, Post- und Fernmeldegeheimnisses) im Interesse des Staatsschutzes kann nicht als verfassungskonform gelten.[68]

---

[67] Vgl. hier S. 7 f. und vor allem Maihofer, Staatsschutz und Rechtsstaat, Veröff. über die 10. Arbeitstagung ... des erweiterten Initiativausschusses für die Amnestie und der Verteidiger in politischen Strafsachen, 1963, abgedruckt auch in: Blätter für deutsche und internationale Politik 9, 1964, 32 ff. u. 123 ff. Dazu überhaupt die Veröff. des gen. Initiativausschusses (Rechtsanwalt Dr. W. Ammann, Heidelberg, Hauptstr. 113). Die hohe Zahl (150 000) der Strafverfahren seit dem Inkrafttreten des 1. Strafrechtsänderungsgesetzes 1951 bestärkt in der Sorge gegenüber drohender Entartung der politischen Justiz. Ebenso die starke Differenz in den Urteilen.

[68] Vgl. den Art. ›Legaler Verfassungsbruch?‹, Blätter f. deutsche u. internat. Politik 9, 1964, 436 ff.

Auch dort, wo in der Tradition christlichen Denkens der Staat
seinem Wesen nach als göttliche Stiftung angesehen wird — oder,
wie man es heute begrifflich zu fassen versucht: als Institution —,
wird man, obwohl und weil der Staatsform kaum mehr als solcher
ein Stiftungscharakter zuerkannt werden kann,[69] den demokratischen Rechtsstaat, der in verfassungsgeschichtlichem Aspekt durchaus als ein spätes und in der Konzeption reifes Produkt christlicher
Erziehung des Abendlandes angesehen werden kann, als die gebotene Form der 'Annahme' der Institution Staat zur Konkretisierung kraft menschlicher Vernunft und sittlicher Verantwortung
theologisch zu beurteilen haben.

Zu 2.: Was die Sicherung sozialer und politischer Freiheit betrifft,
wird theologische Ethik ihrerseits dafür eintreten müssen, den Wert-
gehalt der Grundrechtsbestimmungen von der theologischen Anthropologie her im Licht der der Kirche aufgetragenen Sorge für
die Menschlichkeit des Menschen zu vertiefen und vor allem überall
dort zu verteidigen, wo er bedroht erscheint. Art. 19, Abs. 3: „In
keinem Fall darf ein Grundrecht in seinem Wesensgehalt angetastet
werden", umschreibt diese Aufgabe.

Den Wesensgehalt bildet die Menschenwürde zusammen mit den
Hauptgrundrechten der *Freiheit* und — da jedem Menschen diese
Freiheit zukommt — der *Gleichheit*. Diese Hauptgrundrechte sind
freilich so abstrakt, daß sie nicht die Würde des Menschen konsti-
tuieren, sondern durch diese inhaltlich bestimmt werden müssen.
Gerade christliche Anthropologie wird das Menschsein des Men-
schen nämlich auch dort erkennen und anerkennen, wo der konkrete
Mensch etwa als Geisteskranker der durchschnittlichen Freiheit zur
Selbst- und Lebensgestaltung in Mitmenschlichkeit partiell ver-
lustig geworden ist oder wo er als Verbrecher die Freiheit zur
Selbsterniedrigung mißbraucht. Christliche Anthropologie sieht —
in z. T. formaler Übereinstimmung mit dem Menschenbild des
GG — den Menschen auch in dem noch nicht Geborenen und in dem
Toten und verteidigt ihn auch in dem Erscheinungsbereich soge-

---

[69] Zum Problem der 'Stiftung' des Staates vgl. E. Wolf, Der Norm-
charakter der Institutionen, in den Referaten der Institutionenkommission
des Christophorus-Stifts, Heidelberg; erscheint 1965.

nannten lebensunwerten Lebens. Daß sich das alles auch aus dem Grundrechtssatz von der Menschenwürde im GG ableiten läßt,[70] kann evangelische Ethik nur darin bestärken, eine solche Ableitung ihrerseits zu kräftigen. Ebenso muß sie es entgegen allem herkömmlichen Sündenpessimismus begrüßen, daß sich z. B. im Privatrecht ein „allgemeines Persönlichkeitsrecht" durchgesetzt hat,[71] das die Freiheit der Persönlichkeit sichert.

Das Hauptfreiheitsrecht auf die freie Entfaltung der Persönlichkeit nach Art. 2, Abs. 1 wird im GG seinerseits zum Schutz vor verschiedenen historischen Gefährdungen in Einzelfreiheitsrechte aufgegliedert: Glaubens- und Gewissensfreiheit (Art. 4), Meinungs- und Pressefreiheit (Art. 5), Lehrfreiheit (Art. 5). Versammlungsfreiheit (Art. 8), Vereinigungsfreiheit (Art. 9), Freizügigkeit (Art. 11), Freiheit der Berufswahl, der Wahl des Arbeitsplatzes und der Arbeitsstätte (Art. 12). Sosehr wir diese Freiheiten als Ansprüche oder Errungenschaften des autonomen Menschen und damit als etwas zweifelhafte Früchte revolutionären Denkens immer noch christlichem Urteil und Aburteil unterwerfen, wir werden gerade um des Geschenks der Freiheit in Christus willen besonders empfindlich reagieren müssen, wo diese Freiheiten durch staatlichen Eingriff ohne präzise Gesetze berührt werden,[72] zumal das Freiheitsprinzip des GG nicht in liberalem Sinn als „antistaatliches" erscheint, sondern als „Prinzip der Gemeinschaftsordnung".[73] Aber eine solche Reaktion muß erst wieder gelernt werden. Die Kirche reagiert nämlich noch kaum auf willkürliche Freiheitsverletzungen und auf damit verbundene Eingriffe in Privat- und Geheimnissphäre, nicht einmal, wo sie, wie im Falle Dohrmann,[74] selbst betroffen ist, von Spiegel- und Abhöraffäre ganz zu schweigen. Sie tut das nicht zuletzt darum nicht, weil ihr noch die allgemeine Überzeugung von dem Wertcharakter dieser Freiheiten, von ihrer

---

[70] Vgl. Düring a. a. O.

[71] H. Hubmann, Das Persönlichkeitsrecht. 1953. Zur politischen Bedeutung der Persönlichkeit: A. Arndt, Die Persönlichkeit in der parlamentarischen Demokratie (Ernst-Reuter-Gedenkvorträge). 1958.

[72] Vgl. E. Wolf a. a. O. (Festschr. Erik Wolf).

[73] Hesse a. a. O. 85 ff.

[74] Vgl. Junge Kirche 24, 1963, 147 ff. 215 f. 279 f. 546 f.

Unantastbarkeit um des Menschseins des Menschen willen zu fehlen scheint.

Sie wird also zunächst nicht verkennen dürfen, daß im GG der Katalog der Grundrechte nicht mehr im Sinne des älteren liberal-bürgerlichen Rechtsstaates Ausdruck einer liberal-individualistischen Freiheitsauffassung sein will, sondern zusammen mit der Sozialstaatsklausel Art. 20 und 28 als Wertungsnorm eine sozial positiv verpflichtete Freiheit meint, die soziales Verhalten verlangt, und nicht nur unsoziales verbietet.

Aus der Sozialstaatsklausel des GG Art. 20. 28. 79, Abs. 3 folgt aber in Verbindung mit Art. 1, Abs. 1 auch eine „aktuelle Staatspflicht auf Verschaffung mindestens des Existenzminimums" und für den unverschuldet Hilfsbedürftigen ein „einklagbares subjektives öffentliches Recht auf Fürsorge".[75] Andererseits wird gerade die Sozialstaatsklausel, durch die das Grundgesetz „die Gegebenheiten der modernen technischen, wirtschaftlichen und sozialen Entwicklung in sich" aufnimmt, die damit auftretenden Aufgaben normiert und deren Erfüllung „unter die Gebote des Rechtsstaats" stellt,[76] um ihrer Verbindung mit Menschenwürde, Freiheit und Gleichheit willen die Grenze gegenüber einem die selbstverantwortliche Freiheit aufhebenden Wohlfahrtsstaat sichern. Eben damit aber geht es um die Wahrung des Menschseins des Menschen als selbstverantwortlicher Person, und hier wird die Kirche abermals von der ihr aufgetragenen Sorge um die Menschlichkeit des Menschen her vor die Frage partnerschaftlicher Mitarbeit gestellt; sie muß ihrerseits dieser Frage mit der Erkenntnis entgegenkommen, daß damit eindeutig ihr Ort in der Welt bezeichnet ist, an dem sie durch ihr Handeln ihren Glauben in Solidarität mit den Nöten dieser Welt zu bewähren hat. Sie muß die Sozialstaatsklausel als sozialethischen Anruf hören, und zwar im Blick auf die Aufgabe

[75] Dürig a. a. O. 132.
[76] Vgl. Hesse a. a. O. 78 ff. 85 ff.; H. Gerber, Die Sozialstaatsklausel des Grundgesetzes, in: AöR 81, 1956, 2—54; G. Dürig, Verfassung und Verwaltung im Wohlfahrtsstaat, in: JZ 8, 1953, 193 ff.; O. Bachof, Begriff und Wesen des sozialen Rechtsstaats, in: Veröff. d. Vereinigg. d. deutschen Staatsrechtslehrer 12, 1954, 37 ff.; anders E. Forsthoff, Begriff und Wesen des sozialen Rechtsstaats, ebenda 8 ff.

neuer Gestaltung auch des Verhältnisses von Staat und Gesellschaft als einander heute unausweichlich durchdringender Größen.[77] Weder der Staat noch die Kirche stehen der Gesellschaft distanziert gegenüber. Beide sind von ihr abhängig und für sie verantwortlich. Eine freie Gesellschaft aber braucht mündige Staatsbürger; diese können nur heranwachsen, wenn für sie unter Überwindung fortwirkender ungewollt überlieferter Ungleichheiten und der damit zusammenhängenden konservativen Verwerfung von 'Modernität' das Recht auf die freie Entfaltung der Persönlichkeit die erforderliche auch soziale Begründung erhält.

Zu den Wertungsnormen der Würde des Menschen, der Freiheit, der Sozialität tritt — mit ihnen und untereinander verknüpft — die der Gleichheit. Der Gleichheitssatz von Art. 3 wird durch den Art. 19, Abs. 2 gesichert, wenn wiederum der Wesensgehalt des Grundrechtes der Gleichheit von der Würde des Menschen her bestimmt wird. „Die Würde des Menschen als solchen ist das absolut gesetzte tertium comparationis jedes rechtlichen Gleichbewertens, das erkennbar macht, was als wesentlich Gleiches anzuerkennen und folglich absolut gleich zu behandeln ist",[78] daß also einem jeden Gleichheit der Rechtsfähigkeit, des Rechtsschutzes und der Rechtsanwendung zukommt. Darüber hinaus ist das Gleichheitsprinzip „zum rechtlichen Grundprinzip des leistenden und verteilenden staatlichen Handelns geworden".[79]

Es tauchen aber in der konkreten Verwirklichung in Fülle Unvollkommenheiten und größere wie kleinere Verletzungen des Gleichheitssatzes auf. Auch hier wird evangelische Ethik aus der Befangenheit durch ein traditionelles Ungleichheitsdenken innerhalb wie außerhalb der Gemeinde herausfinden müssen. Die herkömmliche protestantische Ethik hat Gleichheit und Ungleichheit auf den Schöpfer, genauer: auf eine Schöpfungsidee zurückgeführt. Sie hat

[77] Vgl. E. Wolf, Kirche und Öffentlichkeit, in: Christlicher Glaube und politische Entscheidung (Vortragsreihe d. Arbeitsgemeinschaft sozialdemokrat. Akademiker München). 1957, 99—132.

[78] Dürig a. a. O. (Grundrechtssatz von der Menschenwürde) 143; zum Ganzen: G. Leibholz, Die Gleichheit vor dem Gesetz, 2. Aufl. 1959.

[79] Hesse a. a. O. 84 f.; ders., Der Gleichheitssatz im Staatsrecht, in: AöR 77, 1951/52, 214 ff.

die Ungleichheit als Voraussetzung von Gemeinschaft postuliert und
die Rechtsgleichheit „für alles, was Menschenantlitz trägt", in der
Lehre von einer geschöpflichen Ebenbildlichkeit zu Gott als dem
„Fundamentalprinzip" der Gerechtigkeitsidee begründet.[80] Sie hat
aber von da aus in keiner Weise die Einschränkungen des Gleichheitssatzes durch die Ungleichheit in den mannigfachen Formen auch
bewußter wie unbewußter Klassenjustiz z. B. wirklich ernsthaft zu
überwinden versucht. Denn das Postulat schöpfungsgemäßiger Ungleichheit hat zusammen mit der Vorfindlichkeit rassischer, kulturel-
ler, sozialer, ethischer, auch biologisch-pathologischer Stufen die
Gleichheit zu einer Gleichheit unter an sich Gleichen werden lassen.
Nur die von der Rechtfertigungslehre her gestaltete Lehre vom
Menschen als dem Geschöpf und neugeschaffenen Kind Gottes, von
dem am Kreuz enthüllten, am ecce homo abgelesenen Ebenbild —
Christus ist für *alle* Menschen gestorben —, statuiert eine Gleichheit, die quer durch alle irdische Ungleichheit hindurchgeht. Die
Universalität des christlichen Heilsglaubens — Gott in Christus für
alle — hat *diese* Gleichheit zur Voraussetzung. Und im christlichen
Kulturbereich lebt das Ringen um Rechtsgleichheit zutiefst davon
und nicht von einer abstrakten Gleichheitsidee. In aller nicht aus
der Welt zu schaffenden Ungleichheit leuchtet bei dem Bemühen
um Verwirklichung der Rechtsgleichheit diese Gleichheit durch,
obschon oder gerade weil *wir* sie nicht verwirklichen können.

Zu 3. und 4., *Gesetzmäßigkeit der Verwaltung*, richterliche *Kontrollinstanzen*: „Ein wenig außerhalb der Legalität" — auch hier
blieb in der SPIEGEL-Affäre und bei anderen Gelegenheiten die
Kirche stumm. Es mag hier wieder ein ererbtes Obrigkeitsdenken,
mögen auch wieder gewisse nicht näher durchdachte Vorbehalte
gegen Gesetz und Gerichte, Vorbehalte aus der Sorge vor 'Gesetzlichkeit' daran mitbeteiligt sein. Es ist aber die Legalität, die
Gesetzmäßigkeit staatlichen Handelns und die Verfassungsmäßig-
keit der Gesetze und Verordnungen ebenso wie die Gewaltenteilung
eine notwendige Sicherung der Freiheitsrechte gegen Mißbrauch
durch die Freiheit selbst. Umschreibt Art. 1, Abs. 2 GG nicht sosehr eine seinsmäßige Gegebenheit — „unverletzliche und unver-

[80] E. Brunner, Gerechtigkeit. 1943, 29 ff., bes. 43.

äußerliche Menschenrechte als Grundlage jeder menschlichen Gemeinschaft, des Friedens und der Gerechtigkeit in der Welt" —,
sondern eine Aufgabe, ist die freie Entfaltung der Persönlichkeit
Verfassungsziel,[81] dann werden die Sicherungen des Weges zu diesem Ziel, also Legalität und Gewaltenteilung, nicht minder ernst zu
nehmen und wachsam zu hüten sein wie die Grundrechte als ober-
ster Richtwert für das Beschreiten dieses Weges, um die dauernde
Achtung und Sicherung der Menschenwürde im politischen Handeln relativ zu verwirklichen.

Es wird daher die Kirche auch von der Mitbejahung des Zieles
her und in Erinnerung an die theologische Bejahung des usus poli-
ticus legis, der iustitia civilis und ihrer Vernünftigkeit, es werden
theologische Ethik und kirchliches Handeln es nicht gleichgültig
hinnehmen können, wenn der Gewaltenteilungsgrundsatz mehr und
mehr abgebaut würde durch Verlagerung etwa der gesetzgeberi-
schen Aufgaben zu den Verwaltungsspitzen auf dem Weg einer
Ermächtigungsgesetzgebung; wenn so auch die Kontrollfunktionen
von Parlament und unabhängigem Gericht praktisch zurückgedrängt würden bzw. in ihrer Autorität nicht mehr respektiert
würden.[82] Dafür zu sorgen, daß die Kontrolle der öffentlichen
Verwaltung durch unabhängige Gerichte für staatsbürgerliches Empfinden und Verantwortlichsein zur 'Selbstverständlichkeit' wird, ist
auch ein Stück der Sorge um die Menschlichkeit menschlichen Daseins und geht von daher auch die Kirche an. Dies um so mehr, als
praktisch „in der Geschichte des modernen Staates und der Grundrechte . . . der Schutz des einzelnen vor der Übermacht des Staates
zurücktritt hinter dem Streben, den Staat vor der Gefährlichkeit
der Massenbewegungen zu schützen, die" — wirklich oder vor-

---

[81] H. Peters, Die freie Entfaltung der Persönlichkeit als Verfassungsziel, in: Gegenwartsprobleme des internat. Rechts u. der Rechtsphilosophie,
Festschr. R. Laun. 1953, 669 ff.

[82] Dann stagniert, wie in steigendem Maß zu beobachten ist, der Ver-
waltungsrechtsschutz. Die Bestimmung von Art. 19, Abs. 2: „Wird jemand
durch die öffentliche Gewalt in seinen Rechten verletzt, so steht ihm der
Rechtsweg offen", funktioniert sozusagen nur unter erheblichen Hemmungen. Jüngstes Beispiel: Gesetzentwurf zur Einschränkung von Art. 10
GG, vgl. oben Anm. 63.

geblich — „mit der Beseitigung des freiheitlichen Staates auch der Freiheit des einzelnen ein Ende setzen. Die sogenannten Staatsschutzgesetze der echten Demokratien (z. B. das Strafrechtsänderungsgesetz vom 30. August 1951 . . .) haben hier ihren Ort".[83] Allerdings auch jener bedenkliche Kurzschluß, der einseitig die Freiheitlichkeit des Staates zur Bedingung der individuellen Freiheit des Bürgers macht und dabei übersieht, daß beide, die 'vorstaatlich' begründete individuelle Freiheit der Grundrechte und die institutionelle Freiheit des sozialen Rechtsstaats, in einem einander sichernden unauflöslichen Wechselverhältnis stehen,[84] so daß die 'freiheitliche demokratische Grundordnung' des Grundgesetzes, die durch den freien, aktiven demokratischen Staatsbürger im Prozeß des Politischen verwirklicht wird, Bedingung rechtsstaatlicher Freiheit, diese umgekehrt durch die Gewährleistung der demokratischen Freiheiten des Bürgers institutionelle Vorbedingung der demokratischen Ordnung ist. Staatsschutz und Schutz der Freiheiten des Bürgers stehen in einem dialektischen Verhältnis positiven Aufeinanderangewiesenseins.[85] Dieses muß mit aller Umsicht gewahrt werden und darf nicht einer zur Verteidigung der Interessen der jeweils an der Macht befindlichen Partei aufgebotenen Freiheitsideologie geopfert werden. Problematik und Gefahr einer Notstandsgesetzgebung gehören hierher, zumal diese eng mit der die Grundrechte tangierenden Gefahr eines interessegebundenen politischen Strafrechts zusammenhängt, das die im Prinzip zureichenden Bestimmungen der Art. 18, 21, Abs. 2 (Verbot einer verfassungswidrigen Partei) und 9, Abs. 2 (Verbot einer verfassungswidrigen Vereinigung) überschreitet.[86]

[83] E. Fechner, Die soziologische Grenze der Grundrechte. 1954, 23.

[84] Analoges gilt für den Bereich von Wirtschaft und Wirtschaftspolitik. Die im Sinn individuell freiheitlicher Wirtschaft, also im Sinn des Liberalismus verstandene Marktwirtschaft als „das Wunder des Rechtes in der Wirtschaft" zu bezeichnen (Th. Dehler, Unser Rechtsstaat. 1964, 6), wird man doch wohl nur im Blick auf eine die wirtschaftliche Planung einschließende echte soziale Marktwirtschaft gelten lassen dürfen.

[85] Vgl. Hesse a. a. O. 91 ff.

[86] Vgl. dazu die Memoranden der 'Vereinigung Deutscher Wissenschaftler e. V.', H. 1: Ziviler Bevölkerungsschutz heute. 2. Aufl. 1962;

Kein Zweifel, daß hier, sofern die Struktur des Ermächtigungs-
gesetzes, die Gefahr weitgehender Übertragung rechtsetzender Gewalt auf die Exekutive drohen, ein grundsätzliches Nein als Richtpunkt der Stellungnahme geboten ist im Interesse der Sicherung der
Rechtsstaatlichkeit und der Freiheitsrechte. Aber freilich ebenso kein
Zweifel, daß dort, wo eine solche Notstandsgesetzgebung bereits
auf dem Wege ist, ein bloßer Protest der Pflicht zur Mitverantwortung nicht mehr genügt, sondern daß es dann darauf ankommt,
dem berechtigten oder zumindest verständlichen Anliegen des
Schutzes des Staates dadurch Rechnung zu tragen, daß man sich
darum bemüht, das Notstandswerk soweit irgend möglich im Rahmen des Verfassungsmäßigen und der rechtsstaatlichen Legalität
und damit unter der höchsten Norm der Menschenwürde und der
Grundrechte zu halten. Wie das geschehen kann, hat die Badische
Sozietät 1962 zu zeigen versucht. Und wenn es wirklich stimmt,
was Rudolf Smend über das durch das Dritte Reich und den durch
es ausgelösten Widerstand kirchlicher Selbstbesinnung herbeigeführte
neue Verhältnis von Staat und Kirche sagt[87] — und es stimmt —,
daß dieses neue Verhältnis nämlich die Kirche zu echter Partnerschaft auch an der Formung staatlichen Lebens aufrufe, dann wird
die Kirche gerade auch an dieser Stelle, in der Not der Notstandsgesetzgebung, nicht schweigen dürfen. Nicht, weil sie dabei ihre
eigenen Interessen zu wahren hätte — wie man das z. B. bei den
Gewerkschaften miteinrechnen muß —, sondern weil es ihr um des
Menschen willen gehen muß um die Staatlichkeit des Staates in
rechtsstaatlicher Ordnung.

In der Mitte steht hier zuletzt das Problem der *Rechtssicherheit*.
Auch für sie wird sich theologische Ethik einzusetzen haben, nicht

H. 2: Der permanente Notstand. 1963; J. Seifert, Gefahr im Verzuge.
Zur Problematik der Notstandsgesetzgebung. 1963; ferner die Artikel in
›Stimme der Gemeinde‹: H. 21/1962: W. Menzel, Wir brauchen kein
Notstandsrecht; H. 23/1962: O. K. Flechtheim, Gefahren der Notstandsgesetzgebung; H. 4/1963: J. Seifert, Was mit den Notstandsparagraphen
alles möglich ist; H. 11/1964: H. Bethke, Warner vor dem totalen Notstand.
[87] Vgl. oben Anm. 57.

nur obwohl, sondern auch weil sie „auch durch fehlerhaftes welt-
liches Recht weitgehend erreicht werden kann"[88]. Denn „der
christliche Glaube kann auch ein durch und durch menschliches Recht
anerkennen als ein von Gott in seiner Gnade gebrauchtes Mittel zur
Erhaltung des Lebens der Menschen", wie H. Simon mit Recht betont.[89] Und der Christenmensch wird als solcher gerade um des
Nächsten willen solches im Gesetz positiviertes menschliches Recht
auch für sich in Anspruch zu nehmen haben, Rechtsschutz und
Rechtsgleichheit, wie sie durch Art. 19, Abs. 2 von Verfassungs
wegen gesichert werden: „Jeder hat ein Recht darauf, daß der
staatliche Rechtsanwender nicht von einer Rechtsnorm abweicht.
Jeder hat ein Recht darauf, daß der staatliche Rechtsanwender eine
vorhandene Rechtsnorm nicht unangewendet läßt. Jeder hat ein
Recht darauf, daß der Rechtsanwender das zu seiner Disposition
stehende Ermessen nicht mißbraucht."[90]
Zum Schluß:
    Wir zitieren gerne Ps. 99, 4: „Im Reiche dieses Königs hat man
das Recht lieb", und wir haben unter dieser Parole im Kirchenkampf ansatzweise auch einen Kampf um das Recht geführt, nicht
nur um das Recht der Kirche, sondern auch um staatliches Recht für
den Menschen.[91] Das Psalmwort meint freilich Gottes Recht und
Gottes Gebot. Aber gerade von der Rechtfertigung des Gottlosen
durch Gottes Gerechtigkeit kraft seiner freien Gnade her und auf
Grund der damit verbundenen Wiedereinsetzung in das dominium
terrae[92] wird man auch eine Bezogenheit weltlichen Rechts auf das

[88] H. Simon, Unterwegs 20, 71.

[89] A. a. O.

[90] Dürig a. a. O. 144.

[91] Vgl. z. B. die Richtschnuren der Bekennenden Kirche für die staat-
liche Rechtsordnung. Freiburger Denkschrift 1942, in: Zeugnisse der Bek.
Kirche, Ev. Reihe, H. 2, 1946. Dazu auch die verschiedenen Arbeiten von
Pfarrer Karl Heinz Becker während des Dritten Reiches. Vgl. jetzt:
K. H. Becker, Ein Kampf ums Recht. Genf 1947; ders., Mitsorge für
Recht, in: ZEE 1964, 67—70.

[92] K. Barth, Rechtfertigung und Recht. 1938; E. Wolf, Rechtfertigung
und Recht, in: Kirche und Recht. Ein vom Rat der EKD veranlaßtes
Gespräch. 1950, 5—26; dazu W. Schweitzer, s. o. Anm. 55.

Recht Gottes behaupten dürfen und vom Recht aus den Staat in den Blick zu nehmen haben. Es ist mir stets merkwürdig gewesen, daß die politische Ethik des Luthertums zwar den Staat vergöttlichte, aber zugleich irdischem Recht und seiner rechtsstaatlichen Funktion gegenüber in einer im Sündenpessimismus verwurzelten tiefen Skepsis verharrte. Beides paßt zwar zusammen, jedoch nur innerhalb der Grundstrukturen solchen ideologischen Denkens. Nimmt man hingegen das irdische Recht ernst, dann vergeht einem die Apotheosierung des Staates. Dann wird man zu jener Nüchternheit zurückgeführt, die in 1 Tim 2, 1 f. sich ausspricht: „. . . Bitte, Gebet, Fürbitte und Danksagung für alle Menschen, für die Könige und und für alle Obrigkeit, auf daß wir ein ruhiges und stilles Leben führen mögen in aller Gottseligkeit und Ehrbarkeit." — Das ist keineswegs Ausdruck einer staatsfernen 'unpolitischen' Loyalität der frühen Christenheit, sondern Ausdruck mitverantwortlicher Einordnung in die traditionellen heidnischen Voten, die auf die salus publica und damit auf das Wohl des einzelnen gerichtet sind.

Das sogenannte Toleranzedikt des Galerius von 311 hat die politische Gleichwertigkeit dieser christlichen Fürbitte mit den heidnischen religiösen Voten anerkannt, indem es die Christen dazu ausdrücklich verpflichtet.[93] Und Tertullian hat lange vorher dargetan, daß solche Pflicht den Christen von Gott geboten sei, daß sie aber, anders als die Heiden, ihr Votum an den wahren Gott richten: „Praecantes sumus semper pro omnibus imperatoribus vitam illis prolixam, imperium securum, domum tutam, exercitus fortes, senatum fidelem, populum probum, orbem quietum, quaecumque hominis et Caesaris vota sunt" (Apol. 30, 4).

So lautet dann das Toleranzedikt: „Unde iuxta hanc indulgentiam nostram *debebunt* Deum suum orare pro salute nostra et rei publicae ac sua, ut undique versum res publica perstet incolumis et securi vivere in sedibus suis possint."

„Securi vivere" — auf dieser Linie des Appells an das Recht machte Paulus einst sein römisches Bürgerrecht gerade als Christ geltend!

---

[93] Dazu H. U. Instinsky, Die alte Kirche und das Heil des Staates. 1963.

Es entspricht dem, wenn der erste große lutherische Rechtsdenker, Johannes Oldendorp († 1567) in seinem ›Lexicon iuris‹ von 1546 definiert: „Iuris finis est, ut pacifice transigamus hanc vitam umbratilem, ac perducamus ad Christum et aeternam vitam".[94] Und es wäre verkehrt, jene Nüchternheit von 1 Tim 2, 1 f., wie es häufig genug geschah und geschieht, auf ein bewußt 'apolitisches' Christendasein zu deuten. Im Gegenteil, auch hier geht es um aufgetragene Mitsorge für die salus publica, für das 'öffentliche Wohl'. Diese Mitsorge bewährt sich zunächst darin, daß heute eine Einübung des Christen in die Demokratie als Lebensform Schritt für Schritt und im Blick auf den demokratischen Rechtsstaat als politische Form bewußt versucht wird.[95] Dies um so ernsthafter, als gewisse Tendenzen des GG in Richtung auf eine 'Repräsentativ-Demokratie' und vor allem das wachsende Auseinanderstreben von Verfassung und Verfassungswirklichkeit die aktive Mitsorge des Bürgers für 'seinen' Staat im politischen Leben, für die demokratische Struktur des politischen Alltags heute eher entmutigen, sofern man bei jeder ernsthaften Kritik gewärtigen muß, im Namen von Wirtschaftswunder und Antikommunismus verketzert und ausgeschaltet zu werden. Die Versuchung zu Resignation oder zu opportunistischer Anpassung wächst und droht die zarten Keime demokratischer Lebensform zu ersticken.

[94] Vgl. Erik Wolf, Große Rechtsdenker der deutschen Geistesgeschichte, 4. Aufl. 1962, 138—173; das Zitat: 162.

[95] Vgl. dazu H. Gollwitzer, Forderungen der Freiheit. 1962, und A. Schüle, Demokratie als politische Form und als Lebensform, in: Rechtsprobleme in Staat und Kirche, Festschrift für R. Smend. 1952, 321—344; ferner K. Kupisch, Demokratie und Protestantismus, in: M. Karnetzki (Hrsg.), Ein Ruf nach vorwärts, ThEh 115, 1964, 69—86.

Heinz-Dietrich Wendland, Grundzüge der evangelischen Sozialethik. Köln: J. P. Bachem 1968, S. 224—240.

CHRISTLICHE UND DEMOKRATISCHE EXISTENZ*

Von Heinz-Dietrich Wendland

[...] Der Staat wird in der ganzen christlichen Tradition, von Paulus (Röm 13) angefangen, als die Macht zur Aufrichtung und Erhaltung der Rechtsordnung angesehen; in diesem allgemeinen Sinne ist der Staat, von dem Röm 13, 1—7 spricht, in der Tat der *Rechtsstaat,* wenn er auch noch nicht die demokratischen Formen des heutigen Rechtsstaates hatte und historisch gesehen noch nicht haben konnte. Hier ist zunächst (in Röm 13) gemäß der damaligen politischen Struktur des römischen Imperiums der Mensch im Staat als der *Untertan* angesehen, der Steuern zu zahlen hat, der sich der jeweiligen Herrschaft (dem Kaiser und seinen Beamten) ein- und unterzuordnen hat; politische mitverantwortliche Aktivität von Untertanen und gar von Christen hat es in dem römischen Imperium jener Zeit nicht gegeben, ja auch im Mittelalter nur in hierarchisch abgestuften Rechten.

Im Gegensatz zur urchristlichen Epoche ist der Mensch heute nicht nur das Objekt der Herrschaft; zwar wird er auch heute noch regiert und muß regiert werden, er ist zugleich jedoch das *Subjekt* desselben Staates; dies ist die eigentümliche politische Dialektik auf dem Boden der modernen Demokratie, und sie dient dazu, seine Freiheit und Personalität zu erhalten, ihm und seiner bürgerlichen Existenz einschließlich seines Eigentums, seiner Berufstätigkeit, seiner Gewissens- und Religionsfreiheit den nötigen Rechtsschutz zu verleihen und zu vermitteln; Subjekt und Objekt zugleich in einem ausgewogenen Balancezustand, der immer wieder neu bestimmt, immer wieder neu hergestellt werden muß, weil der Bürger einmal nach dieser und einmal nach der anderen Seite hin einseitig hingezogen werden könnte; dies ist eines der inneren

* Die Überschrift im Original lautet: Christliche und politische Existenz.

Probleme der Demokratie, dieses Gleichgewicht zu erhalten. Man kann es auch formulieren als das Verhältnis von *Autorität* und *Freiheit* im modernen Staat. Ohne Zweifel muß der Staat als der Schützer der Rechtsordnung Autorität besitzen — das gehört zu seinem Auftrag —, eine, wie die Staatslehre seit alters her sagt, 'hoheitliche Autorität', die andere Autorität in kleinen Bereichen als Rechtsordnung überspannt, die durch die moralische und politische Autorität des Staates aufrechterhalten wird. Aber diese Autorität darf sich nicht gegen die Freiheit wenden, sie muß mit der Freiheit der einzelnen Personen, der einzelnen Organisationen und gesellschaftlichen Gruppen, der Parteien, der Gewerkschaften und Wirtschaftsverbände immer wieder neu in Einklang gebracht werden. Autorität kann es im modernen Staat daher nur so geben, daß ständig der Akt einer stillschweigenden lautlosen Akklamation stattfindet. So sind denn im modernen demokratischen Staatswesen die Freiheit und Gleichheit der einzelnen die *Vorbedingung* für die Bildung politisch-ethischer Autorität des Staates und seiner Repräsentanten, vor allen Dingen von Regierung und Parlament, und nur dann, wenn wir dem Bundestag und der Regierung auf *Zeit* unser *begrenztes* und befristetes 'Ja' geben, wenn diese ständige, demokratische Akklamation stattfindet, nur dann ist das Verhältnis von Autorität und Freiheit in unserem Gemeinwesen in Ordnung. Mit Recht haben Politologen und Staatsrechtslehrer der letzten Jahrzehnte darauf hingewiesen, daß es überhaupt keinen Staat auf dieser Erde gibt und auch in der Vergangenheit nicht gegeben hat, der nicht auf einer solchen stillschweigenden Akklamation beruht hätte. In einem rechtlich und moralisch wohlgeordneten, demokratischen Staat wird aber diese lautlose Akklamation immer wieder in geordneten Rechtsformen zur politischen Sprache, zur politischen Willensentscheidung in Wahlen, in den Beschlußfassungen des Parlaments, in der Bildung von politischen Parteien, durch die der politische Wille oder die politischen Anschauungen akzentuiert und konkretisiert zum Ausdruck gebracht werden. Das fundiert ein gesundes Gemeinwesen, so daß die lautlose Akklamation in Sprache und politisches Handeln umgesetzt wird, wobei die Freiheit mit der öffentlichen politischen Kritik verbunden sein muß. Für ein dialektisches Verhältnis von Autorität und Freiheit ist vorzüglich die öffentliche Meinung in diesem Sinne der gegenseitigen Kritik, des Aufmerksammachens auf ungelöste Aufgaben, auf soziale Ungerechtigkeit und Neubildung undemokratischer Privilegien mächtiger Gruppen eines der wichtigsten Instrumente, die es im Staate überhaupt gibt. So wird die Freiheit immer wieder als die wahre Voraussetzung und Bedingung der gemeinsam anerkannten politischen, ethischen Autorität von Regierung und Parlament deutlich. Das ist nicht eine historisch überlieferte und darum hinzunehmende gesetzte Autorität, sondern eine immer wieder neu aus den Willensentscheidungen der freien Bürger im Staate emporgebildete Autorität; deswegen braucht man nicht zu leugnen, daß sie für ihre Zeit für alle gültig ist; auch eine Demokratie muß geführt und regiert werden, und wehe dem Staate, der nicht mehr klar und entschlossen regiert wird; er muß in kürzester Zeit zugrunde gehen, so wie die Weimarer Republik zugrunde gegangen ist.

Ein besonders bedeutsames Problem der modernen Demokratie, vor allem dort, wo sie erst im Entstehen begriffen ist, z. B. in Afrika oder Asien, ist das Verhältnis der *politischen* zur *gesellschaftlichen* Demokratie. Der deutsche Soziologe Karl Mannheim hat von der sogenannten „Fundamentaldemokratisierung" gesprochen; dies ist ein Verständnis der Demokratie, das über den engeren politischen Bereich (Grundgesetz, Regierungsbildung, Arbeit des Parlaments usw.) weit hinausgeht. Das ganze gesellschaftliche Leben soll demokratisch geordnet sein, überall soll demokratisches Verhalten Gültigkeit haben. Zweifellos ist diese Forderung der Fundamentaldemokratisierung, die die Grundlagen der Gesellschaft betrifft, eine Forderung, die nur erhoben werden konnte, weil Karl Mannheim die angelsächsische Demokratie vor Augen stand, die nicht nur als eine politische Demokratie, als Staatsverfassung und als politische Methode, zu einer Regierungsbildung zu gelangen, besteht, sondern in dem Verhalten der Menschen zueinander überall in der Gesellschaft, also in einem gesellschaftlich-human-ethischen Verhalten zueinander, und die vor allen Dingen darin besteht, daß jeder die Freiheit, die Mitverantwortlichkeit und die Mündigkeit des anderen Mitgliedes in der Gesellschaft, des anderen Staatsbürgers bzw. der anderen Gruppen anerkennt und respektiert; die Notwendigkeit der Existenz, die Notwendigkeit der beruflichen und politischen Funktion des jeweiligen anderen wird respektiert und anerkannt. Demokratie muß auch in jeder Teilorganisation der Gesellschaft herrschen. Wenn man die Dinge so ansieht, dann ist offenbar die gesellschaftliche Demokratie das *Fundament* der politischen, und das Funktionieren der politischen Demokratie ist davon abhängig, ob es diese gesellschaftliche human-ethische Grunddemokratie, Voraussetzungsdemokratie, Fundamentaldemokratie wirklich gibt. An diesem Punkte liegen die besonderen inneren Schwächen der westdeutschen Demokratie, die damit zusammenhängen, daß historisch gesehen die Demokratie in Deutschland keine festgefügte, tief begründete politisch-geistige und gesellschaftliche Tradition entwickelt und zu ihrer Voraussetzung hat; das, was etwa vor und in den Tagen der Revolution von 1848 in Deutschland gewollt und gedacht worden ist, ist wieder versunken, seit der Restauration immer wieder in den Hintergrund gedrängt worden, ist zuletzt unter der Herrschaft des Nationalsozialismus völlig deformiert und zerstört worden. Daher haben wir es außerordentlich schwer, in der Auseinandersetzung mit den angelsächsischen und anderen Demokratien überhaupt eine politisch-ethische, gesellschaftsdemokratische Tradition zu bilden. Davon aber, daß dies geschieht, hängt der Bestand unserer westdeutschen Demokratie ab. Hierfür müssen wir eine andere aktive, verantwortliche Haltung einnehmen, eine andere als die alten Generationen in unserem Staat und unserer Gesellschaft. Davon hängt weiterhin der zukünftige Bestand unseres Staates als Demokratie ab, und dies um so mehr, als das Gewicht der Exekutive und Verwaltung mit jedem Tage zunimmt und die Kontrolle durch die Legislative immer schwieriger wird. Das, was bisher mühsam herausgebildet wird, darf nicht noch einmal zerstört werden und verlorengehen, und dafür sind wir alle, in ganz besonderer Weise die Christen, mitverantwortlich. Auf der Basis der gesellschaftlichen Demokratie hat die politische Demokratie den großen Vorzug, daß sie auf ethische Kräfte und bereitliegende Verhaltensformen immer neu zurückgreifen kann. Der Göttinger Theologe Wolfgang Trillhaas hat mit Recht gesagt, daß die Demokratie die gefährdetste Staatsform sei, die labilste; das ist richtig, und das hängt zugleich damit zusammen, daß die Demokratie den höchsten ethischen Anspruch an den einzelnen Bürger erhebt; in der Demokratie kann ich mich nicht auf die Ofenbank setzen, um die Bürokratie und den Landesvater für mich regieren zu lassen, vielmehr muß ich selbst zugreifen und mitdenken und handeln; ich werde ethisch beansprucht, ich werde mitverantwortlich gemacht und soll in irgendeiner Funktion aktiv mittätig sein; das ist mühsam und anstrengend, dazu kann sich nicht jedermann bereit finden und entschließen. Wer sich über die Schwankungen in der Demokratie wundert, sofern sie nicht die feste Basis der gesellschaftlichen Demokratie besitzt, wie in den Vereinigten Staaten oder in England, der muß sich diese innere Gefährdung der Demokratie klarmachen, da sie so hohe ethische Ansprüche an den einzelnen Menschen stellt und also auch ihrerseits jenen abendländischen Vereinzelungsprozeß voraussetzt, von dem bereits die Rede gewesen ist. Die politische Demokratie holt also aus dem Kräfteschatz der gesellschaftlichen Demokratie ihre politisch-ethischen Bindekräfte hervor; weil es diese gibt, kann sie die einzelnen Mitträger des Staates als verantwortliche Personen, wie etwa auch verantwortliche Abgeordnete, Beamte, in Anspruch nehmen und in Tätigkeit setzen; sie hat demnach die Möglichkeit, sich zu regenerieren. Während die rein politische Demokratie dadurch gefährdet ist, daß sie auf den engen Bereich einer politischen Verfassung und einer politischen, organisatorischen Methodik beschränkt ist, ist sie andererseits umgeben von Personen, die sie nicht richtig verstehen, sie nicht mitvollziehen, sich vielleicht von konservativen Traditionen, von hierarchischen Herrschaftsvorstellungen, von antidemokratischen Gruppen und Einzelpersonen in der betreffenden Gesellschaft leiten lassen. Dies führt dazu, daß die Demokratie immer schwächer wird und eines Tages schließlich ganz funktionsunfähig werden kann.

Gerade dieses Gegenbeispiel von der inneren Gefährdung einer nur politischen Demokratie zeigt deutlich, von welcher hohen Bedeutung die moralisch-politische Grundlage, die wieder den Charakter der Partnerschaft tragen muß, für den Bestand und das Gedeihen der Demokratie ist. Wir in Deutschland werden offensichtlich zu einer umfassenden Volkserziehung genötigt sein, die schon vor dem Eintritt des Kindes in die Volksschule in den Familien ansetzen müßte: eine von unten her aufgebaute, umfassende

politisch-ethische Volkserziehung wird in Deutschland notwendig
sein, jenes Fundament der gesellschaftlichen Demokratie überhaupt
erst zu legen. Schon heute geht der Kampf um die Aufnahme eines
älteren Schlagwortes aus den zwanziger Jahren, ob es auch eine
Wirtschaftsdemokratie, also auch eine Demokratie innerhalb der
Wirtschaftsverfassung, der Unternehmensverfassung, der Betriebs-
ordnung geben kann. Wir verstehen hier unter Demokratie in der
Wirtschaft die Mitbestimmung oder „Partizipation" (A. Rich) der
Arbeitnehmer. Kein Zweifel, daß seit den zwanziger Jahren im
Betriebsverfassungsgesetz, das schon auf dem Boden der Weimarer
Republik entstanden ist, Ansätze zu einer innerbetrieblichen Demokratie vorhanden sind. Es gibt freilich viele Betriebe, in denen
nicht einmal dieses Gesetz durchgeführt worden ist! Nun ist es
richtig, wenn die Unternehmerorganisationen immer wieder darauf
aufmerksam machen, daß das hierarchische Gefüge von Anweisung
und Ausführung der Anweisung klar und eindeutig funktionieren
muß, weil sonst die Produktion leiden und gehemmt würde; also
ist das Problem in der Wirtschaftsdemokratie offenbar dies, demokratische Elemente mit den hierarchischen Führungselementen in
den richtigen Ausgleich und Zusammenklang zu bringen. Überall
da, wo es nicht notwendig ist, die Arbeit durch strenge und klare,
präzise Anweisungen zu regeln, also z. B. in der inneren Sozialstruktur des Betriebes, im Verhältnis von Mensch zu Mensch am
Arbeitsplatz, von Werkmeister und Arbeitskollege, überall da hätte
dann demokratisch-partnerschaftliches Verhalten ein Spiel- und
Operationsfeld; diese beiden Elemente müssen offensichtlich inein-
andergreifen.

Jedenfalls ist es notwendig, daß der arbeitende Mensch unserer
Tage, wo auch immer er sozial im Betrieb stehen mag, weiß, daß
er hier einen mitverantwortlichen und selbsttätigen *Mit*arbeiter des
Gesamtbetriebes darstellt; er ist also nicht mehr bloß Wirtschafts-
untertan und Betriebsobjekt, nicht nur Kostenfaktor, sondern mit-
bestimmender Wirtschaftsbürger; er ist Betriebssubjekt als dieser
freie, mitverantwortliche Mitträger der Produktion. Autoritäre
Befehlsgewalt und partnerschaftliches Verhalten müssen ineinan-
dergreifen; gerade der, dem die autoritäre Befehlsanweisungs-
gewalt in ihrer modernen, rationalisierten Form im Betrieb zu-

steht, muß wissen, daß die Personen, mit denen er es dort zu tun hat, seine Arbeitskollegen, seine mitarbeitenden Mitmenschen sind, auf deren Vertrauen, auf deren Mitgehen schlechterdings alles ankommt; er kann nicht alle Arbeit allein machen, er ist davon abhängig, daß und wie seine Anordnungen durchgeführt und realisiert werden. Vermutlich wird man also sagen können, daß auf dem Felde der wirtschaftlichen Organisation das oben schon angedeutete Problem von Autorität und Freiheit in abgewandelter Form wiederkehrt und daß es auch in der Wirtschaft im ganzen wie im Bereich im einzelnen darauf ankommt, in neuen Formen die autoritären und die freiheitlichen Elemente zusammenzufügen, und wo das geschieht, da kann man wirklich vom Funktionieren einer echten, einer gesunden Partnerschaft sprechen. Jedenfalls aber ist die gegenwärtige Wirtschaftsorganisation keine ewige Ordnung der Natur.

Selbstverständlich gibt es in der heutigen Welt viele Staaten, die sich in irgendeinem Vorstadium der Demokratie befinden. Da in zahlreichen Staaten Afrikas und Asiens, in denen die bildungsmäßigen Voraussetzungen, die notwendigen Schulinstitutionen noch weitgehend fehlen, welche allererst das politische Engagement des einzelnen ermöglichen, sind hier bestimmte Vorstadien der Demokratie notwendig, die auch die Form eines autoritär gelenkten Staates auf Zeit annehmen können, ja annehmen müssen; das ist auch heute in Afrika tatsächlich oft der Fall; die Schwierigkeit liegt nur darin, daß wir suchen müssen, das einfache Umschlagen des autoritär gelenkten Staates in die reine Tyrannis, in die absolute Diktatur zu verhindern und allmählich durch Schulwesen und andere politische Bildungseinrichtungen dafür zu sorgen, daß der Aufbau des Staates in Richtung auf die Demokratie gelenkt werden kann; nur dann würde der Ausdruck, den ich vorhin benutzte, daß es sich hier um Vorstadien der Demokratie handele, sein gutes Recht und seinen Grund haben.

Wir hatten schon darauf verwiesen, daß alle *christliche* Staatslehre, alle Lehre von der politischen Existenz und Verantwortung des Christen von Röm 13 ausgeht und auch heute noch ausgehen muß. Mit Recht hat Ernst Käsemann in seiner großen, lehrreichen Abhandlung über Röm 13 in der Theologie des letzten Menschenalters darauf hingewiesen, daß Röm 13 *keine* ausführliche Theologie des Staates mit begrifflicher Begründung gebe, sondern daß es sich hier um eine Paränese, d. h. eine Mahnrede an die römischen Christen handele: Verhaltet euch gegenüber der politischen Gewalt so, daß ihr euch ihr unterordnet und eure Steuern korrekt bezahlt, und begreift doch, daß sie ja zu eurem Nutzen und zur Bestrafung der Verbrecher von Gott eingesetzt ist, als Wahrer und Verwalter des Rechts auf Erden, das damit in letzter Instanz als ein Rechtswille Gottes definiert ist; denn es handelt sich um die Anordnung Gottes, die in wechselnden Geschichtslagen wirksam ist; die Beamten sind die Diener Gottes; es sind aus dem profanen staatsrechtlichen Sprachgebrauch jener Zeit übernommene Ausdrücke, die Paulus gebraucht. Diese zur Zeit gerade vorhandenen herrschenden Personen sind von Gott eingesetzt. Das ist eine ganz konkret zugespitzte Aussage, die wir bei Luther in Anwendung auf seine politische Umwelt wiederfinden, wenn er von den Fürsten, den Schöffen, den Ratsherren, den Bürgermeistern, den Richtern seiner Zeit spricht. Insofern ist also doch der *Ansatz* einer Theologie des Staates in Röm 13 enthalten, nämlich in der substantiellen Aussage über die Anordnung Gottes. Damit ist von vornherein aller Illusion und allem Utopismus gewehrt; denn die Christen gehören genauso wie jedermann in den Raum der politischen Gewalt hinein; sie sollen Steuern zahlen, und im 1. Petrusbrief heißt es in der Haustafel: „Ehret den Kaiser;" hier haben wir genau dieselbe Tradition vor uns (1 Petr 2, 13—17).

Die christliche Ethik hat diese Tradition festgehalten und ausgebaut. Nun gibt es noch zwei bemerkenswerte Daten in Röm 13, die in aller Kürze hervorgehoben zu werden verdienen, nämlich *erstens* die *eschatologische* Einordnung: Der Abschnitt endet Röm 13, 11 ff. mit dem Ausblick auf das immer näher kommende Heil der eschatologischen Vollendung und mit der Mahnung: „Lasset uns die Waffen des Lichtes anlegen und die Werke der Finsternis abtun;" das ist der Übergang in eine allgemeine Mahnung; die Christen sind Menschen, die dem neuen Heilstag angehören. Dieses Ende ist die eschatologische Grenze des Staates.

Zweitens ist der Abschnitt eingeordnet in eine breite Auslegung des *Liebesgebots* (Röm 12, 14 ff.), und diese endet in Röm 13,

8—10: „Die Liebe ist die Erfüllung aller Gebote;" es werden einige Gebote des Dekalogs von Paulus ausdrücklich zitiert. Also bedeutet die Einordnung unter die politische Gewalt einen Akt der *Agape,* einen Akt der demütigen Einfügung der Christen in diese Welt, wie sie ihnen von der Liebe den Nächsten, den Mitmenschen gegenüber auch sonst geboten ist. Das sind die zwei entscheidenden Klammern um den Text von Röm 13, 1—7.

Dies bedeutet nun zugleich eine Einsicht, die wir schon häufig berührt haben: Es tritt hier erstmalig die *Weltlichkeit des Staates* hervor. Nach orientalischer Überlieferung gehen die Könige auf göttliche Abstammung zurück: das verleiht ihnen Macht und höchste Autorität. Eine andere Form desselben Glaubens ist der hellenistisch-römische Herrscher- und Kaiserkult: Der Herrscher ist der gegenwärtige Gott. Man muß Röm 13 die Offenbarung des Johannes (besonders Kap. 13) mit ihrer scharfen Ablehnung des Kaiserkults gegenüberstellen, um die ganze Situation, um die große Weite und Tiefe der theologischen und christologischen Betrachtung dieses Problems im Neuen Testament vor sich zu haben. Aber die Einordnung unter das Liebesgebot und die eschatologische Begrenzung bringen es zuwege, daß diese religiösen Staatsmythen und diese religiösen Staatskulte für die Christen endgültig durch Christus zerstört sind und der Vergangenheit angehören; und obwohl Paulus und der christliche Prophet Johannes die Profanität der politischen Herrschaft noch nicht so formulieren konnten, wie es erst Luther vermocht hat, ist doch hier der Grund dafür gelegt, daß forthin die Weltlichkeit des Staates erkannt und anerkannt werden konnte; nun treten, das ist das weitere Ergebnis, das wir festzustellen haben, *Staat und Kirche* klar auseinander. In der antiken Polis, in der altorientalischen Monarchie, im römischen Kaiserkult sind Religion und Staat auf das innigste vermählt — im Staatskult der Athene oder des Kaisers; jetzt ist die ganze Geschichte Europas, wie Ranke klassisch dargestellt hat, nur noch zu verstehen aus der Polarität von Kirche und Staat, und alle großen Aktionen innerhalb des politischen Raumes greifen auch auf den Raum der Kirche über und umgekehrt, was man in geradezu klassischer Form an der Geschichte der Reformation des 16. Jahrhunderts und ihren politischen, staatsrechtlichen Folgen deutlich ablesen kann. Die Tren-

nung und Verbindung von Staat und Kirche geht durch die ganze
Kirchen- und Weltgeschichte hindurch und muß auch bis zum Jüngsten Tage andauern. Demnach gibt es immer wieder große historische Versuche, die Trennung rückgängig zu machen, also die Kirche
zu 'vereinnahmen' und zu einem ethisch-pädagogischen Organ des
Staates zu machen. Den genau entgegengesetzten Versuch gibt es
seitens der Kirche im Hochmittelalter, die immer erneuten Versuche, die politische Weltherrschaft über das kaiserliche Imperium
zu erringen; auch dieser Versuch mußte sowohl aus politischen als
auch aus inneren theologischen Gründen scheitern.

Im vollendeten Reich Gottes aber gibt es ebensowenig eine Kirche
wie einen Staat. Die politische Existenz des Christen weist über ihn
hinaus, der Christ und die christliche Gemeinde können überhaupt
nicht in die irdische Existenz eingeschlossen werden, so auch nicht
in die politische Existenz. Der Christ ragt mit Kopf und Herz über
die Enge der irdischen Existenz hinaus, weil er in Glauben und
Hoffnung zu einer eschatologischen Existenz der himmlischen Vollkommenheit in der vollendeten Gottesgemeinschaft berufen ist; das
gilt von dem erlösten Gottesvolk im ganzen wie auch von dem
einzelnen Christen. Aber die eschatologische Existenz vollendet
zugleich die politische, da im Reiche Gottes Kirche *und* Staat nicht
mehr existieren, sondern zu einer neuen Einheit verschmolzen sind,
die letztlich nicht mehr definiert werden kann. Dies bedeutet jedoch
keineswegs die Aufhebung der politischen Verantwortung und Aktivität des Christen. Selbstverständlich kennt die mittelalterliche
Kirche eine politische Aktivität des Fürsten, der Räte der Fürsten
und der adligen Elite, die die Führungspositionen im Imperium
und in der Kirche besetzt haben; mit Recht hat der Göttinger
Historiker Heimpel gesagt, daß die mittelalterliche Kirche sozio-
logisch gesehen eine Adelskirche gewesen sei; hier also, in dieser
bestimmten Umgrenzung gibt es sehr wohl politische Führung und
Aktivität durch Christen, aber nicht allgemein; das kann man nicht
zu einem Satz mit den Worten 'die ganze christliche Gemeinde'
machen; und das eben Gesagte gilt natürlich genauso von den
lutherischen Christen und Kirchen des 16. und 17. Jahrhunderts.
Auch hier sind es nur die Fürsten und ihre unmittelbaren Mitarbeiter, Beamten, Beauftragten, von denen man sagen kann, daß

sich hier Christen im politischen Amt befinden. Mit der Durchsetzung der Demokratie in den angelsächsischen Ländern zumal
ändert sich das Bild grundsätzlich, jetzt wird jeder Christ ein
aktiver und mitverantwortlicher Mitträger des Staates, nicht nur
dadurch, daß er an der Wahl aktiv teilnimmt, sondern auch dadurch, daß er Abgeordneter wird, daß er in die Gemeindeverwal-
tung, in die Landes- und Staatsverwaltung eintritt, daß er Minister
und Regierungschef werden kann und als solcher nun auch darüber
nachdenkt, wie er sich in solchen Funktionen und Ämtern als Christ
bewähren und durchschlagen kann; das ist eine völlig neue Basis
für das christliche, politische Ethos, die erreicht werden konnte, als
der moderne Vereinzelungs- und Individualisierungsprozeß, von
dem wir oben ausführlich geredet haben, dazu führte, den einzelnen
Menschen zunächst einmal vom alten Staat zu emanzipieren, ja ihn
zum revolutionären Träger einer neu werdenden, politischen Ordnung zu machen und schließlich zum Träger der politischen Demokratie zu erklären, so daß, wie wir gesagt hatten, der Staat nun
nicht mehr seine Bürger als Objekt und Untertanen behandelt; vielmehr sind diese Staatsbürger jetzt nicht bloß Untertanen, sondern
selbst als Subjekte verantwortliche Träger dieses Staatsganzen. In
dieser neuen Situation stehen wir auch heute noch, und hiervon haben
wir in der heutigen christlichen politischen Ethik auszugehen. — Endlich noch einige abschließende Betrachtungen zu einem Gesichtspunkt,
der in der heutigen Sozialethik entscheidend ist, aber gegenüber der
bisherigen, traditionellen christlichen Ethik auch eine revolutionäre
Neuerung darstellt. Alle Politik hat es mit der Bildung, Erhaltung
und Erweiterung von *Macht* zu tun. Es gibt kein gesellschaftliches
Gebilde ohne Machtzentren und Machtstrukturen. Zwar ist die
Macht keineswegs 'an sich böse', denn alles erschaffene Leben trägt
Mächtigkeit in verschiedenen Graden in sich und strahlt diese aus.
Doch die mit der Macht verbundenen Versuchungen sind groß zu
jeder Zeit, am größten aber dann, wenn der Staat durch Monopole
die Technokratie errichtet. Die traditionellen, demokratischen Kontrollen dürften in der gegenwärtigen Entwicklung der Technik und
ihrer Auswirkungen auf die Politik nicht mehr ausreichen. So ist
es das offene Zukunftsproblem der politischen Ethik, wie man zu
wirksamen Kontrollen der Technokratie gelangen könne, welche

den Mißbrauch des Menschen, ja ganzer Staaten und Völker verhindern könnten. Auf dieses schwierigste aller politisch-ethischen Probleme muß auch die Ökumene der Kirchen ihre Aufmerksamkeit richten, und sie muß mit allen zusammenarbeiten, denen es um die Humanisierung der Institutionen der Gesellschaft und um die Realisierung der theoretisch von allen anerkannten Würde des Menschen geht, im Kampfe mit allen Pervertierungen der Macht, wie sie vor allem in den nuklear voll gerüsteten Großreichen droht — in der neuen Gestalt des *technokratischen Imperialismus,* gleichviel, ob dieser von Moskau, Peking oder Washington ausgeht. Dieses Ringen um die Humanisierung der heutigen und zukünftigen Machtballungen wird hart und ohne Ende sein, solange die Macht quantitativ und qualitativ immer neue Dimensionen annimmt.

Sozialethik im Umbruch der Gesellschaft. Arbeiten aus dem Mitarbeiter- und Freundes-
kreis des Instituts für Christliche Gesellschaftswissenschaften an der Universität Münster.
Hrsg. von Heinz-Dietrich Wendland. Göttingen: Vandenhoeck & Ruprecht 1969,
S. 90—111.

DER SOZIALE RECHTSSTAAT ALS THEOLOGISCHES PROBLEM

Neue Wege der politischen Ethik

Von Theodor Strohm

I

Der soziale Rechtsstaat ist ein zentraler Bestandteil jener bewußten Vorstellungsinhalte, die nach dem Willen des Bonner Grundgesetzes im gesellschaftlichen Zusammenwirken der Bundesrepublik
zur Herrschaft gebracht werden sollen. Mit ihm soll etwas in die
Wirklichkeit gerufen werden, was es zuvor so noch nicht gegeben
hat und was es nach Auffassung des kritischen Beobachters auch
mehrere Jahre nach Inkrafttreten des Grundgesetzes noch nicht
gibt.[1] Das Bonner Grundgesetz harre noch seiner Erfüllung. Dies
gelte nicht zuletzt für den „Aufruf des Bonner Grundgesetzes zur
Sozialstaatlichkeit".[2] Der Staatsrechtslehre ist es, was anzudeuten
sein wird, nicht gelungen, die in Frage kommenden Vorstellungsinhalte aus dem Nebel der Standpunktsinteressen herauszulösen
und ihnen diejenige Strahlkraft zu verleihen, durch die ihr ver-
pflichtender Charakter für die zusammenwirkenden Menschen und
Kräfte im westlichen Teil des Landes hätte hervortreten und durch
die sie auf das ganze Deutschland hätten hinweisen müssen.[3]

Politische Vorstellungsinhalte von solch exemplarischer Bedeutung, die weit über die Legalstruktur in die ökonomische und

[1] Vgl. A. Arndt, Das nicht erfüllte Grundgesetz, Recht und Staat, 224,
Tübingen 1960, S. 22.

[2] A. a. O., S. 9.

[3] Der Grundsatz der Sozialstaatlichkeit weist über die selbstgestellte
Aufgabe, „dem staatlichen Leben für eine Übergangszeit eine neue Ordnung zu geben" (Präambel GG und Art. 146 GG) hinaus und eignet sich

soziale Struktur hineinreichen, sind heute zugleich im Kontext internationaler Ordnungsbemühungen abzuhandeln, denn es gibt, wie M. Mead feststellte,[4] heute nur ein Menschengeschlecht. Das Schicksal einer Gruppe ist das Schicksal aller. Das gemeinschafts- und staatsbildende Prinzip des sozialen Rechtsstaates eignet sich als Kategorie einer internationalen Gemeinschaftsordnung, die sowohl die westlichen als auch die östlichen, die nördlichen wie auch die südlichen Länder umspannt. Nichts, was irgendwo geschieht, liegt somit gegenwärtig außerhalb der Verantwortung der Bürger oder Bürgerschaften.

In der Regel wird eine politische Ordnung zum theologischen Problem, wenn sich die Gestaltung des staatlichen und gesellschaftlichen Lebens in Spannung befindet mit den aus Offenbarung und Naturrecht sich ableitenden Grundsätzen und Anwendungen auf das soziale Leben — so im katholischen Denken[5] — oder wenn sie nicht in Begriff und Selbstverständnis sich als transparent zum gouvernatorischen und konservierenden Handeln Gottes erweist und die Verwirklichung des eigenständigen Auftrages verbürgt oder doch erleichtert — so im traditionellen evangelischen Denken[6].

heute als kritische Zielvorstellung für das zweistaatliche Deutschland im Hinblick auf seine Einheit. Vgl. auch H. P. Ipsen, Über das Grundgesetz, Hamburger Universitätsreden, 9, Hamburg 1950, S. 7 ff.

[4] In einem Beitrag auf der Weltkonferenz für Kirche und Gesellschaft, Genf 1966: „Seit 25 Jahren wissen wir wirklich, wer unsere Nächsten sind. Es gibt heute nur ein Menschengeschlecht. Das Schicksal einer Gruppe ist das Schicksal aller. Nichts, was irgendwo geschieht, liegt außerhalb unserer Verantwortung. — Sodann aber: wir haben jetzt die Mittel, das zu tun, was wir immer zu tun gewünscht haben. Wir haben die technologischen Mittel und Methoden. Sie sind besser geeignet, den Menschen ein menschenwürdiges Leben zu schaffen. Sie nicht zu benutzen zur Sicherung der Menschenwürde, ist Sünde. Das Wesen der Sünde ändert sich zwar nicht, aber jede Zeit hat ihre besondere Sünde. Heute liegt sie darin, das empirische Wissen, das wir haben, nicht anzuwenden."

[5] Vgl. E. W. Bockenförde, Das Ethos der modernen Demokratie und die Kirche in: Hochland 50 (1959), H. 9.

[6] Vgl. die kritische Betrachtung zur neulutherischen Staatsethik und Geschichtstheologie bei: Ernst Wolf, Die Königsherrschaft Christi und der

Die Kirche hat deshalb der Demokratie nach 1919 „nicht geben können das Maß geistiger Homogenität, das die Voraussetzung einer innerlich angeeigneten Demokratie in einem Kulturvolk ist, und ebensowenig die letzte Legitimität, die auch eine demokratische Verfassung in ihrer Weise bedarf". Dies konstatierte R. Smend am Vorabend des Zusammenbruchs der Demokratie.[7] Im Hinblick auf die rechtsstaatliche Ordnung und ihre Wertentscheidungen reagiere „. . . das Luthertum . . . immer wieder aufs neue noch neuralgisch". So vor kurzem Ernst Wolf.[8] Die Reaktionsschwäche der Kirche auf willkürliche Freiheitsverletzungen und auf damit verbundene Eingriffe in elementare Grundrechte habe eine wesentliche Ursache darin, daß „ihr noch die allgemeine Überzeugung von dem Wertcharakter dieser Freiheiten, von ihrer Unantastbarkeit um des Menschseins des Menschen willen zu fehlen scheint".[9] Wohl als erster hat Ernst Wolf die Kirche aufgefordert, darüber hinaus „die Sozialstaatsklausel als sozialethischen Anruf (zu) hören, und zwar im Blick auf die Aufgabe neuer Gestaltung auch des Verhältnisses von Staat und Gesellschaft als einander heute unausweichlich sich durchdringende Größen"[10]. Hier liegt aber bereits das wichtigste theologische Problem: der „sozialethische Anruf" trifft scheinbar von außen auf die kirchliche Verkündigung und Praxis und kommt

Staat, in: Schmauch-Wolf, Königsherrschaft Christi, ThExNF 64, München 1958, S. 28 ff. und 46 ff.

[7] R. Smend, Protestantismus und Demokratie (1931) in: Staatsrechtliche Abhandlungen und andere Aufsätze, Berlin 1955, S. 308. Vgl. auch Th. Strohm, Zum kulturellen Gleichgewicht in der Bundesrepublik: Historisch-soziologische Perspektiven, Soziale Welt 16, H. 3 (1965), S. 207 ff.

[8] Ernst Wolf, Die rechtsstaatliche Ordnung als theologisches Problem, in: Der Rechtsstaat — Angebot und Aufgabe, ThEh 119, S. 34. Die Beiträge dieses Heftes wurden im Arbeitskreis Kirchlicher Bruderschaften (1964) vorgetragen. Vor dem gleichen Kreis referierte ich im Jahre 1965 über das Thema dieses Beitrages, der an die vorhergehenden Erörterungen von 1964 anzuknüpfen versuchte und hier in veränderter Form vorgelegt wird.

[9] A. a. O., S. 56.

[10] A. a. O., S. 57, und Ernst Wolf, Kirche und Öffentlichkeit, in: Christlicher Glaube und politische Entscheidung, München 1957, S. 99 ff.

nicht aus ihrem eigenen Zentrum als ein Anruf an die soziale Welt.[11] Dies ist um so verwunderlicher, als es in der Frage des sozialen Rechtsstaates gar nicht des vielleicht zweifelhaften Verfahrens bedarf, daß als Früchte des christlichen Glaubens und des Verkündigungsauftrages etwas geerntet wird, was auf dem Baume nichtchristlicher Traditionen herangereift ist.[12] Die soziale und politische Überlieferungsgeschichte des Protestantismus, die mit dem älteren politischen Denken in Deutschland weithin parallel verläuft, verweist unmittelbar auf diesen Vorstellungsinhalt, ja ohne eine Herleitung aus ihr und eine Neubesinnung auf diese Geschichte wird eine kritische Klärung und sozialethische Ausfüllung des noch immer unbestimmten und ausfüllungsbedürftigen Verfassungsbegriffes schwerlich gelingen. Eine Herleitung kann im Rahmen dieses Beitrages nur von Fall zu Fall andeutungsweise versucht werden.[13]

Hieran schließt sich die andere Frage an, inwieweit sich die bereits entwickelten theologischen Kategorien der Gegenwart als kommensurabel mit bewußten politischen Inhalten erweisen und inwieweit die Theologie über abgestufte kategoriale Beziehungsformen verfügt, in denen Vorstellungsgehalte großer, mittlerer und aktueller Reichweite aufgehoben werden. Im kirchlichen Alltag besteht die Gefahr, je nach Temperament gesellschaftliche Realitäten und Notwendigkeiten auf ihren kontemplativen Nutzen abzuhören oder am Bezugsrahmen einer Endzeitmetaphysik zu messen. Soweit das Heute und Jetzt theologisch erfaßt wird, versucht man häufig, die Ratlosigkeit angesichts der sehr komplexen und abstrakten

[11] Verwunderlich im Sinne der Forderung, die Christengemeinde biete der Bürgergemeinde gemäß dem Rechtfertigungshandeln Gottes exemplarische Formen und Prinzipien an. (So etwa Barth.) Hierin liege die „Botschaft an die soziale Welt", so Wendland.
[12] Diese ironische Feststellung traf H. Welzel, Naturrecht und materiale Gerechtigkeit, 4. Aufl. 1964, über die theologische Vereinnahmung bestimmter Naturrechtstraditionen (4. Teil, letzter Abschnitt).
[13] Eine ausführliche Herleitung versucht der Verf. in einer jetzt abgeschlossenen Arbeit über ›Die Ausformung des sozialen Rechtsstaates in der protestantischen Überlieferung — Sozialethische Untersuchungen zur gegenwärtigen Verfassungswirklichkeit‹.

Gegenstandswelt durch Handlungsmaximen von Fall zu Fall und durch eine Beschreibung der Situation als Medium personaler Beanspruchung zu unterlaufen.[14] Demgegenüber legitimierte sich vor dem Auftrag und vor der Aufgabe besser derjenige Ansatz, der vor dem Thema regnum Christi und gegenwärtige Staatswirklichkeit nicht ausweicht, sondern es konkreter Ausformung zugänglich macht.[15] Er basiert auf der Einsicht, daß die politische Ordnung als „Aufgabe menschlichen Handelns" (Wolf) ernst genommen werden kann, wenn nicht länger geheimnisvolle Mächte oder auch eine dem Menschen vorgegebene Macht Gottes dort vermutet werden müssen, wo die Verantwortung des Menschen zur Bewährung ansteht.[16] Gott will das Regiment der Welt ein Vorbild der rechten Seligkeit und seines Himmelreiches sein lassen. Diese Auffassung Luthers vom regnum Christi verweist darauf, daß nicht nur das Verhalten des einzelnen von der Herrschaft Gottes tangiert wird, sondern daß auch die Gesamtordnung verantwortet und im Lichte seiner Herrschaft ständig überprüft werden muß.[17] Die ökumenische Parole von der „verantwortlichen Gesellschaft" trägt diesem Auftrag Rechnung.

[14] Zur Kritik dieser Denkweise vgl. E. Topitsch, Zur Soziologie des Existentialismus, in: Sozialphilosophie zwischen Ideologie und Wissenschaft 1962, S. 71 ff.

[15] Die Weltgestaltung im Glauben an das Reich Christi und in dessen Erwartung wird von H.-D. Wendland und Ernst Wolf stark betont. Die Kirche erscheint hier als die „verborgen-wirksame Gemeinschaft der Erlösung inmitten aller kreatürlichen Gemeinschaft". Sie ruft die kreatürliche Gemeinschaft aus Sünde und Zerfall zurück zu ihren schöpfungsgemäßen Berufen, zu der von ihr geforderten Sachlichkeit. Wendland, Zur Grundlegung der christlichen Sozialethik, Z syst. Th. VII 1930, S. 31, 54, 52. Hierzu Ernst Wolf: Zur Sozialethik des Luthertums, Sonderdruck aus Kirche, Bekenntnis und Sozialethos, Genf 1934, S. 14 ff.

[16] Vgl. Ernst Wolf, Die Königsherrschaft Christi und der Staat, a. a. O., S. 23. Der Zusammenhang Luthers mit den modernen Staatslehren wird von G. Salomon-Delatour, Moderne Staatslehren, Neuwied-Berlin 1965, S. 308 ff., herzustellen versucht.

[17] Diese 1948 in Amsterdam erstmals in breiter Form vorgetragene ökumenische Parole erfuhr verschiedene Modifikationen. Zur Rezeption in den Kontext deutscher Theologie vgl. H.-D. Wendland, Die Kirche in

Inzwischen sind Kriterien erarbeitet worden, die sich an Begriffen wie Menschenwürde, Solidarität mit den Nöten der Gesellschaft und rechtsstaatlicher Ordnung orientieren. Zugleich wurde jeder christliche Bevormundungsanspruch zurückgewiesen und das „exemplarische Handeln" der Christenheit auf den selbstlosen Einsatz für den gesellschaftlich-politischen Umbau bezogen.[18] Gegenüber der Frage, ob „verantwortliche Gesellschaft" im Bereich der Grundentscheidungen des Glaubens oder der mittelbaren, geschichtsbezogenen Entscheidungen expliziert werde, wurde von H.-D. Wendland geantwortet, sie sei „nicht das Reich Gottes auf Erden . . . sie trägt den Charakter einer weltlichen und geschichtlichen Ordnung".[19] Aber sie hat mit der am regnum Christi gemessenen Liebe zu tun, denn sie fordert „Maximen und setzt Ziele der Humanität im Dienste der Wohlfahrt aller Menschen".[20] Die Schwäche der Maxime der verantwortlichen Gesellschaft liegt darin, daß sie die Vorstellung nahelegt, als könne sich eine Gesellschaft aus dem Verhalten der Menschen selbst organisieren, sie ist unpolitisch und steht in der Gefahr, eine dekorative Leerformel zu werden und gerade den Kräften zu dienen, die sich der Verantwortung im politisch verfaßten Gemeinwesen gerne entziehen.[21] Für den entscheidenden Geltungsbereich öffentlich-rechtlicher Strukturen bedarf es einer zusätzlichen, über die Sozialstruktur hinauswirkenden und die Le-

der revolutionären Gesellschaft, Sozialethische Aufsätze und Reden, Gütersloh 1967, S. 99 ff. (Der Begriff der „verantwortlichen Gesellschaft" in seiner Bedeutung für die Sozialethik der Ökumene.)

[18] Im Hinblick auf das Verhältnis von Kirche und Öffentlichkeit bedeute die Parole von der „verantwortlichen Gesellschaft": 1. negativ: Verzicht auf jegliche kirchliche Bevormundung der Gesellschaft, 2. positiv: Solidarität der Kirche mit den Nöten der Gesellschaft. So Ernst Wolf in: Kirche und Öffentlichkeit, a. a. O.

[19] H.-D. Wendland, a. a. O., S. 105 (Kirche und Revolution).

[20] A. a. O., S. 106.

[21] Die Gefahr, daß durch technokratische Tendenzen in den Machtzentren der Staaten und der Gesellschaft „die Idee der verantwortlichen Gesellschaft allmählich aus den Händen . . . gleiten" könnte, wurde in Genf 1966 konstatiert. Vgl. Appell an die Kirchen der Welt, Dokumente der Weltkonferenz für Kirche und Gesellschaft, Stuttgart/Berlin 1966, S. 155.

galstruktur erfassenden Kategorie, die sich im Begriff des demokratischen und sozialen Rechtsstaates anbietet. Er gibt eine höchst
konkrete Zielsetzung, die eine Veränderung und Verbesserung von
Institutionen und sozialen Verhältnissen intendiert. Sie löst den
Begriff der „verantwortlichen Gesellschaft" nicht ab, wohl aber
appliziert sie ihn auf eine je konkrete rechtlich verfaßte und politische Sozialordnung.[22] Das sozialstaatliche Prinzip kann sich im
rechten und vollen Verständnis jedenfalls als diejenige Kraft erweisen, die im „Verantwortungsbereich" dieses Landes verantwortliche Gesellschaft aktualisiert.[23] In vier Betrachtungsweisen soll dem
volleren Verständnis des Begriffes gedient werden: durch die Anschauung der staatsrechtlichen Definitionsbemühungen, durch Aufweis der gesellschaftspolitischen Implikationen und durch die genetische Betrachtungsweise, die vor allem die evangelische Überlieferung zu beachten hat. Zuletzt kann der Anwendungsbereich und
die Frage der Trägerschaft zumindest angedeutet werden.

II

Der Begriff des „sozialen Rechtsstaates" leitet sich nicht aus dem
Wesen des Rechts und der Idee der Gerechtigkeit ab, sondern aus
der konkreten Erfahrung, daß auch die autoritären Staaten der
Gegenwart auf die Rechtsstaatlichkeit ihres politischen Seins hinweisen können und sogar in gewissem Umfange die Freiheitsrechte
als private Abwehrrechte gegen den Staat gewähren können, solange
sie die politische Führung nicht gefährden.[24] Vor allem aber ent-

[22] Diese Richtung hat die Sektion II „Wesen und Auftrag des Staates
in einer Zeit des Umbruchs" faktisch auch eingeschlagen. Vgl. a. a. O.,
S. 151 ff.

[23] Zum Begriff des „Verantwortungsbereiches" vgl. H. Gollwitzer,
Leitsätze zur christlichen Beteiligung am politischen Leben, in: Die Kirche
als Faktor einer zukünftigen Weltgemeinschaft, hrsg. v. ökum. Rat der
Kirchen, Stuttgart-Berlin 1966, S. 296 ff. (zur deutschen Frage).

[24] Hierzu G. Leibholz, Der Zweck des Rechts, in: Strukturprobleme
der modernen Demokratie, Karlsruhe 1958, S. 282 ff.; A. Arndt, Das
nicht erfüllte Grundgesetz, a. a. O., S. 21.

stammt er der Erfahrung der Verfassungswirklichkeit im bürgerlichen Rechtsstaat, die in den zwanziger Jahren auf die Alternative
zusteuerte, entweder bewußt den liberalen in einen sozialen Rechtsstaat zu entfalten und die Demokratie als eine soziale zu realisieren,
oder aus der Gesellschaft heraus durch die staatliche Mobilisierung
privater Macht mehr oder minder autoritäre Züge anzunehmen.
In seiner Schrift ›Rechtsstaat oder Diktatur‹ formulierte H. Heller
diese Alternative.[25] Er gebrauchte dort als erster den Begriff „sozialer Rechtsstaat", in dem die negative Dialektik von Staat und
Gesellschaft, die nicht zur Befreiung der Bürger, sondern zur
Akkumulation unkontrollierter Herrschaft führt, positiv aufgehoben werde.[26] Bei der Aufnahme in das Grundgesetz herrschte
dementsprechend der Gedanke vor, daß der Glaube an die im-
manente Gerechtigkeit der bestehenden Wirtschafts- und Gesell-
schaftsordnung irreal sei und daß diese Ordnung der Gestaltung
durch diejenigen Organe des politischen Gemeinwesens unterworfen
werden müsse, in denen sich die demokratische Selbstbestimmung
des Volkes repräsentiert.

Die Ausdehnung der öffentlich kontrollierten Sphäre gegenüber
derjenigen des früheren bloßen Privatrechts schützt die Masse der
Glieder der Gesellschaft vor der formell privaten und an Parti-
kularinteressen orientierten Gewalt derjenigen Glieder, die über
die entscheidenden ökonomischen und auch gesellschaftlichen Machtpositionen verfügen, und verleiht ihnen eine dauerhafte Sicherung
individueller Rechte, wozu auch Gleichheit und Sicherheit gehören.[27]
Der liberale Rechtsstaat sichert ein Maß privater und ökonomischer
Freiheit durch Ausgrenzung. Er überläßt den einzelnen seiner gesell-

[25] H. Heller, Rechtsstaat oder Diktatur, Tübingen 1930, S. 9 f. und
S. 26.

[26] Hierzu W. Abendroth, Zum Begriff des demokratischen und sozialen
Rechtsstaates im Grundgesetz der Bundesrepublik Deutschland, in: Sultan-
Abendroth, Bürokratischer Verwaltungsstaat und soziale Demokratie,
Beiträge zu Staatslehre und Staatsrecht der Bundesrepublik, Hannover
und Frankfurt/M. 1955, S. 81 ff. Vgl. ferner J. Habermas, Zur Alter-
native der autoritären oder sozialen Demokratien, in: Student und
Politik, Neuwied 1961, S. 34 ff.

[27] Abendroth, a. a. O., S. 82 f. Habermas, a. a. O., S. 44.

schaftlichen Situation, er hat ein Gefälle zum gesellschaftlichen Status quo, er begünstigt denjenigen, der sich auf „habende Freiheiten" berufen kann. Er läßt ihn in Ruhe und begünstigt die „Bourgeoisie".[28] Er vernachlässigt den Gedanken, daß eine gute politische Ordnung auf der aktiven Teilhabe ihrer Staatsbürger beruht und nicht auf der sich selbst und dem privaten Eigentum überlassenen homines oeconomici.[29] „Die Teilhabe als Recht und Anspruch meint einen leistenden, zuteilenden, verteilenden, teilenden Staat, der den einzelnen nicht seiner gesellschaftlichen Situation überläßt, sondern ihm durch Gewährungen zu Hilfe kommt . . ."[30] Der diesem Satz zugrunde liegende Gegensatz von „Freiheit" und „Teilhabe" hebt sich auf, wenn der Tatsache Rechnung getragen wird, daß die vorgängige Disposition des Lebens nicht mit der Reichweite öffentlicher Gewalt endet, sondern für die erdrückende Mehrheit eine das ganze — gesellschaftliche — Leben mitumfassende Tatsache ist. Schon im Jahre 1930 kontrollierte die öffentlich Wirtschaft ca. 53 % des Nationalproduktes. Die wachsende Tendenz liegt nicht nur in den Lenkungsmaßnahmen und öffentlichen Haushalten begründet, sondern in der Umkehrung alles Gegebenen, angesichts der Vertriebenen, Flüchtlinge, der Bomben-, Kriegs- und Währungsgeschädigten. Somit ist heute Freiheit Gegenstand bewußter Disposition, oder sie verflüchtigt sich zur kaum erkennbaren Schwundstufe.

[28] Hierzu R. Smend, Bürger und Bourgeois im Deutschen Staatsrecht, a. a. O., S. 317, Anm. 13. Vgl. Strohm, a. a. O., S. 205.

[29] A. a. O.

[30] So E. Forsthoff, Begriff und Wesen des sozialen Rechtsstaates (1953), in: Rechtsstaat im Wandel; Verfassungsrechtliche Abhandlungen 1950— 1964, Stuttgart 1965, S. 36. Nach Forsthoff sind Rechtsstaat, der Freiheiten durch „Ausgrenzung" gewährt, und Sozialstaat, der „Teilhabe" gewährt, miteinander kaum vereinbare Rechtsformen.

[31] Hier findet das von A. Wagner formulierte „Gesetz der wachsenden Staatsaufgaben" seine empirische Bestätigung. Vgl. K. H. Hausmeyer, Der Weg zum Wohlfahrtsstaat, Wandlungen der Staatstätigkeit im Spiegel der Finanzpolitik unseres Jahrhunderts, Frankfurt/M. 1957, und H. Maier, Die ältere deutsche Staats- und Verwaltungslehre (Polizeiwissenschaft), Neuwied 1966, S. 318 ff.

Freiheit wird manifest in der Teilhabe. Die Vorstellung, daß die vorhandene Staatsrealität ihrem Wesen gemäß auf die schmale Gruppe selbständiger, über erhebliches privates Eigentum verfügender Rechtspersonen zugeschnitten sei, an der die absolute Mehrheit irgendwie auch durch Gewährungen mitbeteiligt wird, ist unter demokratischen Gesichtspunkten nicht mehr erträglich. Gleichwohl wurde diesen neuen Erkenntnissen weder im Grundgesetz unmißverständlich Ausdruck verliehen — es ist das Ergebnis von Kompromissen „und nach dem Willen aller Beteiligten nur als Provisorium gedacht" [32] —, noch wurden sie von der herrschenden Auslegung richtunggebend expliziert.

An zwei Stellen, in Art. 20, I und in Art. 28, I wird vom sozialen Bundesstaat bzw. vom sozialen Rechtsstaat gesprochen. Der Grundsatz der Sozialstaatlichkeit gehört neben der „demokratischen Struktur" zu den jeder Verfassungsänderung entzogenen Grundlagen des Verfassungssystems. Sie werden wie das Bekenntnis zur unantastbaren Würde des Menschen (Art. 1 GG) in Art. 79, Abs. 3 als unaufhebbar charakterisiert.

Ebenfalls auf das Sozialstaatsprinzip verweisen der Art. 14, 2. „Eigentum verpflichtet. Sein Gebrauch soll zugleich dem Wohle der Allgemeinheit dienen" und der Art. 15, in dem die Regelung der Enteignung und Vergesellschaftung im Grundsatz ihren Niederschlag findet.[33]

In die Beantwortung der Frage nach dem Ausmaße der sozialstaatlichen Bestimmung des Grundgesetzes gehen erhebliche metajuristische Entscheidungen mit ein. Es lassen sich unter bestimmten Gesichtspunkten die gesamten Grundrechte einbeziehen, wenn man sie nicht mehr als Ausgrenzung, sondern als Teilnehmerrechte versteht. Sie garantieren heute nicht mehr den staatsfreien Spielraum für ein bürgerliches Publikum von Privatleuten, sondern sie schaffen

---

[32] H. P. Ipsen, a. a. O., S. 7.

[33] Einen guten Überblick gibt Ch. Fr. Menger, Der Begriff des sozialen Rechtsstaates im Bonner Grundgesetz, Tübingen 1953. Eine knappe Typologie gibt W. Reuss, Die Bedeutung des Sozialstaatsprinzips, in: Sozialstaatsprinzip und Soziale Sicherheit (zus. mit K. Jantz), Stuttgart 1960, S. 8 ff.

die Garantie für eine Teilnahme aller am öffentlichen Geschehen. Menschenwürde und die Entfaltung der Persönlichkeit bleiben Leerstellen, sofern nicht die Bedingungen ihrer Realisierung im politischen Gemeinwesen mit geschaffen werden.[34] Der Aufruf zur Sozialstaatlichkeit kann jedoch nicht darüber hinwegtäuschen, daß das Grundgesetz gegenüber der Weimarer Reichsverfassung in zwei Punkten zurückgeblieben ist: es fehlen dem Grundgesetz die sozialen Grundrechte, und auch die Art. 14 und 15 bleiben bewußt hinter der Eigentumsregelung in Art. 153 WRV zurück.[35] Das Grundgesetz habe sich in der Anerkennung aller (wohl) erworbenen konkreten Eigentumsrechte ganz eindeutig für den Rechtsstaat als Konservierung entschieden und alle Fragen notwendiger sozialer Umgestaltung von sich weg den Weg künftiger Gesetzgebung verwiesen, die ihrerseits aber der Eigentumsordnung des Grundgesetzes verpflichtet bleibe.[36]

In Art. 14 Abs. I Satz 1 GG wird das Eigentum sowohl als konkret individuelles Privateigentum wie als Rechtsinstitut „Eigentum" gewährleistet. Damit fügt sich Art. 14 ganz ein in den auf umfassende Sicherung der Freiheitssphäre bedachten Grundrechtsteil. Gedacht ist offensichtlich an jenes politisch ungefährliche Eigentum in der Hand des einfachen Bürgers, das zu einer individuellen Lebensdisposition in einer Zeit maximaler Abhängigkeiten dienen

---

[34] „Sozial" meint hier nach W. Hamel den „Begriff eines besonderen materialen Rechtswertes, der unseren Rechtsstaat auszeichnet" und den Grundrechten einen unmittelbaren „sozialpolitischen Sinn" verleiht im Sinne der „justitia distributiva", einem „höheren, sozialen Gerechtigkeitsprinzip". Hamel finalisiert die liberalen Grundrechte des GG in „soziale Grundrechte" um und verleiht dadurch dem Sozialstaatsprinzip ein hohes Gewicht: Die Bedeutung der Grundrechte im sozialen Rechtsstaat. Eine Kritik an Gesetzgebung und Rechtsprechung, Berlin 1957, u. a. S. 28 f.

[35] Inwiefern die sozialen Grundrechte der WRV auf protestantischem Boden vorformuliert wurden, habe ich in meiner Arbeit ›Kirche und demokratischer Sozialismus. Studien zur Theorie und Praxis politischer Kommunikation‹, München 1968, gezeigt.

[36] Vgl. H. P. Ipsen, Enteignung und Sozialisierung, VVdStRL 1952. H. 10, S. 82.

kann. Unterschiede nach erworbenen Rechten, nach Leistung und sozialer Chance werden als privater Spielraum gewertet, der den Schutz des Staates verdient. Der Artikel 15 GG spricht von demjenigen Eigentum, das ökonomische und darum auch politische Macht verschaffen kann. So sind Grund- und Bodeneigentum wegen der natürlichen Knappheit virtuell eine öffentliche Angelegenheit. Das Eigentum an Produktionsmitteln erhält öffentlichen Charakter wegen der Herrschaftschancen über andere Bürger, das nicht nur kontrollbedürftig, sondern unter Umständen „vergesellschaftungsbedürftig" werden kann. Hierher gehören nicht nur Wirtschaftslenkungs-, Mitbestimmungs-, sondern auch Umverteilungsmaßnahmen über Steuergesetzgebung und politische Kontrollen. Das Grundgesetz gebraucht in diesem Zusammenhang den Begriff der Gemeinwirtschaft, der eine Zielaussage über die sozialstaatliche Ausgestaltung der Wirtschaftsverfassung enthält und ihn von rein privatwirtschaftlichen Formen abhebt.[37]

III

L. Raiser betonte unter Hinweis auf die lutherische Überlieferung die Gemeinwohlbindung des Eigentums gemäß Art. 14, Abs. 1 Satz 2 gegenüber jeder einseitig individualisierenden Auslegung.[38] Dort, wo Eigentum ökonomische und dadurch auch politische Macht über andere verschafft, müsse das Grundgesetz eine „aggressive" Auslegung erfahren. Die Führung eines Unternehmens müsse es sich gefallen lassen, seine Herrschaft mit dem Staat teilen zu müssen, der wirtschaftslenkende Maßnahmen ergreift, und mit politischen und gesellschaftlichen Gruppen, soweit sie Kräfte repräsentieren, die an der Tätigkeit des Unternehmens beteiligt sind. Der Begriff „Wohl der Allgemeinheit", der den historisch beziehungsreichen

---

[37] Vgl. H. P. Ipsen, a. a. O., Abendroth, a. a. O., S. 87 f.
[38] Vgl. L. Raiser, Art. Eigentum, in: HdSW Bd. II. und sein Diskussionsvotum bei der Göttinger Staatsrechtslehrer-Tagung 1951 VVdStRL 1952 H. 10, S. 159 und S. 167. Vgl. ferner F. Klüber, Eigentum verpflichtet. Eine zivilrechtliche Generalklausel, Diss. Tübingen 1959.

Begriff des „allgemeinen Besten" (Art. 153 WRV) abgelöst hat,[39] deutet auf die Rechtsgemeinschaft als einem überindividuellen Ganzen, demgegenüber eine Pflichtbeziehung besteht. Eine Enteignung zum „Wohle der Allgemeinheit" unterscheidet sich von der — nicht zulässigen — Konfiskation darin, daß hier nicht eine Entziehung des Eigentums vom bisherigen Eigentümer bezweckt wird, sondern die Herstellung einer anderen Eigentümerposition, deren höheren Nutzen für das Allgemeinwohl einer Mehrheit bestimmbar erscheint[40]. Dahinter verbirgt sich das Vertrauen der Verfassung, „durch Mehrheitsbeschluß das Gemeinwohl rational und verbindlich zu bestimmen".[41] Freilich ist, wie es in einem exemplarischen Gerichtsurteil heißt, „der schwerwiegende Begriff der Enteignung oder Überführung in Gemeineigentum ... zum Wohl der Allgemeinheit nur dann gerechtfertigt, wenn er einen unzweifelhaft erheblichen Nutzen für das gesamte Volk bringt"[42]. Augenfällig verbirgt sich hier das Problem des Verhältnisses von Einzelwohl und Gemeinwohl. Der liberalen Theorie liegt die Prämisse zugrunde, bei ungehinderter Entfaltung des Gesellschaftslebens finde eine fortschreitende Annäherung statt. Gelegentlich wird von einer möglichen Kongruenz gesprochen. Ernst Benda nimmt eine „Koordination" von beiden Belangen an.[43] Der Begriff des sozialen Rechtsstaates verweist jedoch in eine andere Richtung. Er hat das Vertrauen in die liberale Harmonievorstellung aufgegeben.

[39] Der Beziehungsreichtum des Begriffs wurde von W. Merk, Der Gedanke des gemeinen Besten in der deutschen Staats- und Rechtsentwicklung, in: Festschrift für A. Schultze, Weimar 1934, herausgearbeitet. Vgl. auch W. Hennis, Zum Problem der deutschen Staatsanschauung, VfZG 7/1959.

[40] H. P. Ipsen. Enteignung und Sozialisierung, a. a. O., S. 88.

[41] A. a. O.

[42] So im berühmten Urteil des Badischen obersten Gerichtshofes vom 3. 7. 1950.

[43] E. Benda, Industrielle Herrschaft und sozialer Staat, Wirtschaftsmacht von Großunternehmen als gesellschaftspolitisches Problem, Göttingen 1966, S. 366. Nicht mit einer wesensmäßigen Verschiedenheit rechnet auch Dürig, Nawiasky Festschrift, S. 172. Das ordnungspolitische Problem hat H. D. Ortlieb, Der Mensch in der Wirtschaftsordnung,

Als in den Verhandlungen zur Weimarer Verfassung von protestantischer Seite, vor allem von O. v. Gierke, F. Naumann, Max
Weber und F. Meinecke die Sozialpflichtigkeit des Eigentums betont und im Art. 153 in die Verfassung eingetragen wurde, berief
man sich auf diejenigen Traditionen, die unmittelbar hinter die
zeitgenössische individualethische Betrachtung des Eigentums zu-
rücklenkten zur reformatorischen Fassung.[44] Diese Auffassung der
Reformation, die hier nicht entfaltet werden kann, kam bereits
auf dem 8. evangelisch-sozialen Kongreß 1897 voll und zeitgemäß
zur Sprache. In den Leitsätzen des Hauptreferates (Prof. Wendt,
Jena) wird statuiert, „daß alles irdische Eigentum Gott gehört und
von Gott aus Liebe den Menschen anvertraut ist" und „daß das
Eigentum ganz in den Dienst der Liebe gestellt sein muß".[45] Im

Hamb. Jahrb. f. W. u. G. Politik, 2. Jg., Tübingen 1957, S. 20 ff.,
herausgearbeitet. Nach ihm „können marktwirtschaftliche Ordnungs-
formen nur so weit zugelassen werden, als sie nicht (wie bisher häufig)
ein asoziales Verhalten institutionalisieren, aber auch bei den sozialen
Sicherungen, die der Wohlfahrtsstaat bietet, muß Vorsorge getroffen
werden, daß Faulheit und Initiativlosigkeit nicht prämiiert werden und
daß die Kontrolle der plan- *und* marktwirtschaftlichen Bürokratie ausreicht, um Mißbrauchsmöglichkeiten amtlicher oder privatwirtschaftlicher
Befugnisse hintanzuhalten". S. 21.

[44] Vgl. hierzu Verh. d. 8. evang.-sozialen Kongresses 10./11. Juni 1897,
außerdem Th. Lorch, Die Beurteilung des Eigentums im deutschen Protestantismus seit 1848, Gütersloh 1930. K. Bayerle, Zehn Jahre Reichsverfassung, Festrede zur Münchener Verfassungsfeier der Reichsbehörden
am 11. August 1929, München 1929, dort Hinweis auf Gierkes Gutachten
zu den Grundrechten. Vgl. auch Naumann, Versuch volksverständlicher
Grundrechte (1919) Werke IV Köln-Opladen 1965, S. 573 ff. Max Weber,
Deutschlands künftige Staatsform, Frankfurt 1919, spricht von der „ganz
radikalen sozialen Demokratisierung, die wir erstreben . .." Ges. pol. Schr.
S. 437. Fr. Meinecke spricht in seinem Gutachten von der „Genossen-
schaftlichkeit der deutschen Demokratie", die wir „wohl wünschen, aber
noch lange nicht besitzen". H. Preuß versucht eine gemischte Verfassung,
in der das sozialstaatliche Programm auf dem Wege der Gesetzgebung
realisiert werden sollte, was freilich unterblieb. Vgl. E. Forsthoff, Deutsche Verfassungsgeschichte der Neuzeit, 2. Aufl. Stuttgart 1961, S. 184 ff.
[45] Verh. d. 8. ev.-soz. Kongresses, 1897, Göttingen 1897, S. 10.

Hinblick auf die rechtliche Ausgestaltung wird gefordert die „Anerkennung solcher Pflichten der Rücksichtnahme und Dienstleistung den Nebenmenschen und menschlichen Gemeinschaften gegenüber, durch welche der einzelne bei dem Erwerbe, der Verwahrung und Verwendung des Privateigentums beschränkt wird" (Leitsatz VI) [46]. O. v. Gierke erklärte auch, daß „alles Eigentum von Gott anvertrautes Gut ist". Dieser Gedanke könne der Rechtsordnung genauso wenig fremd bleiben wie der andere, daß das Individuum dienendes Glied des Ganzen sei.[47] Konkret setzte sich der Kongreß für die „Einführung eines kommunalen Enteignungsrechts auf Baugrund", für die Herausnahme des Grundes und Bodens aus dem freien Markt usw. ein. Er vindizierte der Allgemeinheit die Pflicht zur sozialen Vorsorge, d. h. durch regulierende Maßnahmen die Erfüllung des Daseinsbedarfs der abhängigen Schichten zu sichern (Arbeitsplatzpolitik, Vollbeschäftigungspolitik, Ausbildungsförderung etc.); selbstverständlich die Pflicht zur sozialen Fürsorge bei spezifischen Schäden, die sich aus der Abhängigkeitslage im industriellen System ergeben (vorbeugende, heilende und lindernde Maßnahmen). Durch die Formulierung von „sozialen Grundrechten" wurde eine konkrete Anspruchsbasis gelegt, die zugleich verbindliche Richtlinien für die Gestaltung der Rechtsordnung darstellten.[48]

Diese hier nur angedeuteten Zusammenhänge sind zum Verständnis des Art. 14 II 1 insofern von Belang, als dieser Artikel in seinem etwas archaischen Sprachgebrauch leicht ornamentale Funktion erhalten kann ohne Rechtserheblichkeit. Er ist in der Tat auch eine Art „sozialethisch ausfüllungsbedürftige Generalklausel", bei der alles darauf ankommt, daß ihm aus der Gesellschaft und aus dem politischen Leben Vorstellungsinhalte zuwachsen und sich relevante Gruppen finden, die ihm Gewicht und Nachdruck verleihen. Die

[46] A. a. O., S. 67.

[47] A. a. O., S. 40. Vgl. auch ders.: Die soziale Aufgabe des Privatrechts, Berlin 1889, S. 13 ff. und 25 ff. Zum Ganzen vgl. Evangelisches Ringen um soziale Gemeinschaft; Fünfzig Jahre Evang.-sozialer Kongreß 1890—1940, hrsg. v. J. Herz, Leipzig 1940, S. 14 ff., und Th. Strohm, Kirche und demokratischer Sozialismus, a. a. O.

[48] Einzelheiten bei Strohm, a. a. O.

evangelische Kirche, die durch einige Voten zur Eigentums- und
Mitbestimmungsfrage[49] in der Nachkriegszeit hervortrat, ist schon
aus dem genealogischen Aspekt aufgerufen, den Zusammenhang
von Rechtsgemeinschaft, Sozialverpflichtung des Bürgers und des
Kapitals sowie der Frage der materialen Grundrechte verbindlich
aufzuklären und zur Fortentwicklung der Rechtsordnung beizutragen.

Die Dringlichkeit dieser Aufgabe wird erst ganz sichtbar, wenn
man die gegenläufigen Tendenzen und Schwierigkeiten ins Auge
faßt. Sie werfen zugleich ein Licht auf die Spannungen zwischen der
Legalstruktur unserer Rechtsverfassung und der durch ein hohes
Maß von Abhängigkeiten gekennzeichneten Sozialstruktur, die
zwar die Unerfülltheit des Aufrufes zur Sozialstaatlichkeit im
Grundgesetz erklären, aber nicht rechtfertigen können.

IV

Es kennzeichnet den offenen, aber auch provisorischen Charakter
der Verfassung, daß gegenüber der Weimarer Verfassung die sozialstaatliche Zielaussage an drei Stellen weniger deutlich formuliert
wurde: 1. die Verfassung überläßt es dem verantwortlichen Zusammenspiel der politisch-sozialen Kräfte und ihrer Gesetzgebungsorgane, die „Wirtschaftsverfassung" mit ihren ökonomisch-poli-
tischen Machtpositionen sozialstaatlicher Ordnung politisch zu erschließen. 2. Sie gibt keine wirkliche Abgrenzung, wo der defensive,
schutzwürdige Charakter des Eigentums (Art. 14) einen aggressiven,
öffentlich relevanten, weil für die Rechtsgemeinschaft unter Um-

---

[49] Vgl. Die Kirche und die Welt der industriellen Arbeit, Reden und
Entschließungen der Synode der EKD 1955, hrsg. v. K. v. Bismarck,
2. Aufl. Witten 1955. Eigentumsbildung in sozialer Verantwortung;
Eine Denkschrift zur Eigentumsfrage in der Bundesrepublik Deutschland,
Hannover 1962; und: Empfehlungen zur Eigentumspolitik eines evang.-
kathol. Arbeitskreises. Bad Boll, Dokumentation. Auch die im Nov. 1968
veröffentl. Studie der Kammer für soziale Ordnung ›Sozialethische Erwägungen zur Mitbestimmung in der Wirtschaft‹ beleuchtet erneut die
Kontinuität der protestantischen Willensbildung.

ständen gefährlichen Charakter annimmt. 3. Sie verzichtet auf die Formulierung „sozialer Grundrechte" neben den reinen Freiheitsrechten und läuft Gefahr, daß die sozialstaatliche Zielvorstellung theoretisch und praktisch im Sinne des bürgerlich liberalen Rechtsstaates unterwandert wird. Darüber hinaus macht das Grundgesetz auch noch die vorhandenen Instrumente stumpf, da es im Falle einer Zulassung zur Enteignung oder einer Sozialisierung eine Entschädigung im vollen Umfange vorschreibt. Wird jedoch die Eigentumssubstanz unangetastet gelassen, ist die Gefahr des politischen Mißbrauchs nicht zu bannen. Eine Einschränkung der durch das Großeigentum an Produktionsmitteln gegebenen Machtpositionen ist nicht möglich, bestenfalls ein Kapital- bzw. Machtumtausch. H. P. Ipsen spricht deshalb von einer Legalisierung des Zweifels des einzelnen an der demokratischen Gleichheit, der Allgemeinheit und Gerechtigkeit des Gesetzes und daran, die soziale Ordnung eigenmächtig zu bestimmen.[50] „Der Zweifel an der demokratischen Selbstbestimmung siegt, was für den Sozialbereich, der der Entscheidung harrt, in einem wesentlichen Punkt Verzicht auf Gestaltung bedeuten muß. Soziale Gestaltung müßte nach Art. 14, 3 GG zu Lasten der Allgemeinheit gekauft und bezahlt werden."[51]

Angesichts dieser Sachlage ist es kaum verwunderlich, daß der Artikel 15 fast zu einem verfassungsrechtlichen Blinddarm geworden ist,[52] und die Sozialstaatlichkeit von der herrschenden Staatsrechtslehre faktisch im Sinne des alten Rechtsstaatsbegriffes ausgelegt wird. Er sei „substanzloser Blanquettbegriff", der praktisch keine bedeutsamen Rechtsfolgen haben könne (Grewe),[53] er sei kein Rechtsbegriff, aus dem sich Rechte und Pflichten begründen

[50] Ipsen, Enteignung und Sozialisierung, a. a. O., S. 90.

[51] A. a. O., S. 91.

[52] H. Ridder spricht davon, daß der Art. 15 durch langjährige Nichtbenutzung obsolet geworden sei und deshalb die „Sozialentwährung" der in Eigentumsform gegossenen wirtschaftlichen Machtpositionen nicht mehr zulässig sei, wenn sie nicht bald durchgeführt werde. Eine bezeichnende Fehlinterpretation. VVdStRL 1952 H. 10, S. 147 ff. (These 9). Dazu Abendroth, a. a. O., S. 88.

[53] Grewe, Bundesstaatliches System des GG, DRZ 1949, S. 349 ff.

und Institutionen ableiten ließen;[54] ein sozialethisches Postulat oder ein Bekenntnis zum Gerechtigkeitsprinzip, freilich ohne verfassungsmäßige Festlegung eines Gerechtigkeitsgrundsatzes etwa im Sinne des sozialen Ausgleichs, der Egalisierung.[55] Demgegenüber liegt eine Steigerung in der Annahme eines verbindlichen Auslegungsgrundsatzes für die Gesetzgebung (Menger und Hamel) und noch mehr in der Annahme, der Grundsatz der Sozialstaatlichkeit sei unmittelbar verbindliches Verfassungsrecht, das Rechtsansprüche auf breiter Basis begründet.[56] Die herrschende Praxis folgt im wesentlichen der Auffassung Nipperdeys, derzufolge das Sozialstaatsprinzip eine Norm ist, nach der der Gesetzgeber seine Tätigkeit nach den sozialen Notwendigkeiten der gegebenen Situation auszurichten habe. Als Auslegungsgrundsatz gelte sie auch für die Gerichte, enthalte sie auch verbindliche Richtlinien für die Verwaltung.[57]

Hier werden keine „verbindlichen Richtlinien für die Gestaltung unserer Rechtsordnung" und keine Grundlegung subjektiver öffentlicher Rechte auch ohne Aktualisierung durch ein konkretisierendes

[54] E. Forsthoff, Begriff und Wesen des sozialen Rechtsstaates, a. a. O., S. 33 ff. Forsthoff will freilich die Sozialstaatlichkeit auf die Ebene der Verwaltung und des Verwaltungsrechts verlagern („die leistende Verwaltung der modernen Daseinsvorsorge" neben der „Eingriffsverwaltung alten Stils", S. 33).

[55] Zu dieser Kategorie sind nach Reuss zu rechnen: Peters, Die freie Entfaltung der Persönlichkeit als Verfassungsziel, Festschrift f. Laue 1953, S. 670, Gerber, Maunz; Reuss a. a. O., S. 8. Hier wird eine Steigerung in der Verbindlichkeit in sieben Stufen entwickelt vom „substanzlosen Blankettbegriff" über den „Programmsatz", „Auslegungsgrundsatz" bis hin zur „unmittelbaren Anspruchsgrundlage", die jedoch als radikale Position in diesem Kontineum erscheint.

[56] Hamann, Deutsches Wirtschaftsverfassungsrecht, 1958, S. 46 f., 58, 77 f., 114. bei Reuss, S. 10 f.

[57] Vgl. Hueck-Nipperdey, Lehrbuch des Arbeitsrechts, 6. Aufl. Bd. II, S. 33 f. H. Nipperdey sieht in Art. 2 GG, Ar. 12 und 14 die Magna Charta der sozialen Marktwirtschaft, die also verfassungsmäßig vorgeschrieben und geschützt werde. Vgl. Die soziale Marktwirtschaft in der Verfassung der Bundesrepublik, Karlsruhe 1959; aber auch Abendroth, S. 85 ff.

Gesetz unterstellt, sondern die „sozialen Notwendigkeiten" und die „soziale Situation" werden zum Leitfaden für eine Sozialgesetzgebung von Fall zu Fall, deren Ergebnis im Gutachten ›Soziale Umverteilung‹ der Forschungsgemeinschaft umschrieben wird.[58] „Die öffentlichen Aufwendungen für die soziale Sicherheit (Umverteilungsleistungen) in der Bundesrepublik übertreffen das früher in der deutschen Sozialgeschichte Geleistete; in ihrer Gesamtheit und gemessen am Brutto-Sozialprodukt übertreffen sie auch die Leistungen vergleichbarer ausländischer Systeme ... Dennoch besteht die Gefahr, daß das eigentliche Ziel aller Sozial- und Gesellschaftspolitik, Wohlfahrt und Würde der Person in einem gesunden Gesellschaftsaufbau zu mehren, immer häufiger verfehlt wird. Die Gründe hierfür liegen darin, daß es an einer Gesamtkonzeption und einheitlichen Planung fehlt und in isolierten politischen Aktionen von Fall zu Fall Lösungen gesucht werden, wie sich bereits an der Existenz von mindestens sechs mit sozialpolitischen Fragen befaßten Bundesministerien dokumentiert."

Die Schöpfer des Grundgesetzes haben ein schweres Erbe den am Ordnungsprozeß beteiligten Kräften hinterlassen: sie verzichteten darauf, die durch die Vorsorgefunktion und gesamtgesellschaftliche Verantwortung des modernen Staates notwendig gewordene soziale Programmatik zu positivieren, und vollends darauf, den Verpflichtungscharakter der Sozialstaatlichkeit im Bereich der Sozial- und Wirtschaftsverfassung analog Art. 165 WRV zu regeln. So allein war es möglich, daß die herrschende Lehre die soziale Situation in dem Sinne normativ werden läßt, daß sie von einer „autonomen Wirtschaftsverfassung" ausgeht, oder die „soziale Marktwirtschaft" als das vom Grundgesetz geforderte System pro-

---

[58] Soziale Umverteilung, Mitteilung 1 der Kommission für dringliche sozialpolitische Fragen der Deutschen Forschungsgemeinschaft, Wiesbaden 1954. Vgl. auch G. Mackenroth, Die Reform der Sozialpolitik durch einen deutschen Sozialplan, in: Sozialpolitik und Sozialreform, hrsg. v. E. Boettcher, Tübingen 1957, S. 42 ff. Die Forderungen Mackenroths enthält auch das Godesberger Programm der SPD (1959), sie harren jedoch noch ihrer Verwirklichung. Vgl. auch A. Rüstow, Die Kehrseite des Wirtschaftswunders, Hamburg 1961, S. 8 ff.

klamiert, oder von einem Selbststeuerungsmechanismus spricht, der vom Staat geschützt werden müsse[59].

F. Böhm, der im Gefolge W. Euckens als „repräsentativ für eine ganze Gruppe von Juristen und Volkswirten gelten" kann,[60] konstruiert dann auch einen „reinen Rechtsstaat" unter „modernen Bedingungen", dessen Aufgabe es wäre, das berufliche, konsumtive, kulturelle Zusammenleben im Rahmen der Privatrechtsordnung zur Entfaltung zu bringen. Eine ausgebildete Privatrechtsordnung sei durchaus geeignet, „die Entstehung einer ungemein differenzierten, arbeitsteiligen und wohlhabenden Gesellschaft nicht nur zu ermöglichen, sondern auch anzuregen und einen erstaunlich verwickelten sozialen Kooperationsprozeß zwischen frei und autonom planenden Privatrechtssubjekten durchsichtig, klar und sinnvoll zu ordnen".[61] Die soziale Marktwirtschaft basiere auf der „Entscheidung zugunsten des Rechtsstaates" und auf der Entscheidung „zugunsten des Wohlfahrtszweckes". Lenkende Eingriffe der Regierung seien „nur in Notfällen" und „nur im Rahmen des Ausnahmezustandes" zulässig.[62]

In analoger Sichtweise wird die Entwicklung der Bundesrepublik als eine sich „selbstregulierende" und „selbststabilisierende" Wirtschaftsgesellschaft analytisch bestimmt, die aus sich selbst ordnende Kräfte hervorgebracht habe, die den Staat tragen und in Form halten.[63] Die Fragwürdigkeit dieser Argumentationsweise wurde in der Problematik der „formierten Gesellschaft" offenbar, die als

---

[59] Zu diesem ganzen Problemkreis vgl. H. Ehmke, Wirtschaft und Verfassung, Die Verfassungsrechtsprechung des Supreme Court zur Wirtschaftsregulierung, Köln 1961, S. 3—70. Und ders., Staat und Gesellschaft als verfassungsrechtliches Problem, in: Staatsverfassung und Kirchenordnung, Festschrift f. R. Smend (80. Geb.), Tübingen 1962, S. 23 ff. Ehmke vermeidet den Begriff „Staatsverfassung" und schlägt statt dessen den Begriff „government" vor, dessen deutsche Fassung noch aussteht.

[60] Ehmke, Wirtschaft und Verfassung, a. a. O., S. 55, Anm. 17.

[61] F. Böhm, Der Rechtsstaat und der soziale Wohlfahrtsstaat, Reden und Schriften, hrsg. v. Mestmäcker, Karlsruhe 1960, S. 104, 144 ff.

[62] A. a. O., S. 145.

[63] E. Forsthoff, Die Bundesrepublik Deutschland; Versuch einer Realanalyse, a. a. O., S. 197 ff. Die Frage dagegen ist berechtigt, daß doch

„die Antwort auf die Herausforderung der liberal-demokratischen Entwicklung" bezeichnet wurde. Im Augenblick der Krise rief man nach dem „starken Staat", der die Wirtschaft absichert vor möglichen Störungen des ökonomischen Funktionszusammenhanges (wobei unschwer an gewerkschaftliche Tätigkeit und extensive Mitbestimmungsforderungen zu denken ist).[64] Der Umschlag in den autoritären, den „Ausnahmezustand" und die „Notfälle" beherrschenden Staat ist bei dieser theoretisch-praktischen Tendenz latent mitgegeben. Sie zielt nicht auf die politische Mitte der Verfassung im Sinne des freiheitlichen und sozialen Rechtsstaates und der Ordnung des politischen Gemeinwesens, sondern sie löst die Ordnungsproblematik von den Naturverhältnissen der Gesellschaft her.

wohl diese angebliche „Selbstregulierung" auf klaren politischen Entscheidungen beruht. Vgl. hierzu A. Grosser, Die Bonner Demokratie, Deutschland von draußen gesehen, Düsseldorf 1960; u. a. S. 185 ff. „Die Entscheidung für den Liberalismus".

[64] Die Theorie der „formierten Gesellschaft" basiert auf zwei ganz einfachen Prinzipien: 1. „In der formierten Gesellschaft soll der einzelne Mensch seine private Initiative gerade auch in der Selbstvorsorge für die Wechselfälle des menschlichen Lebens wie Krankheit, Unfall, Arbeitslosigkeit, Arbeitsunfähigkeit im Alter ... usw. frei entfalten." Gesellschaftspolitische Kommentare, 12. Jg. Nr. 13/14. 9. These, S. 161. Das heißt Abbau eines großen Teiles der gesetzlichen Leistungspflichten der Arbeitgeber zur Entlastung der Wirtschaft, Verzicht auf jedes Versorgungsprinzip in der Sicherungspolitik der öffentlichen Hand.

2. Festigung des status quo gegen jede weitere Nivellierungstendenz in der Lohnpolitik, Sozialpolitik, Bildungspolitik. „Formierte Gesellschaft — Das Modell einer solchen modernen Gesellschaft besteht in der Synchronisierung einer dynamischen Wirtschaft mit einer sozialen Schichtung des Sozialprodukts." So L. Erhardt im Bonner Generalanzeiger nach Die Zeit, 26, 1965, S. 18. Vgl. zur Kritik, H. Pross, Die neue Volksgemeinschaft, des Kanzlers „Formierte Gesellschaft" und H. Simon, Formierte Gesellschaft oder sozialer Rechtsstaat, Kirche in der Zeit, 1966 XXI H. 11, S. 486 ff. In der vom Kanzleramt verteilten Literatur hieß es ausdrücklich, die Wirtschaft dürfe nicht in die Formierung einbezogen werden, da ihre Funktionsfähigkeit gefährdet werde. Gesellschaftspol. Kommentare, a. a. O., S. 162.

Die Fragwürdigkeit einer Gegenüberstellung von Staats- und Wirtschaftsverfassung hat vor allem H. Ehmke betont: „Es gibt *eine* Verfassung, und das ist die des politischen Gemeinwesens." Verfassungsrechtlich könne es „allein um die Frage gehen, welche Maßstäbe und Bindungen diese eine auch insoweit als Einheit zu verstehende Grundordnung für die rechtliche Ordnung der Wirtschaft enthält, die auch die Ordnung des Gemeinwesens ist".[65] Die gute Ordnung des Gemeinwesens ist Aufgabe eines auf das Ganze der Rechtsgemeinschaft sich richtenden Gesamtwillens, der im Ringen der Parteien und der Gesetzgebungsorgane zum Ausdruck gebracht werden muß. Dabei wird sorgfältig darauf zu achten sein, daß der Herrschaftsstaat im vorkonstitutionellen Sinne und jedes Abgleiten in den Staatssozialismus oder in den Faschismus verhindert werden.[66]

V

Am Prozeß der politischen Kommunikation beteiligt sich auch die Kirche durch ihre Stellungnahme und durch ihr faktisches Verhalten. Die Kirche muß daran interessiert sein, daß sich im Verhältnis von Ökonomie und Politik das Schwergewicht auf eine gewisse Autonomie der politischen Sphäre legt. Der relative Gewinn an Eigenständigkeit der sog. „Produktivkräfte" gegenüber den „Produktionsverhältnissen" schafft jenen Raum, in dem eine Debatte über den ethischen Zweck und die humane Organisation des

[65] H. Ehmke, Staat und Gesellschaft als verfassungsrechtliches Problem, a. a. O., S. 46. Vgl. auch R. Smend, Die politische Gewalt im Verfassungsstaat, Staatsrechtl. Abhandlungen a. a. O., S. 68, und U. Scheuner, Der Bereich der Regierung, in: Festgabe für R. Smend, a. a. O., S. 253.

[66] Hiervor warnt H. Ballerstedt, Wirtschaftsverfassungsrecht, in Bettermann-Nipperdey-Scheuner, Die Grundrechte Bd. 3/1, Berlin 1958, S. 47 und 48 Anm. 125. Vgl. auch Wirtschaftsverfassung und sozialer Rechtsstaat, in: Wirtschaftl. Mitbestimmung in der Gegenwartsdiskussion, hrsg. v. DGB-NRW, Düsseldorf 1967, S. 19 ff. Gegen Ehmke wird hier die „Wirtschaftsverfassung als Ausfüllung der Sozialstaatsklausel" bezeichnet, die aus sich und mit Hilfe der „politischen Verfassung" zu einer gerechten Sozialordnung gedeihen kann und soll.

sozioökonomischen Zusammenhangs überhaupt wieder sinnvoll und legitim wird. Solange der Grad der Industrialisierung oder der Stand des Kapitalverwertungsprozesses zum entscheidenden Richtmaß über den Wert einer Gesellschaft wird, sind die Entscheidungen bereits gefallen! Die Gegenwart ist Durchgangsstadium zu einem höheren Grad der Produktionsverhältnisse, alle übrigen Kräfte stehen in fungibler Abhängigkeit zu diesem Antriebsmoment der Entwicklung. In der Vergangenheit war die ökonomische Expansion streckenweise identisch mit einer Emanzipation von den ethischen Überlieferungen des älteren Protestantismus, die an der Kategorie der guten, menschlichen und politischen Ordnung, an der Rechtsgemeinschaft und Sozialpflichtigkeit des Lebens sich orientierten.[67] Der Begriff des sozialen Rechtsstaates lenkt zurück zu diesen Überlieferungen und trägt zugleich dem Entwicklungsstand im Verhältnis von Produktivkräften und Produktionsverhältnissen Rechnung.[68]

Die evangelische Ethik könnte sich nur unter Wiederbelebung einer naturalistisch gefärbten Theorie der Schöpfungsordnungen bereit finden, an die (physiokratische) Forderung anzuknüpfen und der Entfaltung eines Naturgesetzes in der Wirtschaft, das daraufhin zum Staatsgesetz erhoben werden würde, zuzustimmen.[69] Gegenüber einem ordnungspolitischen „Denken von der Gesellschaft her" liegt der Sinn des sozialen Rechtsstaates darin, möglichst viel Klarheit und Kontrolle darüber zu bekommen, wer die Dispositionen trifft und zu wessen Gunsten sie wirken.[70] Auch der freie Markt ist

---

[67] Dies wird anschaulich bei E. F. Heckscher, Der Merkantilismus, deutsch v. G. Mackenroth, 2 Bde., Jena 1932 u. a. Bd. 1, S. 21 und 109 ff. Vgl. auch Strohm, Zum kulturellen Gleichgewicht, a. a. O., S. 201 ff. Außerdem T. Rendtorff, Freie Wirtschaft und soziale Ordnung, ZEE 7 (1963), H. 2, S. 109.

[68] Bedauerlicherweise gibt es außer G. Wünschs teilweise überholter Evangelischer Wirtschaftsethik, Tübingen 1927, keine historisch fundierten Analysen.

[69] Zur christlichen Kritik des Physiokratismus vgl. H. D. Ortlieb, Der Mensch in der Wirtschaftsordnung, a. a. O.

[70] Mit Recht wurde auf der ökumenischen Weltkonferenz in Evanston festgestellt: „Wenn es im öffentlichen Interesse notwendig wird, muß

somit ein zu kalkulierendes und global zu steuerndes Instrument für eine Politik des sozialen Ausgleichs und der Beförderung des Wohles für die schwachen Teile in der Gesellschaft und für die schwachen Völker im internationalen Maßstab.[71] Kann sich das politisch verfaßte Gemeinwesen der Verantwortung für den gesamten Wirtschaftsablauf nicht entziehen, so noch viel weniger in den Bereichen der Wohlfahrtspolitik und Kulturpolitik im engeren Sinne.

Hier liegen jedoch ernste Probleme, insofern es der evangelischen Kirche bis heute noch nicht gelungen ist, ihr Engagement auf diesen Gebieten vor dem Vorwurf zu schützen, es ginge ihr „primär um die Vertretung partikularer Interessen der Kirchen, nicht aber um die Mitverantwortung der Kirchen für die gemeinsame Zukunft des ganzen Volkes ...".[72] „Die öffentliche Diskussion wurde beherrscht" nicht von der umfassenden Erfüllung des Rechts und der Pflicht zur Bildung, sondern „von den Problemen der Konfessionsschule".[73]

---

der Staat eingreifen, um zu verhindern, daß irgendein Zentrum wirtschaftlicher oder sozialer Macht, das ein einseitiges Interesse vertritt, stärker wird als er selbst, denn nur der Staat hat die Macht und die Autorität, unter Gott als Treuhänder für die Gesellschaft als Ganzes zu handeln." Evanston Dokumente, hrsg. v. F. Lüpsen, Stuttgart 1955, S. 81. „Staat" meint hier keineswegs „Staatsapparat", sondern „politisch verfaßte Gesellschaft" in ihren Organen und in ihrer Öffentlichkeit. Ausführlicher nahm die Genfer Konferenz hierzu noch Stellung, vgl. a. a. O.

[71] Während noch Kurt Schumacher postulierte, „der Staat" müsse „aus einem Instrument der Unterdrückung zu einem Instrument sozialer Wirtschaftsgestaltung und allgemeiner Wohlstandsförderung" werden, Leitsätze zum Wirtschaftsprogramm — Entwurf 1945 —, faßte Karl Schiller die Erfahrungen der Nachkriegszeit in die Formel: „Die dreifache Kombination von dynamischer Marktwirtschaft, monetärer und fiskalischer Globalsteuerung und Wohlfahrtspolitik hat sich als diejenige Lösung erwiesen, die sich auf der Höhe der Zeit befindet." Stabilität und Aufstieg, Dokumentation der wirtschaftspolitischen Tagung der SPD, 1963, S. 33.

[72] So G. Picht, Die Krise der Kulturpolitik und die Aufgabe der Kirche, Luth. Monatsh. 9 (1963), S. 466.

[73] A. a. O., Vgl. auch Th. Strohm, Evangelische Bildungspolitik nach 1945; Analyse eines Trends, MPTh 1 (1967), S. 16 ff.

Sie wurde nicht beherrscht von den Bedingungen für ein leistungs-
starkes Sozialrecht, das sowohl den Ursachen der Hilfebedürftigkeit
als auch akuter Not wirksam begegnet und zu diesem Zwecke eine
möglichst wirksame Kooperation von öffentlicher und freier Wohlfahrtspflege hervorruft, sondern von der Forderung und Vorrangigkeit der privaten (freien) vor der öffentlichen Initiative.[74] Die
öffentliche Hand wurde funktionsbehindert und die öffentliche
Willensbildung geschwächt. In mühsamen prozessualen oder formal-
demokratischen Verfahren wurde in den vergangenen Jahren dem
Ausverkauf der öffentlichen Verantwortung in kultur- und sozialpolitischen Fragen Einhalt geboten.[75]

Soweit auch evangelische Gruppen diesen bedenklichen Tendenzen theoretisch und praktisch Vorschub leisteten, verstießen sie
gegen ihre eigenen Prinzipien und gegen das Prinzip des sozialen

[74] J. Matthes, Gesellschaftspolitische Konzeptionen im Fürsorgerecht;
Zur soziologischen Kritik der Sozialgesetzgebung von 1961, Stuttgart
1965. Vgl. auch die Beiträge von Matthes, Rendtorff und Weber in:
Gesellschaftspolitische Realitäten, Beiträge aus evangelischer Sicht, hrsg.
v. Joh. Doehring, Gütersloh 1964.

[75] Die kirchliche und theologische Diskussion um den „Wohlfahrtsstaat" war, wie H. Weber an Beispielen belegte (in: Gesellschaftsp.
Realitäten a. a. O., S. 90 ff.), sachlich und begrifflich nicht auf der Höhe
des demokratischen Bewußtseins. Auch die Schriften ›Evangelische Stimmen zum Bundessozialhilfegesetz und Jugendwohlfahrtsgesetz‹ und ›Beiträge zum Verfassungsstreit über das Bundessozialhilfegesetz und das
Jugendwohlfahrtsgesetz‹ Stuttgart 1962 und 1963 waren einseitig an
einem vorpolitischen Personalismus orientiert, der darauf hinauslief, der
öffentlichen „Gemeinde auf dem Gebiet der Jugend- und Sozialhilfe ...
die Gesamtverantwortung dafür, daß in beiden Bereichen durch behörd-
liche und freie Tätigkeit das Erforderliche geschieht" durch die Konstruktion einer Vorrangigkeit (Personnähe der kirchlichen Organisationen)
streitig zu machen. Diese Gesamtverantwortung ist im Urteil des BVG
vom 18. Juli 1967 stark unterstrichen worden, obgleich die klagenden
Bundesländer und Kommunen abgewiesen wurden: Ohne die Haupt-
zuständigkeit der öffentlichen Organe einzuschränken, gelte es, „durch den
koordinierten Einsatz öffentlicher und privater Mittel den größtmöglichen
Erfolg zu erzielen".

Rechtsstaates. Demgegenüber wurde allerdings sehr viel fundierter daran erinnert, daß der Gedanke des Wohlfahrtsstaates (der noch nicht identisch ist mit dem Gedanken an den sozialen Rechtsstaat) doch wohl nur auf dem Boden des Christentums entstehen konnte, wo die Verantwortung aller für alle und die Solidarität aller mit allen aus den Wurzeln des Glaubens lebendig erhalten wird.[76] „Die Idee der Gleichheit und der brüderlichen Solidarität führte unmerklich, aber doch sehr entschieden auf die Erklärung der Hilfe für den Mittellosen zum Rechtsanspruch, der dann auf verschiedene Weise begründet werden konnte, aber schließlich doch unvermeidlich zur Ausprägung des heutigen Wohlfahrtsstaates führte, in dem der Anspruch auf Hilfe als Menschenrecht erscheint, also eine Prüfung auf Würdigkeit und Zweckmäßigkeit als fast untragbar erscheinen muß." [77]

Die Sicht des Menschen von der Rechtfertigung vor Gott statuiere eine Gleichheit, stellt Ernst Wolf fest, „die quer durch alle irdische Ungleichheit hindurchgeht". Die Gleichheit erscheint in der Rechtsgemeinschaft als Rechtsgleichheit und als sozialer Ausgleich auf ein menschenwürdiges Mittelmaß.

Angesichts der Tatsache, daß noch in diesem Jahrzehnt nach einem erfüllten Arbeitsleben ein erheblicher Teil der Altersrenten unter den Regelsätzen der Sozialhilfe liegen (250,— DM für ein Ehepaar) und nahezu 50 % der männlichen Altersruhegeldempfänger der Arbeiterrentenversicherung eine Altersrente beziehen, die unter diesem Satz liegt, die weiblichen Altersrenten und die Witwenrenten in ca. 50 % bzw. 40 % der Fälle die 100-DM-Grenze nicht oder unerheblich überschreiten, kann die These von der „nivellierten Mittelstandsgesellschaft" nur eine ideologische

---

[76] Vgl. hierzu T. Rendtorff, Kritische Erwägungen zum Subsidiaritätsprinzip, in: Der Staat, 1. Bd. H. 4, 1962, S. 405 ff. Vgl. auch W. Dirks, Ghetto im Angriff — Tendenzen und Ideologien, Frankfurter Hefte 17. Jg., H. 5, 1962, S. 296 ff.

[77] W. Janssen, Probleme des Wohlfahrtsstaates; Christliche Gemeinde und Gesellschaftswandel, Karrenberg Festschrift, 1964, S. 126 und S. 135. Vgl. auch ders., Das Subsidiaritätsprinzip in evangelischer Sicht, in: Die neue Gesellschaft, H. 6, 1962, S. 460 ff.

Verhüllung sein.[78] Sie nimmt den Durchschnitt zwischen den Extremeinkommen nach oben und nach unten und gibt ihn als Realität an. Der Soziale Rechtsstaat muß erfüllt werden durch einen Gesamtsozialplan, in dem die Neuordnung der sozialen Sicherungspolitik eingefügt ist in ein Gesamtsystem geplanter sozial- und wirtschaftspolitischer Interventionen der Staatsgewalt zur Krisenbekämpfung.[79] Der Bereich der Kooperation, Solidarität und der Befreiung des einzelnen vor den drückenden Lasten des Daseins kann sich so ständig ausdehnen.

Wenn theologisch erst einmal geklärt ist, „daß die ungerechte Ordnung nach bestem menschlichem Vermögen verständig und gerecht umzubilden eine christliche Aufgabe ist, die gerade aus der Liebe zum Nächsten heraus notwendigerweise gestellt ist", dann wird man auch die weitergehenden Versuche einer Sozialreform nicht „ohne weiteres dem Verdikt . . . unterstellen, daß damit so etwas wie eine perfekte Rationalität oder dergleichen erreicht werden solle".[80] Es wird dann auch nicht die unsinnige Behauptung vertreten, daß der in funktionaler Sorge für sein Leben sich verzehrende Mensch aufgeschlossener sei für die Botschaft des christlichen Glaubens, als derjenige, dessen Sorge für das Ganze der Rechtsgemeinschaft verbunden ist mit einem Rückgang der funktionalen Sorge für das Alltagsleben. Es wird also keine Ordnung empfohlen, in der ein „allmählich höchst unvaterhafter Staat den irdischen und den himmlischen Vater aufzuzehren beginnt", sondern der Ausbau einer Rechtsgemeinschaft, in der das Recht des anderen und das Prinzip der Solidarität aufs engste mit dem Prinzip der Menschenwürde verflochten ist.[81]

[78] Die Daten sind aus: Für und gegen den Wohlfahrtsstaat, hrsg. von der Arbeiterwohlfahrt Hauptausschuß, Bonn 1964, S. 23 ff. und 26 ff., u. a. H. Hemsath, Unsere Forderungen an den sozialen Rechtsstaat.

[79] Einen internationalen Vergleich liefert W. Abendroth, Soziale Sicherheit in Westeuropa nach dem 2. Weltkrieg, Festschrift f. G. Lukács, Neuwied und Berlin 1965, S. 151 ff. Ähnliche Forderungen bei Bethusy-Huc, Das Sozialleistungssystem der Bundesrepublik Deutschland, Tübingen 1965.

[80] W. Janssen, a. a. O.

[81] Zitat von J. Trier, Vater. Versuch einer Etymologie. Z. d. Savignyst. f. Rechtsg. 65, 1947, S. 259 f. Zum größeren Zusammenhang vgl. O. Brun-

Es kann daher eine christliche Aufgabe sein, das Ziel der Wohl-fahrtspolitik heute dahingehend zu modifizieren, daß ein allgemeiner Schutz nicht gegen besondere Risiken, sondern gegen möglichst viele Lebensrisiken geschaffen wird. Hierzu gehört dann auch das Postulat S. Slichters, „die Einkommen nicht (mehr länger) zu eng an die Produktion zu binden", um die Disposition der Verteilung des Einkommens nicht der politisch verfaßten Allgemeinheit zu entziehen.[82] Die Maximen der Vollbeschäftigung, der stabilen Preise, die Antidropout-Kampagne (in USA) deuten darauf hin, daß neue Gesellschaftsfunktionen erwachsen, die auf allgemeinere Ziele hinweisen als auf den traditionellen Begriff der sozialen Sicherheit.

Zweierlei sollte herausgearbeitet werden: einmal sollte die Reichhaltigkeit der Vorstellungsinhalte herausgestellt werden, die sich mit dem Begriff des sozialen Rechtsstaates verbinden und die noch auf ihre Realisierung warten.[83] Zum anderen wurde auf die evangelische Mitverantwortung bei der Begründung und Verwirklichung hingewiesen. Hierbei ist noch ein Gesichtspunkt zu bedenken, der bei der Genfer Konferenz für Kirche und Gesellschaft 1966 hervorgehoben wurde. Bisher hätten die Kirchen sich zu einseitig mit den Fragen der sozialen Gerechtigkeit innerhalb der einzelnen Staaten befaßt. Es komme aber heute darauf an, die soziale Gerechtigkeit zwischen den reichen und den armen Völkern zu ver-

ner, Das „ganze Haus" und die alteuropäische „Ökonomik", Neue Wege der Sozialgeschichte, Göttingen 1956, S. 33 ff. Ein Teil der theologischen Literatur bleibt fixiert an der „Hausväterliteratur" der älteren deutschen Gesellschaft.

[82] Hierzu H. K. Girvetz, From Wealth to Welfare. The Evolution of Liberalism, Stanford Un. Press 1950, S. 230 ff. und A. H. Hansen Economic Issues of the 1960s, New York 1960, Kap. 8 (ökon. Aspekte).

[83] In diesem Sinne ist auch die Einheit Deutschlands nicht eine Angelegenheit einer trickreichen Politik oder — eines Tages — einer dumpfen Kraft unübersehbarer politischer Mächte, sondern eine Aufgabe der Ausgestaltung der Ordnung. Daß hier Konvergenzen grundsätzlich denkbar sind, hat E. Richert, Die neue Gesellschaft in Ost und West, Analyse einer lautlosen Reform, Stuttgart 1966, S. 298 ff. deutlich gemacht.

wirklichen. Hier wird ein weltweiter Verantwortungsbereich sichtbar, der die inneren Kriterien des sozialen Rechtsstaates universal erweitert. Umgekehrt kann überhaupt nur ein realisierter Sozialstaat den konzentrierten Einsatz der Kräfte eines Landes, das erforderliche Maß an Opferbereitschaft und kollektiver Solidarität leisten, nicht jedenfalls ein die Kräfte neutralisierender wirtschaftlicher Naturprozeß.

Der soziale Rechtsstaat erweist sich so gesehen als eine Rahmenvorstellung, die geeignet ist, das traditionelle Nationalbewußtsein zu ersetzen und statt dessen eine Aufgabe vorzulegen, die Ost und West, Nord und Süd eines Tages in einem menschenwürdigen Wettstreit verbindet. Er ist zugleich auf die Trägerschaft verantwortlicher Gruppen angewiesen: die Kirche könnte ein solcher Faktor einer kommenden Weltgesellschaft sein. Ihre Probe wird sie allerdings im Detail unseres Verantwortungszusammenhangs bestehen müssen.[84]

[84] Es gibt Anzeichen dafür, daß die evangelische Kirche als einzige organisatorische Kraft, die noch ganz Deutschland umfaßt, sich als der gegebene Träger des sozialen Rechtsstaates im Sinne der „nationalen" Aufgabe erweisen könnte. Vgl. hierzu die Studie: „Friedensaufgaben der Deutschen", Kammer der EKiD für öffentl. Verantwortung, 1968.

Demokratische Traditionen im Protestantismus. Schriftenreihe der Akademie für Politik und Zeitgeschehen in der Hanns-Seidel-Stiftung eV, H. 2. München-Wien: Günter Olzog Verlag 1969, S. 7—30.

DEMOKRATISCHE TRADITIONEN IM WESTLICHEN PROTESTANTISMUS

Von Joachim Staedtke

I

Eine präzise Bestimmung dessen, was heute unter Demokratie zu verstehen sei, muß dem Staatsrechtler und Politologen vorbehalten bleiben. Hier soll lediglich gemäß unserem Thema berichtet werden, ob und wieweit der westliche Protestantismus politische Staatsformen begünstigt hat, die dem Volk eine Teilhabe an der politischen Führung zusprechen. Auf der Suche nach dem bestmöglichen Ordnungstyp des gesamten menschlichen Gemeinwesens hat die älteste Tradition unseres Kulturbereiches schon früh die hier notwendige Frage aufgeworfen, wer Inhaber der politischen Gewalt sein könne. Drei Möglichkeiten werden von Aristoteles in ein klassisches Schema gebracht, das eine lange Tradition begründet hat. Die politische Gewalt kann in der Hand eines Menschen liegen (Monarchie), sie kann durch wenige ausgeübt werden (Aristokratie), oder sie geht vom Volke aus (Demokratie). In diesem Schema wird die staatliche Gewalt als etwas Unpersönliches aufgefaßt, deren sich eine oder mehrere Personen zu bemächtigen vermögen. Gelangt die politische Macht in die Hände des Volkes, wird der Bürger souveräner Teilhaber, aber auch zugleich Untertan dieser Gewalt. Eine andere Auffassung, die besonders im Marxismus vertreten wird, tendiert auf die Identität derer, die die Gewalt innehaben und von ihr beherrscht werden. Hier muß natürlich vorausgesetzt werden, daß die Interessen der Bürger mit denen des Staates identisch sind. Der junge Marx hatte die Vorstellung, daß in solcher Demokratie die „Entfremdung" von Mensch und Staat aufgehoben würde.[1]

[1] Vgl. ausführlich den Artikel ›Demokratie, juristisch‹ von Richard

Die letzte Deutung fällt für unser Thema aus. Der westliche Protestantismus hat von den eigenen blutigen Erfahrungen seiner Geschichte niemals von der Fiktion ausgehen können, daß die Interessen der Bürger mit denen des Staates identisch seien. Dagegen hat die zuerst skizzierte Auffassung von Demokratie, daß die Gewalt vom Volk ausgeht, im westlichen Protestantismus eine geraume Zeit die Suche nach der bestmöglichen Staatsform bestimmt, freilich immer unter dem Leitmotiv, daß die Verantwortlichkeit der Regierenden und Regierten in einem gemeinsamen „Verantwortungszusammenhang"[2] in der demokratischen Regierungsform ihre vorzüglichsten Sicherungen findet. Man wird für den westlichen Protestantismus sogar sagen müssen, daß das Ringen um demokratische Verhältnisse im Staat viel weniger bestimmt gewesen ist von der Suche nach einer bestimmten Staatsform als vielmehr durch den Kampf um die menschlichen Rechte und Freiheiten mit dem Ziel, eine verfassungsgebundene Rechtsstaatlichkeit im politischen Gemeinwesen zu erreichen. Der westliche Protestantismus war im Grunde nur deshalb an der demokratischen Staatsform interessiert, weil diese die sogenannten unveräußerlichen Rechte des Menschen am ehesten zu schützen in der Lage ist.

Die Beschränkung unseres Themas auf den westlichen Protestantismus hat historische und sachliche Gründe. Die Staatsauffassung hat im westeuropäischen und angelsächsischen Protestantismus von dessen eigenen theologischen Voraussetzungen her eine andere Modifikation und später — durch die blutige Erfahrung des der Reformation feindlich gesinnten Staates — auch eine andere Weiterentwicklung erfahren als die der mitteleuropäischen Landeskirchen, die in viel höherem Maß den sie regierenden Fürsten das gute Gewissen eines Gottesgnadentums zusprachen und von diesem, im vorindustriellen Zeitalter geprägten politischen Leitbild der personalen Obrigkeit her bis in das zwanzigste Jahrhundert

---

Bäumlin im Evangelischen Staatslexikon, Stuttgart 1966, S. 278—285 und die dort angegebene Literatur.

[2] Ev. Staatslexikon, S. 279. Vgl. zum folgenden Joachim Staedtke, Artikel ›Staat, Theologisch‹, Ev. Staatslexikon, S. 2155—2160.

hinein sozialen, liberalen und demokratischen Entwicklungen ver-
ständnislos, wenn nicht feindlich, gegenüberstanden.[3]

II

Wenden wir uns zunächst der Reformation im westlichen Protestantismus zu. Schon bei Zwingli findet sich der Satz, daß alle
politische Gewalt beim Volke liege.[4] Aber der Züricher Reformator
ist kein Verfechter der demokratischen Staatsform gewesen. Er hat
nach dem Muster und der Erfahrung der ständisch gegliederten
Bürgerschaft seiner heimatlichen Stadtrepublik die Aristokratie
bevorzugt. Viel mehr als die Form interessierte ihn jedoch die
Aufgabe des Staates, die durch die Verantwortlichkeit der politischen Führung vor Gott und den Menschen begründet und bestimmt
war. Aus der in der Reformation vertretenen, aber vollumfänglich
nie praktizierten Lehre vom allgemeinen Priestertum ließ sich fol-
gern, daß jeder Christ, auch und gerade der zum öffentlichen Amt
berufene, direkt den Weisungen des göttlichen Wortes unterliegt,
ohne Mittelinstanz der Kirche. So wird auch dem staatlichen
Handeln eine unmittelbar vor Gott verantwortbare Autorität verliehen. Hier liegt wohl der Sinn der möglichst reinen Theokratie,
die Zwingli in Zürich versuchte und die in ihrem Idealtyp Calvins
Genf überbot. Von der göttlichen Gerechtigkeit erhält auch die
menschliche Gerechtigkeit, deren Träger der Staat ist, ihre Weisung,
Bindung und Macht.[5] Naturrechtliche Kriterien spielen in Zwinglis

[3] Eugen Gerstenmaier, Ev. Staatslexikon, S. 286: „Das deutsche Luthertum verharrte theologisch wie staatsphilosophisch bis in die jüngste Vergangenheit meist in monarchischem Ordnungsdenken." Vgl. auch Walde-
mar Besson, Die christlichen Kirchen und die moderne Demokratie,
Staat und Kirche im Wandel der Jahrhunderte, Stuttgart 1966, S. 201
bis 215.

[4] H. Zwingli, Wer Ursache gebe zu Aufruhr, Corpus Reformatorum
Vol. XC, S. 446: „Sy söllend ouch all weg ermessen, daß des künigs, das
ist eins yeden herren oder gwaltigen, macht an sinem volck ligt."

[5] H. Zwingli, Von göttlicher und menschlicher Gerechtigkeit, Corpus
Reformatorum Vol. LXXXIX, S. 458—525.

Staatsauffassung keine Rolle. Seine Intention gilt der Rechtsstaatlichkeit, die von der geoffenbarten Gerechtigkeit Gottes her theologisch abgeleitet und politisch gefordert wird. Die Reformation der Kirche schließt für Zwingli die Reformation des Staates ein. Nur wo die Obrigkeit die ihr übertragene Verantwortung für die Rechtsstaatlichkeit mißbraucht und von den Untertanen verlangt, gegen Gottes Wort zu handeln, müssen in sorgfältiger ständischer Abstufung zunächst die Magistrate und sonstige politische Amtsträger und zuletzt auch das Volk in den Widerstand gegen die ungerechte Obrigkeit eintreten.[6]

Die Entstehung der westlichen Demokratie ist immer wieder mit Calvin in Zusammenhang gebracht worden, wobei die historischen Urteile erhebliche Divergenzen aufweisen. Während die einen in dem Genfer Reformator nur einen finsteren Tyrannen erblicken,[7] feiern die anderen ihn als den Vater der modernen Demokratie[8]. Beide Aspekte werden indessen dem wahren Sachverhalt nicht gerecht.

Calvin, wiewohl seiner akademischen Berufsausbildung nach Jurist, war vor allem Theologe. Seine Staatsethik ist darum nicht zu trennen von den theologischen Prämissen, auf denen sie ruht. Für ihn ist der Staat eine gnädige Anordnung Gottes und nicht nur eine infralapsarische Notordnung.[9] Er besitzt eine von Gott übertragene Rechtsgewalt und gehört wie die Kirche zu den externa media salutis, den äußeren Gnadenmitteln. Allein von der göttlichen Anordnung her empfängt die Obrigkeit ihre Legitimation,

[6] Näheres bei Alfred Farner, Die Lehre von Kirche und Staat bei Zwingli, Tübingen 1930. Vgl. auch Siegfried Rother, Die religiösen und geistigen Grundlagen der Politik Huldrych Zwinglis, Erlangen 1956, und Robert C. Walton, Zwingli's Theocracy, Toronto 1967.

[7] Das negative Bild Calvins hat Jerome Bolsec noch im 16. Jahrhundert gezeichnet. Es hat eine lange Tradition begründet, die über Jacques Desmay, Kardinal Richelieu, Galiffe, Kampschulte, Jacob Burckhardt u. a. bis zu Stefan Zweig reicht.

[8] Daß Calvin der Vater der modernen Demokratie sei, hat vor allem Calvins größter Biograph Emile Doumergue nachzuweisen gesucht.

[9] Vgl. zum folgenden Josef Bohatec, Calvins Lehre von Staat und Kirche, Aalen 1961, 2. Aufl.

die darum nicht von ihren Trägern und auch nicht von ihrer Form
abhängig ist. Aus diesem Grund ist auch für Calvin die Frage nach
der Staatsform ein Adiaphoron. Wichtiger als die Form ist die
Verantwortlichkeit: „Weil Gott die Obrigkeit eingesetzt hat und sie
sein Amt ausübt, ist sie ihm Rechenschaft schuldig", heißt es in der
Auslegung von Röm 13, 4. Das erhöhte Recht, welches der Staat
wahrnimmt, ist jedoch für Calvin vor allem „erhöhtes Recht auf
erhöhte Pflichten" [10]. Denn, so fährt er zu Röm 13, 4 fort: „der
Dienst der Obrigkeit soll den Untertanen zugute kommen. Darum
ist sie deren Schuldner." So wird das Verhältnis zwischen Obrigkeit
und Untertanen zunächst einmal durch Pflichten bestimmt. Calvin
entnimmt zur Definition dieses Verhältnisses der Tradition den
Begriff „mutua obligatio", der eine Verpflichtung auf Gegenseitigkeit bezeichnet. Der Staat ist verpflichtet, neben der Sorge um die
Kirche „unser Leben auf die Gemeinschaft der Menschen hin zu
gestalten, unsere Sitten zur bürgerlichen Gerechtigkeit heranzu-
bilden, uns miteinander zusammenzubringen und den gemeinen
Frieden wie die öffentliche Ruhe zu erhalten",[11] welche Pflichten
entsprechend von den Bürgern als Rechte in Anspruch genommen
werden dürfen. Im Kriege, der nur nach Ausschöpfung aller anderen Möglichkeit als Verteidigungsfall berechtigt ist, darf der
Staat auf den Dienst seiner Bürger zurückgreifen.[12] Die Steuern
dürfen als „Besitztümer des ganzen Volkes"[13] nur im Bedarfsfalle
eingezogen werden. Die Untertanen sind ihrerseits zum Gehorsam
verpflichtet.

Die naturrechtliche Forderung des „suum cuique"[14] verlangt in
den Gemeinschaftsbeziehungen die Geltung billiger Rechtsformen.
Nun macht aber nach Calvins Meinung die Sünde des Menschen
eine Beschränkung auf das reine Naturrecht unmöglich. Dieses muß

[10] J. Bohatec, a. a. O., S. 197.
[11] Calvin, Institutio IV 20, 2.
[12] Institutio IV 20, 11.
[13] Institutio IV 20, 13.
[14] Das seit Plutarch tradierte naturrechtliche Kriterium des „suum
cuique" ist nach Institutio IV 20, 3 eine der Hauptaufgaben des bürgerlichen Regiments.

ergänzt, ausgelegt und angewandt werden durch das positive, mit staatlicher Gewalt ausgestattete Recht. Dieser „Rechtsstaat", wenn man ihn einmal so nennen darf, hat als Kern seines Wesens eben jene „mutua obligatio", den theologisch gedachten, aber naturrechtlich begründeten Vertrag, der in dem schöpfungsmäßigen Über- und Unterordnungsverhältnis die beiderseitigen Pflichten und Rechte der Obrigkeit und der Untertanen bestimmt, eingrenzt und normiert. Die mutua obligatio ist bei Calvin nicht von einer Autonomie der Vertragspartner her gedacht, sondern meint die Schuldigkeit des einen gegen den andern, die sich aus der verantwortlichen Stellung beider vor Gott ergibt. Mit diesem Sinngehalt ist Calvins Auffassung von dem rationalen Staatsbegriff der Aufklärung und der Moderne weit entfernt.

Nun ist der Vertragsgedanke in der Staatsauffassung nicht neu. Er findet sich bei Aristoteles und Plato, in der Stoa, bei Demosthenes, bei Cicero, im mittelalterlichen Lehnswesen, bei Manegold von Lautenbach, in der Magna Charta, bei Thomas von Aquin, bei Wilhelm von Occam, bei Nicolaus von Cues, bei den spanischen Monarchomachen der Schule von Salamanca u. a. Calvin nimmt diese Tradition, soweit sie spätmittelalterlich ist, in Korrektur auf. Seine hohe Meinung über die göttliche Einsetzung der Obrigkeit nötigt ihn, gewisse Elemente dieser überlieferten Staatstheorien auszuschalten. So lehnt er die Idee des Unterwerfungsvertrages ab. Vor allem meidet er die Verbindung des Vertrages mit dem Dogma von der Volkssouveränität. Wichtig ist auch, daß Calvin niemals den Reservatsgedanken akzeptiert hat, wonach der eine Vertragspartner nur insoweit dem andern verpflichtet bleibt, als dieser andere die Verpflichtung des Vertrages erfüllt. Calvin hat darum stets betont, daß der Christ auch der pflichtvergessenen Obrigkeit Gehorsam schuldet. Immerhin war es folgenreich, daß Calvin den Vertragsgedanken in seine Staatsethik eingebaut hat. „Der Vertrag war ihm ein Denkmittel der organischen Beziehung zwischen dem Haupt und den Gliedern, in dem sich die begründeten Pflicht- und Rechtsbestandteile geltend zu machen vermögen, und zwar so, daß aus den Abmachungen zwischen den beiden Organen der Pflichtbestandteil in der Form bindender Gesetze, der Bestandteil der individuellen Berechtigung in der Form der durch die Obrigkeit geschützten und verbürgten Freiheiten hervorgehen kann."[15]

Erst von diesen Voraussetzungen ist zu beachten, daß sich bei Calvin eine differenzierende Wertung der Staatsformen findet. Der Genfer Reformator hat mit Röm 13 jede Form politischer Gewalt aus göttlicher Anordnung hergeleitet, aber er hat gleichwohl einer aristokratisch-demokratischen Mischform den Vorzug gegeben. Die durch demokratische Rechte eingeschränkte Aristokratie entspricht am ehesten seiner Vorstellung vom geistdurchwirkten Organismus. Auch seine Bedenken gegen die Erbmonarchie sind von daher zu verstehen, daß der Geist Gottes, der die vorzüglichste Befähigung zu einem politischen Amt verleiht, nicht vererbbar ist. Ebenso hat Calvin Einwände gegen die absolute Demokratie erhoben. Die schöpfungsmäßige Ungleichheit der Menschen und ihre unterschiedliche Geistbegabung erfordern eine Einschränkung des reinen demokratischen Prinzips. Darum fordert Calvin das allgemeine aktive Wahlrecht, möchte das passive Wahlrecht hingegen nach aristokratischen Gesichtspunkten begrenzt wissen. Das Ziel, das diese unterscheidende Wertung der Staatsformen anstrebt, ist die politische Freiheit. Eben in jenem Abschnitt der Institutio, in dem sich Calvin über die verschiedenen Staatsformen äußert, begründet er die Bevorzugung der aristokratisch-demokratischen Mischform mit dem Freiheitsbegriff: „Es gibt keine glücklichere Art der Regierung als die, wo die Freiheit die gebührende Mäßigung erfährt und in rechter Weise auf beständige Dauer eingerichtet ist. Ich halte auch die für die glücklichsten, denen es erlaubt ist, diesen Zustand zu genießen ... Ja, die Obrigkeiten müssen mit höchster Anstrengung danach streben, daß sie es nicht zulassen, daß die Freiheit, zu deren Beschützern sie eingesetzt sind, in irgendeinem Stück gemindert, geschweige denn verletzt wird. Wenn sie dabei zu nachlässig sind oder zu wenig Sorgfalt walten lassen, dann sind sie treulos in ihrem Amte und Verräter an ihrem Vaterlande."[16]

Im Blick auf die demokratischen Traditionen im westlichen Protestantismus ist aber hier noch ein wesentliches zu bedenken, näm-

---

[15] J. Bohatec, a. a. O., S. 73 f.
[16] Calvin, Institutio IV 20, 8.

lich daß weniger Calvins Bevorzugung der aristokratisch-demokratischen Mischform Schule gemacht hat als vielmehr der seiner
Staatsauffassung nahestehende und sie eigentlich voraussetzende
Begriff von der Kirche und ihrer Verfassung. Es handelt sich hier
um die theologische Einsicht, daß die aus dem Worte Gottes geborene Gemeinde Jesu Christi sich auch ihre äußere Ordnung nach
geistlichen Erkenntnissen und Kriterien selbst zu geben habe. Während vor allem die deutschen Landeskirchen die äußere Gestaltung
der Kirche an den Territorialstaat delegierten, regte sich in der
Schweizer Reformation der Gedanke, daß auch die Bestimmung
der Form eine Sache der Kirche selbst sei. Am 25. Februar 1525
schuf der Zürcher Reformator H. Zwingli das Zürcher Ehegericht.
Diese Einrichtung, die zur Durchführung städtischer Sittenmandate
gedacht war, knüpfte an spätmittelalterliche Traditionen der Städte
an und war in Zürich selbst noch eine städtische Behörde. Dennoch
wurde mit dieser Institution eine Entwicklung eingeleitet, die, wie
Walther Köhler überzeugend nachgewiesen hat,[17] dem konsistoria-
len Gedanken in der evangelischen Kirche zum Durchbruch verhalf.
Aus ihm entwickelte sich dann in den oberdeutschen Städten, vor
allem in Straßburg und später in Genf, die folgenreiche Idee des
Presbyteriums, die Calvin dann beispielhaft in die Tat umsetzte.

Es ist hier nicht die Aufgabe, Calvins Lehre von der Kirche dar-
zulegen. Dennoch müssen ihre Charakteristica soweit erwähnt werden, wie sie als Anstöße in den politischen Bereich hinübergewirkt
haben. Drei Gedanken waren grundlegend und wegweisend: 1. seine
Lehre vom Heiligen Geist, ohne die auch der englische und nord-
amerikanische Puritanismus nicht denkbar ist, 2. seine umstrittene
Prädestinationslehre, die das außerordentliche Sendungsbewußtsein
der angelsächsischen Völker entscheidend mitbestimmt hat und 3.
seine Lehre vom Bund Gottes mit dem Menschen, die eine Voraussetzung dessen wurde, was unter dem Begriff des „Covenant",
in dem gerade auch der Vertragsgedanke eine wichtige Rolle spielt,
ein fundamentales Grundgefühl der schottischen Presbyterianer, der
englischen Puritaner, der Pilgerväter und der ersten Kolonisatoren

---

[17] Walther Köhler, Zürcher Ehegericht und Genfer Konsistorium,
2 Bände, Leipzig 1932/42.

in Neu-England zum Ausdruck bringt. Diese drei Gedanken bilden einen theologischen Hintergrund des calvinischen Kirchenbegriffs. Die Erwählung ist eine Erwählung in den Leib Christi, der vom Geist durchdrungen und geleitet wird, und in dem nun der Mensch mit Christus verbunden ist.[18] Hinzu kommt nun der für Calvin charakteristische Gedanke, daß der den Organismus durchwirkende Geist zugleich die Einheit dieses Leibes wie auch seine Differenziertheit bedingt und belebt. Alle Glieder des Leibes werden unterschiedslos vom Geist durchdrungen. Darin besteht seine Einheit. Aber dieser Leib hat verschiedene Organe und Glieder, die etwa vom Haupt unterschieden, aber gleichwohl von ihm anhängig und im Geistlichen auch mit ihm verbunden sind. Die Differenzierung des Leibes in Glieder und Organe ist eine charismatische, denn es wird ihnen durch den Geist die Gabe verliehen, einander und dem ganzen Organismus zu dienen. Es entsteht eine „muta communicatio".

Diese theologische Erkenntnis hat Calvin in Genf zu praktizieren versucht. Prinzipiell gestaltet sich die Kirche nach dem reformatorischen Grundsatz als ein Priestertum aller Gläubigen. Aber die Verschiedenheit der Glieder des Organismus bedingt eine äußere Ordnung der Gemeinde, die Calvin aus dem Neuen Testament zu erheben versucht. Es gibt in der Kirche vier Ämter: die Pastoren, die Doktoren, die Presbyter und die Diakonen. Ihnen ist die irdische Führung der Gemeinde anvertraut. Diese Ämter bedeuten keine Überordnung über die Gemeinde, vielmehr delegiert die geistliche Einheit des Leibes Christi spezielle Dienste. Mit der Beauftragung ihrer Glieder durch Wahl zum charismatischen Dienst anerkennt die Gemeinde ihre Leitung durch den Geist. Die Ämterverfassung der calvinischen Kirche hat sowohl die mittelalterliche Struktur der Kirche zerbrochen, weil die Hinzuziehung von Laien die hierarchische Unterscheidung zwischen Priestern und Laien in der Praxis aufhob, wie auch den Kampf um die Lösung der Kirche vom Staat eingeleitet.

---

[18] Vgl. zum folgenden Joachim Staedtke, Calvins Genf und die Entstehung politischer Freiheit, Staat und Kirche im Wandel der Jahrhunderte, Stuttgart 1966, S. 100—114.

Die Aufgliederung der Gemeinde in ihre Dienste und Ämter ist der Sinn des Genfer Konsistoriums, das nach einem Wort Walther Köhlers Calvins „modernste Tat" war, die weit über den kirchlichen Raum hinausgewirkt hat. Denn in der eigenartigen Konsistorialverfassung der Genfer Kirche lag ein ungemeiner Reiz zur Nachahmung. Nicht nur, daß sie nahezu allen reformierten Kirchen als Vorbild gedient hat, sondern auch die ihr innewohnende Versuchung, sie in den politischen Bereich zu übertragen, macht ihre historische Brisanz aus. Sie schuf einen Verfassungstyp, der auch politischer Konstitution als Modell dienen konnte. Da sich für den calvinistischen Aspekt die souveräne Königsherrschaft Christi sowohl auf den kirchlichen wie auf den weltlichen Bereich erstreckt, war eine solche Übertragung ohne größere Schwierigkeiten vollziehbar.[19] Tatsächlich wurde das calvinische Kirchenmodell durch die Politisierung des französischen Protestantismus bereits während der Religionskriege von den Hugenotten in den politischen Bereich übertragen. Die Hugenotten waren eine Art Staat im Staat, eine Art Republik in der Monarchie, und ihre konstitutionelle Organisation wurde im Toleranzedikt von Nantes auch förmlich anerkannt.

Diese Entwicklung lag schon nicht mehr im Sinne Calvins, weil die hugenottischen Religionskriege einem bewaffneten Widerstand gegen die Obrigkeit gleichkamen. Obgleich die französischen Reformierten seit Jahrzehnten ihren Glauben mit dem Scheiterhaufen bezahlen mußten, verbot der Reformator seinen Gemeinden jede gewaltsame Erhebung gegen den Staat und verließ sich allein auf die ständischen Vorrechte der Bourbonen, da er nach der alten Ephoren-Theorie nur den niederen Magistraten ein Widerstandsrecht einräumte. Nach dem gescheiterten Aufstand von Amboise 1560 schrieb er das berühmte Wort an den Admiral Coligny: „Wenn von uns nur ein Tropfen Blut vergossen würde, so entstünde ein Strom daraus, der ganz Europa überflutete."

[19] Bei Calvin sind schon Anklänge in dieser Richtung wahrnehmbar, wenn er in Institutio IV 20, 4 über 1 Kor 12 sagt, „daß das Ziel der bürgerlichen Gewalt in der gleichen Richtung liegt" wie die Ämterverfassung der Kirche.

III

Dennoch hat Calvins ständisch gegliedertes Widerstandsrecht die
Theorien der Monarchomachen vorbereitet. Nachdem die Bartholomäusnacht den französischen Calvinisten den Rückweg in die geistliche und leidende Form des Glaubenskampfes unmöglich gemacht
hatte, müssen die reformierten Monarchomachen Calvins Staatslehre in entscheidenden Punkten erweitern. Die ›Vindiciae contra
tyrannos‹ des Hubertus Languetus, die ›Franco-Gallica‹ des Juristen
François Hotmann und Theodor von Bezas ›De iure magistratuum‹
und die weitere Publizistik dieser Jahre sind noch aus calvinisti-
schem Geist geboren, verlassen aber in ihrer spezifischen Zielrich-
tung auf das Widerstandsrecht, das bei Pflichtverletzung des Herrschers unter Beteiligung des Volkes eintritt, den Rahmen der
Staatslehre Calvins.[20] Jetzt wird der spätmittelalterliche, natürlich-
rechtlich begründete Unterwerfungsvertrag in die politische Ethik
des westlichen Protestantismus eingeführt; vor allem wird die
mutua obligatio um den Reservatsgedanken erweitert, was ein
prinzipielles Widerstandsrecht gegenüber dem pflichtvergessenen
Herrscher begründet, und als wichtigstes ist von nun an die folgenreiche Idee der Volkssouveränität aus der westlichen Staatsethik
nicht mehr wegzudenken. Die theologisch wichtigste Differenz zwischen Calvin und den Monarchomachen liegt im Bedeutungswandel
des Begriffes Natur. Für Calvin war die Natur Schöpfung Gottes,
die durch die Sünde des Menschen ihre Integrität verloren hat. Bei
den späteren Monarchomachen kommt es praktisch zu einer Identifizierung von Gott und Natur. Die Herrschaft Gottes bleibt nicht
mehr die kritische Grenze natürlicher Vereinigungstendenzen. Bei
Johannes Althusius, dem reformierten Professor in Herborn und
späterem Syndikus der Stadt Emden, findet sich der Gedanke, daß
die Hoheitsrechte des Staates natürliche Rechte sind, die die einzelnen hergeben und zusammenlegen, um das Gemeinschaftsleben
zu ermöglichen. Das Volk wird der natürliche Inhaber der summa

---

[20] Vgl. Carl Bernhard Hundeshagen, Calvinismus und staatsbürgerliche
Freiheit, Zollikon 1946, 2. Aufl., und J. Bohatec, a. a. O.

majestas und die Obrigkeit ihr Verwalter. „Electio populi est constitutio dei." [21]

Der Beitrag der reformierten Monarchomachen zur Ausbildung demokratischer Traditionen liegt vor allem darin, daß sie unter verstärkter Aufnahme naturrechtlicher Kriterien das Modell der presbyterialen Kirchenverfassung mit einem entsprechenden Aufbau der Staatsverfassung korrespondieren lassen. Für Johannes Althusius ist sicher, daß neben dem spätmittelalterlichen Vertragsgedanken vor allem die foederal-theologische Konzeption, die Calvins Kirchenbegriff mitbestimmt hat, „beherrschendes Vorbild für die Ausgestaltung des Staatsvertrages" [22] gewesen ist. Althusius sagt: „Der wechselseitige Vertrag zwischen der obersten Behörde und dem Volk hat vor allem den Inhalt, daß die oberste Behörde an das göttliche Recht oder Naturrecht und an die erlassenen positiven Gesetze gebunden ist", und folgert dann daraus: „Die oberste Behörde hat soviel Rechtsmacht, wie ihr von den Körperschaften und den Bürgern ausdrücklich eingeräumt ist ... und was nicht eingeräumt, nicht zugestanden ist, das ist beim Volk verblieben." [23] Zutreffend hat Alfred Voigt hier interpretiert: „Was Althusius hier dartut, bedeutet die Gründung, Entstehung, das Fortwirken des Staates auf Grund eines Vertrages ... Aus diesem Vertragsgedanken heraus rechtfertigen sich Demokratie und Parlamentarismus, die Gesetzmäßigkeit und Verwaltung und Rechtspflege, die individuellen Freiheitsrechte, die unverlierbare verfassungsgebende Gewalt des Volkes, kurzum die wesentlichsten Errungenschaften des heutigen Rechtsstaates." [24]

Als Althusius seine Politica veröffentlichte, war in den benachbarten Niederlanden der zunächst um alte Stände- und Städtefreiheiten geführte Unabhängigkeitskampf noch nicht zu Ende. Die harte Auseinandersetzung mit dem spanischen Absolutismus för-

---

[21] Vgl. Otto von Gierke, Johannes Althusius und die Entwicklung der naturrechtlichen Staatstheorien, Aalen 1958, 5. Aufl.

[22] Zitat von Alfred Voigt, Johannes Althusius in Herborn und seine Politica. 1050 Jahre Herborn, 1964, S. 48.

[23] Johannes Althusius, Politica methodice digesta, 3. Aufl., Herborn 1614, Cap. XIX 6.

[24] A. Voigt, a. a. O., S. 52.

derte auch hier die Aufnahme naturrechtlicher Kriterien in die theologische Staatsethik. Freilich divergierten die Begründungen im einzelnen erheblich. Während die strengen Calvinisten der theokratischen Überzeugung waren, daß auch im staatlichen Bereich Gottes Gebote ihre Geltung haben müßten, waren der Adel und die nördlichen Staaten in ihrer Mehrheit im Sinne Wilhelms von Oranien wenig geneigt, sich in ihrer Aufgabe durch eine kirchliche Direktive, wie sie etwa Artikel 36 des niederländischen Glaubensbekenntnisses forderte, binden zu lassen. Die Gegensätze stellten die junge Einheit der Niederlande auf eine schwere Bewährungsprobe. Die reformierte Kirchenrechtswissenschaft des frühen 17. Jahrhunderts in den Niederlanden hat aus begreiflichem Interesse den schon früh erhobenen Vorwurf zurückgewiesen, daß die Calvinisten Revolutionäre seien, „mit der Heraufkunft der reformierten Religion und Kirche sei Unruhe in die europäischen Staatswesen hineingetragen" worden, und daß die reformierte Kirche den Aufstand gegen Spanien angeführt habe.[25] Dennoch ist unzweifelhaft, daß der Freiheitskampf einen bedeutenden Impuls den Calvinisten verdankt. Schon am 1. Dezember 1566 erklärt die reformierte Synode von Antwerpen für diese Situation den bewaffneten Widerstand für erlaubt. Wilhelm von Oranien hat sich in einem schweren inneren Kampf vom Recht auf Selbstverteidigung zum Recht der Revolution durchgerungen, nicht zuletzt unter dem Einfluß seines Sekretärs Marnix von St. Aldegonde, der in Calvins Genfer Hörsaal gesessen hatte und einer der geistigen Führer des niederländischen Aufstandes war. Mit seiner allmählichen Hinwendung zum Calvinismus reifte in Oranien die Überzeugung, daß die Tyrannei kein Recht und keinen Anspruch auf Gehorsam habe.[26] Die Monarchomachen Hubert Languetus und Du Plessis-Mornay waren seine ständigen Mitarbeiter; wie es ja auch hier nicht nur politische Verbindungen zu den Hugenotten

---

[25] Vgl. Enno Conring, Kirche und Staat nach der Lehre der niederländischen Calvinisten in der ersten Hälfte des 17. Jahrhunderts, Neukirchen 1965. Das Zitat, S. 181.

[26] Vgl. Robert von Roosbroeck, Wilhelm von Oranien, Göttingen 1959, bes. S. 88 ff.

gab, sondern auch einen regen geistigen Austausch monarcho-machischer Staatsideen. Vorbereitet wurde die Konstituierung der Niederlande einmal dadurch, daß die allgemeine reformierte Synode in Emden 1571 die calvinische Kirchenverfassung für ihre Kirchen verbindlich erklärte und durch die von den Provinzen Holland und Seeland 1576 vereinbarte Bundesverfassung, die wesentlich von monarchomachischem Geist geprägt ist. Die sieben Provinzen der Utrechter Union sagten am 26. Juni 1581 dem Tyrannen den Gehorsam auf „nach dem Rechte der Natur". Das schon von Calvins Nachfolger Theodor von Beza den niederen Ständen zugesagte Revolutionsrecht wurde hier, wie in den Religionskriegen der Hugenotten, praktiziert.

Freilich war in der Widerstandslehre der Monarchomachen, und nicht nur in der jesuitischen eines Suarez und Mariana, gefährlicher Zündstoff angesammelt, was die Sonderform des Tyrannenmordes betraf. Die wechselvollen Schicksale des westlichen Protestantismus sind auch von daher bestimmt worden. In Frankreich wurden die Könige Heinrich III. und Heinrich IV., aber auch Admiral de Coligny ermordet. Am 10. Juli 1584 wird auch Wilhelm von Oranien durch ein Attentat in Delft niedergestreckt.

Nur wenige Schritte von seiner Todesstätte entfernt wird an diesem Tag ein kleiner Knabe fünfzehn Monate alt: Hugo Grotius, der, dem zwinglianischen Zweig des Protestantismus verpflichtet, dann das Naturrecht in umfassender Weise in seine Staatslehre aufnimmt, der dem Vertragsgedanken unter dem Stichwort des „Consensus" Geltung verschafft, jedoch die Volkssouveränität verwirft. Im 17. Jahrhundert werden diese Ideen in Konfrontation mit denen des strengen Calvinismus in den Niederlanden leidenschaftlich diskutiert. Diese Auseinandersetzungen haben wesentlich mit dazu beigetragen, daß sich die Kirche mit Erfolg gegen die Übergriffe des Staates zu wehren vermochte, daß der Gedanke der Landeskirche nicht aufkam, daß sich weder absolutistische Tendenzen noch die Vorstellung des Obrigkeitsstaates durchsetzen konnten, daß sich hier das für diese Zeit ganz ungewohnte Bild bot, daß mehrere Konfessionen in einem Staatsgebiet nebeneinander toleriert wurden und daß die demokratische Staatsform hier schließlich eine dauernde Heimstätte fand.

Freilich wird für den westeuropäischen Protestantismus festzuhalten sein, daß die neue Epoche politischer Gedanken, die erst die Aufklärung praktisch durchsetzte, der Calvinismus zum Teil nur mit Hilfe des Naturrechts, zum Teil auch nur in Antithese eingeleitet hat. Das trifft auf jeden Fall für den Gedanken der religiösen Toleranz zu, der eine wichtige geistige Voraussetzung für den demokratischen Rechtsstaat ist. Die Idee der religiösen Toleranz wurde auch gegen den strengen Calvinismus entwickelt. Der antithetische Prozeß hebt bereits an bei Sebastian Castellio und wird weitergeführt von den holländischen Arminianern. Das erste europäische Toleranzedikt verkündet der Frieden von St. Germain 1562. Es wurde vom französischen Kanzler L'Hôpital entworfen und durchgesetzt. Mit Recht hat Richard Nürnberger gesagt: „Es gehört zu der tiefen Tragik des französischen Calvinismus, daß gerade er, der den Anspruch Gottes auf die Herrschaft in der Welt auf seine Fahnen geschrieben hatte, dazu helfen sollte, den modernen, religiös indifferenten Staat hervorzubringen." [27] Im übrigen gibt es keinen Zweifel daran, daß die hugenottischen Religionskriege und der niederländische Freiheitskampf schon im 16. Jahrhundert bewiesen, daß die schließliche Durchsetzung eines demokratischen Rechtsstaates nur über den Weg des bewaffneten Widerstandes und der Revolution möglich sein würde. Ein Weg, den Calvin zutiefst verabscheut hatte, den seine Schüler dann aber um ihres Glaubens willen haben gehen müssen.

IV

Die eigentliche Ausbildung demokratischer Traditionen im westlichen Protestantismus ist aber nicht auf dem Kontinent geschehen, auch nicht, wie Jellinek meinte,[28] im frühen Nordamerika, sondern

[27] Richard Nürnberger, Die Politisierung des französischen Protestantismus, Tübingen 1948, S. 135.
[28] Vgl. Georg Jellinek, Allgemeine Staatslehre, 3. Aufl., 3. Neudruck, Berlin 1921.

in England[29]. Hier boten die Ansätze einer konstitutionellen Monarchie, ein Parlament, aber auch absolutistische Tendenzen des Königtums die historischen Voraussetzungen für die politische Spannung, in der der Konflikt ausgetragen wurde. Vor allem aber entstand hier jene große Bewegung, die aus dem Erbe der Schweizer Reformation in mannigfaltiger Weise das persönliche, kirchliche und politische Leben beeinflußte und darüber hinaus die geistigen Impulse für eine politische Neugestaltung der westlichen Völker auszulösen in der Lage war: der Puritanismus.[30] Die Entstehung des Puritanismus, für die mit Sicherheit biblizistische und ethische Anschauungen des Zürcher Reformators Heinrich Bullinger und Calvins maßgebend waren, gehört zur frühen englischen Reformation. Nach dem Tod des jungen Eduard VI. und der Verfolgungszeit der blutigen Maria verhinderte die monarchische Vorstellung Elisabeths I. eine durchgreifende Reformation der anglikanischen Staatskirche. Große Gruppen des englischen Protestantismus waren jedoch nicht gewillt, sich einer episcopal-anglikanischen Kirchenverfassung zu fügen. Besonders die aus der Schweiz heimgekehrten Glaubensflüchtlinge waren davon überzeugt, daß die Kirche auch in ihrer äußeren Organisation einer grundlegenden Reform nach den Erkenntnissen aus der Heiligen Schrift bedürfe. Historisch gesehen war der Puritanismus zunächst einmal eine calvinistische Bewegung innerhalb der englischen Kirche, die, da die Krone eine weitergehende Reformation abwies und unterdrückte, in der Opposition existierte. Der Puritanismus war eine geistliche Erscheinung und hat infolgedessen keine eigene Kirchenbildung vollzogen. Er wurde dann vielförmig und spaltete sich schließlich in vier Gruppen auf, die den Prozeß gewaltsamer Unterdrückung durch die ihnen innewohnende geistliche Potenz überlebten. Diese Gruppen waren die Presbyterianer, die Baptisten, die Kongregationalisten und die Quäker. Allen diesen Gruppen war es eine geistliche Pflicht, die zu reformierende Kirche nach den

---

[29] Vgl. zum folgenden Josef Bohatec, England und die Geschichte der Menschen- und Bürgerrechte, Graz-Köln 1956.
[30] Vgl. Joseph Chambon, Der Puritanismus, Sein Weg von der Reformation bis zum Ende der Stuarts, Zollikon 1944.

Kriterien geistlicher Erkenntnis zu gestalten und nicht nach staatlichen Direktiven. Dabei stand die Betonung des presbyterialen Elements im Vordergrund, unter Ablehnung einer staatskirchlichen oder landeskirchlichen Verfassung.

Diese theologischen Tendenzen mußten in England auch zu einem politischen Konflikt führen, da der Anglikanismus mit seiner episcopalen Verfassung intensiv in das staatskirchliche System der britischen Monarchie verflochten war. Soweit der Puritanismus politisch war — und er war das in der Gestalt eines Oliver Cromwell [31] par excellence — hat er sich zunächst auf dem Wege der außerparlamentarischen, dann der parlamentarischen Opposition den Weg zur Revolution gebahnt. In diesen revolutionären Auseinandersetzungen des 17. Jahrhunderts stand aber nicht die Frage der Staatsform im Mittelpunkt, sondern der Kampf um die Menschenrechte der Religions- und Gewissensfreiheit, der Pressefreiheit und der bürgerlichen politischen Freiheit.[32] Erst von hier aus ergab sich unter anderen auch die Frage, welche Staatsform diese Rechte am besten zu sichern in der Lage sei. Denn die Wahrung der Menschenrechte und die Staatsform der Demokratie brauchen sich nicht gegenseitig zu bedingen. Die ersten calvinistischen Staaten Nordamerikas waren nach dem Vorbild der reformierten Kirchenverfassung demokratisch organisiert, aber von dem theokratischen Leitbild wurde Andersdenkenden kaum Gewissensfreiheit gewährt. Auch Rousseaus Majoritätsstaat war eine Demokratie ohne Gewissensfreiheit. Umgekehrt bemühte sich das England des 17. Jahrhunderts mit großem Einsatz um die Menschenrechte, ohne im modernen Sinn demokratisch verfaßt zu sein. Dennoch wird man gerade hier sagen müssen, daß der englische Puritanismus, trotz der divergierenden theologischen Anschauungen seiner verschiedenen Gruppen, der eigentliche Geburtshelfer des modernen demokratischen Rechtsstaates gewesen ist. Der Puritanismus war in seinem theologischen Kern calvinisch, aber er war in seiner Offenheit für naturrechtliche Kriterien als kirchliche und politische

---

[31] Vgl. J. Chambon, a. a. O., S. 111 ff.

[32] Vgl. J. Bohatec, England und die Geschichte der Menschen- und Bürgerrechte.

Oppositionsbewegung breit genug, um freikirchlich-täuferische, spiritualistisch-subjektivistische und etwa auch aufklärerische Ideen eines John Locke aufzunehmen.

Der ergreifende Kampf zwischen Monarchie und Parlament im England des 17. Jahrhunderts, die Ereignisse der beiden Revolutionen, die Gestalt eines Oliver Cromwell, die Hinrichtung Karls I., die Wiedererstellung der politischen Verhältnisse durch die Restauration und die Entwicklung bis zur Toleranzakte von 1689 sind gründlich erforscht und oft dargestellt worden, so daß sich eine Wiederholung hier erübrigt.[33]

Nur zwei Linien seien aufgezeigt, aus deren schließlicher Konvergenz eine gewisse Identität von Rechtsstaatlichkeit und demokratischer Staatsform hervorging. Die eine Linie folgt dem Bestreben, die demokratische Staatsform unter Anwendung alter englischer Rechte im Rahmen einer konstitutionellen Monarchie zu verwirklichen. Einer ihrer hervorragendsten Vertreter war Henry Ireton, der Schwiegersohn Cromwells. Demgegenüber stand auf dem linken Flügel der englischen Reformation die Gruppe der Levellers (Gleichmacher) mit ihrem Führer John Lilburne. Zuvor schon hatte das Parlament im Jahre 1628 durch die "Petition of Rights" eine Erweiterung der vermeintlich aus der Magna Charta verbrieften Grundrechte auf Leben, Freiheit und Eigentum durch positive Gesetze erzwungen. Der Entwurf des "Agreement of People" vom Oktober 1647 brachte wiederum eine leidenschaftliche Erörterung über die Freiheitsrechte mit sich, in der sich zum erstenmal die Independentisten mit einer Vision der direkten Demokratie zu Wort meldeten und andererseits Ireton den Gedanken einer konstitutionellen, durch die Volksvertretung eingeschränkten Monarchie vertrat. Nach Iretons Meinung bringt das Parlament den Willen des Volkes zum Ausdruck, denn ihre Mitglieder sind die Vertreter des Volkes. Wenn das Parlament ein Gesetz erläßt, handelt es sich um den "consensus populi, consent of the people". Hier wurde in Einschätzung realer politischer Möglichkeiten und unter Berücksichtigung des tradierten englischen Verfassungsrechtes

---

[33] Vgl. z. B. Georg Lenz, Demokratie und Diktatur in der Englischen Revolution 1640—1660. München 1933. Dort weitere Literatur.

die konstitutionelle Monarchie auf einer demokratischen Grundlage konzipiert. Zu einem allgemeinen Wahlrecht konnte sich Ireton jedoch nicht entschließen, und an dieser Stelle ist die Entwicklung über ihn hinweggegangen.[34]

Ähnliche Gedanken finden wir bei dem berühmten John Milton, der die Hinrichtung Karls I. zum Anlaß einer Betrachtung nahm, „was gegen Tyrannen gesetzlich unternommen werden könne". Hier finden wir eine reflektierte, auf die englischen Verhältnisse übertragene Rezeption der Monarchomachen, besonders des Johannes Althusius, den Milton offenbar gut kannte.[35] Gesellschaftsvertrag und Herrschaftsvertrag werden in sorgsamer Abgrenzung gegen ihre Identifizierung bei Hobbes neben- und nacheinandergestellt. Das Volk ist wie bei Althusius der eigentliche Inhaber der politischen Gewalt. Magistrate und Könige sind „Diener des Volkes", nicht seine Herren. Wie die Monarchomachen begründet auch Milton das ältere Recht des Volkes gegenüber dem König — nach calvinischer Manier — aus dem Alten Testament. Der stichhaltige Nachweis, daß das israelitische Königtum einer späteren historischen Epoche angehört, korrespondiert mit dem Datum der englischen Geschichte, daß erst die normannische Eroberung die Monarchie eingeführt habe. Volkssouveränität und Volksmajestät sind für Milton synonyme Begriffe. Der Staat wird durch einen "covenant" (Bund) zwischen Volk und König konstituiert. Später läßt Milton die Autorität nur noch an das Parlament gebunden sein. Immer stärker kommt der große Dichter dann in das Fahrwasser independentistischer und schließlich separatistischer Strömungen hinein, die die andere, für die Geschichte der Demokratie mindestens ebenso wichtige Linie aufweisen.

Wie stark die verfassungsrechtlichen und staatspolitischen Ideen des englischen Revolutionszeitalters von ihrem religiösen Hintergrund bestimmt sind, zeigt ein Blick auf den independentistischen und radikalen Flügel des Protestantismus. Sein Ziel war die end-

---

[34] Näheres bei J. Bohatec, England und die Geschichte der Menschen- und Bürgerrechte, bes. S. 27—57.

[35] Ausführlich J. Bohatec, a. a. O., S. 58, ›Miltons Freiheitslehre‹. Vgl. auch Hellmut Heinrich, John Miltons Kirchenpolitik, Berlin 1942.

gültige Erschütterung der Monarchie. Auch hier schwingen noch ganz entfernt Calvins Bedenken gegen die Erbmonarchie mit. Vor allem hat die Foederaltheologie des Genfer Reformators in den verschiedenen "Covenants" eine politische Realisierung erfahren, die sein Urheber weder geahnt noch gewollt hat. Auch dürfte der Schlüssel zum Verständnis einer dieses Jahrhundert überragenden Figur wie Oliver Cromwell in dessen Sendungsbewußtsein liegen,[36] das ohne die calvinische Prädestinationslehre undenkbar ist. Was aber den linken Flügel der englischen Reformation besonders ausgezeichnet, ist ein eigentümlicher Spiritualismus, von dem selbst John Milton nicht frei war, und der ebenfalls aus dem Erbe der Schweizer Reformation stammt. Aus dem Gedanken, daß alle Glieder des Organismus in gleicher Weise vom Heiligen Geist erfüllt sind, wurde hier für den politischen Bereich die Nivellierung sozialer Unterschiede gefolgert. Auch apokalyptische Utopien waren in diesen Kreisen am Vorabend der Revolution höchst aktuell. „Demokratische Tendenzen mischen sich mit prophetischen Traumbildern von der Wiederkehr Christi und einem tausendjährigen Reich, in dem es keine Gesetze, keine Sünde, keine Sakramente gibt, sondern wo die Menschen ohne staatlichen Zwang und befreit von ihrem alten Sklaventum sich aller Güter gleichmäßig erfreuen, essen, trinken und Kinder erzeugen. In diesem Reiche wird Christus regieren, er wird alle Monarchien und Kaiserreiche dieser Welt niederwerfen."[37] Auch diese Ideen, in denen deutlich kommunistische Untertöne wahrnehmbar sind, haben der englischen Reformation ihre Stoßkraft verliehen. Dabei ist schwer zu differenzieren, was religiöse Vorstellungen, politische Notwendigkeit oder sozialer Klassenkampf war. Auch „englische und protestantische Freiheiten wurden in eins gesetzt"[38]. Mit Sicherheit entwickelten sich republikanische Ideen, die dann ja auch in der Revolution im Einverständnis mit dem Parlament

---

[36] Vgl. ausführlich Helmuth Kittel, Oliver Cromwell, Seine Religion und seine Sendung, Berlin 1928.

[37] Zitat von Georg Lenz, a. a. O., S. 56 f.

[38] Zitat von Kurt Kluxen, Staatskirche und Nonkonformismus in England, Staat und Kirche im Wandel der Jahrhunderte, S. 123.

wenigstens zeitweise zur Abschaffung der Hochkirche und der Monarchie geführt haben.

John Lilburne, der schon erwähnte Führer der Independentisten, war freilich eine politisch zwielichtige Gestalt, aber doch wohl nicht nur der aufrührerische Agitator, als den ihn die konservativen Zeitgenossen in Erinnerung an Thomas Müntzer und Johann von Leiden geschildert haben. Er war engagiert in der Verbesserung der sozialen Verhältnisse der Bevölkerung und kämpfte gegen die Intoleranz des von den Presbyterianern mehrheitlich beherrschten Parlaments für kirchliche und politische Freiheiten. In diesen independentistischen Kreisen um Lilburne, der eine typische Gestalt der außerparlamentarischen Oposition war, ist das konzipiert worden, was man — im Gegensatz zu der konstitutionell-monarchisch eingestellten Mehrheit des Revolutionsparlamentes — schon als die Staatsauffassung der Demokratie im modernen Sinn ansprechen darf. Freilich ist schon bei Lilburne die Grenze zwischen rechtsstaatlicher Ordnung und einem „unwandelbaren demokratischen Urgesetz"[39], das kommunistische Züge aufweist, nicht mehr ganz scharf zu ziehen. Dennoch muß festgestellt werden, daß die Publizistik dieser independentistischen Religiosität den ganzen Katalog späterer demokratischer Forderungen enthält: „Regelmäßige Wahlen zum Parlament, Trennung der gesetzgebenden Funktion von der richterlichen, Beseitigung aller konfessionellen Schranken, Unterlassung aller Eingriffe in das religiöse Leben und — als alles beherrschende Idee — Überordnung des Volkes über das Parlament."[40] Dabei war Lilburne der Meinung, daß die alten englischen Freiheitsrechte mit den neuen, aus den religiösen Traditionen herrührenden demokratischen Ideen erweitert werden sollten.

An dieser Stelle trifft sich der linke Flügel der englischen Reformation mit der konstitutionell eingestellten Parlamentsmehrheit. Auch die Independentisten hatten den Rechtsstaat zum Ziel ihrer politischen Bemühungen gehabt. Es zeichnet sie aus, daß sie vielleicht zum erstenmal bestimmte Prinzipien der politischen Demo-

---

[39] Martin Schmidt, Artikel ›Levellers‹, Die Religion in Geschichte und Gegenwart, 3. Aufl., Band IV, S. 334 f.
[40] Zitat von Georg Lenz, a. a. O., S. 67.

kratie klar artikuliert haben, so die individuelle Gleichheit vor dem Gesetz, die Überordnung des Volkes über die ständische Repräsentation, also im ganzen den von unten strukturierten Aufbau des Staates. Und das ist wohl das gemeinsame Erbe des englischen Protestantismus der Revolutionsepoche, daß hier die enge Verknüpfung der Souveränität des Rechtes mit der Souveränität des Volkes geistig konzipiert wurde. Freilich gehört auch das zur Tragik des westlichen Protestantismus, daß gerade er, der den Gedanken des Vertrages und der Verfassung zum Mittelpunkt seiner Staatsethik gemacht hatte, dieses Ziel nicht ohne Verfassungsbruch und Revolution erreichen konnte. Die Hinrichtung Karls I. blieb ein Trauma auf diesem Wege.

V

Was nun noch folgt, ist die geschichtsmäßige Realisierung dieser Ideen. Am 11. November 1620 schließen 41 Männer des Auswandererschiffes "Mayflower" vor der Küste von Massachusetts einen Covenant, der das einprägsamste Symbol für die Anfänge der nordamerikanischen Geschichte wurde. In diesem Punkt wurden theokratische und föderaltheologische Elemente zu einer politischen Form verdichtet. Dies war die Geburtsstunde der amerikanischen Demokratie. Was die independentistischen Puritaner der Mayflower suchten, war Freiheit von den unerträglichen kirchlichen und politischen Zuständen der englischen Heimat. In Neu-England gewann der Gedanke, die rechtsstaatliche Konstitution durch eine Verfassung abzusichern, unter voller Berücksichtigung der Menschenrechte seine Verwirklichung. Der Kongregationalist Thomas Hooker hat 1638 mit einer berühmten Predigt das „amerikanische Verständnis der Demokratie als Glaubensforderung klassisch formuliert" [41]. Die Geschichte der amerikanischen Demokratie kann und soll hier nicht weiter verfolgt werden. [42] Die erste geschriebene Verfassung

[41] Martin Schmidt, RGG, Band III, S. 449.
[42] Vgl. z. B. H. J. Laski, The American Democracy, New York 1948. E. Fraenkel, Das amerikanische Regierungssystem, 1962, 2. Aufl.

waren die ›Fundamental Orders of Connecticut‹ von 1639. Die vertragliche Durchsetzung der Gewissens- und Religionsfreiheit geschah schon 1634 in Maryland. Der independentistische Calvinist und spätere Baptist Roger Williams verschaffte ihr 1663 in der Verfassung von Rhode Island zum erstenmal in der neueren Geschichte auch staatsrechtliche Geltung. Für den theologischen Hintergrund ist interessant, daß Williams seine historische Tat damit begründete, daß „das Wirken des Heiligen Geistes in Erwählung und Wiedergeburt die völlige Glaubensfreiheit erfordere"[43]. Das Werden der amerikanischen Demokratie war ein komplizierter Prozeß, für den, um es mit einem Wort von Ernst Troeltsch zu sagen, „täuferisches Freikirchentum, spiritualistische Independenz, pietistisch-radikalisierter Calvinismus, altcalvinistische Ideen vom Revolutionsrecht, von der Volkssouveränität und vom christlichen Staat"[44] maßgeblich wurden. Die eigentliche Demokratie hat sich nach Troeltsch aus dem calvinistischen Geist „da entwickeln können, wo, wie in den Neuenglandstaaten, die alten ständischen Elemente Europas fehlten und die politischen Institutionen aus den kirchlichen hervorwuchsen"[45], was wiederum die hohe Bedeutung des calvinischen Kirchenmodells für die Entstehung der modernen demokratischen Staatsform bestätigt.

Die amerikanische Revolution, die nach geltendem Recht wiederum ein Verfassungsbruch und eine Revolution war, brachte dann mit der „Virginischen Erklärung der Menschenrechte" vom 12. Juni 1776 und der Bundesverfassung der USA vom 17. September 1787 die ersten großen Verfassungen liberalen Charakters. Hier wird der Staat der Gesellschaft unterworfen, deren staatsfreier Raum durch die Grundrechte definiert wird. Aber selbst diese Verfassung hat ein so frommer Protestant wie der Präsident Abraham Lincoln noch brechen müssen, als er 1862 die Abschaffung der Sklaverei

---

Karl-Heinrich Friauf, Artikel ›Vereinigte Staaten‹, Ev. Staatslexikon, S. 2331—2337. Dort weitere Literatur.

[43] Zitat von Heinrich Bornkamm, RGG, Band VI, S. 943.

[44] Ernst Troeltsch, Die Bedeutung des Protestantismus für die Entstehung der modernen Welt, Aalen 1963, 2. Aufl., S. 62.

[45] E. Troeltsch, a. a. O., S. 58.

proklamierte.[46] Überliefertes Recht und freies Gewissen stehen oft genug in einer dialektischen Korrespondenz, wie die Geschichte des westlichen politischen Protestantismus von Admiral Coligny bis Präsident Lincoln zeigt.

Unnötig zu erwähnen, daß die mit John Locke anhebende Aufklärung die neuen politischen Ideen beflügelte, die dann auch die Erklärung der Menschenrechte der Französischen Revolution vom 26. August 1789 bestimmt haben, von woher diese Grundrechte in fast alle demokratischen Verfassungen unserer modernen Welt übernommen wurden.[47]

Der Einfluß des westlichen Protestantismus auf die Entstehung der modernen Demokratie war bestimmt durch Calvins Kirchenbegriff, durch die Aufnahme naturrechtlicher Gedanken in die politische Ethik und durch das von der Reformation geschärfte Gewissen des Christen, die Not des unterdrückten Bruders wahrzunehmen. Aus der Erfahrung mit dem Absolutismus kam die Überzeugung hinzu, daß die politische Macht durch klagbares Recht definiert, geteilt und kontrolliert werden müsse. Daß wir es in alldem nicht mit überlebten Ideen zu tun haben, lehren uns die Geschehnisse unseres Zeitalters auf eindrückliche Weise. Es war wiederum ein Schweizer Calvinist, Karl Barth, der an einem dunklen Zeitpunkt deutscher Geschichte, am 31. Mai 1934, in der bekannten ›Theologischen Erklärung von Barmen‹ aus christlichem Gewissen für die Bekennende Kirche in Deutschland den Satz formulierte: „Wir verwerfen die falsche Lehre, als solle und könne der Staat über seinen besonderen Auftrag hinaus die einzige und totale Ordnung menschlichen Lebens werden."[48]

[46] Vgl. ausführlich Wolf-Dieter Marsch, Christlicher Glaube und demokratisches Ethos, dargestellt am Lebenswerk Abraham Lincolns, Hamburg 1958.

[47] Vgl. ausführlich Wolfgang Schweitzer, Der entmythologisierte Staat, Studien zur Revision der evangelischen Ethik des Politischen, Gütersloh 1968.

[48] Der Text der Theologischen Erklärung von Barmen in den Bekenntnisschriften und Kirchenordnungen der nach Gottes Wort reformierten Kirche, herausgegeben von Wilhelm Niesel, Zollikon, S. 334—337.

Hans Gerhard Fischer, Evangelische Kirche und Demokratie nach 1945. Ein Beitrag zum Problem der politischen Theologie. Historische Studien, Heft 407. Lübeck und Hamburg: Matthiesen Verlag 1970, S. 144—173.

ANSÄTZE
ZU EINEM NEUEN THEOLOGISCHEN DENKEN GEGENÜBER DEN PROBLEMEN DER DEMOKRATIE

Von Hans Gerhard Fischer

Die Diskrepanz zwischen dem Anliegen einer staatsbürgerlichen Erziehung in der Demokratie und der herkömmlichen und auch heute noch weit verbreiteten ethischen Belehrung über den Staat durch die Kirche, besonders in den Landeskirchen betont lutherischen Bekenntnisstandes, ist in vorangehenden Abschnitten aufgezeigt worden.

Da aber der demokratische Staat auf die Mitarbeit *jedes* Bürgers strukturhaft angewiesen ist, bedeutet eine auf „Unterordnung" hin tendierende kirchliche Predigt auf dem Gebiet der politischen Ethik eine Stärkung der ohnehin vorhandenen restaurativen Kräfte.[1]

Es dürfte deutlich geworden sein, daß hier nicht nur der erst jung verwurzelten Demokratie unseres Staates eine Gefährdung erwächst, sondern auch der Kirche selbst.[2] Es ist aber auch von seiten der Kirche zu sehen, daß sie mit dieser Art von antidemokratisch wirkender Predigt selbst die Kräfte stärkt, die das Christentum als Hindernis für eine menschenwürdige Gestaltung des Daseins ansehen.[3]

Es seien deshalb nach der Darlegung der Fakten noch einige kirchensoziologische Erwägungen angefügt. Ihrem Selbstverständ-

---

[1] Vgl. dazu besonders: H. Gollwitzer, Bürger und Untertan, S. 30—56, und vor allem S. 44 f.

[2] Auf die innerkirchlichen organisatorischen Probleme und ihre Ausstrahlung wird im Zweiten Teil, Kapitel II knapp verwiesen. — Vgl. zu diesem Problem auch z. B. K. Barth, Der Götze wackelt, Berlin 1961, besonders S. 121.

[3] Vgl. H. Gollwitzer, Bürger und Untertan, besonders S. 44 f.

nis gemäß kann es nicht die Aufgabe theologischer Arbeit sein, sich dem jeweils als modern geltenden Denken, dem Zeitgeist, zu unterstellen. Das bedeutet nun aber ganz gewiß nicht, daß die gefährliche Divergenz zwischen der bisher üblichen evangelischen Predigt zur Staatsethik und der staatsbürgerlichen Erziehung in der Demokratie so einfach als gegeben hingenommen werden oder gar aufrechterhalten bleiben muß.

Die evangelische Theologie hat vielmehr den 'kirchlichen Kreisen' deutlich zu machen, daß die hier aufgezeigten Widersprüche sich nicht aus dem Inhalt der christlichen Verkündigung ergeben, sondern in soziologischen Gebundenheiten ihre Ursache haben.[4] Das bezieht sich einmal auf das überlieferte kirchliche Selbstverständnis in seiner historischen Entwicklung; dabei ist etwa an das kirchenrechtliche System des Territorialismus oder zum anderen an die Episkopaltheorie zu denken.[5] Andererseits ist es die soziologische Ausrichtung der Pfarrerschaft und der Glieder der Kirchengemeinden selbst, die sich einer Neubesinnung der evangelischen politischen Ethik hemmend entgegenstellt.[6]

Der Soziologe Hellmuth Plessner gibt diesem Problem folgenden Ausdruck: „So hat der Bestand einer Staatskirche lutherischer Prägung in einem konfessionell gespaltenen Milieu nicht nur in der Richtung der Verweltlichung allgemein gewirkt, sondern eine spezifisch lutherisch-religiöse Weltlichkeit und Weltfrömmigkeit ins

[4] Vgl. dazu die Ausführung von K. Barth, Der Götze wackelt, Berlin 1961, S. 120 f.

[5] Zu diesen Kirchenrechtstheorien vgl. als neuere Veröffentlichung: Martin Heckel, Staat und Kirche nach den Lehren der evangelischen Juristen Deutschlands in der ersten Hälfte des 17. Jahrhunderts, in: Zeitschrift der Savigny-Stiftung für Rechtsgeschichte, Kanonistische Abteilung 42 (1956), 117—247 und 43 (1957), S. 202—308. — Zur älteren Literatur vgl. u. a.: Günther Holstein, Die Grundlagen des evangelischen Kirchenrechts, Tübingen 1928.

[6] In diesem Zusammenhang wäre vielleicht auch die neolutherische Lehre vom 'Amt' näher auf ihre politische Bedeutung hin zu untersuchen. Dabei soll jedoch die grundsätzliche theologische Berechtigung der 'Ämter' in der Kirche und des Aufbaus der Kirche von oben und unten nicht in Frage gestellt werden.

Leben gerufen, die in der deutschen politischen und weltanschaulichen Ideologie Gestalt gewinnt."[7]

Dagegen ist aber zu fordern, daß sich die politische Paränese der Kirche nicht auf die Wiederholung früherer Aussagen, deren soziologische Abhängigkeit angedeutet wurde, beschränkt, sondern ihrem Auftrag gemäß den Menschen unserer Zeit sucht. Den kann sie aber nur in den Bezügen der heutigen Wirklichkeit finden. Dort muß die Verkündigung der Kirche, die zwar nicht dem Geist der Zeit gemäß sein soll, das ist dargelegt worden, aber doch in echter Zeitbezogenheit zu stehen hat, den Menschen in die konkrete Verantwortung stellen, sich um die „Ausräumung" alter Mißverständnisse bemühen und auch gegebenenfalls ganz konkret die „Änderung christlicher Verhaltensweisen", die der „geschichtlichen Situation" nicht mehr entsprechen oder der „zur Rede stehenden Aufgabe" in der Gesellschaft nicht gerecht geworden sind, veranlassen.[8]

Friedrich Karrenberg weist in diesem Zusammenhang darauf hin, daß „der moderne Staat" seinem politischen Selbstverständnis gemäß den „passiven Untertan" nicht mehr kennt, sondern „weithin eine aktive Mitverantwortung des Staatsbürgers am Staatsgeschehen" voraussetzt. „Daraus folgt in der Tat, daß die Staatsethik die neu entstandene Problemlage vom Zentrum des Kerygmas neu durchdenken muß."[9] Das gleiche Problem formuliert Theodor Strohm in seiner höchst bedeutsamen Abhandlung: ›Zwischen Apokalyptik und Liberalität. Zur Geisteslage des gegenwärtigen deutschen Protestantismus‹[10] so: „Seit aus Untertanen Bürger geworden sind, entsteht auch für die evangelische Verkündigung die Frage nach dem Inhalt und der Form ihrer Aussage." Es geht dabei mit um das Anliegen „gleichsam ein geistesgeschichtliches Fundament und eine christlich-reformatorische Beziehung zu unserem neu-

---

[7] Vgl. H. Plessner, Das Schicksal deutschen Geistes im Ausgang seiner bürgerlichen Epoche, Zürich und Leipzig 1935, S. 51.

[8] Vgl. H.-D. Wendland, Einführung in die Sozialethik, Berlin 1963, besonders S. 135.

[9] Vgl. F. Karrenberg, Gestalt und Kritik des Westens, Stuttgart 1959, S. 39.

[10] In: Monatsschrift für Pastoraltheologie 54 (1965), S. 1—18.

gewonnenen demokratischen Leben" herzustellen und eine „Basis"
zu schaffen, „von der aus die Gemeinden zu verantwortlichen und
kritischen Keimzellen im vorstaatlichen Raum werden können".[11]
„Die Botschaft des christlichen Glaubens" muß in Anlehnung an
ein reiches Erbe evangelisch-theologischer Tradition und mittels
einer kritischen Rezeption dieses Erbes so verkündigt werden — dies
zu ermöglichen ist Aufgabe heutigen theologischen Nachdenkens —,
daß „der einzelne zur Mündigkeit des Glaubens und zu verbind-
lichem Handeln befähigt wird".[12]

Es geht bei dieser Umsetzung der neutestamentlichen Botschaft
und ihrer sozialethischen Weisung in die heutige Situation gewisser-
maßen um eine 'Entsoziologisierung' des Neuen Testamentes. Zu
beachten ist dabei allerdings, daß sich die Demokratie nicht unmittelbar als Staatsform in der Bibel vorgezeichnet findet. Es wird
deshalb wahrscheinlich verschiedene Wege theologischer Erkenntnis
geben, die zur Demokratie hinführen, weil es in der Kirche nun
einmal verschiedene Formen von Theologie gibt. Außerdem bleibt
es eine ständig wichtige Aufgabe bei den evangelisch-theologischen
Bemühungen um die Probleme der Demokratie, das kritische Leitbild von der Utopie abzugrenzen. Die evangelische Sozialethik
darf auch der deutschen Geschichte nach 1945 keine solche gegenüberstellen. Zu erwägen ist ferner, daß auch die Demokratie Miß-
bräuchen unterliegen kann. Die mannigfachen Gefährdungen der
modernen Massendemokratie geben den Vertretern der antidemokratischen Autoritätstheorien — von dem gewiß teilweise berechtigten und auch bei einer demokratischen Staatsgestaltung zu be-
achtenden Kern dieser Lehren einmal ganz abgesehen — ein
Scheinrecht, das es zu erkennen gilt. Einige Ansätze einer demo-
kratie-aufgeschlossenen Neubesinnung in der evangelischen Theologie sollen nun an wenigen exemplarischen Äußerungen aufgezeigt
werden.[13]

[11] Vgl. Th. Strohm, Zwischen Apokalyptik und Libertät, a. a. O., S. 12
und 17.

[12] Vgl. Th. Strohm, Zwischen Apokalyptik und Libertät, a. a. O., S. 13.

[13] Es ist allerdings hinzuzufügen, daß die vorhandene Literatur in
dieser Richtung noch relativ gering ist. Hier ist noch ein großes Feld
theologischer Arbeit zu bewältigen. Andererseits konnten angesichts der

Besonders Karl Barth tritt von seiner theologischen Konzeption her für eine demokratische Staatsgestaltung ein.[14] Als Möglichkeit einer theologischen Gegenposition zu der auf ihre politische Funktion hin schon analysierten und noch zu analysierenden „Theologie der Ordnungen", der mehrfach erwähnten ideologischen Verzerrung der „Zwei-Reiche-Lehre" und der sich in die politische Entwicklung der Bundesrepublik Deutschland nach 1950 gut einfügenden theologischen Ansicht über die stellvertretende und hierarchisch-amtsmäßig abgestufte Verantwortung ist die von Karl Barth in besonderer Weise vertretene Beziehung von 'Rechtfertigung' und 'Recht' in ›Christengemeinde und Bürgergemeinde‹ anzusehen.

Die wichtige politische Bedeutung des Verhältnisses der christlichen Gemeinde zum Recht wurde im Kampf der Bekennenden Kirche mit dem nationalsozialistischen Staat besonders deutlich. Diese Fragestellung wird in der bisher erschienenen Literatur zum 'Kirchenkampf' wenig beachtet. Eine Ausnahme ist z. B. der jetzige Tübinger Systematiker Hermann Diem, der dieses Obrigkeitsdenken des deutschen Luthertums, das „den Staat in die Eigengesetzlichkeit einer durch das Evangelium nicht mehr anfechtbaren Unmittelbarkeit zu Gott" entläßt, für das Versagen auch der Bekennenden Kirche im 'Dritten Reich' verantwortlich macht.[15] Das bei der Gründung der Bekennenden Kirche in Ansätzen vorhandene Wissen um die unlösbare Verwobenheit der Sache der Kirche mit der des Rechts in Deutschland vermochte die Bekennende Kirche nicht eindeutig festzuhalten.[16]

G. Jacobi gibt diesem Sachverhalt im Zusammenhang von Ausführungen über eine biblisch fundierte Stellung des Christen gegen-

---

bedrängenden Raumbegrenzung der vorliegenden Arbeit in diesem Kapitel nur einige Leitlinien aus dem mannigfachen Schrifttum der genannten Theologen nachgezeichnet werden. Vieles mußte unerwähnt bleiben.

[14] Vgl. u. a.: K. Barth, Rechtfertigung und Recht = Theologische Studien, Heft, 1, 3. Aufl., Zollikon-Zürich 1948, S. 42 ff.

[15] Vgl. H. Diem, Versäumte Chancen der Kirche, in: Politische Verantwortung. Evangelische Stimmen 3 (1959), Nr. 12, S. 1 f.

[16] Vgl. dazu: Karl Barth, Eine Schweizer Stimme 1938—1945, Zollikon-Zürich 1945, besonders S. 258—261.

über der Selbstbehauptungstendenz des Staates folgenden Ausdruck: „Der Christ weiß sich mitschuldig an der gesamten Politik.
Das ist sein Sondermerkmal. Er trägt die Schuld an der Selbstbehauptung seines Staates mit. Vielleicht und hoffentlich trägt er
sie stellvertretend. Denken wir doch an das Dritte Reich! Was
wurde da alles unterlassen an Aufschrei, an Bekundung gerechten
Zornes! Wieviel wurde geschwiegen zu Untaten, die nicht mit
Schweigen hätten übergangen werden dürfen! Sollten wir alle
wirklich nichts gelernt haben aus jenen Jahren, in denen die Selbstbehauptung unser Volk wie ein Rausch ergriff? Sollten wir nicht
bremsen, wo es um Selbstbehauptung geht?" [17]

Die Ursache dieser Verfehlung der Kirche ist wohl, abgesehen
von den auch in evangelisch-kirchlichen Kreisen weit verbreiteten
autoritär-konservativ und obrigkeitsstaatlich-dezisionistisch ausge-
richteten Denkstrukturen, die ihrerseits damals allgemein zu einem
Erlahmen des Wissens um die Unaufgebbarkeit der Normierung
der Rechtssicherheit und der parlamentarisch-demokratischen Kontrolle des Staatsapparates geführt hatten, eine Folge des Mangels
an einer von der Bekennenden Kirche erarbeiteten 'Theologie des
Rechts' gewesen.

Diese Situation führte nach 1945 auch im Raum des deutschen
Protestantismus zu einer Bestandsaufnahme und Neubesinnung
über die philosophischen und theologischen Grundlagen des Rechts.
Da aber eine Repristination des 'Naturrechts' von vielen evangelischen Theologen als mit einer biblisch begründeten Theologie
nicht recht vereinbar angesehen wurde, kam es von verschiedenen
theologischen Positionen aus zur Herausarbeitung neuer Gesichtspunkte für das Verhältnis von Kirche und Recht. Zahlreiche Linien
dieser theologischen Bemühungen trafen sich, bei aller Divergenz
der theologischen Ausgangsstellungen, in einem Punkt, der im
Laufe der sich entwickelnden Debatte als 'christologische' Begründung des Rechts bezeichnet wurde. Die hier nicht mehr zu erörternde politische Folge war unter anderem eine Ablehnung der
Theorie vom 'gerechten Krieg' als Argument für die deutsche Wie-

---

[17] G. Jacobi, Die politische Verantwortung des Christen, in: Christlicher Glaube und politische Entscheidung, München 1957, S. 90.

derbewaffnung durch die theologischen Vertreter der 'christologischen' Rechtsbegründung.

Die theologische Problemstellung Karl Barths, die von der „in
Jesus Christus ein für allemal vollzogenen Rechtfertigung des
Sünders" her auch die Wahrung des menschlichen Rechtes zu einem
Gegenstand christlicher Verantwortung macht,[18] findet ihre prak-
tisch-politische Anwendung in einer theologisch begründeten Reihe
von „Beispielen", von „Gleichnissen, Entsprechungen, Analogien"
über die „gleichnishafte, aber höchst konkrete Beziehung zwischen
der christlichen Botschaft und bestimmten politischen Entscheidungen und Verhaltungsweisen".[19]

Im Rahmen dieses Kapitels, das nur einige Linien eines neuen
theologischen Denkens gegenüber den Problemen der Demokratie
in der evangelischen Kirche noch aufweisen soll, kann keine eingehende, den theologischen Zusammenhang erörternde und die
politische Bedeutung umfassend aufzeigende Analyse dieser wichtigen Schriften Barths geboten werden, obgleich in ›Christengemeinde und Bürgergemeinde‹ und ›Rechtfertigung und Recht‹
Kernfragen einer demokratischen Gesellschaft angeschnitten sind.
Es sei aber erwähnt, daß Karl Barth selbst betont darauf hinweist,
daß die von ihm aufgestellte Beispielreihe des zeugnishaften Urteilens und Wirkens der „Christengemeinde" in der „Bürgergemeinde" „auf der ganzen Linie eine Tendenz auf die Gestalt
des Staates hat, die in den sogenannten ‚Demokratien' wenn nicht
verwirklicht, so doch mehr oder weniger ehrlich und deutlich gemeint und angestrebt ist ... Es gibt schon eine Affinität zwischen
der Christengemeinde und der Bürgergemeinde der freien Völker!"[20]

Barth macht die Christen — bei aller Ausrichtung auf die
„zukünftige Polis" — auch für den „Charakter des Staates als

---

[18] Vgl. zu dieser Fragestellung über die Beziehung von „Rechtfertigung" und „Recht": K. Barth, Rechtfertigung und Recht = Theologische
Studien, Heft 1, 3. Aufl., Zollikon-Zürich 1948, besonders S. 3.

[19] Vgl. K. Barth, Christengemeinde und Bürgergemeinde = Theologische Studien, Heft 20, Zollikon-Zürich 1946, S. 33 f.

[20] Vgl. K. Barth, Christengemeinde und Bürgergemeinde, a. a. O., S. 36.

Rechtsstaat" haftbar.[21] Da die Christen nach der neutestamentlichen Botschaft den Staat nicht nur dulden, sondern wollen müssen,
sie den Staat aber nicht als „Pilatus-Staat" haben wollen, müssen
sie ihn als „Rechtsstaat" wollen.[22]

Aus der im Neuen Testament geforderten Fürbitte für den
Staat [23] leitet Karl Barth ein aktives und verantwortliches Eintreten für den „rechten" Staat ab; denn, so fragt Barth: „Kann
man Gott um etwas bitten, das man nicht in den Grenzen seiner
Möglichkeiten herbeizuführen im selben Augenblick entschlossen
und bereit ist?" [24]

Barth und seine theologischen Schüler sind dabei der Ansicht,
daß gerade der zentrale Gehalt der neutestamentlichen Aussagen
zum Staat eine „Verlängerung der neutestamentlichen Linie im
Sinne des ,demokratischen' Staatsbegriffs" von der Exegese her
nicht nur zuläßt, sondern geradezu fordert.[25]

Diese Konzeption ergibt sich für K. Barth aus Einzelerwägungen
über das Handeln der „Christengemeinde" in der „Bürgergemeinde".
So erhebt K. Barth von seiner biblischen Sicht des „Staates" her
die Forderung, daß die Christengemeinde für einen Staatsaufbau
von unten nach oben eintreten muß. Eine die Demokratie zu autoritären Formen transformierende „repräsentative" Herrschaft einer
Gruppe im formal demokratischen Staat wird damit abgelehnt.[26]

---

[21] Vgl. K. Barth, Rechtfertigung und Recht, a. a. O., S. 44.

[22] Vgl. ebenda.

[23] Vgl. besonders: 1 Tim 2.

[24] Vgl. K. Barth, Rechtfertigung und Recht, a. a. O., S. 43 f.

[25] Vgl. K. Barth, Rechtfertigung und Recht, a. a. O., S. 44.

[26] Barth macht seine Position am Beispiel Bismarcks deutlich, den er
„trotz des Losungsbüchleins auf seinem Nachttisch!" ablehnt, „weil er den
Staat grundsätzlich von oben nach unten, weil er sein Werk auf die
,Macht an sich' aufbauen und begründen wollte" (K. Barth, Christengemeinde und Bürgergemeinde, a. a. O., S. 31 f.). — Auf die Aufgabe der
Kirche, mit ihrer eigenen Organisation hier beispielhaft als „Christengemeinde" der „Bürgergemeinde" voranzugehen (vgl. dazu die von Barth
an diesem Problem aufgezeigte gleichnishaft-analogische Entsprechung von
„Kirche und Staat", K. Barth, Christengemeinde und Bürgergemeinde,
a. a. O., S. 23 f. und 41 f.), ist im Zweiten Teil, Kap. II der Arbeit schon
mit Bezugnahme auf die politische Bedeutung hingewiesen worden.

Von dem Inhalt des christlichen Glaubens her ist die christliche Gemeinde auch verpflichtet, in der „Bürgergemeinde" für „soziale Gerechtigkeit" einzutreten, da auch nach Barth zu sehen ist, daß eine nur juristisch-formale Gleichheit durch ungleiche wirtschaftliche Ausgangspositionen realpolitisch gefährdet ist.[27]

Vom gleichen theologisch-biblischen Ansatz aus kommt dann K. Barth zu der Forderung, daß die „Christengemeinde" ihre im Glauben gewonnene „Freiheit" nun auch „in die ganz andere politische Gestalt und Wirklichkeit" umsetzen muß[28] und deshalb verpflichtet ist, in der „Bürgergemeinde" für die „Grundrechte" des einzelnen Bürgers gegen totalitär-dezisionistische Tendenzen jeder Art,[29] für „Gewalten-" bzw. „Funktions"-Teilung, Presse- und Meinungsfreiheit einzutreten.[30] K. Barths Ablehnung einer „Geheimpolitik"[31] wird man sicher auch auf jede Form einer nicht 'offenen' Parteifinanzierung — um ein weiteres Beispiel für die politische Funktion anzuführen — ausdehnen können.

Die Verwirklichung dieses Auftrages der „Christengemeinde" in der „Bürgergemeinde" möchte K. Barth nun keinesfalls in die Hände eines so „unglückseligen Unternehmens", wie es eine „christliche Partei" darstellt, gelegt wissen. Nach Barth wird vielmehr eine solche Partei mit ihrer zur Ideologie gewordenen „christlichen Weltanschauung" „die Christengemeinde und ihre Botschaft" „notwendig gerade mit ihrer Christlichkeit auf Schritt und Tritt kompromittieren. Im politischen Raum können nun einmal die Christen gerade mit ihrem Christentum nur anonym auftreten."[32] Die Entscheidungen von Christen im politischen Raum können

[27] Vgl. K. Barth, Christengemeinde und Bürgergemeinde, a. a. O., S. 27 und 29.

[28] Vgl. K. Barth, Christengemeinde und Bürgergemeinde, a. a. O., S. 27.

[29] Vgl. K. Barth, Christengemeinde und Bürgergemeinde, a. a. O., S. 27 f.

[30] Vgl. K. Barth, Christengemeinde und Bürgergemeinde, a. a. O., S. 29 f. und 31.

[31] Vgl. K. Barth, Christengemeinde und Bürgergemeinde, a. a. O., S. 30.

[32] Vgl. K. Barth, Christengemeinde und Bürgergemeinde, a. a. O., S. 36 ff., besonders S. 38 und 42. — Vgl. auch den Dritten Teil, Kap. II der Arbeit.

nicht dadurch einleuchtend gemacht werden, „daß sie christlich begründet, sondern allein dadurch, daß sie politisch besser" und für den „Aufbau des Gemeinwesens faktisch heilsamer sind".[33]

Friedrich Delekat vertritt sogar die Meinung, daß die christliche Urgemeinde — freilich ohne dies direkt zu intendieren — in ihrer durch die „agape" geprägten Ordnung mit dem gleichen Recht für alle, der Aufhebung aller sozialen Unterschiede und der Mitverantwortung aller für das Anliegen der Gemeinde unter Rücksichtnahme auf die Mannigfaltigkeit der Gaben der einzelnen einen Modellfall darstellt, dessen Motive sich „aus dem modernen Begriff der Demokratie, insbesondere dem der sozialen Demokratie", nicht mehr fortdenken lassen.[34] Man wird deshalb vielleicht sagen können, daß eine „Ethik der Liebe" sich im politischen Bereich am besten in der Staatsform der Demokratie entfalten kann.[35]

Auch um ein Verständnis der Bedeutung der Wahlen in der Demokratie bemüht sich Delekat und kommt zu dem Ergebnis, daß die von gewissen sich betont lutherisch gebenden Kreisen oft geschmähten Wahlen nicht nur dem unmittelbaren politischen Zweck der Willensbildung des Volkes dienen, sondern auch ein wertvolles pädagogisches Element für die politische Bildung des Volkes durch Einübung der Anerkennung des Gegners und der Verantwortung der Entscheidung darstellen.[36] Dieses Verständnis vertritt auch H. Asmussen. Er gibt der Demokratie „vor vielen anderen Staatsformen" den Vorzug. „Sie ist die Staatsform, in welcher man sprechen kann und darf ... Sie ist kein Allheilmittel gegen die Lüge und die Entstellung, sowenig wie Konzilien und Kirchen-

---

[33] Vgl. K. Barth, Christengemeinde und Bürgergemeinde, a. a. O., S. 38.

[34] Vgl. Friedrich Delekat, Theologische und politische Probleme der Demokratie, in: Ev. Theol. 11, NF. 6 (1951/52), S. 22—36, besonders S. 23 f.

[35] Zum Problem einer „Ethik der Liebe" vgl.: R. Lindner, Grundlegung einer Theologie der Gesellschaft. Dargestellt an der Theologie Paul Tillichs = Studien zur evangelischen Sozialtheologie und Sozialethik, Bd. VIII, Hamburg 1960, besonders S. 12 f.

[36] Vgl. Fr. Delekat, a. a. O., S. 35.

synoden. Sie ist aber ein Anreiz, durch Worte zu handeln und damit dem eigentlichen Sinne des Wortes nahezukommen."[37]

Aus einem echten Bemühen um die Elemente demokratischer Staatsgestaltung heraus verurteilt Delekat den diktatorischen Gestaltungsformen abgesehenen Fraktionszwang als „im Widerspruch zur demokratischen Freiheit" stehend.[38]

Helmut Gollwitzer weist u. a. darauf hin, daß in der kaum mehr übersehbaren Literatur zur Frage der neutestamentlichen Haltung zur Welt oft die Behauptung begegnet, die urchristliche Gemeinde habe zum Staat nur in dem einseitigen Verhältnis einer eschatologischen Desinteressiertheit gestanden. Das entspricht aber nicht dem kritisch-exegetischen Tatbestand.[39] Seit der Entdeckung und Entzifferung der 'Qumran-Schriften' vom Toten Meer wird nach Gollwitzers Ansicht am Gegenbild der essenischen Gemeinden gerade besonders deutlich, daß die neutestamentliche Gemeinde nicht weltflüchtig und weltfremd war, sondern ihre intensive Weltverantwortung erkannte, in die sie durch das Evangelium gestellt war.[40]

Im Zusammenhang seiner Darlegungen über das rechte Verständnis von Röm 13 zeigt H. Gollwitzer, daß die Urgemeinde sich für das rechte „Staatsein des Staates"[41] mitverantwortlich wußte. Gollwitzer möchte diese Haltung auch bei Luther teilweise nachweisen und führt dazu folgendes Zitat an: „Aufrührerisch wäre es, wenn ein Verkünder des Wortes den Fürsten und Herren ihre Laster nicht sagte. Das sind faule und unnütze Prediger."[42]

---

[37] Vgl. H. Asmussen, Der Christ in der politischen Verantwortung, Freiburg 1961, S. 25.

[38] Vgl. Fr. Delekat, a. a. O., S. 35 f. — Vgl. zu diesem Problem und zur Beurteilung der realen Situation in der Bundesrepublik: Helmut Gollwitzer, Christ und Bürger in der Bundesrepublik. Eine Disputation mit Dr. Eugen Gerstenmaier, Dortmund o. J., S. 22.

[39] Vgl. H. Gollwitzer, Bürger und Untertan, S. 30—56, besonders S. 45.

[40] Vgl. ebenda.

[41] Vgl. H. Gollwitzer, Bürger und Untertan, S. 46.

[42] Vgl. WA 31 (I), 196; 8, 682, 31 ff. — Zu Gollwitzers Ansicht vgl.: Bürger und Untertan, S. 46.

Im Rahmen dieser Arbeit kann ich keinen Überblick über die kontrovers-theologische Literatur zur Frage des Staates im Neuen Testament geben.[43] Es soll nur herausgestellt werden, daß sich evangelische Theologen, die durch das grauenhafte Erleben des letzten Krieges besonders stark geprägt wurden, bei aller Verbindung zu von Luther beeinflußter Theologie im engeren Sinn, doch um ein neues Verständnis der Botschaft Jesu Christi im staatlichen Bereich für unsere Zeit bemühen.[44]

Von dem Christus-Wort Mt 10, 27, das Helmut Gollwitzer als eines der „Grundgesetze" der Kirche und ihrer missionarischen Sendung in die Welt ansieht, leitet er den Öffentlichkeitsbezug der Kirche her. „Was aber von den Dächern schallt, gehört ins Verantwortungs- und Interessenfeld des Politischen."[45] In einer anderen Veröffentlichung sagt er zu dem gleichen Problem: „Durch seine Sendung in die Welt und durch sein Liebesgebot verpflichtet Jesus Christus die Christen zur Teilnahme am öffentlichen Leben. Damit ist der Bereich der Politik samt der Verwaltung der Macht grundsätzlich als ein Bereich unter der Herrschaft Jesu Christi, nicht außerhalb von ihr, gekennzeichnet. Es geschieht nicht ein Austritt aus Jesu Christi Reich beim Eintritt in eine politische Welt. Auch über ihr steht der eine und gleiche Herr, und auch in ihr ist sein Gebot über dem anderer Herren zu hören."[46]

Deshalb kann der christlichen Gemeinde die politische Ausformung von Staat und Gesellschaft niemals gleichgültig sein. Gollwitzer geht es darum, die kritische Besinnung über die jeweils „vertretbare Gestalt" des „Lobes Gottes in der politischen Welt der Bundesrepublik" wachzuhalten. Dabei tritt er mit großer Entschiedenheit für die parlamentarische Demokratie und die damit in der Situation von 1945 für Westdeutschland gegebene Anlehnung

[43] Vgl. dazu den umfassenden Bericht von E. Käsemann, Römer 13, 1—7 in unserer Generation, in: ZThK. 56 (1959), Heft 3, S. 316—376.

[44] Vgl. dazu z. B.: H. Gollwitzer, Bürger und Untertan, S. 44.

[45] Vgl. H. Gollwitzer, Erwägungen zur politischen Predigt, in: Verantwortung für den Menschen. Beiträge zur gesellschaftlichen Problematik der Gegenwart, Stuttgart 1957, S. 138—152, besonders S. 139.

[46] Vgl. H. Gollwitzer, Einige Leitsätze zur christlichen Beteiligung am politischen Leben, S. 620.

an den „Westen" und die damit gleichfalls verbundene „Ablehnung des Kommunismus" ein.[47]

Dennoch gibt Gollwitzer zu bedenken, daß in der „Aufbau-
phase" manche Gelegenheit, die Demokratie besser zu verwurzeln,
versäumt wurde, und ist der Ansicht, daß diesen Erscheinungen
von seiten der christlichen Gemeinde weit größere Beachtung als
bisher zugewandt werden sollte.[48] Diese von ihm geforderte Haltung der Gemeinde stellt Gollwitzer als „Frucht" des „Gottesdienstes" dar: „Predigt und Schriftlesung sind Anweisung für
draußen; in ihnen wird also deutlich vom Draußen die Rede sein
müssen, und wer mit der Forderung nach ‚Zions Stille' sich das
verbitten wollte, hätte damit nur verraten, daß er Christsein als
Genuß, nicht als Dienst versteht." [49]

Seine Erörterungen über die Gefahren einer „Gesetzespredigt"
im formelhaften „alten lutherischen" Verständnis, welche die Möglichkeiten einer ideologischen Predigt, „d. h. höchst zeitbedingte
politische Vorstellungen als göttlichen Willen zu verkündigen",
deutlich machen, enden mit dem Ruf zur „Predigt im Namen
Jesu", deren Inhalt Jesus Christus ist.[50]

Die Frage nach der praktischen „christlichen Gehorsamsentscheidung" gemäß der genannten Inhaltsbestimmung evangelischer Predigt möchte Gollwitzer unter Hinweis auf folgenden Maßstab
beantworten: „Christliche Gehorsamsentscheidung geschieht, indem
(1) betend um die Erleuchtung des Heiligen Geistes die (2) nüchtern,
mit aller nur möglichen Vernunftklarheit erfaßte konkrete Situation unter (3) die orientierende Weisung der Heiligen Schrift gestellt wird." [51]

[47] Vgl. H. Gollwitzer, Die Gestalt des Lobes Gottes in der politischen
Welt der Bundesrepublik, in: Ev. Theol. 20 (1960), S. 511 und 520.

[48] Vgl. H. Gollwitzer, Die Gestalt des Lobes Gottes, a. a. O., S. 527.

[49] Vgl. H. Gollwitzer, Erwägungen zur politischen Predigt, a. a. O.,
S. 140.

[50] Vgl. H. Gollwitzer, Erwägungen zur politischen Predigt, a. a. O.,
S. 142 f.

[51] Vgl. H. Gollwitzer, Erwägungen zur politischen Predigt, a. a. O.,
S. 146.

Von diesem Ruf her zu Glaube und Gehorsam in der jeweiligen Situation fordert H. Gollwitzer von der evangelischen Kirche, die sich bisher am „Madigmachen der Demokratie" so eifrig beteiligt hat, eine „Entmythologisierung" des dem deutschen Menschen so liegenden „Aberglaubens an Subordinationsverhältnisse" und eine Anleitung zur Beteiligung an einem „gesellschaftlichen Leben in Koordinationsverhältnissen".[52] Gollwitzer versteht dabei unter Demokratie „diejenige Ordnung der Institutionen zur Erreichung politischer Entscheidungen, bei welcher einzelne die Entscheidungsbefugnis vermittels eines Konkurrenzkampfes um die Stimme des Volkes erwerben", und schließt sich damit an J. Schumpeter an.[53]

Den gleichen Gedankengang über die Verpflichtung des Christen, sich dafür einzusetzen, daß „Subordination" durch „Kooperation" ersetzt wird, formuliert Gollwitzer bei anderer Gelegenheit so: „Gottes gnädiger Wille zielt auf einen Menschen, der ihn auf seine eigene, individuelle Weise lobt, der ihm persönlich dankt und der ihm mit seiner eigenen Vernunft und seinem eigenen Willen, also nach eigener Verantwortung dient. Er zielt also auf die freie Mündigkeit des Menschen. Der Christ wird also alle Verhältnisse der Bevormundung der Menschen durch Menschen, alle Verhältnisse der Subordination nur als grundsätzlich vorübergehende, vorläufige, durch die Umstände vorerst noch erforderte Verhältnisse verstehen und auf ihre baldmöglichste Ablösung durch Verhältnisse der Kooperation bedacht sein. Die Ungleichheit der Menschen kann ihm nur Durchgangsstadium zur politischen Gleichberechtigung hin sein. Er wird deshalb Bestrebungen der Demokratisierung, der Kontrolle der Regierenden durch die Regierten, der Gleichstellung vor dem Recht, des möglichsten Abbaus von Privilegien, der Sicherung der staatsbürgerlichen Freiheiten grundsätzlich be-

---

[52] Vgl. H. Gollwitzer, Der Christ zwischen Ost und West, in: Ev. Theol., NF. 5 = 10. Jg. der Gesamtreihe, 1950/51, S. 154—168, besonders S. 166.

[53] Vgl. Joseph Alois Schumpeter, Kapitalismus, Sozialismus und Demokratie; übersetzt aus dem Englischen: Capitalism, socialism and democracy von Susanne Preiswerk; eingeleitet von Edgar Salin = Mensch und Gesellschaft 7, Bern 1946, S. 428; und H. Gollwitzer, Bürger und Untertan, S. 37.

grüßen und praktisch unterstützen. Es geht ihm um Beseitigung aller Verhältnisse, ,in denen der Mensch ein erniedrigtes, ein geknechtetes, ein verlassenes, ein verächtliches Wesen ist' (K. Marx)." [54]

Seine Überlegungen zum Problem ›Kirche und Demokratie in evangelischer Sicht‹ [55] beginnt Arthur Rich mit der Feststellung, daß die in manchen, auch bewußt evangelischen Kreisen gepflegte Meinung vom unpolitischen Urchristentum nicht zutrifft, sondern der Staat zu jeder Zeit ein Problem der Kirche war. Er war es allerdings nicht immer „in derselben Weise". Heute ist im Unterschied zur Situation bei Jesus und bei Paulus jeweils „die Frage nach der Staatsform" mitzuerwägen. Dieser Unterschied ist gegenüber dem Neuen Testament ein sehr wichtiger, da in der Zeit seiner Niederschrift nur ein einziger Staat das Gegenüber zur Kirche bildete: „das Imperium Romanum mit dem monarchischen Cäsar an der Spitze". [56]

Die Kirche ist nach Richs Ansicht auch aus berechtigten theologischen Gründen verpflichtet, sich dem Problem der Demokratie über das traditionelle Verständnis der neutestamentlichen Aussagen hinaus von der heute gegebenen politischen Wirklichkeit her zu stellen. Das bedeutet keineswegs, daß der evangelische Theologe auf das „zentrale Zeugnis" der Schrift verzichten und etwa auf naturrechtliche Gedanken zurückgreifen darf. Rich macht in längeren — in diesem Zusammenhang nicht im einzelnen zu erörternden — Darlegungen deutlich, daß das „dialektische Weltverhältnis" der Kirche, welches besagt, daß die Kirche als „Bürgerschaft des Reiches Gottes" noch immer in der Welt steht und mit ihr „unlösbar" „verflochten" ist und andererseits in der Welt doch als „Gottes

[54] Vgl. H. Gollwitzer, Einige Leitsätze zur christlichen Beteiligung am politischen Leben, S. 621.

[55] Unter diesem Titel zuerst erschienen in: Die neue Gesellschaft 8 (1961), Heft 2, S. 104—114; im folgenden angeführt nach dem nur leicht veränderten und um einige Anmerkungen erweiterten Textabdruck unter dem Titel: ›Kirche und Demokratie‹ in der Aufsatzsammlung Arthur Rich, Glaube in politischer Entscheidung. Beiträge zur Ethik des Politischen, Zürich/Stuttgart 1962, S. 157—175, und zitiert als: Rich, Kirche und Demokratie.

[56] Vgl. Rich, Kirche und Demokratie, S. 157 und 158.

Bürgerschaft" zu stehen und dort einen Auftrag wahrzunehmen hat, hinsichtlich der Beziehung der Kirche zum Staat als eines „Aspektes" dieser Welt ein „kritisch-aktives" Verhältnis der Kirche zum Staat bedingt und nicht ein „untertänig-passives". Das bedeutet, daß die kirchengeschichtlich sehr wichtige und weitverbreitete „untertänige" Gehorsamshaltung, wie sie auch in den Reformationskirchen unter besonderem Einfluß von Luthers Übersetzung von Röm 13, 1 ff. sehr gepflegt wurde, keineswegs direkt biblisch ist und daß in der heutigen gesellschaftlichen und politischen Situation die Frage nach der rechten Staatsform und also auch die der Demokratie ein echtes „theologisches Problem" ist.[57]

Da die Kirche „utopische Flucht aus der Welt" und zum anderen „faulen Konformismus mit der Welt" vermeiden muß, kann sie weder den Staat „negieren" noch aber bei einem „untertänigen Gehorsam" stehenbleiben. In hier nicht wiederzugebenden exegetischen Ausführungen weist Rich nach, daß neben anderen neutestamentlichen Stellen auch Röm 13, 1 ff. — eine „gefährliche, weil leicht mißzuverstehende Stelle" — keinen „Gehorsamsakt", sondern einen „Unterstellungsakt" meint und damit auch eine grundsätzliche Entscheidung über die christliche Staatsauffassung trifft. „Gehorsam gebührt Gott allein; was dem Staat gebührt, ist loyales Sichunterstellen." Der Staat ist in dieser Sicht nicht mehr ein hinzunehmendes „Faktum" für den Untertanen, sondern eine mitzugestaltende „Aufgabe" für den Christen als Staatsbürger. Da es kein „christliches Normbild" des Staates gibt, ist das theologische Problem der rechten Staatsform eine Frage nach dem rechten Staatsein des Staates unter den „gegebenen geschichtlichen Bedingungen".[58]

Von der Ausgangsposition der stets „kritischen" Unterstellung des einzelnen Christen und der Kirche unter den Staat kommt Rich zu drei Hauptkriterien für den rechten Staat. Erstens muß der

[57] Vgl. Rich, Kirche und Demokratie, S. 157—162.
[58] Vgl. Rich, Kirche und Demokratie, S. 159—162. Zu den grundlegenden exegetischen Problemen von Röm 13, 1 ff. mit der Wandlung in der Interpretation vom Gehorsamsakt zum Unterstellungsakt, die hier nicht weiter nachgezeichnet werden kann, vgl. zu Richs Meinung auch

Staat sich stets seiner „Relativität" bewußt bleiben. Er darf auf keinen Fall einen „Letztcharakter" annehmen, „absolut" oder „totalitär" sein wollen. Tut er dies aber doch, so sind die im Unterschied zu Röm 13 ganz anderen Aussagen der Apokalypse des Johannes über den Staat (vgl. Apk 13, 11 ff.), der ins „Untermenschliche" abgesunken ist, kein Gegensatz, sondern hier wird berechtigt geltend gemacht, daß Christen dem Staat gegenüber zum „Sich-Unterstellen", aber nicht zum Gehorsam verpflichtet sind. Ein weiteres Kriterium ist die Wandlung der Ansicht, daß der Bürger für den Staat da ist — charakteristisch für einen Staat, der sich als „Letztheit" versteht, — zur Erkenntnis, daß umgekehrt der Staat „um des Menschen willen" seine Existenz hat. Staatliche Herrschaftsmacht nimmt damit einen Dienstcharakter für die „Rechts- und Lebenssicherung" des Menschen an, ohne ihre Herrschaftsaufgabe zu verlieren. Nach Richs Ansicht ist diese Auffassung des Staates schon bei Paulus „sachte" vorbereitet, und es läßt sich „kaum verkennen", daß die Paulinischen Worte — ohne dies vollständig auszusprechen — ein „spürbares Gefälle" auf die europäische „Idee des Rechtsstaates" hin aufweisen. Für das letzte der drei Kriterien bezeichnet Rich den Umstand als wichtig, daß eine wechselseitige Bindung zwischen Staat und Bürger besteht. Nicht nur der Staat hat „Rechte an die Bürger", sondern die Bürger haben auch Rechte gegenüber der Staatsmacht. Sie sind nicht bloße „Objekte" der Staatsgewalt, „machtlose Untertanen", sondern müssen auch an der „politischen Souveränität verantwortlich beteiligt" werden. Die kritische Unterstellung der Christen unter den Staat läuft in der Bindung zwischen Bürger und Staat nicht auf ein Herrschaftsverhältnis hinaus, sondern auf ein „Partnerschaftsverhältnis zwischen ‚Oben' und ‚Unten' ". Die gewiß notwendige Macht der Staates steht in dieser Sicht ausschließlich „im Dienst der Entbindung und Entfaltung eines rechtlich gesicherten

die ausführlichen Erörterungen in der Studie von A. Rich, Die Verantwortung des Christen für Staat und Politik; zuerst erschienen in: Ev. Theol. 20 (= NF. 15) (1960), S. 553—572, und wieder abgedruckt in der schon zitierten Aufsatzsammlung: Glaube in politischer Entscheidung. Beiträge zur Ethik des Politischen, Zürich/Stuttgart 1962, S. 133—156.

und mitmenschlich strukturierten Lebens in den Bereichen des Politischen und Sozialen".[59]

Das Problem der Verwirklichung der umschriebenen Ziele in einem Staatswesen gibt dem Suchen nach der am besten dazu geeigneten Staatsform auch in theologischer Sicht einen wichtigen Rang. Es kann sich nach Richs Ansicht dabei nicht um die Frage nach dem „christlichen" Staat handeln, sondern nur um die nach dem „menschlichen" Staat. Das berührte Machtproblem im Staat ist nicht in besonderer Weise christlich, sondern menschlich zu meistern. Alle menschlichen Versuche einer vermeintlichen speziell christlichen Machtbewältigung endeten entweder in der politischen Theokratie, die aber nicht Herrschaft Gottes, sondern menschliche Usurpation der Macht unter Vorspiegelung religiöser Begriffe mit einem „tyrannischen Letztheitsanspruch" bedeutete, oder in der gleichfalls Gottes Auftrag zuwiderlaufenden „politischen Machtaskese", die eine Flucht aus der Welt darstellte. Diese beiden Irrwege bei der Beantwortung der Frage nach einer „menschlichen" Lösung des staatlichen Machtproblems ziehen nun nicht die Konsequenz nach sich, daß der „Glaube der Kirche" in dieser Angelegenheit bedeutungslos ist. Die Verwirklichung der erwähnten christlichen Anliegen wird aber nur so zu erreichen sein, daß „ganz nüchtern, ganz vernünftig, ganz menschlich" gefragt wird, wie in der nun einmal vorgegebenen geschichtlich-gesellschaftlichen Situation die politische Macht am ehesten „menschlich gehandhabt und bewältigt" werden kann.[60]

Unter den Bedingungen der heutigen Welt, die durch den „zur Mündigkeit erwachten" Menschen geprägt ist, muß die Entscheidung über die Staatsform zugunsten einer „demokratischen Herrschaftsform" ausfallen, der Rich auch die „parlamentarischen Monarchien" zuzählt. Demokratie versteht er bei dieser Entscheidung nicht als ein „abstraktes politisches Prinzip", sondern als praktisch-technische politische Möglichkeit, „eine optimale Zahl von Menschen an der souveränen Macht und somit an der poli-

---

[59] Vgl. Rich, Kirche und Demokratie, S. 162—164; letztes Zitat S. 164.

[60] Vgl. Rich, Kirche und Demokratie, S. 164 f.

tischen Verantwortung im Aufbau einer mitmenschlichen Ordnung in Staat und Gesellschaft zu beteiligen".[61]

Rich warnt aber auch eindringlich vor einer „Ideologisierung
der Demokratie", die in der Weise geschehen könnte, daß man sie
in allen Situationen als die einzige Lösung der politischen Machtfrage ansieht. Denn zur rechten Lebendigkeit der Demokratie gehören in jedem Falle auch „mündige, zur Wahrnehmung politischer
Verantwortung fähige und willige Menschen" in relativ breiter
Anzahl. Ist diese sehr wichtige Voraussetzung nicht gegeben, so
kann die Demokratie die denkbar geringste Möglichkeit bieten, das
Machtproblem „menschlich-mitmenschlich" zu meistern. Die Kirche
kann deshalb die Demokratie immer nur kritisch „rezipieren" und
muß dies gegebenenfalls unter besonderen politisch-gesellschaftlichen Bedingungen auch bei einem „autoritären und insofern nichtdemokratischen" Staat tun. Es bleibt ihr allerdings auch in diesem
Fall die Aufgabe, energisch auf eine bessere Lösung hinzuarbeiten,
welche die Demokratie als Ziel hat, und die „autoritäre" Lösung
nur als Übergang zu einer „menschlicheren" und „besseren" zu
betrachten.[62]

Die von der Kirche und den Christen geforderte kritische „Rezeption" der Demokratie erstreckt sich auch auf eine nüchterne
Betrachtung der besonders von J. J. Rousseau betonten und zur
„mythischen Größe" erhobenen « volonté générale ». Die weit-
reichende Bedeutung der Rousseauschen Gedanken für das „demokratische Denken der Moderne" hebt Rich nachdrücklich hervor,
wenn er auch in Rousseaus Auffassungen die „Quelle großer Irrnis
und Wirrnis" sieht. Richs hier nicht nachzuzeichnende Auseinandersetzung mit Rousseaus Ansichten über den Zusammenhang
von Allgemeininteresse und Allgemeinwillen, ihre Herausfindung,
Verwirklichung und Durchsetzung im staatlichen politischen Leben
endet mit der sorgenvollen Feststellung, daß die „absolute Souveränität" der Mehrheit, wie sie nach Rich von Rousseau und in seiner
Nachfolge bei manchen politischen Theoretikern gefordert wird, die
„makabresten Möglichkeiten offenläßt". Diese Konzeption der

---

[61] Vgl. Rich, Kirche und Demokratie, S. 165 f., letztes Zitat S. 166.
[62] Vgl. Rich, Kirche und Demokratie, S. 166.

Demokratie kann dann auch an die Stelle der „Diktatur der Mehrheit" die „Diktatur der Minderheit im Sinne einer Klasse bzw. Partei" setzen, die sich mit den „Allgemeininteressen und insofern mit dem Allgemeinwillen" identifizieren zu können meint. Beispiele für dieses Denken findet Rich in heutiger Zeit reichlich — besonders in den sogenannten „Volksdemokratien".[63]

Es kann sich deshalb von christlicher Sicht her bei der „Rezeption der Demokratie" nicht um ein Verständnis der Demokratie als bloße „Volks-" oder „Mehrheitssouveränität" handeln. Denn diese kann vor einer „Verabsolutierung" des Staates nicht schützen. Rich hält darum die Gewaltenteilung für eine unbedingte Notwendigkeit in der Demokratie, um die Möglichkeit einer rechten „Handhabung der politischen Macht" zu gewährleisten. „Wenn Macht nicht begrenzt und kontrolliert wird durch Macht, dann korrumpiert sie in der Hand des Menschen." [64] Die Gewaltenteilung ist in dieser Sicht eine „institutionell-rechtlich" verankerte Möglichkeit, die staatlich-politische Macht „heilsam" zu relativieren. Nur wo ein Staat bereit ist, diese Relativierung durch „rechtsstaatliche" Normen selbst zu wollen, kann auch eine demokratische Ausübung der Macht „menschlich" bleiben.[65]

Bei Rousseaus Konzeption des Souveränitätsbegriffes in der Demokratie findet Rich von der Sicht des christlichen Glaubens her die Rechte der Minderheit nicht genügend gewürdigt und berücksichtigt. Rousseau verabsolutiert in der praktischen politischen Arbeit den Willen der Mehrheit und fordert von der unterliegenden Minderheit die Aufgabe ihrer bis dahin berechtigten Überzeugung. Auch Rich hält es für selbstverständlich, daß in einem funktionsfähigen demokratischen Staat die Minderheit sich der Mehrheit loyal „unterstellt". Doch ist dies kein „Gehorsamsakt" und keine Aufgabe der eigenen Überzeugung, wie sie von Rousseau und seinen Nachfolgern gefordert werden, sondern ein „Loyalitätsakt", der

---

[63] Vgl. Rich, Kirche und Demokratie, S. 166—168. Das Zitat: „Quelle großer Irrnis und Wirrnis" findet sich in dieser vollständigen Form nur in dem erwähnten Erstabdruck.

[64] Vgl. Rich, Kirche und Demokratie, S. 168 f.; letztes Zitat S. 169.

[65] Vgl. Rich, Kirche und Demokratie, S. 169.

das Recht der eigenen Meinung und ihrer öffentlichen Vertretung nicht antastet. Der demokratische Staat muß also einen „oppositionellen Willen" immer als berechtigt anerkennen und darf ihn nicht unter Berufung auf die Souveränität des Mehrheitswillens als unzulässig erklären.[66]

Eine „mitmenschliche Bewältigung" des politischen Machtproblems über das „abstrakte Prinzip der Volks- oder Mehrheitsherrschaft" hinaus wird nach Richs Ansicht nur durch eine Relativierung der Volkssouveränität erreicht. Diese besteht darin, daß die politische Mehrheit, die in Gesetzgebung und Ausübung der Exekutivgewalt bestimmend ist, die politische Minderheit als Opposition nicht nur duldet, sondern ausdrücklich auch als „Trägerin staatlicher Souveränitätsrechte" akzeptiert. Die Kritik der Opposition „im Dienst der Machtkontrolle" muß als eine „Staatsnotwendigkeit" von der regierenden Mehrheit anerkannt werden. Umgekehrt ist die „staatsnotwendige" Autorität der Regierungsgewalt von der Opposition bei aller erforderlichen Kritik zu achten. Dieses Partnerschaftsverhältnis im Rahmen gegenseitiger Kontrolle von „Regierungsmacht" und „Oppositionsgewalt" findet Rich in der englischen Demokratie „politisch weise" ausgeübt. Die Wechselwirkung von Mehrheits- und Minderheitswillen verhindert eine „antimenschliche" Ausrichtung des politischen Bereiches auch in der Demokratie. Eine derartige negative Ausgestaltung einer zunächst formalen Demokratie kann nicht nur durch ein autoritär gewordenes Regierungssystem dargestellt werden, das dazu führt, daß die Demokratie „im Staat erlischt", sondern auch durch eine sich „verabsolutierende Opposition", welche — zur andauernden „Revolte" entartet — bewirkt, daß der Staat „in der Demokratie erstirbt".[67]

Die im Neuen Testament ausgesprochene Verpflichtung für die Christen, sich dem Staat zu unterstellen, bedeutet in einem demokratischen Gemeinwesen die Unterstellung unter die Gesamtheit der Souveränität des Volkes. Da nicht nur die Regierungsgewalt, sondern auch die Opposition Träger der Souveränität ist, muß die

[66] Vgl. Rich, Kirche und Demokratie, S. 169 f.
[67] Vgl. Rich, Kirche und Demokratie, S. 170 f. Der Ausdruck „Revolte" findet sich nur im Text der zitierten Erstveröffentlichung.

Kirche beiden Teilen des Volkes loyal gegenüberstehen und darf nicht einseitig parteiisch Stellung nehmen. Nach Richs Meinung hat sie dies zugunsten des mächtigeren Teils aber im Laufe der Geschichte sehr oft getan. Unter Vermeidung „opportunistischer Neutralität" muß die Kirche sich für beide politische Partner offenhalten und beide auf das „rechte Staatsein" gegebenenfalls deutlich hinweisen.[68]

Wenn auch die Kirche sich keiner Partei in einem lebendig funktionierenden demokratischen Staat anschließen darf, so sind doch ihre Glieder geradezu verpflichtet, da die Parteien nun einmal im Laufe der geschichtlichen Entwicklung für die politische Willensfeststellung und Machtbildung „maßgebend" geworden sind, in den verschiedenen politischen Parteien mitzuarbeiten.[69] Hier liegt in unserer Zeit ein grundlegender Unterschied zur zeitgeschichtlichen Situation des Neuen Testamentes. Wenn damals zur Unterstellung unter das römische Weltreich aufgefordert wurde, so bedeutete dies in jedem Fall, da es für Christen in keiner Weise die Möglichkeit zur Wahrnehmung politischer Verantwortung gab, völlige politische Untätigkeit. Heute ist aber eine solche „unpolitische" Einstellung „apolitisch" und bedeutet „Weltflucht". Demgegenüber ist es Aufgabe der Kirche, unter den vom „Cäsarenreich" abweichenden „Bedingungen des demokratischen Gemeinwesens" zur politischen Betätigung der Christen anzuregen und ihre Glieder dazu willig zu machen und aufzufordern.[70]

Da die Kirche auch dem demokratischen Staat nicht Gehorsam, sondern nur Unterstellung im Sinne von Loyalität zusagen kann, hat sie auch dort im politischen Raum die Pflicht zur Kritik und darf sich nicht blindlings einer historischen Konzeption des „demokratischen Mehrheits- bzw. Souveränitätsprinzips" unterwerfen. Sie trägt mit an der Verantwortung, daß der Staat ein „menschlicher Staat" ist und die „politische Freiheit" einen „menschlichen Inhalt" erhält. Ein Mißverständnis der Staatsgewalt von ihrem eigenen

---

[68] Vgl. Rich, Kirche und Demokratie, S. 172 f.

[69] Zu dem an diesem Punkt aktuell werdenden Problem einer „christlichen" Partei und Richs Stellungnahme dazu vgl. den Dritten Teil, Kap. II, S. 81—83 der Arbeit.

[70] Vgl. Rich, Kirche und Demokratie, S. 173.

Auftrag liegt nicht erst bei einer Verpflichtung der Bürger auf eine wie immer ausgestaltete Ideologie vor, welche die „Gewissen" miß- achtet, sondern schon dann, wenn die „rechtsstaatliche" Grundlage des demokratischen Gemeinwesens verlassen wird, die „Menschen- rechte" des Bürgers zugunsten der vorgeblich „‚höheren' Zwecke oder Interessen des Staates" zurückgedrängt werden und oppo- sitionelle Stimmen verstummen müssen. Für Rich ist in einem solchen Fall der Widerstand gegen den Staat verpflichtend und sogar geboten.[71]

Ins Positive gewendet ist es die Berufung der Kirche, die Politik darauf zu verpflichten, unter den heute gegebenen Bedingungen, „die die Bedingungen des industriellen Zeitalters sind", das Leben in den politischen und gesellschaftlichen Bereichen eines demo- kratischen Gemeinwesens „menschlich" zu gestalten. Als konkrete Beispiele für den Einsatz staatlicher Macht zum Wohl des Men- schen nennt Rich eine „gerechte Verteilung des Sozialproduktes", die energische Beseitigung bestehender Mißstände und eine ernst- hafte Bemühung um den „Frieden zwischen den Völkern".[72]

Von der veränderten Situation der heutigen Gesellschaft gegen- über den durch den deutschen Idealismus teilweise abgewandelten reformatorischen Vorstellungen von „Obrigkeit und Staat", „Ge- meinschaft und Persönlichkeit" ausgehend, bemüht sich Heinz- Dietrich Wendland um die Entfaltung der Leitlinien einer „gesamt- gesellschaftlichen (und so auch politischen) Diakonie".[73] Für ihn ist die Demokratie ein „Grundproblem" der heutigen politischen Ethik.[74]

Die „lutherische Tradition", die den Begriff „Obrigkeit" in den Mittelpunkt stellt und „diese als von Gott eingesetzte versteht, woraus sich ihre dem Untertan verpflichtende Autorität ergibt", findet nach Wendlands Ansicht bei allem Verständnis für ihre histo- rische Bedeutung keinen „sozialen" Rückhalt mehr in der heutigen

---

[71] Vgl. Rich, Kirche und Demokratie, S. 171 f.

[72] Vgl. Rich, Kirche und Demokratie, S. 171 und 173.

[73] Vgl. H.-D. Wendland, Botschaft an die soziale Welt. Beiträge zur christlichen Sozialethik der Gegenwart, Hamburg 1959, S. 18 und 265.

[74] Vgl. H.-D. Wendland, Einführung in die Sozialethik, Berlin 1963, S. 73, im folgenden zitiert als: Wendland, Sozialethik.

gesellschaftlichen Lage.[75] Die mannigfachen Versuche, diese Tradition „durch ein säkular-nationalistisches Führer-Gefolgschafts-Denken" neu zu beleben, haben nur ein „zerstörerisch-dämonisches" Ergebnis gehabt, obgleich „viele Christen in Deutschland eine zeitlang geglaubt hatten, auf diesem Wege die sittliche Hoheit und Autorität der Staatsgewalt gegenüber der Parteien-Anarchie wiederherstellen zu können".[76] Der alte obrigkeitliche Staatsgedanke selbst und seine modernen „autoritären" Umformungen können deshalb heute in keiner Weise mehr die „Aufgabe einer politischen Ordnung" lösen.[77]

Die christliche Sozialtheologie und das an ihr ausgerichtete christliche Handeln müssen sich von den vergangenen politischen Vorstellungen befreien. Denn es gibt weder eine „Obrigkeit" in der gegenwärtigen politischen Wirklichkeit noch gar eine „christliche Obrigkeit" mehr, wie es sie vor den sozialen und politischen Revolutionen gab.[78] Ein „neues Element" gilt es in die christliche Sozialethik aufzunehmen und in seinen Konsequenzen für das praktische politische Handeln zu überdenken. Es geht dabei um die „aktive politische Tätigkeit und Verantwortung des Christen".[79] Manche Elemente der alten Soziallehre können dabei durchaus aufgegriffen werden. So könnte das christliche Nachdenken über die „Tugenden des Fürsten" weiterwirken, wenn es „demokratisiert" würde in Richtung auf eine „politische Tugendlehre für jeden Christen".[80]

Nach Wendlands Auffassung wird dieses Nachdenken und Umformen, das sich um die Demokratie bemüht und auf eine „kritische Solidarität mit der Demokratie" hinzielt, durch die biblische Weisung über die „Autorität der von Gott angeordneten, politischen Gewalt", wie sie in Röm 13, 1—7 formuliert wurde, keineswegs behindert.[81] Die heutige Gemeinde Christi wird durch diese Bibelstelle nicht auf eine bestimmte historisch gewordene Staatsform und

[75] Vgl. Wendland, Sozialethik, S. 77.
[76] Vgl. ebenda.
[77] Vgl. ebenda.
[78] Vgl. Wendland, Sozialethik, S. 83.
[79] Vgl. ebenda.
[80] Vgl. ebenda.
[81] Vgl. Wendland, Sozialethik, S. 77 und 85.

ihre Art der Machtbildung festgelegt. Da die Demokratie, wie sie
Wendland als Anliegen der heutigen evangelischen Sozialethik umschreibt,[82] voll in der „Kontinuität der Aufgabe des Staates zu
allen Zeiten" steht, nämlich für „Ordnung, Recht und Frieden"
eines historisch gewachsenen und bedingten „Gesellschaftskörpers"
zu sorgen, hat sie eine sie legitimierende „Dienstaufgabe". Die
christlichen Aussagen über „pax et iustitia" als „Amt" des Staates
am „Menschen und der Gesellschaft", das dem Staat „Hoheit" und
„Autorität" gibt, sind deshalb nach Wendlands Meinung auch ohne
eine Einschränkung auf die Demokratie anzuwenden.[83]

Wendland betont im Zusammenhang seiner Bemühungen um
eine „gesamtgesellschaftliche (und so auch politische) Diakonie"[84]
auf der Basis eingehender exegetischer Grundlegung nachdrücklich
die Tatsache, daß Kirche und Gesellschaft aneinander gebunden
sind, „seitdem Jesus Christus in die Welt gekommen ist".[85] „Die
gegenwärtige Königsherrschaft Christi über die ganze Welt" nimmt
den Gehorsam aller Christen „in der Ganzheit und Breite" ihrer
sozialen und politischen Existenz in Anspruch.[86]

Die Kirche ist andererseits gewiß keine „gleichsam künstliche
Ersatzveranstaltung" für „die ‚weltlichen' Stiftungen Gottes", darauf lenkt Wendland gleichfalls den Blick.[87] „Kirche ist nicht Gesellschaft, Gesellschaft nicht Kirche (und in dieser Weltzeit können
sich beide niemals völlig decken)."[88] Doch stellt er die Mitverantwortung der Kirche „für die soziale Ordnung" heraus: Die Kirche
ist „berufen zur Kooperation mit den gesellschaftlichen Institutionen, mit den Bewegungen zur sozialen Reform, zur Umbildung
und Erneuerung der Institutionen, und mit den Menschen, die in

---

[82] Vgl. S. 163 ff. der Arbeit.

[83] Vgl. Wendland, Sozialethik, S. 78 f.

[84] Vgl. H.-D. Wendland, Botschaft an die soziale Welt. Beiträge zur
christlichen Sozialethik der Gegenwart, Hamburg 1959, S. 265.

[85] Vgl. Wendland, Botschaft an die soziale Welt, a. a. O., S. 54.

[86] Vgl. Wendland, Botschaft an die soziale Welt, a. a. O., S. 268.

[87] Vgl. Wendland, Botschaft an die soziale Welt, a. a. O., S. 54.

[88] Vgl. Wendland, Die Kirche in der modernen Gesellschaft. Entschei-
dungsfragen für das kirchliche Handeln im Zeitalter der Massenwelt,
2. Aufl., Hamburg 1958, S. 131.

diesen allen, verantwortlich Gott und dem Mitmenschen, tätig sind".[89]

Die veränderte „Weltsituation", in die mit der Gesellschaft auch die Kirche eingetreten ist, macht nach Wendlands Auffassung deutlich, daß „man mit der bloßen Scheidung der beiden Reiche nicht mehr das sagen kann, was heute der Kirche und der Gesellschaft nottut, deren Geschick unlöslich miteinander verbunden worden ist. Die Liebe, die um die Bewahrung der geschöpflichen Existenz des Menschen ringt, welchem die Verheißung der Gliedschaft im göttlichen Reiche verkündigt wird, diese Liebe muß heute die Kirche in den Kampf um die zukünftige Gestalt der Gesellschaft hineintragen".[90] Das herkömmliche Verständnis der „Zwei-Reiche-Lehre" in breiten Kreisen des deutschen Luthertums wird damit von Wendland zurückgewiesen.[91] Doch als „kritische Grenzbestimmung" zwischen weltlichen und christlichen Aufgaben und Zielen — ohne daß aber durch die Lehre von den beiden Reichen der „politische Dienst" als eine der „weltlichen Formen der Liebe der Christen zu ihren Mitmenschen" eine hinderliche Einschränkung erfährt — möchte Wendland ihr auch weiterhin einen wichtigen Platz zuweisen.[92]

Die Überwindung der „Schwächen der traditionellen Fassung" der „sogenannten Zwei-Reiche-Lehre" strebt Wendland von der „Vergegenwärtigung der universalen Reichweite und Bedeutung der Christusherrschaft" aus an. Luthers „Konzeption", so meint Wendland, wurde „später" — „vor allem im 19. Jahrhundert" — verengt und entstellt. Durch die Trennung der beiden Reiche entstand einmal eine „gefährliche Belastung der Gotteslehre", da durch das Auseinanderreißen von Gottes Reich und der Welt Reich die Einheit im Handeln Gottes anscheinend verlorenging. Zwischen Gott, „der die Welt regiert", und Gott, „der sich in Jesus Christus offenbart", bestand ein großer Unterschied. Zum zweiten wurden

[89] Vgl. Wendland, Botschaft an die soziale Welt, a. a. O., S. 54.
[90] Vgl. Wendland, Botschaft an die soziale Welt, a. a. O., S. 201.
[91] Vgl. auch: Wendland, Botschaft an die soziale Welt, a. a. O., S. 95.
[92] Vgl. H.-D. Wendland, Einführung in die Sozialethik, Berlin 1963, S. 86.

aber auch der Glaube und die Kirche privatisiert und unzulässig spiritualisiert. Der Glaube wurde „in die Innerlichkeit" abgedrängt und „das Reich Gottes als ein unsichtbares Reich des Geistes verstanden", das mit dem alltäglichen politischen und gesellschaftlichen Handeln nichts gemein hatte, „sondern nur in einer geistigen Überwelt" vorhanden war. Dies führte zu einer „Neutralisierung der Kirche" für die Entscheidungen des staatlichen und sozialen Alltagslebens. Drittens wurden durch diese Verfälschung der „Zwei-Reiche-Lehre" die „Welt" und die „gesellschaftlich-politischen Mächte" an sich selbst freigegeben. Man begriff sie als „Schöpfung des Menschen", und sie standen so in keiner Beziehung zur „Herrschaft Gottes in Christus". „Ethische Maßstäbe und Bindungen" waren für sie nicht verbindlich. „Ihr Leben, ihre Macht" wurden als „Selbstzweck" angesehen und hatten keine Grenzen. Diese von vielen evangelischen Theologen mit großem Aufwand vertretene — von Wendland aber auf Grund hier nicht im einzelnen wiederzugebender sorgfältiger exegetischer Begründungen als „pervertiert" bezeichnete — „Weltlichkeit" wurde und wird im politischen Leben in Deutschland sehr gern verwandt, um eine sogenannte „„Realpolitik'" oder, wie Wendland es auch ausdrückt, die These theologisch zu rechtfertigen, „daß der Staat allein Macht und nichts sonst sei". Diese „Weltlichkeit" diente im weiteren dann auch dazu, eine „Verherrlichung des Blutes, der Rasse, des nackten Bios" theologisch abzusichern. Das Ergebnis dieser durch eine „entstellte Zwei-Reiche-Lehre" heraufbeschworenen „„Eigengesetzlichkeit' der Weltsphären" — ein Problem, das uns in dieser Arbeit immer wieder begegnet ist — war „die Spaltung des Christen, seines Denkens und Handelns in zwei Personen bzw. Weisen des Handelns: In der ‚Welt' handelt er weltlich gemäß den ‚Gesetzen' der Wirtschaft, der Politik usw., im Leben der privaten Frömmigkeit und der persönlichen Intimsphäre gemäß dem Glauben und der Liebe: er ist so der ‚Bürger zweier Reiche', aber ein zerrissener". Für dieses Bild des Christen auf der Grundlage eines „christlichen Platonismus", der die „Herrschaft Christi" nicht in ihrem universalen Charakter erkennt, sondern in einen von der alltäglichen politischen Problematik völlig entfernten Bereich, in ein „Jenseits" oder in „eine Zukunft ‚nach dem Tode' verbannt", ist es auch charakteristisch, daß der Christ in einer unbiblischen „Vereinzelung" gesehen wird. Indem die christliche Gemeinde „als die Einheit gemeinsamen Handelns und Liebens in und an der Welt" von den Vertretern dieser verengten und „entstellten" Konzeption der „Zwei-Reiche-Lehre" nicht in der rechten Weise gewürdigt wird, isoliert man den einzelnen Christen in seinem politischen und sozialen Leben. Er fühlt sich den „Mächten der Welt" gegenüber ohnmächtig und wagt es gar nicht oder nur unzulänglich, der ihm aufgetragenen Verantwortung für die „wahre Menschwerdung des Menschen" in Staat und Gesellschaft im Rahmen der universalen Weite der „kosmischen Herrschaft Christi" nachzukommen.[93]

Die Wahrnehmung der „gesellschaftlichen Mit-Verantwortung der Kirche für die Gestaltung der sozialen Ordnung im Blick auf den Menschen" möchte Wendland der zweiten Gestalt der Kirche neben der „Gemeinde des Gottesdienstes", nämlich der *weltlichen Christenheit*, übertragen.[94] Zu ihr gehört die „große Schar der Männer und Frauen, die in der Welt ihrem irdischen Berufe leben und dort, mitten in der Gesellschaft, ihren Glauben, ihre Liebe, ihre christliche Hoffnung bewähren sollen".[95]

„Weltlich heißt sie in dem doppelten Sinn, daß sie erstens aus allen Christen besteht, insofern sie Glieder der Welt sind, der menschlichen Gesellschaft, Glieder von Staaten, Familien, Berufsverbänden, Arbeitsbetrieben und dergleichen mehr. Und zweitens in dem Sinn, daß sie nicht nur faktisch durch geschichtliche Einordnung Glieder der Welt sind, sondern in ihrem In-der-Welt-sein bestimmte Dienste wiederum als Menschen der Kirche, als Glieder des Leibes Christi an Staat, Gesellschaft und Wirtschaft zu vollziehen haben."[96]

Für die „soziale Diakonie" der „weltlichen Christenheit" gelten die durch ein ideologisierendes Mißverständnis der Lehre von den

---

[93] Vgl. H.-D. Wendland, Die Herrschaft Christi, in: Der Herr der Welt, Stuttgart 1960, S. 30—57, besonders S. 38—40.

[94] Vgl. Wendland, Botschaft an die soziale Welt, a. a. O., S. 55.

[95] Vgl. ebenda.

[96] Vgl. Wendland, Gottesdienstliche Gemeinde und weltliche Christenheit, Zürich 1958, S. 12.

„Ordnungen" und der „Zwei-Reiche-Lehre" errichteten Schranken der „,Eigengesetzlichkeit' des Sozialen, Politischen, Ökonomischen" nicht mehr.[97]

„Leitbild und kritischer Maßstab" des Handelns der „weltlichen Christenheit" ist die „,verantwortliche Gesellschaft'".[98] In diesem Begriff wurde nach Wendlands Ansicht „das Hauptproblem der modernen Gesellschaft nach christlichem Verständnis" treffend und einprägsam von den „Vollversammlungen des Ökumenischen Rates in Amsterdam und Evanston" herausgestellt.[99]

Über die „verantwortliche Gesellschaft" heißt es in dem Bericht der „Dritten Sektion der Ersten Vollversammlung des Ökumenischen Rates der Kirchen" in Amsterdam 1948: „Eine verantwortliche Gesellschaft ist eine solche, in der Freiheit die Freiheit von Menschen ist, die sich für Gerechtigkeit und öffentliche Ordnung verantwortlich wissen, und in der jene, die politische Autorität oder wirtschaftliche Macht besitzen, Gott und den Menschen, deren Wohlfahrt davon abhängt, für ihre Ausübung verantwortlich sind." [100]

In der „verantwortlichen Gesellschaft" geht es demnach um eine „verantwortliche Freiheit, die nicht sich selbst lebt, sondern nach der Gerechtigkeit für alle trachtet".[101] Im Anschluß an die Erläuterung der zitierten Definition der „verantwortlichen Gesellschaft" von 1948 in Amsterdam, die in Evanston 1954 erarbeitet wurde,[102] stellt Wendland die „verantwortliche Gemeinde" als Keimzelle einer „verantwortlichen Gesellschaft" heraus.[103]

---

[97] Vgl. Wendland, Die Kirche in der modernen Gesellschaft, a. a. O., S. 157.

[98] Vgl. Wendland, Botschaft an die soziale Welt, a. a. O., S. 301; Sperrung vom Verfasser der Arbeit.

[99] Vgl. Wendland, Botschaft an die soziale Welt, a. a. O., S. 301.

[100] Zitiert nach: Wendland, Die Kirche in der modernen Gesellschaft, a. a. O., S. 128.

[101] Vgl. Wendland, Die Kirche in der modernen Gesellschaft, a. a. O., S. 129.

[102] Vgl. dazu: Wendland, Die Kirche in der modernen Gesellschaft, a. a. O., S. 128.

[103] Vgl. Wendland, Die Kirche in der modernen Gesellschaft, a. a. O., S. 130.

Hier liegt nun das konkrete Aufgabengebiet der „weltlichen Christenheit". Sie muß den vom „Kerygma" geforderten „Wege- und Brückenbau in die Gesellschaft hinein" leisten. „Denn dort will und muß es (das Kerygma [d. Verf.]) verkündigt werden, in der Weite der Welt und nicht bloß innerhalb der Kirchenräume und bei denen, die dorthin gehen." [104]

Zu der praktischen Arbeit der „weltlichen Christenheit", die sich um eine „verantwortliche Gesellschaft" bemüht, gehört nach Wendlands Meinung auch der Einsatz für eine „Durchbildung der gesellschaftlichen Demokratie und ein kritisch kontrollierendes Bewußtsein der Gesellschaft, das sich an sozialethische Maßstäbe bindet, die für alle Interessen- und Machtgruppen in der Gesellschaft gültig sind".[105] Dadurch wird die einseitige Vorherrschaft bestimmter Gruppen, die sich „jeder gesellschaftlichen und politischen Kontrolle" zu entziehen suchen, in unserer pluralistischen Gesellschaft am besten verhindert.[106]

Diese Probleme einer Verknüpfung der gesellschaftlichen und der politischen Demokratie sind nach Wendlands Meinung deshalb so wichtig, weil von der Sicht der christlichen Soziallehre aus alle Bemühungen um eine politische Demokratie ohne eine ausreichende Fundamentierung in der gesellschaftlichen Demokratie „im luftleeren Raum" bleiben. Da die gesellschaftliche Demokratie die Basis der politischen Demokratie ist, liegt der Schluß nahe, daß die politische Demokratie in Deutschland deshalb mit so großen Schwierigkeiten zu ringen hatte, weil die gesellschaftliche Demokratie so gering ausgebildet worden war.[107] Der Demokratie drohen immer wieder bestimmte Gefahren „vom Pluralismus der Interessen und der ‚Herrschaft der Verbände' ". Die oft sehr große Ansammlung wirtschaftlicher Macht in den Händen weniger Verfügungsberechtigter kann dazu führen, daß durch direkte und indirekte Einwir-

---

[104] Vgl. Wendland, Botschaft an die soziale Welt, a. a. O., S. 57.

[105] Vgl. Wendland, Die Kirche in der modernen Gesellschaft, a. a. O., S. 143.

[106] Vgl. Wendland, Die Kirche in der modernen Gesellschaft, a. a. O., S. 142 f.

[107] Vgl. H.-D. Wendland, Einführung in die Sozialethik, Berlin 1963, S. 74; im folgenden zitiert als: Wendland, Sozialethik.

kung von dieser Seite auf die Regierung die postulierte und erwünschte Freiheit und Gleichheit der Glieder des Gemeinwesens niedergehalten und entwertet werden.[108]

Wendland sieht Gefahren für die Demokratie aber nicht nur von seiten der Vertreter großer wirtschaftlicher Macht, sondern auch die relative Autonomie anderer Gruppen und Verbände, die als solche von ihm durchaus begrüßt wird, kann sich zu einer absoluten Autonomie entwickeln. Hier droht dann eine Machtausweitung — etwa in der Gestalt einer rücksichtslos ausgenutzten „Tarif-Autonomie", in der sich Arbeiter und Arbeitnehmer-Vertreter unter Umständen zusammenfinden könnten — die eindeutig zu Lasten der übrigen „Mitglieder desselben Gemeinwesens" geht. Dagegen wird die christliche Soziallehre entschieden Stellung beziehen müssen, weil sie sich von ihrem Verständnis von Freiheit und Gleichheit her — als den auch von ihr voll bejahten Zielsetzungen der Demokratie — ständig an der „salus publica" ausrichten muß. Die Freiheit des einzelnen und der einzelnen Gruppe ist in christlicher Sicht immer an den Mitmenschen gebunden.[109]

Das schon erwähnte Leitbild der „verantwortlichen Gesellschaft" muß hier immer der alleinige Maßstab bleiben. Wendland versteht deshalb in einer seine Darlegungen zusammenfassenden Formulierung „die politische Demokratie als Ausdruck der gesellschaftlichen Demokratie oder der verantwortlichen Gesellschaft".[110] Andererseits betont Wendland aber auch die große Bedeutung der politischen Demokratie für die Erhaltung und Festigung der gesellschaftlichen Demokratie.[111] Zu diesem Thema lenken wir nun unseren Blick.

Wendland schenkt dem Tatbestand der „emanzipierten Gesellschaft von heute" besondere Beachtung. Dieser schließt nach seiner Ansicht für die „weltliche Christenheit" die Aufgabe der Anerkennung „des sozial, politisch und rechtlich mündigen Menschen in sich ein, der auch als einfacher Arbeitnehmer ein selbständiger Mit-

---

[108] Vgl. Wendland, Sozialethik, S. 79 f.
[109] Vgl. Wendland, Sozialethik, S. 75, 76, 80, 81.
[110] Vgl. Wendland, Sozialethik, S. 76.
[111] Vgl. ebenda.

träger und ‚Genosse' in Staat und Gesellschaft ist."[112] Auf dem Gebiet der evangelischen Staatsethik bedeutet dies nach Wendlands Auffassung die Notwendigkeit, dem oft von evangelischen Theologen noch festgehaltenen Begriff einer „ständisch-hierarchischen Gesellschaft" den Abschied zu geben.[113]

Es ist vielmehr die Aufgabe einer evangelischen „Theologie der Gesellschaft", der „weltlichen Christenheit" die rechte Erkenntnis über die Unausweichlichkeit der Entwicklung und Stärkung der „demokratischen, politischen Institutionen" in unserer Gesellschaft zu vermitteln. Es geht dabei auch um die „Erfassung des Staates als Genossenschaft der Staatsbürger unter dem Rechte und an dem Rechte".[114] Damit setzt sich Wendland von der in dieser Arbeit skizzierten und auf ihre politische Bedeutung hin analysierten „Theologie der Ordnungen", wie sie etwa W. Künneth in seiner politischen Ethik vertritt, deutlich ab.[115] Er betont vielmehr die Notwendigkeit einer „praktischen Realisierung" der Gliedschaft des einzelnen Christen „in der politischen und gesellschaftlichen Demokratie".[116] „Ohne das Handeln der Einzelnen wird es nie zu einer wirklichen Veränderung der geistigen Atmosphäre und der traditionellen Einstellungen und Verhaltensweisen kommen."[117] Die Möglichkeit, solche politischen und sozialen „Verantwortungen und Dienstleistungen im Raume der menschlichen Gesellschaft und der politischen Ordnungen" zu übernehmen — und Wendland betont die Wichtigkeit dieser Möglichkeiten und Aufgaben für die „weltliche Christenheit" eindringlich —, bietet aber in besonderer Weise die Demokratie.[118]

---

[112] Vgl. Wendland, Die Kirche in der modernen Gesellschaft, a. a. O., S. 148.

[113] Vgl. Wendland, Die Kirche in der modernen Gesellschaft, a. a. O., S. 148 f.

[114] Vgl. Wendland, Die Kirche in der modernen Gesellschaft, a. a. O., S. 150.

[115] Vgl. Wendland, Die Kirche in der modernen Gesellschaft, a. a. O., S. 266.

[116] Vgl. Wendland, Botschaft an die soziale Welt, a. a. O., S. 249.

[117] Vgl. ebenda.

[118] Vgl. Wendland, Botschaft an die soziale Welt, a. a. O., S. 251.

Die Frage, wie die historischen Beziehungen zwischen Christentum und Demokratie einzuordnen und zu beurteilen sind,[119] ist für Wendland nicht entscheidend für eine sozialtheologische Wertung der Demokratie.[120] Diese Haltung ist um so eher möglich, da auch die Demokratie mannigfache Wandlungen durchgemacht hat. Sie hat sowohl ihre vornehmlich im 18. Jahrhundert angenommenen rational- und moralisch-utopischen Züge abgelegt als auch in der heute aktuellen Form konfessionell-theologische Vorformen und Ausprägungen, die besonders im angelsächsischen Raum wichtig geworden waren, verloren. Heute geht es für die „weltliche Christenheit" nur um die „kritische Annahme" der Demokratie und die „kritische Solidarität" mit der Demokratie als „säkularer, politischer Ordnung".[121]

Aus dem historischen Erbe — und von daher mit einer jahrhundertealten Auseinandersetzung belastet — ragen aber auch noch Probleme in die gegenwärtige Demokratie hinein, die zu ihrem Wesen gehören und für die es doch noch immer umstritten ist, wie sie am besten gelöst werden können. Dazu gehört die Durchsetzung und Abgrenzung von Freiheit und Gleichheit in der Demokratie. Die Freiheit kann unter Umständen „zur Anarchie" führen, die Gleichheit „zur völligen Aufhebung der Freiheit", „zumal, wenn sie kollektivistisch verstanden wird".[122]

Es ist deshalb eine besonders wichtige Aufgabe der christlichen Sozialtheologie, sich um eine Neubelebung der weithin entleerten „Formen und Formeln der Freiheit und der Gleichheit" mit einem verbindlichen sozialethischen Sinngehalt zu bemühen. Nach Wendlands Auffassung geht es dabei um die Proklamation der Gleichheit als „mitmenschliche Partnerschaft zwischen den Gliedern des Gemeinwesens und als ausgleichende Gerechtigkeit gegenüber der faktischen, sozialen und ökonomischen Ungleichheit".[123] Die Freiheit ist nach Wendlands Verständnis als Dienst aufzufassen, „der

---

[119] Vgl. dazu Kapitel I dieses Teils.
[120] Vgl. Wendland, Sozialethik, S. 84 f.
[121] Vgl. Wendland, Sozialethik, S. 74 und 84.
[122] Vgl. Wendland, Sozialethik, S. 74 f.
[123] Vgl. Wendland, Sozialethik, S. 83.

die freie Person mit ihrem Mitmenschen verbindet, unter der Voraussetzung der sozialen und politischen Freiheit des Einzelnen von allen Verhältnissen der Entrechtung und Unterdrückung".[124] Nach zwei Seiten grenzt sich Wendland in diesem Zusammenhang ab. Sein sozialethisches Verständnis von Gleichheit in der Demokratie wendet sich entschieden gegen die traditionsreiche „religiöse Heiligsprechung der Ungleichheit" wie auch gegen die utopischen Erwartungen einer „abstrakt-egalitären Demokratie", in der jegliche Unterschiede aufgehoben sein sollen. Den Antrieb für diese — an der kirchengeschichtlichen Entwicklung gemessen — recht entschiedenen Forderungen einer politischen und sozialen Gleichheit findet Wendland in der auch sozial-ethischen Verbindlichkeit der theologischen Aussage von der „Gleichheit der Kinder Gottes". Die Ungleichheit der „Gaben" und der „sozialen Positionen bzw. Ausgangsstandorte" wird durch diese erwähnte sozialethische Zielsetzung im Ringen um „Geichheit als Partnerschaft" im demokratischen Staat „tragbar". Das Auswachsen der Ungleichheit zur „Unterdrückung" und „absoluten Fixierung" dieses Zustandes, der jedes Veränderungsstreben lähmt, wird verhindert und die „Ungerechtigkeit" begrenzt.[125]

In diesen Aussagen kommt Wendlands sozialethischer Leitbegriff: „Christlicher Humanismus", den er als „„realistisch'", den Menschen in den Mittelpunkt der Sozialethik rückend und von „Glaube, Liebe und Hoffnung" geprägt näher bestimmt, zum Tragen.[126] Der „christliche Humanimus" ist für die „Fundierung und Stärkung" der Demokratie von größter Bedeutung. Denn das politische Handeln der christlichen Gemeinde als Dienst der Christen „an und in der Gesellschaft" realisiert sich in den „guten Werken der Humanität".[127] Da in Deutschland die von Wendland in ihrer geschichtlichen Bedeutung in einem eigenen Abschnitt hervorgehobene enge Verbindung von Demokratie und Nation zur

---

[124] Vgl. Wendland, Sozialethik, S. 83 f.
[125] Zu den Ausführungen dieses Absatzes vgl.: Wendland, Sozialethik, S. 84.
[126] Vgl. zu dieser Begriffsdefinition: Wendland, Sozialethik, S. 17—19.
[127] Vgl. Wendland, Sozialethik, S. 75 und 87.

Zeit nicht möglich ist, wird eine Mehrung und Pflege ethischer Bindekräfte, wie sie der „christliche Humanimus" in „Hingabe, Dienst und Opfer" für diese Demokratie freisetzt, um so wichtiger.[128] Die Demokratie wiederum ist für den „christlichen Humanismus" diejenige „politische Ordnung und Methode", mit der in der Gegenwart sein Ziel, nämlich Verwirklichung von „Freiheit" und „Personwürde des Menschen", am ehesten erreicht werden kann.[129]

Auch das „Zeitalter der Massengesellschaft", das die historische Form einer „direkten Demokratie" nicht mehr zuläßt, bedroht ein lebendiges demokratisches Leben in der Gestalt von „Berufspolitikern" und „Verbandsfunktionären", die den „unpolitisch" gewordenen „Bürger" in seiner Untätigkeit im politischen Leben bestärken und damit die Demokratie krisenanfällig machen.[130] Es muß versucht werden, dem entgegenzuwirken, denn die Demokratie bedarf der „verantwortlichen Teilnahme des Einzelnen".[131] Dies geschieht am wirksamsten, indem die „weltliche Christenheit"

---

[128] Wendland, Sozialethik, S. 81 f., besonders S. 82.

[129] Vgl. Wendland, Sozialethik, S. 75.

[130] Vgl. Wendland, Sozialethik, S. 80.

[131] Die von Wendland gezogenen Folgerungen — er beachtet dabei sorgfältig die sich von der Basis evangelischer Theologie her, nämlich der biblischen Botschaft, ergebenden Leitlinien — für die christliche Beurteilung der uns umgebenden politischen Situation finden z. B. weithin ein Gegenbild in der juristischen Abhandlung von Wilhelm Hennis, Amtsgedanke und Demokratiebegriff, in: Staatsverfassung und Kirchenordnung, S. 51—70. — Hennis spricht dem einzelnen Staatsbürger zugunsten einer — wie er es nennt — repräsentativen Demokratie fast alle politische Verantwortung und Tätigkeit ab. Er möchte dem Staatsbürger nur die Teilnahme an den allerdings selten gebotenen Möglichkeiten einer Wahl gestatten, die aber nun wieder ein möglichst unverbindliches Programm als Thema haben soll, damit der Mandatscharakter eines Wahlaktes im Sinne einer „Willensbeziehung zwischen Volk und Regierenden" (vgl. S. 56 und auch S. 68) so weitgehend wie möglich vermieden wird. Denn der Wille der Wähler ist auch hinsichtlich der entscheidenden politischen Fragen grundsätzlich unklar und „unter Umständen" sogar für die Opposition in ihrer Auseinandersetzung mit der Regierung uninteressant (vgl. S. 57).

sich um eine umfassende politische Bildung und Erziehung der einzelnen Glieder eines demokratischen Gemeinwesens mitbemüht und so hilft, die politische Verantwortung zu stärken und für die Christen die Pflicht zur politischen Anteilnahme am Geschehen in der Gesellschaft „christlich zu begründen". Diese politische Bildung und Einübung muß nach Wendlands Ansicht mit „allen Formen und Einrichtungen der Erziehung von der Volksschule an organisch verbunden werden".[132]

Die Tatsache, daß die Demokratie die „gefährdetste und schwierigste Staatsform" ist, „die es gibt", spricht Wendland offen aus.[133] Doch die Gefährdungen der Demokratie machen die Sorge um sie nach seiner Ansicht nur um so dringender. „Keine der Gefahren der Demokratie darf uns veranlassen, sie preiszugeben oder von neuem verfallen zu lassen." [134] Deshalb wendet sich Wendland nachdrücklich gegen das „gängige Schlagwort" von der „unpolitischen" oder „politisch neutralen" Kirche und bezeichnet es als unhaltbar.[135]

Die Gemeinde Christi hat vielmehr die Aufgabe und Verpflichtung, gegen die mannigfachen „Verkehrungen des politischen Handelns" im Kampf zu stehen. Ihre durch die Unterstellung unter die Herrschaft Christi bedingte Freiheit auch gegenüber der Gesellschaft macht sie fähig zur fruchtbaren Kritik an den politischen Erscheinungen. Sie muß sich deshalb gegen jede „Vergötzung politischer Mächte, Staatsformen und Methoden" wenden.[136] Sie vertritt eine „von der Liebe gebotene Sachlichkeit" gegen jede Art von „politischer Religion" und jede Form von Machtverherrlichung.[137] Demgegenüber betont sie die „Dienst-Bindung der Macht an Gerechtigkeit, Menschlichkeit und Frieden" ohne Unterschied in den Bereichen der Innen- und Außenpolitik und bemüht sich so um die irdisch nie vollendete „Entdämonisierung der Macht".[138]

---

[132] Vgl. Wendland, Sozialethik, S. 75, 85 und 80.
[133] Vgl. Wendland, Sozialethik, S. 73.
[134] Vgl. Wendland, Sozialethik, S. 81.
[135] Vgl. Wendland, Sozialethik, S. 91.
[136] Vgl. Wendland, Sozialethik, S. 87.
[137] Vgl. Wendland, Sozialethik, S. 88.
[138] Vgl. Wendland, Sozialethik, S. 87.

Bei dieser Einsatzverpflichtung der Gemeinde Christi für die demokratische Handhabung der Macht ist immer zu bedenken, daß die in der Geschichte der Demokratie oft vertretene Anschauung, die „politische Vernunft" denke und arbeite „automatisch vernünftig", keineswegs zutrifft. Die Gefahr eines Einfalls „zerstörerischer Kräfte" in Gestalt rassischer und nationaler Leidenschaften, des „Aufstandes des Vitalen (Blut und Boden!)" als Verkehrung der Vernunft in antipodischer Stellung zu ihr ist von daher nach Wendlands Ansicht immer gegeben. Angesichts dieser Situation der „säkularen Gesellschaft" wäre eine „völlige Trennung" von Politik und christlicher Ethik ein großes Verhängnis. Falls man sich bei dieser politisch und theologisch unverantwortlichen Parole vom „‚unpolitischen Christentum' " von evangelischer Seite aus auf die Lehre von den beiden Reichen berufen würde, wäre dies eine völlige Entstellung dieser Lehre.

Die christliche Gemeinde würde, wenn sie sich so von der politischen Verantwortung zurückzöge, eine Ideologisierung der Politik und eine „unbegrenzte Machtbildung" fördern, die Auflösung der Demokratie mitverschulden und „faktisch" die Diktatur und den totalen Staat heraufbeschwören. Der heute durch ein zur Verfügung stehendes „technisches Instrumentarium" möglichen „absoluten und totalen Machtausübung über den Menschen" ist die politische Vernunft allein nicht gewachsen. Sie bedarf sozialethischer Maßstäbe und Bindekräfte. Die christliche Gemeinde ihrerseits darf sich nicht auf den Apell an den einzelnen zu „christlicher Verantwortung" beschränken, sondern muß auch Wege zum Vollzug und zur praktischen Ausübung der Verantwortung zeigen und den einzelnen aus seiner Isolierung herauslösen. Nach Wendlands Auffassung muß die „weltliche Christenheit" dazu „politische Dienstgemeinschaften" schaffen, die sich aber von einer eventuell vorhandenen „christlichen" Partei sehr deutlich unterscheiden sollten. Diese „politischen Dienstgemeinschaften der weltlichen Christenheit" haben die Aufgabe, zu zeigen, daß der christliche Glaube es mit der „wirklichen Existenz von Mensch und Gesellschaft" zu tun hat und nicht in der Ohnmacht eines „bloßen religiösen Gefühls" verharrt, wie es dem christlichen Glauben häufig nachgesagt und wie es auch oft von Christen mißverstanden wurde. In diesem

Sinne wird die Kirche zu Recht „über die ganze Welt hin zum politischen Faktor" werden müssen, der sich um das rechte Staatsein des Staates bemüht.[139]

Ein weiteres Anliegen Wendlands ist es, die „traditionelle christliche Abneigung" gegen die Parteien und eine aktive Mitarbeit der Christen in ihnen zu überwinden. Er sagt klar und deutlich, daß die Rückkehr zu dem als Wunschbild in vielen christlichen Kreisen immer noch festgehaltenen Ständestaat unmöglich ist und erklärt die Parteien „als Formen und Träger der politischen Willensbildung" für notwendig. Er räumt die mannigfachen und oft kritisierten Mängel der „Parteien-Demokratie" durchaus ein, hält aber in der heute nun einmal gegebenen Situation das Ende der Parteien auch für das Ende der Demokratie.[140]

Die „unersetzbare" sozialethische Bedeutung der Demokratie sieht Wendland vor allem darin liegend, daß sie unter den heute gegebenen Umständen die einzige politische Ordnung ist, „in der wir Herrschaft und Freiheit verbinden und durcheinander kontrollieren und begrenzen können".[141] Diese Verknüpfung von Herr-

---

[139] Zu den Ausführungen der beiden letzten Abschnitte vgl.: Wendland, Sozialethik, S. 88 f., und auch: H.-D. Wendland, Die Kirche als weltpolitischer Faktor, in: Wir sind gefordert. Fragen christlicher Verantwortung = Friedewalder Beiträge zur sozialen Frage, Heft 5, Berlin 1954, S. 181—192, besonders S. 190. Wendlands Stellung zum Problem einer christlichen Partei und seine theologisch begründete Auffassung über die notwendige Abgrenzung von christlicher Partei und „politischen Dienstgemeinschaften" der „weltlichen Christenheit" ist S. 85—88 der Arbeit erörtert.

[140] Vgl. Wendland, Sozialethik, S. 91. — Ein ganz anderes Bild der Demokratie und der in ihr wirkenden Parteien entwirft z. B. die bei S. Landshut und H. P. Ipsen angefertigte Arbeit von Wolfgang Kessel, Auctoritas und potestas als Ordnungsgrundlagen des demokratischen Staates. Diss. wirtschafts- und sozialwiss. F., Hamburg 1956 (Masch.). Kessel vertritt die These, daß eine Demokratie ohne einen zu wirkungsvollem Handeln ermächtigten Präsidenten — wie es ihn beispielsweise in der Weimarer Republik gab — keine „auctoritas" hat und infolge der Parteienherrschaft in ihr, die durch die Aufnahme der Parteien in die Verfassung noch besonders verankert wird, auch ohne „potestas" ist.

[141] Vgl. Wendland, Sozialethik, S. 76 und 79.

schaft und Freiheit bewirkt aber nicht gleichsam automatisch ein
funktionierendes demokratisches Staatswesen. Es ist vielmehr eine
ständige Überwachung und Fortbildung der Demokratie nötig. Als
Mittel dazu nennt Wendland „das Parlament bzw. die Opposition,
die öffentliche Meinung, die gegenseitige Kritik der Parteien, die
Ablösung der Regierung und anderes mehr".[142] Für eine „unermeß-
liche Wohltat" Gottes hält es Wendland, wenn der staatliche Auftrag, Frieden und Recht aufrechtzuerhalten, unter der „Bedingung
der Freiheit und der Menschenrechte" von einem „demokratischen
Gemeinwesen" geleistet werden kann. Er geht sogar so weit zu
sagen — in deutlichem Unterschied zu anderen auch vom Luthertum geprägten deutschen Theologen —, daß die „Neigung" der
Menschen zum „Machtmißbrauch und zur sozialen Ungerechtigkeit"
die Demokratie so nötig macht und ihr auch eine solche sozialethische Bedeutung gibt, „daß sie heute erschaffen werden müßte,
wenn es sie nicht gäbe".[143]

Die Kirche, die nicht als ein „abseitiger Erbauungszirkel mit
introvertierter Frömmigkeit" mißverstanden werden darf, sondern
in ihrer Gestalt als „weltliche Christenheit" einen Sendungsauftrag
Christi auch in der politischen Welt wahrzunehmen hat, ist nach
Wendlands Ansicht „mit- (nicht allein!) verantwortlich für Freiheit
und Gleichheit der Bürger", die das Fundament der Demokratie
darstellen.[144] Damit er nun nicht mißverstanden wird, weist Wendland darauf hin, daß auch die „weltliche Christenheit" nicht nur
in „politischer Arbeit" aufgeht, sondern sich ihre geistliche Mitte in
der im Gottesdienst sich sammelnden Gemeinde stets vergegenwärtigen soll, und daß es immer auch „Amtsträger der Kirche"
geben muß, die nicht „direkt" politisch tätig sind. Aber alle Christen in „‚weltlicher' Arbeit und Position" haben die „sozialethische
Forderung tätiger Mitverantwortung" in den mannigfachen Gruppierungen und politischen Zusammenschlüssen eines demokratischen
Staates unter Vermeidung einer „Klerikalisierung der Politik" als
die ihnen aufgetragene „gesellschaftliche Diakonie" zu erfüllen.[145]

---

142 Vgl. Wendland, Sozialethik, S. 79.
143 Vgl. ebenda.
144 Vgl. Wendland, Sozialethik, S. 49 f., S. 68 ff. und S. 83.
145 Vgl. Wendland, Sozialethik, S. 91, S. 83 und 68—73.

Ein weiteres Mißverständnis, das Wendland energisch abgewehrt wissen möchte, ist die „Utopie einer machtlosen Gesellschaft", welche in der Geschichte der demokratischen Idee eine bedeutsame Rolle spielte. So wie keine Gesellschaft ohne „machttragende Gruppen" geordnet werden kann, darf es von der Sicht der christlichen Sozialethik her auch keine „Nivellierung der Ämter und Kompetenzen" im demokratischen Staat geben — und gibt es sie auch nicht, wie Wendland gegen die theologischen Kritiker der Demokratie aus dem evangelischen Raum betont.[146] Die „autoritäre Staatslehre" jedoch, die den „qualitativen Unterschied von Herrschenden und Beherrschten statuiert", wird nachdrücklich abgelehnt. Gewiß ist der Anteil an der Verwaltung und Ausübung der Macht „abgestuft", doch gibt es eine „gleiche ethische Verantwortung" aller Staatsbürger, die alle „Stufungen der Amtsgewalt" durchdringt und in dieser Weise „Staatsamt und Bürgerschaft" verknüpft. Denn die Demokratie läßt aus dem Untertanen der „Obrigkeit" den „Bürger" werden. Dies ist jedoch auch nach Wendlands deutlich ausgesprochener Meinung ein „Umwandlungsprozeß", von dem man sagen muß, daß er auch in Westdeutschland noch in keiner Weise beendet ist.[147]

Die Demokratie darf keineswegs mit dem Schein eines „Heilscharakters" überstrahlt werden. Sie ist auch nicht „„die christliche' Staatsform", sondern Demokratie für alle, Christen und Nichtchristen. Sie wirft gewiß für die traditionsgeformte christliche Sozialethik eine Menge „brennender" Fragen auf. Aber unter den auch in diesem Abriß schon erörterten Bedingungen der Gesellschaft des 20. Jahrhunderts mit ihren vielfachen Gefährdungen im Gebrauch der Macht wird die Demokratie in Wendlands Sicht „zum christlichen Anliegen", da sie die Möglichkeit bietet, ein „menschenwürdiges" Dasein von „Freien" zu gestalten und die notwendige Machtausübung im Staatswesen „politisch, rechtlich und ethisch" umgrenzt und zur Verantwortung ruft und mahnt.[148]

[146] Vgl. Wendland, Sozialethik, S. 76 und 85.
[147] Vgl. Wendland, Sozialethik, S. 85 und 77.
[148] Vgl. Wendland, Sozialethik, S. 79 und 82, und: H.-D. Wendland, Theologie und Gesellschaft, in: Der Mensch in der Wirtschaft 8 (1958), Heft 1, S. 17.

Wenn man die Gesamtheit der Aussagen Wendlands zu den Problemen der Demokratie in weitem Sinne überblickt, die hier nur sehr gerafft angeführt werden konnten, wird man wohl sagen können, daß seine mannigfachen Veröffentlichungen im Vergleich zu anderen Autoren den umfassendsten Ansatz und die klarste Aussprache der sich aus dem theologischen Nachdenken ergebenden praktischen Aufgaben bieten.

Auch Ernst Wolf geht in seinen Erwägungen über die notwendige Neubesinnung der evangelischen politischen Ethik neben dem Rückbezug auf die „Barmer Theologische Erklärung" von der „wegweisenden Formel" der „verantwortlichen Gesellschaft" aus, wie sie im Rahmen der ökumenischen Konferenzen von Amsterdam und Evanston erarbeitet wurde. In unserem Themenzusammenhang ist es nun recht bedeutsam, daß nach Wolfs Auffassung die „Vision einer verantwortlichen Gesellschaft", wie sie von der Ökumene als von den Christen zu erstrebendes Ziel herausgestellt wurde, „keine andere als die Vision der *Demokratie*" ist.[149]

Da hier nach der Meinung E. Wolfs — aus historischer Sicht betrachtet — die „Umsetzung der Grundprinzipien der Reformation in die Grundprinzipien der konstitutionellen Demokratie sozusagen nachträglich kirchlich wieder anerkannt" wird, ist es die Aufgabe der heutigen Kirche, entschieden für „die Gewährung eines Verantwortungsraums an den einzelnen einzutreten".[150]

Die Nichtbeachtung des Ratschlages der evangelischen Kirche bei der „Formulierung des Paragraphen über die Kriegsdienstverweigerer" „im westdeutschen Wehrpflichtgesetz vom Sommer 1956" ist nach Wolfs Auffassung eine Beeinträchtigung der Bemühungen der Kirche um eine „verantwortliche Gesellschaft" und eigentlich auch einem Staat unangemessen, „wie er sich im Grundgesetz selbst umschrieben hat".[151] Die ungefestigte Situation der Demokratie wird in solchen Entscheidungen der damaligen westdeutschen Regie-

---

[149] Vgl. E. Wolf, Kirche und Öffentlichkeit, in: Christlicher Glaube und politische Entscheidung, München 1957, S. 118; — Sperrung vom Verfasser dieser Arbeit.

[150] Vgl. ebenda.

[151] Vgl. Wolf, Kirche und Öffentlichkeit, a. a. O., S. 118 f.

rungspartei deutlich und zeigt, daß wir „die Demokratie bekanntlich immer noch erst lernen" müssen.[152]

Die Stellung der evangelischen Kirche zu diesen beispielhaft erwähnten Ereignissen läßt nach Wolfs Ansicht deutlich erkennen, wie sehr die Kirche selbst hinsichtlich ihres Öffentlichkeitsauftrages noch unsicher ist, unter der „Last eines Jahrhunderte alten Erbes aus dem Landes- bzw. Staatskirchentum" leidet und sich in dem heutigen demokratischen Staat noch in einer „Durchbruchs- und Anfangs"-Situation befindet.[153] Es geht von seiten der Kirche um die gleichzeitige Einübung des „Verzichtes auf die Bevormundung der Gesellschaft" und der „Solidarität mit ihren Nöten".[154] Von dorther ist dann das Problem „Kirche und Öffentlichkeit" nicht mehr unter dem Aspekt des „Verhältnisses der Institutionen Kirche und Staat" zu betrachten, sondern im Lichte des „ursprünglichen Gegenübers von Evangelium und Gesellschaft".[155]

Dazu leistet die Kirche einen Beitrag, indem sie sich um „die Sozialethik als die Aufgabe der Heiligung" bemüht.[156] Sie muß deshalb den einzelnen Christen „heute als Mitbürger, nicht als Untertanen", dazu aufrufen, „sich eigene Gedanken zu machen und mit ihnen in öffentlichen Angelegenheiten offen, kritisch, selbständig Stellung zu nehmen, indem sie einen disziplinierten, vernünftigen Gebrauch der Freiheit, d. h. freiwillige Zurückstellung der Einzelinteressen, und freie, verantwortliche Einordnung in das Ganze predigt".[157]

Es gilt, den mühsamen Durchbruch zu wagen „durch die Verkrustung jahrhundertealter politischer Karenz und Entmündigung, falscher Weltflucht ebenso wie auch eines selbstgenügsamen, unkritischen und darum servilen und bedingungslosen Untertanengehorsams".[158] Diese Bemühungen um die Demokratie und die

---

[152] Vgl. Wolf, Kirche und Öffentlichkeit, a. a. O., S. 112.
[153] Vgl. Wolf, Kirche und Öffentlichkeit, a. a. O., S. 103.
[154] Vgl. Wolf, Kirche und Öffentlichkeit, a. a. O., S. 119.
[155] Vgl. Wolf, Kirche und Öffentlichkeit, a. a. O., S. 100.
[156] Vgl. Wolf, Kirche und Öffentlichkeit, a. a. O., S. 105.
[157] Vgl. Wolf, Kirche und Öffentlichkeit, a. a. O., S. 130.
[158] Vgl. Wolf, Kirche und Öffentlichkeit, a. a. O., S. 132.

„politische Verantwortung des Christen" sind für Wolf nichts anderes als die Wiederentdeckung und die Praktizierung der Erkenntnisse der Reformation über das rechte Verständnis der biblischen politischen Ethik.[159]

Im praktisch-politischen Leben der Bundesrepublik ist es neben anderen besonders Martin Niemöller gewesen, der die skizzierten biblischen Einsichten der beispielhaft angeführten Theologen, und besonders die seines Freundes Karl Barth, anzuwenden und zu vertreten suchte.

So setzte sich z. B. Niemöller nachdrücklich für das demokratische Grundrecht der freien Meinungsäußerung ein.[160] Denn er ist der Ansicht, daß damit der Neubau demokratischen Denkens und

---

[159] Vgl. Wolf, Kirche und Öffentlichkeit, a. a. O., S. 106 f. — Dem begrenzten Rahmen dieser Arbeit zufolge konnten in diesem Kapitel nur einige wichtige Gesichtspunkte aus den vielfältigen Veröffentlichungen der genannten Theologen berücksichtigt werden. — Ferner konnte z. B. auf die mein Thema berührenden Ausführungen von: John C. Bennett, Besteht eine besondere Verwandschaft zwischen Christentum und Demokratie?, in: ZEE 1 (1957), S. 208—219; — Alfred de Quervain, Kirche, Volk, Staat (Ethik II, 1. Halbband), Zollikon-Zürich 1945, S. 240—247, 263—271, nicht mehr eingegangen werden. Man könnte hier noch eine ganze Reihe weiterer Namen hinzufügen.

[160] Niemöller ist in seinen diesbezüglichen Vorstellungen sicher auch von dem Vorbild der westlichen Demokratien beeinflußt, die er auf häufigen Reisen — schon sehr bald nach dem Kriegsende beginnend, eine Tatsache, die m. E. bei der Beurteilung der mannigfachen Äußerungen Niemöllers zu politischen Problemen meistens gar nicht gewürdigt wird — besonders gut kennenlernte. Er war einer der ersten und sicher auch einflußreichsten, die um Vertrauen gegenüber einem weithin verfemten Land warben. — Über Ausmaß und Grenze der politischen Bedeutung der öffentlichen Meinung für das „Regierungssystem" in den USA, über das Problem ihres Zustandekommens, ihrer Unabhängigkeit von machtvollen „Interessengruppen" und über die „politische Aktivität des amerikanischen Bürgers" informiert recht gut: Heinz Wilhelm Wolpert, Art und Ausmaß des Einflusses der Public Opinion auf die Politik in den Vereinigten Staaten von Amerika. Diss. phil., München 1952 (Masch.) (vgl. besonders Kap. II, III und V der Arbeit von Wolpert; d. h. S. 27 ff., 40 ff. und 128 ff.).

Handelns in Deutschland steht und fällt.[161] Er warnt in diesem Zusammenhang besonders vor einer Entwertung von „Ideen und Gesinnungen" in der politischen Meinungsbildung zugunsten einer Herrschaft bürokratischer Parteiapparate.[162]

Niemöller tritt aber auch für eine grundsätzliche Verbesserung der politischen Willensbildung des Volkes ein. Der Bürger soll mit seinem Stimmzettel nicht einen Freifahrschein für alle Schwenkungen in der Meinung der Parteigewaltigen ausstellen, sondern seine Ansicht auch zwischen den Wahlperioden in der Form eines Volksreferendums aussprechen können, wenn die Regierungspolitik nicht mehr der wirklichen Überzeugung der Staatsbürger entspricht. Auch die Möglichkeit einer Neuwahl des Parlaments außerhalb der eigentlichen Wahlperiode sollte nach Niemöllers Meinung in diesem Zusammenhang in Erwägung gezogen werden.[163]

[161] Vgl. Franz Beyer, Menschen warten. Aus dem politischen Wirken Martin Niemöllers seit 1915, Siegen o. J. (1952), besonders S. 115

[162] Vgl. Franz Beyer, Menschen warten, a. a. O., S. 78.

[163] Vgl. Franz Beyer, Menschen warten, a. a. O., S. 78 ff. — Die von Niemöller mit diesen Ansichten berührten grundsätzlichen Probleme hinsichtlich der näheren Ausgestaltung einer zunächst allgemein als demokratisch bezeichneten Willensbildung können hier nicht weiter im einzelnen verfolgt werden, so wichtig sie auch sind. Es seien aber noch einige Arbeiten genannt, die sich aus juristischer Sicht mit diesen Fragen beschäftigen.

Mit Nachdruck — und in der Nachfolge seiner Lehrer Hans Peters und Hermann Jahrreis — erhebt Rüdiger Brüggemann aus dem „Grundgesetz für die Bundesrepublik Deutschland" ein strenges „Repräsentativsystem" und verteidigt dies entschieden. Vgl. R. Brüggemann, Die Beschränkung der Rechte des Staatsvolkes und des Staatsbürgers durch die repräsentative Demokratie nach dem Bonner Grundgesetz. Diss. Rechtswiss. F., Köln 1963. — Von einer historisch orientierten Sicht her, die den Demokratiebegriff „auf dem Hintergrund der älteren — vorabsolutistischen, vorrousseauistischen — politischen Theorie verständlich" machen möchte (vgl. S. 52), betont Hennis die Vorzüge der repräsentativen gegenüber der unmittelbaren oder, wie er sie auch nennt, „plebiszitären" Demokratie (vgl. ebenda). Vgl. Wilhelm Hennis, Amtsgedanke und Demokratiebegriff, in: Staatsverfassung und Kirchenordnung, S. 51—70. Das hier von Niemöller aufgegriffene Thema einer Volksbefragung über ent-

Eine weithin sichtbare politische Auswirkung [164] fanden diese An-
schauungen Niemöllers über die Ausgestaltung der Demokratie in
Deutschland anläßlich der Wiederbewaffnung Westdeutschlands
durch die dazu, nach Niemöllers und seiner theologischen Freunde
Ansicht, gewiß nicht bei ihrer Wahl 1949 autorisierte Regierung
Adenauer.

scheidende und grundsätzliche, den weiteren politischen Weg eines Volkes
bestimmende Probleme wird von Hennis bei einer Beurteilung der SPD
kurz gestreift (vgl. S. 67). — Zu der in diesem Zusammenhang sich im
Extremfall auch stellenden Problematik eines eventuellen Widerstands-
rechtes des Staatsbürgers vgl. u. a.: Bert Even, Das Widerstandsrecht des
Staatsbürgers. Diss. jur., Köln 1951 (Masch.), und Karl-Ernst Engelbrecht,
Das Widerstandsrecht des Volkes in Geschichte und Gegenwart — unter
besonderer Berücksichtigung der hessischen Verfassung. Diss. jur., Heidelberg 1952 (Masch.).

[164] Vgl. dazu: Peter Molt, Die neutralistische Opposition. Bedingungen
und Voraussetzungen der neutralistischen Opposition in der Bundesrepublik Deutschland, vor allem der Gesamtdeutschen Volkspartei, 1949
bis 1954. Diss. phil. Heidelberg 1955 (1956) (Masch.), besonders S. 57—66
und 133—158. Gegenüber der Niemöller- und Heinemann-Richtung des
deutschen Protestantismus nimmt Molt einen völlig abweichenden Standpunkt ein (vgl. besonders S. 185—188). Zu bemerken wäre vielleicht
noch, daß Molt sein wichtiges Thema als „politischer Soziologe" (vgl.
S. 1) und nicht als Historiker behandelt, was sich auch an einigen Stellen
in formalen Dingen bemerkbar macht. Darüber hinaus scheint Molt oft
der rechte Zugang zum Verständnis und zur Einordnung der von ihm
behandelten theologischen und kirchlichen Persönlichkeiten und ihrer
theologisch-politischen Äußerungen zu fehlen. Es bleibt an dieser Stelle
noch ein weites Feld für eine eingehende Durcharbeitung offen. In meiner
Arbeit war es nur möglich, den sozialethischen und gesellschaftstheo-
logischen Ort einer solchen Untersuchung zu umreißen. Es wurde allerdings im Rahmen der ganzen vorliegenden Arbeit versucht, die manchmal verwirrend erscheinenden einzelnen Äußerungen aus dem Raum
des deutschen Protestantismus, von denen Molt einige wenige aufgriff,
in einen systematisch-theologischen Zusammenhang unter einer die Ge-
samtproblematik erschließenden übergreifenden Fragestellung einzuordnen. Weil dies in der sonst in vieler Hinsicht recht verdienstvollen Arbeit
von Molt fehlt, kommt es z. B. zu einer unzureichenden Kritik an Karl

In einem Brief vom 21. Mai 1951 wandte sich M. Niemöller an den Bundespräsidenten und bat ihn, „im Interesse der Wahrheit und im Interesse der deutschen Menschen seinen ganzen Einfluß einzusetzen, damit die wirkliche Meinung des westdeutschen Volkes wenigstens festgestellt und bei der zu treffenden Entscheidung berücksichtigt wird."[165] Doch der Bundespräsident lehnte Niemöllers Anfrage — mit für Niemöller nicht ausreichend überzeugenden Gründen allerdings — in seinem Schreiben vom 23. Mai 1951 ab.[166] Die ganze Tragweite dieser theologischen Neubesinnung und Auseinandersetzung wird auch in der, in dieser Arbeit nicht zu behandelnden, Debatte um die atomare Bewaffnung der Bundesrepublik [167] in ihrer politischen Funktion sichtbar. So wirft z. B., das sei hier zum besseren Verständnis unseres engeren Themazusammenhanges erwähnt, W. Künneth den „Atompazifisten" Zerstörung des Obrigkeitsbegriffes vor; ein in der „Evangelischen Verantwortung" gern aufgenommenes Argument.[168] In der Tatsache, daß H. Gollwitzer und ihm gesinnungsmäßig befreundete Theologen aus einer demokratischem Denken aufgeschlossenen Besinnung heraus Regierung und Staatsbürgern eine grundsätzlich vergleichbar

Barth. Sie wird vom Standpunkt einer sich absolut setzenden „politischen Soziologie" her ausgeübt, die sich für „„überzeitlich'" und „„überideologisch'" hält. Sie versucht völlig unzutreffend, Barths Position mit der Bezeichnung „Liberalismus" abzuwerten und als „doppelt fragwürdig" hinzustellen (vgl. P. Molt, S. 155—158, besonders S. 155 f.).

[165] Vgl. Fr. Beyer, Menschen warten. Aus dem politischen Wirken Martin Niemöllers seit 1945, Siegen o. J., S. 79.

[166] Vgl. Fr. Beyer, Menschen warten, a. a. O., S. 79 f.

[167] Aus der Fülle der theologisch-politischen Literatur zu diesem Problem seien hier nur drei Veröffentlichungen genannt, von denen die beiden ersten auf S. 126, Anmerkung 227 schon näher charakterisiert wurden: „Christusbekenntnis im Atomzeitalter?" (mit ausführlichen Literaturangaben über die Kontroverse — besonders im Raum der evangelischen Kirche, vgl. S. 164—167); — Alfred Dedo Müller, Dämonische Wirklichkeit und Trinität. Der Atomkrieg als theologisches Problem. Meditation und Strukturanalyse, Gütersloh 1963; — Helmut Gollwitzer, Die Christen und die Atomwaffen = ThEh., NF. Nr. 62, 5. Aufl., München 1957.

[168] Vgl. Ev. Verantwortung 6 (1958), Nr. 12, besonders S. 12.

wichtige politische Verantwortung zuerkennen, sieht Künneth eine „Aufblähung der Einzelverantwortung bis zur Utopie".[169]

Bezeichnenderweise beginnt aber im strengen Luthertum in den von deutschen Truppen während des Zweiten Weltkrieges besetzten skandinavischen Ländern das Eis gegenüber der Demokratie zu schmelzen.[170] So kritisierte z. B. der norwegische Bischof Eivind Berggrav die bisherige lutherische Haltung gegenüber dem modernen totalen Staat.[171] Berggrav ist der Ansicht, daß der Obrigkeitsbegriff auf der einen und die Gehorsamsforderung auf der anderen Seite nicht mehr der Wirklichkeit unserer Zeit entsprechen und fordert eine Vermenschlichung des Staates.[172]

Die Überbetonung des Herrschaftsgedankens[173] in der lutherischen Staatslehre, die der Obrigkeit in ihrem politischen Handeln unbegrenzte Zuständigkeit zuschrieb, führte zu der verhängnisvollen Verwechslung von guter Verwaltung mit guter Regierung im Einflußraum lutherischer Theologie.[174] Mit dem Hinweis auf eine gut funktionierende und zum Teil fürsorglich eingestellte Verwaltung wurde die schlechte Innen- und Außenpolitik gegen jede Kritik abgeschirmt. Die lutherische Theologie lieferte mit ihrer Betonung des „guten Regimentes"[175] des „Landesvaters" die ideologische Abstützung der selbstherrlich-dilettantischen Politik der Obrigkeit.[176]

---

[169] Vgl. ebenda; — vgl. auch die Ausführungen in Kap. IV 2 b dieses Teils.

[170] Vgl. dazu die Bemerkungen in der Einleitung der Arbeit.

[171] Vgl. Eivind Berggrav, Der Staat und der Mensch, Hamburg o. J. (1946), besonders S. 9 ff.

[172] Vgl. Eivind Berggrav, Der Staat und der Mensch, a. a. O., S. 66—84.

[173] Vgl. dazu etwa als eine Arbeit aus dem profanen Raum, die ähnliche Thesen vertritt: Wolfgang Kessel, Auctoritas und potestas als Ordnungsgrundlagen des demokratischen Staates. Diss. wirtschafts- und sozialwiss. F., Hamburg 1956 (Masch.).

[174] Vgl. dazu auch: O. H. v. d. Gablentz, Staat und Gesellschaft, in: Politische Vierteljahrsschrift 2 (1961), S. 18.

[175] Vgl. Luthers Katechismus, besonders die Erklärung zum 4. Gebot.

[176] Vgl. zum Problem auch die etwas anders akzentuierten Ausführungen von H. Dombois, Politische und christliche Existenz. Bemerkungen

Deshalb wird sich heute evangelische Theologie in Deutschland ihrer Verantwortung für eine demokratisches Denken und Tun fördernde Gesinnung bewußt werden müssen. Th. Eschenburg sagt z. B. im Blick auf die Bedeutung einzelner Institutionen für die Bildung einer „demokratischen Vorstellungswelt": „Demokratie ist auf die Dauer nur möglich, wenn sie getragen wird von der demokratischen Vorstellung und Gesinnung breiter Volkskreise."[177]

Diese Verantwortung der Kirche für die Demokratie in einer Zeit der inneren und äußeren Gefährdung dieser freiheitlichen Ordnung stellt z. B. neben H.-D. Wendland H. Gollwitzer besonders deutlich heraus.[178] Gollwitzer fordert deshalb die evangelischen Christen in Deutschland auf, „wenn nötig auch im Einzelgängertum und Außenseitertum", besonders aber in der christlichen Gemeinde selbst, das zu leben, um das es auch in einem demokratisch aufgebauten Staat geht. Das evangelische Verständnis von Kirche als einer Gemeinde von Brüdern, wie es in der 3. und 4. These der „Barmer Theologischen Erklärung" aufgezeigt wurde, gibt dazu die Ermöglichung.[179] Diese Modelle einer mitmenschlichen Beziehung werden dann auch im Staatsleben entfaltet werden können, „denn Demokratie ist nicht nur Staatsform, sie ist zuvor schon Lebensform — und nur so kann sie dann auch Staatsform sein".[180]

zur lutherischen Staatslehre von heute, in: Macht und Recht, Berlin 1956, S. 98—147, besonders S. 143 f.

[177] Vgl. Theodor Eschenburg, Herrschaft der Verbände?, Stuttgart o. J. (1955), S. 84; vgl. auch: Friedrich Glum, Krise der Demokratie? = Schriftenreihe der Hochschule für polit. Wiss. München, Heft 8, München 1951, S. 23.

[178] Vgl. Helmut Gollwitzer, Bürger und Untertan, S. 30—56, besonders S. 56. — Zu diesem umfassenden Begriff der Demokratie und seiner politischen Bedeutung vgl. auch: A. Arndt, Christentum und freiheitlicher Sozialismus, in: Christlicher Glaube und politische Entscheidung, München 1957, S. 148 f.

[179] Vgl. H. Gollwitzer, Bürger und Untertan, S. 56, und zur Interpretation der ›Barmer Theologischen Erklärung‹: Ernst Wolf, Barmen. Kirche zwischen Versuchung und Gnade, München 1957; zu These III und IV vgl. dort besonders S. 124—136.

[180] Vgl. Helmut Gollwitzer, Bürger und Untertan, S. 56.

Christentum und Gesellschaft. Hamburger Ringvorlesung. Göttingen: Vandenhoeck & Ruprecht 1970, S. 195—213.

DEMOKRATIE UND PROTESTANTISMUS

Von Hans-Rudolf Müller-Schwefe

Die Zuordnung der beiden Größen Protestantismus und Demokratie ist ein Programm.

Protestantismus — das meint nicht einfach Kirche, auch nicht Kirche der Reformation. Es kennzeichnet den Sachverhalt, daß die Kirche vom Prinzip der Rechtfertigung her bestimmt wird, das „immer auch über seiner religiösen und kirchlichen Verwirklichung steht" (P. Tillich).[1]

Demokratie — das meint nicht nur eine Staatsform, so wie sie Aristoteles hat beschreiben können, vielmehr eine der Neuzeit eigentümliche Form des öffentlichen Lebens, die sich als Gesellschaft im Element der Vernunft parallel zu der Verwandlung des Glaubens in ein Prinzip und der Entdeckung des Laien und der Welt entwickelt.

Unser Thema sieht diese beiden geschichtlichen Erscheinungen zusammen. Aber weil sie beide durch kritische Vernunft bestimmt sind, darum können wir ihre Geschichte nicht einfach erzählen, sondern müssen ihr Verhältnis zugleich kritisch reflektieren. Nur so werden wir ihrer Eigentümlichkeit als geschichtlicher Erscheinung gerecht. Unsere Aufgabe besteht also in dreierlei:

I. Wir müssen uns über Ursprung und Geschichte der beiden Größen in ihrem Zusammenhang informieren.

II. Wir müssen im Licht dieser Information unseren eigenen Standort bestimmen.

III. Wir müssen die Zukunft bedenken, zu der uns die Information unserer Lage herausfordert.

---

[1] Vgl. dazu: Theodor Strohm, Kirche und demokratischer Sozialismus. 1968. S. 80 ff.

I

Um den geschichtlichen Erscheinungen gerecht zu werden, müßte ich mehr wissen, als ich weiß. Vielleicht könnte nur ein Historiker die erforderliche Aufklärung leisten. Zugleich müssen wir aber unsere Kenntnisse kritisch reflektieren und fragen, ob nicht vielleicht die historische Erörterung der Zusammenhänge das Wesen der Phänomene verdeckt. Das Schema von Ursache und Wirkung ist der Wahrheit der Geschichte nicht angemessen.

1. Ursprung und Weg der Demokratie in Nordamerika

Die stärkste Quelle der Form von Demokratie, die wir in den Vereinigten Staaten vorfinden, liegt im Calvinismus. Unsere Reformatoren Luther und Calvin hielten beide am Prinzip der Rechtfertigung fest; sie taten das aber in unterschiedlicher Weise. Während Luther daran lag, daß der Glaube allein von Gottes Tun lebt, und ihm wichtig war, die Differenz zwischen dem Glauben und seinen Früchten festzuhalten, betont Calvin die Einheit von Glaube und Gehorsam. Er legte den Akzent darauf, daß der Bund mit Gott Konsequenzen hat. So bekam das Gefälle vom Glauben zum Leben Bedeutung. Das Evangelium wirkt sich aus in der Welt, im Leben, im Alltag. Erik Wolf konnte darum den Zusammenhang von Glauben und Politik so beschreiben: „Die Freiheit zu Gott, die Gleichheit vor Gott, die Brüderlichkeit mit dem Nächsten ist eben auch ein Wesenszug des rechten Staates als Freiheit von Tyrannis, Gleichheit vor dem Gesetz und Brüderlichkeit in der Verwaltung zeitlicher Güter." [2]

Dieser Zusammenhang von Glauben und Leben bekommt gegen Ende des 16. Jahrhunderts Bedeutung beim Kampf der Monarchomachen in Frankreich und Schottland. Anlaß ihrer Theorie war die Auseinandersetzung mit einem Fürsten, der seine Untertanen in Glaubensdingen tyrannisierte. Aber das ließ die Bekenner grundsätzlich nachdenken über das Verhältnis des Christen zum Staat.

[2] Erik Wolf, Theologie und soziale Ordnung bei Calvin. 1951, S. 20.

Der Christ, so sagten sie, ist der geborene Anwalt der res publica. Er ist von seinem Glauben her verantwortlich für das bonum commune. Die theologische Begründung dafür liegt in dem duplex foedus, in dem der Christ lebt. Gott hat mit seinem Volk einen Bund geschlossen; das ist der eine, der erste Bund. Aber die Relation wiederholt sich im Volk als Verhältnis des Königs zu den Ständen. Noch ist also die formale Demokratie nicht in Sicht; noch wird das Volk von den Ständen repräsentiert. Aber es ist doch wichtig, daß schon hier das Volk nicht einfach als das Objekt der Herrschaft beschrieben, sondern eine mutua obligatio festgestellt wird.

Diese Gegenseitigkeit der Verantwortung wird dann im angelsächsischen Lebensbereich weiter ausgebildet. Die Willensbildung ist nicht einseitig; sie geschieht in Form der Diskussion. Bahr kann das Spiel dieser Gegenseitigkeit so beschreiben: „Durch die Konkurrenz von Gruppen im Rahmen eines gefestigten staatlichen Gefüges wachsen Entscheidungen heran, die Aussicht haben, von einer größtmöglichen Zahl von Bürgern gebilligt, jedenfalls hingenommen zu werden."[3]

Diese Ansätze kamen in der Neuen Welt zum Zuge. Die da aus dem Mutterland nach Neuengland auswichen, bildeten zunächst demokratische Gemeinschaften auf theokratischer Grundlage. Der Glaube war die Voraussetzung für das Leben miteinander. Die Gemeinschaft wurde vom Heiligen Geist geleitet. Dann vergeistigte sich im 18. Jahrhundert der puritanische Ansatz; die Erweckung schaffte dem einzelnen größeren Spielraum, sie führte zur Duldung derer, die anders glauben. Im 19. Jahrhundert wurde daraus die Unterscheidung von privater Sphäre, in der Glaube und Moral wurzeln, und dem öffentlichen Bereich. Dem einzelnen werden die Menschenrechte garantiert; er hat Freiheit. In der Gesellschaft aber muß er seine Freiheit zum Wohl des Ganzen einschränken und an der Verwirklichung der Gerechtigkeit mitwirken. Karl Marx geißelt die „Halbheit" dieser Demokratie; die Unterscheidung von Privat und Öffentlichkeit ist für ihn unerträglich; er sucht

---

[3] Hans-Eckehard Bahr, Verkündigung im Horizont demokratischer Öffentlichkeit. Ungedruckte Hab. Schrift. 1966, S. 298.

das Ganze, in dem die Teilung überwunden ist.[4] Wir sehen heute
stärker die Fruchtbarkeit des amerikanischen Ansatzes. Vom einzelnen her wird die Gemeinschaft aufgebaut. Es entsteht eine kritische Demokratie. Aber nun stellt sich in unserem Jahrhundert
heraus, daß die Ethik des Individuums nicht genügt, um die Gesellschaft zu ordnen. Nötig wird eine Ethik der Gesellschaft; sie
kann weder kirchlich noch individualistisch sein, sie muß säkular
entwickelt werden.[5] Das Resultat der amerikanischen Geschichte ist
also eine typisch protestantische Konzeption von Demokratie. Nicht
die eine Kirche findet im Staat ihr Gegenüber und setzt es frei,
sondern die einzelnen schließen sich zusammen zur offenen Gesellschaft. Der Glaube ist die Sache des Individuums, Corporation und
Gesellung liegen auf der Seite des staatlichen Lebens. Und dieses
wird vom Prinzip eines toleranten und wandlungsfähigen Glaubens her selbst als in stetem Wandel begriffen und reformabel
angesehen. Nicht die ecclesia ist semper reformanda, sondern die
res publica. Der Gnadenbund realisiert sich im Bereich der Öffentlichkeit, als politische Größe. Er lebt von dem Kompromiß zwischen
Freiheit und Gerechtigkeit; das Sendungsbewußtsein erlaubt es dem
Bürger, einen grundsätzlichen Optimismus zu entwickeln. Jede Einsicht in die tragische Grundverfassung des Menschen, auch seines Lebens in der Gemeinschaft, ist verdeckt. Erst heute bahnt sich unter den
Amerikanern ein neues Lebensgefühl an, das die Erfahrungen vom
Scheitern einschließt. Aber überwältigend ist in allem die Kraft des
freien Bürgers, sich zu korrigieren und für konkrete Veränderungen
in der Gesellschaft einzutreten. Auch der Gebrauch der Vernunft
folgt diesem Gesetz. Sie wird nicht metaphysisch, sondern pragmatisch verwendet; sie wird als Instrument benutzt, um die Wirklichkeit konkret zu gestalten und den Bewegungen der Gesellschaft
zu dienen.

Wir richten im Augenblick nur zwei kritische Fragen an diese
Gestalt der Demokratie. Einmal stellen wir das Gefälle vom reli-

[4] Karl Marx, Zur Judenfrage. Frühschriften ed. Landshut. 1953,
S. 188 ff.

[5] Zur Entwicklung der amerikanischen Demokratie die schöne Darstellung von Wolf Dieter Marsch, Christlicher Glaube und demokratisches
Ethos. 1958. — Ferner: J. H. Nichols, Democracy and the Churches. 1951.

giösen Individuum hin zur demokratischen Gesellschaft zur Debatte. Kann aus einem individualistischen Ansatz die Ethik einer säkularisierten Gesellschaft entstehen? Muß nicht aus der Rückfrage von der Gesellschaft eine Integration der christlichen Individuen und Denominationen postuliert werden? Kommt also vielleicht als Rückkoppelungs-Effekt von der Demokratie aus die ökumenische Dimension des Glaubens in Sicht? Und dann kommt heute in der Krise dieser Demokratie heraus, daß in ihr von Anfang an der eschatologische Horizont verdeckt war. Weil das Gefälle des Glaubens ganz in dieses Leben und seine kritische-optimistische Verwirklichung hineinlief, darum wurden die Verheißungen der neuen Welt naiv auf diese Welt angewendet. Heute erst tritt der eigentliche Horizont aus dem Nebel des Fortschritts wieder klarer heraus: daß dieses ganze Leben seine Strukturen vom Kreuz Christi empfängt und daß die neue Welt die Todeslinie passieren muß.

2. Ursprung und Weg der Demokratie in Europa

Die zweite Gestalt der Demokratie, die in Beziehung zum Protestantismus steht, ist, was ich die dialektische Demokratie nennen möchte. Sie fand ihre Vorform in Frankreich, das im 18. Jahrhundert dahin durchbrach, die abstrakte Vernunft als Prinzip der Gesellschaft zu praktizieren. Aber ihre eigentliche Form erhielt sie erst durch die Vermittlung des protestantischen Vernunftgebrauchs bei Hegel. Dieser transformierte die lutherische Kreuzestheologie in eine Philosophie der Gesellschaft. Er brachte den Impuls der Rechtfertigung in den Gebrauch der Vernunft ein. Die so entstehende Dialektik des Lebens wurde von Karl Marx dann als immanenter Prozeß der Wirklichkeit verstanden und damit Demokratie als Prozeß angesehen, der durch sich die neue Welt selbst produziert.

Karl Marx hatte im Spiegel der Restauration in Frankreich die Möglichkeiten und Grenzen der Französischen Revolution scharf erkannt. Er kreidete der restaurativen Demokratie in Frankreich ähnlich wie den Amerikanern die Halbheit an. „Der wirkliche Mensch ist erst in der Gestalt des egoistischen Individuums, der wahre Mensch erst in der Gestalt des abstrakten citoyen anerkannt." Damit ist wieder auseinandergebrochen, was die Französische Revolution einen Augenblick lang zusammengebracht hatte. Sie war also eine Art von Prolepse. Nun aber muß es darum gehen, daß in einem „langen Marsch" der Egoismus des einzelnen und die volonté générale ineinander aufgehen und auf diese Weise das Gesamte wirklich wird. Die Französische Revolution hatte den Menschen schon von der Religion emanzipiert; aber die Gesellschaft selbst blieb eine Abstraktion. Sie kann nur durch die Dialektik der Geschichte verwirklicht werden.

Wichtig ist es, in unserem Zusammenhang die Rolle des spekulativen deutschen Idealismus zu erkennen. Durch ihn wird die Vernunft aus der Natur des Menschen zu seiner Bestimmung. Das Leben ist Geschichte, ist ein Prozeß, in dem es zu sich selbst kommt. Dabei taucht schon bei Pestalozzi der Dreitakt als Unruhe auf: das Leben bleibt nicht bei sich, sondern entfremdet sich von sich selbst, um dann durchzubrechen zu seinem Wesen. Alle großen Denker und Dichter der Zeit leben in diesem Rhythmus, in dem Dreischritt, der zur wahren Humanität führt: Fichte und Schelling, Goethe und Schiller, Kant und Hegel. Im einzelnen ist zu beobachten, wie die romantische Lösung mehr dahin tendiert, daß der Ursprung sich durchsetzt und daß in der Nation dieses Ursprüngliche Gestalt wird, während die transzendentale Lösung stärker den Durchbruch des Geistes zur Helle beschreibt. Dann wird die Durchsichtigkeit der Wirklichkeit als Ziel der Geschichte angesehen. Wir erkennen an diesen beiden Ansätzen schon den Gegensatz, der dann nach 1918 das politische Leben im Deutschen Reich in die Extreme von Nationalismus und Kommunismus spannen wird.

Aber nun ist wichtig zu sehen, wie diese Begegnung von protestantischer Spekulation und Demokratie bei Karl Marx — im Sinne der durch die Vernunft gestalteten Gesellschaft — zum Ziel kommt. Marx hatte sich von der Entwicklung der französischen Demokratie nach Napoleon kritisch abgesetzt. Er sagt da z. B. in seiner Schrift ›Zur Judenfrage‹: „Erst wenn der wirkliche individuelle Mensch den abstrakten Staatsbürger in sich zurücknimmt und als individueller Mensch in seinem empirischen Leben, in seiner individuellen Arbeit, in seinen individuellen Verhältnissen Gattungswesen geworden ist, erst wenn der Mensch seine ,forces propres' als gesellschaftliche Kräfte erkannt und organisiert hat und daher die gesellschaftliche Kraft von sich trennt, erst dann ist die menschliche Emanzipation vollbracht."[6] Die Emanzipation bedeutet also die Überwindung aller Fremdbestimmung des Lebens. Und eben diese Überwindung wird nicht abstrakt postuliert und gewaltsam erzwungen, wie in der Französischen Revolution, sondern geschichtlich vermittelt. Es geht auch nicht nur um den Durchbruch des Ursprünglichen, das sich seiner Identität bewußt wird, wie bei Fichte, sondern um einen Prozeß echter Geschichte, bei dem das Konkrete gemeint ist. Und dieser Prozeß nimmt den absoluten Geist ganz in die Wirklichkeit hinein, so daß es im Produzieren des Wirklichen um reale Veränderungen und um Realität geht. Das ist wohl über Hegel hinaus biblisches Erbe, wenn Marx den Geist so konsequent auf die Realität bezieht. Die Arbeit wird bei ihm zum Treibriemen, der die Antriebskraft des Geistes auf die Wirklichkeit umlegt. So erhält die Vernunft als produktive Vernunft ihre unerhörte Kraft; sie sprengt das Gegebene auf und bringt die Realität in Gang.

In Deutschland also kommt die Konzeption der Demokratie erst zur Vollendung, die von dem französischen Geist der Rationalität empfangen war. Bis heute bleiben ja die Franzosen dem Gesetz treu, nach dem sie angetreten sind. Sartre bleibt vom Marxismus für immer geschieden; sein Geist der Kritik transzendiert jeden Marxismus. Und das Bild, das Garaudy, der Theoretiker der französischen kommunistischen Partei, vom Marxismus entwickelt, zeigt einen durch den Geist der Kritik entscheidend geöffneten Diamat.

Aber kommt wirklich der Ansatz der französischen Demokratie erst in Deutschland zur Vollendung? Müssen wir nicht umgekehrt feststellen, daß die Theorie zwar erst in Deutschland durch den Idealismus möglich wird, daß aber die Praxis eben in demselben Lande scheitert und verhindert wird? Diese Frage muß an die deutsche Geschichte seit 1848 gestellt werden.

Dabei beobachten wir drei Tendenzen, die alle der Gewalt der Revolution nicht genügen, die da proklamiert worden ist.

[6] K. Marx, Frühschriften, S. 199.

a) Die protestantische Kirche versucht, eigenen Rechtes zu bleiben, indem sie sich restaurativ auf die Lebensform besinnt, die ihr vor der Französischen Revolution zu eigen gewesen war. Sie lehnte die Säkularisation ab und wollte ihre alte Gestalt als Bekenntniskirche bewahren. Noch heute ist diese Strömung mächtig unter uns, in der Gestalt der Bekenntnisbewegung.[7] Niemand darf dabei übersehen, daß hier versucht wird, der Abstraktion zu wehren, die das Leben der Gemeinschaft und auch der Kirche auszuzehren droht. Aber um welchen Preis geschieht das?!

b) Der Protestantismus verbindet sich mit dem romantischen Nationalismus. Wichern propagiert die Durchdringung der Volksgemeinschaft mit den Erneuerungskräften des Evangeliums; aus solchen volksmissionarischen Motiven stellt sich 1933 die Volksmission positiv zum Dritten Reich. Einige allerdings kippen bei diesem Versuch um: dann geht es nicht mehr um die Rückgewinnung der Nation für den Gottesgehorsam, sondern umgekehrt um die Vollendung der Kirche in dem Dritten Reich. Das Volk ist dann die Verwirklichung der Heilsgemeinde.

c) Der Sozialismus in Deutschland schließlich begriff das Gesetz der Säkularisation. Aber bei dem langen Marsch zum Ziel überwältigte ihn immer mehr zweierlei: die Verantwortung für die Realität der Politik ließ die Utopie verblassen; man vergaß die klassenlose Gesellschaft fast über der harten Arbeit, sich ihr zu nähern. Und dann brachte die Verwirklichung des industriellen Fortschrittes die Erfahrung, daß die industrielle Revolution neue Entfremdungen schafft und also vielleicht gar nicht als Fortschritt auf dem Wege zur Vollendung angenommen werden kann.

II

Nach 1945 wird der deutsche Protestantismus in neuer Weise der Demokratie konfrontiert. Erst allmählich erkennen freilich die

[7] Klassisches Dokument für diese Haltung sind die Schriften von Walter Künneth, vor allem: Der große Abfall. 1947, und: Politik zwischen Dämon und Gott. 1961.

protestantischen Kirchen, in welche Auseinandersetzung sie hier nach dem Überschlagen der romantischen Revolution im Dritten Reich verwickelt werden.[8]

1. Deutschland und der deutsche Protestantismus wird in der Alternative von kritischer westlicher und dialektischer östlicher Demokratie zerrissen. Es hatte nach 1933 versucht, im Dritten Reich einen Mittelweg zu gehen. Aus den Kräften des Ursprungs wollte man das Volk als Heilsgemeinde errichten; dabei vertraute man den Kräften des Mythos gegen den Logos, den man als „Kraft der Dekomposition" verstand. Mit dem Zusammenbruch dieses Versuches zeigt sich die Begegnung von Protestantismus und Demokratie als Aufgabe. Welche der beiden Formen von Demokratie wird den Sieg davontragen?

2. Die Aufgabe muß erkannt werden. Karl Barth spricht 1946 die Sorge aus, daß die Bekennende Kirche sich der Konfrontation entziehen könnte, weil die national-romantische Tradition zu stark sei: „Und was hat der protestantische Eheteil in dieser Sache beizusteuern, wo man auch unter den besten B-K-Theologen die meisten schon vor dem Wort ‚Demokratie' noch immer scheuen sieht wie die Kuh vor dem neuen Scheunentor?"[9] Wie ein Echo dazu klingt die Frage von Rolf Peter Calliess: „Wird die Kirche die Chance der Demokratie abermals verpassen, weil sie noch immer ‚Kirche im Widerstand' ist?"[10] Und wo diese Demokratie östlich dekliniert wird, da nimmt etwa Hanfried Müller sich das Recht heraus, Bonhoeffers Ansatz vom mündigen Christen so auszuziehen, daß er als Zeuge einer nichtbürgerlichen, im Sinne des Marxismus weltlichen Gesellschaft verstanden werden kann.[11] — Damit ist die Situation deutlich. Der deutsche Protestantismus steht zwischen den beiden Ausformungen von Demokratie, die in Ost und West verwirklicht wurden. Das Entweder-Oder scheint ihn zu zerreißen.

---

[8] Wir müssen aus Zeitgründen die Zeit von 1918—1933 übergehen. Dabei wären natürlich Analysen etwa der Position von Gogarten oder Gerstenmaier, Heuss oder Elers aufschlußreich.

[9] Karl Barth, Der Götze wackelt. 1961, S. 98.

[10] Rolf Peter Calliess, Kirche und Demokratie. 1966, S. 8.

[11] Hanfried Müller, Von der Kirche zur Welt. 1961 (Leipzig).

3. Beobachten wir zunächst, wie eine Verbindung zwischen dem deutschen Protestantismus und der westlichen Demokratie entsteht. Deutlich sind bei dieser Verbindung im Calvinismus wurzelnde Theologen die eigentlichen Wortführer.

a) Rolf Peter Caliess bejaht von einer bestimmten Schöpfungstheologie her die Demokratie. „Demokratie ist reflexive und darin dialogische Gestaltung und Ordnung des menschlichen Lebens."[12] Wie Gott selbst als Dialog von Vater und Sohn lebt und weil der Mensch Gottes Ebenbild in dialogischer Struktur seines Wesens ist, darum ist die Demokratie in ihrer Beweglichkeit zu bejahen. Calliess übersieht dabei aber, daß die Diskussion in der Demokratie von dem Dialog zwischen Personen unterschieden werden muß. Dieser ist die Begegnung von konkreten Personen, jene aber findet in der Ebene der Abstraktion vom Konkreten weg auf den allgemeinen Menschen hin statt.[13]

b) Karl Barth denkt von dem einen Bund her; darum ist ihm die westliche Demokratie gemäß. Ernst Wolf zeigt überzeugend, wie Karl Barth schon in der fünften These des Bekenntnisses von Barmen „den Weg in eine sachgemäße Wahrnehmung der aufgetragenen Mitsorge des Christen für das Leben der Gesellschaft in staatlicher Verfaßtheit" öffnet.[14] Der Ausgang von dem einen Bund her macht es ihm möglich, ganz unbefangen die Abbildung dieses Bundes in dem Bereich der Polis zu postulieren. ›Christengemeinde und Bürgergemeinde‹ beschreibt dieses Verhältnis in gefährlicher Unbekümmertheit. Wolf kommentiert seinen Meister so: „Das entspricht auch der abendländischen Tradition, dem Umstand, daß es kein Zufall ist, ‚daß es gerade im Bereich der christlichen Kirche im Laufe der Zeit . . . zu demokratischen, d. h. auf der verantwortlichen Betätigung aller Bürger sich aufbauenden Staaten gekommen ist'."[15] Hier wird also die Demokratie als Frucht und Ziel des christlichen Weltverhaltens verstanden.

[12] R. P. Calliess, a. a. O., S. 5.

[13] Dazu meine Bemerkungen: Dialog als Prinzip in „Anstöße". Ev. Akademie Hofgeismar. 1967.

[14] Ernst Wolf, Politischer Gottesdienst. Blätter für internationale Politik. 11 (1966), S. 293.

[15] A. a. O., S. 295.

c) Wolf-Dieter Marsch macht uns mit dem Wesen der amerikanischen Demokratie vertraut. Er stellt in seinem schönen Buch ›Christlicher Glaube und demokratisches Ethos‹ (1953) dar, wie die Demokratie in der Spannung von Freiheit des einzelnen und Gerechtigkeit der Gesellschaft lebt und sich aus ihr regeneriert. Im Kompromiß kann sie immer wieder wirklich werden, ohne in ihm auszuruhen und zu erschlaffen. Marsch sieht auch Grenzen dieser Demokratie; sie neigt zur Idolatrie und hält der Härte des ersten Gebotes nicht stand. Er möchte, daß der Protestantismus in der westlichen Demokratie sich zur Kirche konzentriert im Sinne der Ökumene, weil die westliche weltliche Gesellschaft des Gegenübers der Kirche bedarf; an ihr wird die Gesellschaft gesund. „Weil und solange in der Geschichte zwischen Pfingsten und dem Jüngsten Tag das ‚credere ecclesiam' ausgesprochen wird, kann die Geschichte der demokratischen Gesellschaft zur Heilsgeschichte der zur Freiheit berufenen und zur Gerechtigkeit heimkehrenden Menschen werden." [16] Wir vermissen an diesen Hinweisen einmal die Berücksichtigung der Wahrheit, daß die Kirche eine geschichtliche Größe ist und selbst dem Prozeß der Veränderung unterliegt; und zum anderen, daß das Kreuz Christi als Gestalt der Welt festgehalten wird. Wer die Kirche „das geheime Zentrum der Weltgeschichte" nennt, muß dialektischer denken. [17]

d) Schärfer kann Hans Eckehard Bahr das Wesen der westlichen Demokratie beschreiben, weil er im wesentlichen ihre gegenwärtige Erscheinung im Auge hat. Bahr bejaht den Ansatz dieser Demokratie; aber gerade von ihm aus muß er das demokratische Credo kritisieren. Es liege ein totalitärer Zug in ihm: Weil Demokratie sich als Verwirklichung des Heilswillens ernst nimmt, darum tendiert sie dahin, das Freund-Feind-Verhältnis zu verabsolutieren. Dann wird z. B. der Kommunist verteufelt; politische Aktion kann als „Exorzismus" erscheinen. [18] Bahr appelliert an die der Demo-

---

[16] Wolf-Dieter Marsch, Christlicher Glaube und demokratisches Ethos. 1958, S. 151.

[17] A. a. O., S. 147. W.-D. Marsch ist inzwischen in die in seiner Studie über die US-Demokratie noch nicht sichtbare Kritik an der Kirche als Gestalt eingetreten. Vgl. z. B. Gegenwart Christi in der Gesellschaft. 1965.

[18] Hans-Eckehard Bahr: Kirchen als Träger der Revolution. 1968.

kratie innewohnende kritische und praktische Vernunft. Im Sinne des Protestantismus gelte es, nicht abstrakt zu handeln, sondern konkrete Schritte zur Verwirklichung zu tun. Aus christlichen Antrieben kam Martin Luther King zu konkreten politischen Aktionen. So wirkt sich das Evangelium in der Welt der Politik aus. — Mit diesen Hinweisen möchte Bahr den deutschen Protestantismus an das kritisch konkrete Pathos des amerikanischen Protestantismus anschließen. Er erkennt die Unvollkommenheit und Unabschließbarkeit des Prozesses als echte Frucht christlicher Nüchternheit.

Aber wenn er trotzdem im Hinblick auf die Aufgabe der Kirche von „Revolution" spricht, dann führt das irre. Denn mit dem revolutionären Ansatz der Demokratie werden wir bei ihm nirgends konfrontiert. Das würde eine Begegnung mit dem Denken des deutschen Idealismus voraussetzen.

e) Aus diesem Grunde nun ist Paul Tillich für unser Thema eine so interessante Figur. Er war der typische Protestant insofern, als er aus dem Ansatz seines spekulativen Denkens heraus das Christentum nicht letztlich konkret, sondern als Krise alles Konkreten verstehen mußte. Darum ist die Kirche nur ein Symbol und auch Jesus Christus nur eine Gestalt, in der das Unbedingte so mächtig ist, daß es alle Gestalt zerbricht. Ist so der Protestantismus als kritisches Prinzip zu verstehen, dann kann er im Sinne des ersten Gebotes dem Sozialismus als echtes Gegenüber dienen. Denn er ist — anders als die katholische Kirche — in der Lage, den Sozialismus in der Theonomie aus der falschen Alternative von Heteronomie und Autonomie zu befreien.

Diese Begegnung zwischen Protestantismus und Sozialismus intendierte der religiöse Sozialist Tillich vor 1933 in Deutschland. Seine Wirkung war gering. Mit dem Beginn des Dritten Reiches verließ er Deutschland und Europa und kam in den Vereinigten Staaten zu bedeutender Auswirkung. Er kam zur rechten Zeit. In dem Augenblick, in dem die Amerikaner vor der Notwendigkeit standen, eine neue Ethik für die Gesellschaft zu entwickeln, erschien der große Theologe, der den Sozialismus als Erfüllung verstand. Er erschien als typischer Protestant und paßte so genau in den Ansatz amerikanischen Christentums hinein; er half zu einem kritischen Bewußtsein dieses Ansatzes.

Allerdings hielt er in gewisser Beziehung die Entwicklung der protestantischen Theologie in Amerika auf; er brachte ihnen ein „pan-religiöses" Verständnis der Wirklichkeit, in dem Augenblick, in dem eigentlich die Entdeckung der Weltlichkeit durchdacht werden mußte.[19] So blieb dieser Versuch Tillichs, den amerikanischen Protestantismus aus der ethischen Engführung in die religiöse Totalität zurückzuführen, ohne Folgen. Und zu einer Konfrontation mit dem dialektischen Verständnis von Demokratie konnte es durch ihn nicht kommen.

f) Hier müßte nun natürlich auch von dem Weg der EKD die Rede sein, das Verhältnis der evangelischen Kirchen zur Öffentlichkeit im Sinne der Demokratie zu realisieren. Dem Aufruf zur Buße nach 1945 folgte der Appell an den einzelnen Christen zum Aufbau und zur Mitarbeit. Diese Phase führte zur Gesellschaftsdiakonie der fünfziger Jahre und schließlich in unseren Tagen zu der Erörterung, wie weit und in welchem Sinne die evangelischen Kirchen zum Aufbau und Umbau, ja zur Revolution der Gesellschaft beizutragen haben. Die Situation ist nur ein Abbild der Spannung zwischen den beiden genannten Formen von Demokratie.[20] Versteht sich der Protestantismus als Motor der Gesellschaft oder als Gruppe in ihr, oder ist es sein Proprium, daß er als Kirche die Versöhnung austeilt? Und ist es recht, wenn er als Beitrag zu Veränderungen in der Gesellschaft alle Menschen pauschal auf die Verwirklichung von Versöhnung anredet?

4. Wenden wir uns nun der anderen Seite zu, dem Verhältnis des Protestantismus zur dialektischen Demokratie. Nach 1945 wirkte die Feindschaft des deutschen Protestantismus gegen den Kommunismus nach; sie verhinderte zugleich mit dem religionsfeindlichen Gesicht der Volks-Demokratien längere Zeit eine Auseinander-

---

[19] So bei Sigurd Daecke: Teilhard de Chardin und die evangel. Theologie. 1967. — Vgl. die Bemerkung von D. Bonhoeffer zu Tillichs Ansatz in: Widerstand und Ergebung. 1951, S. 219. — Man müßte auch einmal den idealistischen Wurzeln in Bonhoeffers Theologie genauer nachgehen (Brunstedt), als das bisher geschehen ist.

[20] Vgl. meine Bemerkungen in dem Aufsatz: Der Dienst der Kirche an der Gesellschaft. Zeitwende/Neue Furche. 1968, S. 743—756.

setzung mit der östlichen Form von Demokratie. Die Arbeit der Marxismuskommission der Evangelischen Akademien war eine Ausnahme. Der Versuch der religiösen Sozialisten, Paul Tillich oder Eduard Heimann, in Deutschland zur Wirkung zu kommen, scheiterte. Der Grund dafür ist wichtig genug: Bonhoeffer hatte durch seine Aufzeichnungen im Gefängnis darauf aufmerksam gemacht, daß die Weltlichkeit positiv genommen werden müßte. Was sollte dann noch ein religiöses Verständnis der Gesellschaft. Durch Bonhoeffer wurde der Protestantismus nach 1945 daran gehindert, in die alten Geleise zurückzufallen. Mit ihm hat die Theologie und auch die Kirche den Rubikon der Diesseitigkeit und Weltlichkeit überschritten. Das Ja zur Säkularität ist die Voraussetzung für die Auseinandersetzung mit dem dialektischen Verständnis der Gesellschaft.

Während aus begreiflichen Gründen der Selbstbehauptung die Kirchen und Christen im Machtbereich der östlichen Demokratie schwertaten und -tun, die Diskussion mit ihr aufzunehmen, und auch im westdeutschen Protestantismus die Front gegen den antireligiösen Marxismus bestehen blieb, kam doch im Westen allmählich die positive Konfrontation mit der Gesellschaftskonzeption des Diamat in Gang.

Diese Begegnung verdankt der Protestantismus in erster Linie dem Wirken der Neo-Marxisten in Westdeutschland. Sie kamen nach 1945 aus dem Exil zurück (Horkheimer, Adorno) oder wechselten aus dem Bereich der Sowjet-Diktatur in den Bereich liberaler Diskussion zurück (Ernst Bloch, Kantorowitz, Bense). Sie faszinierten die theologische Jugend allmählich mit ihrer Dialektik und gaben ihr die Möglichkeit, Anschluß an das Weltgeschehen zu gewinnen. Unter ihnen hat Ernst Bloch den Vogel abgeschossen. Er ist eine Art Hof-Philosoph des deutschen Protestantismus geworden (und hat damit Heidegger abgelöst. An die Stelle der Angst tritt die Hoffnung als Existential; an die Stelle des einzelnen in seiner Unvertretbarkeit der Mensch als Symbol). Bloch ermöglicht es dem Protestantismus, die Revolution der Gesellschaft und des Menschen zugleich diesseitig-weltlich und religiös zu verstehen und den eigentlichen Impetus der Geschichte zur Revolution in der Heiligen Schrift zu finden.

Diese neue Konstellation der deutschen Theologie fand ihren Ausdruck in dem Buch von Jürgen Moltmann ›Theologie der Hoffnung‹ [21]. Mit einem Schlage entdeckte die junge Generation ihr Herz für die Revolution und lernte es, diese diesseitig und religiös zugleich zu deuten. Wir können uns die neue Situation an einigen Thesen von Moltmann veranschaulichen.

a) Die Situation der Welt ist revolutionär. Es geht heute um „eine Veränderung in den Grundlagen eines ökonomischen, politischen, moralischen und seelischen Systems" [22]. Diese Umwandlung der Welt muß aber vom Menschen verantwortet werden. Er muß „die Einheit von Erkennen und Handeln" finden. [23]

b) Der revolutionäre Prozeß der Geschichte muß religiös verstanden werden. Er ist der Weg des Menschen zu sich selbst, zum Mitmenschen, zur Welt. Er soll alle Entfremdung, alles Elend, alle Knechtschaft überwinden. „Darum kann, biblisch gesprochen, das wandernde Gottesvolk, das von Elend zu Elend und von Freiheit zu Freiheit durch die Geschichte geht, besser das Kontinuum in der Geschichte darstellen als Institutionen, die zwischen Orthodoxie und Modernismus, Fundamentalismus und Anpassung hin und her schwanken." [24] Der Weg zur Identität ist also der Marsch der Menschheit zu dem von Gott bestimmten Ziel.

c) Dieser Prozeß lebt von der Hoffnung, die aller Wirklichkeit eingestiftet ist. Das Kreuz Christi klärt den Charakter dieser Hoffnung endgültig auf. Es bestätigt und ermuntert den Menschen bei seinem Unternehmen, sich von allen Verfestigungen zu scheiden und allen Aberglauben zu zerbrechen. [25] Es begründet eine ewige Hoffnung auf die zweite Schöpfung, auf eine Welt ohne Tod und Schmerz und Leid, und setzt dadurch die abbildliche Hoffnung in Gang, die in dieser Welt der Motor aller Veränderungen sein kann.

[21] Jürgen Moltmann, Theologie der Hoffnung. 1964.
[22] Jürgen Moltmann, Gott in der Revolution. Ev. Komm. I, S. 565.
[23] A. a. O., S. 566.
[24] J. Moltmann, Existenzgeschichte und Weltgeschichte. Ev. Komm. I S. 19.
[25] Ebenda.

d) Dann ist also die Kirche als die Bruderschaft des Gekreuzigten der Hort der endgültigen Hoffnung und damit zugleich der Katalysator jeder Hoffnung in der Welt. „Wir finden das Sakrament dieser Hoffnung in der Kirche"[26], sagt Moltmann und beschreibt von daher die Rolle der Kirche als die große Aufklärerin der Welt; sie trägt ihr nicht länger die Schleppe nach, sondern die Fackel voran.[27] Von ihr gehen „Wellen der Vorwegnahme in die Geschichte hinein"[28], wird „Kritik an den repressiven Mythen und schlechten Vertröstungen"[29] geübt, ergießt sich „revolutionäres Hoffnungspotential, das dem Christentum selbst immanent ist"[30], in die Geschichte.

e) Man kann also im Sinne Moltmanns zwei Ebenen unterscheiden, auf denen Hoffnung als Lebenselement erscheint: Die Ebene der endgültigen Hoffnung, für die allein Kreuz und Auferstehung Christi einstehen. Die Ebene der vorläufigen Hoffnung, für die das Kreuz Antrieb und Ernüchterung zugleich bedeutet. „Die Theologie der Revolution" ist in diesem Zusammenhang „keine Theologie für Bischöfe, sondern eine Laientheologie der leidenden und kämpfenden Christen in der Welt"[31]. Das soll doch wohl heißen, daß die Hoffnungsbilder der ewigen Welt nur im Sinne der „Abbildung" in dieser Welt realisierbar sind. Und — so meint Moltmann — in diesem Sinne gilt: „Die Präsenz der Christen in den Revolutionen kann bewirken, daß die Revolutionen vom Zwang des Gesetzes befreit werden."[32]

Hier ist also durch Moltmann zum erstenmal die Konfrontation von Protestantismus und dialektischer Demokratie erfolgt. Die Schwächen dieser Position lassen sich jetzt nur andeuten. Offenbar ist einmal die Abbild-Theorie die schwache Stelle im System. Denn sie verwischt die ganze Härte sowohl der weltlichen Revolution

[26] A. a. O., S. 20.
[27] J. Moltmann in der Festschrift ›Ernst Bloch zu ehren‹. 1965.
[28] Ev. Komm. I, 568.
[29] Ebenda.
[30] A. a. O., S. 566.
[31] Ebenda.
[32] A. a. O., S. 570.

als auch der Realität des Kreuzes. In einem Augenblick, in dem die Endlichkeit und unüberholbare Vorläufigkeit und der ganze Jammer der Vergänglichkeit als Frucht der Revolution herauskommt, versucht die Theologie sich noch zum Vorspann der Revolution zu machen. Damit verdirbt sie die Revolution religiös und verrät den eigentlichen Charakter der christlichen Hoffnung. Diese hat nicht den Trend, alle Gegenwart um der Zukunft willen schlechtzumachen, sondern die Gegenwart als Geschenk Gottes zur Zukunft hin zu öffnen.

5. Aber die deutsche protestantische Hoffnungstheologie ist nur ein Symptom für die Begegnung des Protestantismus mit der Bewegung der Gesellschaft. In der Ökumene vollzieht sich unaufhaltsam die Auseinandersetzung des Protestantismus mit den beiden Ansätzen von Demokratie. Vielleicht kann man sagen, daß sie die Plattform abgibt, auf der sich die Annäherung und Auseinandersetzung der beiden politischen Konzeptionen anbahnt. Es ist dabei interessant zu beobachten, wie amerikanische Theologen sich allmählich der Weltlichkeit der Welt stellen (Gott-ist-tot-Theologie) und zugleich damit die kritische Demokratie in eine dialektisch-revolutionäre umzuwandeln im Begriff sind. Richard Shaull hat dieser Wandlung im US-Protestantismus in Genf Ausdruck verliehen. Er vertritt eine „Theologie der Revolution", ohne den Vorbehalt der Moltmannschen Unterscheidung von endgültiger und vorläufiger Hoffnung. Er fordert von der Christenheit revolutionäres Handeln. „Präsenz und Beteiligung an denjenigen Stellen in der Welt, an denen Gott am dynamischsten wirksam ist."[33] Die großen Konferenzen von Genf 1966 und Uppsala 1968 haben die Theologie der Revolution zum Thema gehabt. Demokratie wird da in Zusammenhang mit der Unruhe gebracht, die das Evangelium in die Welt gebracht hat. Und der Protestantismus sucht seine Rolle in dieser Verwandlung und Verwirklichung der Gesellschaft zu erkennen: nicht nur Kritik an der Ideologie, sondern Eintritt in den Prozeß der Verwandlung.

[33] Richard Shaull in: Appell an die Kirchen der Welt. Dokumente der Weltkonferenz für Kirche und Gesellschaft. 1967, S. 99.

III

Wohin drängt die Begegnung? Wir können hier nur noch in Thesen die Rolle andeuten, die dem Protestantismus bei der Verwirklichung der demokratischen Gesellschaft zukommt.

1. Das Zeitalter der Revolution ist zu Ende. In dem Augenblick, in dem die Umwandlung der Wirklichkeit total wird, in dem sie also Praxis wird, weicht der Schein der Utopie. Planung ist nicht mehr durch Hoffnung auf die endlich wirkliche Welt getrieben, in der alle Entfremdung, alle Ungerechtigkeit und Friedlosigkeit weggearbeitet ist. Planung wird durch den Zwang zum Überleben, durch die nackte Selbstbehauptung, durch den Willen zur Macht angetrieben. Der eschatologische Schein verblaßt; er war nur das Morgenrot eines neuen Tages.

2. Der Gegensatz von Idealismus und Materialismus, der Materialismus des Diamat wird in der neuen Wirklichkeitstheorie der Kybernetik überholt. Materie ist selbst Information.[34]

3. Mit der Verwirklichung der Revolution der Gesellschaft beginnt das Zeitalter der Verantwortung. Wir erkennen, daß der Mensch die Spitze der Revolution ist. Wie aber kann er sein Handeln verantworten, wenn er doch nicht wissen kann, was beim Experiment herauskommt? Und wer ist das, der da heute für die Verwandlung verantwortlich zeichnet? Und was bedeutet es schließlich, daß wir einstehen müssen für die Verwirklichung? Georg Picht wird nicht müde, aus dem Horizont der Verantwortung heraus das Handeln der Menschheit zu beschreiben.[35]

4. Diese Verantwortung bedeutet zweierlei.

Einmal sind wir, die wir in die Verwirklichung der demokratischen Gesellschaft eingetreten sind, der Dritten Welt gegenüber verantwortlich. Wir müssen sie auf das Deck der Demokratie heraufhieven, um der nackten Existenz willen und weil bei uns die größere Macht der Verwirklichung von Welt liegt. Wir müssen aber zugleich wissen, daß dann, wenn die ganze Welt in den

---

[34] Vgl. dazu Gotthard Günther, Das Bewußtsein der Maschinen. 1963.

[35] Georg Picht, Verantwortung des Geistes. 1965. — Ders., Prognose, Utopie, Planung. 1967.

Prozeß der Weltgesellschaft eingetreten ist, die Problematik des Lebens erst zur Entfaltung kommt.

Das ist also zweitens die eigentliche Verantwortung, deren wir jetzt allmählich ansichtig werden: Im Zeitalter der Kybernetik die Welt mit den Mitteln der Technik menschlicher zu machen. Wir wissen noch kaum zu sagen, was das ist.

5. Kritische und dialektische Demokratie nähern sich von entgegengesetzten Seiten demselben Punkt; wir gehen zu auf die demokratische Weltgesellschaft. Diese wird aber durch ganz neue Erfahrungen gekennzeichnet sein, die jeden Optimismus und jede Utopie zerstören: Potenzierte Entfremdung, Einsamkeit, Zufälligkeit, Relativität des Geistes; das Leben nimmt den Charakter eines Spieles an.

6. Der Protestantismus heiratet die Revolution zu spät. Die Revolution bekommt keine Kinder mehr; sie entläßt sie vielmehr.

7. Der Protestantismus muß die Dimension der Kirche erst entdecken. Die kritischen Demokraten haben dazu einen Ansatz in ihrer Kraft zur Konkretion der Liebe. Die dialektische Gesellschaft kann vom Spekulieren und Reflektieren nur zur Realität zurückgeholt werden, indem sie die Präsenz Christi als Realität und Kommunikation entdeckt.

8. Von daher liegt die eigentliche Aufgabe der Kirche Christi nicht in der Gesellschafts-Diakonie oder der Promachie der Revolution, sondern vor allem in der Seelsorge. Die Kirche muß und kann helfen, daß die Menschen mit den Kollektiv-Neurosen leben, die mit der Produktion des außengesteuerten labilen Menschen aufkommen. Die Frustration der Gesellschaft ist nur durch Begegnung und Gemeinschaft mit Christus zu heilen.[36]

9. In dem allem kann deutlich werden: Die Konfrontation von Protestantismus und Demokratie drängt über sich hinaus. Es geht heute, wo die Demokratie zur Weltgesellschaft drängt, um das Leben der einen Weltgesellschaft mit ihrer überwältigenden Wirklichkeit und Problematik. In ihr kann nur ein Protestantismus seine Rolle erfüllen, der seinen Spiritualismus durch eine neue Kon-

---

[36] An dieser Stelle müßte die Begegnung der Theologie mit der Philosophie von Herbert Marcuse stattfinden.

kretion zur Kirche hat überwinden lassen, die allein die Präsenz Christi zustande bringt.

Auf diese Wirklichkeit hat in Uppsala Ignatius von Latakia mit seinem Beitrag ›Siehe ich mache alles neu‹ hingewiesen. Man muß aber den Eindruck haben, daß der Protestantismus diese Ebene des Problems noch nicht erkannt hat.

Die Freiheit planen. Christlicher Glaube und demokratisches Bewußtsein. Hrsg. von
Wolf-Dieter Marsch. Göttingen: Vandenhoeck & Ruprecht 1971, S. 202—227.

DEMOKRATIE ALS CHRISTLICH-ETHISCHES PRINZIP *

Von Wolf-Dieter Marsch

Wie schon manchen politisch-gesellschaftlichen Problemkom-
plexen, so ist es in den letzten Jahren auch dem Begriff und der
Sache der 'Demokratisierung' ergangen, wenn sie theologisch auf-
geladen, vor den Karren des Absoluten gespannt werden: Dieser
Begriff wurde zur leidenschaftlichen Konfession, zum Schibboleth
zwischen 'rechts' und 'links', zur Unheils- oder Heilsverkündigung.
Die einen fürchten Demokratisierung, zumal alteingefahrener kirchlicher Machtstrukturen, wie Beelzebub — mit dem Hinweis darauf,
daß das autoritative Wort Gottes, die göttlich legitimierten Ordnungen und die Ideale christlichen Dienstes keine Rezeption der
Forderung nach Demokratie in der Kirche zulassen, weil diese
Forderung weltlichen, säkularen Motiven entspringt; so übrigens
seit dem 19. Jahrhundert. Die anderen begrüßen emphatisch das
Verlangen nach mehr Selbstbestimmung, Gleichheit und Mitbeteiligung möglichst aller an allen Sozialisations- und Herrschaftspro-
zessen als das im Christentum immer gemeinte und nun endlich von
metaphysischem Staub gereinigte Heil der Humanisierung; auch
sie können sich auf ältere Zeugen vornehmlich aus dem 17. und
18. Jahrhundert berufen.

Jedoch — die Alternative stimmt nicht. Die theologische Über-
frachtung des Begriffs und der Sache bedarf der Überprüfung. Was

* Vom Verfasser eigens für diesen Band leicht überarbeitete Fassung. —
Der Aufsatz schließt eine Reihe von Vorträgen ab (gemeinsam von den
Mitarbeitern des 'Instituts für Christliche Gesellschaftswissenschaften',
Münster, als Lehrveranstaltung verantwortet), die zunächst das Phänomen
'Demokratie', 'Demokratisierung' an einigen Beispielen zu erhellen such-
ten, um es sodann in den Zusammenhang der neueren Geschichte des
Protestantismus einzuordnen.

hat das Christentum — als ein zweitausend Jahre altes und breit wirksames Kulturphänomen — pro und contra Demokratisierung geltend gemacht und mit welchen im biblischen Erbe begründeten Argumenten? Das Verlangen nach mehr Demokratie in Gesellschaft und Staat — also dem Wortsinne nach: mehr Identität von Herrschenden und Beherrschten, Verwaltenden und Verwalteten, Manipulierenden und Manipulierten — ist ja eher 'von außen', auf Neben- und Seitenwegen in diese christlich geprägte Kultur hineingekommen; der jahrhundertelange Kampf um demokratisch-rechtsstaatliche Verhältnisse — Teilung der Staatsgewalten, Rechtssicherheit, Toleranzpflicht, Bürgerrechte — ist eher gegen als mit christlichen Argumenten gewonnen worden. Und schließlich: Was christlicher Glaube ist und vermag, — das erschöpft sich nicht in demokratischen Intentionen und Impulsen. Diese selbst sind in sich höchst vieldeutig und nicht auf einen einheitlichen Nenner zu bringen. Die Demokratisierung einzelner Gesellschaftsbereiche hat je ihre eigenen sachlich-politischen Probleme bei sich, die nicht mit theologischen Postulaten abgetan werden können.

Unbestreitbar ist jedoch auch, daß im neuprotestantischen Christentum eine immer stärkere Annäherung christlicher und demokratischer Ideale erkennbar wird, die jedoch wiederum das Syndrom des Konservativismus auf den Plan gerufen und geschichtsmächtig erhalten hat. Christlicher Glaube tut sich bis in unsere Gegenwart hinein schwer, diese konservative Gegenreaktion einfach abzustreifen, — so wünschenswert dies wäre. Warum dies so ist, soll hier erörtert werden.

I. Methodische Vorfragen

Den Begriff 'Demokratie als ethisches Prinzip', den wir im Anschluß an Ernst Troeltsch wählen,[1] scheint die hier gemeinte Sache eher zu treffen, als wenn wir etwa eine 'Theologie der Demokratie' — analog zu den in den letzten Jahren modisch gewordenen Gene-

---

[1] E. Troeltsch, Politische Ethik und Christentum, Göttingen 1904, S. 13, vgl. ff. — vorgetragen vor dem 15. Ev.-Sozialen Kongreß 1904.

tiv-Theologien ('Theologie der Revolution', 'Theologie der Frage')
— deduzieren zu können uns anschickten.

Troeltsch hat schon damals darauf aufmerksam gemacht, „daß es in
Wahrheit eine unmittelbar und wesentlich aus den christlichen Ideen abgeleitete politische Ethik nicht gibt" [2]. Er nannte jedoch vier „Gruppen"
von politisch-relevanten Prinzipien, „Ideenmächten" — liberale Rechtsstaatlichkeit, Nationalismus, demokratisches Prinzip und Konservativismus [3] —, von denen sich die beiden letzteren am wirkungsmächtigsten auf
christliche Motivationen berufen können: *Das demokratische Prinzip* [4]
ist in dem „große(n) Gedanke(n) der Menschenrechte" wirksam geworden,
der Anerkennung des einzelnen Menschen als „Persönlichkeit", der Tendenz zum „sozialen Frieden", der Lösung von Streitfragen durch „Parteibildung" und „Majoritätsherrschaft", der Mäßigung des Nationalismus
und vor allem einer teleologischen Weltanschauung: einem überzeugten
Glauben an den „Sieg der sittlichen Vernunft", einer „Ethik der allgemeinen Menschenliebe und Gerechtigkeit", die auch an den Enttäuschungen und Diskrepanzen zwischen Prinzip und Realität nicht irre
wird. *Das konservative Prinzip* [5] setzt dagegen auf „Autorität, nicht
Majorität", hält an der Ungleichheit der Menschen fest, vertritt politisch
wirksame Tugenden wie „Vertrauen", „Fürsorge", „Genügsamkeit", „Verantwortlichkeit", „Pietät und Treue", die „den Egoismus ausrotten und
die natürliche Ungleichheit der Menschen zur Quelle höchster, nur in ihr
möglicher, sittlicher Leistungen machen". Hinzu kommt die Anerkennung
der historisch gewordenen Ordnungen als gut und gottgemäß und vor
allem der weltanschauliche Rahmen einer „realistischen" Fügung ins Gegebene: „die Demut und Ergebung, die innere Unabhängigkeit von äußeren Gütern, die Bereitwilligkeit zu Gehorsam und Pietät, die Selbstbescheidung und die sittliche Adelung jeder Stellung von innen heraus
durch Tüchtigkeit und Treue der Leistung". Diese Demut — christlich
gesprochen: „Gehorsam", Sündenbewußtsein — vermittelt eine „innere
Freiheit ...", die in der Arbeit der sittlich-religiösen Persönlichkeit an sich
selbst erst gewonnen wird und darum zum Prinzip des politischen Auf-
baues gar nicht werden kann".

[2] Ebd. S. 22.
[3] Ebd. S. 9 f. 10 ff. 13 ff. 17 ff.
[4] Ebd. S. 13 und ff.
[5] Ebd. S. 17 und ff.

Troeltschs These ist es nun, daß der christliche Glaube — mit seinem Personalismus, seinem Freiheitsstreben, seinem „Erlösungsgedanken" und seiner „Aristokratie der sittlichen Überlegenheit" — zwar nicht unmittelbar und direkt, wohl aber „indirekt" in diese *beiden* Prinzipien eingegangen ist.[6] Er mußte allerdings sein vom Ursprung her „unpolitisches" Wesen abstreifen; er mußte die Unterscheidung von natürlicher und übernatürlicher Moral hinter sich lassen; er mußte die apokalyptische Weltende-Erwartung überwinden; und er mußte das christliche Liebesideal mit den sachlichen Erfordernissen der modernen Kultur vermitteln.[7] So allerdings hat dieser Glaube seinen „Beitrag zur politischen Ethik" leisten können. Mehr als ein solcher Beitrag, ein „neuer Blutstropfen" zur „politisch-sittlichen Idee", kann es nicht sein — aber auch nicht weniger. Er erstreckt sich vor allem auf eine „unbedingte Schätzung der Persönlichkeit und die pietätvolle Selbstbescheidung". Er ist darin „demokratisch und konservativ zugleich". Er fügt sich in die „aristokratischen Ordnungen" und „die Autorität", will sie jedoch auflockern und verändern: durch jenen Geist, der dem demokratischen Prinzip entspricht.[8] Er wird sich, ideologisch möglichst unfixiert, gegen „alle Blendungen des Naturrechts und der Gleichheitsidee" wenden, aber auch „ebenso unabhängig sein gegen den Konservatismus", dessen „Wahrheit ungescheut wahr und seinen Egoismus Egoismus nennen". Eine christliche Gesinnung „würde sich nicht minder äußern in der Achtung und Schätzung der grundlegenden Rechtsinstitutionen und in der Anerkennung der Bedeutung der geschichtlich gewordenen Autoritäten, in der Gesinnung der Selbstbescheidung und Selbstzucht, in der Bereitwilligkeit zu lernen und sich leiten zu lassen. Sie würde den Egoismus der Sozialdemokratie nicht härter verurteilen als den der Konservativen, aber den einen wie den anderen Egoismus nennen. Sie würde die natürliche Respektlosigkeit der Demokratie vor allem Großen ebenso ablehnen wie die natürliche Überhebung des Konservatismus über die Masse."[9]

An dieser Sicht ist natürlich vieles zeitbedingt: etwa die Rede von der 'Persönlichkeit' oder der 'Sozialdemokratie'. Aber sie ist aus methodischen Gründen noch heute wegweisend: Troeltsch war damals das Thema gestellt worden: „Das demokratische Prin-

---

[6] Ebd. S. 24. 26. 28. 30.
[7] Ebd. S. 32 ff.
[8] Ebd. S. 38 und 36.
[9] Ebd. S. 40 und 42.

zip und die christliche Ethik" [10], — in der Ausarbeitung aber weitete es sich ihm in der beschriebenen Weise aus: Dieses demokratische Prinzip steht nämlich in bleibender Spannung zu jenem anderen, dem konservativen; und eine theologische Reflexion kann nicht mehr tun als diese Spannung nun wiederum in Beziehung zu setzen zu einigen zentralen Inhalten des christlichen Glaubens. Christentum ist *nicht* von vornherein identisch mit demokratischen Grundprinzipien. Aber diese existieren auch *nicht* unabhängig von der geschichtlichen Wirksamkeit des Christentums. Undialektischer wird man die neuzeitliche Symbiose von Christentum und Demokratie nicht erfassen können. Und es dürfte auch drei Generationen nach Troeltsch nicht sehr aussichtsreich sein, unmittelbar biblisch-exegetisch viel mehr an Grundlagen demokratischen Geistes ermitteln zu wollen als damals. Gewiß reduziert sich uns heute eine biblische Orientierung nicht mehr auf so etwas wie 'Persönlichkeit', 'Erlösung', 'Demut', — die biblischen Grundgedanken des 'Bundes' zwischen Gott und Mensch, der Entsakralisierung aller politischen Metaphysik oder der eschatologischen Spannung eines in Christus erwartbaren Endes der Geschichte sind uns deutlicher geworden, als sie es zu Troeltschs Zeiten waren. Aber an der methodischen Schwierigkeit, daß sich neuzeitlich-demokratische Prinzipien nicht direkt aus dem biblischen Erbe deduzieren lassen, hat sich nicht viel geändert.

Das zeigt ein Blick auf zwei repräsentative Stimmen aus der nächsten Generation. Paul Tillich ist in einem Vortragsentwurf ›Christentum und Demokratie‹ [11] von der Voraussetzung ausgegangen, daß „das Christentum historisch vorwiegend nicht-demokratische Tendenzen entwickelt" hat. (Ungleichheit der Menschen, nur spirituelle Freiheit, Theokratie, Tragik der Geschichte). Diese sind jedoch dadurch entschärft worden, daß in dieser Geschichte das „zugleich jenseitige und diesseitige" Reich Gottes, ein „Prozeß der Überwindung des Widerspruchs", immer wieder Gestalt gewonnen hat. Diese utopisch-eschatologische Erwartung wahrhaft demokratischer

---

[10] Ebd. S. 37.
[11] P. Tillich, Christentum und Demokratie — unveröfftl. (m. E. aus der Zeit des Zweiten Weltkrieges stammend); das Manuskript wurde mir freundlicherweise vom Tillich-Archiv Göttingen (Frau G. Stöber) zur Einsicht überlassen.

Verhältnisse ist unleugbar. „Wirkliche Demokratien universaler Art hat trotz seines antidemokratischen Charakters erst das Christentum ermöglicht, sofern in seiner Reichsgottesidee Gerechtigkeit, Freiheit und Bejahung des Menschen als Gebot der Gottesherrschaft enthalten ist." — Tillichs Zeitgenosse Reinhold Niebuhr hat eine „Rechtfertigung der Demokratie und eine Kritik ihrer herkömmlichen Verteidigung" versucht[12], die ähnlich argumentiert: Die optimistisch-demokratischen Ideologen einer politisch herstellbaren Harmonie von Freiheit, Gerechtigkeit und Brüderlichkeit, die „Kinder des Lichts", haben ebenso geirrt wie die pessimistisch-aristokratischen Vertreter einer von Gott verhängten konservativen Ordnung und Macht, die „Kinder der Finsternis". Das Christentum hat der neuzeitlichen Kultur die Fähigkeit zu einer das Bestehende dynamisierenden Freiheit, der Umkehr und der Verwirklichung von Gerechtigkeit mitgegeben — zugleich aber auch das Mißtrauen gegen alle rational-politisch erträumten Paradiese auf Erden, die des Menschen Sünde — Hochmut, Machtstreben, Gruppenegoismus — an den Tag bringen. „Des Menschen Sinn für Gerechtigkeit macht Demokratie möglich, seine Neigung zur Ungerechtigkeit aber macht Demokratie notwendig."[13] Beides sind Konsequenzen, die indirekt aus dem christlichen Erbe folgen. Sie machen es unmöglich, einfach beim liberalistischen oder marxistischen Demokratieverständnis anzuknüpfen.

Auch diese Aufarbeitungen unseres Problems, die man jeweils mit viel historischem Material füllen könnte, lassen alle Annahmen einer ursprünglichen Identität von Christentum und Demokratie unwahrscheinlich erscheinen. Sie bestätigen zwar die Affinität von Christentum und Demokratie in bestimmten Hinsichten — Freiheit des Menschen als Gottes Geschöpf, Streben nach Gerechtigkeit, Relativierung aller von Menschen gesetzten Ordnung und Macht —, mehr aber läßt sich über das Ineinander von christlichen und demokratischen Überzeugungen nicht ausmachen.

Auch die letzte größere, eine katholische Untersuchung[14] bestätigt dieses Resultat: Der Verfasser sucht kenntnis- und zitatenreich aus juristischer,

[12] R. Niebuhr, Die Kinder des Lichts und die Kinder der Finsternis, München 1946, Zitat: Untertitel.
[13] Ebd. S. 8.
[14] L. Roos, Demokratie als Lebensform, Paderborn 1969 — über das anthropologische Mißtrauen dort bes. S. 186 ff., über Autorität und Eliten S. 197 ff.

politologischer und anthropologischer Literatur zusammen, was für eine
christlich-ethische Fundierung demokratischer Überzeugungen spricht —
vor allem der Ausgleich von Freiheit und Gleichheit, das „anthropologische Mißtrauen" gegen etablierte Macht, die Tendenz zur Öffentlichkeit
von Herrschaft, zu Partnerschaft, Kompromiß und Offenheit. Er macht
jedoch nicht einmal mehr den Versuch, diese neuzeitliche Symbiose von
Christentum und Demokratie nun auch normativ-biblisch zu verankern;
nur naturrechtliche Spuren schlagen bei ihm durch, am deutlichsten natürlich bei der Fundierung von Autorität und Eliten.

Dieser Rückblick auf einige markante Äußerungen zum Problem
zeigt, daß wir mit einer normativ-deduktiven Lösung unseres Problems offenkundig nicht weiterkommen; 'Das Demokratische' in
unserer Kultur ist nicht unmittelbar christlich zu nennen — es hat
historisch und ontologisch *auch* andere Wurzeln —, aber man kann
es auch nicht ablösen von der Wirkungsgeschichte des Christentums,
die immer wieder *auch* eine demokratiefördernde gewesen ist. Das
bedeutet, daß der folgende Versuch einer Zusammenfassung nicht
bei bestimmten normativen Inhalten des biblisch-christlichen Glaubens einsetzen kann, um von ihnen her zu deduzieren, was 'demokratisch' sei und was nicht; weder die Heilige Schrift noch ein
kirchliches Bekenntnis können hier etwas dekretieren. Es kann sich
vielmehr nur darum handeln — ähnlich wie Troeltsch dies 1904
unternommen hat —, die historische Symbiose in ihren durch den
christlichen Glauben motivierten Tendenzen zu umschreiben.

II. Dialektik der Demokratie —
das Problem von Schöpfung und Erbsünde

Im Unterschied zu den optimistisch entwicklungsgläubigen Auf-
klärern des 17. und 18. Jahrhunderts müssen wir heute von der
These ausgehen, daß demokratische Impulse und Intentionen sich
nicht geradlinig verstärken und 'aufwärts' entwickeln, sondern
jeweils ihre reaktive (reaktionäre) Antithese provozieren. Die
Demokratisierung unserer Kultur ist nicht ungeschichtlich — sei es
durch Voraussetzung eines 'natürlichen' Urstands von Freiheit,
Gleichheit und Gerechtigkeit (Rousseau), sei es durch apriorische

Deduktionen der subjektiven Vernunft (Kant) oder durch den Aufweis von objektiv endgeschichtlichen Tendenzen (Marx) — denkbar, sondern sie hat sich vollzogen in einer höchst spannungsvollen Auseinandersetzung mit dem vom Demokratie-Postulat provozierten Gegenteil. Das erklärt zwei gegenwärtig auffällige Tatbestände:

1. Der Neuprotestantismus hat sich nicht so eindeutig, wie es wohl manchem wünschenswert erschiene, auf die Seite der Fundamentaldemokratisierer geschlagen. Auf die Aufklärer, die mit einem natürlichen appetitus societatis rechneten, folgten andere, die den Menschen zur Bestie des Mitmenschen erklärten. Auf Philanthropen, die eine Identität des demokratischen Gemeinwesens für rational und politisch herstellbar hielten, folgten andere, denen die historisch gewachsenen Ordnungen bewahrenswerter erschienen, um den triebunsicheren Menschen vor der politischen Entartung seiner eigenen rationalen Konstruktionen zu bewahren. Auf Kant, der die subjektive Freiheit zum regulativen Prinzip der politischen Philosophie gemacht hatte, folgte Hegel, der im historisch Gewordenen und Werdenden die objektiven Voraussetzungen für eine lebensfähige, 'substanzielle' Freiheit sah. Auf den Idealismus, der die autonome Freiheit des protestantischen Menschen auslotete, folgte die politische Romantik, die in ihren christlichen Varianten die Legitimität des geschichtlich Gewordenen auf den Thron hob und Kirche, Bekenntnis sowie die bestehenden geistlichen und politischen Autoritäten zu verfestigen suchte. Der kulturprotestantische Liberalismus im 19. und 20. Jahrhundert provozierte immer wieder einen Konservatismus, der die demokratischen Lockerungen nur als Bedrohung der einst festgefügten Ordnungen (die so fest jedoch niemals waren) empfand und sich darum anti-demokratischer Tugenden versicherte. Diese Reaktionskette hat Ernst Troeltsch gemeint, wenn er 'das Demokratische' als nur *ein* Prinzipienbündel innerhalb des christlichen Denkens bezeichnete und dem Konservativismus daneben ein gewisses Recht einräumte.

2. Diese Dialektik läßt sich unschwer auch in den gegenwärtigen Auseinandersetzungen über 'Demokratisierung' in Gesellschaft und Kirche erkennen. Einerseits ist ganz unverkennbar, daß das Demokratie-Postulat in Gesellschaft und Kirche der BRD der letzten zwei Jahrzehnte tiefe Spuren hinterlassen hat. Die Entzauberung von historisch legitimierten Mächten — wie Staat, Universität, öffentlicher Position der Kirchen, Unangreifbarkeit von Riten, Tabus, Uniformen, väterlichen Images, regulativen Sitten — hat Fortschritte gemacht, die unrevidierbar sind. Sozial-

und Humantechniken ersetzen autoritäre Führung. Eine die Gegensätze relativierende Konfliktregelung tritt an die Stelle von Herrschaft, Gespräch an die Stelle von Kommando, Team-Arbeit an die Stelle von hierarchischer one-way-communication, Gruppenanalyse und -didaktik an die Stelle von repressiver Lehre, die mitmenschliche Kommunikation an die Stelle von donnernder Kanzelrede. Wenigstens in den Zielvorstellungen intellektueller Eliten, aber auch im zeitangepaßten Umgangston ist dieser Wandel im Verlauf von nur einer Generation nicht zu verkennen. — Warum aber wird er so schwer in der Breite des gesellschaftlichen Bewußtseins akzeptiert? Warum haben die politischen und kirchlichen Vater-Figuren so erstaunlich vital überleben können — trotz des allgemeinen Autoritätsschwunds? Warum entwickelt unsere Gegenwart neue Eliten und neue Führungsstile, neue Symbole von 'Oben' und 'Unten', die nicht weniger rigide und restriktiv sind als die alten? Warum provoziert eine 'moderne Theologie' (die so modern gar nicht ist, sondern an die zweihundert Jahre alt!) aggressive Behauptungen einer 'Bekenntnisfront', die immerfort das 'Wesen' der guten alten Lehren und Ordnungen bedroht sieht? Warum hält man die Kirche für nicht oder nur begrenzt demokratisierungsfähig, weil es hier um andere, 'geistliche' Dimensionen geht, die absolut sind und nicht relativiert werden können?[15] Warum ist aber auch andererseits bei den forcierten Verfechtern von Demokratisierung in allen Lebensbereichen (besonders Familie, Schule, Universität, Arbeitsorganisationen) eine neue Sehnsucht nach endlich verbindlichen Symbolen, endlich rationalen Strukturen des sozialen Zusammenhalts oder einer endlich glaubwürdigen, weil allen institutionell eigengewichtigen Ballast abstreifenden Kirche lebendig?[16] Gerade in diesem in seinen Objekten rasch wechselnden Schrei, was alles demokratisiert werden muß — und zwar sofort, total und überhaupt! —, verbirgt sich die Suche nach einem bergenden, weil verbindlichen Halt in einer Situation, die man als individuelle und kollektive 'Identitätskrise' bezeichnen kann. Die versagt habenden und abgetakelten Väter werden durch allerlei Idole ersetzt. Der Schrei nach Demokratisierung kann sehr elitär laut werden oder sich zu einer nur noch traurigen Zerstörungswut steigern, die dann für die anderen das Demokratie-Postulat noch unglaubwürdiger macht und ernsthafte Ansätze zu institutioneller Demokratisierung pervertiert.

---

[15] Vgl. die Diskussion über ›Demokratie in der Kirche‹ in: Radius 1969, Heft 3. Auch W.-D. Marsch, Institution im Übergang, Göttingen 1970, S. 220 f., 248, 259 f.

[16] In der kirchlichen Linken ist dieses Miteinander gar nicht zu ver-

Das bloße Postulat hat also, auch heute noch, augenscheinlich sehr ambivalente Wirkungen, die man nicht mit Wunschkatalogen überspielen kann. Die Menschen elitär zu 'Volksdemokraten' zu erziehen, ist ein Versuch, der zwar im Ostblock unternommen wird, aber in seinem politisch manifesten Anschauungsunterricht nicht unbedingt zur Nachahmung ermutigt. Die 'demokratische Welle' in der BRD erzeugt im kleinen wie im großen, in Mikro- und Makrostrukturen, immer wieder Gegenwellen. Warum ist das so? Der Sachverhalt läßt sich natürlich psycho-sozial deuten: Die Bildung zu freien, sich einander gleich achtenden ebenso toleranten wie selbstbewußten, ebenso lern- und liebesfähigen wie unaggressiven 'demokratischen Bürgern' setzt im frühkindlichen Milieu an. Sie muß in Institutionen der Enkulturation (wie Kindergarten, peer-groups, Schule, Universität, Kirche) methodisch weiter gepflegt und entwickelt werden. Sie versagt, wenn die Gesellschaft die derart 'demokratisch' Gebildeten nicht verkraften kann, sondern sie als outsider stigmatisiert. Die in der Lebensgeschichte eines Menschen internalisierten undemokratischen Verhaltensweisen sind nicht einfach durch rationale Erkenntnis abänderbar, wenn die emotionalen Antriebsmechanismen regrediert sind und 'nicht mitkommen' in all dem, was an demokratischem Alltagsverhalten erfordert wird. All das kann erforscht und, so möglich, in der jeweiligen Sozialbeziehung praktiziert bzw. korrigiert werden; Namen wie Erik H. Erikson, Alexander Mitscherlich, Tobias Brocher, Hartmut v. Hentig, Horst-Eberhard Richter stehen hierfür — samt ihren Wirkungen.[17]

Damit ist jedoch noch nicht 'die Gesellschaft' demokratisch verändert, sind die Bastionen von technokratisch notwendiger Exper-

kennen. Vgl. etwa den von R. Dross u. a. hrsg. Band: Kritische Kirche, Gelnhausen 1969.

[17] E. H. Erikson, Identität und Lebenszyklus, Frankfurt 1966; Einsicht und Verantwortung, Stuttgart 1966; Kindheit und Gesellschaft, Stuttgart ²1965; Jugend, Stuttgart 1970; A. Mitscherlich, Die Unfähigkeit zu trauern, Frankfurt 1968; T. Brocher, Das Ich und die anderen in Familie und Gesellschaft, Stuttgart 1967; H. v. Hentig, Spielraum und Ernstfall, Stuttgart 1969; H.-E. Richter, Die Gruppe, Hamburg 1972.

tenherrschaft noch nicht geschleift, sind die woher auch immer rührenden Triebunterdrückungen, Rationalisierungszwänge, Versagungserfahrungen noch nicht bewältigt, ist harte Leistung noch nicht durch guten Willen ersetzt, ist demokratisches Wollen noch nicht in verläßliches und gerechtes Recht umgesetzt, sind für die demokratischen Intentionen noch nicht die entsprechenden Institutionen geschaffen. Es ist, abstrakter gesagt, eine demokratisch argumentierende Vernunft noch nicht mit der Geschichte (der subjektiven wie der objektiven) vermittelt und versöhnt; darum schlägt das Beherrschenwollen der Geschichte immer wieder um in ein Beherrschtwerden durch sie. Auch den Utopien einer wahrhaft demokratischen Gesellschaft (von den Renaissance-Utopien bis zu den heutigen Entwürfen von Kommunen, Gegen-Schulen und wahrhaft christlichen Gemeinwesen) haftet ein Hauch des totalitär Rechthaberischen und tendenziell Sektiererischen an: Nur im Bewußtsein der Differenz zu Gesellschaft und Kirche, zu aller Umwelt, kann sich behaupten, was die Schwierigkeiten einer langfristig demokratischen Entwicklung nicht aushält.

Die abendländische Geschichte hat dieses Problem einer *Dialektik der Freiheit* immer gekannt, und die jüdisch-christliche Überlieferung hat es verstanden als das Problem der *endlichen Freiheit*. Weil der homo sapiens bzw. homo laborans nicht Schöpfer, sondern Geschöpf, nicht creator sui ipsius, sondern concreator cum Deo ist, darum kann er sich nur als endliches und zwar in seinem Wollen stets gebrochenes, fragmentarisches, und in seinen Intentionen korrumpierbares Wesen begreifen, dem es von seinem Ursprung her nicht so gehen sollte, wie es ihm de facto in seiner Geschichte ergeht. Die biblischen Theorien von Ursprung und Fall des Menschen (die ja nicht 'historisch' gelesen, sondern auf ihren symbolischen Gehalt hin befragt werden müssen [18]) besagen, daß der von seinem Ursprung her zur Freiheit Begabte und Berufene sich de facto und

[18] Symbol hier im Sinne von P. Tillich verstanden, vgl. Wesen und Wandel des Glaubens, Stuttgart 1965. Einen Versuch, die Sündenfallgeschichte in die Situation des technisch-wissenschaftlichen Menschseins zu übersetzen, habe ich unternommen in dem Aufsatz: Christliche Anthropologie und biologische Zukunft des Menschen, in: Past.theol. 58 (1969), S. 198—212, bes. 204, 208 f.

de jure unfrei verhält und sich infolgedessen selbst und sein Gemeinwesen in „Strukturen der Destruktion" [19] zugrunde richtet.

Man wird unschwer in den Leitbildern des Ursprungs — Adam, Mose, Jesus — auch Züge des demokratischen Vollbürgers entdecken können: *Adam,* dem das dominium terrae anvertraut ist, der sich in Freiheit seine Partnerin erwählt; *Mose,* der die Ketten der Fremdherrschaft sprengt und in das „Land, da Milch und Honig fließen", führt, das er selbst allerdings nur von ferne schaut; *Jesus,* der „zweite Adam", der die Mühseligen und Beladenen aufrichtet, Gleichheit jenseits der religiösen und gesellschaftlichen Ungleichheiten andeutend herstellt (Gleichnisse, Wunder), nach dem gerechten Kern eines humanen Gesetzes fragt (Bergpredigt), das Reich Gottes den irdischen Reichen entgegensetzt („Ich aber sage euch"). Diese Symbole eines ursprünglichen, vor Gott und den Menschen 'richtigen' Daseins sind nicht eigentlich historisch vermittelt: Der Ursprung der Menschheit in Adam ist (ähnlich wie die aufklärerisch-naturrechtlichen Konstruktionen eines Urstands) ein rückwärts projiziertes, prä-historisches Ideal: so ist der Mensch vor Gott gemeint, da Gott nicht auctor peccati sein kann; Mose ist zwar wohl im Kern eine historische Gestalt, aber die fromme Erinnerung an ihn, den Repräsentanten des Exodusgeistes, hat diese immer wieder übermalt; und vom historischen Jesus wissen wir nur auf Grund der nachösterlichen Überlieferungen, in denen er als der auferweckte und kommende Herr, also transzendental, erkannt worden ist.

Im Gegensatz zu diesen erkenntnisleitenden Symbolen eines auch im demokratischen Sinne humanen Daseins existiert jedoch die geschichtliche Menschheit in Strukturen von Selbst und Gemeinschaft, die wir als der Sünde verfallen oder auch als vom Ursprung entfremdet bezeichnen. Dies darf nicht moralisch oder gesetzlich mißverstanden werden: so als hätte der Mensch die frei disponible Möglichkeit, anders zu sein, als er ist, — wenn er nur wollte. Die 'Sündenfallgeschichte' (Gen 3) stellt das mysterium iniquitatis so nicht dar: Durch ihre freie, gleichsam spielerische Tat (Neugier, Griff nach Baum des Lebens, Realisierung der Verheißung „eritis sicut Deus") wird irreversibel eine Geschichte inauguriert, deren Merkmale nunmehr die von Entfremdung sind: zwischen Mensch

---

[19] So hat P. Tillich (Systematische Theologie, Bd. 2, Stuttgart 1961, S. 76) die Wirkungen der 'Erbsünde' zusammengefaßt.

und Mitmensch, Mensch und Natur, Mensch und Gott. So hat Israel denn auch seine 'politischen Sünden' verstanden: soziale Ungerechtigkeit, Ausbeutung, Herrschaft, Verunmöglichung von *schalom*. Offenkundig gehört dies unvermeidbar zum sozialen Geschick. Aber dennoch wird allein der Mensch dafür haftbar gemacht: nicht Gott ist daran schuld, es ist nicht Schicksal; vielmehr wird 'Umkehr' in diesen Situationen des Gerichts für möglich gehalten und gefordert: „Vertraut ihr nicht, so habt ihr keinen Bestand" (Jes 7, 9), das war in dem damaligen Kontext prophetischer Sozialkritik ja auch eine politische Aussage über die Kurzsichtigkeit einer 'Realpolitik', die nur noch momentane Interessen und Machtkonstellationen kennt. Das Politische in Jesu Auftreten wird man ebenfalls weniger in den direkten Auswirkungen — etwa einem sozial-revolutionären oder einem fundamental-demokratischen Programm — zu sehen haben, als vielmehr in der Art und Weise, wie Jesus die Menschen auf ihre Sünde und Umkehrfähigkeit ansprach und mit ihr konfrontierte. Die politischen Folgerungen in der Urchristenheit sind dann meistens eher konservativ gewesen (anti-enthusiastische Nachfolge-Ethik des Paulus), wenn auch mit einem latent emanzipatorischen Effekt (Relativierung von Standes-, Status-, Klassen- und Völkergrenzen). Dem Menschen wird in der Konfrontation mit dem Geschick Jesu die Unentrinnbarkeit seines Vor-Gott-Seins aufgewiesen: theologica crucis in spe resurrectionis.

In der nach-aufklärerischen Moderne ist das Problem, das die Christenheit mit 'Erbsünde' gemeint hat, am ehesten in den Sachverhalten zu finden, die wir mit Max Horkheimer und Theodor W. Adorno als 'Dialektik der Aufklärung' bezeichnen[20] und die die politische Philosophie seit der Französischen Revolution immer wieder beschäftigt haben: Daß nämlich der aufklärerische Emanzipationsprozeß kein geradliniger und eindeutiger ist, sondern daß eine demokratische 'Befreiung von unbegriffenen Mächten' immer wieder umschlägt in eine selbstgewählte und -gemachte Herrschaft von Menschen über Menschen. Die Befreiung zum Selbst-Machen

[20] Vgl. den Neudruck ihres bekannten, 1944 in der Emigration verfaßten Buchs: Dialektik der Aufklärung, Frankfurt 1969 — die folgenden Zitate ebd. S. 34, 36, 38, 45, 47, 48.

ihrer politischen Geschichte verstrickt die Menschen in neue Mytho-
logien und Sachzwänge, Ideologien und Ängste, Terror und Irr-
sinn hinein, — obgleich niemand diesen Aufklärungsprozeß rückgängig machen könnte oder wollte.

„In der aufgeklärten Welt ist Mythologie in die Profanität eingegangen.
Das von den Dämonen und ihren begrifflichen Abkömmlingen gründlich
gereinigte Dasein nimmt in seiner blanken Natürlichkeit den numinosen
Charakter an, den die Vorwelt den Dämonen zuschob. Unter dem Titel
der brutalen Tatsachen wird das gesellschaftliche Unrecht, aus dem diese
hervorgehen, heute so sicher als ein dem Zugriff ewig sich entziehendes
geheiligt, wie der Medizinmann unter dem Schutze seiner Götter sakro-
sankt war. Nicht bloß mit der Entfremdung der Menschen von den beherrschten Objekten wird für die Herrschaft bezahlt: mit der Versachlichung des Geistes wurden die Beziehungen der Menschen selber verhext,
auch die jedes Einzelnen zu sich. Er schrumpft zum Knotenpunkt konven-
tioneller Reaktionen und Funktionsweisen zusammen, die sachlich von ihm
erwartet werden. Der Animismus hatte die Sache beseelt, der Industria-
lismus versachlicht die Seelen." „Je weiter . . . der Prozeß der Selbsterhal-
tung durch bürgerliche Arbeitsteilung geleistet wird, um so mehr erzwingt er die Selbstentäußerung der Individuen, die sich an Leib und Seele
nach der technischen Apparatur zu formen haben." „Das Wesen der Aufklärung ist die Alternative, deren Unausweichlichkeit die der Herrschaft
ist. Die Menschen hatten immer zu wählen zwischen ihrer Unterwerfung
unter Natur oder der Natur unter das Selbst. Mit der Ausbreitung der
bürgerlichen Warenwirtschaft wird der dunkle Horizont des Mythos von
der Sonne der kalkulierenden Vernunft erhellt, unter deren eisigen Strah-
len die Saat der neuen Barbarei heranreift. Unter dem Zwang der Herrschaft hat die menschliche Arbeit seit je vom Mythos hinweggeführt, in
dessen Bannkreis sie unter der Herrschaft stets wieder gerät." „Die Absurdität des Zustandes, in dem die Gewalt des Systems über die Menschen
mit jedem Schritt wächst, der sie aus der Gewalt der Natur herausführt,
denunziert die Vernunft der vernünftigen Gesellschaft als obsolet." „Die
Herrschaft bis ins Denken selbst hinein als unversöhnte Natur zu erkennen aber vermöchte jene Notwendigkeit zu lockern, welcher als Zugeständnis an den reaktionären common sense der Sozialismus selbst vorschnell
die Ewigkeit bestätigte." „Schuld ist ein gesellschaftlicher Verblendungszusammenhang. Der mythische wissenschaftliche Respekt der Völker vor
dem Gegebenen, das sie doch immerzu schaffen, wird schließlich selbst zur
positiven Zwingburg, der gegenüber noch die revolutionäre Phantasie sich

als Utopismus vor sich selber schämt und zum fügsamen Vertrauen auf die objektive Tendenz der Geschichte entartet. Als Organ solcher Anpassung, als bloße Konstruktion von Mitteln ist Aufklärung so destruktiv, wie ihre romantischen Feinde es ihr nachsagen. Sie kommt erst zu sich selbst, wenn sie dem letzten Einverständnis mit diesem absagt und das falsche Absolute, das Prinzip der blinden Herrschaft, aufzuheben wagt."

Solche programmatischen Sätze einer 'kritischen Theorie', die vor nunmehr bald dreißig Jahren formuliert worden sind, lassen etwas von dem erkennen, was hier 'politische Erbsünde' genannt wird. Die Konsequenzen einer emanzipativen Vergesellschaftung entsprechen nicht den Erwartungen; das Subjekt kann sich nicht heraushalten aus dem Verblendungszusammenhang, kann ihn allenfalls als solchen erkennen; Herrschaft, zumal sachlich-industriell vermittelt, läßt sich so leicht nicht eliminieren, wie utopische Hoffnung es sich erträumt; sie ersetzt vielmehr, bis ins Unbewußte hinein, die ehemals mythischen Bindungen.

Nun ist mittlerweile allerdings offenkundig, daß eine Sozialphilosophie, die dergestalt nur auf den absurden Selbstwiderspruch der aufgeklärt demokratischen Kultur hinzuweisen vermag, selbst bald an ein Ende gerät [21]: Die schier unerschöpfliche Polemik gegen Positivismus, Verdinglichung, Technokratie und Herrschaft richtet nicht viel mehr aus als deren empiristisch-reaktionäre Verfestigung. Die unablässige Beschwörung dieses 'sündigen' Zustands der Gesellschaft bestärkt eine konservative Mentalität, die in Emanzipation und Revolution nur einen 'gottlosen' Irrweg der modernen Menschheit sieht und nach den verläßlichen, historisch stabilen Sozialordnungen fragt: weil dem sein Geschick selbst machenden und verantwortenden Menschen nicht zu trauen ist. Freiheit kann es sozusagen bei sich selbst nicht aushalten. Christliche Reflexion dieser Freiheit weist in eine andere Richtung — über jenen 'sündigen' Zustand hinaus.

[21] Deutlich wohl seit dem Erscheinen von Th. W. Adornos letztem Buch (Negative Dialektik, Frankfurt 1966) und der vornehmlich politischen Kritik an der 'Frankfurter Schule', mochte sie auch in der Form brutal und faschistoid sein: Sie hat die 'negative Dialektik' als eine 'Ästhetik des Negativen' entlarvt — einen Tanz auf dem Vulkan des 'unglücklichen Bewußtseins'.

III. Demokratie und Rechtfertigung

Ein Realismus, der vor den Folgen sozialer Entfremdung nicht illusionär die Augen verschließt, braucht nicht bei jener Alternative: 'totaler Verblendungszusammenhang' oder 'Flucht in die Normativität des Vergangenen' stehenzubleiben. Sünde kann vergeben, Schuld aufgehoben, Vergangenheit abgetan werden. Damit steht und fällt ein Ethos, das sich am biblischen Erbe orientiert.

Unter der Berufung auf den von Gott gestifteten Bund, der fürwahr auch 'Gericht' in allen historischen Entfremdungen bedeutete, sollte Israel immer wieder 'von vorn anfangen' können — und hat es de facto immer wieder von vorn angefangen. Auch die ärgste prophetische Kritik, die den historischen Ruin dieses Volkes weissagte (Amos, Micha, Jeremia) ist immer wieder voll von Worten des Erbarmens Gottes; und sie hat sich ja auch insofern nur halb erfüllt, als Israel zwar mit seinen machtpolitischen Ambitionen zugrunde ging, nicht aber als 'Gottes Volk', als religiöse Größe. Die Botschaft Jesu ist ebenfalls undenkbar ohne jenes Moment des Zuspruchs heilvoller Gegenwart „Du bist gerettet", „Dir sind deine Sünden vergeben". Und mit Jesu Geschick wird der Welt post Christum eine *Versöhnung* vermittelt, die 'nicht von dieser Welt' ist. Die Urchristenheit hat sie sowohl subjektiv wie objektiv verstanden: Dem einzelnen sollen Freiheit, Frieden, Gerechtigkeit geschenkweise zuteil werden 'um Christi willen'. Und objektiv hat man Jesu Kreuz als weltenwendendes Heilsereignis begriffen, indem man diesen gestorbenen Menschen mit allen Herrscheremblemen eines endzeitlichen Königs, ja Auferweckers von den Toten, Überwinders des Todes umkleidete, — obgleich natürlich die irdischen Herrscher auch damals undemokratisch weiterregierten und obgleich weiter gestorben und gelitten wurde.

Für neuzeitliches Denken ist dieses Moment der Versöhnung obsolet geworden, seitdem supranatural-juridische Kategorien (von einem himmlischen Richtspruch bzw. Vergebungsurteil) nicht mehr zureichen, um es sinnadäquat zum Ausdruck zu bringen. Der Anschein eines trans-historischen Willkürakts haftet vielen Übersetzungsversuchen der 'Rechtfertigung' an. Dieser Anschein mindert sich, wenn man eingehender zu verstehen sucht, was anthropologisch und historisch mit Rechtfertigung gemeint ist. Anthropologisch: Paul Tillich etwa hat es übersetzt als Bewußtsein des „Angenommen-Seins trotz der eigenen Unannehmbarkeit"[22]. Erik H. Erikson versteht Luthers Rechtfertigungserfahrung als Bewältigung einer lebensgeschichtlichen Identitätskrise[23]; für Theologen wie Gerhard Ebeling oder Herbert Braun ist ebenfalls die Kategorie geschenkter Freiheit das 'Ich-darf', die Freiheit vom 'Gesetz' zentral.

Eben diese Erkenntnis macht jene Theologen jedoch zurückhaltend gegenüber aller 'politischen Theologie', die das personale Befreitsein zugunsten politisch-ideologischer Optionen zu überspringen scheint und Gottes befreiend rechtfertigendes Handeln in der Geschichte dingfest machen will. Um so wichtiger scheint es, daß in der Tradition Hegelschen Denkens die Kategorie der Versöhnung auch politisch-geschichtsphilosophisch aufgenommen worden ist.

Sie besagt ja nicht — wie ihre Kritik seit Karl Marx und auch durch Theodor W. Adorno meint —, daß diese Philosophie nur 'versöhnlerisch' das Bestehende als gut und gerechtfertigt affirmiere[24]. Wohl aber — darauf hat Jürgen Habermas aufmerksam gemacht[25] — dringt sie auf die Allgemeinheit und die politisch-rechtliche Stabilisierung der emanzipativ-revolutionär gewonnenen Freiheit. Gegenüber Kant und Fichte hat Hegel immer wieder darauf insistiert, daß die subjektiv gewonnene (oder geschenkte) Freiheit gar nichts nützt, wenn sie sich nicht 'entäußert', sachlich vermittelt in Institutionen, in denen auch ein 'Fortschritt im Bewußtsein der Freiheit' wirklich werden kann. Nicht daß die politische Wirklichkeit schon vernünftig *ist,* hat Hegel gemeint, wohl aber, daß sie vernünftig *werden kann,* wenn das revolutionäre Wollen die selbstentäußernde Entfremdung in Institutionen nicht scheut. „Hegel hat bis ins Innerste gespürt, daß nur jenes Entfremdete, nur gleichsam durch die Übermacht der Welt über das Subjekt hindurch die Bestimmung des Menschen überhaupt sich realisieren kann."[26] Darum optierte er als einstiger Sympathisant der revolutionären Geschehnisse in Frankreich gegen Robespierre

[22] Vgl. bes. P. Tillich, Mut zum Sein, Stuttgart 1956.
[23] E. H. Erikson, Der junge Mann Luther, München 1964.
[24] Deutlich in: Th. W. Adorno, Drei Studien zu Hegel (ed. suhrkamp 38), Frankfurt 1963.
[25] J. Habermas, Hegels Kritik der Französischen Revolution, in: Theorie und Praxis, Neuwied 1963, S. 89 ff.
[26] Th. W. Adorno, a. a. O. S. 55.

(und damit Rousseau und alle totalitäre Demokratie) für Napoleon und den preußischen Rechts- und Verwaltungsstaat. „Hegel macht die Revolution zum Herzstück seiner Philosophie, um Philosophie davor zu bewahren, zum Zuhälter der Revolution zu werden."[27]

Es läßt sich aufweisen,[28] daß dieses Pathos der 'Versöhnung in der Entfremdung', der Annahme des Identischen im Nicht-Identischen, für Hegel christologisch motiviert war: Wie Christus durch sein Kreuzesgeschick die Welt realiter verändert hat, so ist es auch dem nach-christlichen, aufklärerischen Subjekt aufgegeben, sich *durch* seine Selbstentäußerung und *in* derselben als freies zu bewahren, einen Fortschritt im Bewußtsein der Freiheit zu erwirken.

Das heißt: Das Moment der Versöhnung erstreckt sich nicht nur auf die einzelne Person, sondern auch auf institutionelle Strukturen, die des autonomen Bürgers Freiheit zu schützen vermögen, die ihn — das seiner selbst höchst ungewisse und unfestgestellte Triebwesen — stabilisieren, ihm eine 'substanzielle Freiheit' (wie Hegel sagte) ermöglichen. Er hat sie damals vor allem in den Errungenschaften der Revolution — Rechtsstaat, unabhängige Gerichte, Verfassung, Gewaltenteilung, Sicherheit von Verträgen, staatliche Reglementierung des 'wilden Tiers' der industriellen Markt- und Tauschgesellschaft — gesehen. Und für ihn vermittelte der christliche Glaube — spezieller: die reformatorische Rechtfertigungsfrömmigkeit — die Voraussetzung für das Bestehen einer solchen substanziell sittlichen Freiheit im 'sittlichen Staat', wie er ihn im zeitgenössischen Preußen dann realisiert sah.

Dieser 'sittliche Staat' ist nun allerdings längst weitgehend vergesellschaftet: Er tritt heute als Meinungs- und Interessenmakler, Verwaltungs- und Versorgungsstaat auf; sein sittlicher Anspruch ist in dem bürokratisch-legitimen Herrschaftsgebilde, als das er begegnet, kaum mehr zu erkennen; als Machtstaat hat er sich, zumal durch die Epoche des Faschismus, tiefgreifend diskreditiert. Wohl

---

[27] J. Habermas, a. a. O. S. 106.
[28] Darüber näher W.-D. Marsch, Gegenwart Christi in der Gesellschaft. Eine Studie zu Hegels Dialektik, München 1965 — zusammengefaßt ders., Philosophia Crucis, in: Merkur 24/1970, S. 1117 ff.

aber bleibt als Wahrheitsmoment an solchen Feststellungen bestehen, daß im Ideengeflecht des heutigen demokratischen Rechtsstaats wenigstens dieser Anspruch steckt, — mag er historisch immer eingelöst sein oder nicht: der Freiheit des Bürgers eine konkret historische Chance zu geben, sie zu bewahren vor dem Rückzug in unpolitische Innerlichkeit einerseits und utopischer Flucht aus der Gegenwart andererseits.

Es bleibt nur zu fragen, ob diese rechtfertigende, in der politischen Gegenwart Chancen der Freiheit sichernde Funktion heute allein mehr dem Staate zugetraut werden kann, wie man dies im 19. Jahrhundert noch annehmen konnte. Das ist nicht der Fall. Vielmehr treten hier all die gesellschaftlichen Institutionen ein, die eine emanzipatorische Sozialisation des freien Individuums zu fördern und die (im Unterschied zum 19. Jahrhundert unaufhebbar notwendigen) technokratischen und expertokratischen Sachzwänge (ohne die kein Staat mehr auskommt) zu lockern und umzubilden vermögen: Familie, Schule, Universität, Kirche, Gruppenbildungen im 'vorpolitischen Raum', — wenn man sie nur nicht von vornherein als 'repressiv' definiert (was sie im Blick auf ihre Geschichte wohl gewesen sein mögen). Sie *können* jedenfalls auch als Sozialisations-Agenten einer 'substanziellen Freiheit' genutzt werden: einer Freiheit, die sich nicht prinzipiell einer sozialen Integration verweigert, sondern die sich zu 'entäußern' vermag; ein Sozialisationsprozeß, der in Situationen der Entfremdung einübt, ohne Freiheit preiszugeben (etwa einen „sozial-integrativen, demokratischen Führungsstil"[29] einübt, der weder starr-autoritär noch laissez-faire-haft antiautoritär ist). Das Moment der Rechtfertigung läge hier darin, die Chancen von gegenwärtigen demokratischen Lebens*formen* zu ergreifen, — auch wenn sie zunächst contra speciem und sub cruce ergriffen werden müssen. Was liberale Theologen immer wieder mit einem 'pragmatischen Demokratieverständnis' meinten[30], das hat diesen Hintergrund reformatorischer Rechtfertigungsfrömmigkeit,

[29] So formuliert mit T. Brocher, Gruppendynamik und Erwachsenenbildung, Braunschweig 1967, S. 66 f.

[30] Ein solches sehe ich sowohl bei E. Troeltsch als auch bei P. Tillich und R. Niebuhr gegeben.

die nicht bis zum Tage X einer eschatologisch verwirklichten Demokratie wartet und sich jeglicher Vermittlung mit einer noch undemokratischen Gegenwart versagt, sondern sich mit den *heute* realisierbaren Annäherungen im rechtsstaatlichen und pluralistischen System zufrieden gibt, um diesen Rahmen möglichst freiheitlich auszuschöpfen und eine Veränderung nicht nur von veränderten Strukturen, sondern vor allem von den sie ausfüllenden und gestaltenden Personen zu erhoffen.

Insofern ist ein pragmatisch 'konservatives' (im Sinne von Ernst Troeltsch) oder auch ein 'idealistisches' Element in solcher Rechtfertigungsfrömmigkeit gar nicht zu bestreiten. Es kann sich auf Gründe im christlichen Glauben berufen: Denn dieser flieht nicht, so wahr Gott Mensch geworden und die humane Welt angenommen hat (Phil 2, 5 ff.: „an Gebärden als ein Mensch erfunden . . ., gehorsam bis zum Tode am Kreuz"), aus den gegenwärtigen Bedingtheiten geschichtlichen Daseins, sondern läßt sich voll und ganz auf sie ein — auch um den Preis der Nicht-Vollendung und des Leidens. Er ist interessiert an der Kontinuität zwischen Vergangenem und Zukünftigem, der er sich selber verdankt; die Krisen, Diskontinuitäten, Traditionsbrüche gelten ihm nicht nur als etwas heilvoll Beunruhigendes, sondern auch als Bedrohung des Menschen, dessen Gott sich annimmt, wie er ist (also auch traditionsbestimmt und milieugeprägt). Er optiert jedoch zugleich für deren Überwindung: Denn er verpflichtet sich nicht den historisch gewordenen Ordnungen und Mächten als solchen (wäre also *ideologisch* konservativ), wohl aber versucht er, im Lauf der Geschichte einen Sinn, Gottes Führung, zu erkennen. Er verpflichtet sich auch nicht gegenüber 'dem Staat', den er in seiner Profanität längst durchschaut hat (Röm 13, 1 ff.), wohl aber den die demokratische Freiheit ermöglichenden und fördernden Sozialisations-Agenten: Denn er begreift, daß es Freiheit ohne eine 'dienende' Selbstentäußerung nicht gibt. So 'dient' er — unter Umständen leidend, kritisch, protestierend, in der Negation aktiv —, indem er den gesellschaftlichen Verblendungszusammenhang nicht als ein absurdes oder tragisches Schicksal beklagt, sondern ihn entzaubert, indem er sich seiner annimmt. Er durchschaut die gesellschaftlich-staatlich oder kirchlich propagierten ideologischen Rechtfertigungen von angeblich heilen, normativen Sozialordnungen, indem er auf die einzig sinnvolle Rechtfertigung seines Tuns — im Weg Jesu — vertraut. Er durchschaut allerdings auch die Wunschträume, die die Menschen von einer Bewältigung ihrer Gegenwart abbringen wollen, als das, was sie nicht selten sind: als Projektionen einer unversöhnten, mit ihrer Gegenwart nicht vermittelten Subjektivität — als den emotional gestauten Haß gegen Integration, Anpassung, Über- und Unterordnung überhaupt und als das Vorurteil, daß der legitim demokratische Macht- und Konkurrenzkampf schon per se ein undemokratisches Übel sei, daß es so etwas wie Technokratie nicht geben dürfe.

Die hiermit umrissene ethische Haltung läßt sich durchaus an Tendenzen in unserer Gegenwart illustrieren. Ein Blick in die Zukunft unserer hochindustriellen Kultur zeigt unschwer, daß das Eigengewicht von technologischen und international-sozio-ökonomischen Entwicklungen vermutlich stärker werden wird, — man rechnet mit einer zunehmend anti-demokratischen Staatspraxis, je intensiver die technischen Sachzwänge werden. Um so gewichtiger werden dann aber demokratische Lebensformen in den *vorstaatlichen* Institutionen, die den Bürger freiheitlich, kommunikativ und interaktiv leben lehren. Unbeschadet der großräumig technokratischen Entwicklung bleibt das *staatliche* Verwaltungshandeln vermutlich auch weiterhin angewiesen auf die *gesellschaftlichen* Interessenlagen, Gruppierungen und Meinungsbündel, in denen es sich orientieren kann, die es kanalisieren muß. Gerade wenn wir weiterhin den etablierten Staat als einen Prozeß der Integration vorhandener Interessen, Kräfte und Spannungen und nicht nur als machtvolle Dezision begreifen, dann wird den *vorstaatlichen* Integrationsmedien eine erhöhte Bedeutung zukommen. Gegenwärtig ist zwar eine Polarisierung zwischen protestierenden und etablierten Kräften heftig zu spüren. Diese Polarisierung kann jedoch zu nichts führen, wenn sie nicht ausgewogen wird durch Akte der *kritischen Integration* in überschaubaren Gruppierungen. Gerade die Übermacht der technologischen Entwicklung zwingt zu einer Integration 'auf unterer Ebene'. Mir scheint, daß im Zuge dieser Entwicklung den *vorstaatlichen* Sozialisationsagenten eine erhöhte Bedeutung zukommt. Was das 19. Jahrhundert vom Staat erwartete, das müssen heute gesellschaftliche Gruppierungen leisten, wenn es überhaupt geleistet werden kann: die soziale 'Einhausung' (Hegel) des autonom gewordenen Individuums.

IV. Demokratie als Hoffnung

Dieser dritte Aspekt ist mit den beiden anderen nicht identisch: Verweisen die beiden vorigen eher auf einen 'Realismus' (Reinhold Niebuhr) in der christlichen Ethik, so dieser auf die eschatologisch-utopische Hoffnung, die sich in vielen Entwürfen von staatlicher und gesellschaftlicher Demokratie niedergeschlagen hat. Was sich an demokratischen Staatstheorien seit dem 16. und 17. Jahrhundert ausgebildet und in den Utopien einer 'totalitären Demokratie' im 18. und 19. Jahrhundert an christlichem Gedankengut investiert hat, — das ist ja die Hoffnung, daß eine freie, gleiche und gerechte Selbstregierung der Menschen wirklich möglich sei; die 'politische Erbsünde' soll kein endgültiges, tragisch-destruktives Geschick sein. Alle Konstruktionen eines dem Menschen von Natur eigenen 'appetitus societatis' sowie alle Annahmen einer Identität zwischen Regierenden und Regierten basieren auf dieser Hoffnung, wurden *gegen* den Augenschein konzipiert. Ein demokratisches Naturrecht zielt also auf das alle Geschichte transzendierende summum bonum, das im Politischen ansatzweise realisierbar ist.[31] Die jüdisch-christliche Hoffnung auf das nahe herbeigekommene *Reich Gottes* ist in diesen Strom des Denkens mit eingegangen: Trotz geschöpflicher Endlichkeit, trotz Sünde und Gericht soll in der Geschichte ein 'heiles Dasein' in Freiheit, Gleichheit, Gerechtigkeit und Frieden beginnen können; der Widerspruch zwischen Bestimmung (= Ur-

---

[31] Wie es E. Bloch in: Naturrecht und menschliche Würde, Frankfurt 1963, genial als Kern allen Naturrechtsdenkens herausgearbeitet hat. Während man bisher darauf insistierte, daß naturrechtlich das 'Wesen', der 'Grund' und der 'Ursprung' sozialen Seins aufscheine, hat Bloch das Verhältnis umgekehrt: teleologisch wird als 'natürlich' erhofft und erwartet, was aller geschichtlichen Verwirklichung noch voran und verborgen ist.

sprung) und entfremdeter Praxis des Menschen ist kein endgültig
tragischer, ontologisch fixierter, sondern ein historischer, das heißt,
ein in der Geschichte, in die Gott in Christus einging, überwind-
barer.

Paul Tillich hat dies in dem zuvor erwähnten Manuskript so ausgedrückt: „Es ergibt sich also, daß nicht der wesentliche Mensch mit seiner
Freiheit und Vernünftigkeit Grundlage der Demokratie sein kann, denn
er existiert nicht. Ebensowenig kann es der existierende Mensch als solcher
sein, denn er ist der Tragik und Zerspaltung unterworfen. Wohl aber
kann es der Mensch sein, sofern er in dem *Prozeß der Überwindung des
Widerspruchs* steht und dadurch zur Freiheit und Gerechtigkeit durchbricht. Das ist ansatzweise überall möglich, kommt aber zur bewußten
Verwirklichung nur auf dem Boden der *prophetisch-christlichen Reich-
Gottes-Idee.* Wirkliche Demokratien *universaler Art* hat trotz seines antidemokratischen Charakters erst das Christentum ermöglicht, sofern in
seiner Reich-Gottes-Idee Gerechtigkeit, Freiheit und Bejahung des Menschen *als Gebot* enthalten ist." Diese Reich-Gottes-Idee „ist immer *zugleich jenseitig und diesseitig.* Die erfüllende Einheit des Sinnes ist *übergeschichtlich,* die Fragmente sind *geschichtlich.* Demokratie ist wie alles
Schöpferische eine *Möglichkeit,* die gleichsam durch Gnade, durch historisches Schicksal geschenkt wird; sie ist *fragmentarisch,* quantitativ und
qualitativ ... Aber in ihr leuchtet eine *Idee* auf, die zur Reich-Gottes-
Idee gehört: Daß jeder Mensch das wirklich sein soll, was er potentiell
ist — frei, vernunft- und gott-bestimmt. Und daß daher alle Hier-
archien verschwinden müssen. Im Lichte wesenhaft-ursprünglichen und
eschatologisch-zielhaften Menschseins ist Demokratie eine *symbolisch*-
fragmentarische Manifestation."

In dieser Sichtweise ist zwar gewiß viel Platonisches enthalten
(in dem Dualismus von Wesen und Wirklichkeit, von Idee und
fragmentarischer Realität, Jenseitigkeit und Diesseitigkeit), aber
sie enthält in Kürze das, was in der vorigen Generation viele reli-
giös-soziale Theologen gedacht haben und was sich auch wohl heute
bei 'Theologen der Demokratie' durchgehalten hat, mögen die Begründungen im einzelnen auch etwas variieren:

In der jüdisch-christlichen Tradition, der kommenden Jahwe-Herrschaft
bzw. dem kommenden Reich Gottes, ist der Glaube an eine *Überwindung*

des Widerspruchs geschichtlich manifest geworden. Die Dialektik der Freiheit ist kein absurdes Geschick sondern ein zielhaft dialektischer Prozeß. Am 'Ende der Geschichte' steht die Vision eines wohlgeordneten demokratischen Gemeinwesens (Apk 20 f.), das keine geschlossenen Tore (also Freund-Feind-Verhältnisse) mehr kennt und zu dem die Völker hinströmen. Jesu Reich-Gottes-Botschaft hat die alte Hoffnung des Jahwe-Glaubens erneuert, daß Gott selbst 'in der Mitte', human, unmittelbar gegenwärtig sei, die Unterdrückten befreie, die Zerbrochenen aufrichte und den Enterbten das Reich gebe — 'universal', also nicht mehr durch Nationalität, Rasse, Klasse, Schichtung beschränkt, als eine 'Möglichkeit', die in jeder Situation neu ergriffen werden kann, und ein 'Gebot', nach dem der Christ handeln soll.

Diese Vision transzendiert einst wie heute jedoch die Bestände historischer Realität. Israel hat die verwirklichte *malkúth Jahwē* nie gesehen, und die christliche Reich-Gottes-Hoffnung knüpfte sich an die Erwartung des auferweckten und kommenden Christus (ist also nicht in unserem Sinne historisch zu nennen). Jesus war kein zelotischer Revolutionär, und die Urchristenheit hat sich im ganzen in die bestehenden politischen Ordnungen eingefügt, sie allenfalls humanisierend aufgelockert; sofern sie dann selbst kirchliche Sozialformen entwickelte, hat sie meistens vordemokratisch-hierarchische Herrschaftsformen aus der Umwelt adaptiert.

Das Reich Gottes blieb eine sozial-politisch 'jenseitige' oder aber wurde zu einer kirchlich domestizierten Größe. Erst die Reich-Gottes-Enthusiasten in der beginnenden Neuzeit haben dann unter sehr verschiedenen Voraussetzungen und Zielsetzungen das Demokratische in der Reich-Gottes-Hoffnung wiederentdeckt. Sie sind dabei *kritisch-utopisch* über das Bestehende hinausgegangen, haben gemeint, in der Erwartung der bald kommenden endgültigen Gottesherrschaft die bestehenden Unterschiede von Herrschenden und Beherrschten nivellieren zu können.

Eine historisch verwirklichte 'christliche Realdemokratie' hat es jedoch nie gegeben. Insofern ist es richtig, von einer 'Idee', von 'Fragmenten' des Demokratischen zu sprechen. Die politische Theorie bestätigt heute, daß wir Demokratie als einen „Symbol-Begriff" zu verstehen haben — „als stellvertretendes Ideal, Symbol, Chiffre für bestimmte Rechte, Menschtumswerte, und die ihrer politisch-gesellschaftlichen Realisierung entsprechenden politischen Ordnungs-

strukturen".[32] Das heißt nicht, daß Demokratie, demokratische
Hoffnung damit unwirklich ist, ein nie einlösbarer Traum. Gerade
wenn man davon ausgehen kann, daß die urchristlich-eschatologische
Hoffnung im neuzeitlichen Denken in utopische Antizipationen
eines 'Endes der Geschichte' transformiert worden ist — ein Denken,
das vom Endgültigen her das Vorläufige und Vor-Laufende in den
Blick nimmt[33] —, dann wird man sich davor hüten, diesen Hoff-
nungsinhalt rein 'übergeschichtlich' anzusiedeln.

Der utopisch Hoffende und nach 'objektiv-realen Möglichkeiten'
(Ernst Bloch) in der jeweiligen historischen Situation Suchende muß
sich jedoch darüber klar sein, daß er den Bereich der 'facta', des
sicher, historisch Verfügbaren, verläßt und 'futura' im Blick hat[34]
— also Inhalte, die er nicht von vornherein als Realitäten ausgeben
kann, so wirklich (weil wirkend und wirksam) sie sein mögen.
Demokratische Hoffnung bleibt Postulat, Auf- und Anforderung
an den Bürger, sich in je seiner Umwelt demokratiefreundlich zu
verhalten. Demokratische Institutionen — Verfassungen, Rechte
und Sicherheiten des Bürgers — können nicht mehr als ein Rahmen
für dieses nur erwartbare Verhalten sein; dieser Rahmen kann
immer wieder auch mit sehr undemokratischem Geist erfüllt und
somit pervertiert werden. Auch die heute wirksame Forderung
nach Demokratisierung möglichst aller Lebensbereiche ist, wo sie
sich institutionell durchsetzt, nicht frei von der Gefahr der undemokratischen Perversion.

Daher legt es sich nahe, an diesem utopisch-postulatorischen
Charakter von Demokratie festzuhalten, nicht vorschnell in diesen
oder jenen institutionellen Veränderungen (etwa der Durchsetzung
von Mitbestimmungsregelungen) 'das Demokratische' schon verwirklicht zu sehen. Diese institutionellen Veränderungen haben
unweigerlich eine ideologische Programmierung und Fixierung zur
Folge. Im Meinungs-, Interessen- und Machtstreit muß hier und

---

[32] Vgl. L. Roos, a. a. O., 51 ff. — Zitat S. 53.
Zitat S. 53.
[33] Diesen Zusammenhang habe ich in meinem Buch ›Zukunft‹, Stuttgart
1969 nachzuweisen versucht, vgl. bes. S. 28 ff., 97 ff. und 142 ff.
[34] Darüber näher ebd. S. 10 ff.

dort Demokratie — und zwar mit Mitteln politischer Macht — durchgesetzt werden. Dies ist keineswegs 'amoralisch' oder gar 'böse' zu nennen. Nur muß man sich darüber klar sein, daß jede ideologische Fixierung und jede Macht-Regelung den Postulat-Charakter von Demokratie verändert: Der einzelne ist nicht mehr *un*-endlich im Endlichen gefordert; die Situation ist nicht mehr *nur* offen für eine demokratische Praxis. Deren politische Durchsetzung erzwingt *auch* Verhaltensweisen (wie Pression der Mehrheit, massiven Druck, gezielte Aktion), die man nicht mehr ohne weiteres als demokratisch bezeichnen kann — nämlich government by consent and discussion, Geduld im Ertragen des Nicht-Identischen, Appell an ratio, Einsicht und guten Willen, Toleranz aus Ich-Stärke, Hinnehmen-können von Ungleichheit und unterschiedlicher Sachkompetenz. Demokratische Hoffnung als eine *un*-endliche, als bleibende Utopie, überholt solche ideologischen Fixierungen und Machtballungen immer wieder und erlaubt, sie als 'undemokratisch' zu benennen, obgleich sie zur Durchsetzung von Demokratie notwendig sind.

Würden wir in diesem Sinne an der Un-endlichkeit des Demokratie-Postulats festhalten, so wäre es nicht nur möglich, eine Kontinuität zwischen früheren und heutigen Realisierungsformen herzustellen (etwa dem Liberalismus im 19. und frühen 20. Jahrhundert, der bestimmte Ansätze von Fundamentaldemokratie ja noch gar nicht kannte), sondern wir könnten auch eine Alternative überholen, die im gegenwärtigen Streit immer unfruchtbarer zu werden scheint: die Alternative von Demokratie und Technokratie[35]: Es läßt sich kaum leugnen, daß die technische Perfektion unserer Daseins-Apparatur die Möglichkeiten und Grenzen von Demokratie immer unerbittlicher definiert. Was technische Rationalität, Kalkül eines sachimmanenten Fortschritts und instrumental vermittelte

---

[35] Viele Debatten in den letzten Jahren — Protest-Artikulationen *und* Anti-Proteste, Ausbrüche aus den technisch-wissenschaftlichen Zwängen *und* deren ideologische Verherrlichung — lassen sich auf diese Alternative zurückführen: Technokratie oder Demokratie. Sie verschleiert jedoch den Blick auf die Chancen von Demokratie mit technologischen Mitteln.

Herrschaft für notwendig erachten, das wird auch gemacht — ohne Rücksicht darauf, ob es demokratiefördernd ist. Hieraus zieht die 'rechte' ebenso wie die 'linke' Kulturkritik den Schluß, daß diese technische Rationalität der Menschheit *nur* zum Unheil gerate. Wahr hieran ist, daß technischer Fortschritt nur mit der weiteren Versachlichung personaler und fundamental-demokratischer Antriebe erkauft wird. Unwahr aber ist, daß das Demokratie-Postulat damit einfach unmöglich gemacht wird. Im Gegenteil: je großräumiger, differenzierter, unüberschaubarer die instrumental-technisch bedingten Regulierungen de facto werden, denen wir unterworfen sind, um so dringlicher stellt sich die Frage, was 'unter dem Dach' dieser Regulierungen humanisierend geschieht. Es ist *möglich* — das heißt, nicht schicksalhaft notwendig —, daß der Menschen 'vernünftiges' Verhalten zum bloß technisch-sachlichen Reagieren verkommt, daß sie bloß positivistisch und datengläubig 'mitspielen' im Käfig der technologischen Regularien. Es ist jedoch *auch* möglich — und viele Anzeichen sprechen dafür —, daß je abständiger vom Subjekt, instrumentaler und zugleich selbstverständlicher diese Regularien werden, um so intensiver nach dem *Sinn* eines durch Technik regulierten Daseins gefragt wird. Denn dieses Dasein setzt ja den einzelnen *auch* unerhört frei: zu der Frage „was soll in diesem gemachten Dasein unbedingt *gelten?*" und „was darf ich mit technischen Mitteln *wollen?*"[36] Die Beantwortung dieser Fragen einer Sinnorientierung im technischen Daseinsgehäuse wird dem einzelnen nicht abgenommen. Dieser Sinn aber erschöpft sich nicht in instrumental-technischen Lebensvollzügen. Er transzendiert die Daseinsapparatur. Das zeigen in unserer Gegenwart gerade auch die Zweifels- und Verzweiflungsphänomene an der technischen Kultur (Wohlstandskriminalität, Protestausbrüche, neurotische Angst vor der Freiheit, Drogensucht, Jesus-People, Flucht in vor-technische Inseln des 'heilen Lebens'). Was wir wollen *dürfen* und was unter uns gelten *soll,* — das ist dem einzelnen nicht abnehmbar und ist nicht technisch entlastbar. Und

[36] So formuliert mit D. Stoodt, Demokratisierung der Kirche? in: Wiss. und Praxis in Kirche und Ges. 59 (1970), S. 215 ff. — dort im Anschluß an J. Habermas.

hier wird, was unser Dasein in politicis betrifft, Demokratie als eine *un*-endliche Hoffnung zu stehen haben — ein Postulat, das auch durch perfektere Fremdregulierungen nicht aufgehoben, sondern allererst gestellt wird, — solange in politicis *Menschen* miteinander umgehen, die etwas *wollen* und denen etwas unbedingt *gilt*.

ZUR PERSON DER AUTOREN DES BANDES

BARTH, Karl: geb. 10. 5. 1886 in Basel. Dr. theol.; System. Theologie, Ev.-reformierte Theologie. 1921 HonUProf. Göttingen, 1925 o. Prof. Münster/Westf., 1930 Bonn, 1935 Basel, 1962 em.; Dr. theol. h. c. Münster (1922), Glasgow (1930), Utrecht (1936), Oxford (1938), Budapest (1954), Genf (1959), Strasbourg (1959), Chicago (1962), Dr. jur. h. c. St. Andrews (1937), Edinburgh (1956), Dr. des Lettres et Sciences Humaines h. c. Paris (1963), Theol. Prof. h. c. Sarospatak/Ungarn (1931), Klausenburg/Rumänien (1937), Sonning-Preis f. Europ. Kultur (1963), Sigmund-Freud-Preis (1968); British an Foreign Bible Soc. (1940), EM d. American Acad. of Arts and Science (1950), Ehrensenator Bonn (1966); gest. 10. 12. 1968. — Veröffentlichungen (Auswahl): Der Römerbrief I (1919), II (1922). Die Lehre vom Wort Gottes 1927; Kirchl. Dogmatik 13 Bde. von 1932—1967; Die prot. Theologie im 19. Jahrhundert 1947; Der Götze wackelt; Zeitkr. Aufs. 1961. Rechtfertigung und Recht 1938 ([4]1970); Christengemeinde und Bürgergemeinde 1946 ([2]1970). Herausgeber von ›Theol. Existenz heute‹ seit 33 und ›Theolog. Studien‹ seit 1938.

BENNETT, John C.: geb. 22. 7. 1902 in Kingstone, Canada. US-Bürger. Erwarb M.A.-Grad in Oxford. 1943—70 Professor der Theologie und Ethik am Union Theological Seminary in New York, 1963—70 ebda. Präsident. Seit 1937 aktiv in der Ökumen. Bewegung, Sekretär der Sektion Soziale Ordnung bei der Oxford Konferenz über Kirchen, Gemeinschaft und Staat. Beteiligt an allen Versammlungen des Weltkirchenrates sowie an der Genfer Konferenz von 1966. Präsident der Redaktion von ›Christianity and Crisis‹, Mitglied des Präsidiums einer der ersten Anti-Kriegs-Bewegungen, Mitglied des „Kirche und Gesellschafts"-Komitees beim Weltkirchenrat. 1970 em., Gastprofessor an der Pacific School of Religion in Berkeley, Calif. Mehrere Ehrendoktorate. — Veröffentlichungen: Christian Ethics and

Social Policy 1946, Christians and the State 1958 (gekürzte deutsche Ausgabe: Auch Christen sind Staatsbürger), Christianity and Communism Today 1970, Foreign Policy in Christian Perspective 1966, Nuclear Weapons and the Conflict and Conscience (Hrsg.) 1962. Christian Ethics in a Changing World (Hrsg.) 1966.

DELEKAT, Friedrich: geb. 4. 4. 1892. Dr. phil., D. theol.; System. Theologie, Pädagogik, Philosophie und Politik. 1923 Doz. Relig. päd. Inst. Berlin, 1929 venia legendi f. Phil. Berlin, 1929—1936 beamt. ao. Prof. TH Dresden, 1936—1945 wegen Teiln. am Kirchenkampf zwangspension., 1943—1946 stellvertr. Stadtpfarrer Stuttgart, 1946 oö-UProf. Mainz, 1960 em.; gest. Jan. 1970. — Veröffentlichungen: Johann Heinrich Pestalozzi 1926 (³1968) (auch ital.); Die Kirche Jesu Christi u. d. Staat 1933; Die hl. Sakramente u. d. Ordnungen d. Kirche 1940; Der christl. Glaube 1940; Der gegenw. Christus 1949; Theologie u. Kirchenpolitik 1955; Theologie u. Pädagogik 1956; Der Christ u. d. Geld 1957; Üb. d. Begriff d. Säkularisation; Rektoratsrede 1958; Immanuel Kant 1963 (²1966). Zahlreiche Abhandlungen in Zeitschriften und Sammelbänden.

ERDMANN, Karl Dietrich: Dr. phil.; geb. 29. 4. 1910 in Köln. Privatdoz. Köln 1947, apl. Prof. 1953, seit 1953 o. Prof. für Mittlere und Neuere Geschichte in Kiel. Mitbegr. und Mithrsg. der Zeitschrift ›Geschichte in Wissenschaft und Unterricht‹ (1950 ff.), Mithrsg. der ›Kieler Historischen Studien‹, Mithrsg. der ›Akten der Reichskanzlei‹ (1. Band ›Das Kabinett Cuno‹ [22. 11. 1922 bis 12. 8. 1923] ersch. 1968). Inzwischen sind bereits mehrere Bände erschienen. Generalsekretär der deutschen UNESCO-Kommission 1950—1952, danach bis 1972 Mitglied. Mitglied der Königlich-Dänischen Akademie der Wissenschaften, Mitglied der Hist. Kommission bei der Bayer. Akademie der Wissenschaften, 1966—1970 Vorsitzender des Deutschen Bildungsrates, 1962 bis 1967 Vorsitzender des Verbandes der Historiker Deutschlands, seit 1970 Vizepräsident des Comité International des Sciences Historiques. — Zahlreiche Abhandlungen in Zeitschriften und Sammelbänden. Selbständige Veröffentlichungen: Das Verhältnis von Staat und Religion nach der Sozialphilosophie

Rousseaus 1935; Volkssouveränität und Kirche (Studien über das Verhältnis von Staat und Religion in Frankreich vom Zusammentritt der Generalstände bis zum Schisma, 5. 5. 1789—13. 4. 1791) 1949; Die Zeit der Weltkriege 1959 (in: Bruno Gebhardt, Handbuch der deutschen Geschichte, Band 4); Adenauer in der Rheinlandpolitik nach dem Ersten Weltkrieg. Historische Kommission bei der Bayerischen Akademie der Wissenschaften 1966; Kurt Riezler — Tagebücher, Aufsätze, Dokumente 1972.

FISCHER, H. Gerhard: geb. 1932 in Kassel. Ev. Theologie, insbesondere „Christliche Gesellschaftswissenschaften" sowie systematische und historische Theologie; neuere Geschichte; politische Wissenschaft. Akademischer Oberrat am Hist. Seminar der Univ. München. — Veröffentlichung: Evangelische Kirche und Demokratie nach 1945. Ein Beitrag zum Problem der politischen Theologie = Hist. Studien, H. 407, 1970.

MAIER, Hans: geb. 18. 6. 1931 in Freiburg i. Br. Verfassungsgeschichte, politische Wissenschaft. 1962 Privatdozent in Freiburg, 1963 Prof. an der Univ. München. — Veröffentlichungen (Auswahl): Revolution und Kirche 1959 (³1973); Die ältere deutsche Staats- und Verwaltungslehre 1966; Politische Wissenschaft in Deutschland 1969; Kritik der politischen Theologie 1970; Kirche und Gesellschaft 1972; Zwischenrufe zur Bildungspolitik 1972. — Seit 1970 Bayerischer Staatsminister für Unterricht und Kultus.

MARSCH, Wolf-Dieter: geb. 1928 in Beeskow/Mark Brandenburg. Christliche Gesellschaftswissenschaften. 1953 Inspektor am Theologischen Stift in Göttingen, 1958 Studienleiter an der Ev. Akademie in Berlin, 1962 Prof. für systematische Theologie an der Kirchlichen Hochschule in Wuppertal, ab 1969 Direktor des Instituts für Christliche Gesellschaftswissenschaften an der Westfälischen Wilhelms-Universität in Münster. Schriftleiter und Mithrsg. der Zeitschrift ›Wissenschaft und Praxis in Kirche und Gesellschaft‹, früher ›Pastoraltheologie‹. Gest. 1972. — Veröffentlichungen (Auswahl): Christlicher Glaube und demokratisches Ethos, dargestellt am Lebenswerk A. Lincolns 1958; Hoffen worauf? Auseinandersetzung mit Ernst Bloch 1963; Gegenwart Christi in der Gesellschaft. Eine Studie zu Hegels Dialektik; Zukunft,

Themen der Theologie 2 1969; Institution im Übergang. Evangelische Kirche zwischen Tradition und Reform 1970; Die Freiheit planen, Christlicher Glaube und demokratisches Bewußtsein (Hrsg.) 1971; Plädoyers in Sachen Religion. Christliche Religion zwischen Bestreitung und Verteidigung (Hrsg.), erscheint 1973; daneben zahlreiche Aufsätze und Funkbeiträge.

MÜLLER-SCHWEFE, Hans Rudolf: geb. 1910 in Punschrau. Praktische Theologie. 1938 Habilitation in Tübingen, 1955 o. Professor in Hamburg. — Veröffentlichungen: Welt ohne Väter ²1965; Standort der Theologie ²1961; Die Sprache und das Wort 1961; Das Wort und die Wirklichkeit 1965; Der Mensch — das Experiment Gottes 1966; Existenzphilosophie ²1969; Technik und Glaube 1971.

NIEBUHR, Reinhold: geb. 21. 6. 1892 in Wright City/Mo. USA. Seit 1928 N. Prof. für angewandtes Christentum in Union Theological sem. New York. — Veröffentlichungen: Does Civilization need Religion? 1928. Leaves from the Notebook of a Tames Cynic 1929 (²1956); Moral Man and Immoral Society 1932 (²1949); Refelections on the End of an Era 1934; An Interpretation of Christian Ethics 1935 (²1956); Beyond Tragedy 1938 (dt. 1947); Europe's Catastrophe and the Christian Faith 1940; Christianity and Power Politics 1940 (²1952); The Nature and Destiny of Man 1941 (²1947); The Children of Light and the Children of Darkness 1944 (dt. 1947); Discerning the Signs of the Times 1946 (dt. 1948); Faith and History 1949 (²1951) (dt. 1951); The Irony of American History 1952; Christian Realism and Political Problems 1953 (dt. 1956); The Self and the Dramas of History 1955; The Godly and the Ungodly 1958. — Hrsg. der Zeitschrift ›Christianity and Crisis‹ seit 1941. — Bibliogr.: D. B. Robertson, R.N.s Works, Berea/Ky. 1954.

OESTREICH, Gerhard: geb. 1910 in Zehden/Oder. Neuere Geschichte. 1954—1962 Privatdozent bis pers. o. Prof. an der Freien Universität Berlin, 1962—1966 o. Prof. in Hamburg, seit 1966 in Marburg. — Zahlreiche Veröffentlichungen vor allem zur Frage der Entfaltung des frühmodernen Staates in Europa als umfassender, paralleler Vorgang in sämtlichen Bereichen des politischen und gesellschaftlichen Lebens, u. a. Aufsatzsammlung: Geist und Gestalt des frühmodernen Staates 1969; Arbeiten zur Geschichte der politischen Theorien, u. a. Geschichte der Menschenrechte und Grundfreiheiten im Umriß 1968.

PERRY, Ralph Barton: geb. 1876 in Pultney. 1896 A.B., Princeton Univ., 1807 A.M., Harvard Univ., 1899 Ph.D.; 1936 Litt.D., Princeton, 1939 Doctor of Humane Letters, Clark Univ.; 1942 LL.D., Colby College, Waterville, Mc; 1944 LL.D., U. of Penn.; Litt.D., Harvard Univ.; 1900—1902 instr. philosophy, Harvard Univ., 1902—1905 ass. prof.; 1905—1913 prof.; 1913—1946 prof. em. seit 1946. — Veröffentlichungen (Auswahl): General Theory of Value 1926; A Defense of Philosophy 1931; The Thought and Character of William James (Pulitzer price biography) 1935, Plea for a Age Mouvement 1942; Our Side Is Right 1942. Puritanism and Democracy 1944; Hope for Immortality 1945; One World in the Making 1945.

RICH, Arthur: geb. 1910 in Neuhausen/Rh. (Schweiz). Systematische Theologie insb. Sozialethik. 1938 Pfarrer in Hemmenthal, 1947 Direktor des Lehrerseminars in Schaffhausen, 1951 Habilitation, 1954 Universitätsprofessor in Zürich. — Veröffentlichungen (Auswahl, soweit für das Thema des Bandes relevant): Glaube in politischer Entscheidung 1962; Christliche Existenz in der industriellen Welt ²1964; Weltlichkeit des Glaubens 1966; Mitbestimmung in der Industrie (im Druck).

SMEND, Rudolf: geb. 15. 1. 1892. Dr. jur., Dr. theol. h. c., Dr. rer. pol. h. c., em. o. UProf., Leiter Inst. f. ev. Kirchenrecht d. Ev. Kirche in Deutschland; 1908 UPDoz. Kiel, 1909 beamt. ao. Prof. Greifswald, 1911 oö. Prof. Tübingen, 1915 Bonn, 1922 Berlin, 1935 Göttingen, 1950 em.; 1937 Akad. Wiss. Göttingen, Öffentliches Recht. — Veröffentlichungen: Die Preuß. Verfassungsurkunde im Vergleich m. d. belg. 1904; Das Reichskammergericht 1911 (²1965); Maßstäbe d. parlament. Wahlrechts in d. dt. Staatstheorie d. 19. Jh. 1912; Verfassung u. Verfassungsrecht 1928; Bürger u. Bourgeois 1933; Die Göttinger Sieben 1951 (²1958); Die Göttinger Universität u. ihre Umwelt 1953; Die Berliner Friedrich-Wilhelms-Universität 1961. Zahlreiche Abhandlungen in Zeitschriften und Sammelbänden. — Festschriften für Rudolf Smend: Rechtsprobl. in Staat und Kirche, z. 70. Geb. 1952; Staatsverfass. u. Kirchenordnung, z. 80. Geb. 1962.

STAEDTKE, Joachim: geb. 9. 8. 1926 in Midlum. Dr. theol., o. Prof. u. Vorst. d. Seminars f. Reformierte Theologie, Univ. Erlangen— Nürnberg (s. 1965). — Veröffentlichungen: D. Theol. d. jg. Bullinger 1952; Anfänge u. erste Blütezeit d. Züricher Buchdrucks 1965. Einzelarb.

STROHM, Theodor: geb. 1933 in Nürnberg. Studium in Erlangen, Göttingen, Frankfurt und Berlin. 1961 Promotion in Soziologie, 1967 in Theologie. Wissenschaftl. Assistent am Institut f. Christliche Gesellschaftswiss. in Münster. 1969 Habil. mit einer Arbeit über ›Die Ausformung des Sozialen Rechtsstaats in der protestantischen Überlieferung — Sozialethische Untersuchungen zur gegenwärtigen Verfassungswirklichkeit‹. 1969—1970 Wiss. Rat in Heidelberg, seitdem o. Prof. an der Kirchlichen Hochschule Berlin für Syst. Theologie und Sozialethik; Direktor am Religionssoz. Institut. — Zahlreiche Aufsätze in Sammelwerken und Fachzeitschr. Mithrsg. versch. Zeitschr. und einer Fachreihe. Herausgeber (zus. mit H. D. Wendland) von: Politik und Ethik. Kirche und demokratischer Sozialismus — Studien zu Theorie und Praxis pol. Kommunikation, 1968; Theologie im Schatten politischer Romantik 1970.

WENDLAND, Heinz-Dietrich: geb. 22. 6. 1900 in Berlin. Dr. theol., D., o. Prof. f. Christl. Gesellschaftswissenschaft (em.). 1924 Promot. u. 1929 Habil. in Heidelberg. 1929—68 Lehrtätigk. Univ. Heidelberg, Kiel (1937 Ord.), Münster (1955; 1964—65 Rektor). 1951 Ehrendoktor Univ. Heidelberg. Seit 1961 Mitgl. Arbeitsgem. f. Forsch. NRW — Veröffentlichungen (Auswahl): Eschatologie des Reiches Gottes bei Jesus 1931, Die Korintherbriefe des Paulus [11]1965, Geschichtsanschauung u. -bewußtsein im Neuen Testament 1938, Die Kirche in der modernen Gesellschaft [2]1958, Botschaft an die soziale Welt 1959, Der Begriff Christlichsozial 1962, Einf. in die Sozialethik 1963, Person u. Gesellschaft in ev. Sicht 1965, Die Kirche in d. revolutionären Ges. 1967, Die ökumen. Bewegung u. das II. Vatikan. Konzil 1968, Ethik des Neuen Testaments 1970, Die Krisis der Volkskirche — Zerfall oder Gestaltwandel? 1971.

Wolf, Ernst: geb. 1902 in Prag. Kirchen- u. Dogmengeschichte, Systematik. 1925 Priv.-Doz. für Kirchengesch. in Rostock, 1930/31 Lehrstuhlvertreter in Tübingen, 1931 o. Prof. in Bonn, 1935 aus politischen Gründen nach Halle/S. strafversetzt, seit 1945 o. Prof. in Göttingen, ab 1957 für Systematische Theologie; Ehrendoktor von Rostock (1930), Paris (1964), Wien (1965) u. Prag (1969); gest. 1971 in Garmisch-Partenkirchen. — Neben Editionsarbeiten und der Herausgabe von Zeitschriften (EvTh, VuF; Mithrsg. von ZKG, ZevKR u. a.) sowie Buchreihen (FGLP, BEvTh, ThB u. a.) Veröffentlichungen (Auswahl): Staupitz und Luther 1927, Peregrinatio I 1954 (^{2}1962), Barmen 1957 (^{2}1970), Naturrecht oder Christusrecht — Todesstrafe 1960, Ordnung und Freiheit 1962, Peregrinatio II 1965. — Bibliographie (bis 1961) in: Hören und Handeln, Festschrift für E. Wolf 1962.

LUTHER

Literaturvorschläge aus dem wb-Programm

WISSENSCHAFTLICHE BUCHGESELLSCHAFT

61 Darmstadt
Postfach 1129